U0944239

读了100年的书还要再读100年

【文学卷】

主编⊙魏宏伟　　编著⊙伯灵

HPH 哈尔滨出版社
HARBIN PUBLISHING HOUSE

图书在版编目（CIP）数据

读了100年的书 还要再读100年. 文学卷／伯灵编著.
哈尔滨：哈尔滨出版社，2006. 11
ISBN 7-80699-844-6

Ⅰ.读… Ⅱ.伯… Ⅲ.①推荐书目—世界②文学
—推荐书目—世界 Ⅳ.①Z835②I106

中国版本图书馆CIP数据核字（2006）第123437号

主　　编： 魏宏伟
责任编辑： 王　姝　李英文
封面设计： 远流图文工作室　赵兴华
版式设计： 远流图文工作室　吴　丹

读了 100 年的书　还要再读 100 年
文学卷

伯灵 编著

哈尔滨出版社出版发行
哈尔滨市动力区文政街 6 号
邮政编码：150040　电话：0451-82159787
E-mail：hrbcbs@yeah.net
网址：www.hrbcbs.com
全国新华书店经销
沈阳美程在线印刷有限公司印刷

开本 787×1092 毫米　1/16　印张 36　字数 668 千字
2007 年 1 月第 1 版　2007 年 1 月第 1 次印刷
ISBN 7-80699-844-6/Z·6
定价：55.00 元

前 言

让阅读成为我们的信仰

人类几千年的历史，各种信仰和主义可谓多矣，虽然我们并不一定都要皈依某种宗教，但是每一个人的内心中都应该有指引自己前行的信仰。今天，当物质的匮乏不再困扰我们时，心灵的成长便成为生命的第一要务。每一个人的内心中都应该有一个自己的“上帝”，而真正的信仰不仅是一种理论，是一种实践，一种内在生命的实际体验，更是精神的支持和动力。如果有一种信仰能让全世界不同国家、不同民族毫无争议地共同信守的话，那就是阅读了。在历史长河中，有关宗教的庙宇与雕像在风雨中颓毁坍塌，而经典之籍则与世长存。文字是人类文明最上乘的结晶，它如此精微，如此难以把握，如此透彻，又如此无孔不入，穿透人的感知。人类的文明以文字的脉络一代又一代地传承下来，因此，在某种意义上，阅读已经超越了人类历史上的任何宗教，既没有时空界限，也没有地域之分，让生活在不同时代、不同国度，说着不同语言的人们，在阅读中共生。

文字，是生命洪炉中的一缕袅袅炊烟；书籍，则是由心灵唱出的歌，安慰着每一个骚动不安的灵魂。在人类文明发展史上，每个时代都会有一批足以代表一个国家、一个民族的历史、文化、思想成果的经典之作，曾经影响了无数人的一生。伟大的思想能挣脱时光的束缚，即使是千百年前的真知灼见，时至今日仍新颖如故，熠熠生辉。那些已经被阅读了千百年的经典，依然将一代又一代的人引领到同样的精神时空，在那里，历代圣人贤士群聚，仿佛与我们同处一堂，让我们亲聆所言，亲见所行。他们的言行，使我们变得深沉而非浮躁、清醒而非昏聩，深刻而非肤浅，让我们的人格得到提升，生命得到重塑。

真正的阅读必须有灵魂的参与，它是一个人的灵魂在一个借助于文字符号构筑的精神世界里的漫游，是在这漫游途中的自我发现和自我成长。读书可以经世致用，也可以修身怡心。一个不重视阅读的人，是一个不思进取的人；一个不重视阅读的家庭，是一个平庸的家庭；一个不重视阅读的学校，是一个沉闷枯燥的学校；一个不重视阅读的社会，是一个人文精神缺失的社会；一个不重视阅读的民族，是一个没有希望的民族。为了帮助广大爱书的朋友寻找到一种最省时而且最有效的方式，去阅读那些能经受住时间考验的全世界上亿万读者多少年来都从中得到特别启迪的书，我们跨越时空地域，从人类文明发展史中采撷菁华，去伪存真，去粗取精，编写了这套丛书。书中所选取的这些流芳百世的经典，曾经是一代又一代人的路标，了解并阅读这些经典之作，必将给每一位读者以智慧的启迪。

读书的好坏对于一个人的文化高低、知识多少、志向大小、修养好坏、品行优劣、情趣雅俗，往往起着至关重要的作用。阅读经典，是人生修养所应追求的一种境界。我们精心编写的这套《读了100年的书,还要再读100年》丛书分为财富卷、文学卷、智慧卷，是在参考了诸多名家推荐的必读书目、并广泛搜集国内外研究评论的基础上精选出300部名著，以多种形式对每部作品进行了详尽而又妙趣横生的展示。本套丛书从设计、装帧到包装等各方面都力争做到精美、时尚，内容丰富，有较高的收藏价值。

阅读的广度改变生命历程的长短，阅读的深度决定思想境界的高低。四季都是读书时，让我们在书中相遇，让阅读成为我们共同的信仰。

目录
CONTENTS

在西方的文学史上，荷马是一个永远也不会被忘记的名字，希腊人生息在荷马这个元素里，就像生息在空气里一样。他是西方文艺史上第一位有作品传世的天才、饮誉全球的希腊诗人，他创作的《荷马史诗》使一场持续十年的激烈战争永垂史册，无数神祇英雄的名字在世人口中万载流传。

在华夏文明的灿烂长卷中，语言生动凝练、音韵优美和谐的古典诗歌，如同一条横亘于古今之间的河流，而《诗经》就是这条河流的源头。作为中国第一部诗集，原始的爱与恨表达在《诗经》里让人一咏三叹。人类一代又一代遗传的生活方式，穿越千年，在《诗经》中尽现。

美国诗人华伦说："世界是寓言，我们就是寓意。"如果你有兴趣去阅读世界上那些精美的寓言，确实可以找到许多生活的答案。古希腊寓言对后世影响最大，而《伊索寓言》则是古希腊寓言中的一颗明珠。几千年后的今天，《伊索寓言》已成为西方寓言文学的范本。

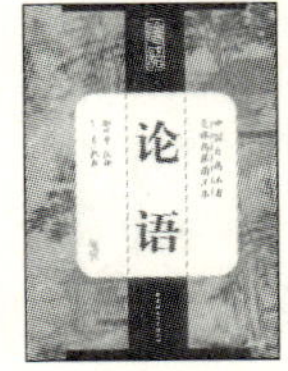

在中国5000年的历史上，对华夏民族的性格、气质产生最大影响的人，就是孔子了。这位恩泽百代的至圣先师犹如一颗启明星，从思想领域到文化领域都留下了他抹也抹不去的印记。《论语》这本记录孔子及其弟子的言行的经典，是一本被中国人读了几千年的教科书，是了解中国古代社会的一把钥匙。

庄子像火一样热烈，又像水一样冷静。几千年的中国知识分子，受了他的影响，一方面嫉恶如仇，嬉笑怒骂；另一方面却又把天大的事，化成一股清风，一弯明月。他那姿肆的文笔、生动的寓言、深刻的思想，更是时时令人击节赞叹。其代表作《庄子》一书犹如一支独放异彩的奇葩，整个中国文学史几乎都在它的影响下产生。

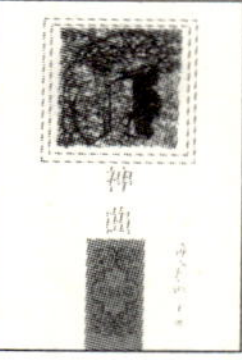

封建的中世纪的终结和现代资本主义纪元的开端，是以一位大人物为标志的，他就是意大利的但丁。这位意大利文艺复兴的先驱，以一部《神曲》闻名于世。如果说有一本书可以代表一个国家，那么但丁的《神曲》就代表了意大利，代表了意大利的民族精神，被后人誉为“中世纪的史诗”。

在欧洲文学的伟大创建者行列之中，拉伯雷名列前茅。他不只是一个一般意义上的伟大作家，而且是一个智者和先知。拉伯雷同所有文艺复兴的巨人一样，是学识渊博的学者，不过，他的名字之所以能够流传到今天，却主要是靠着他的长篇小说《巨人传》。作为医生的拉伯雷早已被人忘却，作为人文主义作家的拉伯雷却永为后世所纪念。

如果说《诗经》开启了现实主义的风气，以稳健的脚步步入中国文学的辽阔原野，那么以屈原为代表创作的楚辞则开创了浪漫主义的文学传统和个性化的写作方法，以空灵的身影飘忽于中国文学的崇山峻岭之间。屈原是中国第一位伟大的诗人，他的降临呼唤出一批英才，使诗的荒原充满了春的气息。

有人说，一个国家即使有诗、戏剧以及后来的小说，如果没有像样的精美散文，就称不上文学大国。法国因为有了蒙田，这位“随笔”这一体裁的创始人，就足以在人类文学史上占有重要的一席之地。一系列反映法国精神的杰作是从《蒙田随笔》这部书开始的，这部杰作自从出版后就再也没有绝版过，世界上所有的书面文字都可以读到它。

一部经典著作，永远给人以不同的感受，给人以新的启迪。不同时代的人，不同生活经历的人，不同人生理想目标的人，都会有着不同的理解。所以，这样的作品，不仅当时会被译成多种文字，而且随着时代的演进，不断会有新的译文出现，这就是作品的生命力所在。而“拉美文学之父”塞万提斯的《堂吉诃德》正是这样一部作品。

不同层次的人读《世说新语》，会有各种不同的感受，但每个人都可能在《世说新语》中找到他喜欢的东西。魏晋的时代精神和文人风采至今还在闪着光芒，跨越了十几个世纪，先人所具有的见解力、思辨力、人格魅力，于今读来，依然令人拍案叫绝。更不要说它奉献出多少脍炙人口的故事，创造出多少传世成语，保存了多少典籍佚文。

《鲁滨孙漂流记》是一部包含每个人生活的寓言，孩童时期，这部书只是读来有趣，成人之后再去读，就会知道这是不朽的杰作。在这部作品中，笛福热情歌颂了人对自然的顽强斗争。尽管几个世纪的时间过去了，但是人类认识和改造自然的斗争远远没有完结，人类永远需要从前人的斗争中吸取精神力量。

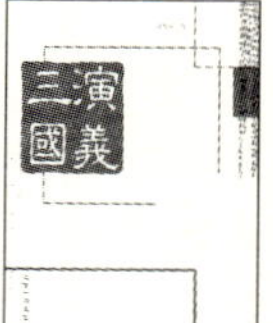

时势造英雄，三国时局的动荡和战争的连绵不断，造就了许多出类拔萃、可歌可泣的谋臣武将。这些史诗般的英雄，以他们的卓越才能创造了史诗般的英雄业绩。《三国演义》以艺术的笔法再现了这一历史。作为中国四大古典名著之一，《三国演义》一经问世，就立刻引起人们的普遍关注，不同的人都可以在阅读中获益。

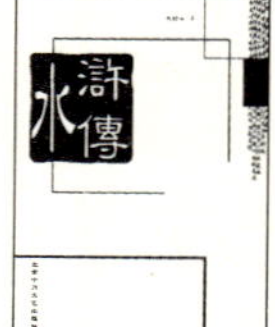

在中国文学发展史上，《水浒传》是中国已有数百年历史的白话文进入成熟阶段的标志，以后的章回小说基本沿用的都是它的套路。这部“奇书”，不仅书中的人物生动、故事有趣、文字优美，而且取材独特，随着时间的流逝，这部著作的经典价值日益突显出来，对后世的文学创作有着巨大的影响。

在幻想文学中将讽刺发挥到极致的，可谓是非斯威夫特莫属，我们如果把斯威夫特的作品，尤其是《格列佛游记》和贺拉斯等讽刺大家的作品略加比较，就会看到他作品的深刻思想内容与卓越的艺术手法，是发展了前人的成就，并且远非在他以前或和他同时的其他英国讽刺作家所可比拟的。

800多年前，王实甫把杂居《西厢记》送到了坊间。从此，《西厢记》就像绵绵的春雨，滋养了中国人的情感世界。很难说是《西厢记》成就了王实甫，还是王实甫成就了《西厢记》。这部中国古代的经典爱情范本，美不胜收，演绎了一个爱在天荒地老时的民间故事和有情人终成眷属的美丽传说，获得了恋人们的喜爱。

薄伽丘在中世纪开始向近代资本主义过渡的历史时期中，写下他的扛鼎之作《十日谈》。有人曾经说，没有薄伽丘，意大利文艺复兴的文学巅峰便是不可理解的。《十日谈》全书自始至终都贯穿着人文主义思想，天主教会的权威第一次在文艺领域遭受如此严重的挑战。可以说，欧洲文艺复兴运动正是以《十日谈》的嘹亮号角揭开序幕的。

《西游记》是我国古代文学史中一朵奇葩，作品充满了浓郁的浪漫色彩，赢得了各种文化层次的读者的喜爱，它的故事和人物家喻户晓。这部无论是在中国还是世界文学史上都名副其实的“奇书”，历经数百年历史的考验，已成为老少咸宜的经典民间神话，也是最能深入西方读者心目中的东方宗教史诗。

世界上恐怕没有人会在富兰克林的名字前无动于衷，200多年来，这位智者的思想一直被那些希望增进美德并过上富足生活的人们所遵循和实践着。富兰克林造就了一个属于他的时代，而他的自传是一本包含了诸种善与美的道德律令手册，被迄今为止的几代人当做人生修养的范本。

在明代300年的剧坛上，没有一个人像汤显祖那样受到后人的景仰。他的《牡丹亭》讲述了一个最浪漫、最美丽的爱情神话，给予爱情最高的礼赞，在他的笔下爱情可以超越生死，感动冥府、朝廷，得到最后胜利。《牡丹亭》上承“西厢”，下启“红楼”，是中国浪漫文学传统中一座高峰。

无论是在德国历史上还是在人类历史上，歌德都被誉为对社会贡献巨大的人。可以这么说，自从有了歌德，有了他的作品，整个德语文学才真正开始有了同世界文学抗争的底气。这位全欧最有智慧、最德高望重的伟人将与他的作品一起永远光耀后人。如果有什么能称为哲学史诗的话，那么这一术语只能运用于歌德的《浮士德》。

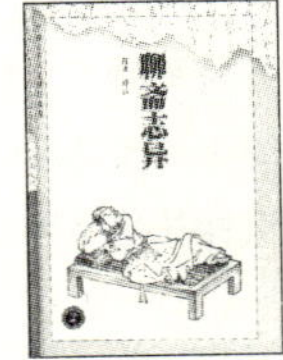

中国古代短篇小说的第一高峰是唐传奇，第二高峰就是《聊斋志异》，自问世以来，很快风行天下，脍炙人口，经久不衰。在名作如林、异彩纷呈的古典小说领域里，还没有一部作品能像《聊斋志异》那样，用文言写作而又拥有如此众多的读者，它题材广泛，雅俗共赏，老少咸宜。

19世纪英国小说黄金时代是由司各特开创的，这位苏格兰“引为自豪的儿子”的影响不但越出苏格兰，而且遍及全世界。司各特以一系列取材于欧洲历史的小说闻名于世，被誉为“欧洲历史小说之父”，他的《艾凡赫》的主要魅力在于，它不是通过历史的庄严堂皇，而是以现时感、家常的方式，使我们熟悉过去的时代。

如果以所谓的知名度来评判，世界上恐怕没有一个作家能像安徒生一样被全世界的孩子们所知道。无论从哪一个角度来说，安徒生都是属于全世界的。安徒生童话美丽又平易近人，好比是一条奔流的小溪，穿越名著百岳，汇入人类精神及浩瀚文明底蕴。不仅孩子们读来受益非凡，大人们更可从中获得不少启示……

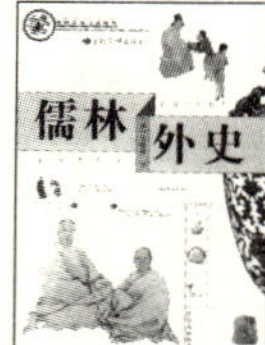

300多年前一个书生在穷愁潦倒的窘境中，写出了一部《儒林外史》，它开辟了一个视野，提供了一种眼光，创造了一种小说结构形态。和以前的历史小说、英雄传奇小说、家庭小说不同，它尖锐得充满机智，尖锐得带有悲悯，成为中国小说史上一部具有开创意义的杰作。

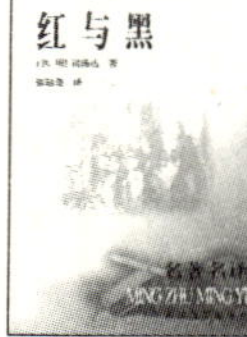

“现代小说之父”司汤达生前默默无闻，作品不被世人理解，而在死后却被公认为19世纪法国最有个性的作家之一。司汤达的著作不多，《红与黑》毫无疑问是其中最有魅力的作品。即使在今天，《红与黑》仍被公认为是世界文学史上描写政治黑暗最经典的著作之一，被誉为欧洲文学皇冠上一枚最为璀璨精致的艺术宝石。

对于俄罗斯人来说，普希金是无法形容的，他是一个标志，是俄罗斯蛮荒和文化的分水岭，他是俄国文学史上第一个集大成者，从他开始，俄国文学真正成为一种独立的文学屹立于世界文学之林。《上尉的女儿》开启了19世纪俄国文学关注农民问题的传统，这是诗人生前发表的最出色的一部小说作品。

大仲马是法国最受欢迎和最多产的小说家，2002年他的遗骨被安葬到先贤祠时，法国总统希拉克称他“以其著作展开了一个永恒、多虑、战斗、英勇与优雅的法兰西的画卷”；而这幅画卷中最为光彩照人的一笔无疑是《三个火枪手》，这部书是大仲马长篇历史小说的代表作，也是他所有作品中最受欢迎、影响力最大的一部。

《红楼梦》是中国古典小说的集大成之作，自从付梓问世后，便在民间广为流传，获得了各个时代读者的喜爱，具有历久不衰的艺术魅力。在历史的长河中，《红楼梦》俨然一面明镜，映照出封建社会的世俗风情、人间冷暖，让人百读不厌。可以这么说，品读《红楼梦》，实际上是与五千年中华文化打交道。

拜伦是19世纪欧洲最伟大的诗人之一，他那些灿烂的诗篇在他生前就已经震撼了千万读者的心灵，今天，他的作品依然在世界各国广为流传，久盛不衰，他成为欧洲文学界的一面旗帜。传世名作《唐璜》是拜伦创作的最高峰，是其作品中内容最丰富、描绘现实最深广的一部，在英国乃至欧洲的文学史上都是罕见的。

在19世纪的欧洲作家里，萨克雷是第一流的天才。他一生创作浩繁，在英国文学史上一直占有非常重要的地位，他的《名利场》发表后立即引起轰动，被认为是英国文学的一个里程碑，是他生平著作里最经得起时间考验的杰作，奠定了他在文学史上的地位。这部小说已先后被6次拍成电影，其影响力由此可见。

一部小说如果能以一种力量去唤起人们心底美好的情愫，也就是说，它塑造的人物是以人们希望或赞赏的生存方式存在于文学作品当中，那这些人物就能久久地停在读者的心中，并产生有效的影响。英国作家夏洛蒂·勃朗特的《简·爱》就是这样一部作品，它经久的魅力一个多世纪以来仍然不断散发着耀目的光辉。

将近半个世纪，《呼啸山庄》一直不为世人所理解，进入20世纪，艾米丽的天才开始为人们所认同，《呼啸山庄》也像逗留在“蒙娜丽莎”嘴边那神秘的微笑，显示出一种永久的艺术魅力。随着岁月的流逝，其别具一格的艺术魅力征服了越来越多的读者。而今，在经典书单中，它已堪与像《战争与和平》这样的巨著分庭抗礼了。

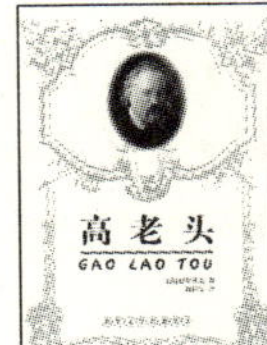

巴尔扎克创造了一个完美的第二世界，他征服的精神疆土比拿破仑征服的物质世界要辽阔得多。100多年来，他的作品传遍了全世界，对世界文学的发展和人类进步产生了巨大的影响。巴尔扎克在世界文学史上占有着至高无上的地位，他的长篇小说《高老头》具有极高的艺术魅力，至今仍吸引着全世界的读者。

小仲马的作品并不多见，他第一部扬名文坛的力作《茶花女》一经出版即轰动法国，小仲马一举成名后又把小说改编为剧本。1852年，五幕剧《茶花女》上演了。剧场爆满，万人空巷。100多年过去了，历史上茶花女玛丽的真实故事早被人们遗忘了，但小仲马笔下茶花女玛格丽特的故事却长久地流传下来了。

霍桑曾认为自己是“美国最无名的文人”，但《红字》却使他一举成名天下知。这部美国文学发展史上的首部象征主义小说出版后，作者立刻就被评论界称为“出生于本世纪的最伟大作家”。霍桑开创了美国浪漫主义小说和心理分析小说的一个新时代，因而一直饮誉英美和世界文坛。

如果要给《白鲸》这本书硬加上一个准确的、正统的、权威性的意义，就等于摧毁本书活生生的持久性，也摧毁了它带给读者的激动，而这种持久性、暗示性和刺激性正是这部小说的明显特点，也就是作者麦尔维尔文学技巧的精髓。面对《白鲸》这样一部卓越而复杂的作品时，读者大多会感到欣喜、震惊与顿悟，

1851年，斯陀夫人的《汤姆叔叔的小屋》发表后，立即引起了强烈的反响，受到了读者热烈的欢迎。100多年来，近代西方史学家都将《汤姆叔叔的小屋》一书看做是美国南北战争的导火线之一。林肯总统后来接见斯陀夫人时戏谑地称她是“写了一本书，酿成了一场大战的小妇人”，这一句玩笑话充分反映了这部长篇小说的巨大影响。

作为19世纪俄国现实主义文学的标志性人物，才华横溢的果戈理一生痛苦而短暂，但是他创作的作品却成为世界名著流传至今。在20年的创作生涯中，他的佳作极大地丰富了俄罗斯文学的宝库，使其成为19世纪俄国现实主义文学的一代宗师。《死魂灵》是俄国批判现实主义文学中第一部真正的长篇小说，也是果戈理创作的顶峰。

瓦尔登湖给了梭罗一个尽可能的去处，梭罗在湖边完成了他对自身深度的“衡量”，之后完成了《瓦尔登湖》这部经典之作，被誉为“美国环境运动的思想先驱”，它奠定了梭罗在美国文学史上的地位。随着时间的推移，此书越来越引起了人们的喜爱与重视，逐渐被公认为美国文学中具有独特价值的名著。

惠特曼只读过五六年书，从19世纪40年代起开始写诗，《草叶集》是他唯一的一部诗集，作者摒弃了传统诗歌的格律，创造了“自由诗体”，解放了美国诗歌，哪怕对整个英语诗歌来说，它的影响也可以用“革命”二字来形容。从他开始，美国诗歌才真正获得了气势磅礴的表现力。由此，惠特曼成为后来的很多美国诗人创作上的导师。

在19世纪法国文学大师辈出的年代，继司汤达和巴尔扎克之后，出现了另一位致力于现实主义创作的文学大师——福楼拜。他一生著述不多，以一部《包法利夫人》赢得了极大的声誉。《包法利夫人》是世界十大文学名著之一，“这部完美无缺的小说”出版以后，“在文坛上产生了类似革命的效果”。

一个伟大的时代，往往是从一个伟大的诗人开始，或者用一个伟大的诗人去证明。在世界各国出版的世界文学名著丛书之类的作品中，可以没有雨果、歌德的诗集，但绝不会漏掉波德莱尔。《恶之花》是奠定波德莱尔文学地位的杰作，雨果称其“像星星一般闪耀在高空”。在浩如烟海的文学作品中，《恶之花》至今仍拥有数量众多的读者。

狄更斯是19世纪英国现实主义文学的杰出代表，英国小说在他的笔下达到了灿烂辉煌的高峰。这位用英语写作的最伟大的小说家，他的伟大不仅在于他深刻地暴露了英国各个社会阶层的生活实况，而且也在于他掀起了真正的文学革命。《双城记》是狄更斯诸多鸿篇巨制中最简短、最精练，然而故事情节最扣人心弦的小说。

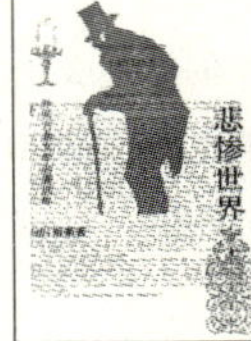

雨果是文学史上雄踞时空的王者，像他这样作家兼斗士的伟大人物，在世界文学史上寥若晨星，屈指可数。作为19世纪前期积极浪漫主义文学运动的精华之作，《悲惨世界》是最能代表雨果思想艺术风格的作品，雨果以他的这部跨越地域、超越时空的经典著作，吸引着全世界的读者，与21世纪乃至更为久远的人们心气相通、血脉相连。

在学术与哲理的园林中，文学是一种氛围，或是一扇窗户。在更深夜静的夜晚，阅读屠格涅夫，即使被他忧伤的河流所浸透，心灵仍然会获得某种怡然的恬静。在世界文学史上，也许很少有人像屠格涅夫那样，是一个杰出小说家，又是一位伟大的抒情诗人。《父与子》是屠格涅夫的杰作，也是俄国文艺界争议最为激烈的作品之一。

在人类文化史上，19世纪的法兰西文化光辉灿烂，当时名家云集，群星闪烁，其中有一颗星耀人眼目，与众不同，那就是被人誉为“科幻之父”的凡尔纳。打开儒勒·凡尔纳的《海底两万里》，你便打开了探知海底世界的大门！它将带你走进一个充满新奇、刺激、惊险的世界，你想知道的一切在这里都可以找到答案。

现代诗歌史上从来不缺耀眼的天才，兰波从小就渴望自己成为一个传奇，他谜一般的诗歌及其充满流浪、反叛和幻想的一生，使他成为了19世纪的文学神话。这个被“缪斯的手指触碰过的孩子”，从14岁开始写诗，到19岁完成《地狱一季》，短短的5年时间就完成了作为一个伟大诗人的全部作品，使他名声大噪于后世。

莎士比亚不仅属于一个时代，而且属于所有世纪。他以自己妙笔生花的创作实践打破了盛行于剧坛的三一律模式，创造性地发展了戏剧。作为英国文化的宝贵遗产，莎士比亚的作品像空气一样散布于全世界，有着极为强健的生命力。世界上对这位文艺复兴时期的巨人的剧作《哈姆雷特》一往情深的导演不计其数。

陀思妥耶夫斯基是一位思想错综复杂而艺术风格独具魅力的艺术家，许多现代派作家把他“看成是自己的先驱和自己的支柱”，这个伟大的作家以天才的力量震撼了全世界，使整个欧洲惊愕地注视着俄罗斯。长篇巨著《卡拉马佐夫兄弟》是陀思妥耶夫斯基艺术创作的总结，真实地展现了俄国社会的生活图景。

亨利·詹姆斯这位为欧美文化交流作出了突出贡献的现实主义小说家，在创作中成功地体现出自己独特的国际性，英、美、法三国整整一个甚至几个时代的文学流派，在亨利·詹姆斯的作品中都有所反映。在《贵妇人画像》等小说中，他的创作逐渐发展，预示着一种生活方式和一种美学理想的终结。

林林总总的外国古典文学长廊里，少不了一幅流光溢彩的画卷，这就是19世纪俄罗斯文学；星光灿烂的19世纪俄罗斯文学天幕上，少不了一颗耀眼夺目的明星，这就是莱蒙托夫，他的小说《当代英雄》是世界文学史上真正的经典之作，其艺术魅力是一口挖不干的活泉，充满了美丽芬芳的诗意。

在19世纪法国的文坛上，名家辈出，巨著云集，文坛盛况，蔚为壮观，这是法兰西人民的骄傲和光荣。其间，有一位笔力酣畅、气度非凡的作家，他曾接连推出数十部长篇小说，一跃而成为法兰西文坛的健将，这就是爱弥尔·左拉。他的《萌芽》作为一幅历史画卷，每每让我们驻足凝望；它作为一种时代强音，至今仍震撼着我们的心灵。

马克·吐温是美国小说史上的幽默大师和语言巨匠，他创造了完全属于美国的小说，被称为“文学中的林肯”。美国著名作家海明威曾经说过：“一切现代美国文学来自一本书，即马克·吐温的《哈克贝利·费恩历险记》……这是我们所有书中最好的。一切美国文学都来自这本书，在它之前，或在它之后，都不曾有过能与之媲美的作品。”

哈代这位处在新旧时代交界线上的文学巨人，突破了19世纪维多利亚主义的窠臼，努力用一种更高的概括来表现近代资本主义条件下人们对生活的感受，与现代主义精神息息相通，成为英国小说中现代主义的一个先驱。在《苔丝》这部小说中，他漠视小说的传统，奠定了他作为一位伟大的现实主义小说家的地位。

法兰西文学的苍穹，明星璀璨，每一颗明星都有其值得一书的历史。公认为“短篇小说之王”的莫泊桑，在不到十年的时间里，创作了近300篇脍炙人口的短篇小说，是世界文学史上最著名的短篇小说大师之一。虽然现在他已经长眠，但他的著作永远在世上醒着，他的小说每篇都是一个令人顿觉醒悟的生活的窗口。

即使去世100年后，易卜生依然是挪威最伟大的文学家。他的铜像在奥斯陆民族剧院外已经整整矗立了100年，在过去的日子里，他给挪威民族带来的荣誉，比别的任何挪威人都要多。他的《玩偶之家》吸引了整个欧洲，也奠定了他作为一个戏剧艺术大师的牢固地位。

列夫·托尔斯泰是俄国文坛上最卓越的现实主义大师，在其半个多世纪的创作历程中，他以其卓越的艺术天赋和伟大的人道主义精神为整个世界奉献了一大批感人至深的杰作，表现出对俄国各种社会问题以及人生的意义的深刻思考。他的代表作《复活》被誉为“19世纪俄国生活的百科全书”。

托马斯·曼是一位文坛罕见的幸运儿，从出生到80高龄去世始终生活优越，近70年创作生涯几乎年年都有著作问世。他在令人难以想象的青年时代就写出了皇皇巨著——《布登勃洛克一家》。他的作品至今仍然拥有广大读者，尽管不少同时代者与后辈人对其著作和为人颇有针砭，却都无法减弱他作品流传的势头。

法国小说家莫泊桑曾经说过，“恐怕没有一个法国小说家，能够断定他不曾直接或间接地受到过契诃夫的影响……在所有现代小说家的脉管里，都至少流动着契诃夫的几滴精神的血液。”契诃夫的完美的艺术创造为人类宝库留下了一笔珍贵的遗产，时间是公正的评判员，他的小说经受了近百年的时间检验，依然闪耀着独特的艺术光彩。

刘鹗是一个罕见的民间奇才，很少有人能如他一般精通文理，在对中国传统文化的继承和对西方理性知识的介绍上均有卓越的贡献。而刘鹗这个名字为人们了解，是他留下的一部小说《老残游记》。在19世纪末的中国天空中，在救亡和启蒙的双重变奏中，刘鹗的《老残游记》成为旧文学的收场，新文学的前驱，备受世人赞誉。

1913年诺贝尔文学奖评奖会上，《吉檀迦利》成为评委们争相阅读的作品，当年的诺贝尔奖颁给了这部诗集的作者，这是瑞典文学院第一次将诺贝尔奖颁给一个东方人。这个人就是泰戈尔。泰戈尔已经成为人们记忆里一个永恒的经典和偶像，崇拜和阅读他的人一代代老去，而他的作品却依然新鲜如故，更显深邃。

作为无产阶级文学的奠基人，高尔基不仅是一位出色的小说家、剧作家、诗人，而且还是一位优秀的文学评论家。他在不断的探索中首先创立了社会主义现实主义美学观，并在创作中进行了成功的实践。高尔基创作的第一部社会主义文学的奠基作品《母亲》，受到世界各国无产者的喜爱。

若要日本人选出一个能代表日本近代文学的作家，十人中有九人会选夏目漱石。《我是猫》是日本近代文学中一部视野广阔的讽刺小说，奠定了夏目漱石这位杰出的小说家在日本近代文学史上的崇高地位。这部贯穿着批判精神的作品，以洋溢于字里行间的笑声引导人们驱散郁积在心头的愁云。

杰克·伦敦一生的创作为人们了解美国人及其性格提供了生动的素材，受到世界范围的广泛赞誉，被称为“美国无产阶级文学之父”。水手生涯和丰富的人生经历为杰克·伦敦的创作提供了无比丰富的素材。《马丁·伊登》这部发表在杰克·伦敦文学创作的高峰时期的作品，多少年来一直深深吸引着不同时代、不同经历的读者。

欧·亨利以新颖的构思、诙谐的语言、悬念突变的手法表现了20世纪初期的美国社会，开辟了美国短篇小说的途径。他的作品富于生活情趣，被誉为“美国生活的幽默百科全书”。他一生创作了200多个短篇小说，很多篇目都被视为短篇经典，并被收进各种教材，达到了脍炙人口的境地，它们代表了欧·亨利作为一个小说家的最高成就。

罗曼·罗兰的思想是世人强大的精神源泉，他的著作仿佛经过高温熔炉的反复冶炼，洋溢着一种悲天悯人的宗教情怀，以及对人类无限深情的关爱。在这个躁动不安的世界上，所有追求灵魂自由的人，都会在他这儿寻求到慰藉。1915年，罗曼·罗兰因其巨著《约翰·克利斯朵夫》中所颂扬的崇高理想而获得了诺贝尔文学奖。

在世界文学史上，卡夫卡绝对是一个异类。20世纪初，在西方现代文艺流派异彩纷呈、此起彼伏的时期，他构成了独树一帜的“卡夫卡式”艺术风格，从而在现代文学史上位于第一流的大家之列。卡夫卡生前公开发表的作品极少，《变形记》是其中之一。如果你想了解现代主义文学，最好的办法就是从反复阅读《变形记》开始。

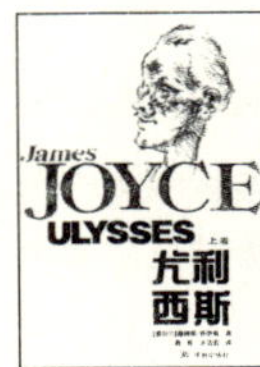

作为小说艺术的革新者，乔埃斯拓展了西方小说的表现力。20世纪的不少西方小说，直接或间接地、自觉或不自觉地受益于乔埃斯创新的努力。他的小说《尤利西斯》是20世纪文学中小说的最大贡献，犹如“一块坠自月球的陨石”，在欧美社会掀起了轩然大波。

茨威格建立和拥有了一个稳定而不断扩大的读者群，这些读者注视着他的文学活动，关注着他的每一本新书，期待着他的下一本书能够带来惊喜，而又并不脱离他们已经熟悉了的“茨威格式”的感情激越和富丽华美。《一个陌生女人的来信》是茨威格中篇小说的代表作，也是一部震撼心灵的杰作。

无论是作为中国新文学的开拓者，还是对中国社会了解最为透彻的思想者，鲁迅始终站在中国精神文化战线的最前沿，向着腐朽落后冲锋陷阵。在这种血与火的考验和严峻的斗争中，他成为“最伟大和最英勇的旗手”，引领了“中华民族新文化的方向”。《呐喊》给予我们的不仅是文学的章法和技巧，更是精神和心灵的滋养。

奥尼尔可以说是美国戏剧的开山之祖，他给以后的剧作家提供了学习、借鉴的范例，为20世纪美国戏剧的发展与繁荣奠定了基础。评论界曾指出：“在奥尼尔之前，美国只有剧场；在奥尼尔之后，美国才有戏剧。”《毛猿》是奥尼尔表现主义戏剧的代表作，为后世戏剧的发展提供了可借鉴的模式。

德莱塞是20世纪前半叶美国最负盛名的作家，他的小说《美国的悲剧》一出版，立即轰动了美国文坛，小说主人公克莱德·格里菲斯这一艺术形象一时间成为人们议论的中心，若没有他的开拓，美国作家恐怕没有谁敢试图描写生活、美和恐惧。德莱塞自觉地运用现代科学方法对人性和社会进行研究和分析，形成了独树一帜的风格。

普鲁斯特是个半辈子躺在床上、与药罐子为伍的人，这是一个只生活了一半却创造出全部的人。一切伟大的文学作品都建立或瓦解了某种文体，也就是说，它们都是特例。在那些特例中，《追忆似水年华》属于最深不可测的一类，它标志着“意识流”作为一种文学流派正式登上文学舞台。普鲁斯特凭借着这部小说，跻身于最伟大的小说家之列。

作为散文大家，朱自清的名字永远和中国现代散文的历史写在一起。他的散文以独特的艺术风格，为中国现代散文增添了瑰丽的色彩，为建立中国现代散文全新的审美特征，树立了“白话美文的模范”。散文集《背影》近百年以来，已经和朱自清的名字融为一体。读《背影》，会让人感觉无比亲切，越读越精彩，越读越经典。

劳伦斯的出现，对20世纪的英国文坛是一场强烈的地震，只是在余震过后，人们才充分认识到它的震动之强和影响之深。天才，用这个词来形容劳伦斯是恰当的，他在现实主义道路上独辟蹊径，被赞誉为“爱的祭司”，他的《查泰莱夫人的情人》开创了现代小说性爱审美描写的先河，对西方现代主义文学产生了重大影响。

张恨水的每一部作品都堪称难得的艺术精品，而《金粉世家》更是其中之冠。这部长篇通俗小说洋洋洒洒80万字，凝聚了作者六年的生命情感与心血，是一本不逊色于任何严肃文学作品的通俗文学经典，被誉为“20世纪民国版《红楼梦》”，其厚重的历史感、鲜明的时代气息和强烈的反叛意识于字里行间呼之欲出，尽展无遗。

如果说，在20世纪30年代中国话剧已经走向成熟，那么成熟的标志之一则是出现了曹禺和他的戏剧。曹禺为中国话剧赢得了世界性的声誉，《雷雨》是他的开山之作，也是他的成名之作，代表了他——甚至一代剧作家所能达到的最高成就，如刀刃一般在读者的心弦上缓缓滑过，那颤抖而出的余音至今未息。

叶芝是和永恒拔河的人，是“20世纪最后一个浪漫主义诗人”。他的成就是非凡的，这位西方诗坛极为罕见的忠于艺术直至老死的诗人，他的作品是世界诗歌宝库里的一笔财富，更是馈赠给后人的一种深沉的幸福。半个多世纪过去了，叶芝那些饱满纯熟，富有活力的诗篇已经深入人心，成为永恒的经典，在世界的各个角落传颂。

在世界文学史上，仅仅写了一部作品就名扬天下并在文坛上占有一席之地的作家也许只有美国女作家玛格丽特·米切尔了。1936年，《飘》一经问世便成了美国小说中最畅销的作品，玛格丽特因此几乎在一夜之间变成了当时美国文坛的名人，成了亚特兰大人人皆知的“女英雄”，追要签名、请求采访、邀请她去各地巡回讲演的人络绎不绝。

在20世纪中国文坛上，林语堂是个具有世界性影响的风云人物。他不但学贯中西，是我国最优秀的双语作家之一，而且在语言学的研究方面取得了重大突破。通过文学作品，他构架起了东西方文化的艺术长廊，在海外研究界产生了广泛的影响。他的《京华烟云》为世界华语文学创作提供了深刻的启示。

博尔赫斯被尊崇为“为作家写作的作家”，而他的作品早已超越了纯粹的写作而存在着。他是一个阅读者，他的一生不断在图书馆里阅读他人，而在写作的过程中，他又不断地用想象和宗教式的虔诚来阅读自己。博尔赫斯有着智者的头脑，他的代表作《交叉小径的花园》充分显示了他过人的智慧和非凡的文学才能。

20世纪的法国有两位号称“精神领袖”的人物，一是萨特，一是加缪。加缪被誉为“年轻人的精神导师”和“社会的良心”，他的小说都是“形象的哲学”，蕴涵着哲学家对人生的严肃思考和艺术家的强烈激情。他以其《局外人》一书站在了当代小说的尖端，小说出版后即引起轰动，是一部举世公认的文学经典著作。

喜欢《小王子》，好像不需要理由，无论你的身份如何，你都可以用自己的方式去读它；无论你的心情如何，你都可以带着自己的感受去读它。阅读《小王子》长久以来被视为一种必修的文化学分，从9岁到99岁，年龄已经不再是界限，每个人都可以以自己的方式来体会其中的柔情和哲理，品出你自己的人生况味。

说张爱玲是中国文学史上的一个“异数”应当不为过，文字在她的笔下才真正地有了生命，能一直钻进人的心里去。张爱玲这个被当时文坛称为奇迹的女作家，读了她的佳作，你也会豁然明了什么是作家，什么是小说，什么是传世精品。《金锁记》是张爱玲最出色的中篇小说，美国学者夏志清称之为“中国从古以来最伟大的中篇小说”。

肖洛霍夫一生写下了许多个悲剧故事，而他自己徘徊于“中心”与“边缘”之间，既要迎合“中心”，又要保持“边缘”的独立地位，最终能够同时为苏联与西方两个世界所接受，肖洛霍夫为此所付出的辛苦，恐怕是局外人难以完全体会的。《静静的顿河》是他的代表作，出版后引起了很大轰动。

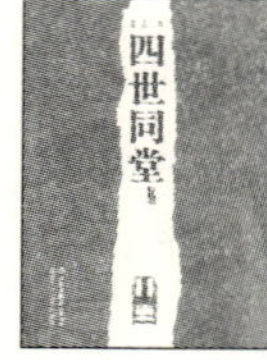

一种文化，只有在关键时刻才能真实地呈现出它的优劣；一个民族，只有在危亡之际才能真正显露出他的强弱。小说是一个民族的历史，是一种文化的沉淀，能够把沉淀真实地融入历史，又能使历史清楚地显示出沉淀的小说，无疑是一部优秀的现实主义作品。老舍就是这样一位巨匠，他的《四世同堂》读来令人荡气回肠。

作家的最终目的是要“揭示心灵里的那些古老的情感，那些人类所共有的古老的情感——爱心、荣誉感、怜悯心、自尊心、同情心和献身精神。任何小说缺乏了这些情感都将会昙花一现，都是注定要死亡的”。福克纳正是在他的作品里揭示了这些人类美好的情感，使他的《喧哗与骚动》成为一部现代的经典作品而永载史册。

日本现代文学大师川端康成是一位一生执著于艺术追求的唯美主义大师，他在文学创作中努力探索，最终以东方和日本的传统精神为基础，并注重对西方人文主义理想和写作技巧及心理分析的研究，形成了自己鲜明的风格。《雪国》是川端康成创作的成熟标志和艺术高峰，1968年川端康成因此书而荣获了诺贝尔文学奖。

96

对于现代青年来说，钱钟书无疑是一个谜一般神秘而富于魅力的人物。他是一位可以用“天资卓越”来形容的学者型作家，代表着现代中国文人的最高智慧。在中国文化史上，像钱钟书那样著作博大精深，涉猎领域广泛到几乎无所不包而驰骋得自如自由的着实凤毛麟角。当年他的“奇书”《围城》出版后十分畅销，洛阳纸贵。

97

真正的大师都是用最简单的语言来表达最深刻的道理，真正的好作品都是用生命的历练做题材，《老人与海》所刻画出来的正是海明威的一辈子最好的画像。这部不朽的文学名著是海明威最负盛名的著作，饱浸了对生命的赞美与尊重。这部作品为全世界读者提供了去参考并演绎生命“绝对动力”的平台，曾激励了一代又一代的读者。

98

马尔克斯是哥伦比亚当代最杰出的作家，他在作品中成功地实践了魔幻现实主义原则，被赞誉为“拉丁美洲人的骄傲”。《百年孤独》是他的代表杰作，也是魔幻现实主义文学的高峰，作品问世后即引起了一场强烈的“文学地震”，因为其独到的艺术成就而让马尔克斯成为拉美小说界的“掌门人”。

99

还没有哪个作家能像昆德拉那样穿透变幻莫测的政治雾霭，直刺人类深层本质的劣根性。在从共时性的阐述过渡到历时性的诠释中，昆德拉对生命本质进行了形而上的批判，从而接触到人类内宇宙的最核心的部分。《生命中不能承受之轻》是昆德拉的才华得到集中体现的一部作品，对于热爱小说的读者而言，不读它将是一个永远的遗憾。

100

杜拉斯，一个既纯真又风情万种的女人，一位因孤傲、叛逆显得卓尔不群最终被法国乃至世界文坛所认可的著名作家，她用前卫的文字在不知不觉间引领着时尚。杜拉斯在世界文坛的地位无可争议，说她是20世纪最有影响、最具个性、最富魅力的女作家并不为过，她的小说《情人》引起了社会与文学界的极大反响。

希腊人生息在荷马这个元素里，就像生息在空气里一样。在他的吟唱中，无数神祇英雄的名字在世人口中万载相传。

《荷马史诗》

■ 荷马（古希腊　生卒年不详）

在古希腊，有一位双目失明的老人，背着七弦竖琴飘游四方，把自己的诗吟唱给大家听，以此来换取食宿。他的诗讲述了希腊许多光辉灿烂的历史事迹、神话和传说。老人是个盲人，所以没有用笔写下那些锦绣珠玑般的诗句，然而他死后，其所创作的伟大的诗篇却流传了下来，并诉诸文字。诗篇以老人的名字命名，很快在希腊风行，并流传千古，成为西方文化长河的开山之作。这位老人就是荷马，这是一个永远也不会被忘记的名字，他是西方文学史上第一位有作品传世饮誉全球的希腊诗人，在他所创作的《荷马史诗》中，以特洛伊战争为背景，描述了恢弘壮观而又悲壮惨烈的战争场面。在诗人的吟唱中，一场持续十年的激烈战争永垂史册，无数神祇英雄的名字在世人口中万载流传。

《荷马史诗》是希腊人由野蛮时代进入文明时代的主要遗产，是古希腊人智慧的结晶，具有极高的史料价值、思想价值和艺术价值。它是古代西方最伟大的史诗，如实反映了当时希腊社会的政治、经济、军事、风俗等社会状况，是希腊古代社会的“百科全书”。早在公元前6世纪，这部史诗就已经被认为是伟大的文学作品，从此以后，希腊人一直把《荷马史诗》视为自己民族至高无上的文学杰作。在希腊，这部著作家喻户晓，妇孺皆知，在很长时期里对人们宗教观和道德观产生影响。

双目失明的荷马闪耀出希腊文明的第一道亮光，希腊人生息在荷马这个元素里，就像生息在空气里一样。所有杰出的希腊诗人和剧作家都受荷马传统熏陶很深，他们根据荷马的文学思想提出了自己杰出的文学观。荷马对古代罗马作家的影响也非常之大，所有古代罗马作家都把他的诗歌看做是杰出的典范。意大利的伟大诗人但丁称荷马为“诗人之王”。即使在当代，每个著名的作家都直接或间接受到荷马的影响，在历史上再没有谁像荷马那样拥有广泛而持久的世界声誉。

经典回眸
JINGDIANHUIMOU

《荷马史诗》相传是公元前9至8世纪古希腊盲诗人荷马根据在小亚细亚口头流传的歌谣传说整理加工而成的，是古希腊最著名的作品，长期以来成为欧洲叙事诗的典范。《荷马史诗》包括《伊利亚特》和《奥德赛》两部作品，以特洛伊战争为背景，但都没有写战争的全过程，而各自只截取战争最后一年中的一段故事来表现全体。《伊利亚特》和《奥德赛》虽然反映的内容各有所侧重，前者重在写城邦之间的战争，后者则着重写希腊英雄与自然的斗争，但作者都以简洁鲜明的笔触，勾勒出足以令人崇敬的英雄形象，因此被称做“英雄史诗”。

《伊利亚特》描写特洛伊战争的故事，共24卷，15693行。特洛伊战争在历史上真有其事，希腊的传说却将战争的起因神化了：古希腊一个国王珀流斯和爱琴海女神之女忒提斯举行婚礼时，女神厄里斯在宴席桌上扔下一个金苹果，上面写着“给美丽的女神”，赫拉、雅典娜、阿佛洛狄忒三位女神为争夺这一苹果而争吵。宙斯让她们找特洛伊王子帕里斯评判，三位女神都向帕里斯许了愿。阿佛洛狄忒答应他娶到天下最美的女子，帕里斯便将金苹果判给这位女神。事后女神将帕里斯带到斯巴达，拐走了斯巴达王后——世界上最美的女人——海伦。此事激起了希腊各部落的公愤，为夺回海伦，他们组织了十万大军，渡海远征特洛伊。战争持续了十年，最后希腊将领俄底修斯用“木马计”攻破了特洛伊城。《伊利亚特》所写的是战争进行到第十年的最后51天的事情，歌颂了部落英雄的辉煌战绩和他们的集体英雄主义精神。情节是从希腊联军的内讧开始的：联军统帅阿伽门农夺走了联军主将阿喀琉斯心爱的女俘，阿喀琉斯一怒之下拒绝出战，使希腊军队一再失利，特洛伊军乘机进攻，一直将希腊军逼到海边。阿伽门农出重礼向阿喀琉斯赔罪，仍得不到谅解。阿喀琉斯的朋友帕特洛克罗斯借了他的车马盔甲出战，虽解了船边之围，自己却被特洛伊王子、主将赫克托尔所杀。阿喀琉斯悲愤交集，悔恨万分，重新投入战斗。经过激战，杀死赫克托尔。全诗在特洛伊老王为赫克托尔举行的葬礼中结束。

《奥德赛》主要描写特洛伊战争结束后，希腊联军“木马计”的策划者、伊大卡王俄底修斯回国在海上漂泊的经过。全诗也是24卷，共12105行。特洛伊战争结束后，希腊英雄们纷纷返回家园，唯独俄底修斯下落不明。他的国中流传他已经死亡，一百个贵族向他美丽的妻子珀涅罗珀求婚，妄想夺得他的财产和地位。珀涅罗珀机智地应付，一心等待丈夫。他的儿子为寻找他走遍了希腊各地。原来俄底修斯在海上遇到各种神仙鬼怪的阻挠，他历尽艰险，漂泊十年，最后终于回到伊大卡国中，杀死求婚者，和忠贞的妻子团聚。《奥德赛》是欧洲第一部以个人遭遇为主题的作品，反映了人对自然的斗争，争夺私有财产和保卫私有财产的斗争，歌颂了对爱情的忠贞。

从思想上来看，《伊利亚特》是典型的古代英雄史诗，其基本主题是歌颂刚强勇武的战斗英雄，崇尚重视战斗荣誉的英雄主义。《奥德赛》的基本主题则是展现人与自然的斗争，歌颂人的智慧与毅力，同时也赞美了忠贞不渝的爱情，体现了新家庭制度的道德规范。贯穿两部史诗的共同思想就是热爱现实，肯定人的奋斗精神，强调对人生的积极态度。

《荷马史诗》是早期英雄时代的大幅全景，也是艺术上的绝妙之作，它以整个希腊及四周的汪洋大海为主要情节的背景，展现了自由主义的自由情景，并为日后希腊人的道德观念，进而为整个西方社会的道德观念立下了规范。《荷马史诗》是西方文学史、文化史上的第一部传世经典，对于这部作品的研究和解读，在古希腊时代和西方文艺复兴之后从未间断过。

英雄的史诗

《荷马史诗》是古希腊文学辉煌的代表，两千多年来一直被看做是欧洲叙事诗的典范。

荷马既不是古希腊唯一的、也不是最早的史诗诗人，他的功绩不在于首创史诗，而在于广征博采，巧制精编，集前人之长，避众家之短，以大诗人的情怀，大艺术家的功力，创作了《伊利亚特》和《奥德赛》这两部瑰美的诗篇。当然，此后两大史诗还有许多改动。传说到公元前6世纪中叶，雅典城邦的统治者又组织学者将其删改编订，正式写成文字。公元前3世纪至前2世纪，亚历山大学者又作了最后编订，把两部史诗各分成24卷，这就是后人看到的最早的本子。

《荷马史诗》用神话方式表现了特定的社会历史内容。两大史诗规模宏伟，内容丰富，极为广阔地描绘了由氏族社会向奴隶社会过渡时期希腊的社会生活和人们的精神面貌，对当时的社会形态、思想观念、宗教活动、田园耕作、体育竞技、家庭生活、商品交换、风俗礼仪等，都作了生动的描绘。《荷马史诗》对古希腊人来说具有百科全书的性质，他们从中吸取知识，接受教育。在整个古典时期，该史诗成了希腊教育和文化的基础。正如柏拉图在《理想国》里所说，荷马教育了希腊人。

《荷马史诗》又称为“英雄史诗”，这主要是因为史诗塑造了众多的英雄形象，并通过这些形象表现了那个“英雄时代”的英雄主义理想。

荷马不仅是一位诗人，而且也是一位具有卓越的宏观调度和控制能力的大型文学作品的设计师。在荷马以前，史诗没有形成宏大的规模；在荷马以后，诗人们又混淆了文学和历史的界限。亚里士多德认为，史诗诗人中唯有荷马摆脱了历史（或编年史）的局限，着意于摹仿完整的行动，使作品避免了流水账式的平铺直叙，形成了主题明确、中心突出的整体格局。《伊利亚特》围绕着阿喀琉斯的愤怒展开，全诗内容跌宕起伏，读来扣人心弦。《奥德赛》虽然采用“双线发展”的组合形式，但故事的焦点一直或明或暗地对准俄底修斯的回归。忒勒马科斯的出访，神的干预，求婚人的恶行，珀涅罗珀的心境，牧猪人的活动，所有这一切都带有陪衬和铺垫的性质，起着解说、转折和牵引的作用。理解双线展开的情节要求听众和读者用想象的纽带连接变换的时空，从由于企盼造成的持续性悬念中体会诗人的匠心，领略作品结构的精美。亚里士多德盛赞《伊利亚特》和《奥德赛》的构思，认为它们体现了史诗的最高成就，是史诗的典范。史诗在题材处理及谋篇布局上显示了惊人的水平。两部史诗都涉及10年时间所发生的事，但都是采取戏剧式的集中、概括和浓缩的手法，把故事集中在一个人物，一个事件和某一段时间上，从而把众多的人物、纷繁的情节和丰富的生活画面浓缩成一个严谨的整体。《荷马史诗》卓越的结构谋篇艺术，历来为文史家所高度赞扬。（《欧美文学史》）

解读荷马

荷马是个浪漫的艺术家，他的作品在整个阅读的过程中无时无刻不在敲打着读者的心灵。

《伊利亚特》中的每一个场面都在吸引着读者。这些场面，被荷马天才的艺术才华串联在一起，是一部史诗而宏伟，如一部画卷而壮丽。风景如画的伊达山，坚如群山的特洛伊城堡和洒满了壮士鲜血的小亚细亚，荷马把这很久以前的世界涂上了颜色，淋漓尽致地展现在了世人面前。他让人们再次想起那段阿喀琉斯的歌声和木马计的往事，不再只是从古老的羊皮卷上看着奇怪的符号，而且还被他送进了真切的现实之中，仿佛时光已经倒流。空气中飘来淡淡的紫藤花的香气还夹杂着战争的血腥味；窗外嘈杂的公路的噪音渐渐被英雄们的歌声所替代；天边的夕阳抛弃了参天的高楼，而给雄伟的奥林匹斯山镀上了金边。

荷马的艺术概念来源于他内心对身边事物的真切感触。由于荷马所生活的年代没有纸张，或者不流行用文字来记录文学作品，所以他创作的形式主要是口述。这就让他在创造的过程中可以即兴发挥。“酒蓝色的”海洋，“土地肥沃的”特洛伊等，都是以事物的自身属性为蓝本加以描述，华丽而不花哨，浪漫而不泛酸。这不仅在主观上渲染了史诗的艺术氛围，更以自然、丰富的创作艺术形态向人们展现了他天才的艺术才华。

荷马是个不朽的文学家，他的作品两千多年还保持着青春的光泽。

荷马最成功的创作方式就在于他打破了传统的史学布局，摆脱了历史的局限，着意于描写每一个完整的动作，以记录片和故事的形式向人们叙述着古老的传说。虽然有些故事我们早已经烂熟于心，但是却无法抗拒读那些传说的另一种感觉。这种感觉是荷马带来的，叫做真实。

荷马不仅仅是让我们转动着眼睛或竖起了耳朵，他更多的是在人们的心里写下诗篇。人的精神，人的思想，人的情感是不朽的，当然，荷马的史诗也自然是不朽的。

之所以心里有着深刻的感觉，就是因为在读《荷马史诗》的过程就像自己经历的一样。眼睛能看见蓝天白云下血肉横飞的战场；耳朵里能听见牧羊人的歌声中又传来悲凉的哭泣。在这样的世界中游走，有时情怀舒畅，被美丽的小亚细亚所陶醉；有时心惊肉跳，所有的武器都向你指来；有时被战争描述的残酷的场面所震慑；有时又为死难的离别而落泪。这样深刻的感觉，来源于荷马至高的文学功力。

荷马的艺术天分的展现源于他深厚的文学功底，而他不朽的文学创作又依赖于他天才的艺术才华。荷马带给人们的，是文学的艺术，也是艺术的文学。他把艺术与文学完美整合，文学中展现艺术，艺术中升华文学。荷马试着创造世界，他成功了；世界试着创造荷马，也成功了。荷马创造了神话的特洛伊战争时的小亚细亚世界，神话的特洛伊战争时的小亚细亚世界也创造了荷马。有人把荷马比做一个造物主，这并不过分。他创造了阿伽门农的一生曲折，他创造了阿喀琉斯的壮怀激烈，他创造了众神之间精彩纷呈的演绎，他创造了诗中的一切。（佚　名）

历史桂冠 LISHIGUIGUAN

说起世界的古代文明，不能不提到希腊文明；说起古希腊文明，不能不提到古希腊的英雄时代；说起古希腊的英雄时代，不能不提到两部伟大的史诗《伊利亚特》和《奥德赛》；说起这两部伟大的史诗，不能不提到一个伟大的盲诗人，他的名字叫荷马。荷马的传记并不少见，然而种种传说多不足为据。史学家们多方考证，也只能判断出他可能生活在距今2800年左右的公元前9至8世纪，即希腊的史前时代。荷马为何地人氏，在这个问题上，众说纷纭，莫衷一是。鉴于荷马史诗的巨大影响，一个城邦被视为荷马的故乡便成了一种荣誉，因而在古希腊后期，曾有7个大城市争说本地是荷马的出生地。

上溯到古希腊时代，有一个家喻户晓的古老传说认为荷马是个盲人，但是两部诗中鲜明的视觉比喻表明即使荷马确实是个瞎子，他也不是生来就失明。不过绝大多数学者都认为，荷马是一个到处行吟的歌手。

关于创作《荷马史诗》的时间，从公元前1000年左右开始，到公元前6世纪为止，学者们也是众说纷纭。与其他民族的英雄史诗类比，从特洛伊战争到形成有关的传说，然后再加工成史诗，时间应不少于两三百年。另一方面，公元前6世纪《荷马史诗》已经流传于希腊。从这些情况看来，公元前9至8世纪应是创作《荷马史诗》最可能的时间，荷马也应是此时期的人物。荷马的影响持续了两千多年，这位远古伟大的诗人，为后世留下了极其宝贵的财富。

典·故·逸·话

关于《伊利亚特》和《奥德赛》的作者及形成问题，自古以来就众说纷纭。约在公元前5世纪至前4世纪，希罗多德、柏拉图和亚里士多德等历史学家和哲学家都肯定这两部史诗是荷马所作；但与此同时或较后一些时候，也有人对荷马的出生地点、生活年代和诗歌创作提出了疑问。18世纪以前，文学史家虽然注意到上述的疑问，但不否认两部史诗为荷马所作。1795年，德国学者沃尔夫发表的专著《荷马史诗研究》指出，荷马史诗是民间口头创作，并非出于一人之手。于是引起西方学者的长期争论，从而形成了欧洲文学史上的所谓“荷马问题”。

三千年前的诗，三千年前的歌，纵横三千年的悠悠岁月，仍然日久弥香……

《诗经》

■ 诗歌总集（中国·西周–春秋）

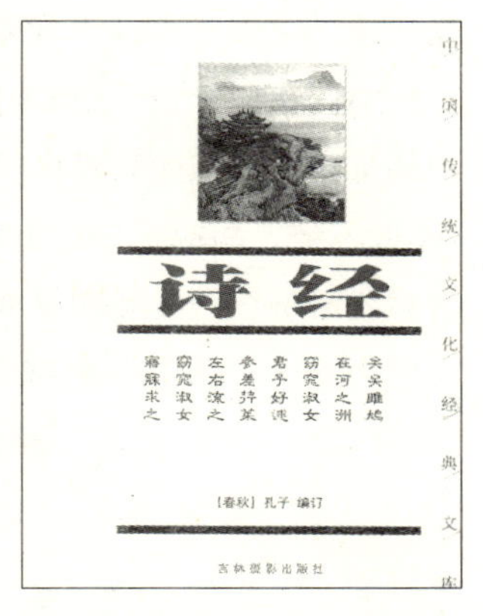

在华夏文明的灿烂长卷中，语言生动凝练、意境蕴藉悠远、音韵优美和谐的古典诗歌，如同一条横亘于古今之间的河流，而《诗经》就是这条河流的源头。青草可以编出献给爱人的钻戒，桑叶可以承载心的颂词，水之湄长满叫幸福的檀木，随意劈几棵盖起来的，就是温暖的爱巢。女人采薇、采桑也采摘着漫过春天河面的爱情，男人狩猎、狩猎着呦呦鸣鹿也狩猎着蒹葭苍苍白露为霜时的美丽女子。原始的爱与恨表达在《诗经》里让人一咏三叹。

作为中国第一部诗集，《诗经》以其丰富的生活内容、广泛的创作题材，向我们展示了殷周社会乃至远古社会的历史风貌。从《诗经》的祭祖诗中，我们看到了殷周祖先创业建国的英雄业绩；从农事诗中，看到了在农业生产中辛勤劳作的农奴；从战争徭役诗中，看到了仆仆风尘的役夫征人；从卿士大夫政治讽刺诗中，看到那些关心国家时政的优秀人物；从婚姻爱情诗中，看到了周人的婚姻习俗；从其他诗篇中，我们也看到周代社会各种各样的民俗风情。可以这样说，《诗经》中的305篇作品，交织成一幅多层次、多角度、从多个方面展现殷周社会历史的立体画卷。它的每篇作品，都潜含着无数的可以发扬的文化内容。它是中国上古文化一部形象化的历史，从远古到周代社会的文化积淀。不读《诗经》，简直无从想象华夏这块土地上曾经发生过哪些事情。耕种、狩猎、婚嫁、祭祀、园艺、兵役等这些人类一代又一代遗传的生活方式，穿越千年，在《诗经》中尽现。《诗经》总能把我们带回农耕的年代，仿佛置身于鸡犬之声相闻的村庄。淑女与君子，艄公与过客，母亲与儿女，乃至时光与记忆，隔着同样一条河遥遥相望。此岸是高楼广厦，灯火通明的都市，而彼岸有采薇的村姑、祈雨的礼仪，以及以渔猎为生的星罗棋布的部落。在阅读中我们延续着古人的生活，我们该如何解释这些失传的影子和保留了自由的灵魂？

经典回眸

JINGDIANHUIMOU

《诗经》是我国第一部诗歌总集，在中国文学史上具有崇高的地位和深远的影响，奠定了我国诗歌的优良传统，哺育了一代又一代诗人，我国诗歌艺术的民族特色由此肇端而形成。

《诗经》共收入自西周初年至春秋中叶大约500多年的诗歌305篇，共有风、雅、颂三个部分。其中风包括十五“国风”，有诗160篇；雅分“大雅”、“小雅”，有诗105篇；颂分“周颂”、“鲁颂”、“商颂”，有诗40篇。

“国风”是《诗经》中的精华，是我国古代文艺宝库中璀璨的明珠。“国风”中的周代民歌以绚丽多彩的画面，反映了劳动人民真实的生活，表达了他们对受剥削、受压迫的处境的不平和争取美好生活的信念，是我国现实主义诗歌的源头。在《七月》中，我们看到了奴隶们血泪斑斑的生活，在《伐檀》中更感悟了被剥削者阶级意识的觉醒，愤懑的奴隶已经向不劳而获的寄生虫、吸血鬼大胆地提出了正义的质问：“不稼不穑，胡取禾三百廛兮？不狩不猎，胡瞻尔庭有县貆兮？”有的诗中还描写劳动者对统治阶级直接展开斗争，以便取得生存的权利。在这方面，《硕鼠》具有震撼人心的力量。“国风”中有一些反映兵役、徭役给人民造成极大痛苦的思妇的诗，如《殷其雷》、《伯兮》、《君子于役》等就是这一类诗篇的代表作。“国风”中还有数量不少的爱情诗。反映不合理的婚姻给妇女造成极大的痛苦，表达青年男女对美满婚姻的向往和追求，是这类爱情诗的重要主题。《氓》、《谷风》等篇为我们展示的正是这种生活画面。而《柏舟》还具有鲜明而强烈的反抗意识。基调健康、乐观的恋歌，如《静女》、《木瓜》等，更给爱情诗增添了一种和谐、喜悦的情愫。所有这些都是劳动人民思想情感的真实表达。“国风”中还有不少民歌对统治阶级的荒淫无耻，予以有力的讽刺和鞭笞，如《新台》、《南山》、《株林》等都是这方面的名篇。

以简朴的语言描摹事物，以朴素的生活画面反映社会现实的现实主义创作方法，在“国风”中有很好的体现，并且成为它显著的艺术特点。在形象塑造上，“国风”也具有现实主义艺术特色。作者们能通过主人公的内心倾诉，表现他们的欢乐与悲哀，刻画主人公的行动及

典·故·逸·话

孔子教子学诗学礼，历来传为美谈，被称做“庭训”、“诗礼垂训”，孔子后代称此为“祖训”，自称“诗礼传家”。孔子教子学诗学礼的事，见于《论语·季氏》：有一天，孔子独自站在庭中，孔鲤迈着小步正要恭敬地走过时，被孔子叫住，问孔鲤学习《诗经》没有。孔鲤回答说还没有，孔子就对孔鲤说，不学习《诗经》是无法同人交谈的。于是，孔鲤就回去后认真地学习《诗经》。隔了一段时间，孔鲤从院里经过时又被孔子叫住，问孔鲤学习《礼记》了没有，孔鲤说还没有。孔子又教育他说，不学习礼是难以立身做人的。于是，孔鲤就去学习《礼记》。

其性格特征。“国风”在形式上多数是四言一句，隔句用韵，但也不是千篇一律。它常冲破四言的规定，而杂用二言、三言、五言、七言或八言的句子，如《伐檀》就是一首杂言诗。这些随着情感的波动而富于变化的诗句，读起来节奏分明，极富音乐性，“国风”的语言准确、优美，富于形象性，精确恰当地使用双声、叠韵、叠字，更增加了艺术魅力。此外，赋、比、兴的艺术手法也为“国风”大大增强了表现力。

雅诗和颂诗都是统治阶级在特定场合所用的乐歌。它们在思想内容上无法与具有现实主义精神和人民性的“国风”相比，但由于它们或多或少地反映了社会生活的某些方面，因此，也还具有一定的社会意义和认识价值。

《诗经》是我国文学光辉的起点，它所表现的“饥者歌其食，劳者歌其事”的现实主义精神对后世文学影响最大，在我国乃至世界文化史上都占有极高的地位。

文学圣殿 WENXUESHENGDIAN

原来《诗经》可以这样读

“蒹葭苍苍，白露为霜。所谓伊人，在水一方。溯洄从之，道阻且长；溯游从之，宛在水中央。”

三千年前的诗，三千年前的歌，纵横三千年的悠悠岁月，仍然日久弥香……

从来没有想到《诗经》还可以这样读，中西对比+图文并茂+古词新译；从来没想过我也能读懂《诗经》，原来古人的情感其实与现代人别无二致。

“桃之夭夭，灼灼其华。之子于归，宜其室家。”

众所周知，诗经分《风》、《雅》、《颂》三部分，《风》主要是民乐歌曲，《雅》是宴会乐歌，《颂》是王侯祭祀乐歌。

但是，最慑人心魄的、最让人留恋的艺术往往不是王孙贵族的阳春白雪，而是下里巴人最平实的生活。所以，无论《雅》与《颂》的学术价值有多高，我仍然觉得它们都不及《风》的内容自然朴实；无论宫廷宴会的辞藻多么富丽华美，都不及民歌俗谣的语言真实动人。

其实，所谓的经典不过是那个时代，被无数人传唱并且能够侥幸保存的流行文化罢了，那么，让我们看看现代的流行文化又有多少能够流芳百世的经典之作？时尚、流行、游戏、娱乐，在这个人类前所未有的辉煌盛世之下，现代人的选择甚至无法用巨大来形容，打开电视、互联网、手机……铺天盖地的信息浪潮滚滚而来，让人无所

适从。然而，过剩的选择与无法选择，其结果往往是一样的，所以，人们学会了选择最震撼人心的刺激、最赤裸直白的激情，如果这就是这个时代最真实的经典，那么激情退却后的落寞与苍凉，也将是这曲经典中必然的乐章。

正因如此，《诗经》用它遥远而陌生的辞藻，满足了现代人心中简单而真实的欲望。于是，我宁愿手捧《诗经》穿越历史的尘埃，遥望远去的城市；纵横时间的光华，追忆曾经的辉煌。这也许是《诗经》带给我的最现实的意义吧。

“知我者，谓我心忧；不知我者，谓我何求。”

悠悠苍天，此何人哉！（佚　名）

思无邪

诗是人类最美丽的语言，《诗经》是中国古代文学史上的一朵奇葩，《诗经》之美可以诵之、弦之、歌之、舞之，对后世的文学艺术产生了深远的影响。孔子就非常重诗教，子曰：“诗三百，一言以蔽之，曰：思无邪。”（《论语·为政》）他认为三百诗篇都出于诗人性情之正，没有邪恶的思想或念头。《诗经》是人类童年时代纯真无邪而又对世界充满着爱满怀激情的最好体现。而近代大儒马一浮先生也非常提倡诗教在《复性书院讲录》中说：“圣人始教以《诗》为先，《诗》以感为体，令人感发兴起，必挟言说，故一切言语之足以感人者，皆诗也。”《诗经》中的爱情诗，是古老华夏民族在有了文字记载后，用诗歌表达对所爱之人的爱慕、思念，情真意切，自我的情感与周围美好的景物融为一体，古人云：“朝吟风雅颂，暮唱赋比兴；秋看鱼虫乐，春观草木情。”跨过了历史的长河，托物言志，至今读来仍让人感动不已。

《诗经》中那优美的文辞、淳厚的情感，滋润、涵养着我们华夏民族的文化艺术与人文精神。许多脍炙人口的爱情诗篇为后人所传诵，如《关雎》篇，“关关雎鸠，在河之洲。窈窕淑女，君子好逑。参差荇菜，左右流之。窈窕淑女，寤寐求之。”（《诗经·周南·关雎》）这首诗作者热情地表达了自己对一位窈窕美丽、贤淑敦厚的采荇女子的热恋和追求，表达了对与她相伴相随的仰慕与渴望，感情单纯而真挚，悠悠的欣喜，淡淡的哀伤，展现了男女之情的率真与灵动。少了后世诗作中的做作与浮艳，难怪孔子说：“《关雎》，乐而不淫，哀而不伤。”（《论语·八佾》“瞻彼淇奥，绿竹猗猗。有匪君子，如切如磋，如琢如磨。（《诗经·卫风·淇奥》）这首诗以一位女子的口吻，赞美了一个男子的容貌、才情、胸襟以及诙谐风趣，进而表达了对该男子的绵绵爱慕与不尽幽怀。《诗经》中对美好爱情的歌颂向往，对始乱终弃的批判，如“信誓旦旦，不思其反。反是不思，亦已焉哉！”《诗经·卫风·氓》这首诗是弃妇自述不幸的诗作，诗中首先以甜蜜的语气叙述了他们的相恋、嫁娶以及初婚的美好生活，然后又以悲凉的语气，叙述了年华的流逝以及丈夫的变心和丈夫对她的粗暴相向，一种含辛茹苦、人生不幸的感叹以及对青春年少甜美生活的不尽留恋，弥漫在了诗的词句中——而古时男女地位的不平等以及妇女生活的不幸，亦由此可见一斑。

“死生契阔，与子成说。执子之手，与子偕老。”（《诗经·国风·击鼓》）一位出征在外的男子对自己心上人的日夜思念：他想起他们花前月下“执子之手，与子偕老”的誓言，想起如今生离死别、天涯孤苦，岂能不泪眼蒙眬、肝肠寸断？“自伯之东，首如飞蓬。岂无膏沐？谁适为容！其雨其雨，杲杲出日。愿言思伯，甘心首疾。焉得谖草？言树之背。愿言思伯，使我心痗。”（《诗经·卫风·伯兮》）写了一位女子自从丈夫别后，无心梳洗，思念之情日日萦绕心头，苦不堪言。也许为国征战是英勇豪迈的，可是人生的天涯孤苦和生离死别，总是让有情的人们感到撕心裂肺的痛。愿天下不再有战争，不再有硝烟弥漫。

“投我以木瓜，报之以琼琚。匪报也，永以为好也。”（《诗经·卫风·木瓜》）表达了远古时候青年男女自由相会，集体相会、自由恋爱的美好，女子把香美的瓜果投给集会上的意中人，男子则解下自己身上的佩玉作为定情物回赠给心中的姑娘。《诗经》不仅有很高的文学艺术价值，对于我们研究古代习俗亦有很高的史料价值，是文学史上的一朵奇葩。

“昔我往矣，杨柳依依；今我来思，雨雪霏霏。”（《诗经·小雅·采薇》）》“青青子衿，悠悠我心，纵我不往，子宁不嗣音？《诗经·郑风·子衿》“蒹葭苍苍，白露为霜，所谓伊人，在水一方。”（《诗经·秦风·蒹葭》）“风雨凄凄，鸡鸣喈喈。既见君子，云胡不夷？”（《诗经·郑风·风雨》）读着这些美好的诗句，一种久违的感动涌上心头，爱情是人类永恒的话题，海枯石烂，山无陵，天地合，乃敢与君绝，爱情长长久久。而真挚的情感又给了我们多少美好的思念，多少动人的泪花。（佚　名）

“世界是寓言，我们就是寓意”，如果你有兴趣去阅读世界上那些精美的寓言，确实可以找到许多生活的答案。

《伊索寓言》

伊索（古希腊 生卒年不详）

美国诗人华伦说：“世界是寓言，我们就是寓意。”如果你有兴趣去阅读世界上那些精美的寓言，确实可以找到许多生活的答案。古希腊寓言对后世影响最大，而《伊索寓言》则是古希腊寓言中的一颗明珠。

《伊索寓言》是世界上最古老的寓言集，它篇幅短小，浅显的小故事中常常闪耀出智慧的光芒、蕴涵着深刻的寓意，被誉为西方寓言的始祖。它的出现，奠定了寓言作为一种文学体裁的基石。

两千多年来，《伊索寓言》在欧洲文学发展史上产生过极其深远而广泛的影响，一再成为后世寓言创作的蓝本。如拉封丹的《龟兔赛跑》、克雷洛夫的《狐狸和葡萄》等都直接采用《伊索寓言》中的题材，经过艺术加工而成。在古希腊历史学家希罗多德、戏剧家阿里斯托芬、哲学家柏拉图和亚里士多德的作品中，都曾提到过伊索。阿里斯托芬的喜剧中甚至把“没有研究过伊索”当做是“无知和孤陋寡闻”；柏拉图还记述了苏格拉底在被宣判死刑后，在监牢里把《伊索寓言》改写成诗加以吟诵。《伊索寓言》中的许多名篇早已成为世界各国中小学校的教材，也是各国政治家、评论家和文学家加以引用的警世恒言。马克思、恩格斯、列宁的著作都利用过《伊索寓言》的语言；大文学家莎士比亚、克雷洛夫也利用过该书的情节。

《伊索寓言》不但受到读者的喜爱，在文学史上也具有重大影响。作家、诗人、哲学家、平常百姓都从中得到过启发和乐趣。许多故事真可以说是家喻户晓，如龟兔赛跑、狼来了、狐狸吃不着葡萄说葡萄酸等。到几千年后的今天，《伊索寓言》已成为西方寓言文学的范本，亦是世界上流传最广的经典作品之一。

经典回眸
JINGDIANHUIMOU

寓言是一种民间文学体裁，它使篇幅简短的故事寄寓道理、思想或经验，给人以教诲。《伊索寓言》的内容非常丰富，寓言中的角色大多是拟人化的动物，它们的行为举止都是人的方式，作者借它形象地说出某种思想、道德意识或生活经验，使读者得到相应的教训。有的用豺狼、狮子等比喻人间权贵，揭露其残暴、肆虐的一面；有的则总结人们的生活经验，教人处世原则。其形式简洁精练，内容隽永，深奥含义寓于浅显生动的语言中，颇耐人寻味。拟人化不仅使形象生动，而且可起到使故事紧凑的事半功倍的艺术效果，比如兔子跑得快，乌龟爬得慢，这些道理不用作者叙述说明，作者只要描述主要情节，寄寓于故事的深刻道理就和盘托出了。还因为《伊索寓言》中的许多故事都是内容与形式完美统一，它们至今还在文学艺术创作和人们生活中有着重要的影响。《伊索寓言》通过简短的小寓言故事来体现日常生活中那些不为我们察觉的真理，这些小故事各具魅力，言简意赅，平易近人。由于拟人化，一些动物在长期流传中形成了典型形象的特性，如狐狸的狡猾、狼的凶残、驴的愚蠢、兔子的胆怯等。这些特性被广泛用来讽喻人类的行为，达到了入木三分的艺术效果。

结构紧凑，语言精练，形象生动是优秀寓言文本的主要艺术特征，这也是《伊索寓言》吸引人的审美特征。如《农夫和蛇》、《狼和小羊》都是短短几百字，却构建了一则结构紧凑的完整故事；而《狐狸和葡萄》只用了几十字，就勾勒了一幅自我解嘲的画面。

《伊索寓言》所反映的古希腊及其他一些国家社会的某些方面的情况，使我们认识到当时人们的思想和道德的概貌，尤其是使我们了解当时下层群众的思想感情。书中有的寓言具有朴素的唯物思想和朴素的辩证法观点，可以启迪读者智慧，而大量的寓言乃是生活中的经验总结。《伊索寓言》结构简单、情节紧凑、语言精练、篇幅短小，借助于动物形象，由一

典·故·逸·话

有一次，伊索的主人因为喝醉了酒，居然当着客人们的面说了一句不能兑现的“大话”：“我能一口气把海水喝干！”有个淘气鬼听了，立刻乘机问道：“您哪天喝？”伊索的主人回答：“明天。不信，你们只管到海边看。”自然，当他酒醒后知道自己说了过头话，也就极后悔地对伊索说：“完了，我明天非出洋相不可。”不料伊索笑了笑说：“没事儿，明天看我的，包您安然无事。”

第二天，淘气鬼带了一大帮闲人来到海边，准备看看伊索主人的狼狈相，不料伊索对大家说：“既然大家来了，那就请大家注意，我家主人的确说过，要一口气把海水喝干。可是你们知道吗，每天都有许多江水与河水流进大海，那么，这里的水就不是真正的海水，为了让我的主人喝到真正的海水，我想请大家帮个忙，这就是，谁要能把江水河水从大海里取走，我的主人就立刻表演喝干海水的绝技！”

客人们听了面面相觑，那个淘气鬼也只好灰溜溜地打道回府。

个具体的小故事说明某一道理，从感性到理性，受到读者的欢迎。古希腊把《伊索寓言》作为学校的教材，儿童初学首先接触的就是《伊索寓言》。低年级学生从中学习民间的智慧，高年级的学生则利用它进行修辞训练。

今天，《伊索寓言》的版本早已浩如烟海，一直深受世界各国人民的喜爱，其流传之广，堪与《圣经》相比。

脍炙人口的《伊索寓言》

在欧洲寓言发展史上，古希腊寓言占有重要的地位，它开创欧洲寓言发展的长河，并且影响到其后欧洲寓言发展的全过程，而希腊寓言的总汇即《伊索寓言》。

寓言本是一种民间口头创作，反映的主要是人们的生活智慧，包括社会活动、生产劳动和日常生活等方面。现传的《伊索寓言》根据各种传世抄本编撰而成，包括寓言300多则，其中有些寓言脍炙人口。

作为人们生活体会和经验的结晶，《伊索寓言》不仅含义深刻，而且艺术处理也很成功。《伊索寓言》的故事一般都比较短小，结构也比较简单，但形象鲜明、生动，寓意自然、深刻。《伊索寓言》中除少数寓言以人为主要角色外，绝大部分是动物寓言，通过把动物拟人化，来表达作者的某种思想。这些动物故事无疑是虚构的，然而又很自然、逼真。需要指出的是，《伊索寓言》中的动物除了有些动物外，一般尚无固定的性格特征，例如狐狸、狼等，有时被赋予反面性格，有时则受到肯定。这与后代寓言形成的基本定型的性格特征是不一样的。

《伊索寓言》曾对其后的欧洲寓言发展产生重大影响。公元1世纪的古罗马寓言作家费德鲁斯直接继承了《伊索

寓言》传统，借用了《伊索寓言》中的许多故事，并称自己的寓言是“伊索式寓言”。公元2世纪的希腊寓言作家巴布里乌斯则更多地采用了《伊索寓言》故事。这种传统为晚期古希腊罗马寓言创作所继承。文艺复兴以后，对《伊索寓言》抄稿的重新整理和刊印极大地促进了欧洲寓言创作的发展，先后出现了不少出色的寓言作家，如法国的拉封丹、德国的莱辛、俄国的克雷洛夫等。

随着“西学东渐”，《伊索寓言》在明朝传入我国。第一个来我国的西方传教士利玛窦在中国生活期间撰《畸人十篇》，其中便介绍过伊索。他之后的传教士庞迪我也在《七克》中介绍、引用过《伊索寓言》。我国第一个《伊索寓言》译本是1625年西安刊印的《况义》。在清代之后，更出现了许多种《伊索寓言》译本。上述情况表明《伊索寓言》在我国流传之久，它至今仍令人喜闻乐见，爱不释手。（王焕生）

流传千载的寓言

你知道《农夫和蛇》的寓言吗？寓言中讲述：“一个农夫在冬天看见一条蛇冻僵了。他很可怜它，便拿来放在自己的胸口上。那蛇受了暖气就苏醒了，便把它的恩人咬了一口，使他受了致命的伤。农夫临死的时候说，我怜悯恶人，应该受这个恶报!”这则寓言就出自著名的《伊索寓言》。这本寓言不但影响了千千万万的读者，同时也影响了千百年。

《伊索寓言》是古希腊口头流传的民间文学，通俗易懂，文字洗练，主题集中，容易记忆，它早已越出地区的界限而成为世界文学的瑰宝，并为世界各国人民所接受。比如在我国广为流传的“吃不着葡萄说葡萄酸”、“龟兔赛跑”、“农夫和蛇”等都是源于《伊索寓言》。

十分有趣的是，《伊索寓言》中有许多故事同我国的民间寓言和谚语不谋而合，如“农夫的孩子们”和我国《魏书·吐谷浑传》中关于阿豺的故事，都是以一根树枝（箭）与一捆树枝（箭）来比喻团结就是力量。

《伊索寓言》绝大部分是关于做人的道德准则方面的，有许多篇章宣扬诚实友谊之可贵，像“野山羊和牧人”、“行人和熊”、“鹿和狮子”、“狮子和海豚”都是这方面的代表作。对于叛卖者，寓言给予了严厉遣责，“穴鸟和大鸦”、“捕鸟人和山鸡”等寓言对出卖同胞、出卖祖国的行为给予了辛辣的嘲讽。

《伊索寓言》文字简练，常用最少的文字，表现出十分深刻的含意，真用得上“力透纸背”的评语。如“狮子和狐狸”篇写道：“狐狸讥笑母狮每胎只生一子。母狮回答说：‘然而是狮子!’”寥寥20余字，把本质刻画得多么深透。这不禁令人想起列宁针对攻击德国女革命家罗莎·卢森堡的鼓噪而发表的著名评论："卢森堡虽然犯了一些错误，但她不是一只鸡，始终是一只鹰。"不知列宁的比喻是不是从《伊索寓言》中得到的启发。（佚　名）

历史桂冠 LISHIGUIGUAN

据说，伊索出生在希腊，小时候不能说话，嘴里只能发出奇怪的声音，他用手势表达他的意思。他长得又矮又丑，邻居都认为他是个疯子。但是他的母亲非常爱他，时常讲故事给他听。他的舅舅恨这个又矮又丑的外甥给他丢脸，常常强迫他在田里做最艰苦的工作。

母亲去世后，伊索跟着一个牧羊人离家到各地去漫游，听到了许多有关鸟类、昆虫和动物的故事，他默默地记在心里。他们在一起过了好多年快活的日子。后来，伊索被牧羊人卖了，从此以后伊索就变成雅德蒙家族的一个奴隶。有一天，伊索梦见了幸运之神和气地向他微笑，并把自己的手指放进他的嘴里，放松他的舌头。醒来后，他意外地发现自己已经可以说话了。好像为了弥补以前不能表达的遗憾，伊索开始滔滔不绝地讲述他听到的各种故事。大家都喜欢伊索说故事，也都敬佩他过人的记忆力和聪明才智。当主人家遇到难关时，伊索靠着机智救主人脱离危难，避免了敌人的伤害。主人感谢他，让他成为了一个自由人，从此解除奴隶的桎梏。后来伊索来到吕底亚，受到国王克洛索斯的赏识，在出使特耳菲时，不小心得罪了当地人而被杀害。

关于伊索的生平，现今只能根据不多的史料作一些推测。根据古希腊历史学家希罗多德的记述和一些其他作家提供的材料，伊索可能是公元前6世纪人，出生于小亚西亚的弗里基亚，在一个名叫克珊托斯的主人家为奴，由于智慧聪颖而获得自由。此后他游历希腊各地，与人们作各种有趣的交谈，讲述各种寓言，其中有的有伤得尔福祭司的尊严，从而引起祭司的不满，最后中了祭司们的圈套，遇害身亡。

有华人的地方就有孔子的烙印，读《论语》，你会感到在你心中流过的是一条有几千年历史的文化长河。

《论语》

孔子（中国·春秋　公元前551–公元前479）

在2000多年前的一个遥远的朝代，夏商周两千年的文化沃土孕育了集上古三代文化之大成者——孔子。这位垂宪万世的至圣先师，是世界十大文化名人之一，西方的学者们一直将其与耶稣、释迦牟尼并称为“世界三圣”。孔子作为中国思想文化集大成者，他倡导的人生目标和人生设计以及躬行不辍的为人处世方略，不仅显示了一个巨人的完美人格，并且能让后人学到许多学问和做人的道理，由他开创的儒家学派的思想成为中华民族传统文化的主干，有华人的地方就有孔子的烙印。儒家思想渗入中国人的生活、文化领域，孔子的名字犹如一颗启明星闪烁在东方的天宇，昭示着一代代的求知者。《论语》这部记录孔子及其弟子的言行的经典，是一部博大精深的著作，它所蕴含的内容十分丰富，不仅成为孔子生活的那个时代所公行的是非尺度，也几乎成为后世人们所尊奉的信条，至今仍然闪烁着耀眼的光芒。

西方人的《圣经》教人信仰上帝，爱兄弟姊妹，把希望寄托在天国。中国人的圣经——《论语》则教人”敬神鬼而远之”，“克己复礼”，过有序的现实生活。这两本书可以说是中西方不同文化的界碑。从文化的角度来说，《圣经》和《论语》是对东西方人类社会影响最大的书，《论语》影响了中国人两千多年，就像《圣经》影响了西方人两千多年一样，直到今天依然一定程度地左右着人类的道德情操和行为规范。《圣经》和《论语》已经那么深刻地影响了人类的思想和思维方式，在我们平时说话中，不经意间都会涉及到这两部书的内容。在中国与世界接轨的今天，不了解《圣经》就不能透彻地了解西方人的思想和西方文化，不了解《论语》也就不能透彻地了解中国人的思想和中国的文化。《论语》是儒家学说的圣典，在几千年的中国历史上，没有哪一位思想家、文学家不受《论语》这本书的影响。不把这本书读懂、读通、读透，就不能深刻理解和把握中国几千年的传统文化。

经典回眸
JINGDIANHUIMOU

公元前479年，孔子去世后，他的弟子辑录其言论，编成《论语》一书，保留了孔子生平、思想学说的重要材料。在中国几千年的历史长河中，孔子及其思想有着崇高的历史地位，其中被尊为封建文化正统、儒家经典的《论语》一书，更成为统治阶级治国平天下的利器，影响极深。

《论语》成书于春秋战国时代，在这个由奴隶制向封建制过渡的时代，随着经济、政治的变化，文化思想领域也发生了重大变化。人们由尊天事鬼趋向于重人事、重人力。在学术上出现了各种学派，形成了“百家争鸣”的空前繁荣局面。在社会呈现出“礼崩乐坏”的局面下，孔子建立了以“仁”为核心的儒家思想体系，旨在建立和恢复正常的社会秩序，其重要观点就记录在《论语》之中。《论语》共分20篇，每篇皆用首章两个字或三个字命名。积章成篇，章与章、篇与篇并无内在联系，前后个别有重复的章节。自《学而》至《阳货》除《乡党》等四篇外，其余各篇皆无明确的中心。《乡党》集中记载孔子的日常生活，从一个侧面反映了孔子的为人；《微子》记载孔子及古代圣贤在仕途中的进退；《子张》记载孔子的几位著名弟子子张、子夏、子游、子贡等的言行；《尧曰》除最后三章记述孔子的言论外，皆是集中摘录古文之名言，以见儒家治国之道。《论语》全书说理深入浅出、言简意赅，只有数千言，然而正是这数千言，囊括了孔子思想的精华，反映了孔子的天命观、道德观、政治观、教育观，处处体现了孔子通彻人生的大智慧，可谓是其言简而其意深远。

《论语》所总结的一套政教伦理原则，比道、墨、名、法诸家更系统完整，更适合稳定社会秩序的需要，因而在近两千年的封建社会中，长期被采用为治国的主导思想，对中国传统文化、民族心态，都产生了无比巨大的影响。宋代赵普曾说：“半部《论语》可治天下”，可见其思想是何等丰富和深刻。

两千多年过去了，《论语》在现实社会中依然有它的积极意义。比如孔子说：看见贤人便要向他看齐，看见不贤的人要检查自己有没有他的坏毛病，这是人对自身修养的基本要求。在学习上要学而不厌，对于问题要做到知道就是知道，不知道就是不知道，不要不懂装懂。对于政治主张，孔子认为施政要依靠道德的力量，这会使你团结更多的人……这些观点对后人都影响极大。《论语》语言质朴，义理深远，内涵丰富。东汉时期，被列为七经之一。

南宋时朱熹把它与《大学》、《中庸》、《孟子》合为《四书》。朱注四书，为后来历代朝廷都定为官书，是科举考试的标准本，所以流传极广，影响也最大。到了明清两朝，规定科举考试中，八股文的题目必须从四书中选取，而且要“代圣人立言”。这一来，当时的读书人都要把《论语》奉为“圣典”，背得滚瓜烂熟。由于《论语》和几千年的中国文化有着血肉联系，历代思想家对《论语》进行了无数的阐释和发挥，所以《论语》所包含的价值内涵已大大超出了这本书本身，其中有关修身处世所形成的观念，对于中国人的素质修养、道德观念、心理结构、社会习俗、思维方式，无疑都产生了深刻影响，直到今天还在发生着潜移默化的作用。

《论语》在国外的影响，也非常深远。朝鲜、日本，是深受儒家思想影响的国家。越南及其他东南亚国家，从政治、思想、道德、法律、文化、教育直到风俗习惯、社会风貌也深深打上了孔子思想的烙印。有的学者把中国及深受中国文化影响的朝、日、越等国划在一起，统称为" 中国文化圈"。当今孔子和《论语》在国外更加盛行。

走近孔子

《论语》作为一部涉及人类生活诸多方面的儒家经典著作，许多篇章谈到做人的问题，这对当代人具有借鉴意义。

其一，做人要正直磊落。孔子认为：“人之生也直，罔之生也幸而免。”（《雍也》）在孔子看来，一个人要正直，只有正直才能光明磊落。然而我们的生活中不正直的人也能生存，但那只是靠侥幸而避免了灾祸。按事物发展的逻辑推理，这种靠侥幸避免灾祸的人迟早要跌跟斗。

其二，做人要重视“仁德”。这是孔子在做人问题上强调最多的问题之一。在孔子看来，仁德是做人的根本，是处于第一位的。孔子说：“弟子入则孝，出则悌，谨而信，泛爱众，而亲仁。行有余力，则以学文。”（《学而》）又曰：“人而不仁，如礼何？人而不仁，如乐何?”（《八佾》）这说明只有在仁德的基础上做学问、学礼乐才有意义。孔子还认为，只有仁德的人才能无私地对待别人，才能得到人们的称颂。子曰：“唯仁者能好人，能恶人。”（《里仁》）“齐景公有马千驷，死之日，民无德而称焉。伯夷、叔齐饿于首阳之下，民到于今称之。”（《季氏》）充分说明仁德的价

值和力量。

那么怎样才能算仁呢？颜渊问仁，子曰：“克己复礼为仁。一日克己复礼，天下归仁焉。”（《颜渊》）也就是说，只有克制自己，让言行符合礼就是仁德了。一旦做到言行符合礼，天下的人就会赞许你为仁人了。可见“仁”不是先天就有的，而是后天“修身”、“克己”的结果。当然孔子还提出仁德的外在标准，这就是“刚、毅、木、讷近仁。”（《子路》）即刚强、果断、质朴、语言谦虚的人接近于仁德。同时他还提出实践仁德的五项标准：“恭、宽、信、敏、惠”（《阳货》），即恭谨、宽厚、诚实、勤敏、慈惠。他说，对人恭谨就不会招致侮辱，待人宽厚就会得到大家拥护，交往诚实别人就会信任，做事勤敏就会取得成功，给人恩惠就能够很好使唤民众。孔子说能实行这五种美德者，就可算是仁了。

当然，在孔子看来要想完全达到仁是极不容易的，所以他教人追求仁德的方法，那就是“博学于文，约之以礼，亦可以弗畔矣夫！”（《颜渊》）即广泛地学习文化典籍，用礼约束自己的行为，这样就可以不背离正道了。同时也要重视向仁德的人学习，用仁德的人来帮助培养仁德。而仁德的人应该是自己站得住，也使别人站得住，自己希望达到也帮助别人达到，凡事能推己及人的人，即：“己欲立而立人，己欲达而达人，能近取譬，可谓仁之方也已。”（《雍也》）

其三，做人要重视修养的全面发展。曾子曰：“吾日三省吾身：为人谋而不忠乎？与朋友交而不信乎？传不习乎？”（《学而》）即：我每天都要再三反省自己：帮助别人办事是否尽心竭力了呢？与朋友交往是否讲信用了呢？老师传授的学业是否温习了呢？强调从自身出发修养品德的重要性。在此基础上，孔子强调做人还要重视全面发展。子曰：“志于道，据于德，依于仁，游于艺。”（《述而》）即：志向在于道，根据在于德，凭借在于仁，活动在于六艺（礼、乐、射、御、书、数），只有这样才能真正地做人。那么孔子为什么强调做人要全面发展呢？这里体现了孔子对人的社会性的认识，以及个人修养的相互制约作用，他说：“兴于诗，立于礼，成于乐。”（《泰伯》）即：诗歌可以振奋人的精神，礼节可以坚定人的情操，音乐可以促进人们事业的成功。

典·故·逸·话

孔子为他的仁政、博爱奔波了一生，形将朽木，自觉不久将要离开人世。一天，他起床后，背着手倒拖着拐杖，郁郁寡欢，在门前慢慢踱步，口中念念有词，怅然叹曰：“泰山将要倒了，屋梁将要断了，圣人将要死了。”叹完以后回到屋里，当门而坐。

孔子的学生子贡在一旁听到圣人的感叹，心里想：“泰山将要倒了，我仰望谁呢？架屋的梁木折断了，圣贤的人死了，我今后将要以谁为榜样呢？难道夫子的寿命就要终结了吗？”果然，孔子自此连续病了七天之后，就溘然长逝了。

所以，对于个人修养来说，全面发展显得极为重要。

《论语》作为孔子及门人的言论集，内容十分广泛，多半涉及人类社会生活问题，对中华民族的心理素质及道德行为起到过重大影响。直到近代新文化运动之前，约在两千多年的历史中，一直是中国人的国学必读之书。（佚　名）

我的良师益友

从小学、中学到大学，老师一直在告诉我们“书籍是人类的朋友”。直到大学毕业参加工作以后，我才体会到这句话的含义。有了这样的意识以后，我身边就一直有几位这样的“朋友”陪伴，而让我初次体会到这一点的第一位朋友就是《论语》。

早就知道《论语》是华人世界的经典，世界各地华人许多最基本的生活规则都在这本两千多年前面世的书里设定了。然而，我对《论语》产生兴趣，并不仅仅由于它举足轻重的地位，而是读大学时在报纸上看到的一篇短文引起的。作者在文中介绍了她高中时代印象深刻的一堂语文课，并且那堂课对她的人生产生了深远的影响。而那堂课讲解的就是《论语》中的《子路、曾皙、冉有、公西华侍坐》。全文315个字，在《论语》里是比较长的。子路、曾皙、冉有、公西华陪他们的老师孔子坐着。他们经常这样一起坐在大树下的绿草地上聊天，气氛和谐。孔子说：“虽然我比你们年龄稍长一些，不要因此而不敢说话。你们平时总说：‘没有人了解我呀！’假如有人了解你们，那你们要怎样去做呢？”于是四个弟子各言其志。子路率尔对曰，夫子哂之(讥讽地微笑)；对冉有、公西华的回答，孔子也没有表示。他们讲的都是治理国家的事。孔子问曾皙：“点，尔何如？”（曾点，你怎么样？）“鼓瑟希，铿尔，舍瑟而作。”原来师生聊天的时候，曾皙一直怡然自得地弹琴呢。曾点放下琴对曰：“异乎三子者之撰。”（跟他们三个不一样。）“子曰：何伤乎？亦各言其志也。”孔子说：“没关系，各人讲自己的志向而已。”“曰：暮春者，春服既成，冠者五六人，童子六七人，浴乎沂，风乎舞雩，咏而归。”“夫子喟然叹曰：吾与点也。”（夫子长叹一声说：“我赞成曾点啊！”）让那篇文章的作者念念不忘，也是令我至今记忆深刻的是作者的语文老师对曾皙所答的解释。他把那段古文直接翻译成了一段童谣：“三月三，身上穿件蓝布衫；也有大，也有小，跳到河里洗个澡；吹吹风，乘乘凉，回头唱个山坡羊！”这段童谣朗朗上口，易读易记。它所描绘的画面，对十几岁的农村孩子们再熟悉不过了，那也是许多城里孩子们的向往。它在实质内容和意境上都比较切合原文，一下子就把孔子师生拉进了我们的生活。原来人生志向是这么清新愉快！古圣先贤的心离我们这么近！原来《论语》里有这么一位可亲可敬的老师和许多聪慧可爱的学生！读到此，喜不自胜。这才是300多字的内容，那整本的《论语》里面有多少好东西呀！从此，我的心里种下了《论语》的种子。

在翻看《论语》时，常常会看到自己在现实生活中的一些体会被古人用寥寥数语清晰地表达出来了，此时，心中的喜悦就像遇到了知心朋友一般。比如《为政》篇的第十一章是“子曰：温故而知新，可以为师矣”。这句话中“温故而知新”，小学时候就学过，记住了，但是不理解。当时我正在自学经济学，开始的时候看不懂，又找不到一个老师来帮我解疑释惑，只好再看一遍，还看不懂的地方就再看一遍。这样一遍一遍下来，渐渐不懂的地方也懂得了。同样的资料，每一次读都会有新的理解，心里很高兴发现了这么好的学习方法。当看到《论语》的这一章时才醒悟，原来这不是什么新方法，古人早就知道了。读到此，仿佛看到夫子在对我微笑。

《论语》里面更多的是我过去不知道的为人处世的道理，它为我解答了许多生活中的疑问，教我如何做人做事。大学时代有一位室友非常漂亮可爱，善于言辞，可是临毕业的时候却做了一件自私自利伤害别人的事情，我感到很奇怪。是《论语》给了我答案。《学而》篇第三章“子曰：巧言令色，鲜仁矣”。外表过于美好的人，其内心往往缺乏仁慈。那应当如何？孔子在《雍也》第十八章说：“质胜文则野，文胜质则史。文质彬彬，然后君子。”说内心的质朴和外表的文采配合适当才是君子。还有“人之生也直，罔之生也幸而免”，告诉人们一个人要正直才能生存，而在我们的生活中不正直的人也能生存，那只是侥幸地避免了灾祸，这种靠侥幸避免灾祸的人迟早要跌跟头。如此教导不胜枚举。此外，《论语》里还有许多为政、治国之道都值得我们学习。

在孤寂的考研阶段，《论语》作为我的良师益友一直陪伴着我。当时有许多书要读，又有时间限制，难免心里焦急、烦躁起来。想找周围的人聊聊天，却发现他们也有自己的烦恼需要倾诉。这时候，我就打开《论语》，圣人的话语像山中清泉涤去心上的尘埃，把我带入宁静悠远的境地。直到今天我仍然把《论语》带在身边，时常体会温故而知新的快乐。《论语》就像一位与时俱进的朋友，永远不会令人感到厌烦。它更是一位千年难遇的良师，如颜渊所叹：“仰之弥高，钻之弥坚，瞻之在前，忽焉在後！夫子循循然善诱人：博我以文，约我以礼，欲罢不能。既竭吾才，如有所立，卓尔；虽欲从之，未由也已！”

在中国历史上，《论语》是读书人不可或缺的教科书，它造就出一代代立德、立言、立功的志士仁人，也对普通百姓的思想品质和文化心理起到潜移默化的改良作用，由此才产生“半部《论语》治天下”的说法。但是到了近代，由于新思想的冲击，许多中国传统文化中的精髓也被国人抛弃了，《论语》也在破除四旧和许多时尚

文化产品中湮没。真是可惜！希望这篇短文能让人想起《论语》。愿《论语》成为所有能阅读汉字的人们的良师益友！（李艳艳）

历史桂冠 LISHIGUIGUAN

孔子（公元前551–公元前479），名丘，字仲尼，春秋末期鲁国陬邑（今山东曲阜市东南）人。他是我国古代著名的思想家、教育家、儒家学派创始人。相传有弟子三千，贤弟子七十二人，他曾带领弟子周游列国14年。孔子还是一位古文献整理家，曾修《诗》、《书》，定《礼》、《乐》，序《周易》，作《春秋》。公元前479年，孔子去世，享年72岁。他的弟子辑录其言论，编成《论语》一书，保留了孔子生平、思想学说的重要材料，尤其是教育思想和教学活动的重要材料。

在中国的历史上，对华夏民族的性格、气质产生最大影响的人，就是孔子了。他正直、乐观向上、积极进取，一生都在追求真、善、美，追求理想的社会。他不靠金钱，不靠强力，也不用宗教的力量，而门人三千，贤人七十二，心甘情愿地追随着他。因为他“学而不厌，诲人不倦”地追求大道，然后把生命的源泉传给别人。弟子从他身上吸取的是，厚道和仁爱，反省自躬，至大至刚的进取精神。从汉代到清朝的整个中国封建历史，从思想领域到文化领域都留下了抹也抹不去的孔子印记。司马迁在曲阜观礼时，看到人们言行举止温文儒雅，从而感受到了孔子的遗泽，情不自禁地慨叹这位大圣人的深远影响：“高山仰止，景行行止。”千载之下，仍令人追思。孔子无论生前死后，其崇拜者都不可胜数，他的思想和影响早已超越了国界，走向了世界。

早在汉唐时期，孔子的思想就远播朝鲜、日本、东南亚诸国。孔子思想传入欧洲后，对欧洲的思想产生了重要影响。像德国哲学家莱布尼茨、沃尔夫，法国启蒙思想家伏尔泰、狄德罗、卢梭等都对孔子及其学说给予了很高的评价。18世纪以来，他的思想又颇受欧洲启蒙思想的青睐。时至今日，孔子思想依然为世界各国文化的研究者所注目，也为一些地方的政治家所重视。

庄子幻化无方，意出尘外，他的思想激励了一代又一代向往精神自由的人，中国人的文化史上永远留着庄子的烙印。

《庄 子》

庄子（中国·战国 约公元前369—前286）

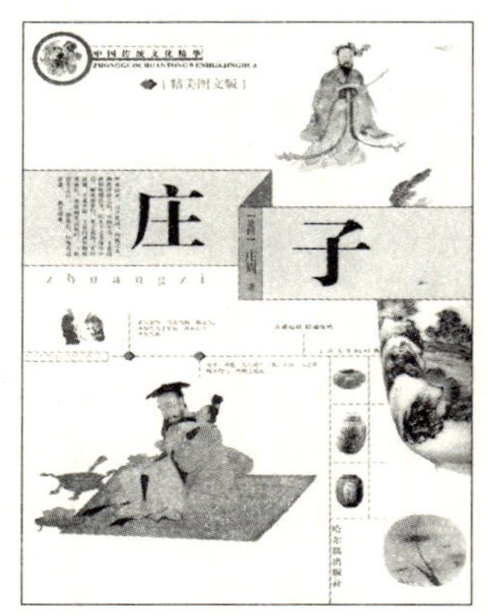

在先秦诸子中，他的生活经历可谓是贫穷加上平淡。他没有孔子周游列国、制作礼乐的壮举；没有孟子游说诸侯、雄辩滔滔的辉煌；更不像墨子那样为万民之利而疾呼呐喊。在他生命的大部分时间里，或溪边垂钓，或泽畔行吟，或流连于山中，或放荡于旷野。在熙熙攘攘为名利的世间，他像是一位事不关己的局外人，平平淡淡地存在着，无拘无束地生活着。然而，正是这位靠打草鞋吃饭的哲人，无论是他深邃而隽永的智慧，还是他旷达而率真的品性，都启示过不同时代的各个思想家，他就是战国时的文学家、哲学家，是道家学派的重要继承人——庄子。

庄子像火一样热烈，又像水一样冷静。几千年的中国知识分子，受了他的影响，一方面嫉恶如仇，嬉笑怒骂；另一方面却又把天大的事化成一股清风，一弯明月。他那姿肆的文笔，生动的寓言，深刻的思想，更是时时令人击节赞叹。其代表作《庄子》一书内容博大精深，文字雄奇，既是重要的哲学名著，又堪称不可多得的文学范本。这本奇书，在中国思想史上留下深刻的影响，在魏晋时代被玄学家尊为经典“三玄”之一，它如一朵独放异彩的奇葩，从侧面反映了东方人所特有的智慧和文明，自古以来就是文人学士感兴趣的一本书，它不但涉及哲学、人伦、政治，而且探讨了美学、艺术、生物、养生等方面，一部中国文学史几乎都是在它的影响下产生。

经典回眸 JINGDIANHUIMOU

庄子是继老子之后，战国时期道家学派的代表人物。同时他也是一位优秀的文学家、哲学家。他的《庄子》阐发了道家思想的精髓，发展了道家学说，使之成为对后世产生深远影响的哲学流派。

《庄子》一书气势磅礴，笔锋犀利，寓意深刻，具有浓厚的浪漫主义色彩，它上承《老子》，下启《淮南子》，是道家的一部主要著作，亦称《南华经》。现存33篇，包括内篇7篇，外篇15篇，杂篇11篇。整部书虽然都是由虚设的寓言构成的，但是每一则寓言都有它无穷的意味，引人入胜，能让人一读再读，拍案叫绝。全书内容博大精深，所涉及的方面相当广泛，其中修身处世方面的见解对后世产生过极大的影响。如《逍遥游》解释了何谓“逍遥”，以及如何能够达到逍遥之境界；《养生主》论述了养生之道和处世之道；《人间世》则是指人间社会，庄子在此篇中论述了其处世哲学；《德充符》指道德完美的标志，是庄子的道德论；《山木》则详细阐述了免患之道；《庚桑楚》阐述了有关“养心”的问题，指出必须解除扰乱束缚人心的一切世俗情感，以保持或复归纯朴自然的本性；《外物》说明只有不求外物的人，才能够自由地畅游于世；《让王》则体现了庄子安贫乐道的思想与忘我的精神修养境界。

《庄子》一书体大思精、汪洋恣肆，是研究庄周学术思想的重要资料。唐代道教盛行，与老子并称“老庄”的庄子也是身价百倍，受到许多著名的思想家、艺术家的欣赏和崇拜。历史上如唐代的李白、宋代苏东坡、清代曹雪芹都深受庄子的影响，近现代的一些思想家都对《庄子》一书有很高的评价。闻一多阅读《庄子》以后，特别崇拜庄子。他认为，魏晋时代，庄子成了“整个文明的核心”，“是清谈家的灵感的泉源”，从此以后，“中国人的文化上永远留着庄子的烙印。他的书成了经典”。这句话可以说是对《庄子》的最好评价。在今天，《庄子》不仅在国内，而且在国际文化界亦引起了普遍的关注，庄子思想对于全人类来说具有普遍和永恒的意义。

半梦半醒浅读《庄子》

庄子学说纷繁复杂，难以提纲挈领。暂不去论证庄子为得天下者制定的一套无为而治方略的可行性，作为一介布衣，只要每个人做好了自己，国家的治理也就易如反掌了；因此，读《庄子》，重点应放在个人的修养方面。所谓修养，也就是自我开导，“解铃还须系铃人”。人们总是寄希望于哲学和宗教，依赖万能的救世主拯救众生于水深火热之中，甚而希望把命运牢牢地掌握在自己手里，超脱人生的悲苦和对死亡的恐惧。

《秋水》篇是我比较喜欢的篇章之一，其中“非梧桐不止，非练实不食、非醴泉不饮”的高洁品性应该成为我们鉴别泾渭的分水岭；而濠梁之辩让人体会到庄子纵情山水、放浪其间的旷达情怀，可谓奇思妙想。《达生》篇中养斗鸡一节让人击掌叫绝：与常人的思维逻辑相反，养斗鸡不是培养鸡的斗志，而是消解它的浮躁和表现欲，最终变得“呆若木鸡”，不战而胜，所向无敌，令人掩卷沉思。《山水》篇中，庄子的追求从现实提升到理想中，他要保持个人的精神自由和人格独立，甚至于在幻想中生活，“乘道德而浮游”，怀道者无往而不乐。这种自由的理想——无人生之累——缺乏现实基础，是不可能真实地和完全地存在着的，但对于逆境中的人，不失为一贴奇效的心理良药。

研读《庄子》，可以领悟道之所在，道是主宰宇宙和人生的自然法则，然而，道不可知、不可闻、不可见、不可言说、不可名指，不能从外部获得，必须通过自悟才能得道。我们应该把庄子推崇的圣人之道，被世人视做非常态的东西，变为生活中的常态，那么，对无常的人世变迁也就不再敏感了。只是，平常人的参悟水平也许很难达到视死如归、鼓盆而歌的坦然和洒脱。以我浅薄的理解，保持平常心，摆脱名缰利锁，“淡泊明志，无欲则刚”即为驾驭道而无往不利的诀窍。

读《庄子》，可以让我们时而变成一只自由的蝴蝶，时而变成扶摇九万里的鲲鹏，沉浸在庄子汪洋恣肆、气势磅礴、纵横跌宕、奇趣迭出的意境里，陶醉完了再及时抽身回到柴米油盐酱醋茶的日常生活中。愿我也能如庄子般逍遥自在地穿行在方域内外：一只眼在方外，笑看世间百态；一只眼在方内，正视人生困苦。（佚　名）

庄子：在我们无路可走的时候

当一种美，美得让我们无所适从时，我们就会意识到自身的局限。“山阴道上，目不暇接”之时，我们不就能体验到我们渺小的心智与有限的感官无福消受这天赐的过多吗？读《庄子》，我们也往往被庄子拨弄得手足无措，有时只好手之舞之，足之蹈之。除此，我们还有什么方式来表达我们内心的感动？这位“天仙才子”他幻化无方，意出尘外，鬼话连篇，奇怪迭出。他总在一些地方吓着我们，而等我们惊魂甫定，便会发现，呈现在我们面前的，是朝暾夕月，落崖惊风。我们的视野为之一开，我们的俗情为之一扫。同时，他永远有着我们不懂的地方，山重水复，柳暗花明；永远有着我们不曾涉及的境界，仰之弥高，钻之弥坚。“造化钟神秀”，造化把何等样的神秀聚焦在这个“槁项黄馘”的哲人身上啊！

“庄子钓于濮水。楚王使大夫二人往先焉。曰：‘愿以境内累矣。’”

先秦诸子，谁不想做官？“一朝权在手，便把令来行。”“在其位，谋其政。”

"君子之仕，行其义也。"谁不想通过世俗的权力，来杠杆天下，实现自己的乌托邦之梦？庄子的机会来了，但庄子的心已冷了。这是一个有趣的情景：一边是濮水边心如澄澈秋水、身如不系之舟的庄周先生，一边是身负楚王使命，恭敬不怠、颠沛以之的两大夫。两边谁更能享受生命的真乐趣？这可能是一个永远聚讼不已，不能有统一志趣的话题。对幸福的理解太多样了。我的看法是，庄周们一定能掂出各级官僚们"威福"的分量，而大小官僚们永远不可能理解庄周们的"闲福"对真正人生的意义。这是有关对"自由"的价值评价，这也是一个似曾相识的情景——它使我们一下子就想到了距庄子约700多年前渭水边上发生的一幕：80多岁的姜太公用直钩钓鱼，用意却在钓文王。他成功了。而比姜太公年轻得多的庄子（他死时大约也只有60来岁），此时是真心真意地在钓鱼。且可能毫无诗意——他可能真的需要一条鱼来充实他的辘辘饥肠。庄子此时面临着双重诱惑：他的前面是清波粼粼的濮水以及水中从容不迫的游鱼，他的背后则是楚国的相位——楚威王要把境内的国事交给他了。大概楚威王也知道庄子的脾气，所以用了一个"累"字，只是庄子要不要这种"累"？多少人在这种累赘中体味到权力给人的充实感、成就感？这是生命中不能承受之"重"。

"庄子持竿不顾。"

好一个"不顾"！濮水的清波吸引了他，他无暇回头看身后的权势。他那么不经意地推掉了在俗人看来千载难逢的发达机遇。他把这看成了无聊的打扰。如果他学许由，他该跳进濮水洗洗他干皱的耳朵了。大约怕惊走了在鱼钩边游荡试探的鱼，他没有这么做。从而也没有让这两位风尘仆仆的大夫太难堪。

他只问了两位衣着锦绣的大夫一个似乎毫不相关的问题：楚国水田里的乌龟，它们是愿意到楚王那里，让楚王用精致的竹箱装着它，用丝绸覆盖它，珍藏在宗庙里，用死来换取"留骨而贵"呢，还是愿意拖着尾巴在泥水里自由自在地活着？二位大夫此时倒很有一点正常人的理智，回答说："宁愿拖着尾巴在泥水中活着。"

庄子曰："往矣，吾将曳尾于涂中。"

你们走吧！我也是这样选择的。这则记载在《秋水》篇中的故事，不知会让多少人暗自

典·故·逸·话

据《史记》记载，楚威王闻知庄子很有才能，便以厚金礼聘，请他做卿相。庄子听说后，笑着对楚国的使者说："千金、卿相，的确是重利尊位。但你难道看不见用于祭祀的牛吗？养了几年之后，便给它披上绣花衣裳送到太庙做祭品。到那时，它即使想做一头自由自在的小猪，也不可能了。你快走吧，不要玷污了我！我宁愿像一条小鱼，游戏于污泥浊水之中，自得其乐，也不愿为治国理政的俗事凡务所拖累。我将终身不仕，以实现我孜孜以求的精神自由。"庄子鄙弃功名的思想由此可见一斑。

惭愧汗颜。这是由超凡脱俗的大智慧中生长出来的清洁的精神，又由这种清洁的精神滋养出拒绝诱惑的惊人内力。当然，不能以此来要求心志不高内力不坚的芸芸众生，但我仍很高兴能看到在中国古代文人中有这样一个拒绝权势媒聘、坚决不合作的例子。是的，在一个文化屈从权势的传统中，庄子是一棵孤独的树，是一棵孤独地在深夜看守心灵月亮的树。当我们大都在黑夜里昏睡时，月亮为什么没有丢失？就是因为有了这样一两棵在清风的夜中独自看守月亮的树。

一轮孤月之下一株孤独的树，这是一种不可企及的妩媚。

一部《庄子》，一言以蔽之，就是对人类的怜悯！庄子似因无情而坚强，实则因最多情而最虚弱！庄子是人类最脆弱的心灵，最温柔的心灵，最敏感因而也最易受到伤害的心灵……（鲍鹏山）

历史桂冠 LISHIGUIGUAN

提起庄子，多少给人一种神奇的感觉。他的家世渊源不可知，师承源流不清楚，生死年月也史无明文。在当时，没有人为他做传，他也没有自述之文，因而他的身世始终是个谜。幸好，在《庄子》一书内，他的学生偶尔散漫地记载着他的一些行为事迹，凭着这些资料，我们可以捕捉到一个特殊的影像。

庄子（约公元前369-前286年），名周，战国蒙人（一说是今河南省商丘县东北，另一说是今安徽蒙城县），他曾经做过蒙地漆园小吏，史称“漆园傲吏”。由于当时诸侯混战，民不聊生，庄子愤世嫉俗，不肯与赃官为伍，便索性辞官隐居，悉心研究学问。俗话说“无官一身轻”，庄子辞官以后，居陋室，穿破衣，捕鱼织履，箪食瓢饮，虽说生活贫苦，倒是心安理得，悠悠自乐。

庄子是战国时期的道家集大成的人物，他身处战乱频繁、朝不保夕的乱世，虽然贫无立锥之地，但丝毫不为贫所苦。不只超越了贫富，甚且超越了生死。死且不惧，自然任何事物都不能对其加以束缚。晚年常垂钓于濮水、涡水，与鱼鸟共乐，甘于清静闲居的生活。

后来，他觉得自己真的要与造物者相游了。弟子们想厚葬老师，庄子说：“我以天地为棺椁，以日月为美玉，以星辰为珍珠，天地万物来为我送行，我的葬物还不齐备吗?”弟子们不觉垂泪，说：“我们怕乌鸦和老鹰吃您的遗体。”庄子笑道：“天上有乌鸦和老鹰来吃，地上也有蝼蚁来吃啊，要是夺了前者的食物给后者享用，不是太偏颇了吗?”终于弃世而去。

如果有一本书可以代表一个国家，那么但丁的《神曲》就代表了意大利，代表了意大利的民族精神。

《神 曲》

但丁（意大利 1265-1321）

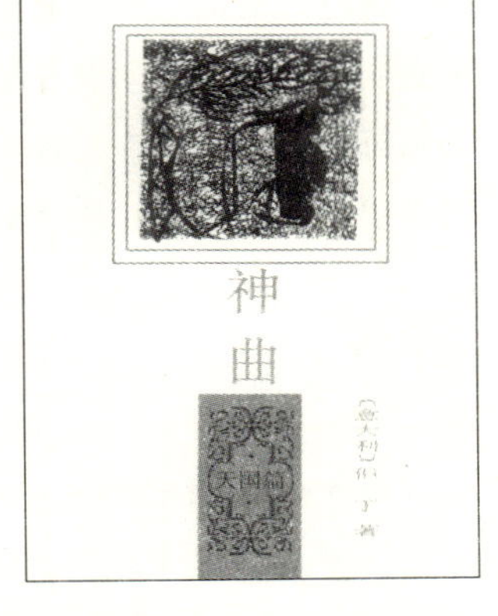

恩格斯曾经说过："封建的中世纪的终结和现代资本主义纪元的开端，是以一位大人物为标志的。"这位大人物就是但丁。13世纪末，意大利文艺复兴的前夜，但丁这位伟大的诗人诞生在佛罗伦萨，作为意大利文艺复兴的先驱，他是中世纪的最后一位诗人，同时又是新时代的最初一位诗人，他以一部《神曲》闻名于世，世界文学史家将他与荷马、莎士比亚和歌德并称为世界四大文豪。

如果有一本书可以代表一个国家，那么但丁的《神曲》就代表了意大利，代表了意大利民族精神。《神曲》是一座伟大的丰碑，它是中世纪贵族文化的终结，又是未来资产阶级新文化的序曲。无论是在思想上，还是在艺术方面，《神曲》都达到了当时文学的最高水平，为文艺复兴时代文学的发展开辟了道路，被后人誉为"中世纪的史诗"，并对当时的文坛和后来的世界文学艺术发展产生了深远的影响。它是意大利民族文学的骄傲，也是世界文学宝库中的珍品。自文艺复兴之后，后世许多诗人、画家、音乐家从《神曲》中汲取创作的养料，很多人在《神曲》艺术形象魅力的鼓舞下，创作出杰出作品。

经典回眸 JINGDIANHUIMOU

《神曲》是世界文学巨匠但丁耗费了15年的时间完成的长篇诗作，也是他最具价值的作品，是世界文学宝库中最伟大的不朽之作之一，被誉为"中世纪的史诗"。《神曲》原名为《喜剧》，后来薄伽丘在《但丁赞》中称其是"神圣的"，1555年威尼斯版第一次以《神圣的喜剧》为标题，后被普遍采用，中文译本通称为《神曲》。

《神曲》是一部比较特殊的史诗，整首诗叙述的都是诗人自己想象中的经历。全诗采用的是中古时期流行的梦幻文学形式，但丁就是个伟大的梦游者，他的梦境历时7天，中间经历了地狱、炼狱和天堂三个境界。

但丁的梦开始于他35岁（诗中称为“人生旅程的中途”）的时候，也就是1300年复活节前的那个星期五凌晨，他在一片黑暗的森林里迷了路。这时三只张牙舞爪的野兽（母豹、雄狮、母狼，分别象征了淫欲、强暴、贪婪）拦住了唯一的出口。正在诗人惊慌失措之时，古罗马时代的伟大诗人维吉尔出现了。他受但丁青年时期所爱恋的对象贝雅特丽齐的嘱托前来搭救但丁，并作为他的向导带他游历了地狱和炼狱。

在诗人的描绘中，地狱是漏斗形，分为九层，其中第一层为“候判所”，这是一个光明的区域，聚集了古代许多因为诞生在耶稣之前未接受洗礼而被视为异教徒的诗人和哲学家，比如诗人荷马、哲学家柏拉图、亚里士多德、苏格拉底等。从第二层到第八层分别关押着好色之徒的鬼魂、贪食者的鬼魂、贪财者和挥霍者的鬼魂、易怒者的鬼魂、邪教徒、暴力者的鬼魂和生前犯有欺诈罪的鬼魂，他们根据所犯的不同罪行受到不同的惩罚。地狱的第九层是最底层，也是罪大恶极的鬼魂受刑的一层。三个鬼魂是出卖耶稣的犹大、谋杀古罗马皇帝恺撒的叛徒卡西奥和布鲁托，由此可见但丁认为背叛是最重的罪恶。

接下来，但丁随着维吉尔穿过冰湖之底来到了炼狱之山。能够进入炼狱的，是那些生前的罪恶能够通过受罚而得到宽恕的灵魂。炼狱山共分七级，分别洗净傲慢、嫉妒、暴怒、怠慢、贪财、贪食、贪色七种人类大罪。灵魂在洗去一种罪过的同时，也就上升了一级，如此可逐步升向山顶。山顶上是天主恩赐于人类的天堂乐园。当一个灵魂洗清罪孽的时候，便可进入天堂。维吉尔把但丁带到这里后就离开了。

此时贝雅特丽齐缓缓降临，她引导着但丁游览了各处胜境。但丁经过“忘川”和“优乐埃”的洗礼后，和贝雅特丽齐一起升入了天堂并到达了上帝的面前。在他沉思冥想上帝的时候，但丁一刹那瞥见了最伟大的秘迹，即三位

典·故·逸·话

但丁对自己的作品非常珍视，不许别人有半点歪曲和篡改。有一天，但丁途径一家铁匠作坊门口，意外地听到里面的铁匠一边在打铁，一边唱着他的诗歌。但丁没有因为自己的诗歌被传唱而高兴，相反，他为铁匠任意缩短和加长自己的诗句而感到恼怒。他二话没说，径自走进那家作坊，随手拿起铁匠的锤子等工具，一件又一件地扔到了街上。铁匠气坏了，向他扑去，质问说：“你干什么？你疯了吗？”但丁反问道：“你在干什么？”“我在干活”，铁匠说，“而你乱扔工具，使它们受到了损坏。”但丁说：“我不毁坏你的东西，那你就不要毁坏我的东西？”铁匠茫然地问：“难道我破坏了你的什么吗？”但丁答道：“你唱我的诗歌，却不按我写的去唱，你把我的作品破坏了！”

一体和人与神的结合。作品至此戛然而止。这部问世于14世纪初叶的史诗对从中世纪向近代世界转折的历史时期的社会政治变革和精神道德情状，作了真切、广阔地反映，透露了新时代的新思想——人文主义的曙光。《神曲》第一次把人置于中心的位置，以崭新的形式，予以深刻、生动的表现。它是西方文学史上一座划时代的里程碑，标志着欧洲近代文学的开端，而它所表现出的思想和艺术形式不仅对意大利而且对欧洲后世的文学创作也有着极其深远的影响。

一部人间的“神曲”

但丁的《神曲》同许多中古文学作品一样，全书的情节充满了寓意。但整个作品的主题思想非常明确，就是在新旧交替的时代，个人和人类从迷惘和错误中经过苦难和考验，到达真理和至善的境界。围绕着这个中心思想，《神曲》广泛地反映了现实，一方面给中古文化以艺术性的总结，另一方面又显现出文艺复兴时代人文主义思想的曙光。

《神曲》是一部具有强烈政治倾向性的作品。为了唤醒人心，给改革铺平道路，在作品中广泛、深刻地揭露了当时的政治和社会现实。他严厉谴责皇帝鲁道夫一世和阿尔伯特一世父子只顾在德国扩充势力，不来意大利行使皇帝的权力，并忠实地描绘了佛罗伦萨从封建关系向资本主义关系过渡时期的社会和政治变化，对教会的揭露和批评尤其尖锐。《神曲》对现实的揭露一般都是通过人物形象进行的。揭露者和被揭露者大多是历史上或当代的著名人物，因为但丁相信，只有通过著名的人物和事件，才能打动人心，促使改革早日实现。

《神曲》通过但丁和他与在地狱、炼狱、天堂中遇到的著名人物的谈话，

反映出中古文化领域的成就和重大问题。因此，《神曲》起到了传播知识的作用，带有“百科全书”的性质，但这在一定程度上损害了这部作品的艺术性。

《神曲》肯定现世生活的意义，认为它不只是来世永生的准备，而且有其本身的价值。诗中显示出但丁对现世生活、斗争的兴趣。诗中强调人富有理性和自由意志，对自己的行为负有道德责任，在生活和斗争中应遵循理性指导，要像一座坚塔一般。要“克服惰性，因为人在世上留下的痕迹，就如同空中的烟雾、水上的泡沫一样”。这种追求荣誉的思想，是但丁作为新时代最初一位诗人的特征之一。诗中热烈歌颂古今英雄人物，作为在生活、斗争中的光辉榜样。《神曲》还表现了但丁作为文艺复兴的先驱，反对中世纪的蒙昧主义，提倡发展文化、追求真理的思想。诗中赞美人的才能和智慧，对古典文化推崇备至：称亚里士多德是“哲学家的大师”，荷马是“诗人之王”，称维吉尔是“智慧的海洋”、“拉丁人的光荣”等。

《神曲》描写的虽然是来世，但正是现世的反映：地狱是现世的实际情况，天堂是争取实现的理想，炼狱则是从现实到达理想必经的苦难历程。书中暴露了现实，也着重描写了生活的理想，这说明《神曲》并不纯粹是现实主义，也是浪漫主义的。在黑暗的现实中，诗人渴望一个没有黑暗和罪恶的世界。

《神曲》中的人物形成一座丰富多彩的画廊。作为《神曲》的主人公，诗人自己的性格和精神面貌描绘得最为细致入微。维吉尔和贝雅特丽齐这两个向导虽然具有象征的意义，但并没有概念化和抽象化，显示出了不同程度的鲜明性格。

《神曲》对于地狱、炼狱、天堂的描写，构思明确，想象丰富。诗人把地狱、炼狱、天堂三个境界细分为若干层，体现出作者根据哲学、神学观点所要阐明的道德意义。三个境界的性质不同，色调也不相同。在《地狱》里，但丁借自然景象来描绘人物受苦的场面，在《炼狱》里才直接描写了自然景色，《天堂》描写的是非物质的、纯精神的世界。这些境界的描述都非常真实，使人如身历其境。对自然的描写也富有高度的画意，足见但丁对自然之美极为敏感。这一点也是他作为新时代诗人的特征。

《神曲》是一部长篇史诗，《地狱》、《炼狱》和《天堂》各有33章，加上全书序曲共100章，长达14233行，每部曲最后一行都以“星”字作韵脚。这种匀称的布局以及诗中三个境界的匀称的结构，都是建立在中古关于数字的神秘意义和象征性的概念上的。

《神曲》是用三韵句写成，这是但丁以民间诗歌中流行的一种格律为基础创制的新格律。更重要的是，《神曲》用意大利俗语写成，对于解决意大利的文学用语问题和促进意大利民族语言的统一起了很大的作用，这使但丁成为意大利第一个民族诗人。（田德望）

历史桂冠
LISHIGUIGUAN

但丁是意大利中世纪过渡到文艺复兴时期最伟大的诗人，是意大利文学的奠基人，也是世界公认的文学巨匠之一。1265年5月下旬，但丁诞生在意大利佛罗伦萨的一个没落贵族家庭。其高祖父曾参加过第二次十字军东征，立下战功并被封为骑士。但丁幼年丧母，父亲是一个高利贷者。但丁少年时代就勤奋博学，善于思考，早年师从著名学者布鲁内托·拉蒂尼，系统地学习了拉丁文、修辞学、诗学以及古典文学，对罗马大诗人维吉尔推崇备至，并结交了柔美新诗体的代表诗人卡瓦尔坎蒂等人。不仅如此，但丁在绘画、音乐领域也显示出了非凡的造诣。除此之外，但丁还精心研究神学和哲学，并深受古代教父圣·奥古斯丁思想的影响。

但丁不仅仅是一位文学大师，也是一个爱国志士。他曾参与了前线的战斗，并成为人民首领特别会议的成员和百人会议的成员。1300年当选为行政长官。在任职期间，他因为坚持佛罗伦萨的独立自由和意大利的统一，坚决维护佛罗伦萨共和政权，反对教权凌驾皇权之上干涉内政而得罪教皇。1302年教皇唆使法庭以“诈骗”和“反对教皇”的罪名判处但丁放逐两年的徒刑并处以罚金。坚持真理的但丁对莫须有的罪名不屑一顾，拒不忏悔认罪。结果但丁于同年3月被重新审判，不仅被没收了全部家产并被判处终身流放，不得回国，否则处以火刑。在此后的近20年时间里，但丁虽然也作过多次努力想重返故里，但都没有成功，最后终于在1321年9月14日客死于拉文那。在放逐期间，但丁对去波伦亚任教的诚意聘请婉言谢绝，对“加冕诗人”的桂冠也嗤之以鼻，唯独对返回故乡佛罗伦萨的夙愿至死不渝。

但丁生活在一个变革的时代，时代磨炼了但丁，也造就了但丁。辛酸的流亡生活使他扩大了视野，增长了阅历，丰富了经验。但丁在流亡期间广泛地接触到社会各阶层的民众，对意大利动荡的社会现实有了更深刻的认识，并逐渐将自己的命运融合在对民族前途的深沉思考中。但丁的重要作品几乎全部是在流亡中写成的，中世纪的史诗《神曲》三部曲就是其中最为著名的作品。

在欧洲文学的伟大创建者行列之中，拉伯雷名列前茅，他是一个智者和先知，永为后世所纪念。

《巨人传》

拉伯雷（法国 1494－1553）

公元14世纪到16世纪是西方历史上著名的文艺复兴时期。对于这之前的中世纪来说，它是一个崭新、辉煌而又充满蓬勃活力的时代。人们逐步摆脱中世纪的阴影，开始热烈追求思想上的自由解放，各类文学家、艺术家们纷纷展示自己的才华，欧洲文化出现了空前繁荣的局面。人文主义学说随之蓬勃兴起，并逐渐成为当时社会思潮的主流。这场著名的思想解放运动持续了近300年的时间。其间，在15世纪的末叶，诞生了一位历史上著名的作家——拉伯雷。在欧洲文学的伟大创建者行列之中，拉伯雷名列前茅。就其艺术和思想的力量及其历史意义而言，西方文学家和作家通常把拉伯雷直接排在莎士比亚之后，甚至与之相提并论。法国的夏多布里昂和雨果把他归入古今各民族少数最伟大的“人类天才”之列。人们一直认为他不只是一个一般意义上的伟大作家，而且是一个智者和先知。

拉伯雷同所有文艺复兴的巨人一样，是学识渊博的学者，特别在医学上颇有建树。他是当时的名医，医道高超，他翻译过多篇古希腊的医学论文，也编写过医学著作。不过，他的名字之所以能够流传到今天，却主要是靠着他的长篇小说《巨人传》。作为医生的拉伯雷早已被人忘却，作为人文主义作家的拉伯雷却永为后世所纪念。

《巨人传》这部小说是法国文坛的一朵奇葩，语言诙谐，情节离奇，嬉笑怒骂皆成文章，通过巨人国两代巨人的成长经历，把社会丑态一一展现在了人们面前。正是由于作品中体现出的浓厚的人文主义精神，因此《巨人传》一问世，就像地震一样震撼了整个社会，引起了巨大的反响。初读起来，这部小说讲的都是滑稽取乐的故事，有的地方甚至流于粗野鄙俗，然而在捧腹大笑之余仔细回味，就不难发现这些故事实则蕴含着严肃丰富的思想内容，虽然同我们相去达500年之久，仍不乏给人以启发教育之处。

经典回眸
JINGDIANHUIMOU

1532年8月，法国里昂市的一家书店里突然出现一本奇特的小说，名曰：《庞大固埃传奇》，作者署名那西埃，小说立刻被抢购一空。原来这那西埃不是别人，正是立志于改革的拉伯雷。他在这部小说中以大不敬的态度几乎亵渎了当时社会上一切似乎威严神圣的东西，其思想之解放，揭露之大胆，语言之泼辣，挖苦之刻薄实属前所未有。为了躲避教会淫威的锋芒，拉伯雷把自己名字的字母拆散后重新组合，造出这么一个古怪的字做笔名。相隔一年，他继续用这个笔名出版了小说的第二卷《高康大》。这两部小说像地震一样震撼了整个社会。它一方面受到城市资产阶级和社会底层人民的欢迎，另一方面受到教会和贵族社会的极端仇视，不久，巴黎法院就宣布这两部小说为禁书。

这部小说就是拉伯雷的《巨人传》的前两部。原书名很长，叫做《巨人卡冈都亚之子、狄波莎德王、鼎鼎大名的庞大固埃的可怖而又骇人听闻的事迹和功业记》，共分五部，第一部的主人公是国王格朗古杰的儿子卡冈都亚。他生下来便会说话，喝一万七千多头母牛的奶，他的衣服用一万二千多尺布制成。这种夸张的描写是要说明人的力量是巨大的。卡冈都亚最初受中古经院教育的毒害，后来人文主义教育才把他解救出来。他到巴黎旅行，在实际生活中得到锻炼。这时，他的国家受到邻国国王毕可肖的侵略，他率领若望修士等击退敌人。之后他建立德廉美修道院酬答若望的功劳。第二部的主人公是卡冈都亚的儿子庞大固埃。他一开始就受人文主义教育。祖孙三代巨人，一代比一代受到更好的教育，一代比一代幸福，反映了作者的人类不断进步的思想。第三部用很多篇幅讨论巴汝奇要不要结婚的问题，在这里作者对宗教迷信加以揭露和嘲笑。随后庞大固埃、若望修士和巴汝奇等一起出发到世界各地寻找“神瓶”。第四、五两部写他们在旅行中遇到无数骇人听闻的事。第四部的第五章到第八章写巴汝奇和羊商斗智的一段是书中最精彩的故事之一，饶有民间故事风味。第五部的讽刺比前四部更尖锐，对违反自然、抵制科学的教会势力和危害人民的封建司法进行了猛烈的抨击。庞大固埃一行人走过许多地方后，终于找到了“神瓶”。“神瓶”给他们的答复是：“喝呀。”作者的意思是教人吸取人类的知识，以此来武装自己。

拉伯雷在《巨人传》第五部的序言里谈到他为谁写作时形象地说，他“要伺候石工，替石工烧火煮饭”。小说中的巨人在法国民间创作中早已存在。格朗古杰是15世纪一个民间笑剧中的人物，卡冈都亚的名字早已见于民间故事，庞大固埃曾经在中古时期的神秘剧里出现过，他为人机警，喜欢恶作剧。《巨人传》中还穿插着一些民间故事，赞扬劳动人民的善良品质，歌颂他们的勇敢和智慧。

拉伯雷的巨人思想贯穿在整部作品中，体现在三个巨人的形象上。他们一方面食量过人，饕餮好酒，纵情享乐。作者以赞赏的口吻肯定他们的享乐人生观，这是对僧

侣主义和禁欲主义的嘲讽。另一方面，他又把一些优良品质赋予他的巨人。格朗古杰爱和平，爱人民。他的国土被敌人侵略时，他首先想到的不是自己的统治地位，而是人民的利益。卡冈都亚对教会很不恭敬。巴黎圣母院是教会权威的象征，卡冈都亚却把它的大钟从钟楼上取下来，作为马铃，使巴黎大学神学家们惊慌失措，乱成一团。他指出教会是是非丛生之地，修道生活是违背自然的。他主张人们自由发展，不受宗教教条的束缚。庞大固埃体现出文艺复兴时期的好奇心理和创造精神，他游历冒险是为了探索宇宙的秘密，寻求真理。这三个巨人的形象虽然表面上荒诞不经，甚至不可思议，但实际上作者是把他们作为人的力量的象征来塑造的。当时新兴资产阶级意识到，要解放被封建制度束缚了几百年的生产力，人的力量的解放是首要问题。卡冈都亚和庞大固埃是知识渊博的人，是人文主义者拉伯雷的理想人物。

《巨人传》的语言富于创造性，有时气势磅礴，热情充沛，有时庄严雄辩，但也有一些段落流于庸俗粗野。拉伯雷大量运用各行各业的语言，这说明他对社会下层的行话也很熟悉。他往往一连使用几个意义相近的词来描写一个动作或表达一个概念。这是拉伯雷的夸张手法的一种表现，同时也说明16世纪的法兰西语还未固定下来。

拉伯雷认为“笑是人的本质”，他借鉴了中世纪的闹剧、小故事诗的传统，其中既有高雅的滑稽，也有粗俗的嘲笑，正如雨果所说：“他的哄然大笑是精神的深渊之一。”在读拉伯雷的《巨人传》时，人人可以快意地笑，爽朗地笑，尽情地笑，这就是他被人们誉为“伟大的笑匠”的原因。

让读者发出痛快的笑声

《巨人传》的故事虽然奇特，但是却有着深厚的现实基础，所以透过离奇的情节读者可以明显地感觉到时代脉搏的跳动。大家都知道，16世纪欧洲发生了一次规模巨大、影响深远的资产阶级思想革命运动——文艺复兴。拉伯雷诞生的时候，正是法国的文艺复兴开始酝酿的年代，到他进入《巨人传》创作的16世纪30年代，文艺复兴在法国已成燎原之势。此时的拉伯雷已是一个成熟的人文主义者，他勇敢地投身到反封建反教会的斗争中，对黑暗的社会现实采取了不妥协的批判态度。他把自己的全部思想学说都倾注于笔端，用文艺的形式热情地宣传人文主义，使他的小说具有不可否认的现实主义精神和进步意义。

《巨人传》对法国封建社会的黑暗现实进行了多方面的揭露和猛烈的抨击，作者在揭露社会黑暗的同时，从资产阶级立场出发，满腔热情地歌颂了人文主义理想，人文主义的基本问题在小说中大都通过各种艺术形象得到阐发，在这个意义上讲，这部小说可以说是人文主义艺术化的百科全书。小说，特别是长篇小说，作为独树一帜的文学体裁在文学史上确立其地位，在法国是以《巨人传》为起点的。

首先，我们不能不佩服作者丰富的想象力。这种变幻无穷，似乎永不衰竭的想象力当然是和民间传说的启发分不开的；作者渊博的学识也无疑给想象插上了翅膀。但是，其主要源泉还是作者宽广深厚的生活基础。小说以巨大的篇幅，用神怪传奇的形式叙述了三代巨人的经历，各具特色，互不雷同。现实社会不同阶级、不同职业的人，从国王到农民，从教皇到教士，分别出现在层出不穷的新颖奇特的故事当中。万千社会现象，各种不同的场面都得到淋漓尽致的表现。虽然无所不包，读来却无单调枯燥之感，而且小说自始至终对读者有一定的吸引力。如果没有深广的社会阅历，没有对生活细致入微的观察体验，那是很难做到这一点的。小说在艺术上的成功，除得力于作者丰富的想象力之外，语言的功力也是一个重要原因。拉伯雷精通古希腊文和拉丁文，然而他并没有用古人的语言作为写作材料，而是用人民大众的语言，主要是城市商人、手工业者和自由职业者的语言作为小说语言的基调。他大量采用俗语、俚语，使作品的语言生动活泼、平易流畅，而且富于变化。他有时甚至信笔所至，创造新词，别开生面，令人捧腹。特别是人物对话，往往有声有色，富于戏剧性，具有较强的感染力。他的语言深深地根植在现实生活的土壤中，因此能够一扫教会文学和贵族骑士文学矫揉造作的文风，犹如大江流水，具有一股不可阻挡的气势。语言气势对作品的思想气势起到了推波助澜的作用，而且在很大程度上弥补了情节松散的缺陷。《巨人传》无论在思想内容方面还是在艺术手法方面，都显而易见是中世纪法国市民文学的继续和发展。拉伯雷的成就，在于他巧妙地采纳民间传说的题材，然后把自己渊博的知识以及在生活中积累起来的丰富的现实素材糅杂进去，寓严肃于诙谐，寄深刻于平凡，以聪睿的才智、惊人的决心和勇气完成了法国第一部成功的通俗小说。

拉伯雷之所以采用通俗小说的形式，除了他

典·故·逸·话

一天，法国作家拉伯雷有急事想去巴黎，可身上无钱，该怎么办呢？后来他找来一些有颜色的粉末，包成三个纸包，分别在上面写着“给国王吃的药”、“给王后吃的药”、“给太子吃的药”的字样，然后有意让警察看到这些东西。警察发觉后大惊，如临大敌，立刻把拉伯雷抓起来，当做重大的嫌疑犯送到巴黎。但经过调查，没有找到任何犯罪的证据，只好把他放了。拉伯雷就这样“免费”到了巴黎。

知道这种体裁深受市民的喜爱之外，还因为用开玩笑、说故事的方式曲折迂回地宣传人文主义思想，比较易于逃避教会的迫害。从这里也可以看出拉伯雷的斗争艺术。《巨人传》在法国文学史上占有重要地位，这是历代评论家所公认的。虽然他们对小说的社会意义理解有不同的看法，但是他们都一致承认作品伟大的艺术力量，承认拉伯雷对于法国文学发展作出的不可磨灭的贡献。（罗 艽）

历史桂冠 LISHIGUIGUAN

拉伯雷1494年出生在法国中部都兰省的希农城，父亲是个有钱的法官。他在父亲的庄园里度过了自由自在而快乐幸福的童年。十几岁后，他被迫接受死气沉沉、枯燥无味的宗教教育，之后又进修道院当了修士。修士的生活刻板乏味，又受清规戒律的束缚，这使拉伯雷非常反感。他开始学习希腊文，通过希腊文了解希腊和罗马的古代文化。当时，修道院反对学习古代文化，认为学习希腊文是追求异端学说，所以修道院搜走了拉伯雷的所有书籍。拉伯雷愤怒之下换了一个修道院。在新修道院里，他幸运地遇上一个也喜欢古代文化的主教，加上他们又是老相识，拉伯雷终于可以自由地研究古代文化了。后来，拉伯雷跟随大主教出使罗马，游览文艺复兴运动的发祥地意大利，访问了许多名人和古迹，学习了宗教、哲学、数学、音韵、法律、考古、天文等许多知识，终于成了一个博学的人。

1530年，拉伯雷进大学攻读医学，这时他已36岁了，但他用了仅仅两个月的时间，就获得了学士学位，当上了医师。1535年，他又到巴黎学医，不久又获得了硕士和博士学位。1537年，他还勇敢地解剖了一具被绞死的囚犯的尸体。这种追求科学的举动，在当时是非常大胆的，因为这会触怒天主教会。拉伯雷最为后人称道的是他的长篇巨作《巨人传》。1532年，《巨人传》第一部出版，一年后又出版了第二部，署名是那西埃。书出版后，受到了城市资产阶级和社会下层人民的热烈欢迎，但却受到了教会和贵族的极端仇视，并被法院宣布为禁书。1545年在国王的特许发行证的保护下，拉伯雷以真实名姓出版了《巨人传》的第三部。但国王不久死去，小说又被列为禁书，出版商被烧死，拉伯雷被迫外逃。直至1550年才获准回到法国。

回国后，拉伯雷担任了宗教职务，业余时间为穷人治病，后又去学校教书。在学校教书期间，他完成了《巨人传》的第四部和第五部。这部小说的创作前后经历了20年的时间。《巨人传》出版后风靡一时，两个月内的销售数额超过了《圣经》九年销售数的总和。400多年来，它用各种文字出了200多个版本！1553年4月9日，拉伯雷在巴黎去世，临终时他笑着说："拉幕吧，戏演完了。"

屈原化做一缕永恒的精神血脉，穿越时空，涌动在中国代代文人心中，他空灵的身影飘忽于中国文学的崇山峻岭之间……

《楚辞》

■ 屈原（中国·战国　公元前340–前278）

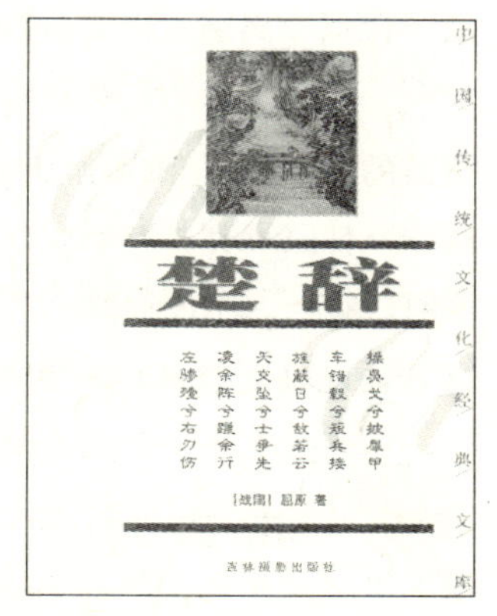

也许是诗歌成就史料记载不详，或许诗歌发展本身就较为零散及至沉寂，中国文学史上在取得了《诗经》那样光彩夺目的成就后，大约300年后，《楚辞》以“瑰丽的文采、神奇的想象、综合的形式、浪漫的气息、时代的精神等，不仅让时人耳目一新，而且让后代景仰千古”。战国时期出现的《楚辞》，在中国文学史上有着特殊的意义，它和《诗经》共同构成中国诗歌史的源头。

如果说《诗经》开启了现实主义的风气，以稳健的脚步步入中国文学的辽阔原野，那么以屈原为代表创作的《楚辞》则开创了浪漫主义的文学传统和个性化的写作方法，以空灵的身影飘忽于中国文学的崇山峻岭之间。屈原是中国第一位伟大的诗人，在他之前出现的《诗经》是众人的吟唱，而他的降临却呼唤出一批英才，使诗的荒原充满了春的气息，他的诗的个性化和个性化的诗，标志着“诗人”这一形象的真正诞生，标志着一个新纪元的开始。

屈原九死不悔的执着意志、深沉的忧患意识、自我完善的高洁精神、坎坷多舛的悲剧生涯、恢宏瑰丽的锦绣文章，化作一缕永恒的精神血脉，穿越时空，涌动在代代文人心中。怀才不遇的贾谊、“发愤著书”的司马迁、“不为五斗米折腰”的陶渊明、忧国忧民的杜甫、旷世独立的李白、“先天下之忧而忧”的范仲淹、完结古典文学的曹雪芹，还有曹植、张衡、阮籍、韩愈、柳宗元、白居易、苏轼、蒲松龄，几乎稍有成就与影响的文人都从屈原的作品与人格中得到浸润。屈原的影响与《楚辞》分不开，《楚辞》作为第一部文人创作诗歌集，对后世文学的发展尤其是文人心态的确定与赋的形成都有着重要的影响。

经典回眸
JINGDIANHUIMOU

《楚辞》又称楚词，是战国时代的伟大诗人屈原创造的一种诗体。作品运用楚地（今两湖一带）的文学样式、方言声韵，叙写楚地的山川人物、历史风情，具有浓厚的地方特色。《楚辞》的名称，最早见于西汉前期司马迁的《史记·酷吏列传》。在汉代，《楚辞》也被称为辞或辞赋。西汉末年，刘向将屈原、宋玉的作品以及汉代淮南小山、东方朔、王褒、刘向等人承袭模仿屈原、宋玉的作品辑录成集，定名为《楚辞》，由于屈原的《离骚》是《楚辞》的代表作，故《楚辞》又称为骚或骚体。

在《楚辞》初本的16卷中，屈原的作品占绝大部分，共收他的诗作8卷20余篇。包括《离骚》、《九歌》（11篇）、《天问》、《九章》（9篇）、《远游》、《卜居》、《渔父》、《招魂》等。其他8卷是，宋玉的《九辩》、景差的《大招》及汉代贾谊的《惜誓》、淮南小山的《招隐士》、东方朔的《七谏》、严忌的《哀时命》、王褒的《九怀》、刘向的《九叹》等。南宋朱熹在此基础上编为《楚辞集注》，增入贾谊的《鹏鸟赋》、《吊屈原赋》两篇，删去《七谏》、《九怀》、《九叹》等作品，朱熹认为这些作品缺乏真实的思想感情。他把屈原的作品划为“离骚类”，把其他作品划为“续离骚类”，按原篇章次序编为8卷。

《楚辞》的感情炽烈、激越、昂扬或缠绵、细腻、深沉。同时诗中有了“我”，有了强烈的自我意识，有了个性，诗的生命也就充满了内质与魅力，直指向我们的心灵深处，给我们带来感动、眼泪、欢喜、惆怅。特别是《楚辞》中的屈原作品，以其深邃的思想、浓郁的情感、丰富的想象、瑰丽的文辞，体现了内容与形式的完美统一。它的比兴寄托手法，不仅运用在遣词造句上，且能开拓到篇章构思方面，为后人提供了创作的楷模。而它对其后的赋体、骈文、五七言诗的形成，又都具有深远的影响。

屈原的笔点石成金，化腐朽为神奇，他将充满原始意味的神巫故事、寓言神话引来了，他将楚人的俗词鄙语、淫祀巫风引来了，它们化做神秘的气氛，浪漫的情调，优雅的韵致，绮丽的色彩、迷狂的激情点染着《楚辞》；他又引来天地万物驱遣比兴，他用兰花香草、荷衣

典·故·逸·话

屈原投江后，楚国的百姓纷纷到汨罗江找屈原。渔夫们在江上来回打捞他的尸体，并拿出事先准备的粽子、鸡蛋等食物往江里面丢，说是让鱼虾吃了，就不会去咬屈原的身体。还有一位老医师拿出雄黄酒倒进江里，要把江里的蛟龙迷昏，使它不能伤害屈原。后来，没有多久水面上浮起了一条昏晕的蛟龙，嘴角上还有一片屈原的衣服。人们就把这蛟龙拉上岸，抽了筋，然后把龙筋绑在孩子们的手脚、脖子上，再用雄黄酒抹眼睛耳朵鼻子嘴巴，使那些毒蛇害虫都不敢来伤害这些小孩子。从此以后，每年到了农历五月初五，屈原投江这一天，人们都要划龙舟，吃粽子，喝雄黄酒来纪念屈原。

蓉裳来象征自己品格之纯洁高尚，他将群小党人比做恶禽秽物。成为中国浪漫主义文学的源头。

《楚辞》在中国诗史上占有重要的地位。它的出现，打破了《诗经》以后两三个世纪的沉寂而在诗坛上大放异彩。后人也因此将《诗经》与《楚辞》并称为风骚。风指十五国风，代表《诗经》，充满着现实主义精神；骚指《离骚》，代表《楚辞》，充满着浪漫主义气息。风骚成为中国古典诗歌现实主义和浪漫主义创作的两大流派，为后世文学创作提供了可堪借鉴的典范。

文学圣殿 WENXUESHENGDIAN

屈原的浪漫

汨罗江畔，夜色如漆，江水无风自动，拍打着岸边人脚下的巨石，来人紧握双拳，目光如炬，透露着一种无畏、惋惜、热爱以及不舍，他没有多余的言语，纵身投向了江心，但他留下了忠魂，谱写着一曲哀伤的浪漫之歌……

屈原的浪漫是英雄主义的浪漫，像那被钉在高加索山悬崖上的普罗米修斯，受尽痛苦和折磨，而身上却散发出更加夺目的光辉，这是人格的魅力，品格的尊严。当屈原作辞，痛斥奸佞，规劝君王，而后颠沛流离，却故国难忘，但回天乏力，哀投汨罗江，他的行为不正是对忠君爱国最浪漫的诠释吗？“众人皆醉我独醒”，是啊，屈原宁愿用清醒的头脑承受切肤的痛，也不屑与污浊同流，一味固执地期盼着国家的中兴，君主的觉醒，“苟余心之端直兮，虽僻远其何伤”！真是一种近乎“可爱”的情怀。他活着，是一个浪漫的存在。他死了，也就带走了最后的光明与希望。失败的英雄有一种近乎神圣的外衣，高贵而不可侵犯，贞德如是，她化身信念；拿破仑如是，他化身胜利；孙中山如是，他化身民主；屈原也如是，他化身忠诚，他们的浪漫都来源于各自精神的光辉，是一种脱离了个体的存在，是一种无瑕的徽记！

屈原的浪漫来源于他的作品。在他年轻时，《九歌》诞生了。它展示了一个奇特、瑰丽、充满神秘色彩的世界。这里有变幻不定的云中君、缠绵哀怨的湘夫人、热情奔放的河伯、凄幽妖媚的山鬼、庄严的东君、勇武的国士魂、严肃的大司命、温柔的少司命；奇幻迷离的鬼神与朦胧氤氲的山水相交融，人对神的崇拜眷恋与诸神之间的思慕追求相辉映，深沉的痛苦与淡淡的哀怨、绰约的身姿与惆怅的心态相交织，这一切在屈原笔下如泣如诉，忽起忽伏，感伤婉约的调子弥漫其中，使得《九歌》成为

《楚辞》中最细腻、最动人性情、最耐人细品的一组作品。

屈原的理想、人格与现实的矛盾冲突无法解决，从此他在这种矛盾的重压下走上一条上下求索的漫漫长路，记载这条长路上屈原行迹心迹的就是《九章》、《天问》等作品。

政治家的济世激情，爱国者的依依乡恋，知识分子的高洁品格，与残酷、无奈、失意的现状交织在一起，化做悲剧性的火焰，在屈原心中灼烧。伟大而孤独的诗人在汨罗江的浪花中吟唱出自己最雄伟壮丽的诗篇——《离骚》。我们从中看到了屈原深沉的忧患意识：他对于民族故国一往情深；我们也看到了屈原执着的人生追求：为实现理想九死不悔；我们更看到了屈原自我完善的高洁人格：不与群小苟合同流，当他既不可去，又不可留，矛盾无法解决时，他以死亡来祭奠自己心中的理想。

屈原开创了中国浪漫主义的先河，对后世具有着深远的影响。刘勰在《文心雕龙·辨骚》中评价屈原“衣被词人，非一代也”。屈原九死不悔的执著意志、深沉的忧患意识，自我完善的高洁精神，化做一缕永恒的精神血脉，穿越时空，涌动在代代文人心中，李白白发三千丈，柳三变晓风残月，关汉卿六月飞雪，吴承恩大闹天宫，龚自珍甘化春泥，浪漫主义传承一脉，不断发展。几乎稍有成就与影响的文人都从屈原的作品与人格中得到浸润。无限的联想，美好的奇思，瑰丽的场景，动人的情节，浪漫主义让一切脱离真实，而又可以更轻松地刻画真实，屈原踏出了第一步，开启了一道流光溢彩的门。

屈原的浪漫主义有一个鲜明的特点，就是它深深地植根于现实生活之中。他的丰富想象，强烈感情，对美好事物的追求，对神话传说的运用，对美女香草的描绘等，都是从现实生活当中升华而来的。他执著于浪漫，又不脱离和逃避现实。他真实地写出了自己的思想感情，也真实地反映整个时代的动乱。屈原的影响因此扩大到广阔的天地之中，仁人志士以“长太息以掩涕兮，哀民生之多艰”表达自己的情怀，身处逆境者以“路漫漫其修远兮，吾将上下而求索”，砥砺自己的意志，更多的民众则在一年一度的端午节以包粽子、赛龙舟等民俗形式来寄寓对屈原的追思……（佚 名）

一领风骚数百年

长江流域同黄河流域一样，很早就孕育着古老的文化。春秋时代，楚国迅速发展壮大，兼并了长江中游许多大小邦国，成为足以与整个中原相抗衡的力量。楚庄王为春秋五霸之一，一度有北取中原之志。战国时期，楚进而吞灭吴越，其势力西抵汉中，东临大海，在战国诸雄中，版图最大，人口最多。楚民族在其发展过程中，不断与中原文化进行交流。丰富的物质条件，较少压抑而显得活跃的生活情感，造成了楚国艺术的高度发展，这是楚文化明显超过中原文化的一个方面。《楚辞》既是楚文化土壤上开出的奇葩，又代表了楚文化的辉煌成就。楚文化尤其楚国艺术的一般特点，如较强的个体意识，激烈动荡的情感，奇幻而华丽的表现形式等等，也都呈现于《楚辞》中。

《楚辞》的形成，从直接的因素来说，首先同楚地的歌谣有密切关系。如前所述，楚是一个音乐舞蹈发达的地方。现在从《楚辞》等书中还可以看到众多楚地乐曲的名目，如《涉江》、《九辩》、《九歌》、《阳春》、《白雪》等。现存的歌辞，较早的有《孟子》中记录的《孺子歌》，据说是孔子游楚时听当地小孩所唱：

沧浪之水清兮，可以濯我缨；沧浪之水浊兮，可以濯我足。

还有刘向《说苑》所载《越人歌》，据说是楚人翻译的越国舟子的唱辞：

今夕何夕兮，搴舟中流。今日何日兮，得与王子同舟。蒙羞被好兮，不訾诟耻。心几烦而不绝兮，得知王子。山有木兮木有枝，心悦君兮君不知。

这种歌谣到秦汉时还十分流行。如刘邦有《大风歌》，项羽有《垓下歌》。它的形式与中原歌谣不同，不是整齐的四言体，每句可长可短，在句尾或句中多用语气词“兮”字，这些也成为《楚辞》的显著特征。

但值得注意的是，《楚辞》虽脱胎于楚地歌谣，却已发生了重大变化。汉人称《楚辞》为赋，取义是“不歌而诵谓之赋”。屈原的作品，除《九歌》外，《离骚》、《招魂》、《天问》都是长篇巨制；《九章》较之《诗经》而言，也长得多。它们显然不适宜歌唱，不应当做歌曲来看待。同时，这种“不歌而诵”的“赋”，却又不是像散文那样的读法，据古籍记载，需要用一种特别的声调来诵读。这大约类似于古希腊史诗的“吟唱”形式。歌谣总是篇幅短小而语言简朴的，《楚辞》正是摆脱了歌谣的形式，才能使用繁丽的文辞，容纳复杂的内涵，表现丰富的思想情感。

《楚辞》是楚文化的产物，具体说来，又离不开伟大诗人屈原的创造。屈原是一位爱美的诗人。他对各种艺术的美，都不以狭隘的功利观加以否定。《九歌》、《招魂》中处处渲染着音乐歌舞的热烈场面和引发的感动。“羌声色之娱人，观者憺兮忘归”，在屈原笔下，是美好的景

象。同样，他的诗篇，也喜欢大量铺陈华美的、色泽艳丽的辞藻。他还发展了《诗经》的比兴手法，赋予草木、鱼虫、鸟兽、云霓等种种自然界的事物以人的意志和生命，以寄托自身的思想感情，又增加了诗歌的美质。大体上可以说，中国古代文学中讲究文采，注意华美的流派，最终都可以溯源到屈原。在诗歌形式上，屈原打破了《诗经》那种以整齐的四言句为主、简短朴素的形式，创造出句式可长可短、篇幅宏大、内涵丰富复杂的"骚体诗"，这也具有极重要的意义。由屈原开创的《楚辞》，同《诗经》共同构成中国诗歌乃至整个中国文学的两大源头，对后世文学形成无穷的影响。而由于时代的发展，以及南北文化的区别，《楚辞》较之《诗经》，已有显著的进步。因之，它对后来文学的影响，更在《诗经》之上。

历史桂冠
LISHIGUIGUAN

如果要寻找一位深刻浸润着中国历代文人心灵，又广泛影响着中国社会、历史、民俗的骄子，那么屈原当为首选。战国末期（公元前340年），屈原诞生于丹阳（今湖北宜昌秭归乐平里）这块南国诗风的沃饶土壤上。屈原从小聪慧过人，勤奋好学，胸怀大志，才华出众。20岁刚出头的他，就离别家乡，来到楚国京城郢都，步入仕途，开始了他一生的政治生涯。他超群绝伦的才华很快得到了楚怀王的赏识，位为左徒、三闾大夫。

屈原为实现楚国的统一大业，对内积极辅佐怀王变法图强，对外坚决主张联齐抗秦，使楚国一度出现了一个国富兵强、威震诸侯的局面。但是由于在内政外交上屈原与楚国腐朽贵族集团发生了尖锐的矛盾，遭到群小的诬陷和楚怀王的疏远。

楚怀王三十年（公元前299年），屈原回到郢都。同年，秦约怀王武关相会，怀王遂被秦扣留，最终客死秦国，顷襄王即位后继续实施投降政策，屈原在斗争中惨遭失败再次被逐出郢都，流放江南，辗转流离于沅、湘二水之间。他远离故土，仍心系国事，时刻准备回去。顷襄王二十一年（公元前278年），秦国攻破郢都，楚国灭亡的消息传来，屈原悲愤难耐，他深感自己政治理想破灭，无力挽回国家危亡，于公元前277年5月端阳遂怀石自沉汨罗江而亡。

作为一位杰出的政治家和爱国志士，屈原热爱祖国、坚持真理、宁死不屈的精神和他"可与日月争光"的巍巍人格，千百年来感召和哺育着无数中华儿女。作为一个伟大的诗人，屈原的出现，不仅标志着中国诗歌进入了一个由集体歌唱到个人独创的新时代，而且他所开创的新诗体——《楚辞》，突破了《诗经》的表现形式，极大地丰富了诗歌的表现力，为中国古代的诗歌创作开辟了一片新天地。

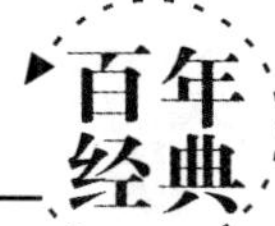

有的书一出世便寿终正寝了，而蒙田的随笔集却跨越400多年的漫长岁月仍盛行不衰。

《蒙田随笔》

■ 蒙田（法国 1533-1592）

在16世纪的作家中，很少有人像蒙田那样受到现代人的崇敬。这位法国文艺复兴后重要的人文主义作家、著名的思想家、散文家，他的随笔集与培根的《人生论》、帕斯卡尔的《思想录》一起，被人们誉为欧洲近代哲理散文三大经典，自从出版后就再也没有绝版过，世界上所有的书面文字都可以读到它。

《蒙田随笔》问世后，影响深远。18世纪，人们对蒙田好评有加。孟德斯鸠说："在大多数作品中，我看到了写书的人；而在这一本书中，我却看到了一个思想者。"伏尔泰在驳斥帕斯卡尔时大声赞美蒙田："蒙田像他所做的那样朴实描述自己，这是多么可爱的设想！因为他描绘的是人性……"

到了19世纪，蒙田的崇拜者遍及全世界。司汤达在创作《论爱情》时常常参照《随笔集》，德国的歌德、习勒，英国的拜伦、萨克雷，以及后来美国的爱默生都对蒙田十分推崇。

半个世纪前，阿曼戈博士创立了蒙田友好协会，到了今天，该协会会员遍及世界各地。而没有参加蒙田友协，自己私下与蒙田倾心交谈、从蒙田身上学习有关修身处世道理的人则更是不计其数。蒙田成了追求心灵独立者的亲密私交，阅读蒙田则成了人们精神休闲的最好方式。

人常说：书有书的命运。有的书一出世便寿终正寝了，而蒙田的随笔集却跨越400多年的漫长岁月仍盛行不衰，这其中的缘由很简单：因为蒙田是一位真正热爱生活和懂得生活的大师，而生活是永远不会苍老的。即使时至今日，我们也仍然需要重温其中的伟大智能。

经典回眸
JINGDIANHUIMOU

蒙田是文艺复兴后期法国人文主义最重要的代表。《蒙田随笔》于1580–1588年分三卷在法国先后出版，收有107篇论文，是一部关于社会政治、宗教、伦理和哲学的论著。《蒙田随笔》先后写了将近十年，在此期间，随着作者思想的不断发展、变化，作品的内容也陆续加以修改与补充。蒙田这位法国16世纪的大哲学家在他的著作中向我们展示了一个绚丽的思想世界。

蒙田以博学闻名于世，他对随笔体裁运用娴熟，开创了近代法国随笔式散文之先河。在这部随笔中，他以一个智者的目光，观察和思考大千世界的众生相，从古希腊一直观察到16世纪，从法国一直观察到古代的埃及、波斯，再将观察化为波澜壮阔的随笔，使这部作品成为16世纪各种思潮和各种知识经过分析的总汇，有“生活的哲学”之美称。

蒙田是一位人文主义作家，在其随笔集中他不囿于渊博的书本知识，而是陈述自己对于自身个体、人类生活方式与如何完善自己等问题的思考，如在《对好坏的判断主要取决于我们的主观看法》一文中，他这样说：“我们之所以不能耐心忍受痛苦，是因为我们不习惯从心灵上获得主要的满足，没有给予心灵足够的重视，而它却是我们状态和行为唯一至高无上的主宰。身体只是一种方式、一种状态。而心灵却多姿多态，它让身体的各种感觉听命于它的状态。”蒙田认为如果我们想的话，客观上的痛苦也可以成为快乐，关键在于我们如何去看待。诸如此类令人拍案叫绝的议论在书中比比皆是。蒙田会使我们认识到心灵是伟大的，它可以控制我们的言行，我们的思维，甚至我们周围的客观事物，这就更需要我们注重管理我们的心灵，提高我们的思想境界，这样就足以使一切变得美好得多。

和早期那些充满自信的人文主义者不同，蒙田不再相信人在自然中的优越性；相反，他认为正是这种自诩的优越性造就了人性中骄横的自负的一面。他着重指出了人类知识的缺陷。但是，蒙田的怀疑主义并没有引导他得出否定一切的结论；相反，他声称自己的“生活哲学”是一种健全的常识。

在蒙田的时代，哲人们深受宗教的束缚，鄙视生命，把生活贬低为消磨时光，并且尽量回避它，“仿佛这是一桩苦役、一件贱物似的”。蒙田却把生命视为“自然的厚赐”，并声

典·故·逸·话

1585年蒙田的故乡鼠疫盛行，他被迫暂时离开自己的城堡，于1587年重回旧居续写他的随笔。在这期间，蒙田结识了对他狂热崇拜的德·古内小姐，他俩之间的关系一直维持到作家逝世为止。蒙田晚年在政治上效忠法国国王亨利四世，国王也曾到他的城堡做客数次。1578年蒙田的肾结石发作，影响了他的写作，我们今天所见的《蒙田随笔》是由德·古内小姐在蒙田生前出版的随笔集的基础上，根据他在笔记上写下的大量注释和增添内容编辑而成的。

称“开心如意的生活是人生的杰作”。在蒙田看来，只有生活得自然，才能生活得幸福。更为重要的是，蒙田的哲学是一种自我内省的意识。因为，既然每个人内心都有普遍理性的种子，那么，没有人比自己更懂得应当如何生活，如何完善自身，如何处世，在今天这个物欲横流、精神沦丧的社会里，蒙田的这些思想无疑是一种不可缺少的清醒剂。因此，蒙田的文章更适合从生活处世的角度去看，想想自己在生活中遇到的诸多问题，我们必然会从他的随笔里有所领悟。

16世纪的现代人

蒙田是一个让我们越看越像现代人的家伙。他很世俗，绝不忘掉与达官贵人友好交往。但是我们并不讨厌他。因为他绝不以出卖自己的立场为代价来谋取好处。从根子上来讲，他甚至对物质上的好处也同样抱着谨慎的怀疑态度。但是他洞悉政治的微妙，也很清楚如何在各种政治势力之间寻找一种平衡。

他的时髦却绝对不在于他的政治平衡能力。他为现代人所推崇，是因为他早大家四个多世纪说出的话，大家在四个多世纪后居然能依然越品越有味。照理说，品古人的东西，犹如啃剔除掉肉后的骨头，初尝生香，继则无味，久则如同嚼蜡。但是我们现代人读起蒙田来，却免不了会忘掉长达四个世纪的时间差别。

他能让你回头注视自己，道理非常简单，他是一个不折不扣的怀疑主义者。他无法相信绝对的真理——当然，他也会拒绝断然否认这种真理的存在。他只告诉你说，我不知道。或者，用他自己的话说：“我知道什么呢?”对外在真理的悬疑态度，促使他回头来审视自己。蒙田在《随笔集》中的一个重要话题，就是不断地来省察自己，省察自己的生活状况，省察自己的身体活动与精神活动，以及省察自己的身体活动与精神活动之间的关系。

这也就难怪那些渴望心灵独立的自由派知识分子会这么喜欢蒙田这个家伙。他写道：“世界上的什么怪异，什么奇迹，都不如我自己身上这么显著……我越通过自省而自知，我的畸形就越令我骇异，而我就越不懂我自己。”

他觉得了解自己非常困难。他声明：我们自身在这么多时刻变成了这么多不同的人，结果，我们自己跟自己的不同，就像我们跟他人的不同一样多。顺便讲一下，这话是四百多年前说的。

现在你该明白他为什么现代了吧？从蒙田出发，你可以去为所有事情辩护。而他又绝对不必为你的辩护结果负责，毕竟，他可以一脸迷惘地问你："我知道什么呢?"

蒙田的怀疑主义却又不是一个懒惰者的庇护所。怀疑是一种行为，它不可能破坏我们其他的行为和行动。行为和行动是对怀疑的战胜。

蒙田勇敢地跨进了社会生活，他没有逃避，他说："我不希望人们不对自己承担的事情表示关注，为之奔走，费口舌，必要时流血流汗。"他多次担任公职。在蒙田看来，毫无疑问应该担当好自己的社会角色，这是一个道德问题。"世界上最伟大的事"，蒙田写道，"是一个人懂得如何做自己的主人。"他十分平静地，甚至非常高兴地接受了自己的、也接受了人类的局限性和不确定性。蒙田说："没有什么能比好好地、尽力地扮演一个人这样美，这样合法了；也没有任何一门科学能比认识到好好地、自然地过此一生更艰难。我们的疾患中，最猖狂、最蛮横的，就是瞧不起我们的存在……就我来说，我爱生活，并开拓生活。"

他是一个道德家，一个幽默高手。任何一个仔细阅读蒙田的人，无不会被他在字里行间所透露出来的机智所打动。毛姆说："蒙田的随笔不管挑哪一篇来读，你都会觉得趣味盎然，他那种怡人的闲谈特点也发挥得比较充分；虽然这些文章的题目相对来说有点一本正经，但文章本身依然妙趣横生。"

20世纪本身就是一个意见纷纭的世界，不过人们对蒙田的评价反倒比前边几个世纪中的任何一个世纪要更统一。蒙田成了追求心灵独立者的亲密私交，阅读蒙田则成了人们精神休闲的最好去所。（李　菲）

岁末读蒙田

《蒙田随笔》是一本必读的书。在这部书里，没有大喊大叫，没有愤怒和哀伤，没有热烈与冲动，只有冬夜炉火的温暖和安详；他的话语里没有故弄玄虚的哲学术语和空话，只有平实亲切的声音。

我认为在西方哲人的思想中，最接近儒家"中庸"之道的大概非蒙田莫属。然而，他的随笔更兼有庄子的洒脱和风流。他参透了道家的阴阳符号，在叙述中，他总会让你看到有关修身处世的智慧。

蒙田被尊为圣人是当之无愧的，他是一个最让人舒服的圣人。与歌德一样，他不是一个隐居山林的学究，在青壮年时就投身到世俗的名利场。他曾两度被选为法国波尔多市的市长。在这样的政治漩涡中，蒙田却随遇而安，左右逢源。无论他的朋友还是敌人都与他和睦相处。即使在晚年，疾病缠身，为肾结石和肠绞痛折磨得痛苦不堪的蒙田依然面对痛苦谈笑风生。而在他的随笔里，我读不到一声呻吟和哀怨，也没有一句豪言壮语。他笑对疾病和医生，觉悟到病本身也有它的生老病死的过程。他的思想纯洁晶莹，穿透400多年的时空，依然光芒四射。

蒙田的随笔不管挑哪一篇来读，都是趣味盎然的，他汇集了西方几个世纪的文化精华，是16世纪西方智慧的结晶。蒙田的随笔里既没有偏执狂的诡辩，也没有设置逻辑陷阱以扰乱读者心境。如果没有时间读"圣贤书"，读完蒙田的随笔集大概也就够了。（玛　雅）

历史桂冠 LISHIGUIGUAN

把随笔确立为一种文体的蒙田，是个才华横溢的多面人物，法国著名文学评论家圣伯夫认为"我们每个人都能在蒙田身上发现自己的一小部分"。

蒙田生于1533年2月28日，出身于贵族家庭，祖上是波尔多人。蒙田自幼就接受严格的家庭教育，他的父亲极为重视古典语文的学习，为蒙田专门聘请了拉丁语教师。蒙田的家庭成员、教师以及仆人都只能用拉丁语同蒙田谈话。因而，在幼年时代、蒙田就打下了较为深厚的拉丁语基础。6岁以后，蒙田才开始接触自己的母语——法语。他在七八岁时就自学了许多文学家和哲学家的著作。1539年到1546年，蒙田入著名的人文主义学校波尔多的居埃纳教会学校接受早期的学校教育。1554年被任命为佩里格城法院的顾问，1557年又到波尔多市的最高法院任职。因为身处官场，蒙田目睹了官场的腐败而愤世嫉俗，他反对无故判处新教徒极刑、痛恨殖民者在新大陆的暴行。由于种种社会丑恶现象促使蒙田渐渐厌恶官场生活，他萌发引退念头。到1570年，他卖掉职位。此后他回到父亲留下的乡下领地隐居，一头扎进其祖传的一座圆塔的藏书室中。正是在那座圆塔里，蒙田把读书心得、旅途见闻和日常感想记录下来，写成了不朽的《蒙田随笔》。蒙田以对人生的特殊敏锐力，记录了自己在智力和精神上的发展历程，为后代留下了极其宝贵的精神财富。

人生在世，如果有什么必读的作品，那就是《堂吉诃德》，它穿越时空，对每个时代，每个民族，都具有现实感。

《堂吉诃德》

塞万提斯（西班牙　1547—1616）

16世纪的西班牙的文学史上，想入非非的骑士传奇和玩世不恭的流浪汉小说盛行一时，而就在这时出现了一部世界巨著，它在把二者的传统融为一体的同时又对荒唐透顶、矫揉造作的骑士传奇进行了无情的鞭挞，让伤风败俗的流浪汉小说自惭形秽，它将声嘶力竭、奄奄一息的西班牙文学拖进了17世纪——一个充满科学知识、人文主义和动荡的世纪，这就是塞万提斯的《堂吉诃德》，使16世纪中叶到17世纪初期成为西班牙文学史上的"黄金时代"。

《堂吉诃德》是文艺复兴时期欧洲最重要的长篇小说之一，标志着欧洲长篇小说的创作跨入了一个新的阶段，在欧洲小说史上具有划时代的意义。小说真实全面地再现了16世纪末到17世纪初西班牙的社会现状，一方面针砭时弊，揭露批判社会的丑恶现象，一方面赞扬除暴安良、惩恶扬善、扶贫济弱等优良品德，歌颂了黄金世纪的社会理想目标。所有这些，都是人类共同的感情，它可以穿越时空，对每个时代，每个民族，都具有现实感。

根据20世纪90年代中期来自世界各国不完全的统计，《堂吉诃德》已用70种文字出版了2000多个版本。像英国伦敦的不列颠博物馆的图书馆，一家就收藏有200个版本，除了西班牙文版本之外，还有另外27种语言的版本。这部曾受到马克思、恩格斯、列宁及席勒、歌德、司各特、拜伦、海涅、别林斯基等革命导师、著名作家的高度赞誉，在世界各国翻译出版了1000多次的小说，成为世界各国读者普遍熟悉和喜爱的世界文学名著之一。相隔四个世纪之后，仍感动着每一个读者。

经典回眸
JINGDIANHUIMOU

2003年，在诺贝尔文学院和瑞典图书俱乐部联合举办的一次民意测验中，来自54个国家和地区的100位作家推选《堂吉诃德》为人类史上最优秀的虚构作品。塞万提斯17世纪撰写的这部作品，得票率高达50%以上，把《追忆逝水年华》的作者、得票率第二的普鲁斯特远远甩在后面，同时也使其他文学大师们的鸿篇巨制黯然失色，包括荷马的经典著作和托尔斯泰、陀斯妥耶夫斯基、卡夫卡以及加西亚·马尔克斯的作品。于同一天在诺贝尔文学院为瑞典文《堂吉诃德》新译本举行的发行仪式上，为译本作序的尼日利亚著名作家奥克斯颇动感情地说："人生在世，如果有什么必读的作品，那就是《堂吉诃德》。它不仅故事讲述得神奇精彩，语言也十分淳朴。"而积极参加民意测验的著名墨西哥作家卡洛斯·富恩特斯更认为塞万提斯是"拉美文学之父"。

《堂吉诃德》是西班牙伟大的作家塞万提斯的代表作，也是一部脍炙人口的世界名著，是欧洲长篇小说发展史上的一座里程碑。《堂吉诃德》一经发表，便引起轩然大波，人们争相传阅。《堂吉诃德》共有两部。第一部于1605年出版，出版后立即风行一时，仅在几个星期内就销售一空，一年之内再版了6次。1614年，一个叫做阿维拉尼达的人出版了一部《堂吉诃德》续集，恶毒辱骂塞万提斯，严重歪曲堂吉诃德和桑丘这两个人物形象。塞万提斯极为愤慨，他加紧写作，于1615年出版《堂吉诃德》第二部。

《堂吉诃德》故意模拟骑士传奇的写法，描写堂吉诃德和他的侍从桑丘的"游侠史"。第一部叙述主人公堂吉诃德是一个穷乡绅，本姓吉哈达，因为读骑士传奇入了迷，梦想当一个游侠骑士。他拼凑了一副破烂不全的盔甲，自名为堂吉诃德，骑上一匹瘦马，取名为"驽马辛难得"，并仿照骑士的做法，物色了邻村一个挤奶姑娘为自己的意中人，给她取个贵族名字叫杜尔西内娅·台尔·托波索，决心终身为她效劳。于是，堂吉诃德开始了三次骑士之旅。第一次，他单枪匹马出游，向商人挑战，被打得遍体鳞伤，只得返回家中。后来，他找了邻居桑丘做侍从一同出去。堂吉诃德满脑子都是骑士传奇中的古怪念头，以为处处是妖魔鬼怪，是他冒险的机会。他把风车当巨人，把旅店当城堡，把理发师的铜盆当做魔法师的头盔，把羊群当军队，把苦役犯当做受迫害的骑士，把皮酒囊当做巨人头，不顾一切地提矛杀去，结果闹出无数荒唐可笑的事情。这些行动不但害了别人，也使自己挨打受苦，弄得头破血流。但是他执迷不悟，直到几乎丧命，才被人抬回家去。

第二部叙述堂吉诃德和桑丘第三次出游。堂吉诃德的邻居参孙·加尔拉斯果学士为了医治堂吉诃德的精神病，故意怂恿他再次外出，然后自己也扮成骑士，准备打败他，迫使他放弃荒唐的念头，回家养病。不料交手后反被堂吉诃德打败。参孙于三个

月后重新找堂吉诃德决斗，终于打败了他。根据事前商定的条件，他在一年之内不许摸剑，不许外出，只可在家休养。堂吉诃德回到家中便病倒在床。临终时，他醒悟过来，痛斥骑士小说并立下遗嘱，不许他的唯一的继承人侄女嫁给骑士，否则她就得不到遗产。

在这部小说中，作者嘲弄了当时西班牙社会上十分流行的骑士小说。正如作者自己所说："我的愿望无非要世人厌恶荒诞的骑士小说……使骑士小说立脚不住，注定要一扫而空了。"《堂吉诃德》出版后，骑士文学果真销声匿迹，西班牙从此再未出版过一部骑士小说。塞万提斯的《堂吉诃德》为中世纪骑士奇幻冒险的未来奏起挽歌。塞万提斯写《堂吉诃德》时，为的是反对胡编乱造、情节离奇的骑士小说及其在人们中造成的恶劣影响。本打算写成几个短篇故事，后来写着写着，他把自己的生活经历和人生理想都写进去了，思想内容越来越丰富，人物形象越来越现实，直至描绘了西班牙社会给人民带来的灾难，成为我们了解和研究西班牙当时社会政治、经济、文化和风俗习惯的一部百科全书。

《堂吉诃德》在艺术上具有鲜明的特色，作者运用了幽默、夸张的表现手法，把严肃与可笑、庸俗与伟大、悲剧和喜剧交融在一起，赋予了作品无与伦比的艺术魅力。正如英国作家司各特所说："《堂吉诃德》的作者所运用的严肃的讽刺手法是一种特殊的天才，很少有人能够企及。"此外，生动而具有表现力的语言，浓郁的民族风格，也是小说较为突出的艺术特色。

《堂吉诃德》中出现了近700个人物，描写的生活画面十分广阔，小说中成功塑造的两位主人公堂吉诃德和桑丘早已成为世界文学中两个令人难忘的典型人物形象，深受世界各国人民的喜爱。小说总结了中世纪以来长篇叙事作品的成就，又为近代小说的发展奠定了基础，对后来的一些著名作家产生了影响。

奇情异想

堂吉诃德已成为世界性的角色，描述他事迹的《堂吉诃德》已是公认的经典杰作。这位"奇情异想"的绅士名气大了，以他为主题的这部作品就成了必读的典籍。认真研究这部作品的人固然很多，不读这部作品而自称深知熟识的人却更多。谁不知道这位战风车的疯骑士呢！他为了伸张正义，维护公道，带着个傻侍从到处奔走，受到全世界的同情和爱戴。四百年过去了，《堂吉诃德》不复是当年众人传阅、爱不释手的热门书；堂吉诃德和桑丘也成了“知名度”高而“识面度”低的名流或伟人。但是闻名究竟不如识面，所以我冒昧为读者提出几点建议。

作者塞万提斯写《堂吉诃德》的时代，社会上正害“骑士小说热”。“骑士小说”讲的无非勇猛超人的英雄，落难的美人，阻挠或帮助他们恋爱的巨人、怪兽、魔法师等，以及种种离奇怪异的遭遇。塞万提斯曾说：有识之士不屑一读，但爱看的人却不少。他蓄意要写有意义的小说，把这类无聊的作品一扫而空。他写《堂吉诃德》一言一行、亦步亦趋地摹仿骑士小说，只为挖苦取笑。可是这类小说如今早已过时，在咱们中国，压根儿没几人熟悉。堂吉诃德拉长了脸连连背书，一套套迂腐的言论，就不成为对症下药的讽刺，反令人觉得沉闷。我们读到这类章节，如觉乏味，不妨跳过去，先读下文。

当时小说的风尚，离不开浪漫的爱情故事。《堂吉诃德》第一部里，穿插了好些爱情诗歌和恋爱故事。读者如不感兴趣，不妨也略过不读。《堂吉诃德》的故事发生在四百年前，当时的风俗和生活都和现在不同了。编注者得考证说明。国外读者需要的注解当然更多，但注释不免也妨碍连续阅读。读者如果一心关注着堂吉诃德和桑丘的言行，不妨暂且不求甚解，先读下去。

塞万提斯是一位勇敢的军士，战争中受重伤，被俘多年后赎回，下半生只是个穷愁潦倒的文人。他58岁时写了《堂吉诃德》第一部，虽然风行一时，文坛上只视为逗笑取乐的闲书，塞万提斯并未受到重视。十年后竟有人目无作者，公然出了续集。塞万提斯急急忙忙出了《堂吉诃德》第二部。两部书的作者自序，也可留到末尾再读。因为这两篇序文对读者了解和欣赏作品的帮助不大，主要是表达了作者本人的牢骚和委屈情绪。至于“献辞”和卷尾的歪诗，都可以靠后。

总之，我们只顾牢牢跟定堂吉诃德和桑丘主仆俩：看堂吉诃德的行为，听桑丘的妙论，其他枝节一概可以略过，如读完全书，还有流连之情，可以倒回来，挑喜欢的章节重复细看。因为值得我们深切认识的，无非堂吉诃德和桑丘这一对多层次、多方面的有趣人物。他们的一言一行，都表现出各自的性格。如果我们阅读时分散了兴趣，丢下书不再和这两人接近，我们就错失了认识他们的机缘。（杨　绛）

生活的总结

陀思妥耶夫斯基在评论塞万提斯的《堂吉诃德》时这样说：“到了地球的尽头问人们，‘你们可明白了你们在地球上的生活？你们该怎样总结这一生活呢？’那时，人们便可以默默地把《堂吉诃德》递过去，说：‘这就是我给生活作的总结，你们难道能因为这个而责备我吗？’”

《堂吉诃德》描述了一个看来是荒诞不经的骑士，但它并不仅仅是一部讽刺骑士文学的小说，它很不同于其他文学作品。从创作手法看，它本身的两重性，或者其种种强烈的对比，也许能说明这一点。主人公是个无视社会现实、日夜梦想恢复骑士道的疯癫狂人；但就像书中介绍的那样，只要不涉及骑士道，他又是非常清醒明智的，而且往往能切中要害地针砭时弊，道出了许多精微至理。

有的作家评论说，塞万提斯在《堂吉诃德》一书里最大限度地发挥了人类的想象力，杜撰出了各种超常规的奇遇。但书中又几乎是采用了纪实的手法，来记述历史上的真实事件。

书中介绍到的莱潘托战役就是世界史上一次非常著名的战役，当时西班牙与威尼斯结成“神圣同盟”，1571年在希腊海的莱潘托湾同奥斯曼帝国强大的海军舰队进行了一次异常激烈的战斗，打掉了土耳其人的海上势力，从而在历史上留下了光辉的一页。读者看完全书后，如果再翻一下书后的《塞万提斯生平简历》，便很容易联想到书中哪些部分是对作者某段生活的真实写照。此外，作者还借所谓历史学家锡德·哈迈德·贝嫩赫利之口，一再向读者声称他写的某些东西都是有根有据的。

堂吉诃德余勇可贾，结果丑态百出，令人捧腹，最后败归故里，直到寿终正寝之前才翻然悔悟。这仿佛是喜剧，却更像悲剧。究竟是喜是悲，读者可自下结论。但译者以为，它就像人们说《红楼梦》那样，嬉笑怒骂皆成文章，人们肯定会从跌宕诙谐的故事情节中领略到它的堂奥。

典·故·逸·话

《堂吉诃德》发表后，据说西班牙国王菲力浦三世有一天站在王宫的阳台上眺望，看见王宫院墙外的街道上，一个年轻人手捧一本书，边走边读，手舞足蹈，并不时发出一两声大笑。国王对他身边的大臣们说：“你们看那个青年，如果不是狂癫的话，那他一定是在读《堂吉诃德》。”有个好事的大臣于是派了他的仆人去问，那青年果然在读《堂吉诃德》。

塞万提斯是受到文艺复兴人文主义影响的几位重要作家之一。同时，塞万提斯的《堂吉诃德》又对后来的一些著名作家产生了影响。笛福曾自豪地称鲁滨孙具有一种堂吉诃德精神；菲尔丁曾写过一部名为《堂吉诃德在英国》的喜剧；陀思妥耶夫斯基说，若想看懂他的《白痴》，必须首先阅读《堂吉诃德》；福克纳更是每年读一遍《堂吉诃德》，声称“就像别人读《圣经》似的”。

塞万提斯在下卷的献辞《致莱穆斯伯爵》里戏谑说，中国的皇帝希望他把堂吉诃德送到中国去。译者以为这表达了作者的一种愿望，企盼他这部作品能够流传到整个世界。在西方人的观念里，中国是最遥远的地方，能够传到中国，就意味着已传遍了全世界。可以令作者欣慰的是，他这部举世公认的不朽名著迄今一直是在中国最为人们熟知的西班牙文学作品。（刘京胜）

历史桂冠 LISHIGUIGUAN

塞万提斯是西班牙伟大的作家、戏剧家、诗人，也是欧洲文艺复兴时期重要的现实主义作家。1547年生于马德里附近的阿尔加拉台艾那瑞斯城，祖父是个破落贵族，当过律师，父亲是潦倒终生的外科医生。由于家庭贫困，他只受过中学教育，以后跟随父亲过着颠沛流离的生活。1569年充当红衣主教的随从从西班牙来到了文艺复兴的发源地意大利，其间接触了当时的许多文人学士，阅读了大量文艺复兴时期的作品。1570年，年轻的塞万提斯怀着满腔的爱国热情加入了西班牙驻意大利的军队。

第二年，他参加了抗击土耳其军队的勒班多海战，勇敢无畏，身负重伤，左手残疾。1572年伤愈，重返军队。1575年，他退出军队，在回国途中，遭到土耳其海盗袭击，被掳至阿尔及尔。在阿尔及尔做了5年奴隶后，1580年才由西班牙三位一体会修士为他募捐，把他赎回西班牙。

塞万提斯从1582年开始创作，他的主要作品有牧歌体传奇《加拉黛亚》第一部、剧本《努曼西亚》、《阿尔及尔的交易》、《八出喜剧和八出幕间短剧》、短篇小说集《惩恶扬善故事集》、长篇小说《贝雪莱斯和西吉斯蒙达历险记》，还有长诗《巴尔那斯游记》等。

1602年，塞万提斯开始创作《堂吉诃德》。1605年，他58岁时，《堂吉诃德》第一部出版，深受读者欢迎。上至宫廷，下至市井，街谈巷议，到处传诵。然而塞万提斯只得到很少的稿酬，依然贫穷。1605年，塞万提斯以门前有人被刺涉嫌下狱。1611年，又为女儿陪嫁一事被控告，出庭受审。同年，法院又责令偿还当税吏时所欠公款。虽然屡遭不幸，但他仍然坚持文学创作。1614年，他忽然发现别人写的《堂吉诃德》续篇，就加紧创作第二部，于1615年出版。1616年4月23日，因患水肿病去世，葬在三位一体修道院的墓园里，没有人知道他的坟墓所在。

西班牙为了纪念这位“拉美文学之父”，特别设立了一个“塞万提斯文学奖”，每年授奖一次，凡以西班牙语进行创作，不论其国籍，只要是有杰出成就者，都可以成为这个奖项的候选人。每年年终颁奖，授奖仪式由西班牙国王亲自主持，于塞万提斯的故乡阿尔卡拉德埃纳雷镇举行。这个奖项被誉为是“诺贝尔西班牙语文学奖。”

不同层次的人读《世说新语》，会有各种不同的感受，但每个人都可能在《世说新语》中找到他喜欢的东西。

《世说新语》

刘义庆（中国·南朝·宋 403-444）

魏晋南北朝时期在中国文化史上是一个大转折的时代，政治上摆脱了汉代以来定儒家为一尊的儒家支配势力，宗教上有佛教和道教的广泛流传，文学上有六朝唯美文学和山水文学的兴起，艺术上有顾恺之，书法上有王羲之，雕刻上有戴逵等大家出现，在这样的一个时代，文学上临川王刘义庆和他门下的文士，以绝高的才气写了《世说新语》。

不同层次的人读《世说新语》，会有各种不同的感受，但每个人都可能在《世说新语》中找到他喜欢的东西。它是中国第一部笔记小说集，书中充满高度艺术性的描绘和妙趣横生的语言。读这本书，如见一千多年前的古人栩栩如生。它是一部充满时代精神的现实写生集，个性的空前释放，玄学的明道思辨，朝野的得失进退，世道人心的喜怒哀乐，俱有生动的记述。它已成为魏晋思潮最具权威的形象诠释者，集中反映了先进的人文理念，追求自我精神世界的完善，企盼隐逸脱世的理想境界，对虚伪贪鄙的抨击，对真善美的崇尚等，皆贯穿于文间而成为全书的脉理。更不要说它奉献出多少脍炙人口的故事，创造出多少传世成语，保存了多少典籍佚文……《世说新语》足以成为中华文明宝库中璀璨的典藏。

《世说新语》问世以来，其亦道亦儒、不经不诞的行为方式，常常成为中国文人士大夫修身寄怀的一面镜子，魏晋的时代精神和文人风采至今还在闪着光芒，跨越了十几个世纪，先人所具有的见解力、思辨力、人格魅力，于今读来，依然让人拍案叫绝。相比于阅读那些内容厚重艰深的传统经典，读《世说新语》是一件很快乐的事情，它可以置于枕边，也可以在旅途中随身携带，时时翻阅，百读不厌，既有史料价值，又极富情致，真是一本不容错过的好书。

经典回眸
JINGDIANHUIMOU

魏晋南北朝时期，文人名士不重实际而尚清谈，品评人物之风甚盛，所以记述名人轶事的“志人小说”也很流行。志人小说多采集编撰过去以及当时文人名士的言谈、风尚、遗闻铁事，以反映各类人物的风貌。较早期的作品有邯郸淳的《笑林》、裴启的《语林》梁代沈约的《俗说》等，而刘义庆的《世说新语》则是志人小说中的代表作。

刘义庆是南朝宋的王族宗室，封号为临川王，只凭借一部《世说新语》，他便足以成为文学史上卓然自立的大家。这部书原名《世说》，是一本记载后汉至南朝刘宋人物的遗闻轶事的杂史。后人为了将它与西汉刘向编纂的《世说》相区别，便称之为《世说新书》或者《世说新语》。《世说新语》由刘义庆及其门下文人采辑众书编纂润色而成，所记虽是片言只字，但内容非常丰富，广泛地反映了这一时期士族阶层的生活方式、精神面貌及其清谈放诞的风气，对后世笔记小说的发展有着深远的影响，而仿照此书体例写成的作品更不计其数，在古小说中自成一体。书中不少故事，或成为后世戏曲小说的素材，或成为后世诗文常用的典故，在中国文学史上具有重要地位。

《世说新语》通行本为6卷，分德行、言语、政事、文学、方正、雅量、识鉴、赏誉、品藻、规箴等36篇。书中所载均属历史上实有的人物，但他们的言论或故事则有一部分出于传闻，不完全符合史实。此书相当多的篇幅是杂采众书而成，如《规箴》、《贤媛》等篇所载个别西汉人物的故事，采自《史记》和《汉书》。其他部分也多采自前人的记载。一些晋宋间人物的故事，如《言语篇》记谢灵运和孔淳之的对话等，则因这些人物与刘义庆同时而稍早，可能采自当时的传闻。

鲁迅先生在《中国小说史略》当中称《世说新语》为“志人小说”，可见此书的成就主要在记人与记事方面。在《世说新语》中，记言论的篇幅比记事的更多些。《世说新语》的文字简洁隽永，笔调含蓄委婉。它没有铺叙或过多的描写，更绝少夸张之处，但寥寥几笔却能表现出相当生动的人物形象、突出人物的性格。如在《尤悔篇》里，桓温说：“作此寂寂，将为文景所笑。”接着又说：“既不能流芳后世，亦不足复遗臭万年耶!”这几句话，活画出了一个野心勃勃的权臣的心理。

由于《世说新语》所载都是经过选择的精彩片断，特别注意语言的提炼，比一般野史杂事更富于文学性。许多故事只用寥寥几笔，就勾画出一个人物形象，有很高的概括力。如《忿狷》篇写王述性急，吃鸡蛋时用筷子刺不破蛋壳，结果勃然大怒，用脚用力踩鸡蛋，最后放在口中嚼破后吐掉。不多的几句话，把他当时暴怒的状态生动地表达出来。再如《雅量》篇里写淝水之战时谢安的镇定自若：“谢公与人围棋，俄而谢玄淮上信至，看书竟，默然无言，徐向局。客问淮上利害，答曰：‘小儿辈大破贼。’意色举止不异于常。”一问一答之间，就将谢安坚忍有容的性格刻画得淋漓尽致。

《世说新语》情节具有戏剧性，曲折风趣，虽然每则故事的篇幅都很短，但读起来有如今日读的极短篇小说，故事有首尾及高潮迭起的情节，如温峤娶表妹为妻的故事，人物对话诙谐，内容极富戏剧性。又如刘伶假借病酒，骗妻子为他准备好酒肉的故事，情节也是饶富趣味，引人入胜。

必须重读的经典《世说新语》

（一）

写下这个题目时，想起了祝勇的《重读大师》，书的内容我不知，然而书名却锲入心中，其实不仅大师需要重读，一些经典何尝不需要重读？

记得有个对“经典”很经典的描述——经典就是那些不得不看，看不进去，没时间看，硬着头皮看，看完准说好，看完还想看的作品。“重读”也有很多种：年少时候看过的一本书，多年后如故友重逢的读；刚刚看完还没看懂的一本书，重新揣摩寻味的读；早已翻得缺角脱页甚至沾满鼻涕唾沫的一本书，放到枕上、马上、厕上去读。于我来说，《世说新语》是经典，但不必硬着头皮看，随便翻到一页我便能读下去；而我的“重读”则是“三上”式的重读——我有一歪理，凡是能让我拿到厕所里读的书，才是好书。

知道这本书是在读中学的时候，那时正背“昨夜吴中雪，子猷佳兴发”的句子，看到注释中介绍的王子猷雪夜访戴安道事，被深深打动，从那时便知道了《世说新语》这本书，但却没有机会看到更多的故事。

1990年前后看了蔡志忠的漫画《世说新语》，从中读到了更多的故事，像割席断交、东床快婿、王戎钻李等，那时的印象是这本书一定很有趣。蔡的漫画把人画得尖嘴猴腮，并不让人喜欢，但对《世说新语》却越发喜欢了。直到1997年才买到这本书，拍拍它的布纹封面对它说：同志，总算见到你了……感觉就像终于见到了一个神交很久的朋友！

（二）

初读《世说新语》，很快被所谓的“魏晋风度”吸引，一个个活生生的人物站到了面前：王粲喜欢驴叫，他死去后，魏文帝前来吊丧，对众人说，你们何不各做一声驴叫以送行！于是一片驴鸣。刘伶老婆为刘伶的身体考虑让他戒酒，他却准备了一桌好酒作为戒酒仪式，然后立下誓言："天生刘伶，以酒为名；一饮一斛，五斛解酲。妇人之言，甚不可听。"待仪式完毕，刘伶又烂醉如泥了。七月七日家家都晾晒衣物，郝隆却袒着肚子仰卧在地，别人问时他回答："我在晒肚子里的书啊！"类似故事读得多了，便想当然地认为"魏晋风度"就是率性而为。

本就有点儿率性而为的性子，又处在率性而为的年龄，那时的我很能在这书里找到共鸣。于是便做了很多如今想来脸红的事情。记得那时最爱干的事情就是喊几个人爬宝石山，然后站在山顶干嚎或者站了一排来"浇花"，彼时觉得很魏晋风度，现在想来实在是恶俗不堪。厌弃风雅，于是走入了恶俗的极端。

几年后，沉静下来，重读时，却明白了魏晋风度的另外含义。这个从《世说新语》的目录便可以看出来，奇怪的是我却很少留意这个目录。细翻，会发现魏晋风度至少包含了以下内容：

德行：华歆、王朗俱乘船避难，有一人欲依附，歆辄难之。朗曰："幸尚宽，何为不可？"后贼追至，王欲舍所携人。歆曰："本所以疑，正为此耳，既已纳其自托，宁可以急相弃邪？"遂携拯如初，世以此定华、王之优劣。这故事促使我们对"善、恶"进一步思考：到底什么是善？大善和小善有没有区别？如果自己遇到这情况怎么办？……故事还是那个故事，重读时候就觉得格外沉甸甸了。

豁达：太元末，长星见，孝武心甚恶之。夜，华林园中饮酒，举杯属星云："长星！劝尔一杯酒，自古何时有万岁天子！"自古以来，天子都被人"万岁万岁万万岁"地捧着，求药也好，求仙也罢，多的是胡闹的嘴脸，孝武帝肯说出这样的话，也算是不错了。

任诞：刘伶恒纵酒放达。或脱衣裸形在屋中，人见讥之。伶曰："我以天地为栋宇，屋室为裈衣。诸君何为入我裈中？"这是一则我很喜欢的故事，每每读来，都觉好笑，也佩服刘伶的见识，重读之后却又品出一种别样的悲凉。

……

典·故·逸·话

南朝著名的文学家鲍照出身寒微，受到当时世族制度的压抑。他的诗文在开始时并不被人重视，鲍照的名字也很少为人所知。鲍照的出名和家庭地位的改变，是在他向临川王刘义庆献诗以后的事。当时，刘义庆非常爱好诗文，鲍照就想把自己写的诗文献给他。有人劝阻鲍照说："你的地位这样低下，不可轻易触犯大王。"鲍照不同意这种看法，说："千百年来，被埋没而不闻的英才，谁能数清有多少？大丈夫哪能蕴藏知识才能不用，使香花臭草不明，终日碌碌，与燕雀为伍呢？"于是，他便大胆地把诗文送给了刘义庆。刘义庆一看，非常欣赏鲍照的文才。随即赏赐他帛二十匹，并提拔为侍郎。从此以后，鲍照才开始出了名，地位也有了改变。

随着年龄的增大，书也读了一些，知道了鲁迅的《魏晋风度及文章与药及酒之关系》，知道了历史上的晋惠帝，知道了文学中的嵇康。再回头看魏晋风度时，发现很多故事再也让我笑不出来，想想他们打铁的样子，想想他们青白眼的样子，一种凉意直升到脊背。对所谓的放诞旷达等很有风度的做法也产生了深深怀疑：谢公与人围棋，俄而谢玄淮上信至。看书竟，默默无言，徐向局。客问淮上利害，答曰："小儿辈大破贼。"意色举止不异于常。看这则故事时候，起初是佩服，后来是怀疑，很是厌恶谢安的做秀。然而怀疑之后又怎样，想到谢安是丞相，若他对待这种事情时惊惶失措，那国家还不乱成一团？所以后来还是佩服。

写到这里，忽然想到，读书也有"看山还是山"的境界，这个跟做人一样的。从这个意义上讲，经典就不枉重读。（普　罗）

六朝人物的传神写照

《世说新语》是由南朝宋临川王刘义庆及其门下文人学士集体纂辑而成，它不仅是刘义庆著述中，也是汉魏六朝小说中成就最高的一部志人小说。它比较完整地纪录了汉末至刘宋初年上至帝王将相、下至士庶僧道，尤其是士族阶层的清谈、品德、交游、为政、栖逸等种种活动以及他们任诞、简傲、放旷等种种性格和人生追求，是魏晋名士与魏晋风度的传神写照。

《世说新语》的表现重点是人物，它对这些人物的描写或重形貌，或重才学，或重修养，或重心理，其表现手法也是多种多样，如：在比较中刻画人物形象，凸现人物性格，如"王徽之、王献之兄弟遇失火"（《雅量》）、"王导与王敦共诣石崇之宴"及"石崇与王恺争豪"（《汰侈》）等，皆于比较中表现人物性格，给人的印象极其深刻。抓住人物个性化的言行举止作漫画式的夸张，是本书刻画人物神韵的又一特色。如"王蓝田性急吃蛋"（《忿狷》）中王述的狂躁性格，王羲之"东床坦腹"（《雅量》）的旷达超逸，"阮籍叔侄人猪共饮"（《任诞》）的率直任性、放狂任诞等。

《世说新语》的语言简约含蓄、隽永传神，处处透出机锋和幽默。如《简傲》篇中钟会拜访正在打铁的嵇康，"康扬槌不辍，旁若无人，移时不交一言，钟会起去，康曰：'何所闻而来，何所见而去？'钟曰：'闻所闻而来，见所见而去。'"问与答皆妙，意在言外。又如《言语》篇中晋武帝刚即位占卜得"一"字，"王者世数，系此多少。帝既不说，群臣失色，莫能有言者。侍中裴楷进曰：'臣闻天得一以清，地得一以宁，侯王得一以为天下贞。'"裴楷仅用一句话令"帝说"，群臣又怎能不叹服？又有庾公见卧佛时所说"此子疲于津梁"的妙语，富有幽默感，让人会心一笑。

此外，《世说新语》中所用的比喻形神毕肖，心理描写细腻幽微，这也是不容忽视的特色。如《赏誉》篇评李膺“谡谡如劲松下风”，评和峤“森森如千丈松”，评王衍“如瑶林琼树，自然是风尘外物”，皆以物格喻人格，形神兼具。《伤逝》中何充参加庾亮葬礼时所说：“埋玉树著土中，使人情何能已”的伤悼和惋惜；《言语》篇中谢太傅谓王右军“中年伤于哀乐，与亲友别，辄作数日恶”则透露出感叹时光飘忽的伤感。

《世说新语》自问世1500多年以来，颇得文人学士喜爱，人们从文学、审美、社会生活、军政大事、思想文化等多角度予其以关注，鲁迅先生评它“记言则玄远冷峻，记行则高简瑰奇”。《世说新语》对后来的笔记体小说有很大的影响，成为后世小说戏剧题材的重要渊薮。“周处除害”、“兰亭会”、“曹植七步成诗”、“东床快婿”等故事早已耳熟能详，妇孺皆知。“自惭形秽”、“面如凝脂，眼如点漆”、“拾人牙慧”等佳句更是广为流传。（佚　名）

历史桂冠 LISHIGUIGUAN

刘义庆（403-444），彭城（今江苏徐州市）人，南朝宋文学家。他是宋武帝刘裕的侄子，长沙景王刘道怜的次子，后来又被过继给叔父临川王刘道规，袭封为临川王。

刘义庆为人“性简素，寡嗜欲”，“受任历藩，无浮淫之过，唯晚节奉养沙门，颇致费损。”“奉养沙门”即捐赠钱财给佛家寺院，这在魏晋南北朝时期是很普遍的事情，像梁武帝萧衍就曾向佛寺捐献大笔钱财。甚至自己也出家当了和尚。南北朝时期佛教盛行，势力很大，这在《世说新语》当中也有很多体现。

赡养文学之士则是当时流行于皇族巨室的另一种风尚。刘义庆性爱文艺，喜与文学之士交游。在他的周围，也聚集着一大批名儒硕学。他自己也创作了大量著作，著有《徐州先贤传》10卷，又曾仿班固《典引》作《典叙》，此外还有《集林》200卷。其中最著名的，当然是那部千古流传的《世说新语》。这部书不仅保留了大量反映当时社会生活的珍贵史料，而且语言简练、文字生动鲜活，是一部文学价值极高的古典名著。

自问世以来，便得到历代文士阶层的喜爱和重视，至今仍在海内外广为流传。后世笔记小说记人物言行，往往模仿其笔调；直接仿照其格式的著作，也有很多。刘义庆在公元444年去世，终年42岁，谥为临川康王。

传说故事就像巨岩下顽强滋生的野花，很多人童年的夜晚都是听着《一千零一夜》的故事进入梦乡的。

《一千零一夜》

尽管昔日的骆驼铃铛已然暗哑，尽管16世纪的阿拉伯弯刀已然锈蚀，然而《一千零一夜》已悄悄地渗入每个人的潜意识中，因为那是来自童年记忆的遥远召唤。20世纪80年代时，联合国教科文组织曾对世界55个国家、地区和语种进行调查，《一千零一夜》与托尔斯泰、马克·吐温的作品及《鲁滨孙漂流记》等共列为“世界上最受读者欢迎的文学书籍”。

《一千零一夜》的故事，很早就在阿拉伯地区的民间口头流传，约在公元八九世纪之交出现了早期的手抄本，到12世纪，埃及人首先使用了《一千零一夜》的书名，但直到15世纪末、16世纪初才基本定型，一经产生，便广为流传，在十字军东征时期就传到了欧洲。《一千零一夜》对后世文学也产生了深远的影响。18世纪初，法国人加朗第一次把它译成法文出版，以后在欧洲出现了各种文字的转译本和新译本，成为世界上最具生命力，最负盛名，拥有最多读者和影响最大的作品之一。

自古以来人人爱听故事，因为故事中蕴涵了人生经验，也传达了人生智能，而《一千零一夜》包含了波斯、印度、希腊、罗马、犹太、中国等地的口传故事，它如同世界文学的瑰宝，从初版至今的几百年，几乎传遍全世界，以博大的内涵、高超的艺术，吸引着一代又一代的读者，而且给后来的神话、童话创作者无穷无尽的养分。

经典回眸 JINGDIANHUIMOU

《一千零一夜》是世界文学的瑰宝，其广博的内容堪称古代阿拉伯社会生活的百科全书，它以绚丽多彩、曲折奇妙的故事，任意驰骋的想象和对人类美好理想的执著追求，成为世界文化宝库中最为脍炙人口，影响深远的民间故事集之一。

中国最早关于《一千零一夜》的介绍，见于林则徐在鸦片战争期间编辑的《四洲志》。其第六七两章集中说明了阿拉伯地区的史地情况，在结尾部分记述阿拉伯在学术和文化方面的成就时写道："本国人复又著辑，论种类、论仇敌、论攻击、论游览、论女人，以至小说等书。近有小说《一千零一夜》，词虽粗俚，亦不能谓之无诗才。"继《四洲志》之后，严复在1900年至1902年译述的《穆勒名学》一则按语中评价了《一千零一夜》。按语写道："《天方夜谭》不知何人所著……其出为各国传译，名《一千零一夜》。《天方夜谭》诚古今绝作也，且其书多议四城（指亚历山大城，巴格达，开罗，大马士革——引者注）、回部制度、风俗、教理、民情之事，故为通人所重也。"严复写的这则按语既简要说明了《一千零一夜》书名的来历，又高度评价了此书在世界文学史上的地位及其反映的社会内容。从《穆勒名学》的译文及这则按语中，可见在中国用《天方夜谭》这一书名始自严复。

《一千零一夜》是中古时期一部优秀的阿拉伯民间故事集，不仅在阿拉伯文学史上占有重要地位，而且在世界文学史上也是具有重大影响的杰作。《一千零一夜》名称的起源在故事集的开头作了交代：相传在古代印度和中国的海岛中，有一个萨桑国，国王山鲁亚尔生性残暴嫉妒，由于王后行为不端，国王把她杀了。此后他每天娶一个少女做王后，翌日晨即将她杀掉，以示报复。宰相的女儿山鲁佐德，为拯救无辜的同胞，自愿嫁给国王。她用讲故事的方法吸引国王，使他爱不忍杀。每次讲到最动人的地方，天刚好亮了。"欲知后事如何，且听下回分解"。这样一直拖了一千零一夜，国王终于被感化，与其白首偕老。显然书中这种处理方式主要出于艺术的虚构，以此作为串连几百个互不关联的故事的线索和手段。

《一千零一夜》的产生是在民间故事的基础上，经过许多代人的辑录整理，加工提炼而逐渐形成的，上自8世纪，下至16世纪，前后经历了大约800年时间。

书中的故事由三个部分组成：一部分来自波斯，取材于波斯故事集《一千个故事》，这是全书的核心；一部分来自埃及，所讲的都是埃及的故事；一部分来自伊拉克，所讲的是黑衣大食的故事。前两部分故事比较古老，后一部分是成书时期的现实生活故事。这些故事涉及的地域十分广大，时而在巴格达，时而在埃及，时而在法国，时而在印度，时而在中国。故事的题材非常丰富，既有历史故事、冒险故事、恋爱故事，又有神话故事、幻想故事等。故事的思想意义极为深刻。

《一千零一夜》汇集了古代近东、中亚和其他地区诸民族的神话传说、寓言故事，诡谲怪异，神幻莫测，优美动人，扣动着世界各国读者的心，焕发出经久不衰的魅力。此外，在歌舞、戏剧、音乐、绘画等艺术领域，其影响同样广泛而深远。

东方民族的美丽幻想

《一千零一夜》并非出自一人之手，是历代阿拉伯市井说书艺人反复加工创作的结晶。它最早在阿拉伯流传，大约在公元前8世纪末，定型成书则在公元16世纪；故事的最早来源，是一部名叫《赫扎尔·艾福萨那》即《一千个故事》的波斯故事集。公元八九世纪之交，这部故事集被译成阿拉伯文。除《赫扎尔·艾福萨那》外，《一千零一夜》中的许多重要故事还产生于阿拉伯阿巴斯王朝的繁荣时期，以及后来的埃及时期。《赫扎尔·艾福萨那》中的故事大都短小、朴直。说书人以其为蓝本，对故事不断进行增删、加工、润饰，同时吸收和创作新的传说和故事。10世纪，伊拉克人哲赫舍雅里收集了一个个阿拉伯、波斯、印度、罗马等民族的大小故事，以夜为单位，打算编纂一部故事集，但他只编写到第480夜便去世了。一般认为，这便是《一千零一夜》的雏形。

《一千零一夜》这部民间故事集，以它离奇多变的题材，洒脱的艺术手法和神幻莫测的东方色彩，生动地描绘了一幅中世纪阿拉伯帝国社会生活的复杂画面。它从各个不同时期、不同角度反映了人民的思想感情、生活方式、风土人情和社会制度。浪漫主义的表现方法、丰富的想象力和近乎荒诞的夸张描写是《一千零一夜》最明显的艺术特色。高度的浪漫主义既表现在它的神话色彩方面，也表现在想象和幻想的自由驰骋。丰富的想象和大胆的幻想，使艺术虚构发挥了最大限度的作用。

《一千零一夜》的构思巧妙，以山鲁佐德和山鲁亚尔的故事为总体框架，然后用大故事套小故事的办法将二三百个故事嵌入。文艺复兴时期意大利作家薄迦丘、英国作家乔叟和西班牙作家塞万提斯都从这种结构中得到启发。薄迦丘的《十日谈》用佛罗伦萨10个躲避瘟疫的青年男女每人每天讲一个故事，作为全书100个故事的楔子，这种巧妙的结构很明显地借鉴于《一千零一夜》。《一千零一夜》描绘了中古时期阿拉伯地区广阔丰富的生活画面，为后世作家的创作提供了充分养料，戏剧大师莎士比亚的喜剧《终成眷属》中的“戒指认亲”、“进宫治病”的故事显然来源于《一千零一夜》中的《夏梅禄太子和白都伦公主的故事》。他的另一著名喜剧《威尼斯商人》同样采用了“戒指认亲”的构思。而当代埃及戏剧家陶菲格·哈基姆的剧木《阿里巴巴》、《山鲁佐德》更是直接取材于《一千零一夜》。《一千零一夜》中浓郁的浪漫主义色彩，丰富的想象，大胆的夸张，构成了扑朔迷离的艺术境界。但丁《神曲》中的形形色色的精灵，我们可以在《一千零一夜》中找到影子：看了普希金的童话诗《渔夫和金鱼的故事》，我们立即会联想到《渔翁的故事》；1982年诺贝尔文学奖得主、哥伦比亚作家马尔克斯的魔幻现实主义代表作《百年孤独》中出现的“飞毯”、“会飞的床单”“神灯”等都明显来自于《一千零一夜》。《一千零一夜》的故事情节离奇而曲折，人物形象而生动，并运用对比手法，突出人物特征，山鲁佐德、辛巴达、白侯图、阿里巴巴已成为世界文学画廊中人人喜爱的形象。

《一千零一夜》以民间文学的朴素身份却能跻身于世界古典名著之列，也堪称是世界文学史上的一大奇迹。法国著名启蒙学者伏尔泰说：“我读了《一千零一夜》四遍之后，算是尝到故事体文艺的滋味了。”著名作家司汤达希望上帝使他忘记《一千零一夜》的故事情节，以便再读一遍，重温书中乐趣。（佚　名）

一座永不熄灭的灯塔

在我们小的时候，膝上总摊开了一本《一千零一夜》故事书，那些五彩斑斓、动人心魄的故事，充满着催人进取，抨击恶丑的向上精神，让我们的想象力有如云絮一般，可以尽情地遨游行走，也使它成为一部最家喻户晓的世界文学名著。无论您的童年是在巴格达、爱琴海、密西西比或福尔摩沙度过，《一千零一夜》就好像一座永不熄灭的灯塔，永远在记忆的海域中，默默地散发它的光芒。

您知道吗？《一千零一夜》在世界上的翻译及发行量，仅次于《圣经》而已！

您是否有过这种经验，当您在阅读《航海家辛巴达的故事》、《阿拉丁与神灯》、《阿里巴巴与四十大盗》等故事时，仿佛整个世界都隐匿了，而这份迷人的风采让您一辈子难以忘怀。是的，《一千零一夜》在历经了七八个世纪的传承以后，至今依然

深深地扣动着全世界读者的心弦，它无须依赖新潮前卫的词汇，依旧开阔、精致、通透而优美。在《情侣树的故事》中有着青年男女之间美丽动人的纯真爱情；《孔雀与野鸭的故事》通过鸟兽之口，讲出人间经验教训的讽喻哲理；《乌木马的故事》象征了人类想象力的无穷；《商人与魔鬼的故事》表达了惩恶扬善的教化意义；《铜瓶与铜城的故事》描写了最精彩的传奇冒险……《一千零一夜》为我们拂去时间的风沙，却留下了文学的晶莹，因此它不仅是阿拉伯文学中最为人所熟知的经典作品，更是世界文坛里最华美的一道风景。

没有诗的《一千零一夜》，就像是没有太阳的白天。诗文并茂是《一千零一夜》的一大艺术特色，并造就它的独特魅力。阿拉伯民族是一个以诗歌见长的民族，以诗抒情，以诗言志，以诗写景状物，本是阿拉伯民族的传统。早期阿拉伯人留下了大量描写部落生活、战争、爱情的诗歌，而在《一千零一夜》里的诗歌总计1380首，共14122行，充分地展现了"阿拉伯人以诗歌来表达内心情感的传统风俗"。诗歌是人们进入《一千零一夜》的一条快捷方式，同时由诗歌的韵脚，我们得以一步步地旅行在芝麻开门与神灯的故乡。

《一千零一夜》有如一颗被包在贝壳中的珍珠，长久以来我们只看到属于童幻部分的趣味，却很少体验出它其实蕴涵了隽永不朽的深层意义。在过去我们印象中的《一千零一夜》，好像只属于儿童和青少年的读物，但其实《一千零一夜》语言朴实，故事内容趣味盎然、布局神幻，读起来颇有璞玉浑金之感，对于唤起人们愉悦的精神层面有积极的意义，因此早已被全世界的专家学者们公认为世界文学经典名著。

此外，《一千零一夜》对于其他各种艺术领域的创作影响尤其重要，《巴格达窃贼》、《阿里巴巴》、《美女神灯》等多部欧美电影均为大众所熟悉，近年来更有迪士尼卡通《阿拉丁》，其他如舞台剧、芭蕾舞以及交响曲也不断涌现，足见《一千零一夜》对人类、对世界的影响是多么的深远。（佚　名）

典·故·逸·话

《一千零一夜》这部充满非凡想象力的作品在中国可以说是家喻户晓，中国学者也给予这部阿拉伯作品极高的评价，认为它代表了阿拉伯文学的最高成就。但是，在阿拉伯评论家和阿拉伯读者的心目中，《一千零一夜》的地位比中国读者想象的要低得多。《一千零一夜》中虽然也有一些纯阿拉伯的故事，但它最初是从印度和波斯的故事翻译过来的，只不过经过了阿拉伯人的加工而已。对《一千零一夜》这一世界性的作品，阿拉伯人的心情比较复杂。尽管它后来是以阿拉伯语定型下来，并且流传到世界各地，受到世界人民的喜爱，但是它毕竟不是以阿拉伯人作为唯一创作主体的，因此，阿拉伯人对《一千零一夜》的总体评价不高，过分地抬高它在阿拉伯文学中的地位，是阿拉伯文学史家所不愿意接受的。

莎士比亚发现了戏剧艺术，莫里哀的《伪君子》把它发展到完善境地，他们分治了笑和泪的王国。

《伪君子》

■ 莫里哀（法国 1622—1673）

“我每年都要读几部莫里哀的作品，正如我经常要翻阅版刻的意大利画师的作品一样。因为我们这些小人物不能把这类作品的伟大处铭刻在心里，所以需要经常温习，以便使原来的印象不断更新。”当伟大的歌德以如此谦恭的态度来谈论莫里哀的时候，我们便不难想象，莫里哀的那些以饱满的热情、犀利的笔触、超人的勇气而创作出来的喜剧作品在欧洲艺术史上的崇高地位了。

17世纪在法国古典主义作家中莫里哀是最有突破性、最有民主倾向的一个，他也是继莎士比亚之后，欧洲戏剧史上成就最大、影响最深的戏剧家之一。莫里哀肯定了喜剧的地位和作用，并把欧洲的喜剧提高到真正近代喜剧的水平，不仅对法国的戏剧发展作出了卓越的贡献，而且也是整个欧洲戏剧事业发展的推动者，欧洲整个18世纪的喜剧都是从莫里哀这里派生出来的。

1985年，莫里哀被评选为欧洲五个文学大国公众心目中已故的十位欧洲最伟大的作家之一。这位欧洲现实主义喜剧的奠基人，他把喜剧看做是在笑中打击恶习，在娱乐中使人们改正弊病的有力武器。

莫里哀对现实大胆的揭露和嘲讽是后来的喜剧家无法企及的，这突出地表现在他的现实主义杰作《伪君子》中。《伪君子》是莫里哀的最高成就，在欧洲喜剧的发展史上占有很高的地位。莫里哀在剧中大胆地讽刺了宗教的伪善，并成功塑造了主人公“达尔杜弗”这个伪善者的典型形象，富有现实意义。该剧在1669年第一次公开演出时就获得很大的成功，虽然因为得罪了当权者而屡遭禁演，但这并没有妨碍《伪君子》作为莫里哀最受观众欢迎的剧本，被广泛翻译出版并在各国的舞台上进行演出。

经典回眸
JINGDIANHUIMOU

莫里哀给后人留下了近30部喜剧，他不仅是位杰出的剧作家、出色的导演，还是一位造诣极高的演员，他以整个生命推动了戏剧的前进，以滑稽的形式揭露了社会的黑暗。歌德对他的评价是："他是一个独来独往的人，他的喜剧接近悲剧，戏写得那样聪明，没有人有胆量想模仿他。"

《伪君子》又名《达尔杜弗》或《骗子》，共五幕。主人公达尔杜弗是个手段灵活的宗教骗子，他披着虔诚的天主教徒的外衣，进入了奥尔恭的家。因为他表面上的清心寡欲和乐善好施，蒙蔽了奥尔恭和他的母亲柏奈尔夫人。他们把他奉为圣人，颂扬他，供养他。达尔杜弗则尽其所能，在一些琐屑事情上表现他的"崇高"的宗教德行：有一天他祷告的时候捉住了一个跳蚤，事后还一直埋怨自己不该生那么大的气竟把它捏死。奥尔恭对他佩服得五体投地，打算把爱女嫁给他，把财产托付给他，把不可告人的政治秘密告诉他。由于达尔杜弗的"教导"，奥尔恭说，他可以看着他的兄弟、子女、母亲、妻子一个个死去而无动于衷。

然而，奥尔恭想不到他所敬爱的"上帝的意旨"的执行者原来是一个卑鄙肮脏的人。达尔杜弗竟然想勾引奥尔恭的妻子欧米尔，并对欧米尔说："如果上帝是我的情欲的障碍，拔去这个障碍对我算不了一回事。"奥尔恭的儿子达密斯和欧米尔向奥尔恭告发达尔杜弗的丑行，但狡猾的达尔杜弗却以退为进，以一个圣徒的姿态为自己辩护。结果，奥尔恭不仅更加信任达尔杜弗，而且狠心地驱逐了儿子，并剥夺了他的继承权，而且还让达尔杜弗和欧米尔"要更加亲近"。

欧米尔为了使奥尔恭认识达尔杜弗的真面目，设下一个圈套：她约达尔杜弗来幽会，而让愚蠢的丈夫藏在桌子底下偷听。直到达尔杜弗厚颜无耻地让欧米尔用"实实在在的好处"来满足他的情欲时，奥尔恭才真正醒悟了。然而在达尔杜弗的罪行被揭穿后，他不但企图霸占奥尔恭的全部财产，还打算利用奥尔恭出于信任交给他的政治秘密文件来陷害他。他厚颜无耻地说，他所以这样做，都是为了上帝，为了国王。他用上帝和国王来遮盖他邪恶的心灵。后来多亏国王明察，解救了奥尔恭一家。这也体现出17世纪法国资产阶级需要依附王权、乐于歌颂国王的政治倾向。

整出喜剧都围绕着讽刺宗教伪善的主题，天主教会因此极力阻止此剧的演出，并对莫里哀进行恶毒的人身攻击，要求对莫里哀处以极刑，甚至火刑。而剧中伪善信徒达尔杜弗的典

典·故·逸·话

据说在莫里哀去世后，路易十四曾问著名的文艺理论家布瓦洛，在他统治期间，谁在文学上为他带来了最大的光荣。布瓦洛回答："陛下，是莫里哀。"因此，莫里哀虽非法兰西学院的院士，但学院在大厅里为他立了一尊石像，上面写着这样的话："他的光荣什么也不少，我们的光荣少了他。"

型形象更是给人以深刻的印象。正如20世纪前苏联体验派著名导演斯坦尼斯拉夫斯基所说："他所写的达尔杜弗决不只是一个达尔杜弗先生，而是全人类的达尔杜弗的总和。"直到现在，在欧洲许多国家的语言中，"达尔杜弗"这个名字都成为"伪善"的同义语。《伪君子》一剧结构严谨，层次分明，矛盾冲突尖锐，在思想内容上达到了法国其他古典主义戏剧家不可企及的高度。

对教会的有力一击

教会是欧洲封建社会的灵魂。莫里哀抨击封建制度，势必损伤教会的利益。《伪君子》的主要人物就是伪信徒和受害的上层资产阶级家庭，攻击是正面的，形象是具体的，影响到教会的威信和教会统治人物本身的尊严和利益，他们自然就要全力以赴，当做洪水猛兽来对付。

从1664年《伪君子》前三幕在路易十四的游园会上演开始就受到以宣扬天主教为中心任务的反动集团的宗教谍报机关"圣体会"的百般阻挠。直到教皇颁布了"教会和平"的诏书，教派纠纷暂时平静下来，一切迫害的行为不得不稍稍收敛。1669年2月5日莫里哀终于得到了正式开演的旨令，演出盛况空前。

莫里哀用心创造达尔杜弗这个典型人物。他很可能是塞纳河下游两岸什么乡镇的一个小贵人，只有他是贵人出身，他的形象才更符合历史的真实。封建贵族死心塌地地拥护路易十四，因为国王如果不维护他们，他们就要像外省小贵人一样，呼吁无门，走投无路。他们日暮途穷，有的强调特权，纠集同伙，打家劫舍，过强盗生涯；有的不嫌丢人，廉价出卖采邑，因而丧失爵位；有的不惜降低身份，和富商结亲，这富商过去可能就是自己的佃户。有的一身傲骨，度日维艰，只得挎着篮子去赶集；有的像达尔杜弗，看中良心导师这种有利可图的宗教职业，装出一副虔诚模样，专门哄骗奥尔恭那种大富大贵的信徒。

达尔杜弗有本事哄骗年老的一代，伪装的谦虚让他的阴谋接近成功，过去一连串的成功（混入奥尔恭的家庭以前）和目前的成功给他带来自信心和贪心。达尔杜弗的典型意义正在于他的社会生活是一种多方面的综合。服装朴素，姿态虔诚，语言充满宗教词句，求爱用语和祈祷用语混淆不分，心灵也一定有一部分受到作伪的影响。他狡猾，甚至于油滑，随着情节的发展，还显出毒辣的恶棍本质。不过他缺乏修行人的克制功夫，冷静于他不是“天赋”。他本来可以马到成功，但是他的“弱点”一经对方掌握，他也只有束手就擒了。

莫里哀口口声声说他打击的只是达尔杜弗和“那些故作虔诚的奸徒”，但教会和“正人君子”并不因此感谢他。事实正相反，他们公开咒骂他是魔鬼转世，想尽方法禁演，甚至于在他死后，还阻挠出殡，不给坟地。由于路易十四的干涉，明里许可埋在教堂公墓的一个角落，和没有领洗的死孩子埋在一起，一年以后，据说在人不知鬼不觉的情况下，暗里刨出棺木，把尸首扔到不知名的乱坟岗去了。莫里哀给法国带来绝高的荣誉，法国教会的报答就是让他死无葬身之地！什么缘故会让教会人物心地这样狭隘，干出这种丑事来？

一位著名的宣道士抨击莫里哀创造伪信徒的形象，认为虔诚的信徒不会由于虔诚就另说一种语言，所以打击伪信徒，势必殃及真信徒，因为形象只有一个，语言只有一种。他为我们道破教会人物恼羞成怒的一个主要原因。莫里哀直率多了，在序里转述一位亲王的话说：“莫里哀的喜剧扮演的是他们自己，所以他们就不能容忍了。”敢于这样转述，莫里哀实际上等于承认禁演《伪君子》的教会人物就是达尔杜弗之流。教会不宽恕莫里哀，正因为达尔杜弗不是个别“骗子”，而是影射它的全部特权人物。达尔杜弗的形象点破虚伪和现代宗教的本质关系。往深里看，“骗子”精神正是当时整个统治阶级的本质表现。达尔杜弗之所以能成为伪君子的代名词，说明人物的典型意义，也说明主题的普遍意义。

就整个法国17世纪来说，莫里哀比任何一位作家都更靠近法国资产阶级革命。也正由于他能以他的高超的喜剧艺术，反映他的时代的阶级关系并创造出生动的人物形象，莫里哀的喜剧成了宝贵的文学遗产。他不仅在法国，而且在全欧洲，建立了现实主义喜剧的写作和演出的传统，同时他的杰作也成为欧洲各国的喜剧作家衡量自己创作的尺度。而欧洲每一位喜剧作家，也只有竭尽智能表现自己的时代和自己的国家，充满进步意义的时候，才被尊为本国的“莫里哀”。（李健吾）

喜剧的责任

在法国，莫里哀几乎成了“法兰西精神”的象征，仅法兰西喜剧院自1680年创建至1980年的300年间，就上演过莫里哀的剧作近30000场，远远高于排名第二的拉辛和排名第三的高乃依。时至今日，莫里哀的《伪君子》以及《吝啬鬼》等喜剧作品，几乎被译为所有的重要语言，成为世界各地话剧舞台上的保留剧目。

从文艺理论的角度出发，我们当然可以就夸张的语言、漫画的手法、大胆的想象、巧妙的结局等方方面面来总结莫里哀剧作的魅力所在。然而我以为，最为重要的是，具有批判特征的喜剧作家恰恰最需要有一颗热爱人类的心。唯其如此，激烈的批判才不会失之肤浅，辛辣讽刺才不会失之刻薄。说到底，这批判的背后有着善良的意愿，这讽刺的背后有着博大的胸怀。正像莫里哀本人所指出的那样：“喜剧的责任既然是在娱乐中改正人们的弊病，我认为执行这个任务最好莫过于通过令人发笑的描绘，抨击本世纪的恶习。”因此，无论是描写奥尔恭的执迷不悟，汝尔丹的醉心于贵族，阿尔冈的无病呻吟，还是阿巴贡的一毛不拔，莫里哀在谴责和批判的背后，都抱有对人类心灵的健全的极大期冀。如果说，悲剧是通过承受人类的苦难而使其认识到自身的伟大，喜剧则是要通过揭露人类的弱点而使其认识到自身的渺小。换言之，只有承受了生活的苦难，人类才能够超越渺小；只有认识到了自身的弱点，人类才能够接近伟大。说到底，在改良人性的意义上，悲剧和喜剧这两种截然不同的艺术形式，实际上是殊途同归的。（张艳华）

历史桂冠
LISHIGUIGUAN

莫里哀是法国古典主义时期的著名剧作家，是法国现实主义喜剧的首创者，他以巨大的成就影响了整个欧洲的戏剧史。丹麦的霍尔堡、英国的谢里丹、意大利的哥尔多尼等人，都因师法莫里哀而著称于世，但是形象总不及他那样高大。莫里哀本名叫约翰·巴狄斯特·波克兰，1622年1月15日出生在一个殷实家庭。他曾享受贵族教育，但不久就宣布放弃世袭权力，从事戏剧事业。他创立“光耀剧团”，惨淡经营，曾因负债而被指控入狱。后来，他不顾当时蔑视演戏的社会风气和家庭的反对，毅然离家出走，在外飘流了十多年。最后，莫里哀作为剧团的领导人重返巴黎，此后，他一直在巴黎进行创作演出。

1659年，莫里哀创作《可哭的女才子》，辛辣地讽刺了资产者的附庸风雅，抨击了贵族社会所谓“典雅”生活的腐朽无聊，因而触怒了贵族势力，遭到禁演。但莫里哀并未被吓倒，连续编演了《丈夫学堂》和《太太学堂》。《太太学堂》因宣扬新思想，要求冲破封建思想牢笼而被指责为“淫秽”、“诋毁宗教”，又遭到禁演。莫里哀奋起还击，写了《〈太太学堂〉的批评》和《凡尔赛宫即兴》两出论战性短剧。1664年，莫里哀写成杰作《伪君子》，1668年，他又创作了另一部力作《吝啬鬼》。莫里哀是位喜剧大师，但是他的死却是一场悲剧。为了维持剧团开支，他不得不带病参加演出。1673年，在演完《心病者》最后一幕以后，莫里哀咯血倒下，当晚就逝世了，终年51岁。由于教会的阻挠，他的葬礼冷冷清清。

弥尔顿的《失乐园》不仅成为史诗的典范，而且唤起了人们对文明的肇始和历史的源头一丝本能的追忆……

《失乐园》

约翰·弥尔顿（英国 1608—1674）

在宗教旗帜下进行的17世纪英国资产阶级革命，沉重地打击了封建统治，给资本主义发展开辟了道路，标志着人类跨进了近代的历史纪元。在这场革命遭受挫折的艰难岁月，诗人弥尔顿巧妙地借助宗教的题材、语言和幻想，创作了不朽的作品——《失乐园》，艺术地反映了革命进程，热情地讴歌了革命思想。这部洋溢着资产阶级革命战斗豪情的史诗，不仅是英国资产阶级革命的一曲赞歌，也是17世纪欧洲诗坛的坚实基石。

弥尔顿的一生联结了英国的两个时代，他的出生似乎就是为了在当时的动乱中为人们指引新的方向。弥尔顿经历了英国内战、共和、复辟大动乱，却始终没有看到一个他一生为之努力的理想中的自由王国出现，尽管他为此失去了肉体上的光明，但是他却矢志不渝地让人们看到他心中的另一种光明。经历了近一个世纪漫长的黑暗，在他死后，自由的意志终于获得了胜利，光明终于降临到了英伦三岛。1688年的"光荣革命"推翻复辟王朝，确定了君主立宪制，英国从此进入了一个相对稳定的发展时期，而弥尔顿的思想对整个西方世界发展的影响还在继续。他的《失乐园》被认为是英国近代的著名英雄史诗，它凝结了诗人饱满的革命激情和独特的艺术才华，它既是当年英国资产阶级革命的回声，又是百年之后法国大革命惊雷的前奏，被认为是世界文学史上"文人史诗的典范"。

经典回眸 JINGDIANHUIMOU

弥尔顿是继莎士比亚之后英国最伟大的诗人，他的著作和影响在英国文学、文化与自由思想的历史中占有重要地位，并以长诗《失乐园》闻名于世。诗中堕落天使撒旦成为反抗精神的化身，这个形象的塑造是世界文学最高成就之一。弥尔顿年轻时一直想写一部《荷马史诗》那样的诗体巨著。英国资产阶级革命失败后，他放弃了写英国史诗的计划，转而从《圣经》中选用最重要的题材：人类如何失去上帝的恩宠而堕落。失乐园这个故事早已家喻户晓，但他对这一题材作了生动而有独创性的处理。《失乐园》中引用《旧约》900余处，引用《新约》近500处，但逐字引用的只有《创世记》一至三章，其余都经过他的创造，呈现出迥然不同的面貌。

《失乐园》摘写了大天神撒旦的力量堪与上帝匹敌，他不服上帝的专制统治，率领部下造反作乱。开始时曾经一度得逞，终于被神子借助天威打入地狱。撒旦在地狱建造万魔宫，召集大小魔王开会，商量对策。此后，撒旦独自去找传闻中上帝要创造的那个新世界和新生命，企图报复。他出地狱，越洪荒，化做小天使瞒过天神，最后来到亚当和夏娃居住的伊甸园。撒旦偷听到上帝不许亚当和夏娃吃知识树上的果子，吃了就会死亡。于是他化做一只癞蛤蟆，乘夏娃熟睡之机在她耳边絮语，让她在梦中偷吃禁果。但这时，撒旦潜入伊甸园的事情已经被发现，天神接踵而至，将他赶走。上帝还派了大天使拉斐尔来伊甸园，提醒亚当要谨防受敌人的诱惑，并追忆了天国战争，叙述创世情况。

拉斐尔回天国述职复命去了。撒旦又悄悄潜回来，附在狡黠的蛇身上。他进了伊甸园，夏娃碰巧在独自劳动。蛇对夏娃说，自己吃了知识树的果子就能够说人话，由此类推，人吃了就能够得到知识而成神。时值中午，夏娃饥肠辘辘，信以为真，于是伸手摘来吃了，并告诉亚当，劝他也吃。亚当听说之后又急又怒，十分失望，但决心与夏娃生死与共。此时天使迈克尔奉上帝命令惩罚背叛者，撒旦及其同伙全都变成了蛇。迈克尔向亚当宣告了未来：洪水泛滥，世界毁灭，挪亚乘方舟得救，基督降世赎罪，普救人类的景象。而亚当和夏娃因为违反了禁令，被逐出伊甸乐园。

《失乐园》是诗，像小说，又像戏剧。全诗结构宏大，主次分明，从倒叙开始，异峰突起，着力描绘撒旦这一角色，紧紧吸引了读者。虽然撒旦是叛神之首，却令人不由得随着他的思绪情感而心潮澎湃。撒旦是超人，具有权威、勇气、领袖才能和政治家风度，这种形象只有在英雄史诗里才能够找到。但弥尔顿在撒旦身

典·故·逸·话

1651年春，约翰·弥尔顿正在着手撰写《为英国人民声辩》这部著作的时候，凶猛的病魔向他袭来，一只眼睛突然失明。医生对弥尔顿提出警告：需要休息，否则另一只眼睛也保不住。但是，弥尔顿回答说："我情愿为自由而牺牲我的目光。"弥尔顿似乎为自己的失明感到骄傲，他曾说过，使徒是他的先导，他的失明同时也能为光明照彻。他"既是瞎的，同时也是最广察明视的"。

上又加上了作威作福的骄矜与妄图争得最高权力的野心。他在塑造这种性格时，夹叙夹议，或借用英雄人物以及各种凶猛野兽做比喻，有时也通过戏剧性的独白，使读者自然地联想到莎士比亚笔下的悲剧人物。《失乐园》中的撒旦，是世界文学史上刻画得最为成功的人物之一。

一部伟大的史诗

《失乐园》长约一万行，分12卷，故事取自《旧约》。诗人写这首诗的目的在于说明人类不幸的根源。他认为人类由于理性不强，意志薄弱，经不起外界的影响和引诱，因而感情冲动，走错道路，丧失了乐园。夏娃的堕落是由于盲目求知，妄想成神。亚当的堕落是由于溺爱妻子，感情用事。撒旦的堕落是由于野心勃勃，骄傲自满。诗人通过他们的遭遇，暗示英国资产阶级革命也由于道德堕落、骄奢淫逸而惨遭失败。

弥尔顿继承了16世纪的人文主义思想，接受了17世纪新科学的成就，同时对它们采取批判的态度。他肯定人生，但否定无限制的享乐。他肯定人的进取心、自豪感，但否定由此演变出来的野心和骄傲。他肯定科学，但认为科学并不是一切，有科学而没有正义和理想，人类不会得到和平与幸福。弥尔顿的这种思想也就是革命的清教思想的反映。

弥尔顿在思想上要批判骄矜的撒旦，感情上却同情他所处的地位，因为撒旦受上帝惩罚，很像资产阶级受封建贵族的压迫。在描绘地狱一场时，弥尔顿虽然口口声声说撒旦骄傲、野心勃勃，但在对话里，在形象上，撒旦又完全是一个受迫害的革命者。这个形象十分雄伟，在凶险的地狱背景的衬托下，他的战斗决心表现得更鲜明。

弥尔顿在这首诗里对于封建贵族的放

荡生活也给予了尖锐的批评。在《失乐园》里，弥尔顿显示了高超的艺术水平。诗人的革命热情和丰富的想象使他塑造出十分雄伟的人物形象，如撒旦、罪恶、死亡等，描绘了壮阔的背景，如地狱、混沌、人间等。他的诗歌风格是高昂的。诗中运用了璀璨瑰丽、富有抒情气氛的比喻，独特的拉丁语的句法和雄浑洪亮的音调等。在结构上，《失乐园》承继着古希腊、罗马史诗的传统，成为英国文学中一部杰出的史诗。

（佚　名）

意志的自由

在《失乐园》所塑造的人物中，撒旦的形象历来受赞扬最多，同时争议也最大。

浪漫主义诗人布莱克、拜伦、雪莱等对这个形象所体现的英雄气概和崇高美更是推崇备至。他们相信撒旦在史诗中被作者塑造成了真正的英雄。布莱克认为，撒旦代表情欲，代表人类富于想象的灵魂。他说，弥尔顿写到天使和上帝时，感到缩手缩脚，但写到恶魔和地狱时却发挥得淋漓尽致，这是因为弥尔顿是一个真正的诗人，自己站在恶魔一边却不自知。

当然，许多人不同意这种看法，因为在后面各卷中，撒旦的形象越来越渺小、猥琐，直到在第十卷中变成一条嘴里嚼着苦灰的令人厌恶的蛇。需要指出的是，撒旦那具有崇高美的叛逆者形象并非完全是弥尔顿的创造。在大约写于8世纪的宗教诗《凯德蒙的圣诗》中，作者就成功地塑造了一个不愿做奴仆，不向上帝折腰，只要自己做神的颇具叛逆精神的撒旦形象。弥尔顿的撒旦无疑受到了其影响。

但无论怎样看，撒旦仍是一个塑造得十分成功的艺术形象。特别是在前两卷里，他被赶出天堂，扔到地域的火海中后，仍然充满不屈不挠的精神，发誓要继续与万能的上帝对抗。撒旦能得到浪漫主义诗人和众多读者的赞叹，很大程度上就在于这个形象体现了意志的自由。不论撒旦后来变得多么渺小可憎，也不论他内心多么痛苦乃至悔恨，有一点他从未改变，那就是，他无论在什么情况下都未屈服。恐怕正是这种不屈的自由意志在浪漫主义诗人和革命者弥尔顿心中引起了共鸣，以至弥尔顿在塑造这个形象时有时竟“站在恶魔一边而不自知”。

不过，撒旦这个人物主要是在史诗的前两卷中具有叛逆者的英雄气概。当史诗的重心从地狱转到伊甸园，从撒旦转到亚当和夏娃时，这个艺术形象的崇高美便消失了。外表上，他从一个伟岸的天使军统领变成一个卑鄙的窥视者，一只丑陋的蟾蜍，一条令人厌恶的蛇，最后在火海中满嘴嚼着苦灰。从内在本质看，他则从一个敢于向万能上帝挑战的叛逆英雄堕落为一个不敢直接向上帝复仇而去伤害两个从未得罪过他而且永远不会也不能加害于他的弱小生灵的懦夫。他外表上的变化正是他本质上堕落的反映。一个无法改变的事实是，撒旦堕落是因为他骄傲，不甘当上帝的奴仆。可是如果我们仔细体会，会感到撒旦的真正堕落似乎并不是他反叛上帝，而在于他引诱人类犯罪从而毁灭他们。在前两卷中，我们看到撒旦在被赶出天堂坠入地狱之后，仍然保持着大天使的气概和叛逆者的英雄形象，只是在实施毁灭人类的罪恶计划并取得成功之后，他的形象才变得丑恶。这便很好地体现了弥尔顿所要提出的主要思想，即真正的忠诚与真正的堕落都是在自由意志下完成的。（佚　名）

历史桂冠 LISHIGUIGUAN

弥尔顿于1608年12月9日生于伦敦，父亲是伦敦公证人，收入颇为丰厚，擅长音乐，也很有文学修养。弥尔顿出身于这样的家庭，自小就热爱读书。1620年左右进入圣保罗学校，刻苦攻读，尤其喜爱文学。1625年考入剑桥大学，开始用拉丁文和英文写诗。1632年取得硕士学位之后，原本应该担任教会牧师，但当时的英国国教日益转向反动的天主教，他没有同意任职，而是在父亲的别墅里进修了6年，准备写一部荷马式史诗，以流传后世。这期间他曾写过一些成熟优美的抒情短诗，如《科玛斯》和《利西达斯》等篇。

1638年弥尔顿赴美洲游历，归途经过法、意两国，适逢国内发生资产阶级反抗封建统治的革命，于是他立即回国参加反封建的斗争。他写出了许多出色的政论文章，其中《致国会书》最为著名。1649年英王查理一世被处决后，他任国会议员兼拉丁文秘书长（相当于宣传部长）。由于工作辛劳，他双目失明。查理二世复辟后，他的政治生涯也陷入了低谷，于是他隐居了起来。但他并没有因此消沉，而是以顽强的毅力，用口授的方式，由朋友或家人笔录，完成了他一生中最出色的三部诗作，即1667年的《失乐园》和1671年的《复乐园》及《力士参孙》。这几部作品描写的是叛逆的天使为反对上帝的暴政而作出的艰苦斗争，以此启迪并教育民众。他的作品充满了热情，又有庄严与宏伟的气势，是世界文学史上的不朽史诗。

李白，一代天才诗人，他酒入豪肠，七分酿成了月光，剩下的三分啸成了剑气，绣口一吐就半个盛唐！

《李白诗选》

■ 李白（中国·唐　701-762）

唐代是中国历史上最具光彩的时代，这一历史时期开朗雍容的气度在整个封建社会空前绝后，唐人的心态也最为健康。人们在谈论盛唐诗文的时候，首先就会提到那充满生机的昂扬向上的精神，这种精神也渗透进李白的血液里。如果没有那个伟大的时代，这个饱含异质的天才会被扼杀；没有这个天才的加入，那个时代也不会这样光辉灿烂，令人神往。

在群星灿烂的盛唐诗坛，李白是一颗光彩夺目的巨星。贺知章一读到李白的《蜀道难》，就惊叹他是“谪仙人”。从此，李白便有了“诗仙”的美誉。“李白斗酒诗百篇，长安市上酒家眠。天子呼来不上船，自称臣是酒中仙”这是杜甫《饮中八仙歌》中写李白的几句诗，它像一幅素描，把李白狂放不羁、不阿权贵的性格生动、形象地表现了出来。他那自由率真的诗仙风度，倾倒了当时和后世无数的读者。

作为盛唐代表作家之首，李白在当时是作品最多、成就最高、最负盛名的诗人，其诗作是继屈原之后中国古代积极浪漫主义的又一高峰。他和杜甫等人共同推进并完成了陈子昂所开创的诗歌革新的伟业，为唐诗的繁荣与发展打开了新的局面。他的作品成为中国诗歌史上的辉煌篇章，他开创了中国古代诗歌的黄金时代。《李白诗选》收录了他流传下来的近千首诗，他那不胜枚举的名篇佳句，千百年来脍炙人口，深受历代人民的喜爱。

天地之道，得之于心，然后吐之为文章，李白自身的人格精神与他的诗完美结合，浑然一体，洋溢着永不衰竭的创造力，读李白的诗也就是在读他这个人，读他灿若流星的闪亮一生。“清水出芙蓉，天然去雕饰”，他的诗呈现在世人面前，震撼了盛唐，也震撼了所有读者的心灵世界。

经典回眸
JINGDIANHUIMOU

李白这个名字本身就意味着天才和神话，他鄙视那些与他目睹的盛世格格不入的东西，他怀抱着盛唐的骄傲自信，站在由他亲手缔造的文学顶峰，俯视天下，鸟瞰千古。在他流传于世的众多诗篇里，失望、痛苦、压抑、愤怒、高傲、旷达、渴望等种种复杂交错的情绪，交织成强大的内心风暴，展示给世人的是一颗为进步理想所鼓舞、殷切关注国家、与黑暗现实剧烈冲突的民族之心，传达的是一位悲剧主人公伟岸灵魂的呼叫！辅佐君王，安邦治国平天下是他一生不灭的理想，时代给予他的却是排挤放逐、颠沛流离乃至囚禁的痛苦。他在挣扎、抗议、战斗中表现着自己“安能摧眉折腰事权贵，使我不得开心颜”的铮铮傲骨。屈原对故国的深情挚爱、对奸佞小人的厌恶憎恨，庄周对权贵的鄙夷、对富贵的蔑视，深深刻入他坚定不屈的灵魂。回归到生命本真，李白是我们最可亲近的，他所表达的平等、自由、青春、激情、是每个生命都会自然发生的生命欲望。

《李白诗选》收录的经典诗篇，既是诗人一生心路历程的真实反映，也是盛唐社会现实和精神生活面貌的艺术写照。李白一生抱负远大，他毫不掩饰自己对功名事业的向往。《梁甫吟》、《读诸葛武侯传书怀》、《书情赠蔡舍人雄》等诗篇对此都有绘声绘色的展露。李白少年时代就喜好任侠，写下不少游侠诗，《侠客行》是此类诗的代表作。在长安的政治生活，对李白的创作产生了深刻的影响。他的政治理想与黑暗现实发生了尖锐矛盾，胸中淤积了难以言状的痛苦愤懑。愤怒出好诗，于是写下《行路难》、《古风》、《答王十二寒夜独酌有怀》等一系列仰怀古人、壮思欲飞、自悲身世、愁怀难遣的著名诗篇。李白大半生过着流浪生活，游历名山大川，写下了大量赞美祖国河山的优美诗篇，借以表达自己酷爱自由、渴望解放的情怀。在这类诗作中，奇险的山川与他叛逆不羁的性格得到完美契合。这种诗在李白的诗歌作品中占有不小的数量，被世代传诵，其中《梦游天姥吟留别》是最杰出的代表作。诗人以淋漓挥洒、心花怒放的诗笔，无拘无束地舒展开想象的翅膀，写出精神上的种种历险和追求，让苦闷、郁悒的心灵在梦中

典·故·逸·话

李白不仅是一名十分出色的诗人，而且文智并重，有勇有谋。据记载，李白曾“谋略胜敌”，醉草吓蛮书。当时渤海向唐王朝下了一道实为宣战书的番书，但由于朝中无人识得番文，使得玄宗皇帝龙颜大怒。此时李白因受杨国忠、高力士的排挤而落第，正居于贺知章家，当贺知章了解到李白懂番文后，将其推荐给了皇帝，解了皇帝的燃眉之急。李白翻译了渤海的番文，“以其人之道还治其人之身”，将计就计。第二天，借着酒劲让杨国忠与高力士侍候，草写了答复渤海的国书。信中显示了大唐的兵力，表明了大唐求安护平的决心。送渤海后，渤海王极为惊恐，臣服大唐。李白的计谋不仅避免了战争，维护了和平，而且教训了杨国忠、高力士二人，留下一段千古佳话！

得到真正解放。一句“安能摧眉折腰事权贵，使我不得开心颜”，更使诗人的一身傲骨展露无遗，成为后人考察李白伟大人格的重要依据。

作为一个热爱祖国、关怀人民、不忘现实的伟大诗人，李白十分关心战争这一重要问题。他对保卫边疆的将士予以热情的歌颂（如《塞下曲》），对统治者的穷兵黩武则给予无情的鞭挞（如《战城南》、《丁都护歌》等）。此外，他还写了不少乐府诗，描写劳动者的艰辛生活，表达对他们的关心与同情（如《长干行》、《子夜吴歌》等）。他的诗具有“笔落惊风雨，诗成泣鬼神”的艺术魅力，这也是他的诗歌最鲜明的艺术特色。作为一个浪漫主义诗人，李白调动了一切浪漫主义手法，使诗歌的内容和形式达到了完美统一。李白的诗，自我表现的主观抒情色彩十分浓烈，感情的表达具有一种排山倒海、一泻千里的气势。他入京求官时，“仰天大笑出门去，我辈岂是蓬蒿人”。想念长安时，“狂风吹我心，西挂咸阳树”。这些诗句都是极富感染力的。

极度的夸张、贴切的比喻和惊人的幻想，让读者感受到的却是高度的真实。在读到“抽刀断水水更流，举杯消愁愁更愁”、“白发三千丈，缘愁似个长”这些诗句时，读者不能不被诗人绵长的忧思和不绝的愁绪所感染。李白的这一艺术表现手法在《梦游天姥吟留别》、《蜀道难》等诗中表现得尤为突出。

李白常将想象、夸张、比喻、拟人等手法综合运用，从而造成神奇瑰丽的意境，因此李白浪漫主义诗歌才给人以豪迈奔放、飘逸若仙的韵致。他的语言正如他的两句诗所说，“清水出芙蓉，天然去雕饰”，明朗、活泼、隽永。

唐代诗歌的最强音

若要给李白来画个像，非写意笔法不能显其神貌，白描则不可。铺七尺长卷，笔落酣情，非一气呵成不能现其风采，气韵顿挫则不可。唯其超拔飘逸与雄奇豪迈，方能称之“谪仙人”，他用手中如椽巨笔奏响了唐代诗歌的最强音，若闻天籁，令人思之，慕之，拜之，神往之，倾倒之。他选择了众星璀璨的“诗唐”，非但没有淹没于群星交会的辉煌，反而成为众星争辉中的焦点。在他身上浓缩了唐代诗歌的精神特质。李白二字，真是叫人心潮澎湃，难以平复，只觉有一股热流在身躯中滚动，直至头脑昏眩仍无法抑止，于是只能听任在激情中感受诗的王朝古老而又至今生机勃勃的生命律动，在亢奋中朝拜宛若天人的李太白，情之所动处难免言有偏颇，但情真意切方能尽我所言。

唐代诗歌有着独具魅力的时代风格与时代精神：博大，雄浑，深远，飘逸，充沛的活力，浓郁的激情，不息的生命力，崭新的生活体验，以壮阔为美的审美情趣，积极进取的人生态度——这一切合起来就成为唐代诗歌与其他朝代诗歌相区别的特色。唐代诗人们以王者的姿态开辟出异彩纷呈的块块疆土，这样一个时代培育出来的人物，或者说，出现于这样一个时代的天才，往往是极其富有魅力的。李白的魅力便是那么的动人，像具有不可思议的魔法。他以一种震撼的力量征服了当时的以及后世许许多多读者的心。贺知章在长安初次遇到李白，诵《蜀道难》，呼之为“谪仙人”，解下腰佩金龟换酒与之畅饮同欢。杜甫在赴长安应试途中与李白相遇，竟然放弃考试，跟随李白漫游了许多地方，别后仍念念不忘，赞之曰“笔落惊风雨，诗成泣鬼神”。还有一个叫魏万的人，为了一睹李白的风采，从嵩宋出发追寻李白几千里，终在广陵相会，言李白诗曰“鬼出神入”。李白的魅力，既是属于他个人的，又是属于那个时代的，至于李白被汪伦“千里酒家，百里桃林”的文字游戏所骗应邀，临别却仍以“桃花潭水深千尺，不及汪伦送我情”赠与踏歌相送的汪伦，更可以看出唐人所普遍具有的浪漫气质。只有辉煌的时代，才能为辉煌的人物提供张扬个性的条件。

李白的诗里洋溢着一股涵盖天地的雄浑之气。“俱怀逸兴壮思飞，欲上青天揽明月”，这种博大壮阔的情怀可以说是唐代诗歌的基调。庄子所言“天地有大美而不言”，以盛大为美似乎已成为唐代诗人创作精神中的支柱。或儒或道或侠或禅，种种表现之下，有一个基点，那就是诗人们内心中无比崇高的对壮美的向往。无论是理性冷静的儒学家，还是超脱凡俗的道学家，无论是豪迈勇武的仗剑侠士，还是玄而又玄的带发禅师，一旦出现在唐代这个特殊的历史舞台上，就全都不可避免地固执起来，他们可以在自己的诗歌中摒弃某一种风格，如儒家没有道家的“无为”思想，侠客没有禅师的出世之心，可是却不能违背这个时代如此统一的审美观。这样一种环境所造就的诗人，笔下自会大气，千载之下仍能令懦者勇，弱者壮。他们并不是没有愁，李白就经常把愁字挂在嘴边。“白发三千丈，缘愁是个长”，“乱我心者，今日之日多烦忧”，“君不见高堂明镜悲白发，朝如青丝暮如雪”，“抽刀断水水更流，举杯消愁愁更愁”，但只要将李白的愁与柳永的“多情自古伤离别，更哪堪冷落清秋节”，李煜的“问君能有几多愁，恰似一江春水向东流”比一比，就会觉得李白愁得有力，愁得健康，愁得有气派。“五花马，千金裘，呼儿将出换美酒，与尔同消万古愁”，这是一种豪情万丈的愁，愁中自有一股浩然之气，愁中自有一段唐人风流。

正是这种俯仰天地的慷慨大气之情怀，形成了唐代诗人共有的一种昂扬奋发的精神状态与气质风貌……虽然李白的一生在政治上只有短暂的辉煌，但却从没有放弃过他的雄心壮志与理想抱负。以至于61岁时还请求参加李光弼的军队，去讨伐安史叛军。其实他能不试而举并名动君主，在旁人看来似乎是“平步青云”，虽只是个无实权的“供奉翰林”，但足以显亲扬名了。李白却在朝廷的生活中体味到了官场的复杂，与其说政治上的失意委屈了一个李白，不如说是成就了一个文学上的李白。作为唐代的灵魂，他已经超越了世俗对文学、政治、经济等的划分，他的具体的人生道路，或是布衣或是卿相，或是文人或是将军，已经没有太多的意义，他留下的是一个独立的人格形象，足以光耀千秋，泽被后世，这已经够了。

唐代诗歌之所以气象万千，在于唐代政治的开明与开放。一旦政治对思想的禁锢和束缚减弱，社会环境宽松，那么人的思想就会自由起来。不但是个人的思想没有了束缚，各种流派的思想的交流也更加自由与深入，最后互相渗透同化，这种情况表现在诗歌创作方面就是丰富多彩，表现在人的个性方面就是博大精深。在李白的身上，就兼备了儒道侠禅各家的特质，“安能摧眉折腰事权贵，使我不得开心颜”，儒家的傲岸坚强；“且放白鹿青崖间，须行即骑访名山”，道者的避俗离浊；“停杯投箸不能食，拔剑四顾心茫然”，侠者的任性狷狂；“举杯邀明月，对影成三人”，禅者的玄思独绝。真是难以想象，在一个人的身上，怎能呈现出如此丰富的景观，且并不是流于表面，而是从心灵深处透出来的一种融合万物，顺应自然的美。也许在我们每个人身上也或多或少地受着各种流派的影响，各种思想在我们的头脑中交锋，有的被杀死，更多的是在冲突中走向融合。或者说，根本不存在各种思想流派的分别，它们本来就是构成整个思想的各个零件，就像万物组成了世界的自然和谐。人为的硬生生的割裂并不是一种客观的态度。所以说，李白的思想不胜在多样而胜在健全，唐代诗歌的精神特质不胜在丰富而胜在完整。

李白生在唐代，幸矣；唐代拥有李白，甚幸矣。用余光中的《寻李白》作为这次对唐代与李白的激情巡礼的结语是再合适不过了：“酒入豪肠，七分酿成了月光，剩下的三分啸成了剑气，绣口一吐就半个盛唐。”（佚 名）

天生我材必有用

中国是一个诗的国度。从《诗经》开始，诗歌和我们中国人的生活就紧紧联系在一起了。在我国古典诗歌发展的历史上，唐诗是中国五七言古今体诗的高峰。而在那个诗人辈出的时代，浪漫主义诗歌的最高成就却不能不推李白。李白是继屈原之后我国最伟大的浪漫主义诗人。他的诗想象丰富，夸张奇特，绘景抒情，挥洒自如，形成飘逸、奔放、雄奇、壮丽的独特风格，对后世产生了深远的影响。

自从贺知章称之为谪仙人，后人又尊为诗仙，都标志着李白在中国古代诗歌史上和他在一代代中国人的心目中的独特的地位。李白是中国古代诗人中，甚至也是中国古代文人中少有的独具个性的一位。在盛唐的开元、天宝时代，其他诗人往往在高蹈与进取之间徘徊，以出世掩饰着自己急于入世的心理的时候，李白却既毫不掩盖他对功名事业的向往，同时又因为自己绝对无法接受那些取得富贵利禄的附加条件而弃之如垃圾。他热爱现实生活中一切美好的事物，而对其中不合理的现象毫无顾忌地表示轻蔑，哪怕对方是能定人生死的权贵。这种已被现实的牢笼牢牢地束缚，却不愿意接受这种束缚，反过来却想征服现实的态度，成为后代中国人反抗黑暗势力与庸俗风习的一股强大的精神力量。这就是李白独特的文化性格，和杜甫那种始终以严肃、悲悯的心情注视、关心和反映祖国、人民命运的现实主义精神，是相反而又相成的。

李白最迷人的是他面对权贵表现出来的骄傲。在李白，骄傲是一种最强烈的自信，来自于盛唐这个最让中国人自豪的时代。那种充满生机的昂扬向上的时代精神，渗透到了李白的血液里，表现在李白的诗作中。他从不怀疑自我，所以有“天生我材必有用”的诗句。李白把孔子以来以内向为主的人文精神，转向了对外开放。通过他的诗，我们看到了一个人真实的内心世界。他身上最能体现的是一种人的觉醒，是一种自我感情的无拘无束的释放，他的作品从内容到表现形式，无拘无束、活泼、自然而生动，表现出一种独有的美感。这种独特的美感究竟是李白的诗歌怎样的特殊风格引发的呢？

一、平易近人。李白的诗歌，少用生僻字，所用的典故绝大部分是人们熟知的，诗句口语化，思路很清晰，读者容易理解。他的《静夜思》：“床前明月光，疑是地上霜。举头望明月，低头思故乡。”真正明白如话。

二、自然纯朴。李白的诗，纯朴自然，不事雕饰；抒内心之情，不肯扭曲，真正是情真意切，文从字顺。读李白诗，就好像和一个胸怀坦荡、率真质朴又具有远见卓识、文采飞扬的老朋友谈天，无拘无束，飘飘欲仙。比如《丁都护歌》：“云阳上征去，两岸饶商贾。吴牛喘月时，拖船一何苦！水浊不可饮，壶浆半成土。一唱都护歌，心摧泪如雨。万人系磐石，无由达江浒。君看石芒砀，掩泪悲千古。”一般认为创作于天宝六年六月，作者醉丹阳横山时所作。诗中通过对劳动人民夏季拖船之苦的具体描绘，揭露了统治阶级为满足自己的豪奢享受，不顾人民死活的罪行，诗人对下层劳动人民的深切同情，渗透在这首诗的字里行间。

三、孤独高洁的形象。李白的诗，塑造了许多动人的形象。这些形象的共同特点是高洁，热情饱满，不与世俗同流合污。壮志难酬，愤懑可知。但李白却坚信“天生我材必有用”，能够靠自信来排解。李白后来更看穿了世情和整个封建社会的黑暗，干脆去寻仙访道。到神仙的世界中寻求自己理想的实现，不正是对现实社会的批判和否定吗？这就是在他的诗中，许多以月亮为歌咏对象的作品的来由。《把酒问月》就是其中的一首，诗歌塑造了一个永恒、美好、神秘的月的形象，同时也塑造了孤独高洁的诗人自己的形象。

四、想象奇特、新颖，处处使人耳目一新，浮想联翩，使人读他的诗有飘飘欲仙的感觉。《蜀道难》一诗，借送友人入蜀，以丰富的想象、夸张的笔法，抒写蜀地山川的雄奇壮丽，以及对它的倾慕和热爱。《蜀道难》的空间范围，从秦到蜀，从京城长安到锦城成都，上至连天的高峰，下临万丈的深渊；时代不同，有远古的开国君主，近到现任地方的守令；仙凡远隔，五位开山的勇士，太阳神与它的坐骑，李白都能精诚所至，招之而来。他用强烈的对比和多种修辞手法的综合运用，创造出雄奇的意境，寄托着广阔的胸襟，豪迈的气魄和对神奇险峻境界的追求。挑战黑暗腐朽的势力，做无所畏惧的强者，是诗人的自信和追求。

李白是中国传统文化哺育出来的骄子。千百年来，李白的诗歌是中国人必不可少的精神食粮。（佚　名）

历史桂冠 LISHIGUIGUAN

李白（701–762），字太白，号青莲居士。祖籍陇西成纪（今甘肃天水附近）先世于隋末流徙西域，李白即生于中亚碎叶（今巴尔喀什湖南面的楚河流域，唐时属安西都户府管辖），幼时随父迁居绵州昌隆（今四川江由）青莲乡。李白的一生，绝大部分在漫游中度过。天宝元年（公元742年），因道士吴筠的推荐，被召至长安，供奉翰林。文章风采，名动一时，颇为玄宗所赏识。后因不能见容于权贵，在京仅三年，就弃官而去，仍然继续他那飘荡四方的流浪生活。安史之乱发生的第二年，他感愤时艰，曾参加了永王李璘的幕府。不幸，永王与肃宗发生了争夺帝位的斗争，兵败之后，李白受牵累，流放夜郎（今贵州境内），途中遇赦。晚年漂泊东南一带，依当涂县令李阳冰，不久即病卒。

李白的诗以抒情为主。屈原之后，他是第一个真正能够广泛地从当时的民间文艺和秦、汉、魏以来的乐府民歌中吸取其丰富营养，经提炼而形成自己独特风格的诗人。他具有超脱寻常的艺术天才和磅礴雄伟的艺术力量，他是屈原之后我国最杰出的浪漫主义诗人，有“诗仙”之称。

在历史上难以计数的自传作品中，卢梭的《忏悔录》的坦率程度是史无前例的，他的真诚让一切虚伪的人无地自容。

《忏悔录》

卢梭（法国 1712—1778）

提到法兰西，我们必定会联想到那轰轰烈烈的1789年大革命，我们当然更不会忽略那站在革命背后的掀起浪潮的思想文化巨人们，正是他们用思想之火炬照亮了法国乃至人类的前进之路。让·雅克·卢梭便是其中的一位，他是18世纪法国启蒙运动的主将，是欧洲思想史上一个影响巨大的思想家。他的社会政治著作《社会契约论》是资产阶级民主派中最革命的雅各宾派的政治纲领基础，对法国大革命及整个资产阶级革命都产生了重大影响。同时，卢梭也是欧洲文学史上一个不可忽略的文学家，他是19世纪欧洲浪漫主义文学的先驱，被称为"浪漫主义文学之父"。

卢梭以其卓越的智慧与思想不仅给笼罩在法国大地上的漫长黑夜带来了曙光，也给人类的思想宝库留下了珍贵的遗产。1762年，卢梭50岁时，刊印他的著作的书商——阿姆斯特丹的马尔克·米歇尔·雷依建议他写一部自传，遭到卢梭拒绝。直到1765年，当他因被迫流亡而再次陷入颠沛流离的状态时，他才怀着一种悲愤的心情开始写作他的自传，到1770年11月才完成，就是现在这部《忏悔录》。在这部惊世骇俗的奇书中，闪耀着卢梭伟大的独立人格，他的真诚使一切虚伪的人无地自容。卢梭的小说风格独特，充分显示出卢梭的小说家天才，为法国文学开拓了浪漫主义道路。其在思维上、艺术上的成就，对法国乃至整个世界都有重大影响。

经典回眸 JINGDIANHUIMOU

18世纪的启蒙思想使文学真正走向解放，成为自觉的"人学"。法国杰出的思想家卢梭在文学上发展了莎士比亚对人的心灵世界的揭示，成为解放被囚禁的内心情感的先驱。他的忏悔所面对的不再是上帝，而是自然人性和人类普遍的正义原则——自由、平等和人权。

《忏悔录》记载了卢梭从出生到1766年被迫离开圣皮埃尔岛之间50多年的生活经历。全书分两部。在第一部分中，卢梭回忆了自己的童年和青少年时期的生活。他出生在一个钟表匠家庭，一出生，妈妈就离开了人世。他虽然也有着普通孩子的缺点，比如喜欢恶作剧、嘴馋，但是他本性善良，热爱读书。他从孩提时起就过着寄人篱下的生活，由于不堪忍受粗暴的对待，他在1728年16岁的时候离开了家乡，并认识了德·华伦夫人，她是一位容貌艳丽、性情温柔而又生活自由的寡妇。在他四处流浪的生活中，他耳闻目睹了种种黑暗和不公平。他也做过各种工作，期间曾经偷过一条小丝带并在被发现后嫁祸给一个女佣，还挑逗过打水的姑娘。在他19岁那年，他又回到了华伦夫人身边。两个人过上了悠闲的同居生活，一直到1740年。他和华伦夫人既是情人，又如同母子。在华伦夫人另觅新欢之后，卢梭断绝了同她的关系。

第二部分充满了卢梭为自己辩解的内容，气氛沉郁。1752年，他的歌剧《乡村教师》的成功使他成为巴黎文化界的名人，他经常周旋于社会名流之中，并成为贵妇德比奈夫人家的食客。在德比奈夫人家里，卢梭遇见了泰莱斯。他们曾经在威尼斯见过面。后来，泰莱斯嫁给了卢梭，并生下了五个孩子，但孩子们都被送进了育婴堂。卢梭为自己的弃子行为和与朋友的裂痕作了辩解。之后，他又爱上了德比奈夫人的小姑，于是他不得不迁往蒙莫朗西。他又在这里结识了很多上流社会人士。但是，他仍然总是被先前患的“受迫害狂想症”所折磨。1756年，他的《新爱洛绮丝》获得成功，而在此之后的《社会契约论》和《爱弥儿》却受到咒骂。

1766年，在朋友纷纷离去之后，卢梭离开蒙莫朗西，去了英国。

在这部被称为“文学史上的奇书”中，卢梭把自己作为人的标本来剖析，他把自己的灵魂真诚地、赤裸地呈现给读者，其坦率程度是史无前例的。由于作品中所体现出的个性自由的精神，该作品被视为19世纪浪漫主义文学的先兆。

人的价值观念的历史性转折

时至今日，卢梭的《忏悔录》还是惊世骇俗的。试问：当各种污蔑、诽谤如雨点般落在身上时，有几个人敢于在自己撰写的传记中坦然地承认自己有偷窃的习惯：“直到现在，我有时还偷一点儿我所心爱的小玩意儿。”当自己已经成为名噪全国的学

者时，有几个人敢于披露自己曾经撒过谎、诬陷过善良的女仆？有几个男人乐于把那种最难堪的事情——手淫的恶习自供出来让世人嘲骂？又有谁愿意把自己私生活中——和女人之间的肉欲关系和情感关系一一加以剖析？对于一个名噪整个法兰西的思想家来说，主动地披露自己的卑鄙龌龊，带来的后果将是何等可怕？只有两种人——傻瓜和疯子才会赤身裸体地冲进道貌岸然的人群供他们耻笑与诟骂。卢梭写《忏悔录》时正处在腹背受敌的艰难处境中，哲学家休谟说："他好像这样一个人：这人不仅剥掉了衣服，而且剥掉了皮肤，在这种情况下被赶出去和猛烈的狂风暴雨进行搏斗。"在卢梭的《忏悔录》之前还有过一部影响至广的《忏悔录》，它的作者是著名的教父圣·奥古斯丁，而他的坦诚远不如卢梭的十分之一。更为重要的是，教父的坦诚是为了证明人是有原始罪恶的，人本身不值得爱，只有"上帝"才是唯一的"享用"对象。

而卢梭的《忏悔录》向人们宣布了另一种与奥古斯丁全然对立的观念：人的本性是美好的，人的一切自然要求，如对自由的向往、对异性的追求、对精美物品的爱好，都是正常的、合理的。正是社会环境的恶浊"使我染上了自己痛恨的一些恶习，诸如撒谎、怠惰、偷窃等等"。当我们面对这颗揭去一切面纱的心灵时，首先看到的是孩提时代的卢梭怎样和父亲抢读一本书，以至通宵达旦，听到燕子呢喃时才难为情地睡去。这种对于知识的渴求不正是人之所以为人的美好之处吗？当他出于维护面子而不肯承认自己偷了丝带反而诬陷是女仆玛丽之后，他竟被自己的罪过折磨了长达40年之久，直至把它披露于世才获得些许良心上的安慰。这种对于过失的忏悔精神不正是人类追求善良的纯真之情吗？他也曾被肉欲所俘虏，但一种崇高的道德追求使他更重视感情的纯洁、深挚和持久。在他的爱情生活中，特别是同华伦夫人之间那种看似奇特的关系中有着一种近乎无邪、纯洁透明、丰富而热烈的感情。这种对女性的尊重、保护、温柔和体贴，犹如一股新鲜的春风，在18世纪充满淫靡习气的上流社

典·故·逸·话

1750年7月，第戎科学院宣布卢梭应征的论文《论科学和艺术是否败坏或增进道德》荣获首奖。卢梭声名鹊起，名扬法国。这篇论文的得奖和发表是卢梭一生重大转折，他决定改变自己的生活方向。他在《忏悔录》中写道："从此我就觉得做一个自由的有道德的人，无视财富与物议而傲然自得，才是最伟大、最美好的。"卢梭以自己的行动实践了这些原则，在巨大声誉和唾手可得的财富面前，他始终保持自己独立不羁的人格，保持绝不同封建统治集团同流合污的高贵品质。1753年，他创作的歌舞剧《乡村卜者》蜚声剧坛，宫廷演出此剧时邀他出席，他故意不修边幅地傲然出现于国王和贵族面前，以示怠慢。路易十五要亲自赐给他年金，他为了洁身自重，离开巴黎，拒绝接受。

会中是非常罕见的。这位直到老年当他用颤巍巍的嗓音哼起歌曲还会感动得流泪的诗人始终保持着对整个人类的博大深沉之爱。《忏悔录》是一个普通人内心世界的全景式展现，在这块心灵的明镜上溅有种种社会的污斑，也显示出明镜自身的纯洁。

这种袒露自己的勇气，来源于对人的自尊。他坚信人的本性是善的，每一个个体都不应是匍匐于上帝祭坛下的奴隶，而是一个保有自身价值的崇高生灵，人应该崇拜的不是某种传统观念和道德法则，而是他自身。卢梭在人类文化史上第一个把个人的尊严和价值提到如此高度，宣告了一种新的人生观念、文学观念的诞生。

众所周知，卢梭写作《忏悔录》的外部动因是回答来自教会、官方和启蒙学者（伏尔泰、狄德罗）对他的诽谤和攻击。用这种使人惊骇的方式为自己辩护，使卢梭的人格不仅没有受到贬损反而成为一个超乎伏尔泰等人之上的伟大人格典范。产生这种始料不及的后果仅仅是由于惊人的坦诚吗？不！这部书的震撼心灵的力量在于人们阅读它的时候会惊喜地发现：人最值得珍贵的东西就是他们自己。（徐耕葆）

世纪卢梭

卢梭是一个与自己的世纪密切相关的人，他的《忏悔录》除了是个人历史以外，还给我们留下了18世纪的一份珍贵的证物。我们跟着他了解到年轻学徒的生活条件，在苛捐杂税下农民和巴黎小市民的生活条件；然后离开市民阶层，我们进入贵族门厅，外交界和财界，甚至接近了宫廷；我们参加了重大的历史事件，看到百科全书派带着他们的优点和缺点列队走过，感受到伏尔泰超群绝伦的地位。卢梭有时用历史学家的笔法重现他的作品产生的情景。他对《新爱洛绮丝》的成功的分析是文学史上的一篇杰作。作品的独特性，作品跟上一代与当代、法国与欧洲的文学的关系，一个时代的心理状态、政治问题和情趣，无不说得清清楚楚。这一切经历固然都是通过卢梭的眼光来看的，但是谁比他更适合去评论这个令他心醉神迷而又感到被排斥在外，他向往而又不忘揭露其固有症结的上流社会呢？谁比他更能体会他所出身的小市民阶层的尊严呢？孟德斯鸠《波斯人信札》、伏尔泰《天真汉》书中的文学虚构情节，却是卢梭的生活现实，他在这个他是局外人的世界上，带着新奇敏锐的目光东张西望。

《忏悔录》开拓了浪漫主义的道路。从此在艺术上描绘自我不再是可憎的，而成了一种乐趣。对大自然的感情，带个人感情的宗教性，包含宿命论的意识，陷入无名的忧郁，这些都是浪漫主义主人公的共性。从夏多布里昂的勒内到雨果的欧那尼，从对卢梭和拿破仑同样热爱崇拜的于连·索雷尔（司汤达《红与黑》）到飞黄腾达的仆从吕·勃拉斯（雨果《吕·勃拉斯》），无不如此。

除了给后世浪漫主义的影响，卢梭还在一定程度上促成写自传的热潮。这方面他的“后裔”不胜枚举，杰出的有纪德，他的《如果种子不死……》给20世纪带来同样的不安和迷惑。卢梭出色的心理本能会随着往事涌现，在不自觉的记忆现象上，他的描写奇怪地超前于弗洛伊德的无意识研究和普鲁斯特对似水年华的追忆。这些后人都是一代俊才，但是并不能掩盖先驱卢梭的光芒。时隔200多年，《忏悔录》在现代人读来，还是像作者所追求的那样，是一部不同凡响的书。（马振骋）

历史桂冠 LISHIGUIGUAN

让·雅克·卢梭是法国最杰出的启蒙活动家之一，1712年6月28日出生在日内瓦，祖籍法国。他出生后不久，母亲就去世了，父亲是耽于幻想的钟表匠。卢梭6岁时就同父亲一道阅读，对小说产生了浓厚的兴趣。15岁开始当学徒，因不堪忍受粗暴的待遇，很快就外出流浪。后来为华伦夫人收留，其中曾几次出走，到过巴黎，因不愿当奴仆，又返回。1732年以后，他过了一段相当平静的生活，有机会弥补学业上的缺陷，系统地学习了历史、地理、天文、物理、化学、音乐和拉丁文，并接受了伏尔泰哲学思想的影响。

1741年，他在巴黎结识了年轻一代的启蒙思想家狄德罗、格里姆等，并应狄德罗之约，为《百科全书》写稿论述音乐方面的问题。1749年，他在狄德罗的鼓励下写成了应第戎科学院的征文《论科学和艺术是否败坏或增进道德》，一鸣惊人。1755年，卢梭写了第二篇论文《论人类不平等的起源和基础》，文中指出人类不平等起源于私有观念的产生和私有财产的出现，并批判了封建专制和暴政，提出以暴力推翻暴政的主张。这篇论文确立了卢梭的声誉。

1756年，卢梭离开了巴黎，隐居在爱弥达日和蒙莫朗西，回到了大自然的怀抱。他先后创作了《新爱洛绮丝》、《社会契约论》和《爱弥儿》三部作品。《爱弥儿》出版后，卢梭被封建政府和教会迫害，逃往瑞士，后来又到了普鲁士的属地莫蒂耶、圣彼得岛、英国，直到1770年重返巴黎。在流亡中，他感到有为自己辩护的必要，因而写成自传《忏悔录》。

卢梭的晚年靠抄乐谱糊口，过着孤独凄凉的生活。1778年7月2日，这位18世纪最杰出的民主主义思想家病逝。1794年他的遗骨在隆重的仪式下被迁葬到巴黎的先贤祠，得到了世人永远的崇敬。

关汉卿以如椽大笔，演绎了一场使观者心灵震颤的千古奇冤，唱响了一曲感天动地的人世悲歌。

《窦娥冤》

关汉卿（中国·元 ？–约 1279）

公元 13 世纪，当蒙古族入主中原建立元朝后，80 年间只进行过一次科举考试，使中原许多读书人失去了从仕之路。于是，许多读书人深入到城市，同各种艺人相结合，作为讲唱、杂剧演出撰写脚本的"书会才人"，关汉卿就是其中最为杰出的一员，他创作了许多精彩绝伦的作品，并同当时一大批具有表演天赋的优秀演员密切合作，把杂剧这门艺术推至了发展高潮。由于关汉卿的作品不仅具有高超的艺术性，而且具有广泛的社会性，道出了千百万被压迫者的呼声，因此，他的剧作深受广大群众的喜爱，成为当时杂剧家学习模仿的榜样和范本。

关汉卿是元代剧坛最杰出的代表之一，他的如椽大笔，是推动元杂剧脱离宋金杂剧的"母体"走向成熟的杠杆，是标志中国戏剧创作走上艺术高峰的旗帜。他一生创作了大量意境优美的散曲和情节动人的杂剧，因此被誉为中国古代戏曲创作的开山祖师，在文学史上占有十分重要的地位。关汉卿的代表作《窦娥冤》是我国十大古典悲剧之一，这部为弱势群体伸张正义而书写的一出浩浩大剧，诉尽了一个底层贫弱女子的血泪挣扎史，堪称元杂剧的典范，其高超的艺术成就在此之前没有任何杂剧作品可以比拟。

《窦娥冤》是一部让人质疑当时社会公正性的力作，展露了元代社会惊心动魄的人间惨状，演绎了一场使观者心灵震颤的千古奇冤，唱响了一曲感天动地的人世悲歌。从古到今，没有任何一部戏剧作品能像《窦娥冤》那样流传广泛，家喻户晓；也没有任何一个女子能像主人公窦娥一样得到如此之多的同情、惋叹。一部《窦娥冤》，可以说写尽了清浊不分的封建社会中被侮辱与被损害者的挣扎与反抗，字字见血，声声如诉。

经典回眸 JINGDIANHUIMOU

在现存的关汉卿创作的18种杂剧中，以妇女为主角的“旦本”戏占了绝大部分。在中国古代文学史上，关汉卿可以说是尊重妇女、了解妇女，为妇女的悲惨遭遇和不幸命运而奔走呼吁的第一位剧作家。

关汉卿笔下的妇女形象，其中大家最为熟悉的莫过于《窦娥冤》中的窦娥形象。《窦娥冤》写贫寒秀才窦天章为了上京求取功名而向寡妇蔡婆借盘缠。蔡婆很早就看上了他的女儿贞娘，便乘机提出索要贞娘做童养媳以作为借债的代价。于是3岁丧母的贞娘，7岁时便到了蔡婆家，改名为窦娥。10年后，窦娥与蔡婆的儿子成婚，本想就此过上安定的生活，平静度日，却不想仅仅一年后丈夫就病故了，婆媳两人只能相依为命。一天，靠放贷为生的蔡婆去向赛卢医索要银钱，而赛卢医却将她骗到僻静处，欲将她勒死，幸亏张驴儿父子路过把她救下。凭着这救命之恩，张驴儿父子便想霸占婆媳俩，而窦娥执意不从。张驴儿心生一计，在羊肚汤里放了毒药，本想害死蔡婆强占窦娥，不料却误使其父喝下了那碗汤。张父一命呜呼，张驴儿反诬窦娥毒死了张父，并威胁窦娥嫁给他做妻子，不然就要去公堂告发。窦娥问心无愧，便与张驴儿去见官评理。太守桃杌昏聩无能，只会严刑逼供，而窦娥誓死不从。桃杌转而对蔡婆用酷刑，心软的窦娥为救婆婆而含冤招供，被判死罪。临刑时窦娥满腔悲愤，呼天抢地，于死前发出三桩誓愿：如果自己冤屈致死，死后将血溅白练，六月飞雪，大旱三年。果然三桩誓愿一一应验。几年后，已经做了两淮提刑肃政廉访使的窦天章，来到楚州地面上任。窦娥的鬼魂托梦给父亲，诉说自己的冤情。窦天章在震惊之余重新审理这桩冤案，最终将张驴儿处以极刑，窦娥的冤情终于得以昭雪。

可以想见，关汉卿是怀着无言的痛感完成了《窦娥冤》，为了不使一切显得过于灰暗，他笔锋一转，留下一个“光明的尾巴”。而纵使千古奇冤最终得以翻案，如花少女的生命却已然逝去。留给世人的，只是永不瞑目的悲愤与一声无奈的叹息。这部有着深广社会意义的剧作告诉读者：窦娥的冤狱并不是个人的悲剧，而是时代的悲剧。关汉卿的作品取材于现实，来源于民间，寓意深远，爱憎分明，因此经受住了时间与现实的考验，历久远而不衰。

生命的悲剧

沉重地活着，我们的生命是不是一场悲剧？

窦娥死了！她临死发出的三桩誓愿：热血丈二白练悬，六月飞雪，楚州三年大旱。窦娥是悲剧的主角，可这出剧里的主要人物谁不是悲剧的承受者呢？

窦娥经历坎坷，是《窦娥冤》剧中最大的悲剧性人物毋庸置疑。蔡婆婆相对于儿媳的经历就更好些？前半生的故事我们不能妄加揣测，看看蔡婆婆的后半生：中年丧夫，老年丧子，好不容易在60多岁的时候找个接脚丈夫——却不见得是一个忠厚足可依靠的老头儿，又领着凶神恶煞、油头滑脑、不怀好意的儿子；还得承受来自儿媳的道德说教和谴责。岂不也是悲剧加悲剧！

赛卢医，欲勒死蔡婆婆因被张驴儿父子发现未遂，大彻大悟，想“立地成佛”，“从今改这行业，要得灭罪修因，将以前医死的性命一个个都与他一卷超度的经文”，躲到个僻静处来做些善事；不曾想到却向善不能，在张驴儿的威逼下，又成了杀死张驴儿父亲的帮凶，此后事发，落了个“发烟瘴地面，永远充军”的下场。

最后，我不能不提一下张驴儿这个流氓恶棍，千刀万剐也难解人心头之恨的流氓恶棍，他又何尝没受无常的戏弄，死皮赖脸地喜欢上了窦娥，小寡妇却宁死不从；后来做了毒死蔡婆婆、强占窦娥的美梦，又阴差阳错地药死了自己的亲爹；作了一番努力，经过一番抵赖，媳妇娶不成，倘能扶持着蔡婆婆过个小康生活，亦悠然自得，谁想“善有善报，恶有恶报，不是不报，时候没到”，最终他还是未能摆脱毒杀亲爹、强占寡妇而遭凌迟的厄运。由此可见，《窦娥冤》里的每个人几乎都有意无意地上演着各自不尽相同的悲剧。

从这些人中，我们可以发现自己的影子——那个捉摸不定的“我”，他有时可能是窦娥，有时可能是蔡婆婆，有时也可能是桃杌、窦天章、赛卢医或张驴儿父子。从某种意义上讲，我认为《窦娥冤》揭示了生命中悲剧性的一面，这是它打动所有了解这出戏剧的观众心的原因，也是王国维称它“即列之于世界大悲剧中，亦无愧色”的原因。

在对《窦娥冤》中的人物评头论足的时候，我不禁想到了我们永远都不能给予确定的答复，也永远不能不面对的生命终极性问题：我们为什么活着？我们怎样活着？

这一段时间，萦绕在心头怎么也挥之不去的是卢梭的那句名言：“人是生而自由的，却无往不在枷锁之中！”这句话影响是这样广泛，以至于世界上每一个角落都有

人在反复吟诵，到底为了什么？也许我太悲观了，我认为我们每个人都生活在一部长长的悲剧中，只不过我们很难意识到——笑着的时候我们根本不去想，哭着的时候我们又不能去正视。但我并不认为悲剧性的人生有什么不好，悲剧从来就不应该是也不是不幸的代名词。我们活着，因为“那里”有悲剧。（孔志国）

反抗之路

满腹闲愁，数年坐受，常相守，无了无休，朝暮依然有。

黄昏白昼，忘餐废寝两般忧：夜来梦里，今日心头。地久天长难过遣，旧愁新恨几时休？则这业艰苦，双眉皱，越觉得情怀冗冗，心绪悠悠。

关汉卿作《窦娥冤》的第一段第一支曲子中的这短短几句，使人感受到一个凄苦、孤寂的心灵的叹息。年仅20岁的窦娥，生活屡遭不幸，3岁丧母，7岁离父做童养媳，17岁结婚不久丈夫染病身亡，继而守寡3年至今，笼罩着她的是无休无尽的忧愁。

对自己苦难命运的哀叹，继之运用封建礼教和宗教轮回观念进行自我调节和控制，从而形成道德上的自我相容和封闭，这正是窦娥此时的心理轨道。为亡夫守节，为婆婆尽孝，默默地磨蚀此生，以此苦修来世，就是窦娥为自己今后的人生设计的道路。自我相容的道德意识的支撑和生活目标的明确，使她面对愁苦，心理上尚处于平和状态。处于这种状态下的窦娥，正是千千万万生活在封建社会最底层，备受多层压迫和抑制，懦弱敦厚、善良安分、苦熬日月、可悲可怜的中国妇女的典型性格。

在《窦娥冤》第三折窦娥赴刑场中，她的性格发生了巨大的变化。一个不屈不挠、倔强泼辣、具有强烈抗争精神的形象，与那个善良敦厚、自卑忍耐、安分守己的懦弱女子，简直判若两人。有些论者称之为性格或心理的“严重错位”。然而因为有了前述严重心理冲突状态的过渡，这种“错位”式性格变更就显得自然而合理，毫无生硬之感。被押赴刑场，使窦娥生前在人间讨得公道的幻想彻底破灭，她怀着满腔悲愤，喊出那段千古绝唱：

有日月朝暮悬，有鬼神掌着生死权。天地也，只合把清浊分辨，可怎生糊突了盗跖、颜渊！为善的受贫穷更命短；造恶的享富贵又寿延。天地也，做得个怕硬欺软，却原来也这般

典·故·逸·话

虽然盛名远扬，但关汉卿接人待物总是虚怀若谷，而从不恃才傲物，目空一切。据说关汉卿每创作完一出剧本，都要请成就比他小许多的杨显之润色过目。因此当时的杂剧界送给杨显之一个雅号，称之为“杨补丁”。

顺水推船。地也，你不分好歹何为地？天也，你错勘贤愚枉做天！哎，只落得两泪涟涟。（《滚绣球》）

在叫天天不应，呼地地不灵，只能以死来实践自己的道德信念时，窦娥正是以这一曲震人魂魄的“天问”，结束了煎熬她的心理冲突状态。由此直到身首分离，我们所看到的是她的坚定而不是悲伤。

在赴刑场的路上，她镇定自若地请求刽子手走后街，以免婆婆看见而伤心；而当见到婆婆痛哭着前来送行时，她平心静气地请婆婆为自己处理后事，又一次凸显了窦娥善良敦厚的人格。在即将行刑之前，她慷慨激昂，发下血溅白练、六月飞雪、大旱三年三桩“无头愿”，显得那样从容不迫。黄克先生认为“这全然是指挥若定的天地主宰气派”，应当说是对戏剧人物心理平衡状态的一种深切感受。关翁笔下的窦娥就是在这样的状态下走完了她的现世人生之路的。（从　丛）

历史桂冠 LISHIGUIGUAN

关汉卿（？–1279），号已斋叟，大都（今北京）人，其户籍属太医院户，但尚未发现他本人业医的记载。金亡时，尚为少年；入元之际（1271）大概已年近半百。至元大德年间，他活跃于杂剧创作圈中，和许多作者演员交往，有时还“面傅粉墨”，参加演出，成为名噪大都的梨园领袖。他曾南游杭州，撰有《杭州景》套曲，其中有“大元朝新附国，亡宋家旧华夷”句，可见在元灭南宋、南北统一之后，他还健在，他的创作活动，一直延续到大德初年。

关汉卿是中国文学史和戏剧史上一位伟大的作家，他一生创作了60多个杂剧，从民间传说、历史资料和元代现实生活里汲取了许多素材，真实地表现了元代人民反对封建阶级压迫与民族压迫的斗争。关汉卿从不写作神仙道化与隐居乐道的题材。他的严肃的创作态度与批判现实的战斗精神对后世有巨大影响。他的剧作为元杂剧的繁荣与发展打下了坚实的基础，是元代杂剧的奠基人。他在世时是戏曲界的领袖人物，《录鬼簿》中贾仲明吊词说他是“驱梨园领袖，总编修师首，捻杂剧班”。从元代周德清的《中原音韵》、明代何良俊的《四友斋丛说》到近代王国维的《宋元戏曲史》，都把他列为“元曲四大家”之首。

除杂剧作，关汉卿还作有散曲，在金末元初作家中，为数最丰。他的散曲内容相当丰富：有写离愁别恨的，有写自我人生的，有写山川美景的，还有写男女恋情的。在元前期散曲创作中，关汉卿的散曲不管是艺术风格，还是思想境界，都是最引人注目的。可以说，关汉卿的散曲是元代“本色派”散曲的一面旗帜。

《鲁滨孙漂流记》是一部包含每个人生活的寓言，历百年而不衰，至今仍然具有鼓舞人斗志的力量。

《鲁滨孙漂流记》

丹尼尔·笛福（英国 约1660—1731）

1719年，《英国人》杂志刊登了一则新闻：有位苏格兰水手与船长发生冲突，被抛弃在荒岛上，孤独地生活了四年多，变成了一个忘记了人类语言的野人。后来，一位航海家发现了他，把他带回英国。有位作家感到这是个很好的题材，便很快创作了一部具有世界性影响的小说——《鲁滨孙飘流记》。这位作家就是被誉为"英国和欧洲小说之父"的丹尼尔·笛福。笛福一生写有许多小说和政论，《鲁滨孙漂流记》是他的代表作。这部小说一问世即风靡全球且历久不衰，在世界各地拥有一代又一代的读者。《鲁滨孙漂流记》的影响是巨大而深远的，它不仅为笛福赢得近500个头衔，而且各种译本、仿作出了近700种。据说，除了《圣经》之外，《鲁滨孙漂流记》是再版最多的一本书。

《鲁滨孙漂流记》是一部包含每个人生活的寓言，孩童时期，这部书只是读来有趣，成人之后再去读，就会知道这是不朽的杰作。在这部作品中，笛福热情歌颂了人对自然的顽强斗争。尽管几个世纪的时间过去了，但是人类认识和改造自然的斗争远远没有完结，只要这种斗争没有完结，人类就永远需要在这种斗争中的百折不挠的精神，就总要从前人的斗争中吸取精神力量，正是因为这样，《鲁滨孙漂流记》才会历200年而不衰，至今仍然具有振奋和鼓舞人斗志的巨大力量。

经典回眸
JINGDIANHUIMOU

《鲁滨孙漂流记》是英国18世纪作家笛福创作的一本长篇小说。小说讲的是主人公鲁滨孙漂流孤岛，独居28年，历尽艰难困苦，终成巨富返乡的故事。这本小说通过鲁滨孙的故事，赞美了劳动，赞美了人对自然的斗争，同时也反映了处于资本主义原始积累时期的新兴资产阶级的理想与追求。卢梭认为，这本书对自然教育进行了形象、精彩的论述，“我们关于自然科学的一切谈话，都不过是对它的一个注释罢了”，所以他选定这本书作为爱弥儿消遣和学习的读物。

《鲁滨孙漂流记》一书最大的艺术成就是在世界文学史上塑造了第一个资产阶级正面典型形象。鲁滨孙所处时代正是资本主义四处扩张的时代，在他身上很好地概括了资产阶级上升时期富于冒险、充满野心、百折不回的顽强毅力和一种斗志。因此，鲁滨孙很自然地成了中小资产阶级心目中的英雄。他出身不好，文化程度不高，但他有较丰富的生活阅历。他有一股压抑不住的冒险的进取精神。他白手起家的传奇经历是每一位不甘于平庸生活的年轻人的梦想。流落荒岛后，他不是听天由命，坐以待毙，而是发挥自己全部才智，不断用自己的劳动改善自己的伙食和居住条件，从无到有，从少到多，从粗到精，创建了自己的王国。他以劳动成为自然的主人，从而引起人们对他的热爱。本书另一个艺术成就是它的真实性和具体性。在英国文学中，这是第一部现实主义的小说。作者在序言中曾强调指出：“这本书完全是事实的记载，毫无半点捏造的痕迹。”笛福的技巧在于把假想的事物写得栩栩如生，用生动逼真的细节把虚构的情景写得使人如同身临其境，使故事具有强烈的真实感。作品语言朴素生动，文字明白易懂，虽然艺术上并不十分成熟，但它对英国小说的发展起了积极的作用。笛福采用了第一人称和回忆录的形式，用日记的穿插生动记下了人物内心的感受和对事物的思考。文体简朴、明晰，语句通俗、浅显，正因如此，本书才能广泛在群众中流传。小说主人公鲁滨孙也因此成为欧洲文学史上一个著名的文学形象。

《鲁滨孙漂流记》突破

了当时文学规范的束缚，创造了新的文学体裁。它以第一人称和日记、回忆等形式，真实地描写了人物的行为、环境和细节等，开创了18世纪现实主义小说的先河。

28年孤岛生涯历险记

1704年，一名苏格兰水手因与船长发生冲突，航行途中被丢弃在一个荒岛上。4年后一位航海家发现并救回了他。此时，他几乎已经变成茹毛饮血的野人了。这则轰动一时的奇闻，激发了英国作家笛福的灵感，他以此为素材，匠心独运地创作了一部举世闻名的冒险小说《鲁滨孙漂流记》。

鲁滨孙出身于中产家庭，但他不甘于舒适享受和庸碌度日，热心海上冒险。第三次航海到巴西时成了当地一名庄园主。当鲁滨孙再度远航到西非时，在西印度群岛触礁，全船覆没，仅他一个人幸存，独自漂到一个渺无人烟的荒岛上，从此开始了不可思议的孤岛生涯。

在长达28年的与世隔绝的荒岛生涯中，鲁滨孙经受了数不清的严峻的考验：地震、旱灾、疾病，以及工具材料不齐，因缺乏经验劳而无功等，但他从不灰心颓丧，以“不成功决不放手的”顽强意志，用双手开拓了这块处女地，做出了惊人的成绩。有一次，鲁滨孙从来岛开人肉宴的土人手中救出了一个将要被杀死的俘虏。这天正是星期五，所以便给他取名“星期五”，收为自己的仆人和朋友。此后，鲁滨孙又从另一批土人手中救出了“星期五”的父亲和一名西班牙人。此时一艘英国船只恰在岛上抛锚，船长被哗变的水手抛在岸上。鲁滨孙当机立断带领“星期五”，帮助船长夺回了大船，他也就此结束了荒岛生涯，乘船返回了阔别了30

典·故·逸·话

鲁滨孙岛是太平洋胡安——费尔南德斯群岛中最大的一个岛屿，距离智利的要港瓦尔帕来索667公里。这个小岛本来是个“只有野兽，没有人烟”的荒岛，因为笛福小说的传播才驰名遐迩，今天，该岛已摇身变为拥有六七百名居民的小镇了。不过，岛上仍保存了当年“鲁滨孙”（原名塞尔柯克）留下的遗迹。岛上有一个山洞，据说是“鲁滨孙”在晚间为提防野兽袭击而躲藏的地方，此洞后来被称为“鲁滨孙山洞”。另外，还有一座“塞尔柯克瞭望山”，就是他当年经常涉足之处，目的是希望看见船只经过，可以把他带回故土。这座瞭望山之巅至今仍镶嵌着一枚铜牌，上面镌刻的文字，简略介绍了“鲁滨孙”的生平，以及他流落岛上的经过。

多年的故国。

《鲁滨孙漂流记》是一部启蒙主义的代表作。鲁滨孙这个人物，是欧洲启蒙主义第一次出现在资产阶级上升时期的正面形象，正像恩格斯所说的是一个“真正的资产者”。尽管他本质上是一个以剥削他人而生存的殖民者，但是那种勇往直前、百折不挠的冒险精神，那种顽强坚毅、不畏困难的斗志，那种凭双手实干以求生存与发展的信念，在当时无疑具有一定的积极意义。因此，英国评论家杰克这样说：“人们如果要重新抓住资产阶级在它的年轻的、革命的、上升时期的旺盛而自信的精神，那么最好的导引无过于笛福与《鲁滨孙漂流记》了。”小说于1719年出版后，受到世界各国老少读者的热烈欢迎，笛福也因此而被誉为“英国和欧洲小说之父”。（佚　名）

生命的张力

世界上没有伟大的人物，但有伟大的挑战与奋斗！18世纪初，英国人笛福为世人塑造了一个迎接伟大挑战的平凡人——鲁滨孙。他的冒险故事不但流传世界各国，同时鲁滨孙这个名字也成为冒险家的代名词。

故事的主人公鲁滨孙不顾双亲反对，决意舍弃家乡发展事业，一心想要航海，出外实现他遍游世界的梦想。可是从他踏上第一艘船的那一刻起，就注定了必须时时面对危险的命运。在一次海难中，他失去了同伴，失去了船，独自漂流到一座人迹绝至的荒岛上。但他并没有茫然失措坐待死神的召唤，反而冷静地以智慧和毅力化解重重危机。他利用简单的工具搭建居所、制造器物、播种大麦、驯养禽畜，甚至收服野人，成为荒岛之王、万物主宰。最后因为援助一位英籍船长收复失船，才在离家35年后回到人事已非的故乡。

我所喜欢的是小说中一个个细小的情节：鲁滨孙精心营造自己的堡垒；鲁滨孙圈养小山羊；鲁滨孙狩猎；鲁滨孙在葡萄林子里吃了个饱，又把吃不掉的葡萄背回来晒成葡萄干；鲁滨孙的“消夏别墅”；鲁滨孙教星期五说话。为什么这些琐碎的细节让我们读起来如此的意兴盎然，因为鲁滨孙并未做出什么惊天动地的事情，而是和我们一样在生活着。但这些琐碎的细节却又是鲁滨孙同困境对抗的过程，而这些困境又是几乎每个人都曾体会到的：黑暗、饥饿、恐惧、孤独。鲁滨孙的经历之所以具有传奇性是因为在一个特定的环境中，困境被放大了，对抗困境的时间被拉长了。

当初，笛福在塑造这个人物时，为他取名鲁滨孙，意为罗宾汉之子。罗宾汉是传说中统御森林的侠盗，“他的儿子”自然也有不畏艰难、统御万物的能力；所以我们看到的鲁滨孙，总能在最痛苦的经验里，找到安慰自己的事物，继而燃起奋力一战的勇气。我有的时候想，生命不妨被划分成一个个困境，在对抗困境的过程中，时间慢慢流逝。文明的推进虽然带来了一些新的困惑，但更大程度是对文明的消解。在物质充盈，工具现代化的社会中，我们又有多少机会可以对抗困境啊？

其实，在真实的人生里，面对大大小小的挑战，每个人都必须单打独斗。如果我们永不放弃奋斗，就能成为主宰自我命运的鲁滨孙，进而建立一个属于自己的王国。

衡量一个人成功与否的标准往往是看他站得多高，看得多远，取得了多大的成就，可是轻若浮尘的柳絮尚且有“好风凭借力，送我上青云”的时候，生命张力的真正体现恰恰在于他可以负荷多大的困境和在困境的重压下能否伸缩自如，不是吗？

不同时代的政治家、经济学家、宗教人士、文学史家和文艺评论家，可以从各个角度解读《鲁滨孙漂流记》，但一般读者，不论是青少年或中老年，都只把其作为一部冒险小说来阅读消遣而已。这部小说之所以风靡当时而又历久不衰，并不是因为历代评论家的种种褒扬，而是因为在世界各地拥有一代又一代的读者。《鲁滨孙漂流记》以生动的、吸引人的故事表达了只要有志气、有毅力、爱劳动，就可以做出不平凡的事业。这就是《鲁滨孙漂流记》至今还没有失去，而且永不会失去它的光彩的原因。（雪　薇）

历史桂冠
LISHIGUIGUAN

作为英国现实主义小说的开山人，现实中的笛福（1660-1731）就像鲁滨孙一样有着非凡的传奇经历。他出生在清教徒商人家庭，20多岁开始经商，从事过多种行业，到过欧洲大陆许多国家。同时，参与政治活动，甚至为政客们充当秘密情报员。他四处冒险，并因此获得声誉和地位，但也因针砭时弊而三次入狱，几次经历逃亡的艰辛。在年届60之际他开始创作《鲁滨孙漂流记》，因此博得了“英国和欧洲小说之父”的称号，这是他第一部，也是写得最成功的一部作品。

据说笛福曾与26家杂志有联系，有人称他为“现代新闻报道之父”。他的作品，包括大量政论册子，共达200多种，无一不是投合资产阶级发展的需要，写城市中产阶级感兴趣和关心的问题，其中较为著名的有《辛格顿船长》、《摩尔·弗兰德斯》、《杰克上校》等。他的小说多采用流浪汉小说的形式，通过普通人的遭遇和命运，反映了18世纪初期英国资本主义纷繁的现实。笛福晚年生活十分贫困，他临死前为了躲债不得不离家出走，1731年，他客死异乡。

大江东去，浪淘尽，千古风流人物……三国的历史成为过去，而再现那一段历史的《三国演义》却成为不朽的经典！

《三国演义》

■ 罗贯中（中国·元末明初 生卒年不详）

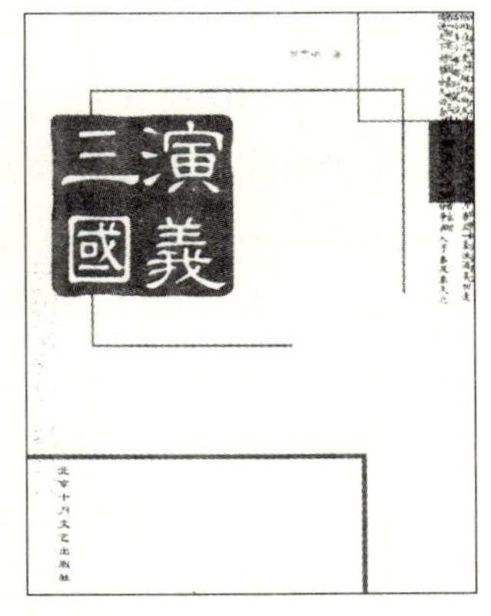

俗话说：“时势造英雄，乱世出英雄”。在我国漫长的古代军事史上，有两个最光辉的历史时期，即春秋战国时期和三国时期。这两个时期都是诸侯割据，天下大乱的时代。在群雄争霸的战争角逐中，涌现出一大批治军治国的人才。像三国时期的曹操、诸葛亮、刘备、孙权、周瑜、司马懿等，都是风云际遇，大显身手，各自都留下了不可磨灭的史迹。大多数人对中国古代历史的了解，以三国史为最多，但人们的这种知识不完全是从历史书中得来的，很多是从小说《三国演义》中得来的。在中国古典小说中，《三国演义》享有崇高的地位，没有任何一部小说能比得上，近300年来，称之为“第一才子书”，或“第一奇书”，它为我国长篇章回历史演义小说与白话小说的写作开创了先河。这部小说将近百年的历史高度浓缩，描绘了一幅波澜壮阔的历史长卷，涉及当时社会生活的各个层面，从宫廷王府到乡野茅庐，从帝王将相到英雄豪杰、庶民百姓，刻画了一大批犹如历史浮雕般的人物，穿插了众多的波谲云诡般的历史风云变化。

作为中国四大古典名著之一，《三国演义》社会影响深远，一经问世，就引起人们的关注。当时世人争相誊录，以便观览。对于统治者来说，该书的拥刘抑曹正统倾向值得大加推崇，并可从中汲取统治之术；而对于布衣百姓来说，则不仅其故事情节令人津津乐道，还可从书中学到智慧，视该书为谋略宝库，潜心钻研保家安身之道；军事家大多奉该书为军事宝典，从中学习战略战术……不同的人都可以在阅读中获益，因此历朝历代的街头平民百姓、堂中文人墨客、商人、政治家，无不对其耳熟能详、异常喜爱，并且该书还被翻译成数十种文字，风行全球，所到之处，好评如潮。600余年来，它作为一部典范性历史小说，被我们整个民族一代一代地阅读，得到各个阶层人民共同喜爱，对我们民族的精神文化生活产生过广泛而深远的影响。

经典回眸
JINGDIANHUIMOU

元末明初横空出世的《三国演义》是我国文学史上最著名、最杰出的长篇章回体历史小说。这部恰如一曲乱世的英雄谱、一首封建王朝的历史挽歌的千古佳作，不但位居华夏四大奇书之首，更是一部集儒家思想之大成的皇皇巨著。一经问世，立刻引起社会的普遍关注，为世人争相誊录观览。

《三国演义》全称《三国志通俗演义》，共120回，约75万字，七分真实，三分虚构，以魏、蜀、吴三国相互间的政权斗争为主要题材，将三国历史、杂记、遗闻轶事、野史小说和民间传说，经过融合裁剪、重新创造撰写而成。小说从刘备、关羽、张飞桃园三结义写起，生动地再现了从东汉灵帝中平元年开始，直到晋武帝太康元年吴国灭亡为止近一个世纪（184–280）间发生的重大历史事件。

小说以东汉建安元年（196）起的历史为叙述背景展开了一场规模空前宏大的描写。那个时代，军阀割据已十分严重，袁绍、曹操、公孙度、刘备、吕布、袁术、刘表、刘璋、孙策等人各自划分了势力范围。曹操在分别歼灭了袁绍、刘表，统一了中原后，又攻占了荆州。原本占据荆州的刘备向南奔逃，在鲁肃与诸葛亮的努力下，与孙权结盟共抗曹军。孙、刘联军以少胜多，大败曹军水师于赤壁，迫使曹军退回中原。曹操北归以后，用兵于关中、陇西，统一了整个北方。建安十六年，刘备率部队进入益州，逐步占据了原来刘璋的地盘。建安二十四年，刘备从曹军手中夺得了汉中，据守荆州的关羽也向曹军发起进攻，但是孙权却派兵袭杀了关羽，占领了荆州的大部分地区，隔着三峡与刘备军对峙。曹操死后，儿子曹丕称帝建立了魏国，定都洛阳。此时刘备也在成都称帝，建立了蜀国。而孙权则接受了魏国封号，在武昌做了吴王。魏国建立不久，政权开始腐败。太尉司马懿富于谋略，屡建战功。他率领儿子司马师、司马昭陆续镇压了淮南地区三次军事叛乱，平息了其他朝臣的反抗，巩固了司马家族的统治。魏景元四年（263），司马氏出兵灭了蜀国。两年后，司马炎以接受禅让为名，将魏国改号为晋，又吞并了吴国。自此三国归晋，中华大地重新统一。

作为中国古典四大名著之一，《三国演义》这部巨著成功地再现了历史，为读者提供了一幅色彩斑斓的历史人物群像，对国人精神生活乃至商战谋略等方面影响深远，在

中国文学史上占据着举足轻重的地位。它已经远远超越了一部典范性的历史小说，而成为中华民族在长期的政治、军事风云中形成的思想意识和感情心理的结晶，千百年来，对华夏民族的精神文化生活产生了莫大的影响。

《三国演义》的史诗品格

《三国演义》描写的是三国时代的重大历史变革以及这个时代的扣人心弦的矛盾冲突和惊心动魄的战争场景，揭示出东汉覆灭、三国形成至灭亡的远因和近因，总结了封建王朝的兴衰更迭、成败得失的历史经验。这种重大历史题材的生动具体的再现，使《三国演义》必然地具有了壮阔的场景、博大的艺术时空，数百个历史性人物包括英雄与小人，生活、驰骋于这个艺术大世界里。从时间上，它涵盖了三国一代近百年的斗争历史；从空间上，它从辽阔中原，写到东吴、西蜀，乃至南方蛮荒之地；从事件上，它反映了三国兴亡的重大史实；从人物上，它叙及各个阶层的人物，包括封建帝王、文臣武将、平民百姓、医家隐士，乃至各类女性。《三国演义》的体制结构是恢弘的，容量是巨大的。它具有史诗的基本风格与气魄。

与西方史诗的战争描绘相比较，《三国演义》的战争描写则更富于审美韵味。《三国演义》绝少正面去表现血肉横飞的战争恐怖和目不忍睹的惨象，更多的是展现战争双方的斗智斗勇：或表现运筹帷幄的奇谋巧思，或偏向于用写意传神的手法表现英雄人物。智谋和武勇，是三国战争描写的两个有机构成部分，也是战争审美生成的两个重要方面。《三国演义》描写战争，但不宣扬好战，而是表彰非战争的和平慈爱的正义思想。它真实具体地展示战争的全过程，但侧重点却放在外交智谋的较量上，形象地体现“上兵伐谋”的兵法观。从《三国演义》的战争中，我们每每看到人类智慧的闪光，它让我们身临其境地近距离地体味人类智慧带来的审美愉悦；而对于残酷的断杀打斗，则让我们作远距离的观望，给我

典·故·逸·话

清太祖努尔哈赤青少年时随父辈常到关内经商买卖，一天他从北京集市的书摊处购置了一套《三国演义》，之后一有空就废寝忘食阅读，后来他统一了女真族，在东北建立了强大的“满清”，多次高兴地说：“我的本事来自《三国演义》一书中的智谋。”因而他下令，将《三国演义》作为对明王朝指挥打仗的“首要参考书”，把其排在《孙子兵法》的前面。

们展示勇武与力量的阳刚之美。

举贤任能、择主而事的人际环境，在《三国演义》里达到从未有过的理想境界。时势造英雄，时局的动荡和战争的连绵不断，筛选出曹操、刘备、孙权三支地方劲旅；曹、刘、孙三方又皆以全力网罗智谋超绝之士，一时间造就了许多出类拔萃、可歌可泣的谋臣武将。这些史诗般的英雄，以他们的卓绝才能创造了史诗般的英雄业绩。《三国演义》成功地塑造了他们的形象，雕塑了他们审美的人生。在这一点上，《三国演义》和传统史诗是一致的。（李炳钦）

英雄造时势

《三国演义》是中国历史上继《水浒传》之后的又一部伟大的现实主义巨著，是中国古典文学宝库中的又一灿烂的瑰宝，波澜壮阔，气象万千。《三国演义》取材于三国时近百年的历史事实，经作者进行了文学创作，终成一部浩瀚的鸿篇巨制，流传至今，脍炙人口。东汉末年是诸侯割据、天下大乱的年代，英雄造时势，时势出英雄，政治上的风云变幻，导致英雄辈出。在惊天地、泣鬼神的残酷战争中，谋士斗智，猛将斗勇，由这些英雄人物绘制成一幅幅惊心动魄的历史画面，构成一幅引人入胜的历史长卷。许多所谓的英雄，曾经风云一时，不可一世，却如大浪淘沙般被历史淘汰，销声匿迹，最终剩下曹、孙、刘三家鼎立,功绩彪炳千秋。

在这部巨著中，作者塑造了上百个性格各异的人物：刘备的仁德，曹操的奸诈，孙权的聪颖，董卓的残暴，诸葛亮的智慧超群，周瑜的气量狭小，吕布的反复无常，刘表的无能，关羽、张飞、赵云、许褚、典韦、张辽、孙策、甘宁等人的勇猛，以及许许多多流星般划过历史天幕的谋臣武将，无不栩栩如生，血肉丰满。由于作者站在正统道德观念的立场上，将笔触侧重于刘、关、张身上，特意浓墨重彩塑造了诸葛亮这位逢主不逢时的悲剧人物，把他当成智慧的化身，甚至神化，使他成为名垂千古的英雄。而曹操作为同时代的一位伟大的政治家、军事家、文学家，则被刻画得阴险狡诈，那副奸邪的白脸永远也洗不净。

今天我们看罗贯中的《三国演义》，不仅能获得艺术的享受，更重要的是能获得智慧的启迪。三国的对敌方略——曹操官渡败袁绍、孙刘赤壁破曹操，这些以弱胜强的战例，至今对指导战争、指导经营仍有着不可估量的重大意义。三国的用人制度——曹操用郭嘉甚至许攸，刘备用诸葛亮、徐庶，孙权用张昭、周瑜，这种充分利用人才的一技之长的做法，仍值得企业管理者借鉴。三国的韬晦之计——诸葛亮的高卧隆中、刘备的后园种菜、司马懿的装聋作哑，都是身处逆境时的明哲保身的妙法，一旦时来运转，就如龙游大海，鹰击长空，气势磅礴，大展宏图。那些在事业上处于暂时失败的朋友，不妨以他们为榜样，来他个“随机应变信如神”。（佚 名）

历史桂冠 LISHIGUIGUAN

罗贯中名本，字贯中，别号湖海散人，生活于元代中后期到明朝初年，具体的生卒年已无法准确考证，今天也只能根据史料记载，粗略断定他是山西清源人（今太原市清徐县）。罗贯中从小喜爱读书，博览经史，这为他后来的文学创作奠定了良好的基础。元代，蒙古贵族的残酷统治和疯狂压榨激起了全国人民的反抗，推翻元朝统治者的斗争在很多地方都如火如荼地开展着。各路义军诸如朱元璋、陈友谅、张士诚等，一方面与元军战斗，一方面又相互进行着兼并。在这一大动荡的历史背景影响下，血气方刚的罗贯中开始了浪迹江湖的生涯，参加了张士诚领导的起义军，并得以进入其幕府担任谋士。

原本罗贯中是有为官才能的，但却苦于没有机会施展，官场不得志的人往往寄情于笔墨，只有在远离官场钩心斗角的生死拼杀后，罗贯中才有时间、有可能致力于文学创作，而他走上小说稗史的创作道路，似乎正该得益于他政治上的失意。罗贯中依据陈寿《三国志》提供的历史线索和历史人物，又广泛借鉴了裴松之对《三国志》进行查漏补缺、仔细考证所保存下来的大量珍贵史料，吸取了西晋到元代千百年来民间传说的丰富营养，并在此基础上结合自己参加元末农民起义军的生活经历，发挥了超凡卓绝的艺术才能，完成了一部大气磅礴、长达75万字的《三国演义》。

《三国演义》俨然是文学史上的高山巨石，而罗贯中却并未止步于既得成就，他接连著有小说《隋唐志传》、《残唐五代史演义》、《三遂平妖传》、《粉妆楼》，杂剧《宋太祖龙虎风云会》，据说还撰写了《十七史通俗演义》，并参与了《水浒传》的创作。然而，这些作品并没有给罗贯中本人带来多大的利禄功名，直至老迈之年，他依然精神困顿而生计维艰。但是，对于俗世中的普通人来说，罗贯中的意义是无可替代的，他的生命、他的创作，无不让人感受到沧桑华夏史的千古风流与重量。

天下之乐，第一莫若读书；读书之乐，第一莫若读水浒，一百单八将，英雄气气贯长虹！

《水浒传》

■ 施耐庵（中国·元末明初 生卒年不详）

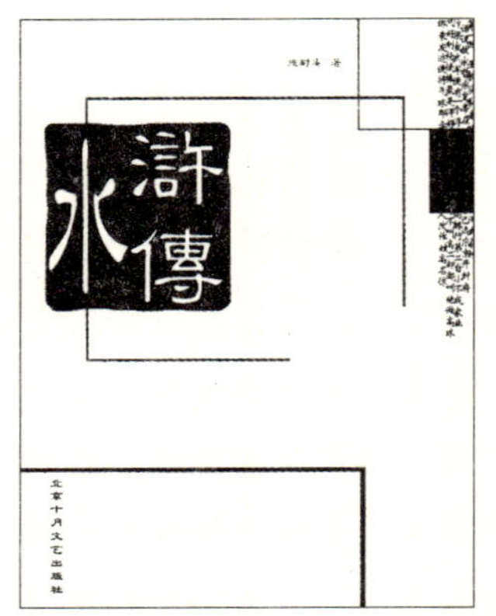

有些书，可以常读常新，百读不厌，《水浒传》就是。看《水浒传》，我们会感到一种粗犷刚劲的艺术气氛扑面而来，有如深山大泽吹来的一股雄风，使人顿生凛然荡胸之感。金圣叹曾这样说："天下之乐，第一莫若读书；读书之乐，第一莫若读《水浒》。"

北宋末年，宋江为首的水泊梁山农民起义，以强烈的反抗意识和传奇色彩在人民中间广泛流传。宋金元时期，恰值说书、戏曲等通俗文艺逐渐发展到成熟阶段，于是有关宋江起义的故事便经过艺术加工，编成话本和杂剧讲述和演唱。经过200多年的演进，施耐庵、罗贯中在广泛流传的民间故事、话本、戏曲的基础上，进行了综合性的再创造，写就了中国第一部长篇白话小说《水浒传》。该书问世以后，一时间各种简本、繁本好似雨后春笋在社会上大量出现。名公贵胄之家，都案置一部以示时髦。时至今日，《水浒传》仍是世人喜爱的一部佳作，书中一百单八将的生动形象早已深入人心。

经典回眸 JINGDIANHUIMOU

《水浒传》又名《水浒全传》、《忠义水浒传》，是一部以宋江领导的农民起义为题材的长篇章回体小说，全书故事情节可以分为三大部分，第一部分为第一至第七十一回，写鲁智深、林冲、杨志、宋江、吴用、武松、李逵、石秀、杨雄、卢俊义等一百零八名英雄好汉被逼上梁山的经过，是梁山好汉的个人英雄传奇故事；第二部分从第七十二回至八十二回，写梁山起义军同官军对抗作战，后来又受招安的过程，是梁山事业发展壮大的写照和梁山好汉的集体传奇故事；第三部分从八十三回至一百回写梁山义军受招安后奉命征辽、征方腊直至最后失败的经过，是梁山起义的最终悲剧结局。全书反映了封建社会阶级斗争和农民战争的基本面貌，是一部宏伟壮阔的农民革命的史诗作品，它以现实主义的笔触，为我们描绘了统治阶级的黑暗和腐朽：朝中权贵肆虐凶残，专权误国；中层官吏作威作福，横行霸道，土豪劣绅、地痞流氓交结官府，鱼肉乡里。波澜壮阔的农民起义烈火，正是在这沉重压迫和剥削下爆发的，《水浒传》写出了农民起义的必然性和正义性。作者虽然肯定农民起义投降受招安的道路，但又写了招安与反招安的斗争，写了起义军受招安的悲剧结局，具有一定的认识价值。

《水浒传》的结构独具一格，先以单个英雄故事为主体，上一个人物故事结束时，由事件和场景的转换牵出另一个人物，因人生事，开始下一个故事。就好像一个个环，环环相扣，环环相生。其中也有一些自成段落的故事，集中表现了众多英雄好汉，智取生辰纲和三打祝家庄等即为其例。一个一个的小故事如同涓涓细流流向长江大河，终于汇合成滔天洪流，汇合成声势浩大的英雄大聚义。作品紧扣人物的出身、经历、地位和生活环境，成功地塑造了林冲、鲁智深、武松、李逵等一系列英雄的光辉形象，对后世产生了巨大影响，成为英雄传奇小说的典范作品，且对历史演义小说和公案侠义小说都具有直接或间接的影响。

《水浒传》继承了民间说话的传统、十分重视故事情节的生动曲折。它很少静止地描绘环境、人物外貌和心理，而总是在情节的展开中通过人物的行动来刻画人物的性格。这些情节又通常包含着激烈的矛盾冲突，包含偶然性的作用和惊险紧张的场面，包含着跌宕起伏的变化，富于传奇色彩。《水浒传》没有丝毫的脂粉气儿女情，它具有豪放粗犷的阳刚美和崇高美。这种非凡人物与非凡故事的结合，使得整部小说充满了紧张感，很能引人入胜。自从司马迁叙游侠，到当代的武侠小说这段过程中，水浒传扮演了承先启后的角色，并继续在文学史上散发光芒。

百读不厌《水浒传》

《水浒传》是一坛酒，从明代至今天，浇着天下人的心中块垒。轻轻地翻开，便有电掣雷鸣，撼人心魄。

太平与官贵

《楔子》里写洪太尉误走三十六天罡、七十二地煞“妖魔”之际，正是“天下太平，四方无事之时”。岂知这个“太平”，已是天下纷乱的开头，太平里正孵着北宋的灭亡。

这个“乱”字是怎样从“太平”里孵出的？只因官的一个“贵”字。《水浒传》开头就把这官的“贵”谱活活画出。受朝廷重托去请张天师祈禳瘟疫的洪太尉，才走了“三二里多路”便“脚酸腿软”，起了怨言：“我是朝廷贵官，在京师时，重茵而卧，列鼎而食，尚兀自倦怠，何曾……受这般苦！”官贵必民贱。官何以显贵？官骄显贵，官尊显贵，官富显贵，官侈显贵，官霸显贵。当官的骄尊富侈霸，做民的岂能不水深火热，当牛做马？官愈贵民愈贱，物极必反，泰极否来，载舟的水就要覆舟了，升平的歌舞也就成了葬礼的序曲。和洪太尉同朝的大臣范仲淹的那句名言，颠倒一改，似可作专制体制下官吏的真实写照了：“先天下之乐而乐，后天下之忧而忧。”

延安府老种经略处

《水浒传》第一回开头便点出两个人物：高俅与王进。一个是街痞，一个是好汉，泾渭分明，水火不容。不想乾坤总是颠倒，街痞做了殿帅府太尉的大官，好汉却几成刀下之鬼。

如果不是有个延安府的老种经略相公，水泊梁山的英雄群里，起码要多一个王进。王进也着实了得，十八般武艺样样精通，和林冲一样同为八十万禁军的教头，且有勇有谋，忠孝兼备，可谓国家栋梁。谁知撞在小人做了高官的高俅的手里，真是“说你不行就不行行也不行”。就是在被辱被打，性命难保，走投无路的情急之下，英雄王进和寡母商议道：“只有延安老种经略相公镇守边庭……那里是用人的去处，足可安身立命。”

这个老种经略相公不知是何等样人，整部《水浒传》从未露面。第二回中拳打镇关西的鲁达，不也曾是他重用的提辖吗？延安府老种经略处，真是一个让人向往的去处。一去再无音信的王进，常常让我掩卷牵挂。从未露面的老种经略，更是让人敬重而又思慕。数百年后，延安这个僻远而又穷荒之地，更接纳了一支衣衫褴褛、被追剿了二万五千里路的队伍，并倾其所有，温暖之、哺育之。这支队伍的领袖给自己的队伍定下了一条宗旨：全心全意为人民服务。靠着这条宗旨，这支队伍打下了天下，

典·故·逸·话

施耐庵最开始写《水浒传》时，书名原为《江湖豪客传》，眼看全书即将写完时，他又觉得书名不够含蓄，想换一个。罗贯中看出了他的心思，就建议说：“老师，书名就叫《水浒传》吧！”施耐庵觉得这个意见很好，说：“水浒，就是水边，含有‘在野’的意思，还有典故，诗经上有‘古公亶父，朝来走马，率西水浒，至于岐下’，是歌颂周代发祥史的。这书是写起义英雄的，叫它‘水浒’，非常合适！”《水浒传》成书后，很快被借阅、传抄到社会上去。

并给百姓许下了诺言：当人民的公仆。前几年我去过延安，那里的人民还是穷，失学的孩子也很多，他们也似乎不在乎谁当年许下了什么诺言，时间长了，谁能保准都能记着？

佛性

佛，不管是作为哲学还是作为信仰，都离不开“慈悲”二字。《水浒传》一回回读下来，便觉得八百里水泊上有佛性弥漫着。那些看似杀人喝酒吃肉的英雄，哪一位不是尝尽了人间的苦头、又对弱者苦者难者善者怀着感情之人？哪一位不是惺惺相惜、生命相倾之人？谁能说在阶级情、民族情之外就没有一种一以贯之的人类之情？梁山英雄身上的义气所包括的牺牲精神，不也是一种高尚与博大吗？

在这佛性弥漫的水泊梁山上，鲁智深是特别突出的一个。

他救了流落异地的穷女子金翠莲，救了赵员外的女儿，为了朋友林冲妻子受辱，他又要打不可一世的高衙内三百禅杖。全不要报答，也压根儿不想报答，甚至不计较生命的得失，只管“遇酒便吃，遇事便做，遇弱便扶，遇硬便打”（金圣叹语）。他对待林冲的情义，尤其让人铭怀。野猪林里，从薛霸风声飒飒的水火棍下救起林冲之后，鲁达有一段向林冲叫着（久蓄于胸，迫不及待）说出的话，话中有几个字，催人泪下——“兄弟，俺自从和你买刀那日相别之后，洒家忧得你苦……见酒保来请两个公人……以此洒家疑心，放你不下……洒家见这厮们不怀好心，越放你不下”；及至林冲问他今投何处，鲁达又是：“洒家放你不下，直送兄弟到沧州。”一个“忧得你苦”，连着三个“放你不下”，其情如瀑，凿石裂空。（见《水浒传》第七回）

刀下留情

处在那样黑暗的时代，要起义，要活命，杀人是免不了的，因为不杀害民狗官就不平民愤不得民心，不杀就要被杀。况且起义领袖们攻略一地总是晓喻将士，严禁杀扰百姓，而且众好汉也正因为有着好的作风和纪律，才获得了广大人民的拥戴。我想说的是好汉们也时有残忍的一面。

开人肉馒头店啦，凌迟烧烤、剜心下酒啦，真够吓人的。苦大仇深，且处在白色恐怖的围剿之中，固不能苛求。如鲠在喉的是恨好汉们有时也滥杀无辜。譬如劫了法场救了宋江，黑旋风李逵不问军官百姓，一斧一个，排头儿砍去，直杀得“尸横遍野，血流成渠”；譬如为了赚朱仝入伙，竟杀了“生得端严美貌”、才只四岁的知府的儿子；譬如一丈青扈三娘被俘投降，其弟扈成也捉了祝家庄的祝彪来投宋江，却又被李逵板斧砍跑，并“抢入扈家庄里，把扈太公一门老幼，尽数杀了，不留一个”；再譬如攻破大名府“民间被杀死者五千余人，中伤者不计其数”……凡是看到这样的地方，总是遗憾得不行，忍不住想断喝一声：“好汉哥哥，刀下留情！”而且我还担心，他们真的起义成功得了政权，会不会在得意忘形、没有制约的情况下对不满者（哪怕是手无寸铁的善意者）也这样“排头儿砍去”，还要栽他们一个动乱造反的罪名？

一百单八将之外

在那样的社会，好人，贤能，一个个屈在小人、庸才团弄之中，报国无门，没有生路，突然有一个可以藏龙卧虎的八百里水泊，突然有一位知冷知热、怜才惜才的“及时雨”，怎能不引得天下英雄风云际会于此？眼看着好汉们越聚越多，真是让人痛快，让人叫好。痛快之后，叫好之后，有时也会神凝水泊，抚卷长思：八百里水泊，毕竟小了点儿，一百单八人，也嫌少了点儿。为什么非要局限于一百单八人呢，不是应该多多益善吗？后来众英雄的风流云散，招安固然是其主要原因，而一百单八人的局限，不能不说是悲剧结局的重要原因。

第六十六回，有几行闲笔，却不能等闲视之。有一位叫韩伯龙的好汉，积极要求投奔梁山，让旱地忽律朱贵引见宋江。书上说，“因是宋公明生发背疮，在寨中又调兵遣将，多忙少闲，不曾见得。”起事创业时盼英雄如旱苗望云霓、巴巴结结、吐哺握发的“及时雨”，一旦初具规模、兵强马壮，竟也渐渐忙得没空“接见”前来投奔的新兄弟了。这真是让人惕然心惊！更让人痛惜不已的，是这位前来投奔梁山的好汉，不仅没见上“公明哥哥”，反落个被李逵一板斧砍掉脑袋的下场。

且不说梁山已经失去了多位英雄——王进露面便不见了踪影；和孙立一样武艺的好汉栾廷玉在三打祝家庄的战斗中被杀了；和武松一样本领的头陀被菜园子张青、母夜叉孙二娘夫妇大卸八块，只遗下那把雪花镔铁打成的戒刀常常半夜里啸响……

《红楼梦》、《水浒传》，真是中国文学史上空前绝后的双峰。一个是美女成群，儿女情情透千古；一个是好汉如云，英雄气气贯长虹。只是《红楼梦》可以有金陵十二钗、金陵十二钗副册、金陵十二钗又副册，《水浒传》为什么就不能有又一百单八将、再一百单八将？如此说来，招安就招安了吧。真的让他们当上了皇帝，也好不了哪儿去。一个腐朽了的制度，任谁进去，也只能是个“鬼打墙”，走个三百六十度的怪圈，又回到欺民压民榨民怕民、与民对立甚至虐民杀民的位置上。洪秀全与他的子孙们就是铁证。（李木生）

历史桂冠
LISHIGUIGUAN

《水浒传》的作者，明人大致有三种说法：罗贯中作、施耐庵作和施、罗合作。哪一种说法最可靠或比较可靠呢？

第一种说法不见于现存的任何版本的题署，以第二种说法为题署的版本大多出现于明代的嘉靖、万历年间，第三种说法的两种版本则出现于明末的崇祯年间；因此，从时间上说，也同样是第三种说法要晚于第一种说法和第二种说法。

这样说，是不是意味着第一种说法、第二种说法比较可靠，第三种说法最不可靠呢？这倒不一定。

以第一种说法而论，它恐怕是最不可靠的。我们知道，罗贯中是《三国演义》的作者。在这一点上，并不存在争议。而《三国演义》和《水浒传》两部小说，在语言形式上完全不用。前者用的是浅近的文言，后者却出之以通俗的白话，说它们出于同一作者的笔下，实在很难获得人们的首肯。

第二种说法和第三种说法虽然有出现早和出现晚的差别，但它们却有着共同点：以施耐庵为作者或作者之一，它们实际上是相互支持的。因此，从这个角度说，它们都是比较可靠的。

第三种说法，以施耐庵、罗贯中为共同的作者，有一定的道理。但缺憾在于，它没有交代清楚他们是什么样的合作关系：二人之中，谁为主，谁为次？依照常理来判断，不可能恰好是50%对50%，没有那么的凑巧。

要比较准确地理解他们的合作关系，目前唯一的途径便是考察明代有关《水浒传》作者的题署。高儒《百川书志》："施耐庵的本，罗贯中编次"；"嘉靖本"、天都外臣序本、袁无涯刊本："施耐庵集撰，罗贯中纂修"。

所谓"的本"，是宋、元、明时代的常用语。即"真本"。"集撰"含有"撰写"之意。这表明，施耐庵是作者，是执笔人。所谓"纂修"，可解释为"编辑"，和"编次"是同样的意思。这等于说，罗贯中是编者，或整理者、加工者。

因此，第一，施耐庵的著作权应该得到毫不含糊的确认；第二，罗贯中参与了创作的过程，他是施耐庵的合作者，应该得到公正的对待。

基于上述认识，从狭义上说，施耐庵是《水浒传》的作者；从广义上说，《水浒传》是施耐庵、罗贯中二人合作的产品。

《格列佛游记》把读者引入一个神秘离奇、生动滑稽、丰富多彩的童话世界里，读者随着主人公一起漫游一个离奇的世界。

《格列佛游记》

斯威夫特（英国 1667-1745）

“有许多事不能用法律去惩罚，宗教与道德的约束也都不足以使这些干坏事的人改正；只有把他们的罪孽以最强烈的字眼公之于世，才能使他们受人憎恶。”18世纪时，当英国讽刺文学家斯威夫特提出了这一文学主张后，对英国文学有着深广的影响，而且他还以巨著《格列佛游记》成功地创作实践了这一主张，因此高尔基称他为世界“伟大文学创造者之一”。

在幻想文学中将讽刺发挥到极致的，可谓是非斯威夫特莫属，我们如果把斯威夫特的作品，尤其是《格列佛游记》和贺拉斯、薄伯等讽刺大家的作品略加比较，就会看到斯威夫特作品的深刻思想内容与卓越的艺术手法，是发展了前人的成就，并且远非在他以前或和他同时的其他英国讽刺家所可比拟的。《格列佛游记》对某些社会现象的针砭、讽刺，就是在今天也没有失去它的现实意义。《格列佛游记》表面上酷似奇幻而诙谐的儿童读物，实际上却是一部对当时英国政治、社会、法律、风俗、习惯暴露深刻、极富战斗性的现实主义作品，是英国文学史上最优秀的讽刺小说之一。

《格列佛游记》于1726年问世之后，立即震惊了当时的英国社会，也震动了世界文坛，出版后一星期，所有存书便被抢购一空。在伦敦，不论男女老幼，不论宫廷、官邸，还是酒吧、小店，人人都在读这部书，到处都在议论这部书。自出版以来，被翻译成数十种文字，成为世界各国文学爱好者的常备书，而书中的小人国和大人国的故事更是妇孺皆知。伏尔泰、拜伦、高尔基、鲁迅都非常推崇斯威夫特的讽刺作品，各国读者对于《格列佛游记》都给予了很高的评价。时过两百多年，《格列佛游记》不仅没被世人遗忘，反而更为世界人民所重视，它的足迹遍及整个世界，在世界进步文学的行列中获得其应有的地位，放出永恒的光辉。

经典回眸
JINGDIANHUIMOU

《格列佛游记》的构思源于斯威夫特与朋友的一次聚会，斯威夫特谈到当时政界种种贪婪无耻的行径时嬉笑怒骂间，信笔开始了《格列佛游记》第一卷的创作。成书后经过无数次的增删修改，终于在1726年匿名发表，并立刻在英国社会引起了很大争议。200多年来，它被译成几十种文字，在世界各地广为流传。

《格列佛游记》是最早被介绍到中国的英国文学名著。1872年被译作《谈瀛小录》登载于《申报》，受到读者的广泛欢迎，甚至影响到后来《镜花缘》、《老残游记》等作品的创作。

大多数读者可能会对乔纳林·斯威夫特的名字较为陌生，但“小人国”、“大人国”的故事倒差不多称得上家喻户晓了。《格列佛游记》在一般人的心中仿佛成了一本儿童读物。其实，书中神奇的想象、夸张的手段，寓言的笔法，固然是一般儿童读物普遍的特点，但《格列佛游记》是以其杰出的讽刺而垂名世界文学史的。小说通过格列佛在利立浦特、布罗卜丁奈格、勒皮他和慧骃国的奇遇，反映了18世纪前半期英国社会的一些矛盾，揭露批判了英国统治阶级的腐败和罪恶及英国资产阶级在资本主义原始积累时期的疯狂掠夺和残酷剥削。

斯威夫特的讽刺艺术在《格列佛游记》当中得到了充分体现。他的讽刺手法是十分丰富的。其一是运用反语进行讥讽。例如作者本来对人类利用火药的威力来发动战争、掠夺财富、残杀同类非常愤怒和鄙视，但他却在小说中用“对政治一无所知”等一系列反语来形容对火药嗤之以鼻的大人国国王：其二是以类似漫画的夸张技巧描写各种怪诞的事物，如耶胡、勒皮他人和长生不老的人等。其三，他以一本正经的严肃态度、细致逼真的细节描写刻画了小人国的生活和斗争，极为成功地反映出当时英国的现实。其四，作者善于用严肃认真的口吻叙述渺小无聊的事情。关于利立浦特的历史的叙述就是极好的例子。最后，特别值得提出的是斯威夫特的讽刺艺术具有高度的概括性。他善于通过具体的情节，深刻地揭露社会的丑恶现象和矛盾关系，并且往往能指出其某些本质。同时，斯威夫特将当时英国社

会存在的种种矛盾含沙射影地融合进书中各国的政治斗争当中，读者在轻松的阅读过程中自然而然地联想到英国政坛的黑暗和对外的残酷掠夺。

《格列佛游记》不仅具有深刻的思想内容，而且具有比较完美的艺术形式：首先，斯威夫特用自己独特的手法以及似曾相识的情节设置，刻画了当时英国的现实。同时，他也是根据当时英国的现实才创造出一个丰富多彩的、童话般的幻想世界。例如，他抓住了议会党派斗争的本质特点，创造了小人国的高跟党和低跟党，而这些虚构的情节就把现实表现得更为强烈，更为集中、更为典型，而且更带普遍性。《格列佛游记》的艺术魅力也就在这里。斯威夫特的幻想和现实是和谐的、统一的，格列佛在小人国、大人国、飞岛，慧骃国的遭遇各不相同，但都安排得合情合理，毫无破绽。他每到一个幻想国度都受到不同的待遇，绘声绘色，使作品具有艺术的真实感，从而增加了作品的艺术感染力。

一个神奇的世界

斯威夫特的传世之作中，以《格列佛游记》流传最广，也最为各国读者所喜爱。该书通过里梅尔·格列佛船长之口，叙述了周游四国的奇特经历。但仔细体会，却处处揭露着英国社会的黑暗现实，并寄寓着作者的理想。

虽然格列佛起初以为小人国与英国毫不相像，但实际上小人国却是英国的写照。透过那似是荒谬的逻辑，我们看到的是：国王比他的臣民只高出一个指甲，却狂妄地自命为头顶天的宇宙统治者，以其无常的喜怒决定老百姓的命运。官吏们也无需德才兼备，只要跳绳跳得高，就可得到高官厚禄。

小人国的两党以鞋跟高矮为区分标志，这里影射的是当年英国的托利党（即保守党的前身）和辉格党（后来发展成自由党）而吃鸡蛋时是从大头敲开还是从小头敲开，则指的是天主教与新教（亦称清教，即加尔文教派）之间关于教会仪式的无稽之争。为了这一区区争端，

> **典·故·逸·话**
>
> 斯威夫特一生写的大量作品几乎都是不署名出版的，只有《格列佛游记》例外，他出版此书得到的稿酬是200英镑。《格列佛游记》是一部奇书，英国著名作家乔治·奥威尔一生中读了不下六次，他说：“如果要我开一份书目，列出哪怕其他书都被毁坏时也要保留的六本书，我一定会把《格列佛游记》列入其中。”

竟导致了小人国的内战，甚至殃及邻国。由于小人国里的警察制度和诬告成风，格列佛不得不逃离那里。

大人国的人无论体力还是理智都超过了那群“小人”；大人国里实行的是理想化的、有教养的君主政体，国王贤明而正直，经常关怀臣民，法律也是自由和福利的保障。在大人国国王的要求下，格列佛向他介绍了英国的社会及制度，他的溢美之词在国王的追问下破绽百出。国王对英国存在的营私舞弊、侵略战争和法律不公大加指责，并指出其原因就在于人心的卑劣自私。

飞岛国的科学家脱离人民与实际，从事不着边际的“科学研究”，尤其是对属地的居民，更采取残暴的手段：稍有叛逆，就将飞岛驾临上空，阻隔阳光，或降落到其国土上，将居民碾压成粉。这里揭露的正是英国对爱尔兰的殖民统治。

格列佛还到了一个魔术家的国度，在那里回溯了古罗马的政治，对比了英国的制度。此时，他的思想已从支持君主政体变为拥护共和了。不过，他还只是赞美处于“自然状态”下的宗法社会。

如果这种看法还属于“浪漫的倒退”的话，格列佛对智马国的描述，则指出了文明社会对于人类的腐蚀，表明只有生活在自然状态下的人，才是纯洁高尚的。这一观点后来被法国的卢梭发扬光大，成为浪漫主义文学的发端。

智马国的居民分为状似野兽的“雅虎”和有智慧、会说话的智马两类。“雅虎”代表了人类的贪欲和败坏，而智马则生活在原始的善良社会。不言而喻，如果人类堕落下去，将与动物无异，那是多么可悲啊！

斯威夫特生活的时代是由培根开创的实验科学和牛顿奠定的古典力学方兴未艾之际。他笔下的小人国和大人国虽是虚构的，但其居民身高分别是正常人类的十二分之一和十二倍。那里的一切建筑和器物，都具有数学比例的准确性，全书结构匀称而明显，这都符合理性思维的要求。

斯威夫特是在古典主义的哺育下成长的作家，他的文字功底极深，表现手法新颖，尽管隔着一层翻译，仍有许多值得我国青少年朋友学习和借鉴之处。（胡允桓）

从YAHOO说到《格列佛游记》

可能很多朋友对《格列佛游记》这个名字还很生疏，不过你应该知道“YAHOO”（雅虎）吧，这个全世界最著名的网站的名字就出自《格列佛游记》。格列佛来到智马国，这里的马是高雅贤良的，而人却是一种野蛮粗俗的动物，“YAHOO”就是智马国里对人的称呼。少年朋友们可能已经从很多课外书中了解过这本书，我在这里提供

的只是我个人的一种阅读经验，希望能够对少年朋友们有所帮助。

还记得少年时读《格列佛游记》的震惊，尤其是读到格列佛最后游历到智马国，心里竟十分惶恐，人与马完全颠倒过来的状态，使我对自己作为人也感到很是困窘。一本书读下来，对作者斯威夫特也佩服得要命，他的想象力真是伟大，小人国、大人国、飞行的岛。有相当长一段时间，我都沉迷于他制造的幻境中不能自拔，有时想象到了小人国的趾高气扬，有时又担忧万一不小心误入巨人国，或是到智马国，被人玩弄、鄙视，那该如何是好。

现在长大成人，我不会再为这样虚幻的想象而苦恼，也明白了斯威夫特写这本书的深意。《格列佛游记》表面上酷似奇幻而诙谐的儿童读物，实际上却是一部对当时英国政治、社会、法律、风俗、习惯暴露深刻、极富战斗性的现实主义作品。不过少年时因为阅读这本书而产生的对人性的困惑却一直没有改变。《格列佛游记》令我对人性的圆满的自信消失了，作为一个人真的那么值得骄傲吗？格列佛在大人国里被当成一个玩具，他所得意的关于他的祖国先进的武器技术，被巨人嗤之以鼻；而在智马国里，人类成了“YAHOO”，连畜生也不如，为了无聊的事情而殴斗；和人类的种种腐败相比，这些四足的动物优秀而有德。然而我不认为这种对人性的自信的丧失是一种缺憾，长大成人以后，我深深感到自省对于一个人，对于人类是多么重要。因为缺乏了那种自满，我反而能够经常对自身的阴暗面进行认真的反省，从而不至于成为像“YAHOO”那样荒唐野蛮可笑的动物。斯威夫特所要讽刺的是十七八世纪的英国人，然而到今天，他的讽刺一样应验在没有长进的人类身上，那些为了无谓的纷争而进行一场又一场战争的人，那些肮脏的贪官，那些欺压百姓的狗官，他们多像“YAHOO”。

我在想，如果我在成年时才读《格列佛游记》，我可能不会像少年时那样身临其境，全心投入，我受到的震撼可能会弱很多，我对人性的阴暗面的认识可能不会那么惊心动魄。所以我至今很庆幸自己在少年时期就读了这部伟大的小说。获得对人性的深刻理解比获得知识要重要得多，一个人的成长就是不断完善的过程，如果没有对人性阴暗面的反省，那么这个人很可能会变得自私、野蛮、贪婪，沦为“YAHOO”。

斯威夫特可以称得上是英国历史上最激烈的厌世主义者，他为自己降生于这个世界而悲哀，在每年生日那天穿上黑衣服，绝食一天，后来进入精神病院。我对这个为人性中固有的阴暗面而悲哀的人一直怀有深深的敬意。（佚 名）

历史桂冠
LISHIGUIGUAN

英国著名讽刺小说家和政论家斯威夫特（1667–1745）生于爱尔兰都柏林的一个贫苦家庭。他出生前数月父亲去世，由叔父抚养。1686年在都柏林三一学院取得学士学位，1692年获牛津大学硕士学位，1701年获三一学院神学博士学位，1689年受聘于远房亲戚邓波尔爵士，任私人秘书。邓波尔逝世后回到爱尔兰，任都柏林一教区长和爱尔兰大法官伯克利伯爵一世的私人牧师。不久，他返回伦敦，结交执政的辉格党的知名人士。

1704年他的《一个木桶的故事》、《书战》和《圣灵的机械作用》等三篇讽刺文章汇集出版，批判宗教和学术领域中的腐败现象和非国教徒的礼拜与布道，模仿学究的迂腐文笔，讽刺尖锐辛辣。1707年11月写了《鲍席斯和菲利蒙》，叙事诗和政论《对1708年的预言》与《比克斯塔夫先生第一个预言的应验》，表现了他的远见、诙谐和机智。1710年，他任托利党《考察报》主编。当时英法因争夺西班牙王位继承权而长期交战，人民蒙受苦难，统治集团却大发国难横财，斯威夫特写了一系列反战文章，举国哗然，对1713年英法签订和约产生了直接影响。当时斯威夫特成为哈利首相的亲信，安妮女王演说词的起草人，大小廷臣都想方设法巴结他，但他一袖清风，仍然是个穷人。

他在伦敦期间结识了一批文人如蒲柏、约翰·盖依等；他给定居在爱尔兰的女友艾斯特写了大量情深意切的信札，后来《给艾斯特的信》发表，成为英国书札文学的珍品。1714年安妮女王去世，托利党内阁垮台，斯威夫特被赶出伦敦，回到爱尔兰任副主教，积极参加爱尔兰人民争取自由独立的斗争。他先后发表了《关于普遍使用爱尔兰纺织品的建议》、《布高德莱比尔的信》、《格列佛游记》、《爱尔兰状况的浅见》等政论、杂文和小说。斯威夫特为爱尔兰自由独立所进行的斗争，赢得了爱尔兰人民的尊敬。在他因匿名作品被当局悬赏缉捕时，人们保护他；在他最后一次访英归来时，人们鸣钟举火，用仪仗队簇拥他返回寓所。1737年11月，整个爱尔兰用钟声、营火和酒，庆贺他70寿辰。斯威夫特晚景凄凉，亲人去世，头晕耳聋，每逢清醒时，仍执笔写作，直至78岁逝世。

漫卷纱帘，月透西厢，当年的楼台笙歌落尽，所有撩人的身姿已隐形匿迹，只留下一段千古传唱的爱情佳话！

《西厢记》

王实甫（中国·元 生卒年不详）

在元杂剧文坛上，关汉卿、王实甫如同诗坛上的李白、杜甫，是一前一后出现的一对双子星座。如果说，关汉卿剧作以酣畅豪雄的笔墨横扫千军的话，那么，王实甫所写的具有惊世骇俗思想内容的《西厢记》，则表现出“花间美人”般光彩照人的格调。《西厢记》杂剧表现出的舞台艺术的完整性，达到了元代戏曲创作的最高水平，而且也代表了以爱情为题材杂剧的高峰。自传世以来，版本众多，流传甚广，曾被历代统治者一再列为禁毁之列，但其结果却千百倍畅销，到明代更是大行其道，刻本之多，评家如云，叹为观止。

明初贾仲明说“新杂剧，旧传奇，《西厢记》，天下夺魁”，充分肯定了《西厢记》在文学史上的地位。700多年前，王实甫把杂居《西厢记》送到了坊间。从此，《西厢记》就像绵绵的春雨，滋养了中国人的情感世界。西风北雁，诗月听琴；临去秋波，风情万种。整个民族都为之魂牵梦绕。于是，各种艺术版本的《西厢记》层出不穷。

被授予“杂剧之冠”美誉的《西厢记》与《红楼梦》齐名，并称为中国文学史上的高峰、双璧，在中国戏曲文学发展史上具有深远的影响。王实甫以其独特的风格，在《西厢记》里为中国文学史塑造了一个敢爱敢恨、至情至性的贵族奇女子，一个热心的、有着豪侠气概的红娘和一段千古传唱的爱情佳话。很难说是《西厢记》成就了大师王实甫，还是王实甫成就了《西厢记》。这部我国古代的经典爱情范本，如歌如诉，美不胜收，演绎了一个爱在天荒地老时的民间故事和有情人终成眷属的美丽传说，智慧、温馨、浓情并重，它对青年男女追求幸福进行了热情歌颂，为历代老少所痴迷，也因此获得了在封建礼教束缚下的恋人们的喜爱。

经典回眸
JINGDIANHUIMOU

"碧云天，黄花地，西风紧，北雁南飞。晓来谁染霜林醉？总是离人泪"——这郁结着柔情与凄美的词句来源于人们耳熟能详的杂剧《西厢记》。在中国民间流传甚为久远的"西厢记"故事直接来源于唐代元稹的传奇小说《莺莺传》（又名《会真记》），后世很多文人诗作中也不时提到"莺莺"和"待月西厢"的故事。而元代杂剧大师王实甫的5本21折的《西厢记》，则是把董解元的《西厢记诸宫调》改写为戏曲，也许故事大同小异，但题材却集中了许多，反封建的思想倾向也愈加鲜明了。

《西厢记》是元代著名杂剧作家王实甫的代表作，也是广为流传、深受人民群众喜爱的传统剧目之一。该剧描写了一出波澜迭生的爱情故事：唐德宗贞元年间，相国夫人郑氏因相国病逝，携女莺莺以及侍女红娘扶灵柩到某地安葬，暂住在普救寺的西厢房内。青年才子张生上京赶考，路经此地，到寺内瞻观，恰值莺莺在红娘陪伴下正在佛殿上游玩。张生、莺莺一见倾心，互生爱慕之情。待至月明风清的夜晚，张生从寺内隔墙高声吟诗，又被正在后花园中焚香的莺莺听到，也吟诗作答，沟通了心意。普救寺突发危难，叛将孙飞虎派兵把寺院围定，要夺莺莺做压寨夫人。危难中，老夫人无计可施，便下招贤令：有能退兵者，许以莺莺为妻。张生因与白马将军杜确有交情，自报退兵之策，写下向杜确求援书信，由小和尚惠明送出，救兵果然到来，解了重围。正当张生、莺莺内心暗自十分喜悦时，老夫人突然变卦，要把张生做继子看待。由于红娘的穿针引线，张生和莺莺私下相会，结为夫妻。事发后，老夫人十分恼怒，要拷打红娘，红娘凭借机智和雄辩，迫使老夫人不得不承认既成事实，但又强令张生赴京考试，把金榜题名作为迎娶莺莺的先决条件。后来张生考中状元，又历经曲折，才和莺莺终成眷属。

戏剧性与抒情性的完美结合，使《西厢记》成为一部文学价值很高的作品，被视为古代剧诗的一个范本。在诗情画意的氛围中，矛盾起伏跌宕。张生的热烈执著、莺莺的含蓄蕴藉，红娘的锋利俏皮，都写得活灵活现。尤其是作者怀着民主思想刻画的红娘，以其聪明机智、泼辣爽朗，不但为莺莺、张生穿针引线，传书递简，而且在私情败露的紧要关头，不畏家法挺身而出，维护着他们的爱情。所以红娘这个晶莹亮丽的形象，在后世成了热心撮合男女恋爱婚姻者的代称。

虽然历史上有无数个版本的“西厢记”，但唯有王实甫的《西厢记》得以传世。不但超越了此前的《莺莺传》以及其他任何“西厢故事”的思想高度——王实甫不再把女人当做理所应当受侮辱与损害的对象，而是更尊重女性，更公正地看待、评价她们——更在艺术水准上有了很大的提高。他巧妙地改写了曲文，增加了宾白，剔除了一些不合理的情节，达到了炉火纯青的境界。在那个守旧闭塞的时代，放浪形骸的杂剧大师王实甫能借《西厢记》一针见血地点明真谛：只有爱情——这唯一的标准，是两颗心结合的根本条件。

《西厢记》杂说

（一）

国人从“关关雎鸠”时代就开始形成的爱情观念的堤岸，近一二十年来屡屡遭受迅猛非常的市场经济狂潮恣意、放肆地扑击。“爱情”这个词组经典的内涵日益萎缩和干瘪。它令人担心地昭示着，有朝一日，曾经是文学永恒主题的“爱情”将会空空如也地只剩下内容缺失的发音。除了些许痴迷的“落伍者”，谁还会再去阅读哪些“不合时宜”的、包括曾被视为“爱情经典著作”《西厢记》在内的“劳什子”呢！

（二）

“愿普天下有情的都成了眷属”是千百年来痴男怨女的终极愿望。张生与莺莺的这一愿望也终于在王实甫的《西厢记》中以喜剧的形式完美地实现了。

可是，历史的步履过于艰涩。时至今日，它的惰性仍然像一个令人厌恶的市井小混混，死乞白赖地牵拽着有情人的衫裾；又像是通衢大道失控的交通岗，无序地向未来的“眷属”连连亮起拒绝的红灯。当年老夫人因顽固的封建门阀观念险些拆散了一对痴情的男女，但毕竟悲剧幸而得以中止。可如今更加商品化、更加世俗化的婚姻，由于金钱、权势的强劲干预，那些“无情的”比“有情的”反而更有“成了眷属”的可能。

《西厢记》是作为一部爱情喜剧面世的，而现实中的婚姻却更多的是以悲剧的形式出现。

（三）

面对万紫千红的满园春色，我们是对于美的痴迷和对于艺术的陶醉；同样，面对“无与伦比的《西厢记》”（《美国大百科全书》语）诗般的戏剧语言和引人入胜、曲折跌宕的故事情节，我们会如同满口流涎的饿汉一样围着一席丰赡的艺术大餐而大快朵颐。此时，矜持呀，端庄呀，道貌岸然呀，都成了不屑一顾的弃履。每当我摇头晃脑地哼唧着诸如“碧云天，黄花地，西风紧，北雁南飞，晓来谁染霜林醉，总是离人泪”或者“风弄竹声只道金珮响，花移月影，疑是玉人来”等脍炙人口的曲词时，我总觉得人生的美妙莫过于此。如果有人偏偏此时仍要在我的耳边聒噪着什么圣贤、什么道统时，我一定会声色俱厉地叱责其立马滚一边去。

更多的时候，“唯美”可以令人更高尚些，更纯粹些。《西厢记》以它超凡的艺术魅力正在诱惑着我们，赶快远离那些迷惘的哲学和伪善的道德吧。

（四）

《西厢记》自降世以来，一直被认为是淫秽的邪恶之书。“男不看《水浒》，女不看《西厢》”历来成为冬烘先生训斥、约束后生的“金科玉律”。中国文学史上两部上乘佳作变成了诲淫诲盗的声名狼藉的标本。

不可讳言，《西厢记》里面确实有大量的艳词浪语以及被称做“自然主义”的句子和折段。“我将这钮扣儿松，把缕带儿解”，“软玉温香抱满怀”，“柳腰软摆，花心轻折，露滴牡丹开”等，就把我看得面红耳赤，心律不整，血压飙升。

我曾经设想过，为了避免横来污水的淋泼，《西厢记》是不是可以尽量地把这些不“健康”的、“有伤风化”的和任何涉及“色”和“性”的词句都从作品中剔除出去，或像聪明的作家遇到这类描写时便以省略号代之，读者或许能获得耳目的干净和身心的和平。

当然，干净是干净了，和平是和平了，可是，斧削过后的《西厢记》还能是“中国古典喜剧第一高峰”的那个《西厢

记》吗？王实甫先生还能是“天下夺魁”的那个元曲大腕王实甫吗？

倒是曾被我们称做“反动文人”的另类才子金圣叹说到了点子上，其大意是：带着淫荡的心态去看《西厢记》，《西厢记》是淫荡的；而用文化的眼光去欣赏《西厢记》，《西厢记》则是足足一百分的文化。（佚　名）

一往情深《西厢记》

一

孟祥恕先生拿了一本书来要我写一篇序。我说我必须先看看，书好我才写。我拿过书来，才翻开，就好像进入了蓬莱仙境，春风入怀，奇峰迎面。不禁脱口道：美！

文学艺术作品就好比女郎，要讨人喜欢，头一个条件就是要长得美。好的文学作品确实就像美女，叫人一见倾心，不忍移目，恋恋不舍，频频回顾。难怪古人有诗曰：

好诗美文读如渴，似遇绝色迎面过；

明知与我全无分，一往深情奈若何！

好的文学作品就像西湖美景，让人流连忘返。好的文学作品就像女儿红美酒，越饮越有味，令人陶醉。

这部《西厢记》就是如此。请看“草桥惊梦”：莺莺的母亲逼张生进京赶考，张生和莺莺分别后，路上住在旅馆里，夜里做了一个梦，梦见莺莺追他来了。莺莺说道：

“自从郎君走后，俺饭也吃不下，觉也睡不着，牵肠挂肚恩爱绝，简直不想活！横下一条心，把那文君学。不怕关山险，不顾道路赊。瞒过夫人，避开侍妾，走向那荒郊旷野。绣鞋儿沾满泥，嫩脚儿棘刺破。哪管它潇潇暮雨催寒蛰，哪管它冷冷晓风吹残月。追上郎君，劝郎君，一不考状元，二不争豪杰，三不去朝中当相国。俺不求荣华富贵多骄奢，但求山林农家乐。日落息，日出作，要吃粮食将田耕，要饮水来把井凿。草桥边当个小酒家，你卖酒来

典·故·逸·话

位于山西省永济市西南13公里处的普救寺之所以名扬天下，最重要的原因是因为中国唐代最著名的爱情故事之一：崔莺莺与张君瑞的爱情故事就发生于此寺。人们到此游览，不只为重温西厢艳事，更期望得到莺莺与张生的保佑、热心红娘的相助，把自己的浪漫爱情进行到底。今天的普救寺，处处弥漫着浓郁的爱情气氛，进香拜佛的男女，多在向菩萨祈求爱情成功。在西厢故事发生处“梨花深院”门口，著名《西厢记》研究专家王季思亲笔书写的匾额和诗联历历在目。人去院空的西厢房，几组今人塑造的蜡像，使游人回到一千多年前的美妙爱情故事里。那首脍炙人口的情诗“待月西厢下，迎风户半开，隔墙花影动，疑是玉人来”被写在影壁背面，成为游人拍照留念的好背景。院墙外张生逾墙进院时攀登用的杏树，也被复原，令游人驻足流连。

我烧火。强似那，争纱帽，抢朝靴，文儿揣摩着上司意儿写，话儿猜着上司心儿说。好好好是是是，唯唯诺诺。肚里骂你个忘八货，口上说你是救命佛。明日要送你下油锅，今日还喊你是亲爹。哪个官不吃昧心饭，哪个官不是两手血？几个官不是唾沫里淹，几个官有好结果？”

张生这里泪滂沱，你真是个有识有见女俊杰。功名儿是个钓鱼饵，俸禄儿是陷马穴。密匝匝，蚁摆兵；闹嚷嚷，蝇争血。俺只求夫妻恩爱苦也乐，生则同衾死同穴。竹林里筑个小茅舍，屋后是绿绿青山，门前是清清小河。杏花开时梅花落，梅花开时赏白雪，桃花开时赏明月。

夫妻俩正在把知心话儿说，忽听得店外人喊马嘶炸开了锅，火把照得通天彻。

“就在这店里！就在这！”

“莺莺，出来！你这不要脸的赔钱货！”

“张生！快把莺莺交出来！不然你就别想活！”

张生抱起莺莺往后窗跳，砰！门踹得四分五裂。一伙人冲进来，明晃晃刀剑压住脖，拉着莺莺就往门外拖，张生拼命上去夺。凶狠狠钢刀砍将来，吓得他一身冷汗直哆嗦。一刀把张生砍醒来，原来是一场梦南柯。冷冷的风，静静的夜，明月悄悄向西落。哦！人生自古伤离别，更那堪孤馆凄凉夜。绿依依竹篱柳半遮，静悄悄门掩清秋月，惨凄凄云间星窥窗，疏刺刺林间落枯叶。颤巍巍竹影晚掠风，虚飘飘庄生梦蝴蝶，絮叨叨促织儿鸣墙角，丁咚咚小溪出山壑。冷冰冰被窝难入梦，孤单单岁月不好过。柳丝长，把痴情牵惹；水声幽，似离人呜咽。林间鬼火，明明灭灭；斜月残灯，影影绰绰，这旧恨新愁怎了结？

读了给人以美感享受。内容呢，使人产生共鸣。

二

中国古典小说有两个人物无人不晓：一个是诸葛亮，一个是红娘。红娘这个人物就出在《西厢记》。

毛泽东曾多次引用《西厢记》。有一次他说：“演《西厢记》我就不能当红娘，只能当那个老夫人。红娘还是由咱们周总理担任。”还有一次，他说：“《西厢记》写得好！莺莺和张生不简单，违犯了那个时候的婚姻法。”

毛泽东曾称赞《水浒传》好，说《水浒传》的主角不是帝王将相，而是一些普通人。在这一点上，《西厢记》比《水浒传》还好。《西厢记》的主角是一个使女。虽是个侍候人的使女，却胜似那身着官服的须眉。那权倾朝野的当朝一品宰相，那统领十万雄兵的元帅将军，那宰相的千金小姐，那满腹锦绣的著名才子，统统都是配角。若问中国自从有文艺作品以来，哪一个女角最出名？红娘！中国人谁不知道红娘！

这么好的书，谁不想看一看；这么有名的人物，谁不想知道一下她的故事。但解放后你在书店里买不到《西厢记》。现在开禁了，谁不想找来看一下。香港有位董事长兼总裁曾宣布“有人能拿出在美学水平和思想水平上高于这部书的作品，奖励人民币100万；有人能向他介绍推荐一部在思想性、艺术性上超过这部书的作品，奖励人民币20万元”，这更引起了人们的好奇心，也在某种程度上进一步促进了《西厢记》的传播。（唐伯钧）

历史桂冠 LISHIGUIGUAN

王实甫，元代杂剧作家，名德信，大都（今北京市）人，生卒年不详。

王实甫所作杂剧，名目可考者共13种。今存有《崔莺莺待月西厢记》、《吕蒙正风雪破窑记》和《四大王歌舞丽春堂》3种，其中5本21折的《西厢记》不仅是他的代表作，而且是元代杂剧创作中最优秀的作品之一。

《西厢记》情节曲折，波澜迭起，悬念层出，引人入胜。全剧接连不断的起伏跌宕，给人山重水复、柳暗花明之感，在元代和明代就为人推重，被称为杂剧之冠。《西厢记》结尾处，在中国文学史上第一次表达了“愿普天下有情人都成眷属”的美好愿望，表达了反对封建礼教、封建婚姻制度、封建等级制度的进步主张，鼓舞了青年男女为争取爱情自由、婚姻自主而抗争。《西厢记》之所以能成为元杂剧的“压卷”之作，不仅在于其表现了反对封建礼教和封建婚姻制度的进步思想，而且它在戏剧冲突、结构安排、人物塑造等方面，都取得了很高的艺术成就。《西厢记》的结构规模在中国戏剧史上是空前的。它突破了元杂剧的一般惯例，用长篇巨制来表现一个曲折动人的完整的爱情故事。因此它避免了其他元杂剧由于篇幅限制而造成的剧情简单化和某种程度的模式化的缺点，能够游刃有余地展开情节、刻画人物。这是王实甫的一个创举。

一部作品的魅力会在某个特定的时期凸显出来，现在重读《十日谈》，我们更能深味其中的道理。

《十日谈》

薄伽丘（意大利 1313—1375）

公元1330年前后，一个阳光明媚的日子，一位来自那不勒斯大学的年轻的法科大学生发下了誓言：毕生从事文学创作。这位年轻的法科大学生若干年后成了佛罗伦萨的骄傲，他就是薄伽丘。14世纪中叶的整个欧洲，以封建教会和世俗封建主为代表的封建势力，在政治、经济乃至思想领域内，依然占据着全面的统治地位。薄伽丘正是在中世纪开始向近代资本主义过渡的历史时期中，写下他的扛鼎之作《十日谈》。有人曾经说，没有薄伽丘，意大利文艺复兴的文学巅峰便是不可理解的。薄伽丘开辟了文学世界的一条新路，这条道路一直延续到乔叟、莎士比亚和巴尔扎克，使欧洲文学成为更加完整意义上的文学。

1348年，意大利的佛罗伦萨发生了一场可怕的瘟疫。每天，甚至每小时，都有大批大批的尸体运到城外。从3月到7月，病死的人达10万以上，昔日美丽繁华的佛罗伦萨城，变得坟场遍地，尸骨满野，惨不忍睹。这件事给薄伽丘以深刻影响，为了记下人类这场灾难，他以这场瘟疫为背景，写下了一部当时意大利最著名的短篇小说集《十日谈》。《十日谈》在叙事文学的发展上占据着重要地位，全书自始至终都贯串着人文主义思想，统治了西欧1000余年的天主教会的权威，第一次在文艺领域遭受如此严重的挑战。可以说，欧洲文艺复兴运动正是以《十日谈》的嘹亮号角揭开序幕的。

《十日谈》出版后，立即被译成西欧各国文字，对十六七世纪西欧现实主义文学产生了很大影响，开辟了欧洲近代短篇小说的先河。后来的许多著名文学家如乔叟、莎士比亚、莫里哀、莱辛、济慈、丁尼生等都曾从《十日谈》中取得他们作品的题材。可见，《十日谈》的影响是超越国界的，是属于整个世界的杰作。

经典回眸
JINGDIANHUIMOU

《十日谈》是薄伽丘以1348年佛罗伦萨的一场可怕的瘟疫为背景，借鉴阿拉伯故事集《一千零一夜》的手法构思创作出来的短篇小说故事集。在开篇的《序曲》中介绍了逃出瘟疫的七女三男聚集在郊外一处幽雅的别墅里，他们为了消磨时光，除了唱歌跳舞以外，还约定每人每天讲一个故事，十个人十天正好讲述了100个故事，所以称为《十日谈》。这些故事的材料来源是多种渠道的会合，其中有法国的传说，东方的民间故事，佛罗伦萨的市井传言，以及部分现实的或历史的真人真事。尽管如此，百篇故事所贯串的思想却是一致的：对现世幸福的热情肯定，对虚伪禁欲主义的尖锐批判，对人性力量的讴歌赞美。而且，这些故事反映了当时意大利广阔的社会现实，将人间百态尽情展露。薄伽丘在《十日谈》中对当时炙手可热的天主教会进行讽刺、揭露，尽情地嘲讽了教会的黑暗、罪恶，抨击了僧侣的奸诈和伪善。这种批判表达了当时的平民阶级摆脱中世纪教会和宗教的束缚的要求，如第一天第二故事、第二天第十故事、第六天第十故事等。作者还在一些故事里对封建教会的蒙昧主义进行批判，如第二天第一故事、第六天第十故事等。这些故事代表了整个作品，以至一个时代的批判精神。作为人文主义先驱，作者在反对天主教会的同时大胆地提倡“人性”、“人道”和“个性解放”，他在作品中描绘和歌颂了现世生活，赞美爱情是才智和高尚情操的源泉，谴责禁欲主义，如第五天第一故事。一些故事颂扬青年男女大胆冲破封建礼教和金钱关系的羁绊，谋取幸福的斗争，曲折感人，如第四天第五故事。书中有一些故事还塑造了多才多艺、和谐健美、全面发展的新兴资产阶级的理想人物。就艺术而言，作者“讲故事”的本领是一流的，他反潮流而行之，采用佛罗伦萨方言来“讲故事”，同时每一个故事又连成一个有机的整体。正是在这个意义上，作者以其贴近市民的文风，开创了欧洲现实主义小说的先河。

《十日谈》是继但丁《神曲》之后的“人曲”，薄伽丘是替代欧洲中世纪道德秩序的新道德秩序的先驱。在《十日谈》中那些轻佻甚至放荡至极的篇章背后表现的是对精神世界的颂扬，以及对道德价值的肯定。《十日谈》有意表现人们与命运抗争并学会去征服命运，宣布了欧洲已经进入一个以人和现实生活为中心的崭新时代。

典·故·逸·话

薄伽丘是在佛罗伦萨长大的，他从小向往民主自由，对教会的黑暗统治表示不满，长大后，多次参加政治活动，反对封建专制。《十日谈》就是他反封建反教会的有力武器。《十日谈》写完后，薄伽丘受到封建势力的迫害和打击，时常被教会派来的人咒骂和威胁。他有一次愤怒之极，甚至想把所有的著作，包括《十日谈》全部烧毁，幸好他的好朋友——意大利著名的民主诗人彼特拉克苦苦相劝，《十日谈》才得以留存至今。

幸福在人间

如果说但丁是对爱情表示同情，彼特拉克仅仅表现为对爱情的抽象和一般的赞美，那么薄伽丘的《十日谈》则具体地描写了人的爱情生活，并由此提出了闪烁着人文主义思想光芒的“幸福在人间”的观点。作者的构思独具匠心，设计巧妙，题材广泛，内容丰富，几乎包括了作者所处社会的每一个生活侧面。绘声绘影的叙述，栩栩如生的描写，千姿百态的人物，曲折离奇的情节，妙趣横生，引人入胜，给人留下难以泯灭的印象，它不愧是冲破中世纪寒意而傲然绽开的一朵奇葩。《十日谈》中有福星高照的幸运儿，有结局欢乐或悲伤的爱情历险故事，有闪耀智慧火花的美丽格言，也有怪诞荒诞的逸事和赞美骑士勇敢、豪放精神的传奇故事，无论内容或文体，都与中世纪传统的文学作品大相径庭。

正如薄伽丘本人所说，从总体上看，《十日谈》是一部运用喜剧语言写成的文学作品。作者在语言的运用上刻意求工，擅长选择一些生动形象的日常用语，从侧面点染和烘托人物的不同性格，使作品富有浓郁的生活气息。另外，薄伽丘在写作过程中，还恰如其分地糅进一部分法语、普罗旺斯语、意大利各地的方言以及高雅的文学语言，描绘出一幅幅闪烁着艺术光辉的生动画卷。值得一提的是，他有意识地运用手中之笔努力提高通俗语言文学作品的威望，为它们的合法地位大声疾呼。薄伽丘采用了多种多样的讽刺隐喻手法，语言鲜明生动，文笔精练，以《天方夜谭》式的框架结构将一百个故事组织得浑然一体。

作为欧洲文学史上第一部现实主义小说，《十日谈》揭示了作者所处时代的社会特征，表达了人民的意愿，不仅为意大利的散文创作奠定了基础，也为近代短篇小说树立了典范。

薄伽丘是一位伟大的人文主义作家。他在被称为“人生百面图”的现实主义小说《十日谈》中，勇敢地向主宰人们精神世界的天主教会发起了一场进攻战，无情地鞭挞了一部分天主教神父虚伪狡黠和阴险可恶的本性，对荒谬诡谲的中世纪禁欲主义进行了有力的抨击。诚然，薄伽丘毕竟是一位生活在中世纪末期的意大利文人，他没有从本质上揭露罗马教廷的腐朽。

薄伽丘自己也是一个笃信上帝的信徒，与但丁不同的是，他不承认上帝有主宰世界的神威，也不为一个人离开尘世后的命运担忧或操心，因为在他看来，幸福和欢乐就在人间。

薄伽丘在《十日谈》中提出了自己的人文主义思想体系，主张一切以“人”为本，用人性来反对神性，提倡人道与神道抗衡，顽强地表现了新兴资产阶级欲摆脱封建约束和宗教枷锁的世俗愿望。而人性，在作者的笔下突出地表现在世俗爱情上。他赋予爱情以全新的诠释，将它视做一种新的道德、新的人伦。在他看来，纯洁的爱情是男女之间高尚情愫的流露，理应得到大家的祝福，因为这种真实的情感乃人生中的一个积极因素，是幸福的源泉。

正因为如此，《十日谈》在威尼斯初版之后，在天主教会发动的一次宗教狂热活动中，《十日谈》的不少珍贵版本，连同其他一些文艺作品，作为“邪书”被扔在佛罗伦萨的广场上付之一炬。尽管如此，《十日谈》在15世纪的印行达10版以上，在16世纪又出了77版。从以上的两个数据，我们清楚地看到，这部以新颖的文学形式写成的短篇小说集在当时深受欢迎的盛况。（张世华）

为人类悬置希望的坐标

接受美学的创始人姚斯说过：“一部文学作品并不是一个自身独立向每一个时代的每一个读者均提供同样观点的客体。它不是一尊纪念碑，形而上地展示其超时代的本质。它更多地像一部管弦乐谱，在其演奏过程中不断获得读者新的反响，使文本从词的物质形态中解放出来，成为一种当代的存在。”

的确，一部作品的魅力会在某个特定的时期凸显出来。现在重读《十日谈》，我们更能体味其中的道理。

公元1348年，意大利的佛罗伦萨流行黑死病，病毒蔓延，十室九空。当时欧洲正处于中世纪时期，基督教占绝对统治地位。基督教强调神权至上，彼岸天国，要求人禁欲赎罪，以求来世。面对突如其来的灾难，许多人束手无策，等待上帝的拯救。此时，三个有教养的男青年和七个女青年躲避到郊外一座别墅，他们没有怨天尤人，而是用乐观的心态对待这场灾难，等待灾难的过去。他们每天选举一个“国王”，除了唱歌跳舞之外，每人每天讲一个故事消遣。讲到第十天时，这场瘟疫过去了。这便是意大利著名人文主义小说家和诗人薄伽丘的小说集《十日谈》的梗概。

这一百个故事多描写修道院里的偷情、贵族府第的通奸、市民家庭中的“红杏出墙”以及性的启蒙、性的欺诈、爱的机智、爱的圈套等，反映了当时意大利的社会现实。这一系列妙趣横生的通俗故事揭露、批判了教会的丑恶行径和虚伪，歌颂爱情，呼吁人人平等，肯定了人的价值，具有强烈的人文主义色彩。

薄伽丘是欧洲那场大瘟疫的亲历者。在《十日谈》中，不仅对其可怕的情景进行了真实的描写，而且也暗示了这场瘟疫所造成的人们思想观念的变化："有些人以为唯有清心寡欲才能逃避这一场瘟疫"，也有些人的想法恰好相反，以为唯有纵情欢乐，豪饮狂歌，"什么都一笑了之，才是对待瘟疫的有效手段"。薄伽丘正是用辛辣而幽默的嘲讽，达到了"一笑了之"的效果。

我们不能想见这场灾难给薄伽丘带来的危难，但有一点是可以肯定的，他用自信、乐观战胜了这场灾难。是的，正如法国启蒙学者伏尔泰所说："人类最宝贵的财富是希望。"同样面对灾难，我们不能用不幸的眼光只看到当前的困难，如果那样，我们只会沉沦和堕落。重读《十日谈》，你一定不会空手而归的。（杜　娜）

历史桂冠 LISHIGUIGUAN

薄伽丘是一位杰出的人文主义者和意大利文艺复兴运动的先驱。他与但丁、彼特拉克同属意大利城邦时代的三位伟大的文学大师，而后两位大师的作品更多地属于知识阶层和上流社会，而薄伽丘的文学却倾向于广大的市民阶层和普通人。这与薄伽丘的出身和人生经历有着密切的关系。薄伽丘1313年诞生于佛罗伦萨，也有人说是一个叫切塔尔多的小市镇。他是一个商人的私生子，母亲身份不明，大概是个社会地位低微的女人。薄伽丘从小在商人和市民的圈子中间长大，自幼爱好文艺，喜欢读书。14岁的时候，父亲不顾儿子的志趣带他到那不勒斯学习经商，后来又学习教会法典，薄伽丘却对两者都毫无兴趣，只是白白耗费了12年大好光阴。但是在此期间，薄伽丘有机会同王公贵族和人文主义者接触并且开始研读古代文化典籍。

薄伽丘是个多产作家，写过传奇、叙事诗、史诗、短篇故事集等。薄伽丘早期写的第一部比较成熟的作品是长篇小说《菲洛哥罗》，用托斯卡尼语写成，可以说是欧洲文学中第一部长篇小说。还有被称为是"雏形的《十日谈》"的牧歌《亚美托的女神们》、在欧洲文学中第一次出现的书信体心理小说《菲亚美达》、长篇叙事诗《菲索拉诺的仙女》、叙事诗《菲拉斯特洛》和《泰萨依德》。这些作品为他写下巨著《十日谈》做好了准备。正如《神曲》为意大利诗歌奠定了基础一样，《十日谈》为欧洲近代短篇小说开了先河。

1374年，薄伽丘的好友彼特拉克病逝，这给薄伽丘精神上以沉重的打击。1375年12月21日，薄伽丘在贫困和孤独中离开人间。当时佛罗伦萨最著名的文学家费朗哥萨凯蒂闻讯以后写了一首诗来寄托哀思，诗中叹息道：薄伽丘的死使诗坛黯然失色，佛罗伦萨文化的花团锦簇的盛况也仿佛随他而去了。

在我国巨著荟萃的经典艺术百花园中，《西游记》创下了再版之最、发行之最、读者数量之最等诸多辉煌成绩。

《西游记》

吴承恩（中国·明 约1500-约1582）

公元627年秋，唐贞观元年，28岁的玄奘法师混杂在逃难的灾民中间，悄悄离开了长安，开始了孤身求法的西行历程。他历尽艰辛，九死一生，心中只有一个念头："去伪经，求真经，不至天竺，终不东归一步。"17年后，他被唐太宗李世民以国礼迎回长安，长安百姓人山人海，争相一睹这位后来被神话成为"唐僧"的智者和勇士。玄奘归国后，口述西行见闻，由弟子辩机写成《大唐西域记》，记载了取经途中的艰险和异域风情，而玄奘另外两名弟子慧立、彦琮所撰《大唐大慈恩寺三藏法师传》中，对取经事迹作了夸张的描绘，并插入一些带神话色彩的故事。之后，600多年来唐僧取经的故事在民间广为流传，经过无数人的创造、取舍、增删、修改、加工，到了明代，杰出的小说家吴承恩集前人之大成创作出《西游记》这部杰出的经典，1592年由金陵书商世法堂唐氏刊刻出版。

在中国文学史上，以神话为素材的文学创作一向不够发达。《西游记》描绘了一个光怪陆离的神话世界，创造出许多离奇的神话故事，塑造了孙悟空、猪八戒等鲜明生动的神话艺术形象，乾坤万物洋洋洒洒地全都包容进了它的100回之中，填补了中国文学的一种缺陷，以其纵横驰骋绚丽幻想、曲折有趣的故事情节、宏大的结构和壮阔独特的场景，在我国小说史上别开生面，受到社会各阶层各年龄段的人士的欢迎，成为我国文学史上神怪小说创作里程中一座高高耸立的丰碑。

在我国大量巨著荟萃的经典艺术百花园中，《西游记》以其不可撼动的艺术地位创下了再版之最、发行之最、读者数量之最和改编映演的戏曲、电影、电视的观众之最等诸多辉煌成绩，堪称老少咸宜、中外同喜、久盛不衰的极品，它给亿万人的童年带来欢乐，给人们带来无限博大的想象空间。《西游记》虽然问世几个世纪了，但时间和空间都阻挡不住孙行者在我们这个世界的驻留和驰骋。

经典回眸
JINGDIANHUIMOU

跻身于中国《四大名著》之列的《西游记》，在我国是流行极广、影响极深的一部充满浓郁浪漫主义色彩的优秀作品，在中国古典小说中内容是最为庞杂的，赢得了各种文化层次的读者的爱好，成为永不过时的适合各个年龄阶段的人阅读的童话。

吴承恩生活在明朝嘉靖、万历时期，当时朝政黑暗，世风日下，作为一个饱受欺凌的小商人的儿子和屡挫考场备尝辛酸的儒生，他痛感豪绅欺压百姓，朝廷任用奸佞，而自己却"欲起平之恨无力"。这便是吴承恩写作《西游记》的社会背景。《西游记》虽是由众多零散故事传说汇聚成一部大书，但经过再创作，结构却相当完整；文字幽默诙谐，灵动流畅，善于描写各种奇幻的场面，显示了相当高的艺术水平。全书共100回，41个故事，描写孙悟空、猪八戒、沙和尚保护唐僧到西天取经的故事。为牵动读者的视线，作者构想了唐僧师徒取经路上离奇怪诞的"八十一难"以及一路上的神奇怪异，动人心魄的神魔冲突，以反映取经过程中遭受的折磨和极致的艰辛。《西游记》的写作采用了浪漫主义的手法，是以具有充分的现实生活为基础的幻想情节来表现生活的。无论是大闹天宫，还是西天取经，虽都是以超现实的幻想构思而成，但它却是封建社会现实生活和在封建制度的压榨下，被压迫人民的斗争性格和理想、愿望的艺术概括。

《西游记》中的艺术形象，既以现实的人性为基础，又加上作为其原型的各种动物的特征，再加上浪漫的想象，写得生动活泼，令人喜爱。如孙悟空的热爱自由、不受拘束、勇于反抗等特点，体现着人性的欲求，而他的神通广大、变化无穷，则是人们自由幻想的产物；他的机灵好动、淘气捣蛋，又是猴类特征和人性的混合。猪八戒的形象也颇值得注意。他行动莽撞、贪吃好睡、懒惰笨拙等特点，既与他错投猪胎有关，又是人性的表现。自然，猪八戒也有些长处，如能吃苦，在妖魔面前从不屈服，总记得自己原是"天蓬元帅"下凡等。他的毛病特别多，贪恋女色，好占小便宜，对

孙悟空心怀嫉妒，遇到困难常常动摇，老想着回高老庄当女婿，在取经的路上，还攒着一笔小小的私房钱。他在勇敢中带着怯懦，憨厚中带着奸滑。猪八戒的形象，体现了人类普遍存在的欲望和弱点。但在作者笔下，这一形象不仅不可恶，而且很有几分可爱之处。比较孙悟空多有理想化成分的形象，猪八戒的形象更具有日常生活中人物的真实性，读起来让人觉得亲切。这一种人物形象，是过去的文学作品中未曾有过的，他的出现显示出作者对于人性固有弱点的宽容态度，也显示了中国文学中的人物类型进一步向真实、日常和复杂多样的方向发展。

《西游记》风行以后，对人民的精神生活和文化生活也产生了很大的影响。明代，福州等地方的人家，户户都为孙悟空设家堂，许多地方还兴建了孙大圣庙。清代，以《西游记》人物故事而发明的酒席间的游戏“寻唐僧令”风靡一时。《西游记》成书以前，唐僧取经的故事便早已传到国外，成书以后，更是迅速走向世界，而且受到海外读者的欢迎和文学界的关注。英国汉学家安东尼说：“《西游记》是中国传统小说中的精品之一。”法国当代比较文学家艾登堡给予《西游记》很高的评价，他说：“没读过《西游记》，就像没读过托尔斯泰或陀斯妥耶夫斯基一样，这种人侈谈小说理论，可谓大胆。”这话虽欠理性，充满个人的感情色彩，但也可从一个侧面看出，《西游记》在世界小说史上，有它一定的价值，也足见它的影响之巨、之深、之广。

文学圣殿 WENXUESHENGDIAN

似庄而谐的神魔小说

在中国古典小说名著中，《西游记》要算是最驳杂的一部书。它糅合进了佛、道、儒三家之言，颇为齐全地让佛、道两教的神、仙人都登场表演，时而讲“禅心”、“六贼”、“圆觉”，时而讲“真性”、“元神”、“凝玄”，故弄玄虚。而在这佛、道兼容的神仙世界里，又以直写或隐喻的方式，注入现实社会的人情世态，时而掉书袋式地丢出几句儒家圣人的至理名言，似庄而谐，令人解颐。

正是这样一部小说，一方面赢得了多种文化层次的读者的广泛喜爱，各有所好，各取所需；另一方面却给小说评论者造成了麻烦，众说纷纭，莫衷一是。直到近些年来，对它的诠释才切合了这部小说的实际，说得较为圆通、中肯。

对这样一部神魔小说，要想作出比较确切的、与普通读者的阅读感受吻合的理性解析，首先考察一下它的成书过程，作为小说情节的唐僧取经故事的演变过程，是非常必要的。因为，从这中间可以比较清楚地看出，这个本来是弘扬佛法的故事，怎样会加入道教的内容，又怎样变为富有文学魅力、情趣的小说，以及由其自身矛盾所形成的艺术特点。

在中国古代小说中，《西游记》是一部思想性和艺术性都臻于一流的伟大作品。它也是明代长篇小说的重要流派之一——神魔小说的代表作。它在神魔小说中的地位，相当于《三国演义》之于历史演义小说。

神魔小说通常由两个部分组成。一个部分叫做出身传，另一个部分叫做灵应传或降妖传。《西游记》的结构也是这样。它的前七回介绍孙悟空的出身，其余九十三回是全书的主要部分，讲述唐僧、孙悟空师徒四人降妖伏魔、西天取经的故事。

孙悟空出身传中的大闹天宫的故事，成功地塑造了机智的、坚强的孙悟空的形象。他具有强烈的反抗性格，藐视腐朽无能的天宫统治者，喊出了“皇帝轮流做，明年到我家”的口号。正像有人所说的，“如果没有历史上发生的许多次规模巨大的、猛烈地冲击了封建王朝的农民起义、农民战争，大闹天宫的情节不可能想象得那样大胆，孙悟空作为一个叛逆者的形象也不可能塑造得那样光彩夺目。”

西天取经故事表现了神魔小说的两大主题：寻找与追求，斩妖与降魔。《西游记》把二者巧妙地联系和结合起来。它告诉人们：为了寻找、追求、实现一个美好的理想和目标，为了完成一项伟大的事业，必然会遇上或多或少的、或大或小的、各种各样的困难和挫折，必须去顽强地战胜这些困难，克服这些挫折。（袁世硕）

解读《西游记》的“钥匙”

在我国古代四大名著中，《西游记》是与众不同的一部。其他几部作品，都是以现实生活作为直接的描写对象，唯独它把神话世界作为自己的叙述背景。同样，在中国古代众多的神魔小说中，唯一成为经典的，也只有《西游记》。它为什么会取得这样一个文学史上的地位？较之其他神魔小说，它有什么不同之处？这些问题，一直到今天，都引起人们很大的兴趣。特别是关于它的主题，就有各种说法争执不休。有说谈禅，有说论道……但无论从传统文化价值还是从意识形态领域，抑或是后现代的消解式阅读，我以为，都没有真正找到解读《西游记》迷宫的钥匙，《西游记》是一部真正属于“满纸荒唐言”的作品，它之所以历久弥坚地引发人们的阅读和改编的兴趣，在于它荒诞故事中深刻的生命寓意，它用表面上述圣颂佛的故事，蕴含了对生命、人生哲理的探讨；写的是孙悟空个人的奋斗历险，实际上是对一个民族甚至整个人类悲剧命运的概括。所以只要人类永存，它就会魅力不减。正基于此，才奠定了它在中国文学史和人类文化史上的地位。

对存在的思考是20世纪哲学的主要命题，但对生命的认知却持续整个人类成长的历史。《西游记》中贯串着对生命形式和生命意义的追寻。整部作品对生命的认知主要体现在两个方面：一是对生命的时间维度的向往，这就是对于“长生不老”的追求；二是对生命的空间维度的要求，即自由和无羁绊的生存方式。

第一方面的描写成为了这部作品纵向的主线。小说从始至终的矛盾冲突都是围绕这个方面展开。翻开《西游记》，我们就会发现，这部书一开始就借着讲天地生成的神话讲人的诞生。在这样的讲述中，它突出了人的位置。接着，它叙述了孙悟空的诞生。它说孙悟空是感受天地灵秀、日月精华的结果。这是作家对生命起源的认识……从孙悟空到各处妖魔，从唐僧的十世元阳到佛祖的金刚不坏，都是一再地强调着一个生命永恒的观念。生命永恒的问题，是哲学的基本问题之一，也是生活向人们提出的一个课题。人类诞生之初，面临着自然界的挑战，在那艰难时世中，人首先应该能活下来。《西游记》把它的思考中心关注在这个问题上，是有其现实的、也有其自身的坚实依据的。对于个体来说，是一个生命维度的问题，但对于一个民族来说，这种不屈不挠的追求，正是它形成的根基。一个民族的历史发展过程中，无不经过困难层叠，障碍重重，一再失败，又一再奋起。似乎是达到了目标，却发现又是一次功败垂成。只要我们深入地体味，我们就会感觉到，《西游记》的作者以他神奇的笔为我们描述的始于一个人的个人体验，但蕴涵的却是一个民族的，甚至是整个人类的故事。他们历尽艰险，跋涉在一条命定的征途上，要挣脱绝望，向着渺茫的希望前进，《西游记》中跳动着一个永远追求的灵魂。

小说在生命的时间维度的追求上，有了圆满的结果。但在空间维度的追求上，却无疾而终。较之人类成长过程中与自然的斗争，人与社会的矛盾更显其复杂无望。孙悟空战胜了自然，打败了妖魔，却失去了自我。小说以孙悟空的自愿放弃结束了他的努力。小说为我们留下一个永久的思考题：一个丧失了自由和自主能力的生命过程，即使再漫长，有什么意义呢？小说写作只有几百年的历史，人类思考这个问

典·故·逸·话

吴承恩生有一子一女，其子过于贪婪，吴承恩在其女出嫁时仅赠予木箱一只，被其子发现，偷偷地打开，将内中的《西游记》手稿窃走，刻印发行于市，待其女发现，将木箱打开竟然空空如也。《西游记》的原稿不翼而飞，其女与婿即告知其父，吴承恩说没有关系，当即又加上大闹天宫最精彩的一段文字，其女再发行《西游记》的最新本子，结果市面上有大闹天宫的本子流行畅销于世，其兄盗卖的书却无人购买，此乃吴承恩最高明之处。

题却已有上千年的历史，而且时至今日，它的魅力不减。这就是经典的价值和意义之所在。

作为一部文学作品，我们对它的基本要求是给予我们一次完美的审美享受。但只实现一次审美过程的小说，是满足不了我们的阅读期待的。在一次一次的阅读发现中实现小说的价值完善，这才是文学的最高境界之所在。（佚　名）

历史桂冠 LISHIGUIGUAN

吴承恩（约1500–约1582），字汝忠，号射阳山人，淮安府山阳县（今江苏淮安）人，我国明代著名小说家，他所创作的《西游记》为我国古代四大名著之一。吴承恩出生于一个由下级官吏沦落为小商人的家庭，他的父亲吴锐性格乐观旷达，奉行常乐哲学，为他取名承恩，字汝忠，意思希望他能读书做官，上承皇恩，下泽黎民，做一个青史留名的忠臣。

吴承恩小时候勤奋好学，一目十行，过目成诵。少年时，就已名冠乡里，他除勤奋好学外，特别喜欢搜奇猎怪，爱看神仙鬼怪、狐妖猴精之类的书籍。如《百怪录》、《酉阳杂俎》之类的小说野史，这类五光十色的神话世界，潜移默化中养成了他搜奇猎怪的嗜好，这对他创作《西游记》有着重大的影响。

嘉靖十年，吴承恩在府学岁考和科考中获得了优异成绩，取得了科举生员的资格，与朋友结伴去南京应乡试。然而才华不如他的同伴考取了，他这位誉满乡里的才子竟名落孙山。第二年春天，他的父亲怀着遗憾去世了。接受初次失败的教训，吴承恩在以后三年内，专心致志地在时文上下了一番苦功，在嘉靖十三年秋的考试中却仍然没有考中。两次乡试的失利，再加上父亲的去世，对吴承恩的打击是沉重的。

品尝了社会人生酸甜苦辣的吴承恩，开始更加清醒地、深沉地考虑社会人生的问题，并且用自己的诗文向不合理的社会进行抗争。一生穷困的吴承恩，奋尽全力完成中外闻名的《西游记》后，带着悲喜交加的心情，约于万历十年离开了人世。他虽然终身未能腾达，但他和他的《西游记》在中国文学史上取得了光辉而崇高的地位，光照千秋。

读一本好书就是与一个伟大的心灵对话。富兰克林的自传改变了无数年轻人的命运，被几代人当成人生修养的范本。

《富兰克林自传》

富兰克林（美国 1706—1790）

世界上恐怕没有人会在富兰克林的名字前无动于衷，因为即使你不是美国人，没有享受到富兰克林对美国民主所作的贡献，你总会享受到避雷针的恩惠，你至今仍然受到它的恩惠，它的发明人就是富兰克林。

富兰克林不是那种仅仅靠时代和机遇造就的伟人，他无论生于什么时代，什么地方，都会成为一个伟大人物。他是智慧与意志、天才与艺术、力量与优雅、智能与风度集于一身的榜样，就好像大自然在塑造他的时候特别高兴和慷慨。时至今日，据美国《新闻周刊》的调查表明，有76.8%的美国人认为富兰克林是他们最为崇拜的偶像。作为一名科学家、出版家、外交家、政治家、哲学家和实业家、美国独立运动的领导人，富兰克林当之无愧地跻身于世界顶级的偶像之列。

无论在美国还是在其他国家，富兰克林的影响力都是十分强大的，他的名字始终闪烁着耀眼火花，而他的自传被誉为“震憾心灵的美国精神读本”，是一座富含人生哲理与幽默感的思想宝库。如果你想知道一些有关做人处世、控制自己、增进品格的理想建议，不妨看看富兰克林的自传。《富兰克林自传》自出版以来，相继被译成多种文字，成为世界各国喻户晓的文学经典，被迄今为止的几代人当做人生修养的范本。作品中体现的“民众的公德心”以及处世、持家、待人接物等方面的种种美德一直激励、教育、影响着世人。从某种意义上说，富兰克林的成长史也正是一部美德史。

读一本好书就是与一个伟大的心灵对话。《富兰克林自传》是世界享有盛名的伟人传记，书中所倡导的通过不懈努力，取得非凡成就的奋斗精神，也因本书的广为流传，改变了无数年轻人的命运，在世界上影响广泛而深远。

经典回眸
JINGDIANHUIMOU

《富兰克林自传》被誉为“震憾心灵的美国精神读本”，它的出版具有划时代的意义。富兰克林在1771年动笔，1788年完成，前后历时17年之久。这部传记可以说是在读者如饥如渴地等待中出版的。一经问世，立刻被翻译为法文，被一抢而光。这部传记首先是因为他写了富兰克林这个传奇人物而受到世人青睐的。

青年人都希望学习富兰克林成功的秘诀，他们把这部书当成“人生指导”读物；其次，富兰克林写出了“美国梦”，“到美国去发财致富”成了影响力很大的口号；第三，这部书在美国文学史上有举足轻重的影响，它打破了当时的写作常规，成为一部自传体小说，被誉为清教徒的《奥德赛》史诗和世界上最优秀的自传之一。富兰克林是“美国英雄”、“民主主义的神话英雄”，而他的自传也成了自传家族的先驱。

富兰克林的自传作为一部18世纪的文学代表作及一份属于新时代的革命文献，一直为世人所赞美。他所讲述的故事是前所未闻，他叙事的谦逊平和的方法也是史无前例。与那些大学学究们为取悦批评家而用华丽词藻堆砌的作品相比，《富兰克林自传》有其独到之处。

在英国书评界纷乱繁杂的文字战斗中，富兰克林既无阵地又无名气，尽管他不时被介绍给一些主导着文学界的社团并为他们所认可，但他们的争论影响不了他的写作，他的生活发展不靠他们的认可，亦不依赖于文字交易中所获得的“胜利”。

1806年，一位批评家厌恶当时的流行之风，点评了富兰克林的过人之处，如果他“受过大学教育，他将会满足于诠释诗的音节……如果波士顿人才荟萃，他将永远不敢走出印刷所，或至少会被批评家们的冷嘲热讽赶回印刷机旁……因无人去赞誉他早期作品中的美，他自然就指望以精确明晰、清楚生动的叙述来打动人心了……我们不去评价他的独特之处，只就作为道德伦理和普通文学作品的写作者而言，富兰克林博士的功绩也是难以确切估量的……他尽力寻找合适的文字表达，来加深人们对（波士顿及费城的商贩、工匠们的）克勤克俭、谦虚谨慎的重要性的认识，把他们的聪明才智、可怜的奢望引导到掌握有用的知识及获取值得尊敬的自立上来。毕竟，适合大多数人的生存环境的道德伦理才是最有价值的。”

的确，富兰克林在自传中并没有提出什么新的观念，他只是写道：“我立下一条规矩，决不正面反对别人的意思，也不让自己武断。我甚至不准自己表达文字上或语言上过分肯定的意见。我决不用‘当然’、‘无疑’、这类词，而是用‘我想’、‘我假设’或‘我想象’。

当有人向我陈述一件我所不以为然的事情时，我决不立刻驳斥他，或立即指出他的错误；我会在回答的时候，表示在某些条件和情况下他的意见没有错，但目前来看好像稍有不同。我很快就看见了收获。凡是我参与的谈话，气氛变得融洽多了。我以谦虚的态度表达自己的意见，不但容易被人接受，冲突也减少了。我最初这么做时，确实感到困难，但久而久之，就养成了习惯，也许，50年来，没有人再听到我讲过太武断的话。这种习惯，使我提交的新法案能够得到同胞的重视。尽管我不善于辞令，更谈不上雄辩，遣词用字也很迟钝，有时还会说错话，但一般来说，我的意见还是得到了广泛的支持。”这只不过显示了他人格成熟的重要标志：宽容、忍让、和善。

不管富兰克林的说教意图是如何普通平常，他所度过的一生以及他所叙述的亲身经历已破坏了旧的习惯，激发了新的思想观念。对这个并非静止不动、而是发展变化的世界而言，富兰克林的一生及其自传实在是意义深远，它们与一个“正蓬勃发展的民族的生活状况与方式的详情细节是相通相连的”。但更重要的是《富兰克林自传》非常成功地揭示了人的品质。

富兰克林的父亲与兄长詹姆斯的形像生动真切，跃然纸上；与凯默争吵的再现恰似巴尔扎克、马克·吐温的绝妙描写；对教友会教友们反对战争的叙述，是对这些诚实的人们的明智处理；对人物和场景的描写如《创世纪》、《天路历程》一样绘声绘色；像莎士比亚、沃尔特·司各特一样得心应手——这些，人们在富兰克林的自传中均可领略到。

富兰克林自己的性格特征也同样清晰可见。菲利蒲·布鲁克斯写道：“读过《富兰克林自传》的人一直认为，在他所熟知的人物中，这个老天真把自己交待得清楚明白，自成一体。”西奥多·帕克也从中发现了大量的材料来勾勒富兰克林的特征：如在说他的道德成长过程时，“学走路时，跌跌绊绊许多次，长成一个高大的青年时，又走得过快过急，于是就猛跌了一跤”。在其非凡的实践中，“他能把物铸造成机器，把人组织成团体”。

英国历史学家莱克基认为富兰克林的自传自始至终简朴凝练，寓意丰富，启迪性强，极具说服力。通篇几乎无晦涩难解或多余累赘之句，亦无模棱两可的名词术语。在所有的对富兰克林的赞美之词中，没有能与这段文字相提并论的了。

《富兰克林自传》的出版具有划时代的意

典·故·逸·话

富兰克林不仅是著名的科学家，还是一位政治活动家。他曾积极地参加了《独立宣言》的起草，为争取黑人解放发表演说，为建立美国的民主制度进行斗争。他在指责一项有钱人才能有资格当选为议员的法律的时候说：“要想当上议员，就得有30个美元。这么说吧，我有一头驴，它值30个美元，那么我就可以被选为议员了。一年以后，我的驴死了，我这个议员就不能继续当下去了。请问，究竟谁是议员呢？——是我，还是驴？”

义。它在1771年动笔，1788年完成，前后历时17年之久。这部传记可以说是在读者如饥如渴的等待中出版的。一经问世，立刻被翻译为法文，被一抢而光。青年人都希望学习富兰克林成功的秘诀，他们把这部书当成“人生指导”读物。富兰克林以清晰流畅的文字、真诚坦率的态度显示了其人生经历。

他讲述自己对人性和自由、科学与进步的无限崇尚与追求，他相信人类凭借知识和理性足以化解横亘在前进途中的种种难题，并谆谆告诫读者不要抛却以勤劳节俭为核心的美德。由此可见，这部自传不仅是富兰克林个人心路历程的真实回顾，而且也是一部包含了诸种善与美的道德律令手册。富兰克林不仅从空中扼住雷电的咽喉，将人民的权力归还人民，而且还将一部训诫人生的永恒之作传诸后世。

完美品质的化身

毋庸置疑，富兰克林是美国历史上最为重要的开国元勋之一，而且，在那批真诚又令人难忘的开国元勋中，他是仅有的一位国人无须仰目而视者。其他几位元勋——华盛顿、杰斐逊、两位亚当斯、佩恩、亨利、汉密尔顿、麦迪逊和梅森——或使人敬而远之，或让人望而生畏，他们都居高临下地俯视着我们。只有富兰克林的眼里闪烁着和蔼的光芒，显得那样平易近人。

美国人渴望英雄，却又对英雄满怀狐疑。人们景仰华盛顿，敬佩杰斐逊，崇敬林肯；但是对于富兰克林，人们却只能以其本色去考察他，将他看成是自己人中的一分子。在他面前，芸芸众生丝毫不感到拘束，他的处世之道影响了无数人。

富兰克林的自传作为一部18世纪的文学代表作及一份属于新时代的革命文献，一直为世人所赞美。富兰克林工作辛苦，他推动改进，调解不和，他促动实施大众需要的且对他们有利的公益事业。他在自传中记录下这些成就、作用及一些可堪效法的行为方式，旨在告诉我们，在一个新的革命的大铸模里，一代杰出的传人是如何运用自己的聪明才智来创造生活的。

《富兰克林自传》向我们展示了这位伟人难以置信的多才多艺、经久不衰的能力、完善自我与改进社会的热情、精明睿智的头脑、和蔼可亲的性格、与任何人都能愉快相处的本领、甘于平凡的品质以及随机应变的天赋。

富兰克林的处世之道是彻底的实用主义的，把富兰克林放在20世纪美国的任何地方，他肯定都能生活下去。作为政治家，他不宣称信仰任何政治理论；作为科学家，他不为人性或天性而烦恼，而是将二者兼收并蓄。他性情温和，心态宁静，脾气极好。他的道德准则主要在于行善。他极力颂扬了诚实、自制、勤勉、宽容、节俭等13项朴素的做人原则，并道出了这样的真谛：谁具有这些原则，谁就一定会在生活中获得成功。

富兰克林主编过最成功的一份殖民地报纸，出版过年历，当过州议会的零活儿的印刷商，他能够轻而易举地制订出一项收费图书馆计划，也能够轻而易举地制订出一项殖民地联合计划；他能够组建成一个有利可图的邮局，也能够建立一个国际联盟；闲暇的时候他能够作风和海潮的实验，绘制海流图，让闪电俯首听命。从根本上说，任何一个人只要有其中一项成就，就可以在人类历史上永垂不朽了。富兰克林以一人之身，在多个领域创造了非凡成就，实为历史所罕见。

“假设你不欣赏富兰克林的自传，我将剥夺你的继承权。”英国杂文家西德尼·史密斯对他的女儿这样说。西德尼的要求是有些过高，但是我们无法否认：世世代代的读者对富兰克林的13项做人原则的赞美与喜爱，绝不会很快消失；富兰克林的13项做人原则中那些丝毫不加修饰地展现出来的优秀品质，在未来的年代里仍将是弥足珍贵的。（亨利·斯蒂尔·康马杰）

伟大的人生

所谓成功的人，并不一定非得是高官厚禄的人，并不一定非得是轰轰烈烈的人。所谓成功的人，对于绝大多数人而言，就是今天比昨天更智慧的人，今天比昨天更慈悲的人，今天比昨天更宽容的人，今天比昨天更懂得爱的人；也就是今天比昨天进步一点儿，心灵和行为日趋高尚的人。

美国杰出的文学家、思想家和科学家富兰克林，作为美国财富和智慧的代表者，美国人民把他的头像印在100美元纸钞的正面。200多年来，这位智者的思想一直被那些希望增进美德并过上富足生活的人们所遵循和实践着。

可以毫不夸张地说，富兰克林造就了一个属于他的时代，富兰克林以自身的努力创造了一个不朽的神话。

世界上许多专家对富兰克林不平凡的一生产生了浓厚的兴趣，他们认为一个人能做出如此之多的成就，肯定有特殊之处。经过研究，富兰克林的传记作家卡尔·范·多林终于揭开了这个秘密。他从富兰克林的日记中发现：在1728年，也就是富兰克林22岁时，他为自己制定了13项做人原则。这13项原则是富兰克林成为一代伟人真正的力量源泉，难怪马克·吐温读了富兰克林的自传后指出："伟人之所以伟大，并不是因为他比别人多些什么，而只是因为他有原则；常人之所以平常，并不是因为他比别人少些什么，而只是因为他缺乏原则。"

我们还是仔细看一下富兰克林的13项做人原则吧！

在1728年，富兰克林设想了一个大胆而艰巨的计划，想达到完美成功的境界。他希望一生任何时候都能不犯错误。他要战胜所有的缺点，不管是天生的偏好，流行的习俗，还是同伴们引诱而致的陋习。因为富兰克林知道，什么是对什么是错。他就应该做正确的事而不做错事。

但是不久，富兰克林发现，要完成这一任务比他想象的要困难得多：当他集中精力对付一个错误时，另一个错误往往会出人意料地冒出来；习惯总是乘人不备而来，偏好往往强于理智。后来富兰克林得出结论：从理论上相信完善的道德对人们是很有利的，但这还不足以防止错误的发生；坏的习惯必须打破，好的习惯必须去培养和建立，这样才能使得自己的行为正确。

因此富兰克林列出13项做人原则，他认为这在当时是他希望做而且也是必须做到的；每一项目后附上一条简约的格言，表达他对每一项做人原则的含义的理解。

富兰克林的目的是要将这些原则培养成习惯，他认为还是不要一下子对全部的原则进行尝试为好，而是在一段时间里只专注于一项原则的修炼，当把这一项原则养成了习惯后，再对另一项原则加以培养，如此进行下去，直到他实践全部13条原则为止。富兰克林做了一个小本子，在其中一页上写上了各种美德，每页上用红墨水划成七栏，每一栏代表一星期中的一天，上面注上星期几的第一个字母。再划上13道竖线，每一行中用代表每一项原则的第一个字母注上，在横竖线形成的空格内，当他检查完一天的道德实践的情况后，就对所犯的错误用小黑点在其中标明。

富兰克林从制定好13项原则后，一生始终不渝地坚持着，也正是这13项做人原则造就了他伟大而辉煌的一生。我们从《富兰克林自传》一书中，可以深刻体会到这13项原则对于一个人的成功的巨大作用。所以，只要我们坚持富兰克林的13项原则，我们也能成为一个杰出的人。（佚　名）

历史桂冠
LISHIGUIGUAN

1706年1月17日，本杰明·富兰克林出生在北美洲的波士顿。作为一名科学家、出版家、外交家、政治家、哲学家、美国独立运动的领导人，他主编过最成功的一份殖民地报纸，他能够轻而易举地制订出一

项收费图书馆计划，也能够轻而易举地制订出一项殖民地联合计划；他能够组建成一个有利可图的邮局，也能够建立一个国际联盟；闲暇的时候他能够做风和海潮的实验，绘制海流图，也能让闪电俯首听命。

他以一人之身在多个领域创造了非凡成就，实为历史所罕见。在数学方面，他创造了8次和16次幻方，这两种幻方性质特殊，变化复杂，至今尚为学者称道；在热学方面，他改良了取暖的炉子，可以节省四分之三燃料，被称为“富兰克林炉”；在光学方面，他发明了老年人用的双焦距眼镜，戴上这种眼镜既可以看清近处的东西，也可看清远处的东西。他和剑桥大学的哈特莱共同利用醚的蒸发得到负25摄氏度的低温，创造了蒸发致冷的理论。此外，他对气象、地质、声学及海洋航行等方面都有研究，并取得了不少成就。

富兰克林不仅是一位优秀的科学家，而且还是一位杰出的社会活动家。他一生用了不少时间去从事社会活动。他还特别重视教育，兴办图书馆、组织和创立多个协会，都是为了提高各阶层人的文化素质。政治活动是富兰克林人生的主旋律，但是他并没有把政治活动当做谋取个人名声的手段，而是为了北美的独立和人民的利益。从1757到1775年他几次作为北美殖民地代表到英国谈判。独立战争爆发后，他参加了第二届大陆会议和《独立宣言》的起草工作。

1776年，已经70高龄的富兰克林又远涉重洋出使法国，赢得了法国和欧洲人民对北美独立战争的支援。1787年，他积极参加制定美国宪法的工作，并组织反对奴役黑人的运动。这位波士顿肥皂制造商的儿子，以他的智慧和勤奋，在科学上和政治上都取得了令人瞩目的成就，赢得了世人的敬意。时至今日，据美国《新闻周刊》的调查表明，有76.8%的美国人认为富兰克林是他们最为崇拜的偶像。

1790年4月17日夜里11点，富兰克林溘然逝去。4月21日，费城人民为他举行了葬礼，两万人参加了出殡队伍，并为他的逝世服丧一个月以示哀悼。本杰明·富兰克林就这样走完了他人生路上的84度春秋，静静地躺在教堂院子里的墓穴中，他的墓碑上只刻着“印刷工富兰克林”，然而他的光辉一生却永远留在后人心中。

生者可以死，死者可以生，《牡丹亭》作为一部有情人终成眷属的成人童话，给予了爱情最高的礼赞。

《牡丹亭》

■ 汤显祖（中国·明 1550—1616）

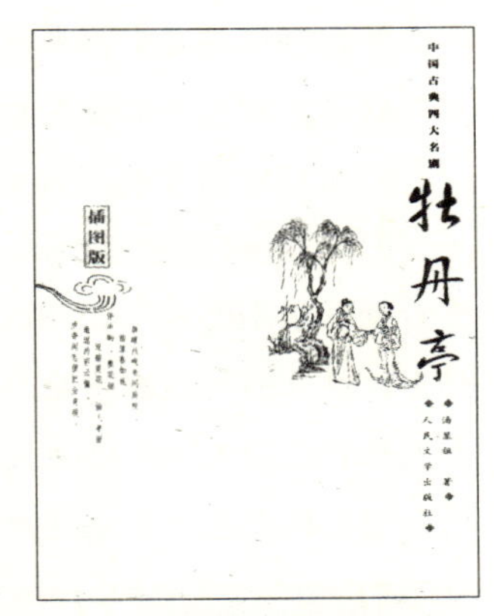

在明代300年的剧坛上，没有一个人像汤显祖那样受到后人的景仰，拥有至高无上的地位。作为中国文化孕育出来的伟大戏剧家，汤显祖堪与英国文豪莎士比亚相匹敌。

汤显祖曾说：“一生四梦，得意处惟在牡丹。”“牡丹“即指《牡丹亭》，是汤显祖的代表作，更是我国戏曲史上浪漫主义的杰出著作。它是汤显祖“情”之理念的戏曲与美学的呈现，是后人难以匹敌的独特创造。这场绽放于春光明媚的想象世界的陈曲旧梦，上演了一幕爱恨交织的生死绝恋。作为一部有情人终成眷属的成人童话，对整个中国戏剧界产生了重大的影响。

人们可以不知道汤显祖，但不可能不知道《牡丹亭》，不可能不知道为情而死、为爱还魂的杜丽娘。汤显祖的《牡丹亭》所讲述的幽奇绚丽的爱情故事，从古到今，倾倒众生，令人如醉如痴。它当时刚一出现，立即掀起剧坛的旋风，沸沸扬扬。明清以来，改本续书屡出不穷，其他评点、转引、模仿者，更是不胜枚举。而在明清妇女界造成的热烈反响，尤为惊人。传说中俞二娘、金凤钿、冯小青、商小玲等这些多情女子都因《牡丹亭》感伤殉曲以死，更使戏里戏外不知平添多少传奇外的传奇，成为古典剧坛的奇事。

《牡丹亭》是经典中的经典，一个最浪漫、最美丽的爱情神话，给予爱情最高的礼赞，爱情可以超越生死，感动冥府、朝廷，得到最后胜利。因此《牡丹亭》可以说是一部有史诗格局的“寻情记”，上承“西厢”，下启“红楼”，是中国浪漫文学传统中一座巍巍高峰。

经典回眸
JINGDIANHUIMOU

从东晋干宝的《搜神记》以来，我国民间就流传着种种人鬼恋爱、甚至还魂或投胎再生结为夫妇的故事，汤显祖对这类逸事一直特别感兴趣，便书写了一段南安太守女儿杜丽娘和落魄书生柳梦梅生死离合的爱情故事——杂剧《牡丹亭》。

南宋时期的南安太守杜宝只有一个女儿，取名为丽娘，天生丽质，聪慧娇艳，而16岁尚未许配人家。杜宝为了使女儿知书达理，为她请了老秀才陈最良做私塾先生。杜宝和陈最良不知，一篇《诗经·关雎》已然惹动了丽娘的情思。伴读的使女春香偶尔发现了杜府的后花园，便引领着丽娘偷偷游园。丽娘在大好春光下动了春情，梦见一个手拿柳枝的书生前来召唤她。醒来后丽娘心中放不下，又去花园寻梦，失望之下相思而终。杜宝因为战乱而匆匆埋葬了女儿，并造了一座梅花庵供奉丽娘神位。

广州府的秀才柳梦梅去临安考试，因病寄宿梅花庵，偶然拾到有丽娘画像的匣子，回到书房，便把那画像挂在床前，夜夜烧香。丽娘在阴间一待就是三年，直到阎王查到丽娘阳寿未尽，让她重回人间。丽娘的鬼魂游到梅花庵里遇到柳生。第二天，柳生挖坟开棺使丽娘还魂，两人一道去了临安，在钱塘江边住下。一日，来临安的老夫人和春香因为天色已晚找宿处恰好与丽娘相遇。而柳生到扬州省亲，顺便去淮安拜见杜宝。杜宝以为女儿已死，便以柳生假冒为罪名，将他押往临安候审。考官苗舜宾听说后，赶到杜府，救下了柳生，并告诉杜宝，柳生已考中状元。杜宝正在气恼时，陈最良来到说小姐确实又活了，柳生就是女婿。杜宝认为这是鬼妖之事，请奏皇上定夺。皇上要杜宝、小姐、柳生、老夫人都前来对证。金銮殿里，众人相会，皇上用照镜子看有没有影子的方法断定丽娘确实是活人。经皇上裁决，父女、夫妻终于相认。柳生拜认了岳父杜宝，全家人皆大欢喜。

这出一波三折的经典剧目，表达了当时广大男女青年要求个性解放，要求爱情自由、婚姻自主的呼声，并且暴露了封建礼教对人们幸福生活和美好理想的摧残。那优美雅致的语

言、起伏跌宕的情节、直刺人心的精神力量，使得《牡丹亭》在历朝历代都备受尊崇。2004年秋天，由著名作家白先勇将改版后的青春版《牡丹亭》重新搬上舞台，显示了此剧强大的民间影响力和不可撼动的文化地位。

临川梦中赏牡丹

江西临川，物华天宝，人杰地灵，素有才子之乡的美称，作为一名临川人，深感荣幸，更为临川历史上有晏殊、王安石、汤显祖等名人而深感骄傲和自豪。前段时间在文学院资料室有幸看到汤显祖的1598年版本的《牡丹亭》，如获珍宝，爱不释手。《牡丹亭》、《南柯记》、《邯郸记》和《紫钗记》同为"临川四梦"，《牡丹亭》乃四梦之最。尽管全书都是用古文撰写，读起来很吃力，我还是被它深深吸引。

《牡丹亭》是我国戏剧史上一部浪漫主义杰作，它所描写的是一种"生者可以死，死者可以生"的爱情，对人的情欲有了肯定的描述，对理学禁欲主义进行了强烈的冲击，为受禁锢的人生打开了一扇窗户，从而达到了传奇的顶峰。

远望楼台人影近，人影近，莫非相逢一位月下魂？丽娘私出游园在梦中和书生柳梦梅幽会，又怀春而死，柳生后来进京赴试，与丽娘画中魂灵幽会，柳生揭墓开棺，丽娘起死回生，却又历经波折，终成眷属……

"不到园林，怎知春色如许？"丽娘第一次真正见到春天的时候，她才发现原来生命和春天一样美丽。丽娘想摆脱封建礼教的束缚，却又不得不受到有形无形的重重压制。"原来姹紫嫣红开遍，似这般都付与断井颓垣，良辰美景奈何天，赏心乐事谁家院？"她惋惜的不是三月阳春，而是眼看青春转瞬即逝，而她却无能为力，这便是身处封建制度的女性所怀有的心理状态，有一种倔强，却又心有余悸；有一种可爱，却又有一种软弱。

汤显祖在《牡丹亭·题词》中写道："如杜丽娘者，宁可谓之有情人耳。情不知所起，一往而深。生者可以死，死者可以生。生而不可以死，死而不可以复生者，皆非情之至也……"这是一种可以超越生死跨越一切的爱情，正如孟姜女哭长城，千古绝唱唱到今。

读罢《牡丹亭》，感人至深，早已泪流满面，多少次挑灯夜读，废寝忘食，为丽娘对爱情的坚贞，为汤显祖的性情之言，为善良与美好……

我们当然已经远离了那个受封建婚姻制度禁锢的时代，女人不一定非要成为具有三从四德的贤妻良母，这是一个个性解放的时代，我们不需要再像杜丽娘和柳生一样被封建枷锁捆得伤痕累累，可是那种勇敢地追求幸福和理想的精神，在任何时代都不会落后。

如果你一生中都不看《牡丹亭》，那绝对会是你一生的遗憾。你可以不去临川。但你不可以不读《牡丹亭》，因为它可以给你意想不到的收获。临川梦中赏牡丹，是梦？非梦？如痴如醉……（佚　名）

《牡丹亭》的文化启示

借着《牡丹亭》第一出《标目》，汤显祖钩玄提要，说明他的创作动机及旨意，更铺叙了他创作时的心境，是对现实世界的失望，对人生道路坎坷感到无奈。他坐在玉茗堂，朝朝暮暮，做什么呢？就是创作《牡丹亭》，希望通过艺术想象的投射，展现另一种美好的世界：忙处抛人间处住，百计思量，没个为欢处。白日消磨肠断句，世间只有情难诉。玉茗堂前朝复暮，红烛迎人，俊得江山助。但是相思莫相负，牡丹亭上三生路。

《牡丹亭》能够给人强烈的感染，最主要的力量来自作者对人类追求自由、幸福、理想的执著与讴歌，而非由于剧本辞藻华美，更不是才子佳人屡经波折而终能团圆的曲折情节。才子佳人大团圆这类情节，在明清传奇中很多，有的更为曲折离奇，花样翻新，并不令人感动。《牡丹亭》作为人类文化遗产，最重要的启示是：人要追求幸福，要认识自我主体，要为了理想不惜身家性命，不畏生死的考验。

汤显祖塑造了一个光辉亮丽的杜丽娘，她百折不挠，坚定不渝，不畏艰难险阻。在她身上，我们同时看到了汤显祖对人性光辉的信念，看到了心性之学的“赤子良知”如何绽放在春光明媚的想象世界。汤显祖一生所坚守的人格尊严，抵拒浊世污染的“掩门自贞”，捍卫真

典·故·逸·话

明朝时，四川内江有个少女，长得楚楚动人，但她拒绝了所有的求婚者。原来，她读《牡丹亭》入了迷，一心要嫁给汤显祖。后来，她去杭州，托人向汤显祖表白爱慕之情。汤显祖对来人说自己年纪大了，不能误她青春。这女子坚决不信，认为能把柳梦梅、杜丽娘的爱情写得那么逼真的人，一定是才貌双全的少年。一次，汤显祖在西湖宴请宾客，这女子闻讯后，迫不及待地亲自前往，发现朝思暮想的汤显祖竟然是个伛偻着腰、扶仗而行的老叟！少女大失所望，对天长叹不已：“我一向仰慕他的德才，愿意和他结终身之好，想不到他却是又老又丑，我活着还有什么意思呢?”之后，竟投湖自尽。

理、不畏强权的抗疏行动，以及挂冠而去、归隐田园，都与杜丽娘的“情之至”一脉相通。

长期以来，妇女是最受《牡丹亭》感染的读者与观众。杜丽娘的世间处境，展现了明清妇女共同经历的心理挫折及对人生幸福的憧憬。她令明清闺阁中人感动，不但因为她吐露了内心的情怀与对幸福的憧憬，还敢于起而行，走入梦的世界，去追求梦中情人，去实现她对幸福与快乐的向往。梦醒之后，她并不甘心放弃理想，还要去“寻梦”，还把自己的生命投入到对理想爱情的追索中，为“情”而死，而且“虽九死而犹未悔”，在冥界也不曾忘情，终能因情痴而冲破生死界限，还魂复生，实现了理想的幸福，与梦中情人结合。

汤显祖在塑造杜丽娘这一角色时，除了考虑到当时的妇女社会处境，还想到自己一生所处的时代困境。现实中有太多的压制与桎梏，有太多的悲惨与不平，只有通过意识的拓展，通过想象世界里的追求，才能在梦中实现理想的幸福。这是不是缘木求鱼？这是不是自相矛盾？这到底是不是完全的虚幻与自欺，还是在真幻之间追索一条未来的道路？汤显祖在《牡丹亭还魂记题词》中，这样说过：“人世之事，非人世所可尽。自非通人，恒以理相格耳。第云理之所必无，安知情之所必有耶。”艺术的理想，使他看到了青春亮丽的未来，为了筑一条路，他写了《牡丹亭》。（郑培凯）

历史桂冠 LISHIGUIGUAN

明代戏剧家汤显祖，字义仍，号海若，别号清远道人。汤显祖生活的明朝嘉靖、万历年间，当时明王朝已进入极为腐朽的时代。担任南京礼部主事的汤显祖上疏抨击朝政，这就是震惊朝野的《论辅臣科臣书》。由于汤显祖揭露了明朝的黑暗政治，指责明神宗朱翊钧，抨击了宰相申时行，而被贬为广东徐闻（今雷州半岛）典史。后汤显祖迁为浙江遂昌知县，深受当地人民爱戴，但遭到统治集团嫉恨，终于在万历二十六年被罢官回家。从此，他隐居故里直至1616年逝世。

汤显祖毕生从事写作，一生作品很多，有诗、文、赋、曲等，但流传不多，影响较大的有传奇五种：《牡丹亭》、《紫钗记》、《邯郸记》、《南柯记》、《紫箫记》。前四种合称为“临川四梦”，其中最有名的是《牡丹亭》。汤显祖的创作对当时和后世都发生了重大的影响。近代随着对外文化交流的发展，汤显祖在西方的声望日高，和莎士比亚一起被称为东西方对峙的一对戏剧巨星。

自从有了歌德，有了他的作品，整个德语文学才真正开始有了同世界文学抗争的底气。

《浮士德》

歌德（德国 1749-1832）

在德国文化领域中，没有比歌德更真实、更伟大、更不朽的人了。他是一个伟大的诗人，同时他在小说、戏剧、文艺理论、哲学、历史学、造型艺术以及自然科学等领域都很有成就。他以超常的天分和过人的精力创作了大量的文学作品，开创了一个歌德时代，无论是在德国历史上还是在人类历史上，他都被誉为对社会贡献巨大的人。从其开始创作之时起，他一直都是欧洲文坛的风云人物，可以这么说，自从有了歌德，有了他的作品，整个德语文学才真正开始有了同世界文学抗争的底气。这位全欧最有智慧、最德高望重的伟人将与他的作品一起永远光耀后人。现代的空气里充满了许多新生的萌芽，这都是他那仁慈的手大把大把撒出去的种子萌发出来的。许许多多的人也许连歌德的名字也不知道，可是却感受到了他的精神气息。

歌德是个百科全书式的智者，他的文学创作、科学研究和政务活动，还有他丰富的感情上的经历，这一切使他成为另一种意义上的完整的人；他的丰富阅历、他的渊博学识、他那深邃的思想、犀利和审视的目光，赋予他的作品以一种广袤的涵盖性，深度的哲理和经常闪现精神火花的真知灼见，到处可见隽永之词、智能之语。

别的民族和时代可能有过或将有更伟大的诗人，但歌德对于德国文化，好比太阳对于大地。哲学家谢林说：“歌德活着的时候，德国就不是孤苦伶仃的，不是一贫如洗的，尽管它虚弱、破碎，它精神上依然是伟大的、富有的和坚强的。”如果有什么能称为哲学史诗的话，那么这一术语只适用于歌德的《浮士德》。该书是欧洲资产阶级上升时期从文艺复兴到19世纪初期300年间文化发展的生动缩影，它与荷马的史诗、但丁的《神曲》以及莎士比亚的《哈姆雷特》并称为欧洲文学的四大名著，既是启蒙主义文学的压卷之作，也是欧洲与世界文学史上最具价值和最富有影响的作品之一。

经典回眸
JINGDIANHUIMOU

在德国文学史上，恐怕没有人比歌德享有更高的荣誉了，而他的作品不仅在德语文学，而且在世界文学中也占有重要地位。《浮士德》是歌德以毕生精力创造出的融诗的巨大力量与哲学思想的无限深度为一体的杰作。浮士德这个名字在欧洲可以说是家喻户晓。据说他是一个游方学者，精通星象、算命术和点金术，德国民间有许多关于浮士德的传说。这些传说的核心是：浮士德同魔鬼订了契约，借助魔法追求各种知识和生活享乐，约期满后，魔鬼把他的灵魂带走。歌德从根本上改造了这个传说，对这个素材进行了全面深入的挖掘和发挥，前后用了将近60年的时间，写成了诗体悲剧《浮士德》。

《浮士德》是用多种诗体的韵文写成的，共两部。剧中的浮士德是整个人类的代表，是全人类的导师。他所追求的是人类发展的前景。浮士德所经历的发展过程，主要可以分成五个阶段的悲剧：第一部分写知识悲剧和爱情悲剧；第二部分写政治悲剧、美的悲剧和事业悲剧。

在第一部的“天上序幕”中，魔鬼靡非斯特和天帝打赌：他认为浮士德无限追求，永不满足，他可以引诱浮士德走上魔路。天帝认为人在努力追求的时候总是难免迷误，但好人在黑暗中终会找到光明大道。天帝接受魔鬼的打赌：他认为人的精神容易萎靡，贪求安逸，魔鬼能起刺激作用，而这一赌赛，魔鬼终会失败服输。

悲剧一开始，年已半百的浮士德整天待在书斋中研究学问。但他越来越认识到知识贫乏，他有了“拨开一切知识迷雾”的冲动，却不知向何处寻求，因此痛苦异常，甚至想饮毒自杀。这就是所谓知识悲剧。魔鬼靡非斯特乘虚而入，他与浮士德订契约：他充任浮士德的仆人，尽其所能满足浮士德的一切需要，但是，在浮士德表示满足的一瞬间，奴役便解除，浮士德的灵魂便永远为魔鬼所有。

靡非斯特带浮士德来到魔女的丹房，浮士德喝药酒后返老还童。浮士德对少女甘泪卿一见钟情，靡非斯特帮助他获得了爱情。结果使甘泪卿因用药过量而毒死了母亲，她的哥哥为了阻止他们幽会而死在浮士德剑下，甘泪卿神经错乱杀死亲子。这场爱情以悲剧告终。

第二部开始写浮士德来到宫廷，想帮助皇帝改良社会。然而宫廷腐化，皇帝只求享乐，

典·故·逸·话

歌德是18世纪德国的一位著名的文艺大师。有一位与其文艺思想相左的文艺批评家，生性古怪，态度傲慢。一天，歌德与他“狭路相逢”。这位文艺批评家见歌德迎面走来，不仅没有有礼貌地打招呼，反而目中无人，高傲地往前直走，并卖弄聪明地大声说：“我从来不给傻子让路！”面对这十分尴尬的情景，歌德镇定自若、笑容可掬，谦恭地闪避一旁，并机智而礼貌地答道：“呵呵，我可恰恰相反。”故作聪明的文艺批评家顿时怔然，讨了个没趣，只得默然离去。

浮士德无法从根本上拯救这个王朝，改变这个社会。这就是“政治悲剧”。

皇帝知道浮士德擅长魔术，让他招来希腊美女海伦。浮士德借助魔法招来了海伦和帕里斯，并被海伦的美所征服。然而海伦与帕里斯的爱恋使浮士德情不自禁用魔术钥匙触到帕里斯身上，结果一阵轰鸣之后，一切都消失了，浮士德也晕倒在地。靡非斯特把浮士德背回书斋。浮士德从前的助教瓦格纳制造出的人造人“霍蒙苦鲁斯”看出浮士德对海伦的梦想，于是带浮士德和靡非斯特找到了海伦。浮士德和海伦结婚，并生一子——欧福良。但欧福良一出生就不断跳跃，无休止地向上发展，结果坠地而死。海伦作为古典美的象征，浮士德与之结合并以失败告终，这就是美的悲剧。

最后，浮士德借助魔鬼的帮助得到一块封地，浮士德开始改造自然的创造性事业。为了实现他建立乌托邦式人间乐园的决心，他吩咐靡非斯特用各种方法招募工人。这时的浮士德已经百岁高龄，双目失明。他听到铁锹和铁铲的声音，以为在挖壕沟，实际上是魔鬼在为他掘墓。他在怀着“自由人民生活在自由的土地上”的美好憧憬中找到了人类的未来和前途，感到了满足。

于是浮士德倒地死亡，魔鬼靡非斯特想收其灵魂。这时，天使下凡，带走了浮士德的灵魂，说：“凡是自强不息者，到头我辈均能救。”全剧以“永恒之女性，带领我们走”结束。在魔鬼的帮助下，浮士德经历了一番对人生意义和宇宙奥秘的探寻过程，最终他认识到生命的根本意义和最高目的。《浮士德》构思宏伟，内容复杂，结构庞大，风格多变，熔现实主义与浪漫主义于一炉，将真实的描写与奔放的想象、当代的生活与古代的神话传说杂糅一处，善于运用矛盾对比之法安排场面、配置人物、时庄时谐、有讽有颂、形式多样、色彩斑驳，达到了极高的艺术境界。

文学圣殿 WENXUESHENGDIAN

一种生生不息的力量

整部《浮士德》展现了歌德对人类命运的悲剧性理解，而“事业悲剧”是歌德悲剧精神的最好体现。歌德曾说：浮士德“是表达这样一个精神，他向各方面追求，却越来越不幸地退转回来”。浮士德屡屡追求，屡屡败北，最后他的创造性事业也没有真正的实绩，无所谓成功。在“事业悲剧”中，歌德真正的兴趣并非在于描绘一幅人类未来的具体蓝图，而在于最后充分地肯定“浮士德精神”，即次次失败，却仍积极向上，不断追求！从而使每一次向善而最终失败的追求成为下一个追求的悲壮的前导。浮士德作为一个个体，他的生命是有限的，故而他最终不得不面临着死，不得不停住追求的脚步，然而，在精神上，浮士德是永远不愿意停留的，他要不断地向自由王国迈进。可是，浮士德死后，靡非斯特说道："过去和全无，完全一体，永恒的创造是毫无意义的！……我所喜欢的是永恒的太虚。"这回应了浮士德在书斋中的思想，他曾感叹："多好的一场幻景呀！唉！却只是一场幻景！""待我们达到了这个世界的善境，更善的又名之为荒诞与非真。"歌德似乎意识到，人类的希望就在于在一代一代人有限的然而却不休止的努力之中日益向自由王国迈进。人生的意义、人类的前途就在于不断地运动、不懈地追求，在于无数个有价值的矛盾的运动过程中。因此，天使说："凡是自强不息者，到头我辈均能救。"浮士德的灵魂终不能属于魔鬼。不懈地努力，就是人类的自我拯救。这种努力，对于每个个体，对于每一代人来说，是悲剧性的，但却使人类日益接近辉煌灿烂的目标——"在自由的土地上住着自由的国民"。

《浮士德》不愧为真正的悲剧，它使人痛苦地意识到一次次的失败，又展现了一种生生不息的振奋人心的力量。它是迄今为止德国文学史上最伟大的作品，也是世界文学史上的经典之作。（张志庆）

人类灵魂的历史

《浮士德》追求中所涉及的社会现实只是一个方面，其中还有另一个重要内容即"人"的主题。浮士德不断追求的动因不是来自社会矛盾的召唤，也不是有些文章认为的来自魔鬼的诱惑，而是来自浮士德内心的不平衡，是他的内心痛苦促使他不断追求。他的痛苦不是源自他对外界与物质的不满足，而是源自他对自身状况的不满足，他想改变自己生存方式中的各种缺憾，追求更符合人性、更为理想与健全的人格。只有从"人"的主题看《浮士德》，才能还《浮士德》以完整性；只有从"人"的主题入手，才是找到了打开《浮士德》的钥匙。

浮士德的每一次追求都是不了了之的，因为他不是为了寻求社会矛盾的解决，而是追求一种健全而完美的人格。他否定了不完美人格的各个阶段，最后找到了最健全、最完美人格状态的生存方式。"人"的主题，是18世纪德国美学所探讨的主题，也体现了歌德本人的美学思想。如果说现实的内容在《浮士德》中是零散的、被分割的，那么"人"的主题则是一贯的、整体性的，这才是《浮士德》作为一个整体的统一所在。它也极符合歌德本人的创作思想。歌德曾指出，"艺术家应该通过整体向世界说话"，而这一整体"他在自然中是找不到的，而是他自己心灵的产物"。根据这段话，我们认为浮士德的活动可以被划分，现实可以被分割和组合，但歌德要表达的思想应该是统一的，浮士德形象应该是作为一个完整的形象出现的。这是符合歌德对人的看法的。

浮士德出场时是一位老博士，他已精通了当时的哲学、法学、医学和神学四大学科。学识渊博，声望在所有的博士、硕士、法律家和教士之上，可谓功成名就，炫世耀人。老博士应当心满意足。可事实恰恰相反，浮士德出场，时值深夜，他中宵倚案、烦恼齐天。他不是对家庭不幸和自然灾祸的烦恼，他的烦恼是他灵魂痛苦的外显。精神劳动这一生存方式的种种缺憾造成了学人理性发达，而感性生活贫乏，使学人遭受了全面人性被片面化的痛苦。浮士德的诸多痛苦是从事精神劳动的人与生俱来的，是知识分子普遍存在的，不能超脱的深层苦难。浮士德的痛苦与追求，常有精神劳动者的普遍特征，甚至扩展为即使对全人类也具有普遍意义。难怪郭沫若先生慧眼独具，称《浮士德》是一部关于人类灵魂的历史。（易晓明）

历史桂冠 LISHIGUIGUAN

歌德代表着德国资产阶级古典文学的高峰，是公认的世界文学巨匠之一，也是力图像文艺复兴时期伟大的知名人物那样争取成为多面手的最后一个欧洲人。

1749年8月28日歌德出生于法兰克福，他的父亲是一位热爱艺术、学识渊博的人，担任皇家参议。他的母亲精明活泼、富于幻想，歌德从小就受到了良好的教育。他很早就学习英语、法语以及希腊、拉丁等古代语言。歌德的写作生涯是从10岁开始的。1774年秋，《少年维特之烦恼》的出版使他一举成名。1794年，歌德与席勒相遇，开辟了“以歌德和席勒的友谊为特征”的德国古典文学全盛时期。在10年时间里，他们在创作上互相帮助，各自写出了他们的名作。在席勒的促进下，歌德创作了他的毕生巨著《浮士德》。两位文学巨人10年的相处与合作把德国古典文学推向了高峰，并使魏玛这座小小的公园都城一跃成为当时德国与欧洲的文化中心。

歌德是德国古典文学最主要的代表，也是世界文学史上最杰出的作家之一。他的一生经历了德国文学史狂飙突进运动、古典主义和浪漫主义三个阶段，是德国历史上少有的长寿作家。歌德在世界文学史上的显赫地位无须多言，除了马克思、恩格斯都特别喜欢他的著作外，列宁在流放时携带的仅有的两部文学作品中，就有一部是《浮士德》。歌德为人类文明留下了丰富的遗产，除了不朽的文学作品外，他在美学、哲学、历史以及地理学、生物学、物理学和天文学等方面，都有重要研究成果或发现。

在名作如林的中国古典小说领域中，没有一部作品能像《聊斋志异》那样，雅俗共赏，老少咸宜。

《聊斋志异》

蒲松龄（中国·清 1640–1715）

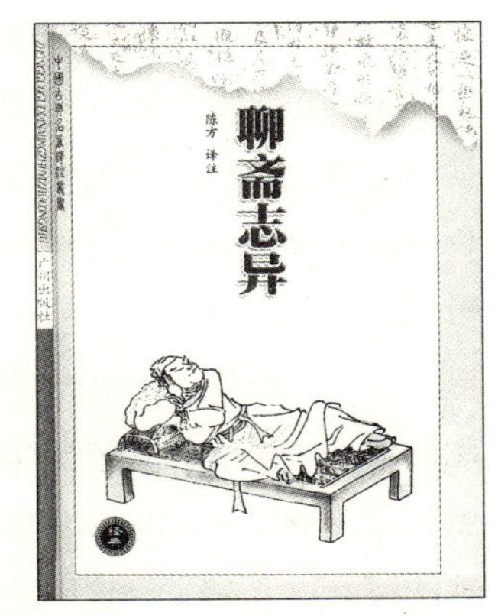

中国古代短篇小说的第一高峰是唐传奇，第二高峰就是清代著名小说家蒲松龄所著的《聊斋志异》。《聊斋志异》自问世以来，很快风行天下，脍炙人口，经久不衰。在名作如林、异彩纷呈的古典小说领域里，还没有一部作品能像《聊斋志异》那样，用文言写作，而又拥有如此众多的读者，不仅为士林所看重，也因为它题材广泛，花样繁多，故成为一部民间文学，雅俗共赏，老少咸宜。

蒲松龄是清代没落地主家庭里走出来的一位广获殊荣的小说家，他爱写诗，诸体兼备，独具风骨，算得上是一位大诗人，而在利用俚曲这种民间说唱文学形式来反映人民群众的爱好和要求方面，他同样驾轻就熟，可说是一位杰出的戏曲家。此外，他的散文，抒情、写景与政论相结合，同样独具匠心。这位一生屡试不第、贫困潦倒而又才华横溢的文学天才，饱尝酸甜苦辣，阅历极为丰富，再加上切肤刻骨的体验与细致入微的观察，使之在古典笔记小说这种文体上，具有开创性的功绩。多年来对人世沧桑的感悟，让他写成了《聊斋志异》，也因此创造了中国短篇小说文学中迄今为止最完美、最缜密、最动人的故事。

《聊斋志异》内容丰富多彩，形象栩栩如生，故事新奇，结构巧妙，千姿百态。据说当年蒲松龄为了写成这部惊世之作，在家门前自摆茶摊，免费给南来北往的过客提供休息之处，同时从往来之人口中广泛搜集奇闻逸事，日积月累，终于获得了大量的创作灵感和素材，小说也因为来源于最真实的民间生活而无比生动鲜活。作者将古代小说中“志怪”、“传奇”和“人情”的精华特色融为一体，艺术造诣在历代文言小说之上，是17世纪后半期话本、拟话本小说已过花红时节结出的硕果，也是我国微型小说从低级到高级的发展过程中的分水岭。

经典回眸

JINGDIANHUIMOU

鬼狐仙怪的传奇故事历来是中国文人所热衷表现的主题。而把这人鬼天地的故事描绘到极致的，莫过于一部《聊斋志异》。这部内容丰富的著作是清代作家蒲松龄的文言短篇小说集，其中共包含小说431篇。

《聊斋志异》继承和发扬了六朝志怪小说和唐传奇小说的艺术传统，标志着我国文言短篇小说创作达到一个新的高峰。在《聊斋志异》这部小说集中，作者或者是怀着对现实社会的愤懑情绪，揭露、嘲讽贪官污吏、恶霸豪绅贪婪狠毒的嘴脸，笔锋刺向封建政治制度，比如《促织》、《席方平》、《商三官》、《向杲》；或是对腐朽的科举制度有切身的体会，通过《司文郎》、《考弊司》、《书痴》等篇，无情地揭开了科举制度的黑幕，勾画出考官们昏庸贪婪的面目，剖析了科举制度对知识分子灵魂的禁锢与腐蚀，谴责了考场中营私舞弊的风气；或是对人间坚贞、纯洁的爱情以及为了这种爱情而努力抗争的底层妇女、穷书生予以衷心的赞美，比如《鸦头》等；或是阐释伦理道德的寓意故事，具有启示意义，比如《画皮》、《崂山道士》等。

《聊斋志异》不但在思想上达到了相当的高度，于艺术品质上评判，更是一部积极浪漫的小说集。这种浪漫精神主要表现在对正面理想人物的塑造上，特别是表现在由花妖狐魅变来的女性形象上。其中讲述的大量鬼狐精灵与凡人的恋爱故事，具有十足的浪漫情调。这些故事也让读者记住了很多容貌美丽、心灵纯洁的女性形象，比如红玉、婴宁、娇娜等。而且作者善于运用梦境和大量上天入地、缥缈变幻的虚构情节，冲破现实的束缚，表现自己的理想，解决现实中无法理顺的矛盾。

从比较文学的视角观察，可以发现大量西方名著——比如乔叟的《坎特伯雷的故事》、塞万提斯的《惩恶扬善集》、薄伽丘的《十日谈》等都是在新的历史潮流的推动下，由短篇小说开始，开辟了西方小说史的一个新时代；而在中国，却是以蒲松龄的这部《聊斋志异》为始，开辟了中国小说史上的新时代。不仅如此，《聊斋志异》更以深远的魅力，进一步影响到美术、戏剧、

曲艺、电影、文学等众多领域的创造——比如已经为人熟知的聂小倩、婴宁、阿宝、席方平、崂山道士等人物形象千百年来被人们口耳相传，津津乐道。这便进一步促使《聊斋志异》家喻户晓并走出国门，成了海外许多国家的读者竞相欣赏的短篇名著。

《聊斋志异》以其400篇作品容量，显示了内容的博大精深和思想的多元意蕴，具有百科全书的形式与性质。而它又不仅仅只是一部中国文学的百科全书，也是蒲松龄那个年代社会生活的百科全书以及一部中国传统思想史，涵盖了儒、释、道等三大经典主流思想。这部儒家的仁爱思想占据主导地位的著名小说集所反映的社会生活层面之广阔，提出的社会问题之重要，创造出的人物形象之多样，水平之高超、艺术风格之独特，在中国文言小说史上，都可谓空前绝后。此外，小说还注入了启蒙主义思想，300年来在世界范围内产生了广泛的影响。中外专家们无不认为，蒲松龄及其《聊斋志异》是一笔珍贵的历史文化遗产，是全人类的共同财富。

书必通俗方传远

我读书很慢，遇到好书好文章，总是细细咀嚼品味，生怕一下读完。所以遇到一部长篇，比如说20万字的书，学习所需的时日，说起来别人总会非常奇怪。我对于那些一个晚上能看完几十万字小说的人，也是叹为神速的。

《聊斋志异》这部小说，我不是一口气读完，断断续续读了若干年。那时，我在冀中平原做农村工作，农村书籍很缺，加上日本帝国主义的烧掠，成本成套的书是不容易见到的。不知为了什么，我总有不少机会能在老乡家的桌面上、窗台上，看到一两本《聊斋志异》，当然很不完整，也只是限于拓本。

即使是拓《聊斋志异》本的《聊斋志异》吧，在农村能经常遇到，这也并不简单。农村很少藏书之家，能买得起一部《聊斋志异》，这也并非容易的事。这总是因为老一辈人在外做些事情，或者在村里经营一种商业，才有可能储存这样一部书。

拓《聊斋志异》本一般是八本十六卷。这家存有前几本，过些日子，我又在别的村庄读到后几本，也许遇到的又是前几本，当然也不肯放过，就再读一遍。这样，综错回环，经过若干年月，我读完了《聊斋志异》，其中若干篇，读了当然不止一次。最初，我是喜欢比较长的那些篇，比如《阿绣》、《小翠》、《胭脂》、《白秋练》、《陈云栖》等。因为这些篇故事较长，情意缠绵，适合青年人的口味。

书必通俗方传远。像《聊斋志异》这部书，以“文言”描写人事景物，在很大程度上，限制了它的读者面，但是，自从它出世以来，流传竟这样广，甚至偏僻乡村也不断有它的踪迹。这就证明：文学作品通俗不通俗，并不仅仅限于文字，即形式，而主要是看内容，即它所表现的，是否与广大人民心心相印，情感相通，而为他们所喜闻乐见。

《聊斋志异》是一部现实主义的书，它的内容和它的表现形式，在创作中已经融为一体。因此，即使经过不论怎样好的“白话翻译”，也必然不能与原作比拟。改编为剧曲，效果也是如此。可以说，“文言”这一形式，并没有限制或损害《聊斋志异》的艺术价值，而它的艺术成就，恰好是善于运用这种古老的文字形式。

过去有人谈过，《聊斋志异》作者，学什么像什么，学《史记》像《史记》，学《战国策》像《战国策》，学《檀弓》像《檀弓》。这些话是贬低了《聊斋志异》作者。他并不是模拟古人古书，他是在进行创作。他在适当的地方，即故事情节不得不然的场所，吸取古人修辞方法的精华，使叙事行文，或人物对话，呈现光彩夺目的姿态或惊心动魄的力量。这是水到渠成，大势所趋，是艺术的胜利突破，是蒲松龄的创造性成果。

行文和对话的漂亮修辞，在《聊斋志异》一书中是屡见不鲜的。可以说，非同凡响的修辞，是《聊斋志异》成功的重大因素之一。

接受前人的遗产，蒲松龄的努力是广泛深远的。作为《聊斋志异》一书的创作借鉴来说，他主要取法于唐人和唐人以前的小说。宋元明以来，对他来说，是不足挂齿的。他的文字生动跳跃，传情状物能力之强，无以复加的简洁精练，形成了《聊斋志异》一书的精神主体。

……

《聊斋志异》一书，追溯唐人的现实主义源头。它把一束束春雨后的鲜花，抛向读者。

所谓民间传说，民间故事，民间语言，对创作《聊斋志异》来说，都是宏伟的基础。蒲松龄这个生活根据地，可以说是长期而牢固的了。古今中外，凡是伟大的作家，没有不从农

典·故·逸·话

蒲松龄不仅知识渊博，而且也精通医术和养生之道。他配制了一种茶，叫做“蜜饯菊桑茶”，成分有蜂蜜、菊花。桑叶等，具有消暑、清热、消积、通血脉、健心脾的功效，喝过此茶的人都赞不绝口。在西铺毕府私塾时，蒲松龄每天早早地就起了床，在“石隐园”的松林中，尽力呼吸飘动着松柏香气的新鲜空气。他先练一遍“五禽戏”，然后用马步站立，半抬两臂，瞑目静心，练一会儿静功。最后，把“蛙鸣石”举上几十下。这块形似青蛙的“蛙鸣石”，现在还摆在蒲松龄故居聊斋的案几上。其实，蒲松龄的养生术并不神奇，主要是静心养气，不嗜烟酒，加上精心配制的茶，有规律的锻炼和生活，这在当代也能做到，主要是能不能持之以恒。

村大地吸取乳汁的。

在名人家坐馆，教授几个生徒，是很轻松的工作。他有充分的时间，从事采访、思考、观察和写作。鲁迅说：有闲不一定能创作，但要创作，则必须有一定的余闲。过于穷困，则要忙于衣食；过于富贵，则容易流于安逸。蒲松龄过的是清寒士子的生活，他兼理家务，可得温饱，因此，他可以专心著书。

到江淮旅行一次，对他创作也是有利的。往返途程，增加不少实际见闻，体验了各处风土人情，交了不少新的朋友，并收集到很多奇闻异事，作为他以后创作的素材。我们在《聊斋志异》中，常常见到一些江淮情景，就是此行的收获。

《聊斋志异》的题材，故乡的材料，占很大比重，包括历史传闻和亲身经历。他也从古代记事中取材，但为数不多。蒲松龄在文学修养方面，取精用宏。中国的志异小说，有《太平广记》等专集，供他欣赏参考。但绝不限于此，他对于经史子集中的记事，无不精心研讨，推陈出新，汇百流为大海。

在技巧准备方面，他作了多方面的努力。据现有的材料，他曾写了文集、诗集、词集、杂著等多卷。

这些著作的总字数，大大超过了《聊斋志异》的字数，但总体看来虽然都有独具风格的才情和内容，其成就皆不及《聊斋志异》。文绝一体，天才孤诣；参天者多独木，称岳者无双峰。蒲松龄倾其才力于一书，所遗留人间的，已号洋洋，我们还能向他多求吗？这些著作，对蒲松龄创作小说，都可以说是准备。

《聊斋志异》很多篇写了狐鬼，现实主义力量，使这些怪异成了美人的面纱，铜像的遮布，伟大戏剧的前幕，无损于艺术的本身。蒲松龄所处的时代和社会，是很动乱和黑暗的，时代迫使作家采取了这种写法。作家在创作上实际突破了时代和环境的藩篱，有很多作品具备深刻的时代意义和社会意义，无情地对社会作了揭露和批判。他写的狐鬼，多数是可爱可亲近的。他把一些动物，比如狐、獐、猫、鼠；飞禽如鸽、鹌鹑、秦吉了；水族如鱼、蛙；虫类如蟋蟀、蝇、蝶，都赋予人的性格，而带有它们本身的生活特征。他对于植物，如菊、牡丹耐冬的描述，尤其动人。他对于各种植物的生态，有很细致的研究。大如时代社会、天灾人祸；小如花鸟虫鱼，蒲松龄都经过深刻的观察体验，然后纳入他的故事，创作出别开生面、富有生机、饶有风趣的艺术品。在这部小说里，蒲松龄刻画了众多的聪明、善良、可爱的妇女形象，这是另一境界的大观园。

这是一部奇书，我是百看不厌的……随着年龄和阅历的增长，我越来越喜爱那些更短的故事，例如《镜听》。同时，我也喜爱“异史氏曰”这种文字，我以为是直接承继了司马迁的真传。

蒲松龄也是发愤著书，终其生他也没得见到他自己的著作印刷出版。粗略地谈过这部名著，我们从作品和作家那里，能获得哪些有益的经验教训呢？（孙 犁）

人鬼情未了

美国曾经拍过一部好莱坞大片《人鬼情未了》。森死了，但是他不舍得离开人世，为什么呢？他挂念他的相恋的情人摩莉。这个片子非常感人，那个主题歌也是缠绵悱恻，绕梁三日。但是在美国建国前的一千多年，我们中国作家早就会写人鬼情未了，而蒲松龄是最善于写人鬼之恋。爱情是什么？很多专家这样分析爱情说，这是一种人类感情当中最深刻的、最沉重的冲动。文学史家们说，爱情是文学史上永恒的主题，随着时代往前发展，这个爱情的描写，也在不断地发展。一曲《西厢记》轰动文坛，而杜丽娘还魂又几令西厢减价，爱情描写它会随着文明程度的发展而往前发展，而蒲松龄他就用《聊斋志异》在他的作品当中营造了一个爱情的百花园。

蒲松龄写爱情人鬼恋出彩，知己恋出众，写这种“情痴”写得惟妙惟肖，出神入化。中国古代最传统的就是写男女之间一见钟情，我们就看一看蒲松龄是怎么样在这种传统的一见钟情中出新文章。我们先看一个一见钟情的例子《王桂庵》。

一见钟情为什么是古代男女最常有的爱情模式，小说、戏剧最常用这种模式，因为中国古代讲究男女之大防，男女七岁不能同席，所以除了父母之命之外，你要自择佳偶，你就得偶然相遇，像《西厢记》里面张生走到佛殿上一下子看见莺莺立即魂都掉了，然后就去追求，这是一种常见的模式。但是蒲松龄却把这种一见钟情加上了很深刻的思想内容，赋予了一些教育的意义。《王桂庵》就是这样。王桂庵是一个世家公子，是大名府的世家公子。他有一次南游，他坐了一条船，在旁边一条船上有一个姑娘在那儿绣花，王桂庵一看，长得非常漂亮，而且不仅是漂亮，长得有味，王桂庵就吟一句诗，“洛阳女儿对门居，”这个姑娘一听见有人吟诗，抬头一看，低下头继续绣花，王桂庵一看，掏出来一锭黄金，一下子扔到姑娘跟前，这姑娘一看，一锭黄金，一个贫家少女，一个在很破烂的船上绣花的少女，看到这锭黄金，拿起来扔回去，毫不在意，王桂庵又掏出一股金钏又扔过去，这姑娘还是不动声色，也不给你扔回来，也不给你捡起来。这时候王桂庵很着急了，因为他看到这个女孩的父亲回来了，他回来发现了怎么办，他正在那儿着急，但是一看那个绣花女已经把那个金钏藏起来了，所以这个一见钟情的这位少女她是美丽的，但是她更是有品质、有品位的。

所以蒲松龄写她不是说她美若天仙，而是说她风姿韵绝，有味，知道自珍，知道自重，绝对不见钱眼开。她看到王桂庵扔黄金，她给他扔回去，但是金钏她认为这是爱情的信物，所以她就给保存起来了。这王桂庵可就着了迷了，他就很后悔，我怎么不赶快跟她把这个婚姻给定下来，因为他刚死了老婆，对方的船已经开走了，撵也撵不上了，王桂庵就傻乎乎地，很痴迷地就雇了一条船，上上下下反复地找，都没有。

又过了一年，王桂庵到镇江，突然发现这个地方我怎么来过，他沿着这条他认为熟悉的小路，走进了这个农家小舍，果然看到了那个姑娘，王桂庵就赶快告诉这个姑娘，我怎么样对你有情，我怎么样找了你多长时间，我叫什么名字，我家里是个什么样的情况，作了一番如实的交代。这个姑娘非常谨慎，隔着窗子不出来跟他接触，就问你家里是什么样的家庭，你家里有什么人，问清楚你是个世家公子以后，姑娘就说了，既然你是世家公子，大户人家，你怎么能找不到有才有貌的小姐结婚，你为什么要等我呢？王桂庵说：如果我不是等你，我早就结婚了，这个时候女孩就告诉他，我也一直在等你，你给我扔的金钏，我还保存着呢，我相信扔金钏的人肯定会来找我，而且我也为了这个金钏，为了丢金钏的这个人，我拒绝了好几次很好的婚姻。大家看看，这个一见钟情是多么叫人神动心移，一男一女只是匆匆地见了一面，古代文人叫做惊鸿一瞥，这是一种电光石火般的很短暂的交流，然后两个人就在那苦苦地等待，两个终于见面了，问清楚了，少女表示你可以向我父亲求婚，但是你如果想让我跟你私通，非礼成偶，绝对不可以。这个王桂庵一听说可以求婚，高兴得扭头就跑，女孩说：回来，王郎请回来，我叫芸娘，我父亲叫孟江篱。

这段特别有意思，大家可能看过一个好莱坞电影《魂断蓝桥》，《魂断蓝桥》里边那个军官柯洛宁和舞蹈演员玛拉两个人一见钟情，最后要去登记结婚了，已经要去登记了，柯洛宁又跑回来问玛拉，你姓什么呀。很多人分析这简直是太妙的一个细节了，但是三百年前我们蒲松龄老先生早就写过了，两个人一见钟情，等了两年最后要决定去求婚了才知道，女的叫芸娘，父亲叫孟江篱。

所以《聊斋志异》写的爱情，它的内容非常丰富，而《聊斋志异》写爱情，它和一般在它之前的话本小说很不一样，话本小说经常写一个故事，写一段悲欢离合，而《聊斋志异》它要写出小说人物的那种心灵美，它要写出小说氛围的诗意美，我们看《聊斋志异》经常发现，书中的故事它简直美得就像一幕一幕的诗剧，像一幅一幅的水彩画。所以写小说能把小说写出诗意的美，这不是每个作家都能够做到的，所以我们讲蒲松龄他写了人鬼之恋，他写了知己之恋，他写了这种一见钟情之恋，而且他写得很美，写得很有思想，所以我们如果把这个《聊斋志异》看完了以后，我们把这个书放在这儿，我们就琢磨琢磨，《聊斋志异》的爱情到底是什么意思，《聊斋志异》的爱情就是写男女之间心灵的结合，写为了爱情魂魄相从，为了爱情生的可以死，死的可以生，为了爱情贫富不成其为障碍，特别是像我们刚开始说的人鬼恋，为了爱情还可以只有精神恋爱，就像雪地上永不凋谢的那种纯洁的花朵，所以我们说有了爱情，神仙和鬼魂都可以跑到人间来，而人间有了爱情，它就成了神仙了。（马瑞芳）

历史桂冠 LISHIGUIGUAN

蒲松龄（1640-1715）清代小说家，字留仙，一字剑臣，号柳泉居士，淄川（今山东淄博）人，出身于一个逐渐败落的地主家庭，书香世家，但功名不显。其父虽经商，然广读经史，学识渊博。蒲松龄19岁时，以县、府、道三个第一考取秀才，颇有文名，但以后屡试不中。20岁时，与同乡学友王鹿瞻、李希梅、张笃庆等人结“郢中诗社”。后家贫，应邀到李希梅家读书。31至32岁时，应同邑进士新任宝应知县、好友孙蕙邀请，到江苏扬州府宝应县做幕宾。这是他一生中唯一的一次离乡南游，对其创作具有重要意义。

南方的自然山水、风俗民情、官场的腐败、人民的痛苦，蒲松龄都深有体验，他还结交了一些南方下层歌女。北归后，以到缙绅家设馆为生，主人家藏书丰富，使他得以广泛涉猎。71岁归家，过了一段饮酒作诗、闲暇自娱的生活。一生热衷科举，却不得志，72岁时才补了一个岁贡生，因此对科举制度的不合理深有体验。加之蒲松龄自幼喜欢民间文学，广泛搜集精怪鬼魅的奇闻异事，他吸取创作营养，熔铸进自己的生活体验，创作出杰出的文言短篇小说集《聊斋志异》，以花妖狐魅的幻想故事，反映现实生活，寄托了自己的理想。

《艾凡赫》的主要魅力在于，它以现时感、家常的方式，使我们熟悉过去的那个年代。

《艾凡赫》

司各特（英国 1771–1832）

19世纪英国小说黄金时代是由沃尔特·司各特开创的，这位苏格兰“引为自豪的儿子”的影响不但越出苏格兰，越出英伦三岛，而且遍及全世界。司各特以一系列取材于欧洲历史的小说闻名于世，被誉为“欧洲历史小说之父”。《剑桥英国文学史》评价他说，“司各特集幽默大师和传奇作家于一身，集老于世故的人和热爱大自然并崇拜历史的人于一身。”司各特在历史小说创作中所取得的巨大成就，对后来许多著名作家都产生了深刻的影响，不仅英国的狄更斯、萨克雷和斯蒂文森，而且法国的巴尔扎克、大仲马、雨果、梅里美和意大利的曼佐尼，甚至俄国的普希金、美国的库柏都曾从他的作品中受益匪浅。

在欧洲文学史上，司各特以多产而闻名遐迩，其写作速度之快，甚至连巴尔扎克也为之惊叹。从1814年到1832年去世为止，他共创作近30部历史小说，相当于1800年英国一年的小说总量。这其中绝大多数都是以其出生地苏格兰为背景，只有少数几部取材于英格兰历史，《艾凡赫》就是其中之一，但却是司各特最著名、也最有争议的的一部。

在英国民间有一个家喻户晓的传奇人物——罗宾汉，关于他的故事，最初见于《罗宾汉民谣》。在歌谣里他是人民的宠儿，穷苦人的保卫者，反抗封建压迫的英雄。司各特在小说《艾凡赫》中再现罗宾汉的形象时，使用了浪漫主义与现实主义相结合的笔法，将民间歌谣里的材料加以提炼，又用自己的想象力加以补充，塑造了一个传奇色彩很浓厚的叛逆者英雄形象。司各特把历史的伟大、小说的趣味和编年史的那种严格的精确结合起来，他的《艾凡赫》的主要魅力在于，它不是通过历史的庄严堂皇，而是以现时感、家常的方式，使我们熟悉过去的时代。

经典回眸
JINGDIANHUIMOU

司各特的历史小说在他所处的那个时代是极具创新性的，他首先运用了现实主义和浪漫主义相融合的方式，将历史和传奇较好地结合起来，开创了欧洲历史小说之先河。在司各特所有创作出的历史小说中，《艾凡赫》是最杰出的一部。故事发生在12世纪末。当时的英国在诺曼征服者的统治下，国王“狮心”理查发起十字军东征，却在归途中被奥地利大公囚禁。因此国内由他的弟弟约翰亲王摄政。

一天傍晚，诺曼贵族圣殿骑士团统领布里昂和他的手下来到罗泽伍德的萨克逊贵族塞得利克家投宿。晚饭时，布里昂被塞得利克的养女罗文娜的美貌迷住了。这时，犹太人艾萨克也来到塞得利克家，请求留宿。在谈话中，一位在座的游方僧人讲述了骑士艾凡赫打败圣殿骑士的事情，布里昂曾被艾凡赫打败过，他发誓要在比武大会上向他挑战。第二天早晨，游方僧人听到圣殿骑士密谋要把艾萨克绑架到诺曼贵族的堡垒里，他就帮助艾萨克逃走了。艾萨克知道游方僧人要去参加比武，就送给了他最好的马和马具。约翰亲王为了继承王位，他一边勾结理查的死敌法兰西国王菲力，怂恿奥地利大公延长他哥哥的羁押期，一边在国内扩充自己的势力。为了争取人心，他宣布举行盛大的比武会。他希望依附于他的圣殿骑士和圣约翰派骑士获胜，结果一个自称为“被剥夺了继承权的人”的骑士五战五胜，让全场拥护国王理查的观众为之欢呼不已。约翰也不得不把一匹战马赏赐给这位不愿显露自己面孔的骑士，并让他选择一个自己喜欢的人作为“美和爱的皇后”。这位骑士将皇后王冠放在了罗文娜小姐的脚边。第二天，“被剥夺了继承权的骑士”和圣殿骑士布里昂比武，布里昂带着两个手下一起上场了。在“被剥夺了继承权的骑士”陷入困境时，一个“黑甲骑士”帮助了他，然后不等封赏就走了。于是“被剥夺了继承权的骑士”又一次当上了冠军。当他摘下头盔的时候，塞得利克发现竟是自己

典·故·逸·话

英国著名的小说家司各特是一个诚实守信的人，人们都很尊敬他。他的一个朋友看见他的生活很困难，就帮他办了一家出版印刷公司，可是他不善于经营，不久就倒闭破产了。这使原本就很贫穷的作家又背上了六万美元的债务包袱。司各特的朋友们商量，要凑足够的钱帮助他还债。司各特拒绝了，为了还清债务，他努力工作，学会了许多以前不会干的活，经常一天跑几个单位，变换不同的工作，人累得又黑又瘦。有一次，他的一个债主看了司各特写的小说后，专程跑来对他说：“司各特先生，我知道您很讲信用，但是您更是一个很有才华的作家，您应该把时间更多地花在写作上，因此我决定免除您的债务，您欠我的那一部分钱就不用还了。”司各特说：“非常感谢您，但是我不能接受您的帮助，我不能做没有信用的人。”两年后他靠自己的劳动还清了债务。

的儿子艾凡赫。原来，塞得利克希望罗文娜和阿泽尔斯坦公爵结婚，因此他反对艾凡赫和她相爱并把儿子赶出了家门。紧接着是射箭比赛。洛克司雷赢得了这场比赛并拒绝了约翰亲王的拉拢，他表示要为国王理查服务。洛克司雷就是绿林豪杰罗宾汉。

艾萨克和女儿蕊贝卡救出了受伤的艾凡赫，恰巧在树林里遇见塞得利克、阿泽尔斯坦和罗文娜。结果他们不幸被布里昂的手下绑架了。艾凡赫在懂得医术的蕊贝卡的护理下得到康复。“黑甲骑士”和罗宾汉聚集几百人营救他们。其实，“黑甲骑士”就是回国的理查王。他们战胜了布里昂等人，救出了罗文娜、艾凡赫，还有塞得利克、艾萨克。阿泽尔斯坦死了。蕊贝卡也被垂涎她美貌的布里昂带走了。艾萨克为了救出自己的女儿找到骑士院的总枢机。结果总枢机限蕊贝卡三天之内找一个代理壮士和布里昂比武，如果失败，她将被处死。最后，艾凡赫作为她的代理人取得了胜利。这时，理查王带领人马赶到。他宣布了约翰亲王的叛逆行为，并告诉总枢机，英格兰皇家旗帜已经代替了他们圣殿的旌旗。萨克逊人塞得利克归顺了理查王，理查王还化解了他和儿子的矛盾并亲自参加了艾凡赫和罗文娜的婚礼。约翰亲王得到了哥哥的宽恕。蕊贝卡感谢艾凡赫并流露出不愿透露的感情。她即将到格兰纳达去，决定终身不嫁，献身慈善事业。小说《艾凡赫》中有不少富于浪漫传奇色彩的场景，在情节描写和气氛渲染上都有诗意的光辉。作者司各特还使用了诸多浪漫主义技巧，增加了故事的生动性和情节的曲折性，表现出浪漫主义艺术手法的积极效果。

欧洲中世纪的历史画卷

《艾凡赫》是司各特最出名的小说，也是他描写中世纪生活的历史小说中最优秀的一部。它的卓越成就在于它真实而生动地再现了12世纪末英国封建主义全盛时期的历史，比较全面而深刻地反映了当时社会中复杂的矛盾。

作者在小说中再现中世纪英格兰生活的时候，虽然描绘了一些富于浪漫色彩的比武、决斗等场面，但并没有把中世纪社会美化，而是用生动的文笔揭露了封建贵族和僧侣们的腐化堕落，并在书中意味深长地指出：“小说里的描述，还未将那一时代中黑暗悲惨的实况完全揭露出来。”

小说对被压迫的撒克逊农民充满同情，不仅写出了他们深重的苦难，而且在某种程度上反映了他们的斗争。书中的农奴葛尔兹、小丑汪巴都刻画得血肉丰满，尤其是

自由农罗宾汉和他手下的绿林豪杰们的形象，更是跃然纸上，生动有神，是司各特塑造得最成功的农民英雄群像。罗宾汉原是民间歌谣里的传奇人物，作者将民间传说的材料加以提炼，用自己的想象力加以补充，塑造出一个富于传奇色彩的叛逆者英雄形象。作者从各个方面突出了他那叛逆者的鲜明性格，表现了他与诺曼封建主势不两立的阶级立场。这一形象始终写得虎虎如生，富于叱咤风云、嫉恶如仇的英雄本色。然而在小说结尾部分，他忽然莫名其妙地替诺曼王室效起忠来，随后又悄悄退出小说的叙述范围之外，不知去向。从这里可以看出作者的政治偏见给他艺术形象所带来的损害。小说对受歧视的犹太民族也表示了深切的同情。小说中的犹太女子蕊贝卡，是司各特笔下最成功的正面人物形象之一。这一形象的真实动人之处，在于作者一反前人和同时代人对犹太民族所持的偏见和鄙薄心理，以充满同情的笔触细致入微地刻画出一个柔中带刚的可爱的女性形象。

司各特的历史小说对欧洲文学的发展是有很大的贡献的。俄国的进步文艺批评家别林斯基认为司各特“给最新的欧洲文艺指出了历史的和社会的方向”。欧洲的不少大作家，如法国的巴尔扎克和司汤达、德国的歌德、意大利的孟佐尼、俄国的普希金，都很推崇司各特的历史小说，肯定他在探索一种新的文学体裁方面所取得的巨大成就。恩格斯在《家庭、私有制和国家的起源》中谈到苏格兰氏族制度的克兰时说：“在瓦尔特·司各特的小说中，我们可以看到关于苏格兰高地的这种克兰的生动描写。”据马克思的女儿爱琳娜·艾威琳·马克思和她姐夫拉法格回忆，马克思是很喜欢司各特的优秀历史小说的，不仅经常阅读，而且给予很高的评价。（施咸荣）

用艺术之笔再现历史真实

《艾凡赫》是司各特最著名的一部作品，在他的历史小说中占有一个特殊的位置。首先，这是他第一次跨出苏格兰题材的范围，从而为他今后扩大创作视野奠定了基础。其次，他的苏格兰小说虽然称为历史小说，实际它们反映的时代都离司各特所生活的社会不远，有的甚至涉及了他的童年，以至青年时期。可是在《艾凡赫》中，他却把他的故事一下子推前了几百年，把中世纪中叶的英国作为历史背景。这样，可以说，随着《艾凡赫》的问世，司各特才真正成了名副其实的历史小说家。第三，司各特作为一个浪漫主义作家，富有传奇色彩的中世纪正是最适合他的创作才能发挥长处的时期。因此，正如他在本书的导言中所说，它“获得了极大的成功，可以说，自从作者得以在英国和苏格兰小说中运用他的虚构才智以来，他这才真正在这方面取得了游刃有余的支配能力”。毫不奇怪，巴尔扎克正是在读了《艾凡赫》之后，才对司各特的历史小说发出了由衷的赞美；也毫不奇怪，小说发表后立即不胫而走，成了司各特最畅销的一本书，人们谈到司各特时，都会把《艾凡赫》与他联系在一起，它理所当然地成了他的代表作品。

司各特是浪漫主义作家，他的创作方法归根结底一句话，便是历史真实与大胆想象的结合。他的小说并不拘泥历史事实，尽管他有时不惜用大量的繁琐考证，说明他所写的一切似乎都凿凿有据，然而在更多的场合，在人物塑造和情节处理上，他却是靠大胆的想象取胜的。可以说，司各特在本书中，用淋漓酣畅的笔墨描绘了中世纪一个风云变幻的时代，他在真实的历史氛围中为我们塑造了大量虚构的人物，这些人物尽管出自虚构，却栩栩如生，真实地反映了历史的进程，他的成功主要便来源于此。因此英国19世纪著名思想家和文学家托马斯·卡莱尔在谈到司各特的历史小说时指出，它们让我们看到的"不是历史书和文件记录中的那种抽象的人"，而是"真正生活在过去的时代中的活生生的人物"。正是在这个意义上，司各特才被公认为西方历史小说的创始人。（佚　名）

历史桂冠
LISHIGUIGUAN

英国诗人和小说家司各特（1771–1832）出生在苏格兰首府爱丁堡一个没落的贵族家庭，两岁时因患小儿麻痹症而跛脚，终生残废，但他以惊人的毅力战胜残疾，学会骑马、狩猎。1789年入爱丁堡大学攻读法律，毕业后当了8年律师。1799年被任命为塞尔扣克郡副郡长，7年后被委任为爱丁堡高等民事法庭庭长，直至谢世。

19世纪初司各特开始从事文学创作，最初他以搜集整理苏格兰边区歌谣为主要内容。他的创作生涯大致可分为两个时期：从1805年出版的叙事长诗《最末一个行吟诗人之歌》到1814年出版第一部历史小说《威弗利》，是他创作生涯的前期，主要写有长篇叙事诗8部，其中以描写弗洛登战役为背景的《玛米恩》和叙述中世纪苏格兰国王及骑士冒险业绩的《湖上夫人》最为著名。从1814年到逝世，是他创作生涯的后期，相继写下长篇历史小说27部，开创了欧洲历史小说之先河。较著名的有《清教徒》、《艾凡赫》等。此外，还写有《小说家列传》、《拿破仑传》等传记。

1825年，司各特由于开办的出版社合股人破产，为偿还债务，他拼命写作，致使健康受损。1832年于阿伯茨福德去世。司各特是英国历史小说的创始人，他的小说创造了许多栩栩如生的历史人物和普通劳动者的形象，充满浪漫激情，引人入胜，又真实地反映了历史发展的总趋势，对19世纪欧美的许多作家都产生过重要的影响。

拿破仑以武力征服欧洲，贝多芬以音乐征服世界，安徒生则以他的童话为世人创造了一个美丽的王国！

《安徒生童话全集》

安徒生（丹麦　1805–1875）

19世纪是西方文学艺术发展的高峰时期，文艺大师辈出，具有永恒价值的优秀作品不断涌现。这些大师、这些作品，至今仍在起着世界性的影响，给文学艺术创作提供典范。在儿童文学方面取得了划时代的成就的杰出作家是安徒生。如果以所谓的知名度来评判，世界上恐怕没有哪一个作家能像安徒生一样被全世界的孩子们所知道，如果以作品的精神意蕴来衡量，世界上恐怕也没有哪一个作家能像安徒生的童话一样在孩子们的精神世界里留下那么多美的、真的、善的理想与情操。

在19世纪的文坛上，在百部文学名著的高峰中，要找到比安徒生更成熟的作家并不难，但是要找到比安徒生更具童心、更富诗意，同时为童话不遗余力，倾四十年光阴年年为童话呕心创作的文学巨擘，恐怕很难。《安徒生童话全集》收录了安徒生164篇童话，这些具有丰富内涵、盎然生命的故事，不仅孩子们读来受益匪浅，大人们也可从中获得不少启示。因为安徒生带给我们的不只是童话，而是全人类的共鸣！

从1835年春天发表第一部《讲给孩子们听的故事》至1872年，安徒生共创作了童话和故事168篇。他首次将“童话”从简单粗糙的民间传说与故事发展成为优美的、饱含作者内心情感的文学作品。他立足于现实生活，运用浪漫主义的手法，表达了人类对美好未来的向往。这些故事优美而隽永，具有独特的艺术风格，可以说，安徒生把丹麦文学的黄金时代推向了高峰。安徒生的童话可以跨越文化的藩篱、超越年龄限制，他的童话全集堪称一部老少咸宜的“不朽的传世经典”，值得每一个人细细品味。我们相信，到了下个世纪，安徒生童话仍是我们要向未来一代推荐的读物，因为一本好书，不需要成为最受追捧的那一本，但它总会是最值得回味和重读的经典。

经典回眸
JINGDIANHUIMOU

1835年，安徒生在创作了诗歌、小说、剧本，并受到了社会承认之后，他开始认真思考一个问题：谁最需要他写作呢？他感到最需要他写作的人莫过于丹麦的孩子，特别是穷苦的孩子。他们是那么的寂寞，不但没有上学机会，没有玩具，甚至没有朋友。为了使这些孩子凄惨的生活有一点温暖，安徒生决定要为他们写些美丽的作品，使他们热爱生活、热爱美和真理。他认为最能表达他的这个思想的文学形式就是童话了。此后，童话成了安徒生的主要创作活动。他花费40载光阴所创作的童话故事，充满丰富的想象力与浓厚的诗情及哲理，不仅受到孩子们的喜爱，也适合任何年龄层。安徒生的诞生，本身就是这个世界最令人惊奇的童话。他的100多篇作品，以深邃的思想、博大的爱心、独特的个性和高超的艺术，赢得了全世界的尊敬与喜爱，成为人类阅读史上的一个奇迹。《安徒生童话全集》记录着安徒生的伟大童话和不朽生命的永恒节奏，温暖了儿童的纯真世界，更直抵成人心灵深处。

安徒生童话具有独特的艺术风格，即诗意的优美和喜剧性的幽默。前者为主导风格，多体现在歌颂性的童话中，后者多体现在讽刺性的童话中。他的创作可以分为早、中、晚三个时期：早期童话充满了绮丽的幻想和乐观精神，体现了现实主义和浪漫主义相结合的特点。代表作有《打火匣》、《小意达的花儿》、《拇指姑娘》、《海的女儿》、《野天鹅》、《丑小鸭》等。中期童话现实成分相对增强，在鞭挞丑恶、歌颂善良中，表现了对美好生活的执著追求，也带着缺乏信心的忧郁情绪。代表作有《卖火柴的小女孩》、《白雪皇后》、《影子》、《一滴水》、《母亲的故事》、《演木偶戏的人》等。晚期童话比中期更加面对现实，着力描写底层民众的悲苦命运，揭露社会生活的阴冷、黑暗和人间的不平，流露出抑郁低沉的色彩。代表作有《柳树下的梦》、《她是一个废物》、《单身汉的睡帽》、《幸运的贝儿》等。

安徒生的童话深情而动人，他笔下的许多形象都成为世界文学史上不朽的经典，安徒生这位19世纪丹麦浪漫主义文学的代表人物，全世界首屈一指的童话大师，被誉为“丹麦的名

典·故·逸·话

1867年，安徒生离开故乡欧登塞即将50年，欧登塞城正式请他回去召开庆祝活动。12月里一个寒冷的冬天，离家多年的安徒生终于荣归故里。当日全城的学校为他放假一天，城里的主教陪着安徒生坐马车前往市政厅，市民们一路上夹道欢呼，家家户户都挂起了红白两色的丹麦国旗。市政厅里全城的重要人物盛装聚集一堂，接待这位从前穷鞋匠的儿子。盛宴结束后，市长请安徒生站到一扇打开的长窗前。安徒生发现外面是一城火光，每间屋子都点亮了灯笼和蜡烛；人们拿着火把在街上游行，到市政厅前向他献歌致敬。

片”，丹麦也因他而被称为“童话国度”。他的作品已经被翻译成近150种语言，广受全世界读者的喜爱。1954年国际儿童读书联盟第三次大会上，设立了以安徒生的名字命名的世界儿童文学大奖——国际安徒生奖，这个奖项至今仍是儿童文学界最高的荣誉。

安徒生的童话世界

说起童话，就不能不提到安徒生。在他生活的时代，拿破仑以武力征服欧洲；贝多芬以音乐征服世界；而安徒生则敞开他的心灵，帮助所有的孩子和大人们去发现世界的真、善、美……

在丹麦，你可以随意地批评政府，甚至开王室的玩笑，但倘若你有一点点轻慢安徒生的言谈，立时会招来众人的怒目！安徒生是“丹麦的儿子”，在丹麦人的心目中，他的地位仅次于上帝。但是安徒生更是全世界的，在他以前，童话仅仅是民间的口耳相传，或是哪位作家闲来之笔，是安徒生以他毕生的精力孜孜耕耘，使童话达到了与其他文学品种同等的高度，成为汇入文学海洋的一条异常美丽的河流。可以说，安徒生为童话确立了典范，在他之后，越来越多的作家走入童话领域，为我们献上一朵又一朵芬芳动人的鲜花。

安徒生的童话世界，“天真而热烈，深刻而朴素，温柔而恬静”，纤尘不染而又包罗万象，闪耀着感人至深的人性的光辉。读他的童话，我每每想象作家在执笔的时候，内心一定是很温柔、很温柔的，完全是爱意与包容。所以读他的童话，我们的心也都简单纯净。在写童话之前，安徒生是写过诗的，因而他的语言充满了诗意，仿佛流动着闪闪发光的音符似的，使读者在被主人公打动以前，先沉醉于他的文字所构筑的意境之美中。例如那篇极有名的《海的女儿》开头：

在海的远处，水是那么蓝，像最美丽的矢车菊花瓣，同时又是那么清，像最明亮的玻璃。然而它是很深的，深得任何铁锚都达不到底……

他的笔调柔情而不滥情，幽默而不尖刻，全然一片天真烂漫之气，即使是丑角(或说为反面角色)，那愚蠢是讨喜的愚蠢，奸诈是可笑的奸诈，所以受到惩罚，大家舒心一笑，而非必欲除之而后快。更多的时候，安徒生是在歌颂人性的美德：善良、谦恭、温柔、真诚以及感恩。在他的童话里安徒生传达着他的爱和希望：丑小鸭“只要别的鸭儿准许他跟他们生活在一起，他就已经很满意了”；美丽的歌唱的夜莺因为国王的泪珠就获得至大的满足；艾丽莎忍受痛苦委屈，甚至要丧失生命，是为了让她的哥哥们恢复人形；而海的女儿为了爱情连生命都可以牺牲；就连那位当众出丑的皇帝，他的心愿不过是让自己更好看些……都是极为简单的心思，却正因着各种各色的欲望为现代人所忽略、抛弃。所以看童话，就是为了提醒我们好好保护自己的心灵。

死亡是人生最重大的命题，对此安徒生有着独特的见解。他在童话里不但不回避死亡，而且一而再，再而三地重复。他作品里的平民主人公所经历的苦难，多是现实生活的反映。安徒生以满怀同情的笔触刻画他们，可是他给他深爱的主人公们施加的快乐魔法，仅仅是让他们温顺地承受折磨，始终保持内心的宁静和对上帝的虔诚恭敬，最后在幻想的幸福图画中恬然地逝去。如《卖火柴的小女孩》、《柳树下的梦》、《沙丘的故事》等。我曾经很不愿接受这样的故事，而忽视了作者对人生观的阐述。现在看来，安徒生所要表达的意思是，当命运以它强大的力量加诸人的时候，个人应当（也只能）保持灵魂的清净，坚守种种美德，即人性永不堕落，就是幸福的真谛。这也是安徒生作品的伟大之处。（流　光）

重读安徒生

安徒生的童话好像是世界儿童的普及读物一样，每一个孩子从小都沐浴在他童话的光辉里。然而，安徒生远不是一个纯粹的儿童文学作家，我们对他的认识始终是不全面的，或者说是在不恰当的意义上来理解安徒生。他是一个用生命写作的作家。巴尔扎克当年想用手中的笔征服欧洲，安徒生却想用手中的笔征服世界。正如太阳每一天从东方升起一样，安徒生征服世界的征途是从孩子这里开始的。他的外表是丑陋的，但心灵是高贵的。从《丑小鸭》开始，我们就知道了这个秘密。毫无疑问，一个社会和整个世界的美好需要从孩子这里做起，所以他选择了孩子。宽容、仁慈、同情、公平、公正、善良、正义、勇敢……每一种健康、健全的理念都蕴藏在他的作品之中。

任何一种艺术，只要它能给人一对向着太阳飞翔的翅膀，那么它就是美的、善的、真的。这是一个真实的世界，因为它给了人们一种理想和信念。哪怕是一个可怜、贫困、就要走向死亡的小女孩，安徒生也不愿让她孤独绝望地走完人生的最后几秒钟。《卖火柴的小女孩》中的小女孩是温暖、幸福、满怀希望地离开人世的。这种惊人的结局倒不是依赖才华完成的，而是安徒生伟大人格的自然流露。人性温暖的闪光，在他许多作品中都有完美的体现。

在世界儿童文学作家之中，安徒生是一个例外，他是唯一一个需要附加条件进行解读的作家。如果我们不读他的传记、不了解他的生平事迹，那么我们就不可能理解他作品中深刻的内涵，更不会知道他是一个用生命进行写作的作家。他的童话中，有他人生太多的泪水和欢乐，也有他人生真实的写照。他终身未娶，倒不是他羞怯的个性所致，而是他把爱情当成了童话，他又把童话当成了爱情。否则，安徒生的爱情童话《海的女儿》就不会那么美妙绝伦了。

安徒生一生都在漂泊。列夫·托尔斯泰花费了10年的时间解读安徒生的作品，他只读出了两个字：孤独。孤独是一种力量，正因为安徒生的作品中具有了强大的孤独，才使他的童话变得深刻而又丰富。对于别的经典作家来说，可能仅仅指一个作家的写作状态，但对于安徒生，则是一种生存状态。其实，他的童话不是儿童的童话，而是成人的童话。我从小读他的第一篇童话既不是《丑小鸭》、《皇帝的新装》，也不是《卖火柴的小女孩》，而是那篇我们很少提及或者说不愿意提起的《老单身汉的睡帽》。那是一篇使人潸然泪下的作品。能使人如此感伤的童话确实是罕见的。

安徒生的伟大，在于他把自己的生命和童话连接在了一起；安徒生的天才，在于他利用童话这种文体展现了人生的多重层面。他给童话提供了一种无限的可能性，最大限度地诠释了童话的精神。我更愿意在哲学的意义上膜拜安徒生。

安徒生的童话总在暗示我们：他是一个诗人，一个旅行家，一个牧师，一个道德家，一个美学家，一个哲学家，一个绝好的朋友……无论在哪一种意义上，安徒生都是不可取代的，不可超越的。（小　安）

历史桂冠 LISHIGUIGUAN

1805年，安徒生出生于丹麦小城欧登塞的贫民窟。他的父亲是一名鞋匠，但受过良好的教育。他的母亲是一名洗衣妇，虽然没受过教育并且迷信，却引导安徒生进入了民间传说的世界。在母亲的鼓励下，安徒生开始创作自己的童话故事，并安排演出木偶戏。

安徒生11岁时，父亲去世，母亲也不久后改嫁。三年之后，他来到哥本哈根寻找工作，先后做过歌手、舞蹈演员。经过8年奋斗，终于在诗剧《阿尔芙索尔》的剧作中展露才华。因此，被皇家艺术剧院送进斯拉格尔塞文法学校和赫尔辛欧学校免费就读，历时5年。1828年，安徒生获准进入哥本哈根大学，在那里完成了他的文化教育。随后几年，他写了一系列令人印象深刻的阿拉伯风格散文、剧本和小说。24岁时，出版了长篇幻想游记《阿马格岛漫游记》，第一版便销售一空，原本在饥饿中挣扎的安徒生从此脱离了贫穷的阴影。1835年，他又完成了以意大利为背景的小说《即兴诗人》，这是一个自传体式的故事，在国际上大受欢迎。

1837年安徒生出版了第一部童话故事集，包括《海的女儿》和《皇帝的新装》，面世即受到一致的好评。此后每年圣诞节他必有一本童话出版，他的故事盛行于欧洲，成年人与孩子们都爱不释手。欧洲的上层社会更把他当做宠儿看待：丹麦的贵族富人纷纷请安徒生到他们的宫堡去做客居住；当他在欧洲各国旅行时，各国的王公贵族和豪富之家争相邀请他；丹麦和德国普鲁士皇帝都授予他勋章和头衔。安徒生来到英国时，大文豪狄更斯也专程前来拜访。然而，在这种无上的荣光中，安徒生依然是个羞涩而孤独的人。他一生没有成家，于1875年8月4日病逝于朋友——商人麦尔乔家中。如今在安徒生博物馆的图书室里，收藏着百国以上的安徒生童话故事译本，非常壮观！

作为一部形形色色人物的“灵魂史”，《儒林外史》开辟了一个视野，在更宽广的意义上彰显了人世百态。

《儒林外史》

吴敬梓（中国·清　1701—1754）

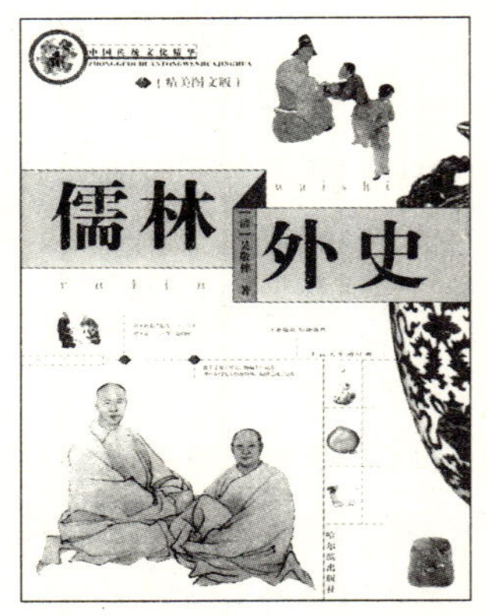

300多年前一个书生在穷愁潦倒的窘境中，写出了一部《儒林外史》，它开辟了一个视野，提供了一种眼光，形成一种手法，创造了一种小说结构形态。和以前的历史小说、英雄传奇小说、家庭小说不同，它是一部对八股取士的科举制度进行百年反思，因而充满世纪悲凉的文化小说。它提供的是尖锐的讽刺眼光，尖锐得充满机智，尖锐得带有悲悯。在描写手法上，采取的是散发着自然美和明净美的文人散文的简洁文体，对那些富有生命表现力的人生片断进行传神写照，这一点在古典章回小说中也属首创。这个书生就是吴敬梓。

《儒林外史》是我国文学史上第一部长篇讽刺小说，也是世界文学史中最优秀的讽刺文学力作。参透人世虚空的吴敬梓，对摧残人性的科举制度与八股文写作发动了一场最全面、最猛烈、最坚定的文字声讨和抨击，气势汹涌如潮，提出的种种尖锐而有价值的问题仿佛巨石入水，在整个封建社会引起了轩然大波。吴敬梓的伟大在于他没有居高临下地裁决生活，而是以一颗悲天悯人的心灵去体察人们生活中的各种滋味。他提供的虽仅是精神肖像和人格标本，但已足够泽被后世。

吴敬梓卓越的幽默讽刺才能和驾驭语言的本领，使《儒林外史》取得了极其出色的艺术效果，在讽刺文学中具有无可争议的崇高地位。全书能“摹绘世故人情，真如铸鼎像物”，因而使得“魑魅魍魉，毕现尺幅”。作为一部形形色色人物的“灵魂史”，成为中国小说史上一部具有开创意义的杰作，构成了我国古代小说创作的又一高峰，在中国短篇小说发展史上具有不可超越的价值。

经典回眸
JINGDIANHUIMOU

《儒林外史》共55回，约40万字，描绘了近200个人物，以十多个既独立又有联系的故事，细腻地刻画了一群追求功名富贵的、各种类型的封建儒生和贪官污吏的丑恶面目，剖析了当时读书人鄙陋变态的灵魂——数十载寒窗只为考取功名，人们心理变得麻木、丑陋、愚昧，灵魂扭曲。而一旦他们如愿以偿，跻身为统治阶级的一员，作为既得利益者，便继承前任衣钵，媚上欺下，鱼肉乡民，在百姓头上作威作福。

小说通过一系列鲜明、极富个性的典型人物形象，淋漓尽致地描绘了我国封建社会的市民心态，并将在名利驱使下的各色人等的卑琐灵魂毫不留情地予以曝光。比如写秀才范进中举之前，家里住的是草房，穷苦不堪。可是一朝中举之后，银子、房子、土地与奴仆都有了，本地的乡绅也纷纷前来探视、结交；而王惠中一旦考中进士当上知府，便依附科举来猎取功名，最终成了残害百姓的贪官污吏。严贡生强行关了邻家的猪，反叫人家拿钱来取——这些劣迹昭著的乡绅竟被保举为“优贡”，令人发指。更有如汤县令者，为自己的仕途着想，竟对说情的回教师父施以酷刑，终于激起民愤。可即使闹到了按察院，汤知县仍然“大摇大摆地出堂发落”。

此外，《儒林外史》还将与科举制度有着千丝万缕联系的人物众生相展现在读者眼前。关于妇女地位问题，小说也提出了一些清新的见解。比如书中的王三姑娘在丈夫死后，深受封建礼教的影响，又被其父所蛊惑，竟上演了一场绝食殉夫的悲剧。她的死，成为统治阶级大力宣扬的典范，在大祭之后的宴席上，人们竟将这种残酷的事件称之为“伦纪生死”，连死者的父亲也“转觉心伤，辞了不肯来”。这类情节描写明显带有对士大夫的传统观念进行挑战的意味，指出了封建礼教吃人本质的罪恶。

全书的故事情节虽然没有一个主干，却有一个中心贯串其间，那就是反对科举制度和封建礼教的毒害，讽刺因为热衷功名富贵而造成的极端虚伪、恶劣的社会风习。吴敬梓不仅写出了科举制度外在的种种弊端，并且将他锐利的笔触深入到为科举制度毒害、折磨的人物被扭曲的灵魂深处，从而使《儒林外史》对科举制度的批判达到前所未有的深度。

我们从书中的故事里不仅看到了独具性格、面貌不同的人物，而且看到了一个腐朽堕落的、

典·故·逸·话

《儒林外史》的作者吴敬梓，晚年生活很贫困，他住在南京大中桥时，只有古书几十册，日夜诵读自娱。最后，连这些书也拿去卖掉买米。冬天，吴敬梓缺衣少食，当然谈不到买酒御寒。他便邀请五六个好友，乘月色走出南京城南门，绕着城墙走，一路上唱歌、吟诗，你歌我和，直到天亮，走进水西门而散，夜夜如此。由于走了几十里路，全身就暖和了，吴敬梓幽默地称夜间之行为暖足。

光怪陆离的社会。作者对那些热衷功名富贵以至中了邪魔、被社会挤压得灵魂都变了形的卑微可怜的儒生们，既做了无情的尖刻的嘲讽，又表现出哀怜和同情。而为了改良社会，表现作者的理想，吴敬梓在作品中也塑造了几个正面人物，对自食其力的手工业者给予歌颂，对不迷恋科举的读书人加以赞扬，把希望寄托在用儒家的道德规范来扭转颓败的世风上。

中国讽刺文学远在春秋战国时代就已经在诸子百家的文章中有所体现，而《儒林外史》这部经典的讽刺小说更是将讽刺文学的精华再次升华。概括说来，小说展示了一幅以封建儒生的生活和精神状态为中心的、18世纪中国社会的风俗画，无论在思想上还是艺术上均取得了巨大成功。《儒林外史》在继承中国古代讽刺艺术的优良传统的基础上，加上作者的天才创造，把我国古代讽刺艺术推向了新的高度。

思想家的小说

研究吴敬梓的人都会有一种感觉，他是一位最富有思想的作家。他那种极灵敏地感应时代的变化、倾听生活最细微的声音的才能，使他的小说中的艺术世界，像内层深邃稳定而水面时时旋转的思想的大海。当然，这是由有形有色有光有声的、生活的活水聚成的大海。这种深邃的思想以及他的小说厚度，曾使鲁迅先生喟然而叹：伟大也要人懂！

吴敬梓的《儒林外史》传奇色彩很少，思考是他作品的重要特色。我们初读他的小说，常为他近乎淡泊的笔调所惊异：像世态炎凉冷暖、个人感情的重创、人格的屈辱、亲人的生死离散，似都以极平静的语气道出；那巨大的悲痛，都在悠悠的文字间释然。然而这意蕴的产生正是来源于吴敬梓亲自感知，即家道中落、穷困潦倒的生活所引发的深沉的人生体验和对人的精义的思索。

作者因久阅文坛，对文人心态自然非常熟稔，一旦发为讽刺，不但穷形尽相，往往还剔骨见髓，使有疾者霍然出汗。他观察点的特色是：一个人物，一种冲突。周进、范进都是在八股制艺取士的舞台上扮演着悲喜剧的角色，马二先生是一个具有双重性悲剧的人物，匡超人人性的异化则是“圣人”之徒戕害的结果。实际上吴敬梓是对形形色色的知识分子进行了一次哲学巡礼。

《儒林外史》在一定程度上可以看成特定历史时期内我们民族的精神现象史，即人的心路历程史。作者始终在沉思一个巨大的哲学命题：他要唤起民族的一种注意，要人们认识自己身上的愚昧性，因为当人们还处于这样一种愚昧状态时，我们是不能获得民族的根本变化的。他想到的不仅仅是知识分子的命运，而是借助于他所熟悉的知识分子群体来考虑民族精神和民族性格的素质。他以自己亲自感知的科举制度和举业至上主义为轴心，开始以一种深刻的历史哲学，去思考、去观察自己的先辈和同辈们的民族文化——心理结构和政治生涯。所以吴敬梓在小说中提出的范进、周进、牛布衣、马二先生、匡超人、杜少卿的命运，并非个别人的问题，而是他看到了历史的凝滞，而他正是借助于对科举有着深刻的内心体验，所以他才极为容易地道破举业至上主义和用八股制艺的各种病态形式。作者所写的社会俗相不仅是作为一种文化心理的思考，同时更多的是作了宏观性的哲学思辨，是灵魂站立起来之后对那些还未站立起来的灵魂的调侃。由此我们也可以看到吴敬梓的小说的一个症结：思想大于性格。

黑格尔曾说：本质的否定性即是反思。吴敬梓在小说中对举业至上主义和八股制艺的批判如同剥笋一样，剥一层就是一次否定，也就是一次理性认识的飞跃，从而也就是向本质的一次深入。吴敬梓创作《儒林外史》的总体构想就是对中国封建科举制度和举业至上主义的反思，因此该书的重要审美特色是它的反思性。而恰恰是这反思性使得《儒林外史》具有“思想家的小说”的美学品格。（宁宗一）

一代文学巨匠的不朽之作

三百年前，在安徽的全椒县，一个生命诞生了，迎着封建社会的凄风苦雨，他逐渐成长起来，承担起批判现实的责任，写出了中国文学史上具有里程碑地位的长篇讽刺小说《儒林外史》。他就是我国清代伟大的现实主义作家吴敬梓。他多舛的人生经历、深厚的学识素养和愤世嫉俗的情怀，以及由此而获得的对现实生活独具慧眼的深刻认识，成就他创造出不朽之作《儒林外史》。

《儒林外史》是中国小说史上的一部带有开创意义的杰作。在它之前中国文学中就已经有了《三国演义》、《水浒传》、《西游记》等著名的白话章回体长篇小说。而《儒林外史》的开创性意义在于：它以现实主义作为底色，以讽刺作为自己的美学追求。它与稍后出现的《红楼梦》一起，构成我国古代小说的又一高峰，在中国小说发展史上具有不可替代的作用。这部作品内容博大深厚，闪烁着民主进步的思想光芒。作者以犀利的笔触无情鞭挞了封建科举制度腐朽的本质和其对知识分子心灵的戕害，入木三分地刻画了一系列深受科举毒害的迂腐的读书人、虚伪的假名士，也塑造了理想中的人物。虽然假托明代，却是封建社会一幅真实的生活画卷。这部作品不仅以讽刺作为主要的艺术手段，而且在结构上与通常的长篇小说以中心人物、中心事件来结构故事的方式不同，以连缀的故事、相互衔接的人物，既独立又前后呼应地结成艺术整体。它奠定了我国讽刺小说的基石，对后来的文学的影响是巨大而深远的。我国现实主义文学传统非常久远，可以追溯到《诗经》时代。文学应对世道人心有所补益，《毛诗序》就已提出“美刺”思想。以批判姿态直面现实是现实主义文学精神的核心。乐府承接了这一传统，在杜甫诗中更是发扬光大，而吴敬梓则把这一传统注入到小说中，并以极大的勇气用讽刺鞭挞的手法来加以表现。他所开创的文学传统在清末文坛被广为推崇，对重要文学流派——谴责小说产生明显的影响。（陈晓光）

历史桂冠
LISHIGUIGUAN

吴敬梓于1701年出生于安徽全椒县的一个名门望族家庭，字敏轩，一字文木。他的曾祖父和祖父两代人中，共出了六名进士，包括一名榜眼，一名探花。父亲去世后，吴家开始衰落。由于家族的影响，吴敬梓从小就爱好文学，才识过人，对于保守僵化的八股制艺表现出了与生俱来的厌恶，使得其家人瞠目。早年间，吴敬梓也曾入学做了秀才，而29岁参加乡试时，却因为文章好而人太怪异落榜。后来，吴敬梓又多次参加清代的科考，终究还是名落孙山。看透了世态炎凉的他，在乾隆初年虽然得到了巡抚举荐参加科考的机会，却又借口生病推辞掉了。

1733年吴敬梓移居南京，因为乐善好施，不懂持家，再加上愤世嫉俗以至于放浪形骸而大肆挥霍钱财，不到10年，就将遗产消耗一空，所以生活越来越窘迫，经常过着衣不保暖、食不果腹的困苦生活，仅靠贩卖文章和朋友的周济为生。然而性情豪爽的吴敬梓丝毫不以为苦，依然豪放旷达，率直真诚，广交文人学士，被四方的“文酒之士”推举为盟主。虽然憎恶扼杀人性的封建礼教，但他还是重视秩序的力量，曾积极地倡导建立先贤祠，试图弘扬知识分子的传统道德精神以挽救世风。

从40岁开始，吴敬梓怀着愤世嫉俗的心情，耗费十年工夫写下了著名的讽刺小说《儒林外史》，后世称之为我国古典讽刺小说的奠基之作。不仅如此，饱览诗书的吴敬梓还著有诗文集《文木山房集》12卷和《诗说》7卷，无愧为一代文坛宗师。

经过时间的淘洗，《红与黑》金子般的耀眼的光泽逐渐被人们发现，赢得了一代又一代读者的心！

《红与黑》

■ 司汤达（法国　1783–1842）

1828年，贫穷的法国作家司汤达陷入了对生活的绝望之中，他曾经数次试图自杀，立下的遗嘱也达6次之多。两年之后，这位自杀未遂者出版了长篇小说《红与黑》，反响并不热烈，面对作品受到的冷遇甚至攻击，司汤达说："30年后人们将要读我的作品。"事实正如司汤达的预言，经过时间的淘洗，《红与黑》金子般耀眼的光泽逐渐为人们所发现了，被视为最具法国现代气质的著作，受到世界各地读者的喜爱，司汤达也因此赢得了"现代小说之父"的巨大声誉。

《红与黑》在今天已被公认为欧洲文学皇冠上最为璀璨精致的艺术宝石之一，在法国文学史乃至世界文学史上都占有非常重要的地位，出版至今已有170余年的历史了，历尽风云变幻却仍旧畅销不衰。小说不仅十分成功地塑造了于连·索黑尔这个极富时代色彩又具有鲜明个性的艺术形象，而且通过主人公的经历，展示了法国复辟王朝时期广阔的时代画卷，触及到当时许多尖锐的社会问题。

司汤达是心理描写大师，《红与黑》在心理深度的挖掘上远远超出了他同时代作家所能及的层次。小说以深刻细腻的笔调充分展示了主人公的心灵空间，广泛运用了独白和自由联想等多种艺术手法挖掘出了于连深层意识的活动，并开创了欧美现代派文学意识流小说的先河。

经典回眸 JINGDIANHUIMOU

1827年，司汤达在《法院公报》上看到了一个名叫贝尔德的青年家庭教师开枪射击自己女主人的情杀案件的详细报导。不久，他就在这个素材的基础上加工改编，构成了巨著《红与黑》的基本情节。

《红与黑》起初的标题为《于连》，1830年定名为《红与黑》，并有副标题“1830年纪事”。小说标题的“红”，是指红色军装，代表了拿破仑时代；“黑”指教士的黑袍，象征了教会恶势力猖獗的复辟时期。故事发生在复辟时期。于连是一个小业主的儿子，但有着出人头地的决心。他从小就崇拜拿破仑，然而生不逢时，无法凭其才华立功疆场而获得远大的前程。在复辟时期，做教士是平民走入上层社会的唯一途径。于连根本不相信上帝，但是为了摆脱卑微贫困的地位，他开始发奋攻读神学。他首先跟随本地西朗神甫学会了拉丁文，并把拉丁文《圣经》背得烂熟。凭着这点儿本领，于连得到神甫的信任，被推荐到维立叶尔城的市长德·瑞那先生家当家庭教师。不久与市长夫人发生了暧昧的关系，事情败露后被迫离开市长家。又由西朗神甫介绍，到贝尚松神学院学习。在这里，他投靠了神学院院长彼拉神甫，卷入了教会内部的宗派斗争。彼拉神甫受教会特务组织耶稣会排挤而离开神学院时，把他介绍给巴黎极端保王党的重要人物德·那·木尔侯爵当私人秘书。于连的聪明才干很快又深得侯爵的赏识，并且他在侯爵策划的政治阴谋中充当了忠实的工具。与此同时，他与侯爵的女儿玛特尔又有了私情。玛特尔怀孕后，侯爵不得不承认既成事实，准备给他一块地产使他成为贵族。正当于连踌躇满志之时，由教会特务一手策划的告密信揭发了从前他和市长夫人的不正当关系，使他的飞黄腾达毁于一旦。他气忿之下开枪打伤被教会特务逼迫写了那封告密信的市长夫人，最后被捕入狱并被判处死刑。

整部小说描述的是主人公于连的个人奋斗史，司汤达对他表现出充分的同情。以此为主线，司汤达广泛地表现了波旁王朝后期从外省到巴黎的尖锐的阶级斗争，赋予小说更深刻的社会意义，使《红与黑》成为一部复辟与反复辟斗争的形象历史。小说发表后，当时的社会流传“不读《红与黑》，就无法在政界混”的谚语，许多国家将其列为禁书。

典·故·逸·话

在世界著名作家中，司汤达以喜欢用笔名而闻名。他一生一共用过109个笔名，甚至连写信也不用自己的真实姓名和地址，常常弄得收信人莫名其妙。当然，在这109个笔名中，最著名的是“司汤达”这个响亮的名字。1830年，司汤达的《红与黑》出版发行，它立即遭到文学界的讥评。在《红与黑》问世两年之后的1832年10月，司汤达化名写下了一篇题为“关于《红与黑》”的自我吹捧文章，希望远在佛罗伦萨的一位朋友转交当地的一家文学刊物《文选》，以便意大利读者能够善待他的书，不幸的是，没等司汤达的文章发表，《文选》便停刊了。司汤达生前，对《红与黑》表示欣赏的只有歌德和梅里美。歌德有保留地赞许作者“周密的观察和对心理方面深刻的见解”。梅里美则在1842年为司汤达所作的讣词中说：“也许20世纪的某一位评论家会从19世纪卷帙浩繁的作品中发现贝尔的书，并且比我们同代人更公正地对待他。”

100多年来，作为文学史上描写政治黑暗最经典的著作之一，《红与黑》被译成多种文字广为流传，并被多次改编为戏剧、电影，主人公于连也成了世界人民熟知的一个名字，这个具有高度典型意义的人物形象，已成为个人奋斗的野心家的代名词。《红与黑》是司汤达的代表作，赢得了世界各国一代又一代读者的心。

疑虑和矛盾中的于连

无疑，《红与黑》是一部充满着魅力的作品。西方关于研究司汤达的作品数量足以与中国研究《红楼梦》的“红学”等量齐观。的确，作为法国批判现实主义文学的奠基之作，《红与黑》中对于19世纪上半期法国风起云涌的各方斗争和矛盾都展现得颇为深远，贵族、大小资产阶级、教会人士一个个粉墨登场，潜伏在表象下的实力的交战刻画了当时整个社会的腐朽和虚伪。背景是展现作品意义深远的一个方面，而在我看来，《红与黑》之所以如此经久不衰，绝不仅仅在于该作品体现出的政治和社会意义。记得蓝棣之老师曾经说过，一部现实主义作品大大不同于记录社会的高级文件，文学的意义，也绝不仅在于记录。我想，《红与黑》中主人公于连充满着无限矛盾与反差的各种思想和行为，足以让每位读者看得目瞪口呆却又如痴如醉，足以让每一位研究者分析成千次，上万次。

于连的敏感和细腻倔强是天生的，他还拥有着超群的记忆力，而他的高傲和自尊，崇拜权势则是后天环境的赋予。于连确实是十分自我的，在他的心目中，尊严被提到了一个至高无上的地位，他可以放弃轻而易举就能到手的钱财，因为他需要的是别人的尊重。但他对于“自尊”的理想和追求又最终把他引向了歧途，一方面是整个社会环境的原因，于连处的时代已没有了让一个青年人一跃成名的时势，除了做一个虚伪的人，于连没有别的机会可以平步青云，他只能做达尔丢夫，他只能干违心的事，在损害别人利益的基础上争取自己的资本，另一方面于连也实在是太矫枉过正了，他为了自己的自尊憎恨一切贵族，但他同时也瞧不起和自己同一阶级的平民，他甚至敏感到了在瑞那和德薇夫人中会选择德薇夫人只是因为瑞那夫人看到了他想按门铃却又迟迟不敢按时的窘态。如果不是在极强的荣誉心和极深的自卑感之间的激烈斗争，于连又何至于此。此后种种事实，当他在收到拉莫尔小姐纸条的精心安排，他们第一次幽会时他莫名的惊恐，都让人觉得实在夸张。

然而也就是这样一个于连，他的性格反而又是非常多向的。他一方面有民主的思想和英雄主义的热情，但当他得到了木尔候爵的赏识时，他却逐步地向贵族势力妥协了。在他的个人奋斗历程中，他经历着一次次的反抗和妥协。他是机智聪明的，然而在很多方面，我们只能说他是天真而无知的，尽管在经历他的第二次爱情时，对于玛特尔小姐他似乎已经是老谋深算了，但比起整个社会中精心钻营的人们来，他依然是无力的，也是无助的。

而于连本身追求的，他的个人的意识，在最后十章，也就是他临死时的心情的描写，则更体现出了一种自我的矛盾。记得我始终是怀着一种焦燥不安的心情来读这本书的，然而出乎我意料的是，当我读完书后，准确地说，是读完书的最后几章之后，我的心异常安详和平静，为什么主人公于连的死反而又安抚了我这颗躁动的心呢？是“人之将死，其言也善”吗？于连的自尊、冷傲和处心积虑让人读来心头烦闷，心情也不由乖张暴戾，但当他真正开始面临着他的死亡的时候，当他明白自己的死是“社会对于像他这样一个青年想要向上爬的一个警告”时，当他明白他真正喜欢的是那种双方平等付出的“心灵上的爱情”时，他甘愿选择了就死之路，平静摆脱了一切苟且求生的事，这时他真正地爱了，真正地活了，他体会到了真正的幸福！

最后十章的于连是否就削弱了整篇中于连的心理矛盾的激荡呢？不，正是最后十章中于连对于幸福的一种认知，才凸现出前六十五篇中于连孜孜不倦地经营、算计、挣扎过的心理历程，这种“平静”和当时的算计不就是一个大的反差吗？这样，在另一种“追求”的矛盾中，结束了全篇。

《红与黑》中于连的心理在疑虑和矛盾中挣扎，对于人物的思索是一个极大的宝库，采之不竭，魅力无穷！（佚　名）

“英雄”于连

于连是司汤达呕心沥血塑造的人物形象，是整部《红与黑》的核心，离开这个人物，《红与黑》的魅力就无从谈起。

作为一种社会典型，于连属于法国大革命以后成长起来的一代知识青年，在王朝复辟时期，是被排斥在政权之外的中小资产阶级“才智之士”的代表，这类人受过资产阶级革命的熏陶，为拿破仑的丰功伟绩所鼓舞，早在心目中粉碎了封建等级的权威，而将个人才智视为分配社会权力的唯一合理依据。他们大都雄心勃勃，精力旺盛，在智力与毅力上大大优于在惰怠虚荣的环境中长大的贵族青年，只是由于出身微贱，便处在受人轻视的仆役地位。对自身地位的不满，激起这个阶层对社会的憎恨；

对荣誉和财富的渴望，又引诱他们投入上流社会的角斗场。

显然，于连并不是完人。他的感情并非纯洁无瑕，他的行为和思想充满矛盾。但正因为如此才是一个真实、可信、有血有肉的人。在他身上更多地表现出的，是资产阶级个性中最有活力、最有进取性的一面。他属于资产阶级上升时期那种精力充沛、敢作敢为、具有顽强意志和冒险精神的类型，这种人没有宗教信仰，没有对来世的恐惧，生活对于他们是一场残酷的搏斗，要么为荣誉、地位、财富及一切现世幸福而生，要么粉身碎骨而死。在《红与黑》中，这个人物是法国大革命以来种种新观念的代表，他的对立面是腐朽落后的复辟势力。他以平民阶层的平等意识对抗封建等级观念，以个人价值对抗高贵的出身，他对自身的价值有充分的自信，并认为有权要求自己的社会地位配得上他的价值。他狂热地崇拜拿破仑，因为这个人的成功意味着等级制度的破产和个人价值的获胜。他高傲、敏感，时刻不忘维护自己的尊严。他宁愿在家挨父亲的拳头，也不愿到贵族人家当奴仆，关心和谁同桌吃饭，胜于关系薪金的多寡。他的全部生活目标就是要摆脱低贱的地位，登上社会的顶层。这种不甘屈居人下的思想，支配着他所有的情感和行动。甚至他的两次爱情，最初也都是从“战胜蔑视”的心理出发的。他崇尚绝对的自由和独立，认为人应当拥有自己的一切权力，个人的行为只需接受自己心灵的指挥，只要认为自己的目的正当，为达目的甚至可以不择手段。因此任何习俗和社会法规对他都失去了约束力。他只承认自我，只考虑自我，既不顾及传统，也不考虑“道德”。他只对自己负责。或者说，他心目中只有一种道德，那就是：肯定自己的价值，维护自己的尊严。他为了肯定自己的价值去恋爱，为抗议对自己的侮辱而杀人，最后为保持自己的尊严而拒绝乞求赦免……总之，于连的全部心灵都体现着一种与封建观念相对立的思想体系，一种以个人为核心的思想体系。这种思想体系决定了他和那个行将灭亡的社会之间不可调和的冲突，也决定了他无可挽回的悲剧命运。作者以这个人物作为生气勃勃的平民阶层的代表，并以他的受压抑和抗议来揭示1830年七月革命的“因”。虽然这一类型人物作为个人并非不可收买，并非不会堕落，但作为一个被压抑的阶层，却注定是贵族社会的对抗力量，在他们当中总会不断产生丹东和罗伯斯庇尔。

于连之所以比一般的“个人”给予人更强烈的印象，显然不是

道德力量引起的美感，而在于他是一种信念和力量的化身。特别因为周围充斥着“世纪病”患者的一片呻吟，这个形象就显得格外突出。他不是一般的资产阶级人物，而是司汤达按自己的理想模式塑造的“英雄”。

从上述观点出发，司汤达笔下的于连必然是一个叱咤风云的正面英雄形象，代表着正义的呼声。尽管这位英雄我们今天看来未必伟大，当年在司汤达心目中却决不渺小。即使这个人物的行为并非无可指摘，他却是作者所赞赏的那种勇于为自己的幸福去冲锋陷阵的人。他敢于蔑视封建等级和门当户对的婚姻，并以个人的价值及两次“不道德”的爱情对传统观念提出了大胆的挑战。（艾 珉）

历史桂冠 LISHIGUIGUAN

在法国19世纪浪漫主义文学处于巅峰的时期，出现了一位有独特艺术魅力的作家，他在作品中所表现出的超前意识使他很难为同时代的大作家所理解，浪漫主义大师雨果甚至不承认他是一位作家。他就是批判现实主义文学的先锋人物——司汤达。

司汤达（1783–1842）本名亨利·贝尔，出生于法国格鲁诺贝的高等法院律师家庭。早年丧母，父亲是一个富裕的律师，信仰宗教，思想保守，而他唯一敬爱的外祖父则是一位启蒙思想的信仰者，在他的影响下，司汤达对启蒙思想和文学有着浓厚的兴趣并阅读了法国启蒙思想家的作品。1799年，司汤达以优异的成绩毕业于中心学校，来到了巴黎，并在亲戚的介绍下在军事部谋到了一个职务。从此，他跟随拿破仑大军征战南北，直到1814年拿破仑失败。在此期间，司汤达阅读了大量哲学、历史和文学著作，逐渐形成了对社会和对人的基本哲学观点。他在文学上欣赏莎士比亚，开始有了现实主义思想。更重要的是，他亲身经历了拿破仑帝国的兴亡，对这段历史有了深刻的认识和感受，司汤达积累了丰富的社会经验和创作经验，于1829年开始写作长篇小说《红与黑》。小说于1830年出版，标志着司汤达创作的最高峰。

司汤达的一生不长，不到60年，在文学上起步也很晚，三十几岁才开始发表作品。然而，他却给人留下了巨大的精神遗产：数部长篇，数十个短篇，数百万字的论文、随笔和散文，游记。1842年司汤达因中风去世，被安葬在蒙马尔特公墓。他生前默默无闻，作品不被世人理解，而在死后却因其在作品中对他的时代的深刻表现和对人物心理的揭示而被公认为19世纪法国最有个性的作家之一。法国自然主义流派鼻祖左拉称赞其是“我们的大师”和“先驱者”。俄国大文豪列夫·托尔斯泰极力称颂他的心理描写技巧，继承和发扬了司汤达这一传统，后来成为“心灵辩证法大师”。

普希金以巨人的步伐，探索了文学的广阔领域，所有19世纪的俄国作家，都受过他的文学之海的恩赐。

《上尉的女儿》

普希金（俄国　1799–1837）

对于俄罗斯人来说，普希金是无法形容的，一如俄罗斯皑皑的白雪；对于俄罗斯人来说，普希金又是活生生的，一如他们用以维持生命的黑面包和红菜汤。普希金是一个标志，是俄罗斯蛮荒和文化的分水岭。在他之前，俄罗斯文学是粗鄙的、零散的、模仿的；在他之后，俄罗斯文学中有了真正的俄罗斯精神，俄罗斯文学的天空中出现了满天的星辰，交相辉映。普希金是精神世界的帝王，他是俄国文学史上第一个集大成者，从他开始，俄国文学真正成为一种独立的文学屹立于世界文学之林。

一百年前，一位俄国诗人就这样描绘普希金：从美国到日本，从芬兰到加尔各答，无一文明语言不译其作，无一经度纬度不知其名。这并非虚言。普希金是“俄国文学的始祖”，高尔基称之为“一切开端的开端”。普希金一生尝试了各种体裁和形式，抒情诗、童话诗、诗体小说、悲剧、小说……几乎在各个方面都为后人留下了典范。他以巨人的步伐，探索了文学的广阔领域。所有的19世纪俄国作家，都受过普希金的文学之海的恩赐。

普希金的散文体小说《上尉的女儿》是一部著名的历史爱情小说，描绘了18世纪下半叶俄罗斯最大的一次农民起义运动——普加乔夫的起义。作家以浮雕般的笔法，塑造了普加乔夫这个农民起义领袖的光辉形象，开启了19世纪俄国文学关注农民问题的传统。这是诗人生前发表的最后一部也是最出色的一部小说作品。100多年来，究竟有多少人翻译、多少家出版社出版过这部著作，这已成为一个难以回答的问题。

经典回眸
JINGDIANHUIMOU

普希金的长篇历史小说《上尉的女儿》是一部“着眼过去，说明现在，预示未来”（别林斯基语）的小说。俄国文学巨匠列夫·托尔斯泰曾把《上尉的女儿》看做是普希金散文作品的最佳篇目之一，并认为“似乎从来没有什么东西使我这样赞美过”。

小说主人公贵族青年格利尼奥夫奉父亲之命到奥伦堡服役，他和忠实的仆人萨维里奇在途中遇到了暴风雪，他们无法辨别方向，迷路了。这时，他们遇到一个流浪汉，流浪汉给他们带路，找到了一家旅店过夜。分别时，格利尼奥夫见流浪汉穿得单薄，就不顾萨维里奇的反对把自己的兔皮袄送给他。流浪汉深表感激：“我永远不会忘记你的恩典。”到达奥伦堡之后，格利尼奥夫被安排到白山要塞去。在白山要塞，格利尼奥夫爱上了要塞司令米罗诺夫上尉的女儿玛莎。施瓦布林是一个被近卫军除名的军官，他曾经向玛莎求婚却被拒绝，因此怀恨在心。他总对格利尼奥夫用尖刻的语言攻击玛莎。格利尼奥夫为了玛莎的名誉和他决斗，结果不幸被刺伤。玛莎被深深感动了，她一步不离地照顾着格利尼奥夫，并承认了对他的爱。不久，普加乔夫率部队发动了起义，攻占要塞，当场绞死了顽抗的要塞司令，刀劈了司令夫人。玛莎成了一个孤儿。而当格利尼奥夫被吊上绞刑架的时候，他的仆人萨维里奇急忙伏倒在普加乔夫脚下为他求情。普加乔夫认出了他，想起了那件兔皮袄的事情。因为他感念旧情，讲究信义，就放了格利尼奥夫。

普加乔夫问格利尼奥夫愿不愿意和他一起干，但格利尼奥夫坚持贵族立场，决意离开了“叛军”。他把玛莎托付给好心的牧师，就去投奔了沙皇统治下的奥伦堡。而这时施瓦布林投靠了普加乔夫，并被任命为要塞的司令。格利尼奥夫到奥伦堡之后，接到了仍然留在白山要塞的玛莎的求救信。原来无耻的施瓦布林强迫牧师把她交出来，并且正迫使玛莎嫁给他。格利尼奥夫立即启程解救玛莎，只有萨维里奇跟

典·故·逸·话

1825年12月14日，俄国爆发的十二月党人起义，被沙皇残酷镇压下去了，起义军的五位首领被绞死，100多人被流放到西伯利亚，600多人受到牵连。他们中间有很多人是普希金的朋友。1826年秋天，新上台的沙皇尼古拉一世把普希金召回了莫斯科，想扭转他的笔锋为自己服务。“如果1825年12月14日那天，你在圣彼得堡，你会干什么？”沙皇尼古拉一世试探普希金。“我将在起义者的队伍里。”普希金毫不迟疑地回答。“你没想过这样做的结果吗？”“当然想过，我的朋友们不是被陛下绞死了吗？”尼古拉知道普希金不那么容易对付，要是因为写几首讽刺诗就把他杀了，自己肯定要被人嘲笑，最好是控制他，不让他写。于是沙皇要亲自审查普希金的诗，可普希金直截了当地说：“陛下要审查我的诗，到时候我会亲自送来。”普希金出了宫廷之后，并没有把沙皇和他的谈话放在心上，他照旧写政治抒情诗和政治讽刺诗，歌颂十二月党人，谴责沙皇。

随着他。他们在普加乔夫的驻地又见到了普加乔夫。格利尼奥夫告诉普加乔夫施瓦布林的恶行，普加乔夫帮助他救出了玛莎，并祝愿他们夫妻恩爱，格利尼奥夫也对普加乔夫感激万分。格利尼奥夫带着玛莎离开普加乔夫的时候，普加乔夫特意给了他们通行证，格利尼奥夫感到了对普加乔夫的同情和亲近之情。

战争结束了。普加乔夫全军覆没，他也在被追杀。格利尼奥夫想到普加乔夫对他的恩情，心情十分复杂。而就在他即将回家和玛莎团聚的时候，却因为和普加乔夫的交往而遭到逮捕。玛莎为了心爱的人来到圣彼得堡请求女皇的宽恕，女皇亲自赦免了格利尼奥夫。后来，普加乔夫被处以死刑。

《上尉的女儿》这部小说不仅在普希金的全部创作中占有极重要的地位，而且也是最早介绍到我国来的俄国文学作品。清光绪二十九年（1903年），这部小说被译为《俄国情史》出版，成为中俄文学交流的第一位使者。

一首文学史上的“天鹅之歌”

世界历史上，一个国家、一个地区文学的兴盛，往往是诗歌在前，小说在后。这种现象有时表现于一个较短的时期中，而有时则在更为广阔的历史背景上。俄国古代文学在17世纪到19世纪初叶，其成就主要在诗歌上。普希金以百川归海之气势，继承了俄国以及欧洲文学的传统，为俄国诗歌制定了从语言到格律的一整套体系，使之达到美的顶峰。这时，俄国进入需要小说的时代了，于是这位伟大的有历史眼光的文学巨匠又毅然而光荣地承担了创造俄国小说这个重要的任务。普希金晚期这种从诗歌向小说的转移，体现了俄国文学向更为广阔深入的领域进军。高尔基说，俄国散文是从普希金开始的，这话完全符合历史的事实。世界文学史上少有这样的作家：集两个文学时代的成就和伟业于一身。普希金正是这样。了解普希金在俄国文学史上的地位，必须认识这一点。

我们应当改变过去的一种印象：似乎普希金只是一位诗人。他是伟大的诗人，也是伟大的小说家。而且是一位继往开来的、划时代的小说家。长篇小说《上尉的女儿》是普希金小说创作以及一生全部创作中最后的一部。这也是文学史上的一首“天鹅之歌”。

《上尉的女儿》结构匀称，布局周密，情节曲折，语言质朴而优美，叙述上更是简洁、明净、清澈、凝练。这部小说为后来的俄国小说定下了格局，树立了典范。难怪果戈理会说，和《上尉的女儿》相比，他的以及他所读到的那些俄国小说都只是“一碗油腻的菜汤”。特别值得一提的是《上尉的女儿》的简洁特点。全书不过八万余字，却能全面深入地写出俄国历史上一个重要时期的社会状况和矛盾斗争，而且生动真实地塑造了一系列属于社会各阶层的各有特征的人物形象。作品毫无任何枝蔓，它通体完整、匀称。它叙述得简洁而不令人有概略感，反而觉得具体而真实。比如，我们几乎读不到什么有关男女主人公格利尼奥夫与玛莎恋爱过程的描写，然而我们却感到这一对情人的接近和契合是自然而然的。《上尉的女儿》的这种简洁明快的文风，令人当然会想起普希金的诗歌，这实际上是诗歌语言在散文中的运用。俄国小说从开始发展时，便有了这种简洁的根基，难怪后来的屠格涅夫、契诃夫等大师，都拥有简洁的本领。即使陀斯妥耶夫斯基、托尔斯泰这些长于写鸿篇巨制的小说大家，在他们对每一个情节事件的具体处理与描述上，也都体现了这种本领。

读这本小说时，请读者留意它的形象体系和人物配置。书名是《上尉的女儿》，但玛莎本人并不是描绘的重点，男主人公格利尼奥夫是情节线索的联接者，但也不是作品中诸多人物形象的核心。这部作品通过他二人的这场奇遇性的恋爱，所要展示和歌颂的是俄罗斯人民。作者在小说中，竭力描写了一系列普通人的形象……他们都是平凡的俄罗斯人，他们代表着俄罗斯民族，在普希金笔下，他们一个个都是那么的忠厚而善良。当然，在这一系列人民群众形象中，小说所描写的核心人物是普加乔夫，他实际上是作品形象体系的中心，普希金正是为了写他，才写这部作品的。

特别值得指出的是，普希金在其一生创作中集中注目于俄国历史上的两个人物：彼得大帝和普加乔夫。这从他的全部作品中可以看出。这一点也证明了普希金是一个多么富有洞察力的思想家和艺术家，也说明普希金认为普加乔夫这个人物在俄国历史上作用重大。（佚　名）

俄罗斯人民的颂歌

《上尉的女儿》是一部以科学的态度撰写而成的历史小说，全面深入地写出了俄国历史上一个重要时期的社会状况和矛盾斗争，塑造了体现人民的力量和智慧的起义军领袖普加乔夫这一形象。普希金曾奉沙皇之命编辑有关彼得大帝的史料，在此期间，他被 18 世纪农民起义领袖普加乔夫的事迹所吸引，在研究了相关的档案材料之后撰写了《普加乔夫史》；尼古拉一世为此十分恼火，他认为一个在断头台上结束生命的反叛的庄稼汉无“史”可言，于是普希金违心地将这部作品易名为《普加乔夫叛乱史》。此后，普希金阅读了许多回忆录作品，访问了经历过这一事件的老人，亲自参观了发生这些事件的许多地方，1936年完成的《上尉的女儿》正是以这些翔实的材料为基础撰写而成，因而作品的现实主义也就上升到新的高度。

在《上尉的女儿》这部作品中，普加乔夫是一个英俊、聪明、和善、亲切、有理想、有勇气、有抱负的农民起义领袖。他是一个有自己的快乐和哀愁、内心深处埋藏着许许多多幻想、希冀、忧思和痛苦的活生生的人。他认为与其做一个吃死尸的乌鸦生存300年，不如做一个喝活血的老鹰生存33年，由此表现出他那豪迈的俄罗斯人性格，而他对民歌的爱好恰恰体现了他的形象的人民性。除了普加乔夫这一形象之外，作者还生动真实地塑造了一系列属于社会各个阶层的、具有不同特征的人物形象，在男主人公格利尼奥夫身上作者赋予他善良、仁慈、正直、诚实等优良品质，而男女主人公的爱情历程也令人感动。正是这些平凡的俄罗斯人代表着俄罗斯民族，《上尉的女儿》可以说是一部俄罗斯人民美好品质的颂歌。（佚　名）

历史桂冠
LISHIGUIGUAN

1799年6月6日普希金诞生在莫斯科一个家道中落的贵族地主家庭。他的父亲有很多藏书，叔父又是名诗人，当时俄国的一些文化名流是他们家的座上客。环境的影响使普希金少年早慧，七八岁便学着写诗了。普希金诗歌内容之广泛在俄国诗歌史上前无古人，既有政治抒情诗《致恰达也夫》、《自由颂》等，也有大量爱情诗和田园诗，如《我记得那美妙的一瞬》等。普希金一生创作了12部叙事长诗，其中最主要的是《鲁斯兰和柳德米拉》、《高加索的俘虏》、《青铜骑士》等。普希金剧作不多，最重要的是历史剧《鲍里斯·戈东诺夫》。此外，他还创作了诗体小说《叶甫盖尼·奥涅金》、散文体小说《别尔金小说集》及关于普加乔夫白山起义的长篇小说《上尉的女儿》。由于普希金对上流社会的蔑视，遭到沙皇和当局的不满。这时，一个法国波旁王朝的亡命徒丹特士疯狂地追求普希金的妻子冈察罗娃。同时，普希金收到一些侮辱他和他的妻子的匿名信。为了维护自己的声誉，普希金决定与丹特士决斗。1837年2月8日，普希金在决斗中受重伤，2月10日逝世，引起人们震惊。沙皇政府害怕事态扩大，遂在夜间将诗人的遗体埋葬在圣山修道院。普希金属于俄国，也属于全世界。沙皇及其帮凶，夺走了他的生命，却无法阻止他的诗歌永远在人间回响。普希金用诗歌“为自己树立了一座非金石的纪念碑”，他将在他的诗歌中永生。

大仲马热爱写作，写作也很好地回报了他。在他去世后的100多年里，他的作品依旧受到世人的喜爱。

《三个火枪手》

大仲马（法国　1802–1870）

大仲马是这样一位作家：他在文学史上地位不高，但非常牢固；他的作品的社会意义不能同巴尔扎克、司汤达相比，然而他的读者却很可能大大超过这两位大师。可能没有读者读巴尔扎克的作品到了不能入睡的程度，可是读大仲马的小说的青年人，十有八九放手不下，必须连夜读完。

大仲马热爱写作，写作也很好地回报了他：他与巴尔扎克并称为当时法国最伟大的小说家，与司汤达同是当时法国最伟大的文体学家。1870年，大仲马去世，在此后的一百多年里人们依然阅读他的作品。这是因为大仲马是他的读者心灵深处的财富。对于真正热爱大仲马的人来说，他代表了他们孩童时的梦想。

大仲马是法国19世纪积极浪漫主义作家，也是法国最受欢迎和最多产的小说家。他一生写的各种类型作品达300卷之多，主要以小说和剧作著称于世。2002年大仲马遗骨安葬先贤祠时，法国总统希拉克称他“以其著作展开了一个永恒、多虑、战斗、英勇与优雅的法兰西的画卷”。而这幅画卷中最为光彩照人的一笔无疑是《三个火枪手》，这部书是大仲马长篇历史小说的代表作，也是他所有作品中最受欢迎，影响力最大的一部。

经典回眸 JINGDIANHUIMOU

《三个火枪手》旧译《侠隐记》或《三剑客》，是大仲马所创作的路易十三王朝三部曲中的第一部，也是他长篇历史小说中最优秀的作品之一。该书中的“三个火枪手”——高贵正直、寡言重诺的阿托斯，魁伟勇猛、粗犷豪爽的波托斯和温柔多情、心机深沉的阿拉米斯，已经成为世界文学史上永恒的形象。

《三个火枪手》是以法国国王路易十三和手握大权的首相——红衣主教黎塞留的矛盾为背景，穿插群臣派系的明争暗斗，围绕宫廷里的秘史逸闻展开的故事。

书中的主人公少年勇士达达尼昂，怀揣父亲留给他的15个埃居，骑着一匹又老又瘦的马来到巴黎，希望在同乡特雷维尔队长带领的国王火枪队里做一名火枪手。在队长府上，他遇上阿托斯、波托斯和阿拉米斯三个火枪手，通过欧洲骑士风行的决斗，四人结成生死与共的知己。当时，国王路易十三、王后奥地利安娜，以及首相黎塞留彼此不和，从宫廷中的贵族到普通士兵乃至老百姓也都分成派别。达达尼昂几次打败首相的亲兵，国王对他十分赏识，红衣主教却怀恨在心。

英国的白金汉公爵深爱奥地利安娜王后，王后被他的痴情感动，将国王赐予的金刚钻坠子冒失地赠给了情人。事情被红衣主教知道，便建议国王开一场宫廷舞会，让王后一定佩戴金刚钻坠子来参加。王后眼见舞会日期逼近，十分惊恐，她的心腹侍女波那瑟找人给白金汉公爵送信，巧遇了达达尼昂。达达尼昂对波那瑟一见钟情，不顾个人安危，愿意为王后效命。他和三个朋友一同前往英国，与红衣主教一路明争暗斗，唯有达达尼昂如期抵达，及时索回金刚钻坠，解救了王后的燃眉之急。

红衣主教黎塞留怒火中烧，一心想除掉白金汉公爵。他网罗了一批心腹党羽，其中最得力的亲信便是美貌绝伦的贵妇人米莱狄。达达尼昂被她的美貌所诱惑，冒充米莱狄的情人潜入内室，与她同床共枕，却发现米莱狄肩头上烙着一朵百合花，那是当时法国女子犯罪的耻辱刑罚留下的烙印。米莱狄的机密被人发现，她恨透了达达尼昂，几次设陷阱想杀他灭口都没有成功。

这时新旧教徒的矛盾激化，法英战争爆发，两军以拉罗舍尔城围困战为战事焦点，形成对垒。黎塞留暗派米莱狄去英国，乘机行刺白金汉，米莱狄提出的交换条件就是杀死达达尼昂。然而达达尼昂预先通知了她的小叔温特勋爵，米莱狄一踏上英国的土地即被软禁。她使出浑身解数，诱惑了温特勋爵的心腹——军官费尔顿。费尔顿冒险救她出狱，并刺杀了白金汉公爵，米莱狄却弃他不顾，一个人先行返回法国。途中，她在一座修道院里遇见了达达尼昂的恋人波那瑟，毫不留情地毒死了这个温柔年少的女子。

达达尼昂和三位好友昼夜兼程，苦苦追踪，会同温特勋爵和一名刽子手，终于在利斯河畔抓到企图潜逃的米莱狄。这个蛇蝎美人的来历终于被揭开了，原来她曾经是一名修女，却不甘青春寂寞，诱惑了一个小教士。教士因为败坏清规而身陷牢狱，她也被刽子手——教士的兄长在肩头烙下了一朵百合花，昭示她的罪行。教士越狱逃走，带着米莱狄远走他乡，对外假称为兄妹。当地的青年领主，名门贵族拉费尔伯爵却爱上了这个冒牌妹妹，娶她做了妻子。教士悲愤不已，返回家乡，在狱中自杀身亡。不久，拉费尔伯爵偶然间发现妻子肩头罪行的烙印，一怒之下将她吊死在树上。自己也心灰意冷，化名阿托斯，进了国王的火枪队。没想到米莱狄并没有死，她逃到英国，嫁给了温特勋爵的兄长，但为了独占遗产，又谋害了第二个丈夫。这个女人罪行累累，天怒人怨，当即在河畔被大家处死。

黎塞留得知米莱狄被杀，便下令捉拿达达尼昂。达达尼昂坦然去见主教，陈述了米莱狄的一切罪行，并甘愿听从处置。黎塞留见他视死如归，智勇双全，深为感动，没有追究他的行为，反而将达达尼昂擢升为火枪队的副队官。最后，阿托斯、波托斯、阿拉米斯三人或归乡里，或娶孀妇，或入修道院，各奔东西，三部曲的第一部就此结局。

文学圣殿
WENXUESHENGDIAN

挂在历史钉子上的小说

大仲马一生中以惊人的写作速度创作了大量的历史小说，而其中最有影响力、最受读者喜爱的，无疑当推《三个火枪手》。他有句名言：“什么是历史？就是给我挂小说的钉子。”让我们来看看，他在写作《三个火枪手》的过程中，是怎样往历史的钉子上挂他的小说的。

大仲马在图书馆曾偶然发现了一本《御前火枪营统领达达尼昂先生回忆录》。这本所谓的回忆录，其实是一部根据达达尼昂生平史实写作的小说，作者名叫库蒂尔兹·德·桑德拉，是个在军营供职的文人，平时常写些冒险故事。达达尼昂真有其人，他出身世家，1640年加入御前火枪营，以英勇善战、足智多谋，为马萨林红衣主教所赏识，1658年升任火枪营统领。库蒂尔兹的这本《回忆录》在1700年出版后，一直默默无闻。但大仲马读过后大为兴奋，一部以火枪手作为主角的历史小说的雏形在他的脑海里渐渐形成了。他决定把库蒂尔兹笔下的一些人物和情节移植到正在孕育的小说中去，作为那本小说前半部的人物和主线。如今我们读到的《三个火枪手》前半部中有好些人物和情节都可以在库蒂尔兹的《回忆录》里找到它们的原型和影子。当然，库蒂尔兹提供了这些毛坯，是到了大仲马手里才被雕镂得如此精细生动，打磨得如此光彩照人的。

大仲马又把小说的年代提前了16年。这样他就可以把整个故事跟有声有色的拉罗舍尔围城战和白金汉公爵之死衔接起来。大仲马还从王后的两位心腹侍从拉波尔特和德·莫特维尔夫人的回忆录中受到启发，把奥地利的安娜王后与白金汉公爵的爱情纠葛作为小说展开情节的另一重要线索。两本回忆录中都写到一件事，就是王后与白金汉在亚眠的花园相会时，白金汉想把王后拥入怀里，以致王后不得不唤来侍从。这段情节大仲马并没有直接采用，但他发挥丰富的想象力，把王后与白金汉的爱情写得跌宕起伏，扣人心弦。最后白金汉公爵遇刺弥留之际，仍对心上人一往情深，死而无怨，真叫人读来有回肠荡气之感。

小说中另有一段重要情节，即米莱狄奉黎塞留密令赴伦敦从白金汉身上窃得两颗钻石坠饰，红衣主教遂以此为把柄要挟王后，达达尼昂得到三位伙伴相助，历尽艰险抵达伦敦面见白金汉公爵，取回仿造的钻石坠饰，挫败黎塞留的计谋。加进这段情节以后，不但小说前半部故事更显生动，而且人物形象也更加饱满，达达尼昂如此，阿托斯、波托斯和阿拉米斯更是如此。阿托斯三人在库蒂尔兹的《回忆录》中是作为陪衬的次要人物，在大仲马笔下则成了贯串全书的主人翁——“三剑客”，读过这部小说的人，就此再也不会忘记他们：狷介端方、寡言重诺的阿托斯，那张英俊的脸庞始终那么苍白，那么高贵，浑身上下无处不透出雍容的大家气派。魁伟勇猛、粗犷豪爽的波托斯，爱虚荣，好吹牛，却不让人觉得可厌可憎，只叫人感到可亲可近。隽秀倜傥、儒雅睿敏的阿拉

典·故·逸·话

有一天，大仲马的一位好友前来拜访他，见他正独自坐在书桌前，双手抚摸着稿纸，低声抽泣着。朋友就坐在一旁的沙发上等，可等了好长一段时间，还不见他的情绪有所好转，就决定去劝劝自己的朋友。他拍了拍大仲马的肩膀，关心地问：“亲爱的，到底发生了什么事，令你如此伤心？”大仲马回头一看，见是好友来了，便把事情的原委诉说了一遍。原来，大仲马正在创作《三个火枪手》，最后由于故事情节发展的需要，其中的一个火枪手非死不可。可大仲马非常喜欢这个人物，想试图改变这个人的命运，然而却无法做到。他一想到自己喜欢的英雄人物将被自己的笔杀死，而自己对此又无能为力时，就不由得伤心至极，流下了眼泪。

他的朋友听了他的诉说后，笑着对大仲马说：“我的朋友，你可知道我已来了多久了？”这时大仲马的一位仆人刚好从门口经过，听了这话也笑了，说道：“先生，您不过来了四十五分钟，而主人却已经哭了好几个小时啦！”

米斯，说话慢条斯理，不时还脸红，但使起剑来身手矫健，遇到险境临危不乱，而且有位神通广大的“表妹”能保佑他逢凶化吉。

如果说达达尼昂和阿托斯、波托斯、阿拉米斯多少还在史书中有案可稽的话，米莱狄则纯属虚构的人物。库蒂尔兹在《回忆录》中写过一个叫米莱狄的女人，她是被流放的英国玛丽王后的一名侍从女官，达达尼昂对她一见倾心，冒充她的情人潜入卧室跟她幽会，后被她识破。在这以后，《回忆录》中就没她的踪影了。大仲马把米莱狄写成黎塞留的心腹密探，并在这个艳若桃李、毒如蛇蝎的受过烙刑的女人身上大做文章，不仅让她在钻石坠饰事件里露面，而且让她在小说后半部里演了大段大段的“重头戏”，直到最后伏法。

英国学者、诗人安德鲁·兰说过：“大仲马在一展歌喉之前，先得有个音叉定一下音；而他一旦认准了音高，就能一泻千里地唱下去。”洋洋洒洒60多万字的《三个火枪手》，就是大仲马有了史料的音叉后唱出的史诗。他这部传之后世而不朽的小说，也就这样挂上了历史的钉子。（周克希）

浪漫的传奇

法国作家大仲马有这样的独到本事：能凭一段枯燥的历史想象出一部曲折而精巧的浪漫传奇，《三个火枪手》即是一个例子。

17世纪的上半叶，是法国“既崇尚侠义又重风流的年代”。我们的传奇主人公达达尼昂，揣着可怜的十五埃居，骑着一匹羸弱的黄马，带着一脑子梦想来到巴黎。他与阿托斯、波托斯和阿拉米斯三个火枪手结成死党，为了维护国王和王后的利益，与红衣主教及其爪牙展开了你死我活的较量。在这里，历史只提供一个宽阔舞台，隐去了凡俗的平庸琐碎，浪漫和惊险粉墨登场，好一出令人惊叹狂喜的大戏！

整个故事贯串着善与恶的斗智斗勇，险象环生，奇计迭出。作者以其大胆的想象、周密的设计、妙趣横生的语言，带领读者摆脱常规的束缚，进入自由的历险。这个世界赞扬智慧、勇敢和忠诚，珍惜友谊和爱情。美酒、宝剑和骏马长伴我们的热血勇士。至于金钱，虽然在缺少时也令他们发愁，但作为对功劳的奖赏，又往往为了自得其乐和救人急难而毫不吝惜。

这样一个多彩的侠义世界足使人心驰神往了，不过这里也不是没有痛苦：阿托斯当年因为迷恋米莱狄而身败名裂；达达尼昂历尽艰险却失去了心爱的情人波那瑟。火枪手们并不总是得意自豪的，但他们在痛哭后总能战胜困境，像阿托斯说的：“人生是一串由无数的小烦恼串成的念珠，达观的人是一面笑一面数念珠的……端起一杯红葡萄酒对着阳光瞧吧，没有什么东西能够使前途的色彩像玫瑰色那样惹人爱。”这番豪爽的话语传达着作者的人生态度：世上没有什么地方可以逃避烦恼，唯有达观地面对现实，憧憬未来。《三个火枪手》与大仲马的另外两部《基度山伯爵》和《黑郁金香》风格相似，都在文学史上占有独特地位。虽然有时被指责过分追求情节、思想性较差，但并不妨碍它们成为一百多年来的传世之作。因为读者尤其是青年人本来就好奇、爱幻想、追求浪漫。至于它们的思想价值，则仁者乐山、智者乐水，各人可有自己的理解了。（佚　名）

历史桂冠 LISHIGUIGUAN

法国19世纪积极浪漫主义作家大仲马1802年出生，其祖父是侯爵德·拉·巴那特里，与黑奴结合生下其父，名亚历山大，受洗时用母姓仲马。大仲马自学成才，一生写的各种类型作品达300卷之多，主要以小说和剧作著称于世。其剧本《亨利第三及其宫廷》比雨果的《欧那尼》还早问世一年，这出浪漫主义戏剧，完全破除了古典主义的“三一律”。

大仲马的复杂的带有冒险色彩的生活经历，为他创作出离奇曲折的故事提供了条件。19世纪30年代中期，大仲马仿效英国作家瓦尔特·司各特，开始创作历史小说。他的小说大多是根据报刊的需要而写，先在报刊连载，后编印出版。有许多作品与别人合写。最初几部小说不很出色，但1844年问世的《三个火枪手》获得巨大成功，小说发表后，大仲马即成为法国最受民众喜欢的通俗小说家。之后，《基度山伯爵》的发表，使他获得更高的声名。这部作品被誉为全世界通俗小说的扛鼎之作，大仲马也因而被后人称做“通俗小说之王”。

此后10余年间，大仲马以极高的速度写小说，多达百部，大都以真实的历史作背景，以主人公的奇遇为内容，情节曲折生动，处处出人意外，堪称历史惊险小说。因为这些畅销不衰的小说，大仲马获得了巨额稿酬，他本来就慷慨豪爽，有钱之后就更加奢侈。他游历四方，足迹遍布欧洲，还在巴黎郊区盖了极其奢华的“基度山城堡”。因为挥霍、破产和创造力枯竭，大仲马老年时陷入贫困和苦恼，但他还是不知疲倦地办报纸、写文学批评和回忆录，1870年12月5日逝世。

2002年，大仲马遗骨被隆重地迎入先贤祠——永久纪念法国历史名人的圣殿。他的灵柩上覆盖着丝绒锦旗，上面题有《三个火枪手》中“人人为我，我为人人”的名言。大仲马成为先贤祠中的第70人，也是继伏尔泰、卢梭、雨果、左拉和马尔罗之后，第六位进入先贤祠的法国作家。

《红楼梦》是一本常读常新的书，是一本从任何角度和眼光去读都可以有所得的书……

《红楼梦》

曹雪芹（中国·清 ？－约1764）

公元1791年，120回的《红楼梦》问世以后，文人雅士“案头必有一本《红楼梦》”，出现了“开谈不说《红楼梦》，读尽诗书也枉然”的风靡状况。《红楼梦》是中国古今第一奇书，毛泽东称它是“中国封建社会的百科全书”、“中国的第五大发明”，鲁迅说它把“传统的思想和写法都打破了”，冯其庸曾慨叹，“大哉《红楼梦》，再论一千年”……在历史的长河中，《红楼梦》作为中国古典文学创作的巅峰之作，有如一面最忠实的明镜，映照出封建社会的世俗风情、人间冷暖。点点滴滴，耐人寻味，让人百读不厌。迄今为止，研究《红楼梦》的著述已超过1000多万字。红学研究以其地位的高贵和研究卷帙的浩繁可与莎士比亚和歌德的评论著作相匹敌，曹雪芹的名字已被选入大英百科全书世界名人录。

《红楼梦》问世以后，1842年即被部分译成英文，此后各种外文译本陆续出现，几乎遍及全世界，以至在国外形成这样的看法：不了解《红楼梦》就几乎等于不了解中国的文化和社会。《红楼梦》是一本不读就是人生极大遗憾的书，是一本常读常新的书，是一本从任何角度和眼光去读都可以有所得的书，是一本像是一个富矿永远也开采不尽的书。要了解古老中国的大家族制度的生活方式、礼仪规范和人间趣味，不可不读此书；要了解中国文学的大家风范和中国语言的奇妙魅力，也不可不读此书。

经典回眸 JINGDIANHUIMOU

《红楼梦》原名《石头记》，共120回，前80回由清代杰出的文学家曹雪芹“批阅十载，增删五次”写成，后终因穷愁潦倒，没有最后写完这部著作，便“泪尽而逝”。在他去世后，进士高鹗根据原书的线索，续写了后40回，从而使小说结构完整。《红楼梦》是封建末世一部浩大的百科全书，其成就之大，在我国古典小说之林中，绝无仅有，获得了各个时代读者的喜爱，具有历久不衰的艺术魅力。

《红楼梦》规模宏大、结构新颖而奇巧、首尾连贯、浑然一体，是章回小说完美、成熟的标志。全书以贾、史、王、薛四大家族为背景，故事情节由主次两条矛盾线索构成。一条是以贾宝玉、林黛玉的爱情为中心，贯串全书的主线。它以贾、林争取爱情自由、婚姻自由和个性解放的思想同封建制度、封建礼教之间的矛盾为线索，以贾、林最后对封建制度和封建礼教的彻底背叛和爱情的悲剧结局而告终。贾宝玉、林黛玉、薛宝钗三人的感情和婚姻纠葛，是小说的中心线索。由此扩展，大观园是小说人物活动的主要场所，贾宝玉与林、薛及园中其他诸多女性的命运，是小说的基本内容；大观园作为贾府的一部分，这里发生的一切，又与整个贾府即宁国府、荣国府的种种活动密切联系，贾府由盛入衰的过程，以及贾府中复杂的家族矛盾、贾府中其他人物的命运，同样是小说的基本内容，且贾府中的男性与大观园这一女性世界具有对照意味。由此扩展，贾家与薛家、史家、王家的所谓“四大家族”，构成一个社会阶层。虽然除薛家外，其余二家在小说中很少出现，但这种以贾家为主、薛家为辅，带及史、王两家的结构方法，足以反映出这一特殊阶层的面貌。再由此扩展，以贾家为主、薛家为辅的贵族世家，又与外界发生广泛的牵连，上至皇宫，下至市井、乡野，时近时远地反映出整个社会的状况。在这一切之上，又有一个影影绰绰的虚幻的神话世界，它不断暗示着“红楼梦”的宿命，使小说始终在花团

锦簇的景象中透着幽凄的气息。

《红楼梦》是中国古典小说的集大成之作，语言优美生动，作者把经学、史学、诸子哲学、散文骈文、诗赋词曲、平话戏文、绘画书法、八股对联、诗谜酒令、佛教道教、星相医卜、礼节仪式、饮食服装以及各种风土人情等包罗安插在《红楼梦》里。作者善于通过日常生活细节和各种生活事件，多方面刻画人物性格，全书描写了不同阶级和阶层、不同年龄和性别、不同姿容和性格的几百个人物，贾宝玉、林黛玉、史湘云、尤三姐、晴雯、王熙凤、薛宝钗等人物无不个性鲜明，跃然纸上，形成一条很长的五光十色的人物画廊。

《红楼梦》是世界文学第一流的珍品，对研究中国社会、文学发展有着重要的意义。作者继承和发扬了古典小说的优秀传统，把高度的思想性和艺术性完美地结合起来，达到了我国古典小说现实主义艺术的高峰。

谁解其中味

我不知道是否有人曾经像我这样读过《红楼梦》，在北大图书馆善本阅览室里，一个人，静静地，把那时尚未刊行的庚辰本原稿，跟已出版的程乙本书对比着，潜心默读。从那以后，40余年，又读了多少遍，已无从统计了。并非每次全通读，更多时候是有所需求或遣情即兴，仅读片段章节，却也似总体上又领略了一番。无论怎么读，都会有收获；每次读过后，都兴犹未尽。如今年过花甲，最大的心愿就是退休后有时间能再像当年那样，一个人，静静地挑选其自认为最好的版本，精心品味，并写下我的评点。

古今中外没有任何另一部书，能够使我如此折服、如此投入，心驰神往，沉醉其间。因为在我看来，它的伟大、它的美好，是唯一的、极致的、无以伦比的、不可思议的。因为在我看来，它不仅是一部长篇小说，它还是诗，是史，是情致，是哲思，是道德，是政治，是社会，是人世。它用绝顶优美的文字造型，建构了一座不朽的丰碑，化人生为永恒。那么它对我，就不仅是百科全书，而且还是可以启迪人生的教科书了。

《红楼梦》给了我两个世界。一个是存在于想象中的“太虚幻境”。假作真时无为有，那里面的人和事，栩栩如生，历历在目，都是“实录其事”、“真的人物”。另一个是我身历其间的现实生活，我在现实生活里时常发现，《红楼梦》中的人和事，超越时空，来到眼前。某某人岂不是林黛玉吗？某某人活脱脱又是一个薛宝钗，当然，这现代薛宝钗也许是一位正准备进入第三梯队的男性青年。历史不会重演，《红楼梦》永恒化了人生，则能轮回上演，只不过更换些外在的装扮罢了。古今中外没有任何文学作品堪与《红楼梦》相媲美，创作出了这么众多真正鲜活而永生的人物和故事。至于它引发联想，让人由虚幻联想到现实，这种出神入化的奇妙创造，《红楼梦》是绝无仅有的了。不管你自觉不自觉，愿意不愿意，人们无不生活在《红楼梦》以形象演绎过的人生里，那么读《红楼梦》，就不仅使我们能认识历史，而且可以有助于我们认识现实。（崔道怡）

我们应该怎样读《红楼梦》

《红楼梦》在中国小说中，是一部空前伟大的作品。它高度的艺术性久已被一百多年来的每一个读者肯定了，但它的伟大不仅仅在于它的结构的庞大严整，人物的典型生动，语言的流利传神等艺术方面的成就上，更重要的是在于它有着决定这些艺术性成功的高度思想性。它是以一个爱情悲剧为线索来写出一个封建大家庭的由盛而衰的经过，从而真实地刻画了封建家庭，封建制度的黑暗和罪恶，成为反映封建社会的一面最忠实的镜子，成为中国古典文学中现实主义的巨著。

《红楼梦》全书虽以贾宝玉、林黛玉爱情为线索，大观园的风月繁华为背景，但它的真正重点并不在这些地方，它对封建社会的上层统治阶级深恶痛绝。它写贾家用度的奢侈，长幼的淫乱，礼法的虚伪，骨肉的内讧，在社会上的专横，对下人的残忍，收租放债的剥削等，都非常深刻。对于被压迫被剥削的劳动人民与没有人身自由的奴婢，尤其是对在封建社会受压迫最深的妇女则寄予了最深的同情。它写的虽然只是一个封建大家庭，但却是代表了千万个同样的家庭。作者在这里提出了封建社会最基本的土地问题和一系列的宗法问题、奴隶问

典·故·逸·话

据北京香山正黄旗的老辈人讲，曹雪芹写《红楼梦》，不是光靠坐在屋子里写出来的，而是有他自己的方式。他每天白天把文具纸张放在一个白布包袱里，然后裹起来围在腰间，穿上他那件没有领子的蓝布长衫，脚下蹬一双福字鞋，便外出云游。他随自己的兴致，有时来到竹林里，有时走到松树下，有时坐在巨石旁，有时待在泉水边，哪儿触景生情就在哪儿写，忽然想起什么就随便找个地方坐下埋头就写，写得忘掉了周围的一切。天黑他才回家，稍稍休息，便又点上小油灯继续写。天长日久，一本《红楼梦》就这样写完了。

题、家族问题……它不只刻画了封建家庭，并且对于当时的社会政治也给予了无情揭露。

曹雪芹花了十年以上的工夫来写这本书，自己说："字字看来都是血，十年辛苦不寻常。"这是真的，这部巨著记清了封建主义所欠人民的血债，我们今天看《红楼梦》应该认识到这血债的欠主，并且痛恨它。

这是《红楼梦》的主题，说它是一部空前伟大的小说固当之无愧，但读《红楼梦》却并不是一件简单的事。因为它的真假虚实，轻重隐显，变化百端，使我们不容易抓住，而且稍一疏忽，就会走入迷途，误解到作者原意的反面去。

《红楼梦》的作者曹雪芹，出身于富贵百年的满洲正白旗的家庭，因之他的思想就不可能完全是进步的，总要打上他本阶级的烙印。他的思想是进步的与落后的，革命的与封建的纠缠在一起，自相矛盾着。这种矛盾就使他虽然处处刻画了封建大家庭的罪恶，但对这大家庭的崩溃又每每流露了伤悼与追怀。

这种既痛恨又追怀的矛盾思想，就形成了既暴露又掩饰的曲折的笔法。作者不让我们痛快地知道，却又使我们可以感觉到，凡这些地方，都是微词曲笔。

形成这种微词曲笔的原因，除作者自己的思想有着矛盾以外，还有许多不得已的缘故：

《红楼梦》既真实地反映了封建家庭，封建社会的黑暗，作者虽然不曾完全背叛了那个阶级，却已大大地开罪了那个阶级，就难免成为众矢之的，小则"百口嘲谤，万目睚眦"，大则指为挟私抱怨，有所影射，况且作者生于清雍正初年，雍正即位，大诛异己，而曹家所依附的皇族正好是雍正的冤家对头，于是弄到抄家罢职。当时曹家处境的狼狈恐怖，可想而知，作者自不能畅所欲言，只好采取了迂回的方式，说一半留一半了……

不但如此，这种微词曲笔还有它本身的意义，就是艺术上的处理问题.《红楼梦》把

大观园、十二钗表面上写得那么漂亮、美丽，自有其必然的因素，有这么写的必要。它透过封建家庭的表面的繁华和尊严的礼法来反映这腐朽淫靡行将崩溃的真实情况。这样写来才能使人了解封建家庭的本质，而不为其外象所迷惑。因此作者不愿意把这丑恶都给表面化了。以色欲而论，假如明显地写去，使人厌恶之有余，回头猛醒则不足。在这方面，《红楼梦》的确超越了以前任何小说，对于《金瓶梅》而言，是更高一层了。

不过，这种迂回的写法在某些程度上未尝不阻碍了读者对《红楼梦》的正当了解。《红楼梦》一百多年来之所以被人曲解、误解，与它本身的隐晦是有关系的。从前人骂它“诲淫”，现在或诋为“黄色书”，的确，也有人发过红迷，掉过红泪。这都为它表面上的现象所迷惑，而不曾看透它的本质之故。用作者自己的话，他在书中屡屡提出“真”“假”的概念。明显地写出来的是假的，相反的，含而不露的才是真的书的本旨。我们读《红楼梦》，假如能够掌握上面的这种看法，自然就不会走入迷途了。（俞平伯）

历史桂冠 LISHIGUIGUAN

曹雪芹（？-约1764），字梦阮，号雪芹。曹雪芹的先世本是汉人，但在很久以前，就加入满洲旗籍，成了爱新觉罗氏的皇家“包衣”（奴隶）。随清人入关后，逐渐晋升为官吏。曹雪芹的曾祖父曹玺的妻子是康熙皇帝的保姆。康熙登基后，曹玺任江宁织造（专做供应皇家的饰物），直至病故。康熙又命其子曹寅（曹雪芹的祖父）任苏州织造，后又继任江宁织造。曹寅幼时做过康熙的伴读，既是康熙的臣仆，又是朋友，深得康熙的信任。曹寅极为显赫，康熙六次南巡，曾四次以曹家为行宫，曹家此时发展至鼎盛时期。正因为曹家的先世与清王朝的政治经济都有较密切的关系，又有着文学方面很深的家学渊源，这些都给曹雪芹以深刻的影响和熏陶，为他创作《红楼梦》提供了条件。

曹雪芹生于曹氏家族衰落的前夕，在他少年时代，继承康熙皇位的雍正皇帝就把曹家的第四任织造曹兆从江宁革职抄家，遣回北京。到了乾隆时期，曹家又遭天灾人祸，彻底结束了曹雪芹无忧无虑的贵公子生活。而曹雪芹的这段不同寻常的经历，对他创作《红楼梦》产生了重要的影响。晚年时期曹雪芹在北京西郊香山的荒村隐居，披阅10载，增删5次，完成了《红楼梦》的前80回。乾隆二十七年（1762），曹雪芹因幼子夭亡而陷于过度忧伤和悲痛，不久就因贫病无医而辞世。

拜伦以诗名传世，然而与其他诗人不同的是，他的诗名因他的传奇而倍增光彩，他的传奇也因他的诗章显出绮丽。

《唐璜》

□ 拜伦（英国 1788–1824）

1805年，剑桥的三一学院来了位学生，他走起路来腿有些瘸，但却相貌非凡，热情奔放，一股洒脱飘逸、放浪不羁的气质令人刮目相看，倾倒了伦敦上流社会的许多贵妇人。不久，他就把剑桥大学和伦敦的上流社会搅的不得安宁。他就是英国浪漫主义运动的卓越代表拜伦，19世纪欧洲最伟大的诗人之一。他那些灿烂的诗篇在他生前就已经震撼了千万读者的心灵，今天，他的作品依然在世界各国广为流传，久盛不衰。

18世纪末19世纪初是英国浪漫主义文学的兴盛时期，拜伦就是这一时期欧洲最有影响的诗人。歌德称拜伦是“一个天生的有大才能的人。我没有见过任何人比拜伦具有更大的诗才”。诗人拜伦在西方代表了一个时代，构成了一种社会现象，一种关于人的新观念。在欧洲乃至全世界，拜伦的影响都是无比深远的。他被誉为“诗国中的拿破仑”，俄国诗人普希金、莱蒙托夫都是他的崇拜者。别林斯基认为拜伦是“高不可及的雄伟诗人”，“是力量巨大的普罗米修斯”。法国的雨果、拉马丁、梅里美、缪赛以及德国的海涅都受到拜伦的深刻影响。由于他卓越的诗歌创作有力地支持了法国大革命后席卷全欧的民主革命运动，并在一定程度上批判了资本主义社会的种种弊端，因此他成为欧洲文学界的一面旗帜。

传世名作《唐璜》是拜伦创作的最高峰，是其作品中内容最丰富、描绘现实最深广的一部，讲述的是主人公唐璜在欧洲各地旅行的亲身经历和所见所闻。虽然它的故事发生在18世纪，但实质上却是19世纪欧洲各国社会政治生活的一幅广阔的图画。这部博大精深的现实主义诗作所体现出来的对自由和爱情的追求、对现实社会、人生的反映以及浪漫主义气息使它焕发出永久性的魅力，成为世界文学杰作。

经典回眸
JINGDIANHUIMOU

从17世纪开始，欧洲就流传着关于唐璜的传说。传说中的唐璜是一个浮华、玩世不恭的贵族公子，17世纪法国的莫里哀和18世纪德国的霍夫曼都利用这个旧传说进行过文学创作。但拜伦还是以他所处的时代为基础对这个旧题材重新改造，赋予了主人公唐璜新的生命力。

英国历史小说家司各特曾说："《唐璜》像莎士比亚一样包罗万象，它囊括了人生的每一个题目，拨动了神圣的琴上的每一根琴弦，弹出最细小以至最强烈、最震动心灵的调子。"拜伦通过对主人公唐璜的经历和情感的描写，对19世纪初年的欧洲现实广为反映和评论，使诗歌内容丰富而且有意义。在写法上富于变化，体现出风格的多样性，并在口语体诗歌语言的运用上达到了前无古人的高峰。

《唐璜》共16章又14节，约计16000行。长诗的开始描写了出生于西班牙的主人公唐璜受到风流的母亲的严格管教。她用封建道德标准束缚着儿子，而她精心选择的品德高贵的妇人——有夫之妇朱丽亚却引诱了年轻的唐璜。事情败露后，唐璜被迫逃亡海外，开始了流浪生活。结果他所乘的船遇到风暴，漂到一个荒凉小岛，当食物极度缺乏时，人们竟然吃掉了唐璜的小狗。之后，人们又想出用抓阄的方式决定其中一个人被杀死分食。拜伦在此揭露了在欲望面前，人的狼性本质。由于唐璜的善良使他没有参与那次残忍的行动，他逃过了沉船之险，幸运地被海盗王的女儿海黛所救，而且两个人真心地相爱了。拜伦歌颂了海黛的纯真无瑕和他们之间的爱情。然而，这场美妙的爱情却以海黛的死而告终，唐璜也被作为奴隶卖到苏丹。苏丹女皇看上了唐璜，她想要利用权势使唐璜屈服，没想到却遭到了唐璜的严词拒绝。在唐璜眼里，自由高于一切。唐璜从苏丹女皇那里逃出来后，又被卷入俄国与土耳其的战争中。诗人描写了战争的巨大创伤和破坏，他指出这场战争不过是为了权威和荣誉而战，而并非为了自由而战。但他支持人民反对封建的暴力斗争，他要使石头也站起来反对暴君。唐璜在战争中立了功，奉命出使英国。接着诗人描绘了英国社会的生活图景。如果说拜伦在表现爱情的时候带有浓厚的浪漫主义色彩，那么他对英国社会的表现则体现出作者现实主义艺术成就。他在诗中表现了英国的文学界、

典·故·逸·话

1823年6月希土战争爆发，这是希腊民众反抗土耳其统治的战争。为了平等、自由，拜伦积极支持这场战争。7月13日，他乘着自己买的"赫拉克里斯号"帆船，带着两门小炮、五匹马和大量的枪支弹药、医药品，驶向茫茫的大海，亲任司令。当他在希腊的米苏龙吉登陆时，全体居民在岸边欢迎他，要塞鸣礼炮向他致敬，军乐队奏乐。在瘴烟蛮雨的地方，他与士兵一道粗衣淡食，并肩杀敌。连日的奔波操劳，体弱的拜伦终于撑不住了，在一次出巡中，暴风雨的袭击摧垮了他的身体。他的死，震撼了希腊以至整个欧洲。

议会、上流社会等很多方面，揭露了欧洲金钱至上的社会本质。诗人塑造了上层人物阿孟德维尔公爵夫妇的形象，详细描写了他们所过的悠闲奢侈的寄生生活，讽刺了他们的虚伪和堕落，表现了对他们的轻蔑。

诗人在《唐璜》中表现了极其娴熟的技巧。诗中有对壮丽大自然的生动描绘，有对人世间各种现象的精辟评议，还插以对现实的讪笑和嘲讽。全诗如江河奔腾，气势磅礴，跌宕流畅，把丰富的思想寓于精美的艺术形式之中。按照拜伦原来的设想，唐璜应该牺牲在法国的革命斗争烈火中。他多次表示要写50到100章，但他只完成了16章和第17章的14节，就因死亡中断了创作。

《唐璜》是一部气势宏伟、意境开阔、见解高超、艺术卓越的叙事长诗，在英国以至欧洲的文学史上都是罕见的。诗中表现了唐璜的善良和正义，通过他的种种浪漫奇遇，描写了欧洲社会的人物百态、山水名城和社会风情，画面广阔，内容丰富，堪称一座艺术宝库。

“地”与“绿茶”

“创作总根于爱”，拜伦在《唐璜》里所表现的爱是极其深广的：他爱山川大海，爱纯洁的女人，爱被压迫和被凌辱者，爱整个的人类。憎恨是对付整个丑恶世界的一个坚硬外壳，外壳破裂了，溢出来的是滔滔不已的爱之河。读一读《唐璜》中的《哀希腊》吧，你就会领悟到诗人宣称“我从来没有爱过这个世界”时，他明明是说，我太爱这个世界了。爱之至极就会对丑类的统治感到一种刻骨铭心的悲哀，以至于渴望早日离开这个世界。

罗素称拜伦为“唯我主义者”，这话似有道理。在拜伦看来，没有比个人自由更重要的东西。但由己推人，每个个体的自由都具有同等意义。拜伦对个体自由的崇拜，不是单纯的自我崇拜，而是一种社会理想，为了这种理想可以牺牲个人。他在《唐璜》里批判贝克莱主教的“唯我主义”，认为大主教的“天庭仙酒”自己不敢领受。《唐璜》把时间转换为空间，把历史变为地理。他在空间上的游历其实是在历史的长河中游泳，经过漫长的情感体验，在《哀希腊》这一名篇中将思想与情感升华到最高点。拜伦没有把《唐璜》写完，但可以认为，他是以自己献身于希腊自由事业的行动把这部史诗完成的。

拜伦认为自己这部作品的寓意是“不智的热情给人们内心注满了痛苦”。这种不智的热情包括食（酒）欲、色欲、征服乃至对被压迫者的同情和爱。爱欲的燃烧，必然给人带来痛苦。这种爱欲，犹如白兰地酒：“那火焰之河的迷人的女神，为什么你要残害我们的肝脾？也学别的仙女，折磨爱你的人？”被白兰地所苦时，拜伦就去饮清淡饮料，就是“中国的绿茶”。这种饮料没有那种火焰的灼痛却让人感伤，拜伦称中国的绿茶为“泪之仙女”。“绿茶”与“白兰地”——清淡的感喟与不智的热情——是否可以作为中国文化与西方文化的不同象征？喝多了白兰地的人想换点绿茶；而整天喝绿茶的人却又想尝尝白兰地。作为人，对两种“饮料”的需要是否又隐喻着两种文化的某种互补关系呢？（徐耕葆）

一部绝顶天才之作

《唐璜》是拜伦的代表作，也是欧洲浪漫主义文学的代表作品。这部以社会讽刺为基调的诗体小说的主题是对英国和欧洲贵族社会、贵族政治的讽刺。虽然小说情节发生在 18 世纪末，但是，描绘的却是 18 世纪末至 19 世纪初欧洲社会的现实生活。诗人是用过去的革命经验和当时的现实相比，鞭挞了“神圣同盟”和欧洲反动势力，号召人民争取自由、打倒暴君。

诗歌对英国贵族和资产阶级的拜金主义作了淋漓尽致的揭露和讽刺。英国统治阶级夸耀“自由”和“权利”，但是唐璜初次来到伦敦，就遭到了强盗的袭击。诗歌痛斥英国贵族卡斯尔累爵士为“恶棍”和“奴隶制造商”，谴责当时备受统治阶级称赞的惠灵顿为“第一流的刽子手”。英国上流社会外表华丽，内部却糜烂透顶，丑陋不堪。

《唐璜》中的主人公唐璜源自西班牙传说中的人物，多次成为文学作品的题材。传统的唐璜形象是个玩弄女性，没有道德观念的花花公子。但在拜伦笔下，这个人物在多数情况下却以被勾引的角色出现。他的被迫出走，就是因为他或多或少地是那个有夫之妇的牺牲品。唐璜不同于拜伦其他诗歌中的英雄人物，作者无意将他塑造成“拜伦式的英雄”，其中却不乏诗人自传的成分。唐璜热情、勇敢、拒绝虚伪的道德信条。在面临饿死的危险时，他拒绝吃被打死的人，其中不乏象征的意义。在士兵中间，只有他表现出对一个土耳其小姑娘的命运真正的关心。他没有忧郁绝望的天性，但也没有掌握自己命运的能力。他的爱情故事大多是对上流社会虚伪道德的讽刺，而他和海盗女儿海黛的经历，更多的是体现一种充满诗意的理想。

如果说因讽刺的需要，主人公唐璜显得行动多于思想，那么诗歌的叙事者则承担起了思考和评论的重任。故事之中或故事之外不断出现的议论、感慨、回忆、憧憬，拉近了作品与读者的距离。叙事者大量的富有抒情性议论，充满哲理和深刻的思想，以及淋漓尽致的嘲讽，具有很强的艺术感染力。作品不仅揭露现实真实深刻，而且想象丰富奇特。它描写的风暴、沉舟、战火的场景等，十分精彩。对大自然壮丽景色的抒情描写非常出色。拜伦善于用各种诗体创作，语言幽默洗练，在英语口语入诗方面无人可与之匹敌。

拜伦的诗歌在当时和后世都有很大影响。在中国，鲁迅称拜伦是浪漫主义的“宗主”，盛赞其人其诗“如狂涛如厉风，举一切伪饰陋习，悉与荡涤”。（佚　名）

历史桂冠 LISHIGUIGUAN

1788年1月22日，拜伦出生在英国一个古老的贵族家庭里。他的父亲是一个放荡的军官，他抛弃了妻子和年幼的拜伦。童年时代拜伦和母亲过着拮据的日子，直到10岁时，拜伦继承了叔祖的爵位和领地，生活才有所改善。拜伦先在哈鲁中学读书，后来进了剑桥大学。他喜欢研究文学和历史，也爱读游记，很早就憧憬着东方。1807年，拜伦的第一部诗集《悠闲的时光》出版了。结果受到了批评，拜伦在1809年发表了讽刺诗《苏格兰诗人与苏格兰评论家》予以反击。1809年，拜伦出发到东方旅行，先后访问了葡萄牙、西班牙、阿尔巴尼亚、希腊和土耳其。1811年，诗人回国。翌年发表长诗《恰尔德·哈罗德游记》第一二两章。发表后拜伦立刻名噪一时。之后从1813年到1816年，拜伦写了名为《东方叙事诗》的六部诗集，受到读者的欢迎，并构筑起“拜伦式英雄”的形象。

拜伦一生创作了不少优美的抒情诗，像《当我们分离的时候》、《雅典的少女》、《她行走在美的光彩中》、《我的灵魂是黑暗的》、《我瞧见你在哭泣》、《致波河》等脍炙人口的作品。

1823年，正在创作《唐璜》的拜伦离开意大利去希腊。1824年4月19日，拜伦离开了人世，死于希腊争自由战争的战场，年仅36岁。他死后希腊临时政府宣布他的逝世为国丧，全国哀悼三天。拜伦的心葬在希腊，遗体运回英国，但教会竟拒绝将其存放在西敏寺，最后只得安葬在诗人故乡。他逝世后，一些反动报刊继续咒骂他。但在欧洲乃至全世界，拜伦却产生了深远的影响。拜伦的一生是伟大的。他不但是才气横溢的诗人，而且是跃马持枪驰骋疆场的革命战士。他高擎在法国点燃的革命火炬，并把这熊熊的火焰携往思想和艺术的领域。今天，他的雕像还站在希腊米苏龙吉的“英雄公园”中央，受到广大群众的崇敬。

《名利场》是萨克雷的成名作品，也是他生平著作里最经得起时间考验的杰作，在英国现实主义小说的发展史上开辟了新的天地。

《名利场》

■ 萨克雷（英国 1811-1863）

萨克雷是一位可以与狄更斯齐名的小说家，这不仅是因为他们生活在同一个时代，又同为现实主义小说家，更是因为萨克雷在创作中所显示出的与狄更斯迥异的对现实社会冷嘲热讽的创作风格所取得的非凡成就，他和狄更斯一样享有着世界声誉，后来英国的乔治·艾略特、美国的霍桑，甚至法国的普鲁斯特的创作都曾受其影响。正如前苏联著名文艺评论家车尔尼雪夫斯基所说："萨克雷观察细微，对人生和人类的心灵了解深刻，富有幽默感，刻画人物非常精确，叙述故事非常动人……在当代欧洲作家里，萨克雷是第一流的大天才。"

萨克雷一生创作浩繁，全集多达35卷，其笔锋犀利，语调幽默，是一位风格独具的现实主义作家，在英国文学史上一直占有非常重要的地位，他的《名利场》发表后立即引起轰动，被认为是英国文学的一个里程碑，是他生平著作里最经得起时间考验的杰作，奠定了他在文学史上的地位。在《名利场》中萨克雷以现实主义的笔触真实地再现了19世纪英国资产阶级上升时期的社会状况，并塑造了具有不同特点的、刻有新时代烙印的典型人物形象。而且，这部小说还展示出作者已经成熟了的幽默讽刺风格，和狄更斯的《大卫·科波菲尔》并称为19世纪英国文学的两块瑰宝，这部小说已先后被6次拍成电影，其影响力可见一斑。

经典回眸 JINGDIANHUIMOU

萨克雷认为："小说的艺术是表现本质，即尽可能强烈地表达真实的情感。"他的这种理论主张在他的成名作《名利场》中得到了极好的体现。故事发生在19世纪初。在写出《名利场》以前的十余年对于萨克雷来说基本上是一个准备阶段，在这个期间萨克雷对社会上各式各样“上等人”的观察越来越深入细致，艺术手法也日益成熟。《名利场》便是在这个基础上完成的现实主义的杰作。《名利场》里创造了比较丰满的人物形象，描写了社会生活的广阔画面，并通过人物命运的交织而对生活作了总的评价。

《名利场》通过情节的安排企图说明“一切都是浮名浮利”，标题本身出自《天路历程》。他揭开了资本主义社会五光十色的繁荣外表，让人们看到它的本质。萨克雷自己说过，他在《名利场》里要写“一群极端愚蠢自私的人，不顾一切地为非作歹而又热烈追求浮名浮利”，同时，他又说，书中所描写的“全是死亡、争吵、金钱和病痛”。《名利场》并没有严密的故事结构，故事的内容基本上是由两个女主人公利蓓加与爱米丽亚的生活道路串联起来的。爱米丽亚是一位资产阶级小姐，而利蓓加则是个一无所有、在资本主义社会里浑水摸鱼的女人，通过这两个主人公的命运，萨克雷描绘出了当时上流社会中形形色色的众生相。

利蓓加是个一无所有，靠姿色和诡计混世的女骗子。她走的道路，她的种种活动方式都曲折地反映出当时社会的道德习俗，揭露了统治阶级的思想面貌。她的一生，像一面镜子，通过她的伪装而把那个时代社会道德习俗的真情都清晰地反映出来，其中还特别突出地表现了“上等人”是怎样用假正经、假道德的外貌掩饰着自己的隐私丑行。《名利场》的现实主义成就正在于它通过典型的人物和真实的情节把当时社会在特定历史时期的具体面貌呈现出来，其中的人物性格和风俗习惯、人情世故的描写无不打上了鲜明的历史、社会和民族的印记，做到了萨克雷对小说所要求的“比真历史更有趣、更逼真、更自然”。《名利场》在英国文学史上有重要的地位。萨克雷用许许多多真实的细节，具体描摹出一个社会的横切面和一个时代的片断，他为了描写真实，在写《名利场》时打破了许多写小说的常规。这部小说，可以说在英国现实主义小说的发展史上开辟了新的天地。

一部没有英雄的小说

《名利场》描摹真实的方法是一种新的尝试。萨克雷觉得时俗所欣赏的许多小说里，人物、故事和情感都不够真实，所以他曾把当时风行的几部小说模仿取笑。《名利场》的写法不同一般，他刻意求真实，在许多地方打破了写小说的陈规。

《名利场》里没有“英雄”，这部小说的副题是“没有英雄的小说”，这也是最初的书名。对于这个副题有两种解释。一说是“没有主角的小说”，因为不以一个主角为中心；这部小说在《笨拙》杂志上发表时，副题是“英国社会的速写”，也表明了这一点。另一说是“没有英雄的小说”，英雄是超群绝伦的人物，能改换社会环境，这部小说的角色都是身受环境和时代制约的普通人。两说并不矛盾，可以统一。萨克雷在《名利场》里不拿一个出类拔萃的英雄做主角。他在开卷第一章就说，这部小说写的是琐碎庸俗的事，如果读者只钦慕伟大的英雄事迹，奉劝他趁早别看这部书。萨克雷以为理想的人物和崇高的情感属于悲剧和诗歌的领域，小说应该实事求是地反映真实，尽力写出真实的情感。他写的是沉浮在时代浪潮里的一群小人物，像破产的赛特立、发财的奥斯本、战死的乔治等；甚至像利蓓加，尽管她不肯向环境屈服，但又始终没有克服她的环境。他们的悲苦的命运不是悲剧，只是人生的讽刺。

一般小说里总有些令人向往的人物，《名利场》里不仅没有英雄，连正面人物也很少，而且都有很大的缺点。萨克雷说都宾是傻瓜，爱米丽亚很自私。他说，他不准备写完美的人或近乎完美的人，这部小说里除了都宾以外，每个人的面貌都很丑恶。传统小说里往往有个令人惬意的公道：好人有好报，恶人自食恶果。萨克雷以为这又不合事实，这个世界上何尝有这等公道。荣辱成败好比彩票的中奖和不中奖，全是偶然，全靠运气。温和、善良、聪明的人往往穷困不得志，自私、愚笨、凶恶的人倒常常一帆风顺。这样看来，成功得意有什么价值呢；况且也只是过眼云烟，几年之后，这些小人物的命运在历史上难道还能留下什么痕迹吗？因此他反对小说家用成功得意来酬报他的英雄。《名利场》里的都宾和爱米丽亚等驯良的人在社会上并不得意，并不成功；丑恶的斯丹恩勋爵到死有钱有势；利蓓加不择手段，终于捞到一笔钱，冒充体面人物。《名利场》上的名位利禄并不是按着每个人的才能品德来分配的。一般小说又往往把主角结婚作为故事的收场。萨克雷也不以为然。他批评这种写法，好像人生的忧虑和苦恼到结婚就都结束了，这也不合真实，人生的忧患到结婚方才开始。所以我们两位女主角都在故事前半部就结婚了。

萨克雷避免了一般写小说的常规，他写《名利场》另有自己的手法。

他描写人物力求客观，无论是他喜爱赞美的，或是憎恶笑骂的，总把他们的好处坏处面面写到，决不因为自己的爱憎而把他们写成单纯的正面或反面人物。当时有人说他写的人物不是妖魔，不是天使，是有呼吸的活人。萨克雷称赞菲尔丁能把真实的人性全部描写出来：写好的一面，也写坏的一面。他自己也总是“看到真相的正反两面”。譬如爱米丽亚是和顺的女

典·故·逸·话

著名作家萨克雷一生助人为乐，做好事从来不留名。当他知道朋友有困难时，便常常用别名、假名甚至不具名汇款，给人以接济。寄钱时，他把钱装在用过的药品盒里，并附有一份“医嘱”，上面写明“服法”：“每次服一粒，急时‘服用’”！

人，是个贤妻良母。她是萨克雷喜爱的角色。萨克雷写到她所忍受的苦痛，对她非常同情。可是他又毫不留情地写她自私、没有识见、没有才能、没有趣味等。利蓓加是萨克雷所唾骂的那种没有信仰、没有希望、没有仁爱的人。她志趣卑下，心地刻薄，自私自利，不择手段。可是她的才能机智讨人喜欢，她对环境从不屈服，碰到困难从不懊丧，能有这种精神也不容易；她出身孤苦，不得不步步挣扎，这一点也使人同情。萨克雷把她这许多方面都写了出来。又如都宾是他赞扬的好人，罗登是所谓的“乌鸦”——他所痛恨的人，他也是把他们正反两面都写到。萨克雷的早年作品里很多单纯的反面角色，远不像《名利场》里的人物那么复杂多面。

萨克雷善于叙事，写来生动有趣，富于幽默。他的对话恰配身份。他文笔轻快，好像写来全不费劲，其实却经过细心琢磨。因此即使在小说不甚精警的部分，读者也能很流利的阅读下去。《名利场》很能引人入胜。但是读毕这部小说，读者往往觉得郁闷、失望。这恰是作者的意图。他说：我要故事在结束时叫每个人都不满意、不快活——我们对于自己的故事以及一切故事都应当有这样感觉。他要我们正视真实的情况而感到不满，这样来启人深思、促人改善。（杨　绛）

历史桂冠
LISHIGUIGUAN

萨克雷是英国的天才小说家，他以比狄更斯更冷静客观的笔触创作了更为纯粹的现实主义作品，成为可以和狄更斯并列的小说家。1811 年 7 月 18 日，威廉·萨克雷出生在印度加尔各答附近的阿里帕，父亲是东印度公司的税务员，不幸早逝。当时 6 岁的萨克雷被送回英国受教育。1829 年入剑桥三一学院，1830 年离开剑桥去魏玛学德语，结识了歌德。8 个月后回国学法律，但半途而废。1833 年去巴黎学习绘画，后担任伦敦《立宪报》驻巴黎记者。1837 年返回英国，靠写稿谋生。

正当萨克雷在事业上崭露头角时，他的妻子精神失常，东印度银行的破产又使他损失大部分财产。在此后的十几年间，他为抚养妻子女儿，大量地为杂志写作散文、书评、游记、小说等。早期作品中主要的有《巴利·林登的命运》。1847 年，《势利者集》和《名利场》先后在《笨拙》杂志上连载，后者奠定了萨克雷讽刺作家的地位。此后，《潘登尼斯》、《亨利·埃斯蒙德》、《纽可谟一家》相继问世。19 世纪 50 年代，萨克雷在剑桥、牛津、爱丁堡讲演，此后又应邀赴美演讲，讲演集分别于 1853、1860 年出版。此外他还写了不少诗歌和歌谣。1863 年圣诞节前夕，萨克雷因心脏病发作猝死伦敦。

心中有爱的人，无论航行到哪一个地方，都会遇到那个同样美丽的灵魂。孤单的时候，也不会冷。

《简·爱》

■ 夏洛蒂·勃朗特（英国 1816—1855）

1847年10月，英国出版了一部《简·爱》，这部长篇小说引起了轰动。当时已经驰名文坛的萨克雷在写给出版这本书的出版公司编辑的信上说："《简·爱》使我非常感动，非常喜爱。请代我向作者致意和道谢，她的小说是我能花好多天来读的第一本英国小说。"《西敏寺评论》评介本书说："肯定是这一季度的最佳小说，值得仔仔细细地读第二遍。"

《简·爱》是英国19世纪著名女作家夏洛蒂·勃朗特的代表作，以其感人的对于一位"灰姑娘式"人物奋斗史的刻画而取胜，是女性文学的代表作品，是全世界能阅读小说的妇女必读的经典之作，这部文学史上的经典之作使千千万万的女性从女主人公简·爱身上找到了追求平等与自立的精神资源。

文学的存在必然要经过历史浪潮重重的淘洗，最后能稳固下来的，就一定是佳品、精品，尤其是一部小说，它是否能以一种力量的光辉，去唤起人们心底美好的情愫，也就是说，它塑造的人物是以人们希望或赞赏的生存方式存在于文学作品当中，那这些人物就能久久地停在读者、世人的心中，并产生有效的影响，那他们就是永恒的。换言之，一部作品就能够传承于世。夏洛蒂·勃朗特的《简·爱》就是这样一部作品，它经久的魅力一个多世纪以来仍然不断发散着耀目的光辉。世界各国到底有多少痴心的女读者在这个相貌平平、过早饱尝人生辛酸但终未失去与生活搏斗勇气的简·爱身上找寻自己的影子，寄予同情，其人数无法统计。一百多年来，《简·爱》的影响不衰，作家、评论家对它的热情不减，它至今仍然是广大读者喜爱的书。

经典回眸 JINGDIANHUIMOU

《简·爱》是19世纪英国最出色的小说，故事发生在19世纪中叶英国乡村。女主人公简·爱从小失去父母，寄养在舅母里德太太家里，深受虐待，后被送进洛伍德慈善学校。那里实行所谓惩罚肉体、拯救灵魂的残酷教育，使简·爱继续遭受着精神和肉体上的折磨。她在那里当了六年学生，两年教师。

为了追求独立自由的生活，简·爱用登广告的办法，应聘到桑费尔德府当家庭教师。简·爱与庄园主罗切斯特先生精神境界一致，情趣爱好相投，两人互相爱慕，决定结为夫妻。但在教堂举行婚礼时，有人揭发罗切斯特在15年前已经结过婚，疯癫的妻子一直关在他家一间密室里。后来简·爱离开桑费尔德出走，后来被里弗斯兄妹收留，担任了乡村小学教师。简·爱的叔父去世，她得到了一笔遗产，同时得知里弗斯兄妹是她的表亲。表兄圣·约翰为了寻找到印度传教的助手，要与简·爱结婚，她拒绝了这个把感情献给了上帝的人。爱情的力量使她重新返回桑费尔德庄园。却只见昔日的豪华的府邸已变成了焦黑的废墟。罗切斯特双目失明，单手残废，蛰居乡间。最后，简·爱和罗切斯特结婚。

简·爱是不甘心忍受资本主义社会压迫的、具有个性与反抗精神的妇女形象。她那贫苦低微的社会地位、漂泊无依的生活环境、痛苦不幸的个人遭遇是19世纪中叶英国下层人民苦难生活的真实反映。作者把贫苦的普通妇女作为小说的正面人物，并热情歌颂了她为争取妇女平等的社会地位和幸福生活所进行的斗争，这一点，在批判现实主义文学中是难能可贵的。这本书的出现在当时社会上引起了强烈的反响。马克思把夏洛蒂和狄更斯、萨克雷并列，给予高度的评价，认为他们是出色的小说家。《简·爱》一书虽有时代和阶级的局限性，但至今在艺术上仍具有不衰的魅力。

文学圣殿 WENXUESHENGDIAN

现代女性的必读书

夏洛蒂·勃朗特似乎是一位精通读心术的女巫，她的杰作《简·爱》带有浓厚自传气息，给笔者的印象宛如一根昂然矗立的女权图腾柱。

翻开《简·爱》烫金的封面，便感到书中的反抗气息像开启了瓶盖的啤酒瓶口喷出的二氧化碳般扑面而来，幼年的简被欺凌被侮辱的灵魂在挣扎抗议，戴着牧师和良母面具的勃洛克赫斯特和里德太太，像披着人皮的毒蝎，轮番用其钳子与毒刺撕扯、蜇刺孤立无助的简，而简在此时表现出的耿直与倔强像头气冲冲伸头顶人的发疯的小山羊，让读者看到了一个极有骨气的灵魂被魔鬼拉扯着扯向地狱，灵魂最终挣脱了魔爪，扇动已残破的翅膀在阳光下飞翔。可以说《简·爱》这部作品在序幕中就让勃朗特奠定了总体的耿直、反抗的基调。

随着情节的发展，简·爱离开盖茨海德府到洛伍德学校就读，由于这所学校条件十分艰苦外加简自身的天赋和努力，多年后简在洛伍德学校磨砺得艺德双馨，洛伍德学校像外表粗糙的珍珠贝一样，孕育了简·爱这颗通体散发着贞洁、清新、正直、聪颖的光晕的珍珠。对宗教的“人必须逆来顺受”的教化的不信任、在学业与技艺上的奋发上进，使简的身躯里流淌着的血充满了能给她的生命源源不绝地供应氧气的自尊自信的“红细胞”。

她不幸的童年与勃洛克赫斯特蟾蜍一样的伪善与歹毒，让简抛弃了在洛伍德学校已沦为精神麻醉剂般的宗教教化，海伦彭斯本着教义对简的劝慰，也如油一般跟简心头的伤痛冰水不相容。可以说简在洛伍德学校所受到的熏陶绝大部分来自知识和艺术，并且这种熏陶多年后最终升华为简的自尊自重不卑不亢的气质，18岁时的简，如同一株并不十分娇艳、散发着淡淡幽远的芳香的茉莉。

简离开洛伍德到桑费尔德任家庭教师一职时，遇到了罗切斯特先生。青年时代陷入一场骗局式的不幸婚姻中，那个疯狂、淫荡、奇丑无比的妻子像响尾蛇一样把罗切斯特心中的梦想与温情毁灭了。罗切斯特曾为了逃避爱情，一度在极度堕落的生活烂泥淖中打滚。有一天他真正嗅到简·爱这株茉莉沁心芳香，简的正直、纯洁、自爱、自尊、自重便释放了罗切斯特先生在爱情炼狱中的灵魂，改变了他的爱情怀疑论，罗切斯特于是不顾一切追求着简，简也将自己置于跟罗切斯特对等的地位，与之比翼双飞。罗切斯特这只渴望纯爱的蛾扑向简这个散发贞洁与清纯光辉的烛，最后夜莺的歌声与饱含款款深情的热血，终于催开简心头炽热的玫瑰。

简在桑费尔德府中无论对罗切

斯特先生还是仆众乃至上流社会的贵公子与千金小姐，都没有把自己的人格与尊严置于他们之上或下，简将自己与他人的人格与尊严放到天平上都称出相等的重量，她毫不掩饰自己独立与自尊、倔强的天性，让读者油然而生对人性的深深敬意。

任何人可以评说简在桑费尔德的家庭教师的地位，但任何人不可能无视简的存在。罗切斯特这位饱经沧桑的男人对简的个性魅力体会得尤为深刻，他这个在人生和社会的泔水和污泥中挣扎得满身疲惫的流浪汉，最渴望的是一份至纯至真的爱，但简最终因为罗切斯特的“欺骗”，加上自己不能违背当时的法律与自己的原则而离开了他，似乎万能的爱情在简坚如磐石般的原则面前也屈服了，“我只在乎我自己，越是无亲无故，越是无人依靠，我越尊重我自己”，“我要坚守我在清醒时，而不是像现在这样疯狂时所接受的原则”便是简对她面前的伸手可及的名门望族的社会地位、财富、罗切斯特先生真诚热烈的爱情的拒绝。

简离开了桑费尔德后几经辗转遇到了圣·约翰——一位“牧师法衣下面，跳动着一颗政治家、军人醉心荣誉、渴望成名、贪图权力的牧师”的虔诚狂热、英俊潇洒的神职人员，简的表哥。这个信任并欣赏简的超人才干与毅力、品质的美男子，把他带有宗教目的的“爱情”之网撒向简，当简发觉自己“每天都变得越来越想讨他的欢心”时，便想到自己为了圣·约翰必须放弃自己一半的天性，“扼杀另一半的才能”，为此简觉得这般对她“简直每时每刻都是一种折磨”，开始起来反抗。

最后圣·约翰对简的强大“引导”、“召唤”在简的灵魂和智慧面前终于失败了，简看透了身边张口天国闭嘴上帝的圣·约翰，实际只是个专制无情心里根本没有对她的真正的爱情的宗教僵尸，是一个“跟我（简）同样有错误的人”，于是简把圣·约翰作为争论和反抗的对象，为了心灵的自由，为了“各种感情可以在那儿随意安全滋长”的一隅，简对圣·约翰断然说：“我不能嫁给你，成为你的一部分。”

面对圣·约翰“奉献”出来的“爱情”，简说：“我瞧不起你对爱情的看法，我瞧不起你

典·故·逸·话

由于19世纪的英国对妇女从事文学创作仍有极大的偏见和抵触情绪，在发表《简·爱》时，夏洛蒂·勃朗特不得不使用了一个男性化的名字柯勒·贝尔。《简·爱》得到广泛欢迎后，对这位作家性别的猜测一时间也成为热门话题。当时已驰名文坛的萨克雷一眼看出：“它是一个女人写的，但她是谁呢？”而当时一篇从道德思想方面猛烈攻击《简·爱》的评论也这么断言：“除了一个女人，谁肯冒极少成功希望的风险，写满八开本三大卷，来讲一个女人的心史？”夏洛蒂之所以用男性化名字发表自己的杰作《简·爱》，是在于她深感在英国没有女作家的地位，然而《简·爱》的意义不仅在于使英国文坛发现了夏洛蒂·勃朗特，而是使全世界千千万万的女性从女主人公简·爱身上找到了追求平等与自立的精神资源。

奉献的这种虚假感情，是的，你奉献它的时候我也瞧不起你。”简的话语终让圣·约翰退却了，人的个性与冷酷的宗教理性的交锋，最终还是个性之鸟挣脱罗网胜利地飞向天空，这是任何力量，包括最顽固的势力，传统势力与宗教势力都不可能将真正渴望自由的灵魂禁锢在死岛上的最好的文学例证。

综上所述，读者不难看出《简·爱》这部作品正应了法国作家安德烈马尔罗的话语：每位艺术家克服奴性的成就，与艺术战胜人类命运的成就合而为一，艺术是反命运。勃朗特竭尽全力用心血打造品质具有唯美风格的简，使简的品性几近“完美无缺”。在《简·爱》这部作品的序幕、发展、高潮中，主人公的反抗、纯洁、正直、朴实、自由、坚毅的个性都是各个重点章节的主旨，它们如同乌云上方灼灼闪耀的星，勃朗特将女性的这些品性置于至高无上的地位。如果从横向审视《简·爱》这部作品的重点篇章并着重提炼主人公的性格中的可贵成分，笔者觉得在某一方面勃朗特像凯尔特人一样在她的思想领域中布下了用纯洁、进取、自由、正直、反抗等巨石堆砌起来的壮观石阵，而从纵向逐章领会勃朗特女性特有的细腻笔法与带有浓厚心理分析反省的创作风格时，读者能体会到各章阐述的精神主旨，也会感受到作品中因作者的女性第六感而存在的带着神秘气息的浪漫特质——如将《简·爱》这部作品比做雕塑，那么对这尊总体情节结构呈“垂直状态”，被勃朗特镂以反抗、进取、纯洁、自由、质朴、坚强等值得人仰慕的品性花纹，透着神秘气息的“雕塑”，用一根图腾柱来形容它最合适不过。

由于勃朗特写出了“灵魂只需要灵魂想听的东西”，以一个普通女人身份在她作品中公开了自己的爱与憎，没有将私人爱憎“腌制”成自怜自悲的“咸菜”，她间接地使自己的爱憎以“女权”的形式抬头，于作品中“在连当时宪章运动都还没有提出男女平权思想的情况下，鲜明地描写了妇女不甘于社会指定给她们的地位而要求在工作上甚至婚姻上独立自主，热烈地为妇女的尊严与正当要求辩护”，因此她的勇气与作品思想政治意义很让中国传统的文学评论者击节赞赏……在《简·爱》这部作品中，读者稍加留心主人公的心理状态便不难发现她实际是个“极度关心自由与内在完整”的存在主义者，简·爱的生命活力与人格结构就是在不断地挣扎、对峙、反抗与自珍自重中不断强盛丰满的。因此，《简·爱》这部杰作在某种意义上简直是存在主义哲学的文学表现，夏洛蒂·勃朗特不愧为英国女性存在主义文学的先驱。（佚　名）

现代女性的必读书

据说，夏洛蒂·勃朗特的这本书与西蒙·波伏娃的《第二性》是现代女性的必读

物。

《简·爱》写出了一个有生命力的、值得赞佩的女性形象。很久以来，我觉得没有另外一部作品比这本书更加完整更加真实地诠释了一个女性的心理状态，一个令男性惊讶的勇敢的灵魂。

女性，除开男性的尊重外，我以为最为重要的是应该走一条自重、自尊、自强、自立的路，要知道，只有女性自己才能拯救自身，除此，没有其他的路。

女性的爱犹如滔滔江水，绵延不绝。女性的身体就是这人间的缔造者，是人类真正的依靠和母亲。这个世界的一切，所有的文明，哪里没有女性的影子。从中国古代的女娲和观世音，西方古代的夏娃和马利亚开始，到现代的几乎所有形式的艺术作品，女性都是与人类的命运紧紧相连。在某种程度上，女性就是人类的代表，就是美的代名词，实在是人类的重中之重。因此女性应该为自己自豪，并因此而自重。如果自己轻薄自己，作贱自己，哪里会得到人家的尊重！

女性应该学会自己维护自己的尊严，自己懂得平等的意义和价值。如果有人要你当附属品，你不但不反对，反而很乐意，这样的奴颜媚骨自然使别人得寸进尺，把你视做玩偶，玩弄于股掌之间。

但维护自身尊严的时候需实现自强，只有自己强大，才会使别人变得渺小。实现自强一是加强自身的学习，像男性一样更加广泛地认识这个世界，以免被无知所惑；二是学会维持生计的本领，力争做到巾帼不让须眉，在各个领域不输于男性。有此二者，自强可期也。

要完全不当附属物，争取男女之平等，则需自立。女性需有独自生活的能力，且能忍受孤独和苦难，才能做到临危不乱，处乱不惊。自身有自我生活的能力，男子的轻慢和侮辱全都可以当头棒喝回去，让他睁眼好好地认识一下，女性并不是靠男性才能生存。

平等之基础，在于两者物质与精神的对等。小至朋友、家庭，大至国家、世界，没有平等之基础，法律之平等如同虚设。

简·爱平凡的外表下面隐藏着不朽的灵魂，在这个平庸的世界上显得异常珍贵，灼然夺目。她的不屈不挠、勇于抗争的精神赫然指明了一条女性的道路，告诉天下所有的女性："切勿在沉默中沉沦"。简·爱是一位自重、自尊、自强、自立的女性。她身处苦海，却并没有迷失自我纯真的本性。她不漂亮，但善良、朴实、纯洁、高尚，没有丝毫的矫揉造作和伪善之辞。她在外表上是夏洛蒂·勃朗特的自画像，在精神上是夏洛蒂·勃朗特的理想。1847年，这个完整的、纯粹的女性形象一出世就征服了当时的出版商，征服了当时如日中天的作家萨克雷，也征服了世界上数不清的读者，成为人们心目当中真正的，具有现代意义的女性的象征。

这是一个真正站立着的人，是使诸多男子感到汗颜和羞愧的人。（佚 名）

历史桂冠
LISHIGUIGUAN

夏洛蒂·勃朗特（1816–1855）是19世纪英国杰出的女作家，出生于英国北部约克郡的豪渥斯，父亲是当地圣公会的一个穷牧师，母亲是家庭主妇。夏洛蒂·勃朗特排行第三，有两个姐姐、两个妹妹和一个弟弟。两个妹妹，即艾米丽·勃朗特和安茵·勃朗特，也是著名作家，因而在英国文学史上常有“勃朗特三姐妹”之称。

夏洛蒂·勃朗特的童年生活很不幸。1821年，母亲便患癌症去世。父亲收入很少，全家生活既艰苦又凄凉，年幼的夏洛蒂和弟妹们只能在沼泽地里游玩。好在父亲是剑桥圣约翰学院的毕业生，学识渊博，他常常教子女读书，指导他们看书报杂志，还给他们讲故事。这是自母亲去世后孩子们所能得到的唯一的乐趣，同时也给夏洛蒂以及两个妹妹带来最初的影响，使她们从小就对文学产生了浓厚的兴趣。

夏洛蒂·勃朗特在极端贫困的环境中度过了青少年时代。她在寄宿学校里受教育，19岁时做过这个学校的教员，以后又做了家庭教师，并从事写作，她一生仅写了《教授》、《简·爱》、《舍利》和《维列特》四部小说，但她在文学史上却有着相当重要的地位。在她的小说中，最突出的主题就是女性要求独立自主的强烈愿望。这一主题可以说在她所有的小说中都顽强地表现出来，而将女性的呼声作为小说主题，这在她之前的英国文学史上是不曾有过的——她是表现这一主题的第一人。此外，她的小说还有一个特点，那就是人物和情节都与她自己的生活息息相关，因而具有浓厚的抒情色彩。女性主题加上抒情笔调，这是夏洛蒂·勃朗特创作的基本特色，也是她对后世英美作家的影响所在。后世作家在处理女性主题时，都不同程度地受到她的影响，尤其是关心女性自身命运问题的女作家，更是尊她为先驱，并把她的作品视为“现代女性小说”的楷模。

随着艾米丽的天才开始为世人所认同，她的《呼啸山庄》如同逗留在“蒙娜丽莎”嘴边那神秘的微笑，显示出一种永久的艺术魅力。

《呼啸山庄》

艾米丽·勃朗特（英国 1818－1848）

1847年在英国的文学史上是个不同凡响的年头，因为那一年两个“没见过多大世面”的青年妇女发表了注定要在世界精典文库中占有一席之地的两部长篇小说——夏洛蒂·勃朗特的《简·爱》与艾米丽·勃朗特的《呼啸山庄》，但这两部名著问世之后的命运却大相径庭：《简·爱》立即受到热烈的欢迎；使作者一夜成名；而《呼啸山庄》一开始便遭到评论界猛烈的批评和刻薄的嘲弄。可怜的艾米丽带着她非凡的天分和生不逢时的遗憾，于第二年便凄惨地告别了这个不公的世界，那一年她刚刚30岁。

翻开英国文学史，会发现对艾米丽的介绍很少：她写过一些不怎么著名的诗；她出身贫寒；她似乎是个沉默、羞涩、常常到原野上独自散步的女孩，很少与外界交往；她似乎没有跟除了父亲弟弟以外的男人有过交往；她年纪轻轻就死了，根本没看到自己小说的发表，更不知道自己在后世的盛名。

将近半个世纪，《呼啸山庄》一直不为世人所理解，甚至夏洛蒂在为《呼啸山庄》第二版作序时，为妹妹辩护的语气之中也带着歉意：“这是一部粗糙的不太成熟的作品，要是假以天年，作者是能写出更好的作品来的。”但真正的精品，是不会因暂时的非议而埋没的，相反，它随着时间的推移，更加磨砺出其耀眼的光芒来。果然，进入20世纪，艾米丽的天才开始为人们所认同，《呼啸山庄》也像逗留在“蒙娜丽莎”嘴边那神秘的微笑，显示出一种永久的艺术魅力。随着岁月的流逝，其别具一格的艺术魅力征服了越来越多的读者。而今，在西方文学的经典书单中，它已堪与像《战争与和平》这样的巨著分庭抗礼了。英国著名小说家毛姆甚至将其列入他所认为的世界十大小说之一，但这已是艾米丽辞世一百多年以后的事了。这部小说就像一块威力无穷的磁铁，紧紧攫住了亿万读者的心，令他们为之着迷。

经典回眸
JINGDIANHUIMOU

《呼啸山庄》出版于1847年，是埃米丽·勃朗特唯一的一部小说作品。讲述的是弃儿希斯克利夫被呼啸山庄的老肖恩先生收养，与老肖恩先生的女儿凯瑟琳青梅竹马、两小无猜，后受凯瑟琳之兄欣德利的虐待，被贬为农场伙计，凯瑟琳受世俗的荣华之诱，应下画眉山庄主人埃德加·林登的求婚。希斯克利夫愤而出走，三年后衣锦还乡，开始大施报复。凯瑟琳旧情复萌，伤心而死，遗下一女凯西。希斯克利夫为谋得画眉山庄的产业，强娶埃德加·林登之妹伊莎贝拉，得子取名林登；又与欣德利赌博，赢其家产，在其死后又收容其子哈里顿，以其当年待己之道而待之。十几年后，三个孩子渐已长大。希斯克利夫又施计谋，胁迫凯西与病势沉重的林登成婚，不久凯西即父丧夫亡，希斯克利夫终于将两家财产夺到手中。但此时他对凯瑟琳多年的思念已压过了他的求生欲望，终于在一场暴风雨中悄然死去。而哈里顿与凯西则前嫌尽释、共结同心，预备婚后移居画眉山庄，而曾经风雨的呼啸山庄则将沉入寂静之中。

《呼啸山庄》是以希斯克利夫达到复仇目的而自杀告终的，他的死是一种殉情，表达了他对凯瑟琳生死不渝的爱，一种生不能同衾、死也求同穴的爱的追求。而他临死前放弃了在下一代身上报复的念头，表明他的天性本来是善良的，只是由于残酷的现实扭曲了他的天性，迫使他变得暴虐无情。这种人性的复苏是一种精神上的升华，闪耀着作者人道主义的理想。《呼啸山庄》向人们展示了一幅畸形社会的生活画面，勾勒了被这个畸形社会扭曲了的人性及其造成的种种可怖的事件。作者运用细腻的思想感情和高超的艺术手法，使作品荡气回肠，催人泪下，具有很强的艺术感染力。

艾米丽·勃朗特的惊世之作《呼啸山庄》是英国文学史上的一部奇书，100多年以来，它以扣人心弦的故事情节，富有诗意的景物描写，栩栩如生的人物塑造，如火如荼的爱憎激情，吸引着世界各国一代代的读者及评论家，被誉为英语语言中最震撼人心的小说杰作，被列为世界十大小说名著之一。然而在当时，《呼啸山庄》一开始就遭到评论界猛烈谴责，其中有一些说得非常刻薄："是哪一个人写出这样一部作品来，他怎么写了十来章居然没有自杀？"有人这样嘲弄这部"恐惧的、可怕的、令人作呕的小说，应该改名为《枯萎山庄》才对。"小说出版后，被冷落了40多年，直至19世纪90年代初，人们才意识到，这是一位女作家所能写出的"最好的散文诗"。

典·故·逸·话

艾米丽的生活虽然并不富于传奇色彩，但是她性格刚强，感情丰富，内心充满了生命激情，像男孩子一样喜欢思索。她所就读过的那所布鲁塞尔语言学校校长海格曾经这样说：艾米丽具有逻辑思维的头脑和论辩的才能，这在男学生中已经是不同寻常，而在女学生中更属罕见，她本该做个男人——做个了不起的探险家。

在荆棘上舞动的灵魂

《呼啸山庄》是艾米丽唯一的小说。在知名度上，《呼啸山庄》较之夏洛蒂的《简·爱》稍逊一筹，但《呼啸山庄》的神秘性和奇特性却是《简·爱》和其他小说所难以比拟的。正因为如此，它也就比其他小说更难让人理解，更难让人接受。关于这一点可以从两个方面来说：一方面，《呼啸山庄》所表现的是一种荒原之美，饱含刚劲、野性和激情。《呼啸山庄》的每一章都肆虐着山呼海啸，狂风暴雨，以其撕心裂肺的情感力度震撼着读者的内心。而常人所喜欢的温婉、雅致、娇柔在这里都成了一种苍白孱弱、毫无价值的东西。另一方面，《呼啸山庄》直接指向人的灵魂。读者无法从《呼啸山庄》中感受到情感的美妙、愉悦，扑面而来的是灵魂的激烈震荡与冲突。爱与恨以超越了人类极限的强度展现出来。这种展现突破了人类社会文明的界限，几乎是人性中炽烈的激情的再现。艾米丽这种不同寻常的表达方式和价值取向确实是不容易让人理解的。

《呼啸山庄》真实再现了艾米丽的心理状态，几乎就是她内心世界的一个副本。可以说，《呼啸山庄》就是艾米丽，艾米丽就是《呼啸山庄》。理解《呼啸山庄》的不容易正如理解艾米丽的困难。艾米丽是一个外表沉静孤僻、内心充满激情的女子。她渴望爱但得不到爱，她离群索居，寡朋少友，终身未婚，唯一的小说《呼啸山庄》出版后还备受非议，“遭到普遍的冷淡和严厉的贬抑”。而早夭的生命也使之未能侧耳一听身后鹊起的文名。当单调冷漠的生活和现实已经盛不下这样一颗丰腴的灵魂的时候，叛逆精神和自由精神便滋长起来，寻求着更为强大的灵魂的栖息所。

那么，何处是艾米丽的精神家园呢？和风细雨不是她的皈依，垂柳浮云不是她的归宿——这些都太柔弱矫情了。只有荒原才能与她互相呼应、对答，只有苍凉、质朴的荒原才衬得上这样一颗灵魂。艾米丽对生活着的约克郡荒原产生了狂热的迷恋，如同找到灵魂的归宿。这里的石楠天然生成，生命力顽强，这里的空气纯洁自由，振奋精神，这里的天空和大地苍茫广阔，可以容纳任何一种奔跑和思想的狂放不羁，自由洒脱。无论什么季节，艾米丽都经常独自到荒原上，唯有这里，才能摆脱俗世的一切羁绊，才是人在现实中喜悦的源泉。她跑出了现实世界的沉闷空气，向着荒原大地呼喊，在呼啸而过的狂风中听到了灵魂深处的回应。这样的呼喊与回应，这样的野性与激情，就是荒原气质，也正是《呼啸山庄》的精神内核，它如利箭贯胸般穿透全书，又像花蕾绽放般扩散开来，震撼读者的身心。《呼啸山庄》是一曲气势磅礴的交响乐，而这种精神内核就是一具伴随雄壮的音乐在荆棘上舞动的灵魂。《呼啸山庄》全书都透着一股浓烈的大自然气息，我们仿佛感受到荒原上吹过的大风，倾盆而下的暴雨，甚至感受到四季的变化。艾米丽巧妙地借用大自然之力作为有力的象征，表达人性中那些巨大沉睡的激情。全书人物、情节的永恒背景是荒原，这里有天空，小溪，石楠。在一望无际，阴郁低沉的天空下面，小溪自由歌唱，潺潺流淌，黑黝黝的石楠漫山遍野，天然生成——一切都充满了野性和活力。正是在这样的背景下，我们的主人公纵情奔放，性格粗犷，如同荒原上自由不羁的灵魂，充满了原始野性和自由精神。天堂为之所不齿，只有苍茫的荒原才是其灵魂的归宿。（佚　名）

历史桂冠
LISHIGUIGUAN

1818年，艾米丽·勃朗特出生在一个贫穷的牧师家里，父亲佩特里克·勃朗特是爱尔兰教士，有六个儿女。除了勃朗特三姐妹外，还有两个女儿和一个最小的儿子。

1827年，在艾米丽刚满九岁时，她的母亲去世。三年后，艾米丽和三个姐姐一起进寄宿学校读书。由于学校条件太差，大姐玛利亚和二姐伊丽莎白先后患肺结核夭折，只有艾米丽和三姐夏洛蒂幸存。从此，姐妹两人辍学在家，和兄弟勃兰威尔一起开始自学。受父亲的影响，姐弟四个富有正义感，同情周围的穷人，也养成了良好的读书习惯，夜晚常以读书写诗、杜撰故事来打发寂寞的时光。每逢这时，艾米丽总是表现得沉默寡言。可是，内心里她却是热情奔放的，对许多事都有自己独到的见解。和其他姐妹一样，艾米丽坚强、能干。在母亲去世后的相当长一段时间内，家里收入很少，三姐妹不得不经常出外谋生，以教书或做家庭教师来补贴家用。1846年，三姐妹筹款以笔名出版了一本诗集，结果只卖掉两本。1847年，三姐妹的小说《简·爱》、《呼啸山庄》、《爱格尼斯·格雷》终于出版，然而，只有《简·爱》获得了成功，受到了当时文坛的重视。而《呼啸山庄》却并不为当时的读者所理解。1848年9月，唯一的弟弟勃兰威尔由于长期酗酒、吸毒而染病死去。

巴尔扎克创造了一个完美的第二世界，他征服的精神疆土比拿破仑征服的物质世界要辽阔得多。

《高老头》

巴尔扎克（法国　1799-1850）

法国巴黎罗丹博物馆的庭院内，默默地站立着一个巨人，这就是巴尔扎克塑像——著名雕塑家罗丹留下的传神杰作，常常令人想起这位法兰西民族最光辉的巨匠坎坷的命运，勤奋的一生，刚强的意志，深邃的思想和犀利的笔锋。巴尔扎克曾雄心勃勃地宣称："他（拿破仑）用剑开创的事业，我要用笔完成。"巴尔扎克创造了一个完美的第二世界，他征服的精神疆土比拿破仑征服的物质世界要辽阔得多。

作为欧洲批判现实主义文学的奠基人和杰出代表，巴尔扎克的一生是短促的，但他给人类留下了丰富的文化遗产。100多年来，他的作品传遍了全世界，对世界文学的发展和人类进步产生了巨大的影响。巴尔扎克在世界文学史上占有着至高无上的地位，他以敏锐的视角、冷静的思维和勤勉的文学创作生动地展现了19世纪上半期整个法国社会的宏大场景，深刻揭示出资产阶级复杂的社会关系和发展的必然趋势。马克思、恩格斯称赞他是"超群的小说家"。

巴尔扎克的《人间喜剧》是一部卷帙浩繁、结构庞大的旷世巨著。从人类整个文学的发展过程来看，《人间喜剧》无疑是前所未有的创举，是"一个个人所敢于设想的最庞大的作品"，被称为"法国社会的全部历史"。长篇小说《高老头》在《人间喜剧》中占有十分重要的地位，无论是在思想上还是在艺术上都代表着巴尔扎克的最高成就，是巴尔扎克最著名的作品。小说具有极高的艺术魅力，至今仍吸引着全世界的读者，被文史学家称为"创造了金钱与买卖的史诗"，是批判现实主义文学的一个高峰。

经典回眸
JINGDIANHUIMOU

巴尔扎克从1829年开始创作《人间喜剧》，直到1848年实际停止创作，花费了20年时间。《高老头》是《人间喜剧》中的一部优秀作品。这部小说深刻地反映了复辟王朝的法国社会，暴露了金钱的罪恶作用，塑造了一系列鲜明生动、富有典型意义的人物形象。故事发生在一座颓败、粗俗和寒酸的伏盖公寓。公寓中有三个房客特别惹人注目：从外省来到巴黎，怀着寻找个人出路的目的的大学生拉斯蒂涅，形迹可疑的议论家伏脱冷，以及年迈力衰、神情沮丧的小说主人公高立欧老爹。

高立欧老爹出身寒微，年轻时以贩卖挂面为业，后来在资产阶级革命时期当上供应军队粮食的承包商大发其财。他想爬得更高，但在金融势力统治日益强大的情况下，他的幻想不能实现。因而他把所有希望和感情都用来疼爱他的两个女儿。他让她们打扮得满身珠光宝气，花枝招展，到交际场上去引诱贵族子弟，最后以价值巨万的陪嫁作为条件，让贵族子弟娶他的女儿为妻。于是，大女儿当了伯爵夫人，二女儿嫁给了银行家纽沁根。由于表姐鲍赛昂子爵夫人的介绍，拉斯蒂涅认识了高老头的两个女儿，并且希望能利用二女儿纽沁根夫人作为他飞黄腾达的跳板。但是由于拉斯蒂涅的贫穷而无法博得巴黎贵族妇女的垂青。这时，伏脱冷猜透了他的心事，便向他灌输要成功就不能怕弄脏手的谬论，并为他策划谋财害命的阴谋。原来伏脱冷是一个臭名昭著的苦役逃犯，最终没能逃脱被捕的命运。不久，鲍赛昂夫人也因为情场失意而遁世。同时，拉斯蒂涅亲眼目睹了高老头的悲惨命运：在两个女儿当上了贵夫人之后，她们骄奢淫逸，挥金如土，负债累累，只好向父亲高老头要钱还债。高老头为了有机会看到她们一眼，千方百计地满足她们的需要。最后老人一贫如洗，重病在床。他渴望再看看自己的女儿，甚至为了迎合女儿的欢心，他竟然想再去做面食生意。

最后，高老头孤苦伶仃地病死在一家破烂的小公寓的阁楼上，而他的女儿却不肯为给父

典·故·逸·话

巴尔扎克并非一出世就名扬天下，誉满全球。在成名之前，巴尔扎克也曾困顿过，狼狈过。他本是学法律的，可大学毕业后偏偏想当作家，全然不听父亲让他当律师的忠告，把父子关系弄得十分紧张。不久，父亲便不再向他提供任何生活费用，他写的那些文稿又不断地被退回来，他陷入了困境，开始负债累累。最困难的时候，他甚至只能吃点干面包喝点白开水。但他挺乐观，每当就餐时他便在桌上画上一只只盘子，上面写上“香肠”、“火腿”、“奶酪”、“牛排”等字样，然后在想象的欢乐中狼吞虎咽。更发人深省的是，正是在这段最为“狼狈”的日子里，他破费700法郎买了一根镶着玛瑙的粗大的手杖，并在手杖上刻了一行字：我将粉碎一切障碍。正是这句气壮山河的名言在支持着他。后来的事实表明，他果然成功了。

亲送终而牺牲一次参加舞会的机会。拉斯蒂涅深深地同情高老头，他护理高老头的疾病，央求他的两个女儿给父亲送终，他甚至典当了自己的表给高老头办理后事，他差不多是唯一参加高老头葬礼的人。但是，两个引路人伏脱冷和鲍赛昂夫人的遭遇没能阻止拉斯蒂涅对金钱的追求，而高老头的遭遇则更让他坚定了不顾一切向上爬，在资产阶级世界里当一名"英雄好汉"的决心。拉斯蒂涅在埋葬了高老头的同时，也埋葬了自己的最后一滴眼泪，面对着上流社会，他气概非凡地说了句："现在咱们俩来拼一拼吧！"于是，拉斯蒂涅径直到纽沁根夫人家里吃晚饭去了。

《高老头》是巴尔扎克文学创作上的一个高峰，是世界现实主义文学史上的一部经典著作。

巴尔扎克的印记

巴尔扎克的艺术是一种高浓度的艺术。一个以消遣为目的的读者也许会感到他的小说累赘不堪，而一个勤于思索的读者却可能发现，对于作品的负荷量来说，甚至有理由称赞他的简洁明快。巴尔扎克的人物艺术就是"凝练的自然"，就是"用最小的容量惊人地集中最大量的思想"。他顽强地在形式与内容的矛盾中挣扎，终于创造出一系列带有巴尔扎克特殊印记的杰作。《高老头》就是其中有代表性的一篇，可以说它充分表现了作家驾驭素材和提炼生活的能力。

《高老头》全书译成中文不到18万字，而其视野之广、人物形象之多姿多彩，简直够得上一幅全景画卷。广阔的画面、形形色色的人物、光怪陆离的现象，通过一个贫穷的贵族青年做桥梁，竟天衣无缝地构成一个有机的整体。虽然头绪纷繁，读起来却感到紧凑而集中，每个细节、每个人物都紧扣主题，丝毫不给人支离破碎之感。

虽然小说以《高老头》命名，事实上，本书真正的主人公是拉斯蒂涅，真正的主题是拉斯蒂涅的学习社会。作者以令人惊叹的巧妙构思，布置了拉斯蒂涅所处的典型环境，让他从四面八方不同的社会阶层，以不同的方式接受到同样的教育，终于使这个来自外省的青年丧失了天真，逐步被这个腐败的社会所同化。正是从这一点出发，作者把本书编入以青年人的"入世之初"为中心题材的"私人生活场景"。而且这样一来，也就没有一个细节、一个人物是多余的了，一切的人物和事件都和拉斯蒂涅的性格演变构成了必然的因果关系。

通过拉斯蒂涅这一段社会经历和性格发展，作家出色地勾画了这个以金钱为杠杆的巴黎社会的全貌，集中了社会上诸色人等在生活中积累的全部经验与哲理，剖析了发生这种种惨剧的社会根由。他是他那个时代视野最广、也最有洞察力的风俗画家，他能够透过纷纭复杂的社会现象一下子抓住客观事物的整体和实质，而且运用惊人的技巧和天才的构思把这一切都纳入他的作品的小小框架。人物、事件是那么纷繁，情节却紧凑、集中；思想那么充溢、丰富，表达却明快而凝练。

应当承认，巴尔扎克在这部作品里，不仅在构思、剪裁上体现了大师手笔的宏大气魄，在典型塑造上看出其观察剖析生活的深刻细致，而且在写作技巧上也显示了多方面的才能。

巴尔扎克为小说开辟了一个新天地，使小说获得了空前未有的表现力。艺术气魄宏伟，生气勃勃，和现实生活一样丰富多彩，却比现实更加集中、凝练和强烈。他叙事生动，描写逼真，对话个性鲜明。他的语言虽然有时欠锤炼，不够严谨，用词的过火、夸张常常令人瞠目结舌，但他笔锋犀利大胆，刻画形象特征突出，发表议论痛快淋漓，往往能产生一般严谨的文体家所达不到的强烈效果，使读者从中得到另一种满足。著名的丹麦文学批评家勃兰兑斯说得好：“巴尔扎克虽是个拙劣的文体家，却是一个最上流的作家。”（艾　珉）

金钱社会的俘虏

在《高老头》中，巴尔扎克以残酷的事实揭示出资产阶级社会铁的法则——金钱至上。这个铁的法则统治着伏盖公寓的一切人物，大学生拉斯蒂涅也未能免俗。

拉斯蒂涅是外省已经没落的小贵族的子弟，从家乡来到巴黎，在大学学习法律。起初，他“像一般大学生一样”，“平常也只穿一件旧大褂，粗背心，蹩脚的旧黑领带系得马马虎虎”。但物欲横流、金钱至上的生活很快就如磁石一般地吸引着他，他做起了“金钱梦”。美梦如何成真，他寻找着途径。他的一位远房表姐鲍赛昂子爵夫人给他上了人生第一课。“你越没有心肝，越高升得快。你得不留情地打击人家，叫人家怕你。只能把男男女女当做驿马，把它们骑得筋疲力尽，到了站上丢下来，这样你就能达到欲望的最高峰。”这真有如醍醐灌顶，他懂得了这个社会的奥秘：对于有钱的人来说，法律与道德是不存在的，只有财产才是金科玉律。

苦役犯伏脱冷给拉斯蒂涅上了人生第二课：“要弄大钱，就该大刀阔斧地干，要不就万事皆休。”这与鲍赛昂子爵夫人的教诲有异曲同工之妙：一否认道德，一否认法律——只要能够获取金钱与权势。

高老头之死，给拉斯蒂涅上了人生第三课。他彻底看穿了整个社会的凶残恶毒、毫无情义。他从高老头的惨痛人生教训中警醒自己：要吃人而不被吃。随着高老头的被埋葬，也“埋葬了他青年人的最后一滴眼泪”；“他的欲火炎炎的眼睛，停在王杜姆广场和安伐里特宫的穹隆之间。那便是他不胜向往的上流社会的区域。”他不再有任何礼义与廉耻，而是丢弃一切诚实与清白，如苍蝇逐臭一般向他所向往的金钱帝国钻去，走上了资产阶级个人野心家的道路。

在《人间喜剧》其他卷小说中，拉斯蒂涅这个人物性格有了进一步发展：在《轻佻的女人》中，他成为副国务秘书；在《不自知的演员》中，他又当上了贵族院议员；在《阿尔西的议员》中，他抛弃了纽沁根夫人（高老头之女），却娶了她的女儿；在《纽沁根银行》与《小资产者》中，他在交易所大搞投机。他将金钱至上的原则奉行得淋漓尽致。（李春林）

历史桂冠
LISHIGUIGUAN

巴尔扎克（1799–1850）是19世纪法国伟大的批判现实主义作家，出生于一个法国大革命后致富的资产阶级家庭，法科学校毕业后，拒绝家庭为他选择的受人尊敬的法律职业，而立志当文学家。为了获得独立生活和从事创作的物质保障，他曾试笔并插足商业，从事出版印刷业，但都以破产告终。这一切都为他认识社会、描写社会提供了极为珍贵的第一手材料。他不断追求和探索，对哲学、经济学、历史、自然科学、神学等领域进行了深入研究，积累了极为广博的知识。

1829年，巴尔扎克完成长了篇小说《朱安党人》，这部取材于现实生活的作品为他带来巨大声誉，也为法国批判现实主义文学放下第一块基石。巴尔扎克将《朱安党人》和计划要写的一百四五十部小说总命名为《人间喜剧》，并为之写了《前言》，阐述了他的现实主义创作方法和基本原则，从理论上为法国批判现实主义文学奠定了基础。为保证写作时清醒，巴尔扎克嗜浓咖啡如命，他曾说过：“我将死于3万杯咖啡。”果然，慢性咖啡中毒成为他死因之一。

因为命运，因为一个男人，因为一场俗世的爱情，成全了一个漂亮女人最终的美丽。

《茶花女》

小仲马（法国 1824−1895）

“我最好的作品就是你”，这是法国著名作家大仲马对他的儿子小仲马说的一句话。在世界文坛上，人们所津津乐道的“大小仲马”构成了法国文学史乃至世界文学史上罕见的“父子双璧”的奇观。1875 年 2 月 21 日，小仲马以 22 票的多数被选入法兰西科学院，成了“不朽”的人。法兰西科学院士头衔在当时是最高荣誉。在这一点上小仲马比他父亲、比巴尔扎克都幸运得多，他们两位奋斗了一生，到底也没有迈进科学院的门槛。

浪漫主义是 19 世纪的时代浪潮，不但将作家、艺术家卷进这巨浪之中，还造成一种气氛，浸润着几乎每一个人。因此，当 1848 年小仲马蕴涵着浪漫主义情调的小说《茶花女》发表时，立即引起了轰动。从此小仲马的名字同《茶花女》紧密地连在一起。一个妓女的故事，被小仲马声情并茂地细致描述出来，催人泪下，长盛不衰地感染着读者。《茶花女》所表达的人道主义思想，体现了人间的真情，人与人之间的关怀、宽容与尊重，体现了人性的爱。这种思想感情引起人们的共鸣，并且受到普遍的欢迎。

《茶花女》后来被改编成歌剧，由意大利著名的音乐家威尔第作曲，影响更为深远。不久，无论是剧本还是小说，很快就跨越国界，流传到欧洲各国。它率先把一个混迹于上流社会的风尘妓女纳入文学作品描写的中心，开创了法国文学“落难女郎”系列的先河。而它那关注情爱堕落的社会问题的题材，对 19 世纪后半叶欧洲写实主义问题小说的产生，写实性风俗剧的兴起，都产生了极为深远的影响。一百多年过去了，历史上茶花女玛丽的真实故事，早被人们遗忘了，但小仲马笔下茶花女玛格丽特的故事，却长久地流传下来了。

经典回眸
JINGDIANHUIMOU

与大仲马一生著作达300卷之多相比，小仲马的作品并不多见。大仲马得知他的儿子小仲马寄出的稿子总是碰壁，便对小仲马说：“如果你能在寄稿时，随稿给编辑先生附上一封短信，或者只是一句话，说‘我是大仲马的儿子’，或许情况就会好多了。”小仲马固执地说：“不，我不想坐在你的肩头上摘苹果，那样摘来的苹果没有味道。”年轻的小仲马不但拒绝以父亲的盛名做自己事业的敲门砖，而且不露声色地给自己取了十几个其他姓氏的笔名，以避免那些编辑先生们把他和大名鼎鼎的父亲联系起来。

面对那些冷酷而无情的一张张退稿笺，小仲马没有沮丧，仍在不露声色地坚持创作自己的作品。他的《茶花女》出版后，法国文坛书评家一致认为这部作品的价值大大超越了大仲马的代表作《基度山恩仇记》。小仲马一时声名鹊起。

《茶花女》是小仲马的一部重要代表作，是根据作家本人早年的一段恋爱经历写成的。讲述了女主人公玛格丽特原是一个乡下姑娘，她为摆脱贫困来到巴黎，后沦落风尘，由于生得花容月貌，成了红极一时的交际花。因为她装饰打扮时总少不了一束茶花，所以人们都称她为“茶花女”。她死后，墓碑下也摆满了茶花，这是一个叫亚芒的青年放在那里的。亚芒是个穷小伙，但他是玛格丽特唯一真正爱过的人。有一次，玛格丽特不幸得了肺病，亚芒每天都去看望她，并为她的病痛难过得流下了眼泪。这一切深深地打动了玛格丽特，使她把亚芒当成了理想的情人。

此后，玛格丽特想方设法摆脱把她当成“爱女”供养的老公爵。玛格丽特和亚芒在老公爵为她买的乡间别墅里过着情爱的日子。老公爵得知后，停止了给玛格丽特的一切费用。债主们闻风而动，纷纷前来要账。玛格丽特不要亚芒的一分钱，靠卖掉马车、披肩，典当钻石首饰还债。两人开始新生活还没几天，亚芒的父亲责备他败坏家族名声，要求他离开玛格丽特。亚芒坚决抗拒，但玛格丽特突然不辞而别，并留言一刀两断。玛格丽特又重新回到了以前的生活，亚芒充满忌妒，屡次对玛格丽特进行侮辱。在爱情和疾病的双重折磨和打击下，玛格丽特含恨而死。

典·故·逸·话

小仲马的长篇小说《茶花女》寄出后，终于以其绝妙的构思和精彩的文笔震撼了一位资深编辑。这位知名编辑曾和大仲马有着多年的书信来往。他看到寄稿人的地址同大作家大仲马的丝毫不差，怀疑是大仲马另取的笔名。但作品的风格却和大仲马的迥然不同。带着这种兴奋和疑问，他迫不及待地乘车造访大仲马。令他大吃一惊的是，《茶花女》这部伟大的作品，作者竟是大仲马名不见经传的年轻儿子小仲马。“您为何不在稿子上署上您的真实姓名呢?”老编辑疑惑地问小仲马。小仲马说：“我只想拥有真实的高度。”老编辑对小仲马的做法赞叹不已。

亚芒从玛格丽特的遗言中终于明白事情的真相。原来，亚芒的父亲曾找过“茶花女”，并恳请她还回他儿子和家庭的清白。他还说自己的女儿要出嫁了，但当男方听说亚芒和“茶花女”的关系后，就要取消婚约。为了这些，“茶花女”只好向亚芒的父亲发誓与亚芒绝交。知晓内情的亚芒追悔莫及，痛心疾首，但一切都已经太迟了。

小说通过一个沦落风尘而又不能自拔的女子的爱情悲剧，深刻地揭露了资本主义社会所宣扬的伦理道德观念虚伪腐朽的本质。故事生动感人，以玛格丽特的死为结局，读来催人泪下。作品艺术表达上独特而新颖。组织情节时，用了追叙、补叙、倒叙，手法多变，生动有致。一个个悬念的设置，扣人心弦，使人不忍释卷。特别是作品洋溢着浓烈的抒情色彩和悲剧气氛，有感人至深的艺术魅力。

文学圣殿 WENXUESHENGDIAN

一个女人最终的美丽

再翻《茶花女》，已隔五年之久，当年不过是个懵懂的孩子，自然只是数数几百页的字便丢之一边。若不是偶然看到另外一个版本，若不是那张灰色的封面吸引了我，也许今生便再与它无缘了。

我不想悲叹命运，也不是个宿命论者，可是我宁愿相信命运，相信这世上的确有着玛格丽特这样的女子：美丽，放纵，多情，一直过着受人供养奢华放荡的生活，可是有一天，命运来了。因为命运，因为一个男人，因为一场俗世的爱情，成全了一个漂亮女人最终的美丽。

我想用一颗女人的心来想玛格丽特：因为是个受人供养的女人，注定过着豪华放荡的生活，夜夜狂饮滥喝，拥有漂亮衣衫、马车和钻石。毫无道理地开着玩笑，肆意戏弄着初次见面的客人。因为她是美丽的。女人，只需这一件武器，人生这一场战争便可打得轻松得多。玛格丽特的人生想必就会这样下去的。可是，她邂逅了亚芒。

这其实是亚芒想象苦心营造的一场邂逅。他们终于相遇了。亚芒的倾心是容易理解的，男人似乎更相信眼睛和直觉。然而，对于一个没有金钱也没有地位，又有点爱冲动，容易嫉妒，还常常喜欢不假思索地做出一些庸俗举动的涉世未深的青年，玛格丽特何以迅速地委身于他呢?

玛格丽特说：“我们这些受命运摆布的女人，我们有着怪诞的愿望和匪夷所思的爱情。我们时而为了一样东西，时而又为了另一样东西以身相许。我委身于你比对任何男人都快，我可以向你起誓，这是为什么？因为你看到我咯血时握住了我的手，因为你哭泣了，因为世间只有你真正同情我……”

亚芒年轻、热情、活泼，玛格丽特竭力使他成为她在表面热闹实际孤寂的生活中召唤的人。然而这要求对亚芒想象来说，似乎有些太高。他只是一个普通的男人，有着一切男人身上的通病。他如何能忍受别的男人在自己心爱的女人门前进进出出却还要忍气吞声？可是他却必须这样做。因为那个女人是玛格丽特，一个让他宁愿倾家荡产，甚至将自己母亲的遗产拱手送出也无法离开的女人。他必须忍受。书翻到这时，我的确悲哀了。

我愿意我的思绪一直跟着作者这样走下去，我没有看序言的习惯，我宁愿由这一行行虚弱的文字带着我走下去。五年前的记忆似乎已经空白，我完全没有印象玛格丽特还有这样一番话，在隐居布吉瓦尔的那段他们唯一幸福过的短暂生活里。

她指着那个为了爱她而瞒着她到处筹钱四处奔波的男人大声说：“是你，你不愿意让我了解你的处境，却要我保持我的虚荣心来满足你的虚荣心；是你，你要保持我过去的奢华生活，以维持把我们分隔开来的思想距离；是你，总之，你不相信我的爱情是无私的，足以跟你同甘共苦，我们本来可以用你的钱过得很幸福，你却甘愿受到可笑的偏见的束缚，宁愿倾家荡产。你以为我会把一部马车和首饰跟你的爱情并列吗？你以为我会把虚荣当做幸福吗？……”

当我试图相信文字的时候，我试图真正走进这个女子。我知道这是困难的，也许是永远无法达到的。对于一个并不屑于金钱马车首饰的妓女，那些浮华奢侈，那些寻欢作乐，是自暴自弃吗？是麻醉吗？或者，只是“一种忘却现实的需要”？

也许是罢。正是如此，年轻而热情的亚芒唤醒了她。当一个人唤醒了你的内心，引领你走出你原本梦魇般的生活，你有什么理由不去爱他，不去全心投入呢？

亚芒是不幸的，他爱上了玛格丽特；亚芒又是何其幸运，获得了玛格丽特的爱。他愿意倾其所有来换取和她的爱情，而她却无法用自己的尊严与良心来成全他的爱。她宁愿去成全一个可怜的父亲对儿子自私霸道的爱，宁愿去成全一个哥哥为了妹妹的终生幸福所履行的责任。她不再是开头我看到的那个雍容华贵玩世不恭的风尘女子，我不愿再去怀疑她的纯洁。

我看到病塌上一张瘦削苍白寂寞的脸。她在等待什么，可是她明明已经绝望，她明明知道此时的亚芒想象不可能出现在她面前。可她的确是在等待什么，她不能不等待。生命需要这等待来延长。

等待的时候她开始记日记。那是揉碎了所有的回忆和憧憬的自述。她把她的自尊放在里面，把她的善良放在里面，也把爱放在里面。我的目光流连在字里行间，我已经忘记她本是一个受人供养的女子，而只看到一枝淡雅朴素的茶花。

故事结束了，一切用在这个女人身上的形容词只剩下一个：善良。究竟因为善良而爱，或者因为爱而善良，这样的追究似乎显得有些多余，我们只管去珍惜这次来之不易的感动，只管去过好自己的人生。（佚　名）

历史桂冠 LISHIGUIGUAN

1823年，大仲马在巴黎与缝衣女工卡特琳娜·拉贝同居，1824年7月28日生下小仲马。由于嫌拉贝身份卑微，大仲马拒不娶她为妻，小仲马就成了私生子，靠母亲辛劳抚育，直到7岁那年才在法律上获得父亲的承认。

身为私生子的小仲马在童年和少年时代受尽歧视和讥讽，心灵上留下难以愈合的创伤。由父亲认领后，又受到溺爱，使他从18岁起陷入荒唐的生活。几年后，在大仲马的文学才能的熏陶下，他开始文学创作。1848年，他的长篇小说《茶花女》问世，声名大噪。此后，他便主要从事戏剧创作。1852年，他根据同名小说改编的话剧《茶花女》上演，获得极大成功。其后30余年的创作生涯中，他的戏剧作品有《半上流社会》、《金钱问题》、《私生子》、《放荡的父亲》、《克洛德的妻子》、《福朗西雍》等20余部。1875年，他当选为法兰西学院院士。1895年11月27日去世。

霍桑曾认为自己是“美国最无名的文人”，但《红字》却使他一举成名天下知。《红字》不像是一部美国小说，它是一部天国之书。

《红 字》

霍桑（美国 1804-1864）

进入19世纪，新生的美利坚合众国经济蓬勃向上，到了中期，波士顿以其附近的哈佛为后盾，兼有航运事业带来的大量财富，私人的收入富可敌国。各种会社、图书馆、期刊、出版社竞相成立，更重要的是，这里聚集着大批优秀的美国作家，除参加超验主义者俱乐部的爱默生、梭罗、阿尔考特等人外，还有霍桑、洛威尔、朗费罗、霍尔默斯、麦尔维尔、惠蒂埃等。有人甚至说，走在波士顿附近，随便丢一块石头，准能碰到一位作家。从比肯山乘车出发在新英格兰走上一遭，一路上都可能经过哪位重要作家的家门口。这些作家为美国文坛献上了一份沉甸甸的厚礼。他们的作品成为不朽文学经典的信手就可拈来一大把：爱默生的《代表人物》、麦尔维尔的《白鲸》、梭罗的《瓦尔登》，以及后来惠特曼的《草叶集》等，而这场文艺复兴中影响最大，独树一帜的作家又当推霍桑。

霍桑曾认为自己是“美国最无名的文人”，但《红字》却使他一举成名天下知。这部美国文学发展史上的首部象征主义小说，先于麦尔维尔的《白鲸》一年，集中了霍桑的创作个性与经验，出版后，作者立刻就被评论界称为“出生于本世纪的最伟大作家”，他开创了美国浪漫主义小说和心理分析小说的一个新时代，因而一直饮誉英美和世界文坛。

《红字》是公认的第一部从美国本身的社会历史条件下产生的、并带有这种条件下形成的特殊思想文化烙印，散发着浓郁的美国乡土气的小说杰作，也是第一部跨出国界赢得世界声誉的美国文学名著。霍桑用心来书写的这部《红字》是留给后人的宝贵文化遗产，至今盛名不衰。

经典回眸 JINGDIANHUIMOU

1842年，霍桑与妻子移居马萨诸塞州的康考德，租下著名作家爱默生祖父的一幢房子——“古屋”。在这里，霍桑与邻居爱默生、梭罗、阿尔考特等人结下友情，重新开始创作自己的“心之寓言”。并于1846年推出第二部短篇小说集《古屋青苔》，但此书只给他带来微薄收入。霍桑再度寻求政界朋友帮助后，得到一份政府公职，任萨勒姆海关的检验官，可惜只做了三年。1848年总统换届，不同的政党上台，随之更换了一大批政府官员，霍桑也在其中。之后他静下心来，开始创作他最著名的小说《红字》。

《红字》出版于1850年，是美国文学发展史上的第一部象征主义小说。这部小说以17世纪北美清教徒殖民统治下的新英格兰为背景，取材于1642年至1649年在波士顿发生的一个恋爱悲剧。小说通过女主人公海丝特·普琳的悲惨遭遇，反映了清教徒殖民统治的黑暗、残酷和教会的虚伪、丑恶。

海丝特·普琳是一个善良、美丽的英国姑娘，不幸嫁了一位年老的伪善学者罗杰·奇林沃思，在这种不合理的婚姻关系中，海丝特的青春和生命力受到了深沉压抑。婚后，在移居马萨诸塞州的波士顿途中丈夫被掳失踪。在独居的生活中，海丝特与青年牧师狄梅斯迪尔相爱并生下一女孩。这种行为被清教徒教义所不容，将她作为训诫罪恶的一个标本，罚她胸戴红A字（英语单词“通奸”的第一个字母）含辱负重度过一生。她失踪的丈夫出现之后决心查出她的同犯以报仇。

狄梅斯迪尔牧师由于怯懦而隐瞒罪责，精神上备受折磨，加上罗杰·奇林沃思的迫害，牧师终于登上示众台，坦白了自己的罪过之后心力交瘁地死去了。把复仇当做生活唯一目的的罗杰·奇林沃思也于一年后郁郁而终。而海丝特在服刑期满以后并没有远走他乡，而是重返埋有爱人尸骨的故地，重新戴上了红字。

霍桑是19世纪美国杰出的浪漫主义小说家，他善于刻画和描绘人物的心理状态，揭示主要人物的病态心理或被抑制的思想感情，他的作品具有驰骋的想象、神奇的象征，构成了浓厚的浪漫主义色彩，使他的小说获得了美国

典·故·逸·话

霍桑《红字》早期极为珍贵的一个版本在纽约克里斯蒂拍卖行以545，100美元的价格拍出。

这本《红字》颜色已经泛黄，书边明显破损，但其中有700多处校对的地方和相关的注释，这些校对和注释后来被鉴定为大部分是霍桑的手迹。“它的价值是独一无二的，因为霍桑小说或作品的相关资料没有任何东西留下来。”纽约克里斯蒂拍卖行有关稀有书籍及手稿鉴定的资深专家克里斯托弗说。克里斯托弗认为，这本《红字》也是近年市场上出现的19世纪文学作品中最重要也是最罕见的物品之一。因为霍桑的小说在1850年出版之后，他的原稿被认为已经被作者销毁。这个稀有版本于是就具有了独特的历史价值。

浪漫主义文学的最高成就。《红字》出版于1850年，霍桑把严肃的道德和历史内容与卓越的艺术表现形式巧妙地结合在一起，把天赋的想象力与高超的语言技巧融为一体，因此被认为是美国文学史上浪漫主义小说和心理分析小说的开创者。

血色记忆

美国文学是一部怪胎，新大陆没有经过深厚的文化沉淀便跳进现代化中，所以新大陆的一切都显得古怪。最负盛名的两部美国小说，出自两位女作家之手。一部是米切尔夫人的《飘》，另一部是《小妇人》。但这两部都算不上名篇巨著，确切地说，它们是流行了一百多年的畅销书。在美国，无论是杰克·伦敦和德莱塞的自然主义，还是福克纳的意识流，或是海明威的新现实主义，塞林格的生活流，都无法将美国文学推上高峰。美国文学的高峰在19世纪中叶，以爱默生为基础，梭罗为身体力行者，惠特曼和霍桑的横空出世为标志。

惠特曼和霍桑都是浪漫主义者，浪漫主义者最大的特色是诗人气质。而诗人气质实际上是内在的孤独心灵对外在的美的敏锐感悟能力。惠特曼歌唱自由和大自然，他是一个快活的精灵或忧伤的天使，霍桑则是一个自己给自己戴上枷锁的赎罪者。霍桑的创作，被称为“心理罗曼司”。我们生活在一个五光十色的世界，写实主义者们可以认为人心的世界是最现实的世界，那么浪漫主义者们同样可以认为人心的世界，是最浪漫的世界。

《红字》不像是一部美国小说，它是一部天国之书。女主人公海丝特更是这本书的灵魂。她少时屈从于世俗的压力，嫁给了鬼魅一般的奇林沃思，然后再背叛世俗。

海丝特是一个人，更是一种精神。作为一个人，她没有一开始便选择反叛，而是在嫁后才开始无怨无悔地选择，尽管她的情人配不上她。人没有叛逆过，不知道叛逆的滋味；人没有屈从过，更不可能知道屈从的痛苦。屈从是一种难以承受的身心煎熬，哪怕一生受尽磨难与凌辱，也要比屈从好得多。出嫁、私通、私生子、红字、放弃安逸的晚年要守着亡故情人的坟茔故地。这是一个女子的一生，如果这是一首歌，它不是一曲哀歌，这歌声里没有悲哀；这也不是一首壮歌，这歌声里没有激昂；也许可以说它是一首颂歌，因为其中饱含着崇拜；这是一曲从一个人的魂灵飘散向整个原野的灵之歌。这是来自天国的声音。

海丝特不是一个被压在巨石之下的受害者，她傲然地站在那块想要压迫她的巨石之上。从她一登场，浓烈的浪漫气息便注满了整个纸内纸外的空间。

宝石一般的野蔷薇在这阴霾世界最阴霾的角落——监狱前绽放，这是一个惊心动魄的开篇，然后海丝特从监狱里出来，她的光芒立刻令整个世界变色。围观者们不能容忍她的光彩，这个可耻的荡妇居然美得令人惊心，还无比高傲，于是围观者们便用侮辱来掩盖自己的自惭形秽。面对围观者们愤怒的侮辱，“她站在示众刑台上，怀中抱着婴儿，胸前钉着那个用金丝线绝妙地绣着花边的鲜红的字母A!”

她佩戴着三个红字。第一个是那个真实的红色字母，第二个是她怀中的婴儿，第三个是后半生启辱的生活。她反抗第一个红字的方法是用天衣无缝的针法将这个字母缝制成最美丽的胸花；反抗第二个红字的方法是将婴儿抚养成人，给孩子一个幸福的童年；反抗第三个红字的方法，是用心中最纯真的爱，去帮助那个将她推向耻辱泥潭的社会。

她是圣母马利亚。

以淫乱为题材的作品数不胜数。将其写成“情感纠葛”，那是写手；写成“反抗压迫”，那是文人；写成无穷无尽的寻找，才是真正的作家。

无论浪漫也好，写实也好，对于小说这种文学体裁来说，最终都要指向人心的最深处。海丝特的性格十分独特：她异常高傲，却没有丝毫骄纵，无论对总督也好，对奇林沃思也好，或是对穷苦人，都能保持不卑不亢的平静，这才是真正的傲骨，而非傲气。这种高傲，自然而然衍生出强烈的自尊，却不是自恋。自尊往往导致自恋，很多自尊心十分强烈的人，他们无法承受丝毫的屈辱，而海丝特却可以。屈辱对于每一个人来说，都是一种煎熬，海丝特之所以能在煎熬中顽强生存，是因为她身上具备一种能将煎熬转化为生存下去的动力的独特气质。这是一位有着神秘气质的女子，这种神秘也是小说浪漫气息最根本的来源。

当我们抛开一切表象的羁绊，沿着霍桑的笔迹走进海丝特灵魂深处时，会惊喜地发现，实际上海丝特丝毫也不神秘。她能够不为自身的高傲与自尊所害，那是因为她心中的大爱与宽容。她对一切伤害淡然处之，却矢志不移追求自己所神往的一切。她宽恕了，宽恕了奇林沃思，宽恕了整个将她推向耻辱的社会。或者说，她本就没有对任何伤害过她的人产生过仇恨，甚至怨恨都没有，既然没有产生怨，宽恕也就无从谈起。她只知道坚持自己心中的爱，直至走到生命的彼岸。

这是神的灵。那些清教徒们言必称神，但他们心头是否真的有神，十分可疑。而海丝特心头却有真正的神，这正是霍桑所追求的境界，霍桑所有宗教情怀最集中的体现。霍桑也深知自己不可能达到这种境界，于是海丝特成了一场罗曼蒂克的梦幻。

霍桑的人生道路十分可叹，他出身于一个相对富有的商人的家庭。虽然衣食无忧，却自己给自己找罪受。他的个性很奇怪，此人性格十分内向腼腆，但交游却十分广阔。他认识很多人，而且和这些人真诚地来往，人们都十分喜欢他。他结交过不少女性，其中对他暗自倾心者大有人在。但他直到38岁才迫于家庭压力而结婚，婚后跑到康考德这个爱默生和梭罗的大本营隐居。到了46岁，才写就《红字》，并且，他后来的诸多创作也没能超越《红字》。可见，《红字》是一部凝聚着他一生情感的小说。《红字》之后，情感耗尽，再也无法再创高峰。（佚　名）

历史桂冠
LISHIGUIGUAN

霍桑（1804–1864）是美国19世纪杰出的浪漫主义作家，生于新英格兰的一个破落贵族世家，他家世代都是虔诚的清教徒。到了他的童年时代，家道中衰。霍桑四岁时，当船长的父亲患病死于荷属圭亚那。九岁时他在玩耍中不慎扭伤了腿，从而导致终生跛脚，这使他更加了一分自卑感，刻苦读书，决心当一名作家。

1821年，霍桑进入鲍登学院就读，深为同学所推崇，他在这里结识了后来的著名诗人朗费罗，当了总统的皮尔斯和投身海军的布里奇。这几位学友对他后来的生活和创作都产生过影响。

霍桑在大学期间已显露出写作才华，自费出版了一本小说《范肖》。大学毕业后，先后发表了《三个山丘》、《一个老妇人的故事》、《我的亲戚莫里纳少校》、《罗杰·马尔文的葬礼》、《小伙子布朗》等。他在1837年发表的《故事新编》颇受欢迎。1845年以后，霍桑进入创作的成熟期，写出了他的最佳代表作《红字》。之后，他又创作了《有七面山墙的房子》和《福谷传奇》等作品。

1860年霍桑返回美国，在康考德定居，继续写作。1864年5月19日去世，身后留下4部未完成的长篇小说。

《白鲸》是人间第一部海洋传奇，历时100多年，如今翻开它，每一位读者仍会为书中所张扬的英雄主义所感动。

《白 鲸》

■ 麦尔维尔（美国 1819-1891）

如果要给《白鲸》这本书硬加上一个准确的、正统的、权威性的意义，就等于摧毁本书活生生的持久性，也摧毁了它带给读者的激动，而这种持久性、暗示性和刺激性正是这部小说的明显特点，也就是作者麦尔维尔文学技巧的精髓。面对《白鲸》这样一部卓越而复杂的作品时，读者大多会感到欣喜、震惊与顿悟。有多少深深卷入人生矛盾，并且敏感得足以卷入一件艺术品所表现的精神矛盾中的读者，《白鲸》这部书就有多少种含义。所有堪称为伟大的文学作品都具有某种天然的共同点，那就是卓越作品所具有无限的可阐释性。

《白鲸》的创作始于1850年2月，当时作者麦尔维尔刚刚32岁。现在的读者无法想象，这部今天已被公认为美国文学史上的史诗之作在当时非但没有引起轰动，还受到了许多的非议。《白鲸》没有给麦尔维尔带来应该给他带来的东西，因为和麦尔维尔同时代的人没有看懂这部作品，更没有认定他在文学上前所未有的价值。在麦尔维尔活着的时候，没有人认识他、了解他，更没有人把他奉为大师，他依旧是一个小人物，靠着微不足道的工作薪水度着余生。这是那个时代的悲剧。一直到20世纪二三十年代，《白鲸》才被麦尔维尔的下一代人读懂，评论家惊讶地说：这是一部旷世之作，“人间第一部海洋传奇”。

今天，麦尔维尔和他的《白鲸》是美国甚至是全世界被最广泛研究的作家和著作之一。在《白鲸》壮阔的海洋世界里，人类矛盾的心情如波涛般起伏消长，让读者在参与惊险的海洋游历的同时，纵身跃入自己缤纷多变的心灵。历时150年，如今翻开它，你仍会为书中所张扬的英雄主义所感动。

经典回眸 JINGDIANHUIMOU

自然界中存在着人类不能与之抗衡的伟力，然而对人类而言，自然界却又充满了无法抗拒的诱惑。《白鲸》既是一个惊险的海洋冒险故事，也是一首触动人类心灵的诗篇。人类的爱与恨同大海的汹涌与神秘交织在一起，铺就了惊险刺激的捕鲸旅程。

《白鲸》是一部内涵深沉丰富的巨著，故事以第一人称叙述。全书共分 20 章，它的焦点集中于南太平洋一条名叫莫比·迪克的白鲸，捕鲸船裴廓德号的船长亚哈如何对它有不共戴天的仇恨。亚哈在一次航行中被莫比咬掉一条腿，立志报仇，指挥裴廓德号全球追踪，终于发现了它，经过三天放下小艇紧追，虽然刺中了这条白鲸，但它十分顽强狡猾，咬碎了小艇，也撞沉了大船，它拖着捕鲸船游开时，绳子套住亚哈，把他绞死了，全船只有一个水手借着由棺材改制的救生浮木而逃得性命。整个故事以这个水手伊希梅尔自述的方式展开。本书的主干在于丰富的情节的铺陈，其中包括了寻找、追逐、冲突和灾难等主题。而故事的悬疑性使得捕鲸的故事不仅触及冒险的趣味性，更深化了人性与大自然搏斗时的史诗气味。

主人公亚哈船长和白鲸莫比·迪克是一对尖锐的矛盾，这个矛盾集中代表了人类与自然界的强烈的冲突。用我们关于人与自然的关系来衡量，这个冲突的发生是客观的、必然的、不可回避的，是人与自然的关系的一个非常形象化的体现。亚哈船长是人类在自然面前的代表，是人类派来征服自然的。他是普通的人，却有着普通人所没有的坚毅刚强和不为名利所动的种种美德，但同时，在他的身上我们还发现了疯狂、自私、刚愎自用等种种劣迹，使我们对这一形象产生了全面立体的认识。从他的美德看，他近乎神明，让人信奉和激动不已；从他的阴暗的一面看，他又越来越接近莫比·迪克而成为了一个恶魔，让人感到可憎又可怕。正因为如此，亚哈船长才是一个真实而强大的人，只有他才能完成人类所赋予的剿灭白鲸的使命。

对于亚哈来讲，这使命是神圣的，是历史性的。人类征服自然的过程是由无数个剿灭白鲸一样的过程组成的，每一个过程都有一个亚哈作为领袖。这领袖非亚哈莫属。因为亚哈既强大威严得像一个神，又确实是一个人。人类不可能依靠神力来征服和改造自然，那只是被称做神话的美好愿望。亚哈担起了进击自然的使命，他赢得了所有勇敢的人的尊敬和爱戴，他招致在自然面前缩手缩脚的懦弱的人的恐慌甚至憎恨。于是，人类自身的矛盾产生了，并且一步步加剧，仅次于人与自然的矛盾。人类在征服自然的过程中，必须解决好内部的矛盾，必须克服自身的种种弱点，只有这样，才能在与自然的较量中获得成功。

《白鲸》是一部内容博大精深、形式丰富多样的航海小说，它既有海上生活描写和捕鲸百科知识，也有人物心理刻画和生命哲理探索。它既是一部小说，也是戏剧和史诗，还有宗教布道和科学论文的成分。《白鲸》受现代读者欢迎的主要原因不仅在于它生动细致地展现了捕鲸的壮观场面和过程，在于它对人物内心世界的深刻挖掘以及对生活和命运的理性思索，也在于它娴熟地运用象征手法来表达作者思想和见解的艺术风格。《白鲸》的语言亦有独特之处，介于诗和小说之间，有点像散文，并且受到《圣经》和莎士比亚诗剧的影响。整部作品风格宏伟庄严，感情深沉凝重，十分切合小说的主题和象征，体现了作者高超的艺术功力。当然，《白鲸》中也有一些有关捕鲸知识方面的大段描写显得有些冗赘，此外，还有一些偏离主题的叙述和议论。这些都在某种程度上削弱了小说的艺术魅力。

《白鲸》是部伟大的作品，是力量和思想的所在，是美国文学史上的史诗之作。作者麦尔维尔从富有到贫困的转折决定了他坎坷而闪耀着光彩的命运，而命运的多舛和对命运的不断抗争，则决定了他人生的力度和作品的力度。

麦尔维尔的航行

读完了《白鲸》，我有一段时间，什么书也不想读。我心中原来排在麦尔维尔后面的一位作者是康拉德。我把他的《吉姆爷》放在枕边，有两次也已经拿起来，试着翻了几页，我甚至读完了前面两章，可仍旧打不起精神来。是否这名出色的作家使我厌倦了？完全不是。除了《吉姆爷》外，我几乎遍读了他所有翻译成中文的文学作品，包括两本散文集。就算《吉姆爷》，我也有两种不同的版本。可是我仍旧没有力气读。我仿佛是在麦尔维尔先生那里过分地饱食终日了，阅读的念头已经被这名19世纪中叶的纽约佬弄得昏昏沉沉。

当我从前反复阅读同样被视为伟大的“海洋作家”约瑟夫·康拉德的文章时，我曾私下称呼他为“海上的莎士比亚”，他那持续描述水手们在海上航行生活的巨幅画卷中一幕幕血肉相见、见仁见智的戏剧性场景，曾久久铭刻在我脑海中。现在我才知道，无论在人类现实生活的哪个角落、哪种区域，作家、艺术家们的永恒意义上的劳作真的就应验了那句古话：“强中自有强中手。”我并不真的想说，赫尔曼·麦尔维尔先生在某方面确实比康拉德技高一筹，我的意思是，这一本厚厚的《白鲸》使我如此欲罢不能，心悦诚服。难怪我在读这本书之前，一直看见某些权威教科书上，称麦尔维尔先生是“美国小说之父”——的确，这句话完全公正，不仅公正，还值得再三强

调。否则依我的观察留意，这位捕鲸船上普通水手出身的美国佬，这名威仪堂堂的父亲已经快要被人遗忘了。全部两百多年的美国文学史，中国人现在是太多地提及爱伦·坡、福克纳、惠特曼、海明威，而太少认真关注下列一些伟大杰出的人物了。我要说的是：帕克曼、德莱塞、辛格、薇拉·凯瑟、霍桑、马克吐温以及这名《白鲸》的作者。

麦尔维尔的力气——如果他在座且仍按他27岁时写《白鲸》那个阶段的脾气——足以把整个学院派所谓的文学盛宴或文学的鸡尾酒会掀翻——我指的是宴席上那些假卫道士和假学者们坐的桌子。麦尔维尔的出场，在美国文学史上才是最关键的一个历史性时刻。没有我手头正读完的这部《白鲸》，我确信，美国将失去其文学魅力版图上一个太平洋那么大的面积、地盘。我以前只知道康拉德、帕斯捷尔纳克、托尔斯泰、伍尔夫、哈代等人从莎士比亚那里汲取必需的精神能量；我如今知道，麦尔维尔先生才是《李尔王》、《哈姆雷特》等戏剧的最忠实的读者。据说他当水手时随身只携带两种书：《圣经》和莎士比亚。又据说他读上述两种书，反复读了五六十年。

我真想听听这位文学老人读上述书籍的心得，那一定是世上最美丽而奥秘无穷的一席谈话。我的遗憾和痛惜在他那部巨著《白鲸》里得到了部分补偿。我荣幸地获悉，他被评论家视为唯一可和诗人惠特曼比肩的伟大作家。一个是《草叶集》，一个是史诗般的叙事作品《白鲸》，双双开启了现代美国文学之门。而《白鲸》的写成——比《草叶集》早了整整7年。有趣的是，麦尔维尔与惠特曼，两人生平从未结交，但却在同一年出生又在同一年双双谢世——这难道是人世间一般的巧合吗？至于《白鲸》的文字如何精彩，想象力如何灿烂夺目——我不再一一絮叨，留待勇敢而有诚心的读者自己去踏上航程，去跟亚哈船长和他的水手们厮混吧！（佚　名）

麦尔维尔的冒险

假如要从美国文学史中挑选一部最伟大、最出色的长篇小说，我的答案是麦尔维尔的《白鲸》。我想一定有人不同意我的看法，他们也许会列举出《汤姆·索亚历险记》、《红字》、《喧哗与骚动》、《永别了，武器》等一系列作品……尽管当代很少有读者再去关注《白鲸》、《红字》一类的作品，这并不影响它们在历史中的灿烂光辉。还有一位朋友，她看过《白鲸》，但却十分厌恶，她的理由是，这部长达近60万字的巨著中，竟没有一个女主人公，没有一段（哪怕是一小段）爱情描写。如果从女性主义的角度提出这样的批评，我们自然无话可说……另一方面，即便是一位博览群书、趣味广泛的外国文学专家，也不一定会推崇《白鲸》，因为这部小说实在是一部既晦涩又艰深，甚至多少有点古怪的作品，或者说，尽管它文字通俗，却并不是一部适合广大读者口味的通俗小说。

……

1850年8月，来自波士顿、纽约等地的一些艺术家在新英格兰乡间进行了一次聚会，麦尔维尔参加了这次活动。聚会上，有人提出了这样一个观点，以美国幅员之辽阔、山河之壮丽，一定能够造就出相应的文学天才，这种观点无疑是19世纪流传甚广的环境决定论的翻版，本身并无多少新鲜内容，但麦尔维尔却受到很大的激励，以至于想与莎士比亚一较高下了。麦尔维尔认为，在美国本土出现的那个莎士比亚一定是一个小说家，而不是戏剧家，因为在19世纪小说已经成了最重要的叙事艺术，他还认为，由于时代的发展，对于个体与现实的关系的阐述一定也会比莎士比亚更为清晰而直接。因此，我觉得，如果说在写作《白鲸》的过程中，假如麦尔维尔有什么现成的榜样的话，那一定就是莎士比亚与霍桑。

《白鲸》的故事十分简单，情节线索也很单纯（也可以说单调），从以实玛利自荐到“裴廓德”号上当水手，跟随亚哈船长去追击白鲸，到发现白鲸并与之搏斗，最终裴廓德号连同它的水手沉入大海，短短几句话即可以交代清楚。我们知道，情节是小说（尤其是长篇小说）最重要的动力核心之一。这样一个简单的故事如何能够支撑全篇近60万字的容量？这的确是一个有趣的问题。如果我们将《白鲸》的内容作一个粗略的分类，我们即不难发现，小说中差不多有二分之一的篇幅是有关捕鲸业的掌故和传统。这其中包括鲸类学、捕鲸史、捕鲸船的人员设置和装备、捕鲸业的习俗和传统，神话、宗教传说、艺术、文学中的鲸类掌故、捕鲸规则、鲸类生理构造以及屠宰鲸类获取鲸油、龙涎香的方法以及鲸油的炼制过程。如果把这个部分单列出来，简直可以说是一部关于鲸类的百科全书。事实上，麦尔维尔在写作这部巨著的过程中作了充分的资料准备，几乎阅读了他所能找到的所有鲸类书籍。我不想排除有很多特别的读者会对这部分的内容发生浓烈的兴趣，比如动物学家、海洋生物的研究者、博物学家以及对鲸类有专门癖好的人士。同时，我也会

典·故·逸·话

星巴克是一家1971年诞生于美国西雅图靠咖啡豆起家的咖啡公司。“星巴克”这个名字来自美国作家麦尔维尔的小说《白鲸》中一位处事极其冷静、极具性格魅力的大副，他的嗜好就是喝咖啡。麦尔维尔在美国和世界文学史上有很高的地位，但他的读者群并不算多，主要是受过良好教育、有较高文化品位的人士，没有一定文化教养的人是不可能去读《白鲸》这部书，更不要说去了解星巴克这个人物了。

尽量考虑这样一个重要因素：即作者在介绍这部分内容的时候，笔调生动而饶有韵致，而且常常把鲸类学与人类社会学加以比较与对照，使我们获得不少有关人生的哲学沉思和真知灼见，即便如此，我们还是觉得这部分内容太过庞杂，我在几次阅读《白鲸》的经验中，常常会不自觉地想要跳过过于冗长、细致而烦琐的章节。剩下的二分之一的内容我们还得排除掉“裴廓德”号启碇前漫长的铺垫，排除掉作者兴会淋漓地加以表现的海洋抒情诗；大海在不同地点、季节、风向中变幻莫测的壮观写意画以及作者随时随地的大段即兴议论。那么，剩下的用来铺展、推进、完成情节的篇幅亦不会超过三分之一。在经过这样一个简单的归纳之后，我们不仅会对麦尔维尔的结构上的冒险举动深感吃惊，在今天来看，这样一个结构方式显然是过于“离谱”了。我有时候在想，假如麦尔维尔生活在我们今天这个耐心比鸡的牙齿还要稀罕的互联网时代，他还敢于这样冒险吗？（格　非）

历史桂冠 LISHIGUIGUAN

麦尔维尔的祖先是苏格兰的一个名门望族，早在麦尔维尔祖父那一辈，就已经来了美国，并且参加了独立战争，在社会上有一定的影响。在他少年时代，父亲破产，家庭一下子从富裕堕入潦倒之中。此后不久，他不得不从银行职员做起，先后做过店员、农场工人和小学教师，尝尽了生活的酸甜苦辣。

1837年，18岁的麦尔维尔怀着满腔的忿懑和对社会的抵触，逃上了一艘帆船，开始了他的航海生涯。第一次的航海只是激起了他更强烈的愿望，从1841年起，他开始登上捕鲸船做水手了。在随后的3年间，麦尔维尔随着捕鲸船到了世界上的很多地方，大大开阔了眼界。后来，麦尔维尔加入了美国军舰“美国号”，在舰上服役，直到1844年他在波士顿上岸，结束自己的航海生涯。1841年到1844年的航海生涯对麦尔维尔的一生影响很大，这其中，相当多的时间是在捕鲸船上。坎坷的经历、丰富的生活构成了以后麦尔维尔写作生涯的基础。他的作品是他生活的写照。1851年，麦尔维尔发表了自己的代表作《白鲸》，但没有引起读者和评论界的重视，这使他十分失望。《白鲸》之后，麦尔维尔后期作品中比较重要的有小说《彼埃尔》、《伊萨雷尔·波特》、《骗子》、《比利·巴德》和短篇故事集《广场故事》。但是这些作品在当时都受到读者的冷遇，麦尔维尔本人也几乎被人遗忘。1891年，麦尔维尔在世人的漠不关心中逝世于纽约。死后3天，《纽约时报》才在一个不起眼的位置刊登了这个不幸的消息。

在美国文学史上享有崇高地位的《汤姆叔叔的小屋》具有优秀的思想性、故事性等特质，似乎是一气呵成，读来甚是畅快。

《汤姆叔叔的小屋》

斯陀夫人（美国 1811–1896）

1832年，斯陀夫人随家迁往距南部蓄奴州肯塔基只隔一河之遥的辛辛那提，在那里住了18年。在这期间，她经常接触从南方逃亡过河的奴隶，并多次到肯塔基访问，亲眼目睹了无数黑奴在奴隶主的残酷迫害和压迫下的悲惨遭遇以及他们不堪忍受压迫而进行的斗争，这为她以后创作《汤姆叔叔的小屋》奠定了坚实的基础。1850年，国会为了缓和蓄奴制在南方引起的地区性矛盾，通过了《逃亡奴隶法案》，允许南方奴隶主到北方自由州追捕逃亡的奴隶，结果引起了北方进步人士的强烈愤慨。这时，斯陀夫人出于对黑奴命运的同情和迫害黑奴行为的义愤，决定用笔来揭露蓄奴制的落后与反动。

1851年，斯陀夫人在丈夫体弱多病、家境极其贫寒的情况下写成其生平最有影响的作品《汤姆叔叔的小屋》。作品通过汤姆叔叔、乔治夫妇等黑奴们曲折经历的描述，揭发和控诉了黑暗的奴隶制度，在当时的美国社会背景下，不失为引发、推动废奴运动的惊世之作。

小说以连载的形式在《民族时代》报纸上发表后，立即引起了强烈的反响，受到了读者热烈的欢迎，仅第一年就在美国国内印了100多版，销了30多万册，后来被译为20多种文字在世界各地出版。评论界认为该书在启发民众的反奴隶制情绪上起了重大作用，被视为美国内战的起因之一。《汤姆叔叔的小屋》是享有盛誉的世界文学名著，自问世至今已一个半世纪，但今天读来依然那么促人深思、催人泪下，足见作品的深刻内涵和艺术的魅力。

经典回眸
JINGDIANHUIMOU

时势造英雄，也造就震撼人心的杰作。美国独立战争以后，北部的资本主义迅速发展，南部却依然实行灭绝人性的奴隶制度。反对蓄奴还是拥护蓄奴，形成了尖锐的南北对立。这时候，斯陀夫人的长篇小说《汤姆叔叔的小屋》应运而生了。

《汤姆叔叔的小屋》，又译作《黑奴吁天录》和《汤姆大伯的小屋》，故事从一个奴隶主与一个奴隶贩子的讨价还价中开始。美国肯塔基州的奴隶主谢尔比在股票市场上投机失败，为了还债，决定把两个奴隶卖掉。一个是汤姆，他是在谢尔比的种植场出生的，童年时就当伺候主人的小家奴，颇得主人欢心，成年后当上了家奴总管，忠心耿耿，全身心维护主人利益。另一个要卖掉的奴隶是黑白混血种女奴伊丽莎的儿子哈利，伊丽莎不是一个俯首帖耳死心塌地听主人摆布的奴隶，当她偶然听到主人要卖掉汤姆和自己的儿子哈利后，就连夜带着儿子在奴隶贩子的追捕下跳下浮冰密布的俄亥俄河，逃到自由州，再往加拿大逃奔。她丈夫乔治·哈里斯是附近种植场的奴隶，也伺机逃跑，与妻子会合，带着孩子，历经艰险，终于在废奴派组织的帮助下，成功地抵达加拿大。汤姆却是另一种遭遇。他知道并支持伊丽莎逃走，但是他自己没有逃跑。由于他从小就被奴隶主灌输敬畏上帝、逆来顺受、忠顺于主人这类的基督教说教，对主人要卖他抵债，也没有怨言，甘愿听从主人摆布。他被转卖到新奥尔良，成了奴隶贩子海利的奴隶。在一次溺水事故中，汤姆救了一个奴隶主的小女儿伊娃的命，孩子的父亲圣克莱从海利手中将汤姆买过来。当了家仆，为主人家赶马车。汤姆和小女孩建立了感情。不久小女孩突然病死，圣克莱根据小女儿生前愿望，决定将汤姆和其他黑奴解放。可是当还没有来得及办妥解放的法律手续时，圣克莱在一次意外事故中被人杀死。圣克莱的妻子没有解放汤姆和其他黑奴，而是将他们送到黑奴拍卖市场。从此，汤姆落到了一个极端凶残的

典·故·逸·话

1907年3月，在日本东京留学的四川人曾孝谷读到了一本题为《黑奴吁天录》的翻译小说，激动不已，觉得这部小说正好警醒国人民族独立之魂，便与自己的同窗好友、浙江人李叔同等人商量，改编剧本，组织春柳剧社，开展演剧活动。那时，西方的话剧在日本颇有影响，李叔同与曾孝谷在日本新剧演员藤泽浅二郎的指导下，曾经排演过《茶花女》，对新剧有着大概的认识，因此轻车熟路，经过两个多月断断续续的排练，6月1日，春柳剧社终于将自编自演的五幕新剧《黑奴吁天录》搬上了日本东京本乡座舞台。演出的盛况是空前的，演出的意义也是革命性的。演出不但深深地打动了客居海外的游子，同时，它给戏剧也带来了一场新的革命：它创造了一种适应新时代的戏剧范例：以现实的生活情感来取舍戏剧的题材，以快节奏来表达戏剧的内容，以对话来直抒角色乃至观众的胸襟。后人称之为话剧。

“红河”种植场奴隶主莱格利手中。莱格利把黑奴当做“会说话的牲口”，任意鞭打，横加私刑。汤姆忍受着这非人的折磨，仍然没有想到要为自己找一条生路，而是默默地奉行着做一个正直人的原则。这个种植场的两个女奴为了求生，决定逃跑，她们躲藏起来。莱格利怀疑汤姆帮助她们逃走，把汤姆捆绑起来，鞭打得皮开肉绽，死去活来。但是汤姆最后表现出了他对奴隶主的反抗，什么都没有说。在汤姆奄奄一息的时候，他过去的主人、第一次卖掉他的奴隶主谢尔比的儿子乔治·谢尔比赶来赎买汤姆，因为汤姆是小谢尔比儿时的仆人和玩伴，但是汤姆已经无法领受他过去的小主人的迟来的援手，遍体鳞伤地离开了人世。乔治·谢尔比狠狠地一拳把莱格利打翻在地，就地埋葬了汤姆。回到家乡肯塔基后，小谢尔比就以汤姆大叔的名义解放了他名下的所有黑奴，并对他们说：“你们每次看见汤姆大叔的小屋，就应该联想起你们的自由。”

《汤姆叔叔的小屋》既描写了不同表现和性格的黑奴，也描写了不同类型的奴隶主嘴脸。它着力刻画了接受奴隶主灌输的基督教精神、逆来顺受型的黑奴汤姆，也塑造了不甘心让奴隶主决定自己生死的具有反抗精神的黑奴，如伊丽莎和她的丈夫乔治·哈里斯。同时，也揭示了各种类型的奴隶主的内心世界和奴隶主不完全相同的表现。这本书通过对汤姆和乔治·哈里斯夫妇这两种不同性格黑奴的描述，告诉读者：逆来顺受、听从奴隶主摆布的汤姆难逃死亡的命运，而敢于反抗敢于斗争的乔治夫妇得到了新生。因此，《汤姆叔叔的小屋》对社会发展起到了积极作用，特别是对美国废奴运动和美国内战中以林肯为代表的正义一方获得胜利，产生了巨大的作用。作为一本文学作品，美国著名诗人亨利·朗费罗说它是“文学史上最伟大的胜利”。

黑奴的血与泪

19世纪初，美国盛行着一种毁灭人性尊严的奴隶制度。这种奴隶制度，是将非洲等落后地区的黑人，强制押解到新大陆，把他们当做牲畜一样，随意买卖。遭受买卖的黑奴，从此便注定了他们的一生是被使唤的劳役生涯。《汤姆叔叔的小屋》是斯陀夫人的一部现实主义杰作，这部小说布局独具匠心，采用穿插轮叙的方式，沿着两条平行线索描述了两个黑奴不同的遭遇，塑造了忠诚友善但逆来顺受的汤姆和勇于抗争的伊丽莎夫妇等典型形象，并通过人物和场景描绘显示了一个时期的美国社会生活面貌。主人公汤姆善良、能干。他身为奴隶，备受磨难，虔诚地信奉宗教，相信上帝掌握着人们的言行，主宰着人们的命运，富有早期清教徒的牺牲精神。他虽渴望自由，但由于不愿因为自己而连累其他奴隶和善良的主人，几次放弃逃跑机会，最后为掩护两个女奴，惨死在奴隶主鞭下。作者在这条主线上倾注了她所有的同情和义愤，并运用广博的社会知识，尤其是南部奴隶社会的种种生活细节，使小说人物形象丰富，情节引人。与此平行的另一线索，描写乔治、伊丽莎夫妇机智、勇敢地与奴隶主和人贩子斗争，终于挣脱锁链，获得自由。由于这条线索较多地来自于作者的理想以及对奴隶解放问题的认识，因而人物形象略显薄弱，但它却如黑暗王国里的一线曙光，为奴隶解放指出了一条光明的出路。

读了这个故事后，我被深深地感动了。汤姆，一个多么善良，多么正直，多么诚实的人，却惨死于奴隶主的皮鞭之下。为什么呢？就是因为汤姆是“黑人”，奴隶主是“白人”。“黑人”与“白人”虽说只是一字之差，但是他们的命运却有着天壤之别。一个以后是荣华富贵享之不尽，另一个呢，却是一生为奴，任人宰割。那些可恶的奴隶主们，根本不把黑奴当人看，愿意什么时候打，就什么时候打；愿意什么时候杀，就什么时候杀。那时，不知有多少像汤姆一样的黑奴，被皮鞭抽打致死。奴隶主们正是因为有着所谓的“奴隶制度”，才这样放肆地杀黑人。要知道，这是一条条生命啊！

人物性格的个性化和现实主义的细节真实，使小说透溢出“真”与“美”的魅力。除上述人物之外，还有黑奴孤儿托普西在恶劣环境里养成的含有狡黠的机智，带有报复意味的反抗；整日侈谈“人道主义”的人贩子海利那奸诈无耻的嘴脸；奴隶主莱格利的惨无人道；来自北方，一心想用贵族教育感召奴隶的奥菲莉亚小姐……都具有鲜明的个性，构成了色彩瑰丽的人物画廊。斯陀夫人通过文学的手段，将当时司空见惯的虐待黑奴的种种骇人听闻的罪行，集中地真实地形象地再现了出来。

作者在故事叙述中，间有直接议论、抒情，造成催人深思、引人共鸣的艺术效果。亨利·詹姆斯说此是“搅动表面的艺术”，它“顿时引起一场骚动”，“宣告一个特殊时代来临”。小说发表如一声霹雳，震撼了整个美国社会，激化了南北两方矛盾，激发了以废除蓄奴制为口号的美国南北战争。（佚　名）

美国抗议小说的基石

1850年，美国联邦议会颁布了《逃奴法案》，允许奴隶主可以到自由州追回他们的“财产”——逃奴，这一法案激起了正义人士对奴隶制的义愤。

一次，在礼拜日圣餐仪式上，斯陀夫人突然清晰地看见一个幻象：一个衣衫褴褛的老奴隶正遭受毒打，却宽恕了折磨他的人，后来这成了她写《汤姆叔叔的小屋》的灵感。她以自己的所见所闻为素材，在厨房的桌子上写出了这本世界文学名著，用她自己的话说，她是在上帝的指引下写出这本书的。

应该说，《汤姆叔叔的小屋》是美国第一部具有鲜明的民主倾向的现实主义作品。小说通过汤姆和伊丽莎两个黑奴对人生意义的不同理解、不同实践而导致完全不同的命运结局，告诉人们：奴隶要想实现自由之理想，必须凭借自身的力量，抗争一切专制和残暴。而逆来顺受和虔诚的基督教精神合而为一的“汤姆叔叔主义”（该书发表后在黑人中间产生的名词）绝对无法从根本上拯救黑奴。在全书布局上，斯陀夫人是颇具匠心的。她通过穿插轮叙的方式，描述了两个黑奴不同的遭遇。两个故事各自独立，又有机地交织在一起，并形成鲜明的对比，从而使小说内容充实厚重，又富于节奏变化。作家塑造了正直友善的汤姆和勇于抗争的伊丽莎夫妇等黑奴形象，并注重在细节描写中精心刻画人物性格。

《汤姆叔叔的小屋》是一篇伟大的反对奴隶制的宣言，是抨击美国奴隶制的不朽之作，没有一本书在结束奴隶制方面有如此巨大的贡献。同时，它又被称为“黑人的《伊利亚特》”、“美国抗议小说的基石”。因此，该小说的社会、历史意义和文学意义是不言而喻的。这样一部在历史上有过重大影响、打动了一代又一代读者的作品有其独特的艺术品格，除了刻画了许多令人难忘的人物之外，首先，作品还显示出作者具有很强的叙事能力，具有生动地描绘场景、写景状物的能力，能让读者如见其人、如闻其声。正如爱德蒙·威尔逊所说：“她能够使我们看见一个人，听见他说话，她能描写场景和景色……她具有天生的模仿能力，这不仅从她的对话中表现出来，而且也通过诗意的语言的描绘表现出来。”书中有的场景具有很强的情感冲击力，如父亲与家人被强行拆散，母亲听见被从身边拉去拍卖的孩子的哭喊声心如刀绞。她还具有戏剧家的天生才能，有些场景刻画得很有戏剧色彩，高潮迭起，如伊丽莎逃过追捕，踏着浮冰过俄亥俄河的场景就让人惊心动魄。她善于在对比中揭示生活的戏剧，书中许多对比鲜明的场景令人难忘，如奴隶制的残酷和家人之爱。其次，小说刻画了人物的复杂性格，如莱格利既凶残又迷信，疑神疑鬼，内心怯懦；圣克莱既思想开明、品格高尚，但又懒散无为、随波逐流；奥菲莉亚的性格有较大的变化，从不能容忍黑人碰她，到发自内心爱他们。再者，作者还运用象征主义手法深化主题。如汤姆叔叔去世后，他的小屋成了永恒的纪念：象征奴隶制的罪恶和汤姆所遭受的苦难，提醒被解放的奴隶，其自由来之不易。同时，小屋也象征汤姆博爱和忠诚的品质。伊丽莎越过漂满浮冰的俄亥俄河也具有象征意义：从南岸跨越到北岸，在戏剧性的一瞬间逃离奴隶制，奔向自由。伊丽莎和乔治一家向北、汤姆向南的经历也具有相同的象征意义:向

北即走向自由解放，向南即意味着奴役、苦难和死亡。此外，小说还成功地运用形象化的语言刻画人物，如南方人的口语俚语，黑人奴隶的口语俚语等。

《汤姆叔叔的小屋》问世之初，曾有人指责小说对南方黑奴处境的描绘全系杜撰，斯陀夫人很快就发表（《汤姆叔叔的小屋》的解答）一书，用大量事实和资料证明了《汤姆叔叔的小屋》中所描绘的情节的真实性。

这部真实感人的小说出版后受到了空前的欢迎，陆续译成几十种语言流布世界，并被改编成各种语言的话剧在世界各地演出，对世界各地，尤其是亚洲和非洲被压迫民族的觉醒产生过影响。经过一个多世纪的考验，《汤姆叔叔的小屋》早已被列入世界名著之林。它既是美国废奴文学的丰碑式作品，又堪称是现实主义的杰作。在美国浪漫主义文学处于鼎盛时期的19世纪50年代，这部小说破土而出，使人耳目为之一新，宣告了一种新的创作方法在美国的诞生。（佚　名）

历史桂冠
LISHIGUIGUAN

斯陀夫人（1811–1896）全名为哈丽叶特·伊丽莎白·比彻·斯陀，出生在一个基督教牧师家庭，自幼饱受启蒙思想和欧洲文学的熏陶。在父亲的影响下，她关心道德、宗教和社会问题，富有理想而又崇尚实干；既有浪漫主义的激情，又有现实主义的冷峻。1836年，哈丽叶特嫁给了神学院教授卡尔文·斯陀，家境清苦，但她还是在丈夫的鼓励下开始了写作。

1850年，美国国会通过了“妥协法案”，使得南方和北方因奴隶制度而引起的地域性矛盾暂时趋于缓和，但黑奴们的命运却因此更加悲惨。这时，39岁的斯陀夫人发誓：“只要我活着，就要让全国都认识到奴隶制是个最可诅咒的东西。”果然，第二年华盛顿的《民族时代》上就连载了斯陀夫人的长篇小说《汤姆叔叔的小屋》，并在1852年以单行本形式问世。这部小说一发表，犹如平地一声霹雷，震撼了整个美国社会。此后她的创作生涯又持续了35年。1856年她出版了第二部反对奴隶制的小说《德莱德，一个大荒泽的故事》，但没有引起太多的注意。后来她又出版了一些小说，如《牧师的求婚》、《奥尔岛上的明珠》、《老镇上的人们》等。她的作品共有十六卷之多，虽然其中不乏杰作，但都因为《汤姆叔叔的小屋》的巨大影响，而未能引起众人足够的关注。

《汤姆叔叔的小屋》一书给斯陀夫人带来了巨大的声誉，她的70岁生日成了全国重要事件。但她的生活中也有不幸和痛苦，她的两个儿子英年早逝，另一个儿子染上了酗酒恶习，斯托先生先她故去，她在孤独中走完了人生最后一程。

《死魂灵》是"俄国文学史上无与伦比的作品"，它的问世，犹如响彻万里长空的一声霹雳，震撼了整个俄罗斯。

《死魂灵》

果戈理（俄国 1809—1852）

1852年春夏之交，莫斯科一所阴冷的房间里，一位40多岁的病人用力将一叠厚厚的手稿扔进了炉火之中。他怀着沉痛与绝望的心情，看着心血与火焰一起舞蹈。这位中年人就是伟大的俄国作家果戈理，他所焚烧的手稿就是《死魂灵》小说的第二部（传世仅有残卷）。作为19世纪俄国现实主义文学的标志性人物，才华横溢的果戈理一生痛苦而短暂，但是创作的作品却成为世界名著流传至今。在20年的创作生涯中，他创作了一系列佳作，极大地丰富了俄罗斯文学的宝库，终于成为19世纪俄国现实主义文学的一代宗师。除了自己的造诣以外，他还影响了涅克拉索夫、屠格涅夫、冈察罗夫、赫尔岑、陀斯妥耶夫斯基等一大批批判现实主义作家，陀斯妥耶夫斯基曾坦言道："我们所有的人都是从果戈理的《外套》中孕育出来的。"

1837年，身居国外的果戈理得悉普希金遇害后，大为震惊。他无从表达自己的悲愤，于是动笔写下了《死魂灵》的第一部，而它的灵感来源正是普希金提供的，果戈理将之视为对这位挚友最好的纪念。六年后书稿问世，轰动了整个俄罗斯。果戈理被誉为"俄国散文之父"，而普希金是俄国文学中的诗歌之父，因此，他们两人一向被誉为俄国文学史上的双璧。

《死魂灵》是俄国批判现实主义文学中第一部真正的长篇小说，也是果戈理创作的顶峰，他作为一名现实主义作家塑造典型形象的艺术才能在这部小说中达到了最高成就。作者在小说中成功塑造的五个地主和乞乞科夫的名字已经成为俄语词汇中具有特定含义的名词。《死魂灵》是一部不朽的世纪巨著，它被翻译成各国文字，流传全世界。

经典回眸
JINGDIANHUIMOU

1841年，果戈理经过七年的艰辛创作终于在意大利完成了长篇巨著《死魂灵》的第一部。1842年在圣彼得堡出版后，立即轰动了俄国社会各阶层，正像赫尔岑所说，“《死魂灵》震撼了整个俄罗斯”。

《死魂灵》（第一部）共有11章。主人公乞乞科夫来到了某城，结识了该城的官员和地主乡绅们。他来到这个城的目的是为了购买死魂灵，也就是已经死去可还未从农奴户口簿上删去的“死魂灵”。乞乞科夫先后走访了五个地主庄园，他拜访的第一个地主是玛尼洛夫。玛尼洛夫是一个体面的绅士，他最引人注意的特征是和蔼可亲的面孔、蜜糖式的故作多情和绅士作风，但在这样的外表下隐藏的却是一颗空虚无聊的灵魂。他没有头脑、安于现状、不思进取、懒惰无为，他从不关心庄园的事务，一切都听凭管家的胡作非为，而自己整日都在无所事事的幻想中虚度光阴。玛尼洛夫是无所作为的空想家的典型形象。

接下来，乞乞科夫在迷路时偶然来到了女地主柯罗博奇卡的庄园。柯罗博奇卡庄园地处偏僻，她是个孤陋寡闻的寡妇。她精打细算地经营着自己的小庄园，物质上的富足却不能弥补她精神上的极端贫乏。她不理解乞乞科夫买死魂灵的做法，为了确保自己能赚点儿钱，她死死缠住乞乞科夫再买一点儿她的麦子、肉类或者荤油。一点一滴地积累财富是她生活的全部内容和目的。

诺兹德廖夫是出场的第三位地主。他和前者不同，在他身上突出表现的是地主阶级的寄生性。他过的是吃喝嫖赌的放荡生活。他喜欢吹牛撒谎、打骂耍赖，是个无恶不作的地主典型。乞乞科夫尽管诡计多端却反被他敲诈威胁，最后，也是他在省长的舞会上揭穿了乞乞科夫买死魂灵的丑剧，使乞乞科夫被迫逃离。诺兹德廖夫代表了一批腐朽堕落为恶棍的地主。

第四位地主是精明能干的索巴凯维奇，他的特点是以自我利益为中心的自私自利。他得知乞乞科夫的来意之后，想方设法地抬高了价格，直到最后成交后，他还在死魂灵的名册中偷偷塞进了女性的死魂灵以充数，终于占到了

典·故·逸·话

俄国大作家果戈理焚烧书稿的事早已成为文坛趣话。有一次，果戈理刚刚写好一部反映乌克兰生活的新剧本，于是便去访问当时著名的诗人茹科夫斯基。茹科夫斯基有一个不可改变的习惯，那就是午饭以后必须睡一觉。果戈理不知道他有这个习惯，便利用午饭的休息时间把自己的手稿念给他听，请他指出缺点。可是当果戈理读到一半的时候，诗人茹科夫斯基却默默地打起盹来。过了一会儿，茹科夫斯基睁开了眼，这时果戈理对他说：“你看，华西里·安得烈耶维奇，我本是希望能够听到你对剧本的意见，而您的瞌睡就是一个最好的批评。”说着，就把原稿扔到火炉里烧掉了。果戈理烧毁书稿，反映了他对待自己的创作精益求精。当他一旦认为自己写的东西不合格时，便会毫不犹豫地付之一炬。

便宜。他是个贪得无厌、精明又无耻的剥削者的典型。

最后一个地主是普柳什金。他是一个极其富有的地主，他贪婪地积攒起无数家财，为人却十分吝啬。他穿着破衣烂衫，用发霉的饼干招待客人，他把大批的农奴残酷剥削致死，而堆积如山的粮食却腐烂变质。并且他不相信任何人，包括自己的儿女，他剥夺了他们的继承权，让他们挨饿受冻。他断绝了和一切人的来往，过着孤独的生活。普柳什金是地主阶级腐朽、没落、衰败、灭亡的象征，他象征着俄国农奴制经济必然灭亡的命运。

乞乞科夫买到死魂灵之后回到某城办理法定的过户手续，他想以这些低价买进的“农奴”作为财产抵押获得政府的大笔贷款，以此大发横财。然而，最终，他的阴谋被揭穿，他在流言的压力下不得不仓皇逃离。

《死魂灵》发表后，果戈理侨居国外6年，由于脱离了国内先进文学界，又常常处在反动文人包围之中，他的思想由批判农奴制度转为赞美、保卫它，他焚毁业已写好的《死魂灵》的第二部的一部分稿件，准备重写，打算把地主阶级写成正面形象。他的这种观点遭到进步文艺家严厉批评。果戈理对后来写的《死魂灵》第二部的二稿也不满意，终于在死前付之一炬，怀着极度矛盾和痛苦的心情长辞人间。

震动俄罗斯的《死魂灵》

《死魂灵》的出现是俄国文学中的一件大事，赫尔岑曾回忆说，小说的出版“震动了整个俄国”。19世纪30年代和40年代，是俄国社会、经济发生重大变动的时期，由于资本主义的不断发展，地主庄园纷纷破产、农民的灾难不断加深，封建农奴制的危机日渐严重。果戈理说：“现在，我们比过去任何时候更感觉到：世界正处在旅途中，而不是停靠在码头上……”无疑，果戈理以自己的敏锐观察力，捕捉到了社会变动的信息，但俄国到底是个什么样的俄国，未来又会是什么样子，这正是作家想在《死魂灵》中着意描述的。

《死魂灵》在人物塑造、幽默讽刺的运用和抒情的结合方面，都达到了俄国文学前所未有的高度而独树一帜。在塑造人物性格中，小说同时使用两种方法，一种是以肖像画的方法勾勒人物性格特征与精神面貌，另一种是以历史过程来展现人物性格的形成。但无论使用哪种方法，作者都很注意环境对人物性格形成的支配作用，而不像过去的文学仅仅把环境当做人物活动的场所。同时在人物刻画中，作家又十分自觉地强调其个性特征，一旦抓住了这个特征，就充分地加以集中与夸张，把它们推向极限而不失其真，使这些典型人物成了俄国文学中的“普通名称”或“泛称”。

其次，作家在小说中淋漓尽致地发挥了幽默与讽刺的才能。幽默与讽刺是果戈理揭示庸人卑俗的主要手段。这些琐事、人物特征、场景的描写，具有十足的喜剧色彩，它们不仅引起笑声，而且也使人陷入悲哀的沉思，体现出作家内心的忧愤之深。

果戈理还善于从荒诞不经的事件中摄取题材，在令人难以置信的事物中发现其合理因素，最大限度地利用事物的偶然性，使之转化为高度的艺术夸张，从中显示出艺术的必然性。买卖死魂灵就是如此，在这一荒诞事件的描绘中，小说显示了多么丰富的内涵！在这部讽刺小说中作者也安置了好些抒情插叙，读来别有情致，这种情况在俄国文学中是绝无仅有的。这些抒情插叙，是对美好理想的向往，赋予小说以激动人心的力量。

《死魂灵》开创了俄国文学的新阶段，使现实主义在俄国文学中取得了彻底的胜利。100多年过去了，如今《死魂灵》已译成各种文字而为世人所传诵，成为世界文学中的瑰宝。它所展现的艺术画面，在我们的生活中虽改头换面，却时有显现。我们今天仍然需要这样的笑与讽刺，这也正是小说使我们感动、亲切的缘故。（钱中文）

谁是《死魂灵》中的死魂灵

《死魂灵》是果戈理的代表作。小说通过一心钻营的商人乞乞科夫买卖“死魂灵”的故事，几乎是全方位地讽刺揭露了19世纪俄国城乡落后腐败的现实。在别人大唱俄国沙皇赞歌的时候，果戈理的《死魂灵》却尽情地嘲笑了俄国专制农奴制，刻画了一批腐朽、没落、庸俗的地主、官僚和新生的投机商人的丑恶形象，一概不留情面，让天天目睹专制制度的丑陋而又不知如何表达愤怒的老百姓和进步知识分子痛痛快快乐了一场。

更可贵的是，作家在高声嘲笑之时又进而深刻挖掘了现实生活中普遍存在的荒诞性。买卖死奴隶，听来荒唐，但是却有坚实广泛的社会基础。19世纪的俄国，尽管距彼得大帝面向西方的改革已经100多年，然而专制农奴制依然顽固地制约着俄国的进步，落后和腐朽，依然遍布这个帝国，它和专制农奴制的反动构成当时俄国最大社会疾病。果戈理把批判讽刺的锋芒直指这个痼疾，揭开了专制农奴制下俄国的脓疮，因此，小说一发表，就震撼了整个俄罗斯。

小说第一部描写了五位俄国地主的丑陋形象，这些俄国地主盘踞在俄罗斯大地上，他们和他们庄园周围的充满生机的俄罗斯大地是一个反差，这些地主是美好的俄罗斯大地上的一堆垃圾，是俄罗斯的一个病灶，是俄罗斯民族的一个毒瘤，而造成这种反差的深刻原因是俄国专制农奴制：这些地主每一个都有上千个农奴。他们对活农奴和死农奴（死魂灵）的态度，既贪婪又恶毒，在社会的正常发展中他们完全是在“反动”。俄语中农奴和灵魂是一个词，果戈理用这个双关语作书名，一方面表现乞乞科夫的投机勾当，另一方面隐喻真正死去灵魂的是那些占有灵魂（农奴）的地主。

（李正荣）

历史桂冠 LISHIGUIGUAN

果戈理是一位伟大的讽刺作家，他用他特有的“含泪的笑”批判了社会上所有不合理的现象，震撼了他所生活的那个黑暗年代。直到今天，我们重新捧起他的作品阅读时，仍无法抗拒那种发自心灵的震颤。

果戈理于1809年4月1日出生于乌克兰波尔塔瓦省米尔戈罗德县大索罗庆采镇一个小地主家庭。父亲是个文艺爱好者，曾写过几出喜剧，果戈理从小就喜欢看父亲排练戏剧，同时，他还受到乌克兰民谣、传说和民间故事的熏陶。1818年，果戈理开始读小学，1821至1828年就读于波尔塔瓦省涅仁高级科学中学，并受到十二月党人诗人和普希金诗歌的影响，同时他还读了一些法国启蒙学者的著作，开始对现实不满。1828年，他中学毕业后想在司法界工作。当时的俄国正处在资本主义经济逐步增长，封建农奴制渐渐解体的时期。两者的矛盾，激起了十二月党人、广大人民与沙皇统治对抗的斗争。十二月党人的被残酷镇压，反而促成果戈理的思想进步。农村的贫困与官场的腐败，使他决心献身于文学事业。普希金对他的赏识，坚定了他的志愿。1831年9月，果戈理出版了《狄康卡近乡夜话》第一部，提出善与恶的主题，小说充满了诗情画意，果戈理从此崭露头角。接着，喜剧《钦差大臣》震动了圣彼得堡上流社会，后来成为世界名著。以后又刻画了穷乡僻壤的地主贵族“百丑图”，揭露了农奴制度的腐朽，这就是1842年的《死魂灵》第一部。然而他在写《死魂灵》第二部的时候，他产生了想通过道德改良来改造社会的错误思想。结果在小说中美化了地主形象，违背了现实主义原则。但是，他也感到作品的苍白无力，1845年，他将第二部的手稿烧毁。

晚年的果戈理陷入了博爱主义和宗教神秘主义无法自拔，1848年春，果戈理在朝拜了耶路撒冷后，定居在莫斯科，继续创作《死魂灵》。1852年2月22日，他又烧毁了已完成的部分小说手稿。3月4日，久受精神与病痛折磨的果戈理与世长辞。

梭罗是西方文化的一个神话，他以他的方式充实着自己的生命，他所构建的“诗意”给人们留下了无穷的阐释空间。

《瓦尔登湖》

梭罗（美国 1817－1862）

1846年2月4日，梭罗按计划前去康科德城讲课，题目是“关于马斯·卡莱尔及其著作”。讲课结束了，听众却意犹未尽，要求主讲人谈谈自己在林中的生活，相对而言他们似乎对这个更感兴趣。为满足大家的要求，梭罗准备了一个“我自己的历史”的课题，在当月10日开讲。没想到听众热情空前高涨，纷纷要求他在下一周的课程上再讲一次，这样就会有更多的人前来听讲。受这次讲座的启发，梭罗将自己的讲课提纲加以整理，又经过了很长一段时间的写作，终于完成了《瓦尔登湖》这部传世的名著。

《瓦尔登湖》出版于1854年，这是19世纪美国文学非小说著作中最受读者欢迎的书籍。到目前为止，此书已经出现了将近两百多个版本，并被译成许多国家的文字。令人感到不解的是，在作者有生之年里这部书一直被认为是模仿之作，而且还备受冷遇，初版的2000册用了五年多的时间才卖完。直到作者去世以后，这本书才逐渐受到人们的重视，对它的评价也开始发生了变化，梭罗的思想意义才被我们认识到。

《瓦尔登湖》是一本清新、健康、引人向上的书，更多的人愿意把《瓦尔登湖》作为一部自力更生、简单生活的指南来读。因为梭罗经过实践发现，他能以28.12元来建立一个家，用0.27元来维持一周的生活。他以一年中6个星期的时间，去赚取足够一年的生活费用。剩余的46个星期，去做他喜欢做的事。正因为如此，《瓦尔登湖》便具有了巨大的诱惑力，梭罗的仿效者究竟有多少难以计数，他们隐居林中，在瓦尔登湖畔建造茅舍，成为美国风行一时的时尚。

经典回眸
JINGDIANHUIMOU

位于美国马萨诸塞州的康科德城郊有一个瓦尔登湖，湖的四周青山环抱，碧绿清澈的湖水倒映着树木丛林的倩影，环境幽静，景色宜人。1845年4月，一位28岁的美国青年携带一把斧头来到这里，砍伐树木，建造了一间森林小屋，在此过起了与世隔绝、自食其力的隐居生活。这位美国人的名字叫亨利·戴维·梭罗。梭罗在瓦尔登湖畔隐居了两年零两个月，后来他把这段隐居生活的经历和体验写成了一本书，书名就叫《瓦尔登湖》。在梭罗生前，它的名气并非很大，但以后声誉与日俱增，被誉为美国环境运动的思想先驱，激励了无数自然主义者和倡导回归大地的人们，读者会自然地感觉到心灵的纯净，精神的升华。

《瓦尔登湖》是一部寂寞、恬静、智慧的书，充满了对自然、社会和人生的深刻理解，表现出一个先觉者的超人智慧。梭罗在大学毕业后所写的第一篇日记中写道："如果要孤独，我必须要逃避现在——我要我自己当心。在罗马皇帝的明镜大殿里我怎么能独特得起来呢？我宁可找一个阁楼。在那里是蜘蛛也不受干扰的，更不用打扫地板了，也用不着一堆堆地堆放柴火。"这样一种寻求孤独、在孤独中思索的观念贯穿了梭罗的一生。

《瓦尔登湖》不仅有对生活的独到感悟，对传统习俗的批判，而且有许多形象的描绘，优美细致，像湖水的澄澈透明、山林的茂密苍翠，思想与情境融合在一起，给人以美好的遐想和深沉的思考。读着这本书，顿时感到全身心地脱离了尘世的喧嚣和功利的羁绊，与自然融为一体，在自然中感悟人生，感悟哲理。

《瓦尔登湖》与《圣经》等其他书一同被美国国会图书馆评为"塑造读者的25本书"。在当代美国，它是读者最多的散文经典。哈丁曾说，《瓦尔登湖》内容丰厚、意义深远，它是简单生活的权威指南，是对大自然的真情描述，是向金钱社会的讨伐檄文，是传世久远的文学名著，是一部圣书。正因如此，它也是影响了托尔斯泰、圣雄甘地等人，从而改写了一

典·故·逸·话

中国物理学家钱学森在波士顿麻省理工学院攻读硕士学位期间，受《瓦尔登湖》的召唤，曾不止一次地来到波士顿市郊丛林中的瓦尔登湖畔，为寻访梭罗的足迹踽踽而行。

瓦尔登湖依然保持着当年静谧的自然本色，任其落叶满地，黄花堆积。高度工业化的美国，似乎有意保留了这一方净土，以供后人到此思古怀幽。小湖清澈见底，成群的鱼儿追逐嬉戏。湖边有不少垂钓者，他们可能也是模仿梭罗，自得其乐。钱学森沿着葱茏的湖岸，踏着厚厚的落叶，向前面走去。在湖水与丛林相连接的一片开阔地段，他看到了几十年前梭罗亲自建造的小木屋的遗址。幽美、寂静的环境使钱学森惊呆了。他感到，走进瓦尔登湖的怀抱，如同走进了一个安详静谧的世界。纯净的湖水，映照着蓝天、白云和长满红叶的远山，圣洁的湖水映照出美国一代文豪的高尚人格，陶冶着千千万万人的胸怀。

些民族和国家的命运的书。值得特别注意的是，这本书近年来在西方世界获得了前所未有的重视。严重的环境污染和社会矛盾，使人们不由得向往起瓦尔登湖及其山林的清新的空气和澄澈的环境，而这样的环境，显然正是医治现代病的妙药良方。这恐怕正是《瓦尔登湖》所具有的价值和生命力的根本所在。

一本静静的书

合上《瓦尔登湖》墨绿色的封面，一股清凉的湖水已然汇入心间，澄澈见底，将心境荡涤得如一泓秋水，不染纤尘。它只适合在“寂寞和恬静”时阅读，静静地读。我想，从这个意义上来说，《瓦尔登湖》是属于心灵的。

这本书的封面上有这样一幅耐人寻味的图片：两行向远方延伸的铁轨中间，立着无数棵挺拔的大树。这是否意味着本书在以一种含蓄的方式暗示着我们别的一点什么？梭罗说：“来到这片树林是因为想过一种经过省察的生活，去面对人生最本质的问题。”我在想，在现实的世界里，现代文明改造和穿越自然环境之前，是否也该多一些自省与自察？因此，从这个意义上说，《瓦尔登湖》又是属于现代的。

由此，《瓦尔登湖》在阅读空间中占有两个起点和终点，那就是心灵和现代。

在这个丰富多彩的时代里，要一个人对生活无所求，那是苛刻，但对“所求”多一些节制，则是理性。我们无法也无须戒绝自己对生活的“所求”，但同时是否也该有些出世的精神来面对这个不复简单的世界？在越来越考究的生活中，心灵的罗盘仍固执地指向简单和质朴。因此，在缤纷的VCD节目和浓酽的咖啡之外，读一读《瓦尔登湖》，让心灵沾染一点儿湖水的静谧清凉，多一份恬淡与洒脱，少一份浮躁，其实已不是时髦，而是必需。

种豆、筑屋、焙制面包，对大多数享受城市文明的人来说，都是些遥不可及的梦想。在城市生活越来越便捷和考究的今天，又有谁向往这些呢？而且在地皮越来越紧张，自然生态环境日益萎缩的今天，有此梦想的人又能到何处实现呢？

现代生活给人的生存制造了几乎随心所欲的舒适，水泥建筑傲然矗立，水泥路面光洁少尘，而地下水却在不断地下沉，天空出现臭氧空洞，酸雨腐蚀我们的视觉。我们在征服自然、改造自然的同时，又给自己挖掘了生态的陷阱，因而只能用回归自然来安慰自己的无奈。我们的祖先在被自然奴役时，敬畏自然，崇拜甚至神化自然，而作为子孙的我们，却颠倒过来，蹂躏与奴役自然，称霸自然。然而，笑容还没来得及绽放，历史这块魔方已经轻轻地从正面翻转到了反面：水土在流失，土地在沙漠化，物种在减少，人间变成污染的烟尘世界，自然又在报复人类了。

如果我们少一些贪婪和欲求，少一些索取，又怎会遭受这些戏剧性的嘲弄与惩罚呢？有一句公益广告词说：保护绿地，就是保护我们的生命线。我在想，人间多一处瓦尔登湖，人类就会多一条后路，这该是《瓦尔登湖》的一句隐语吧。

梭罗在书中这样表述："不必给我钱，不必给我名誉，给我真理吧。"给"我"什么真理？我想，这真理该是——热爱自然，创造生活。（吴锡平）

心灵和现实的湖

《瓦尔登湖》是本静静的书，极静极静的书，并不是热热闹闹的书。它是一本寂寞的书，一本孤独的书。它只是一本一个人的书。如果你的心没有安静下来，恐怕你很难进入到这本书里去。我要告诉你的是，在你的心静下来以后，你就会思考一些什么。在你思考一些什么问题时，你才有可能和这位亨利·戴维·梭罗先生一起，思考一下自己，思考一下更高的原则。

本书中有许多篇幅是形象描绘，优美细致，像湖水的纯洁透明，像山林的茂密苍翠；有一些段落说理透彻，十分精辟，有启发性。这是一百多年以前的书，至今还未失去它的意义。在白日的繁忙生活中，我有时读它还读不进去，似乎我异常喜欢的这本书忽然又不那么可爱了，似乎觉得它什么好处也没有，甚至弄得将信将疑起来。可是黄昏以后，心情渐渐地寂寞和恬静下来，再读此书，则忽然又颇有味，而看的就是白天看不出好处辨不出味道的章节，句句惊人，字字闪光，沁人心脾。到了夜深人静，万籁俱寂之时，这《瓦尔登湖》毫不晦涩，清

澄见底，吟诵之下，不禁为之神往了。

应当指出，这本书是一本健康的书，对于春天，对于黎明，作了极其动人的描写。读着它，自然会体会到一股向上的精神不断地将读者提升、提高。书已经摆在读者面前了，我不必多说什么了，因为说得再好，也比不上读者直接去读。

人们常说，作家应当找一个僻静幽雅的去处，去进行创作；信然，然而未必尽然。我反而认为，读书确实需要一个幽静良好的环境，尤其读好书，需要的是能高度集中精神的环境。读者最需要有一个朴素淡泊的心境。读《瓦尔登湖》如果又能引起读者跑到一个山明水秀、未受污染的地方去的兴趣，就在那样的地方读它，则更相宜了。（徐　迟）

历史桂冠 LISHIGUIGUAN

梭罗1817年生于康科德城，哈佛大学毕业后，回到家乡，执教两年。然后他住到了大作家、思想家拉尔夫·沃尔多·爱默生家里，既当门徒，又当助手，并开始尝试写作。1845年7月4日，美国独立69周年纪念日这一天，28岁的梭罗离开喧嚣的城市，搬进了离波士顿不远的瓦尔登湖湖畔的一片森林中。他在这个森林中，亲手盖起了一栋小木屋，并向世人宣告了他个人生活与精神生活的“独立”。他的小木屋里只有一张床和一套被褥，有几件简单的炊具和几件换洗的衣服。他要进行一次回归自然的实验。

梭罗在小湖边自己开荒种地，每天打猎和伐木。他过着那种近似原始的、极其俭朴的生活，以便认真地观察和体会人生的真谛。每天，他都要把自己回归自然以后的观察和体验，以及他的思考、感触写在日记中。他记录了他的观察体会，他分析研究了他从自然界里得来的音讯、阅历和经验。决不能把他的独居湖畔看做是什么隐士生活，他是有目的地探索人生，批判人生，阐述人生的更高规律。并不是消极的，他是积极的；并不是逃避人生，他是走向人生。

梭罗在瓦尔登湖畔独自生活了920天后，走出森林，重新回到城市。不久，出版了根据他在小木屋里写下的那些笔记整理的散文集，题为《瓦尔登湖》。

此后他患了肺病，医治无效，于1862年病逝于康城，终年仅45岁。

惠特曼和他的《草叶集》已融为了一体，任何一方倒下，一切都将烟消云散。

《草叶集》

■ 惠特曼（美国　1819–1892）

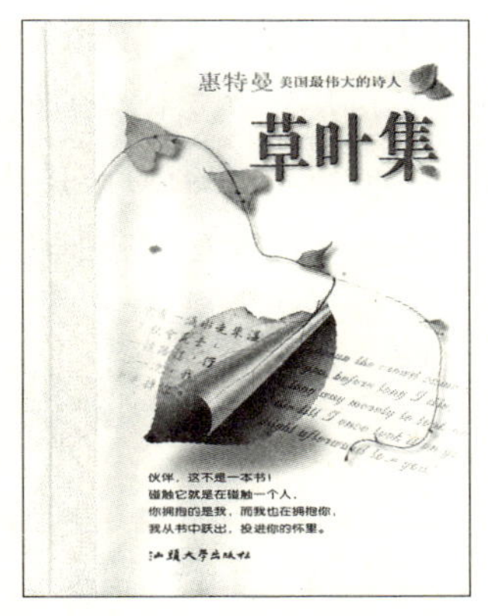

1892年，美国诗人沃尔特·惠特曼逝世，他死的时候人们对他的评价仍然毁誉参半。《纽约时报》登载了他的讣告，同时声称他不可能被称为“一个大诗人，除非我们否认诗歌是一门艺术”；但是，一篇葬礼演说却如此颂扬他：“他可以带着一个古老天神毫不自知的威仪，行走于所有人、所有作家、所有遣词造句、舞文弄墨之士的行列。”如今，惠特曼的诗人地位已经不可动摇，他成为后来的很多美国诗人创作上的导师，也成为法国象征主义及后来超现实主义的典范。

惠特曼只读过五六年书，从19世纪40年代起开始写诗，《草叶集》是他唯一的一部诗集，作者摒弃了传统诗歌的格律，创造了“自由诗体”，解放了美国诗歌，甚至对整个英语诗歌来说，它的影响也可以用“革命”二字来形容。从他开始，美国诗歌才真正获得了气势磅礴的表现力。由此，惠特曼开创了美国诗歌的新传统。

《草叶集》是惠特曼一生创作的总汇，也是美国诗歌史上一座灿烂的里程碑。作品用草叶的形象来象征生机勃勃的年轻美国，包含了丰富而深刻的思想内容，充分反映了19世纪中期美国的时代精神，是美国浪漫主义文学发展顶峰的产物，是长满美国大地的芳草，永远生机勃勃并散发着诱人的芳香，开创了美国民族诗歌的新时代。

经典回眸 JINGDIANHUIMOU

1855年7月4日，惠特曼自费出版了他的《草叶集》。这天是美国的独立日。初版的《草叶集》很薄，还不到100页，包括一篇序和12首诗，卷首有一幅惠特曼的铜版像。这本小册子在评论界招来一片骂声，口诛笔伐的文章比诗集本身还厚。波士顿《通讯员》称这部诗集为“浮夸、自大、庸俗和无聊的大杂烩”，作者是疯子，“除了给他一顿鞭子，我们想不出更好的办法”。伦敦《评论》报认为“作者的诗作违背了传统诗歌的艺术。惠特曼不懂艺术，就像畜生不懂数学一样。”初版印的1000册，一本都没有卖掉。在很长一段时间里，同时代的人漠视了惠特曼的存在，虽然他真心实意地为他们歌唱。

《草叶集》是惠特曼一生经验的结晶，它随着诗人的成长而成长，随着美国的发展而发展。从第一版到第九版，每一版都有新变化。可以毫不夸张地说，《草叶集》既是惠特曼自我心灵发展的史诗，又是美利坚民族发展成长的史诗。

诗集的总名“草叶”是个既简单又复杂的意象。草叶来自新大陆的泥土和空气，是生命力的象征，不论环境多么恶劣，它都能扎根生长；草叶又是发展的象征，它自发地成长繁殖，不需要照料和栽培；草叶更是民主的象征。在诗人眼中，遍布新大陆的草叶与星球的运行同样重要、神圣，正如社会生活中，黑人与白人、男人与女人、总统与平民没有高下尊卑之分一样。

因此，诗集的基本主题可大致归结为：自我、创造和民主。自我是诗集反复渲染歌咏的一大主题。在诗中，自我是顶天立地的巨人，他不同于欧洲浪漫主义传统中那种感伤纤弱、自怨自艾的自我，而是一个强健有力的形象。自我的健康完美就在于心灵与肉体、头脑与感官的和谐发展。他呼吸着现实的空气，立足于现实的土壤，是个实干家。他不怨天尤人，而是自主自强，掌握自己的命运，开辟自己的道路，承担自己的责任。

这个自我具有微观和宏观的双重意义，微观自我由特定时间和空间的肉体和灵魂构成，但惠特曼相信自我还有一个具备无限时间和无限空间的部分。通过微观自我，个人的生命得以融入自然的普遍生命；借助宏观自我，个人的精神得以融入人类的总体文化。因此，无论是肉体上还是精神上，自我都是不朽的。

通过对自我的思考，诗人洞见了宇宙中生生不息的创造力，也领悟了人在宇宙中应处的位置，那就是不断以自我加入自然普遍生命的

典·故·逸·话

1842年3月，在百老汇的社会图书馆里，著名作家爱默生的演讲使年轻的惠特曼激动不已：“谁说我们美国没有自己的诗篇呢？我们的诗人文豪就在这儿呢……”这位身材高大的大文豪的一席慷慨激昂、振奋人心的讲话使台下的惠特曼热血沸腾，他浑身升腾起一股力量和无比坚定的信念，他要渗入各个领域、各个阶层、各种生活方式，他要倾听大地的、人民的、民族的心声，去创作新的不同凡响的诗篇。1854年，惠特曼的《草叶集》问世了。这本诗集的出版使远在康科德的爱默生激动不已，他认为国人期待已久的美国诗人在眼前诞生了，他给予这些诗以极高的评价，称这些诗是“属于美国的诗”，“是奇妙的”、“有着无法形容的魔力”，“有可怕的眼睛和水牛的精神”。

循环。诗人既歌颂蛮荒自然，也歌颂人类创造的二度自然：城市、电报、印刷机、海底电缆、木屋、斧头、书籍等，凡是人所创造的一切，在诗人看来都是美的，正是劳动和创造使人变得神圣。

民主是贯穿诗集的又一主题。诗人的诗不是为粉饰宗教与现行制度而作，也不为附庸上流社会的琐碎风雅。他歌颂的是处于社会下层的车夫、矿工和农夫等体力劳动者，正是他们开拓了新大陆，建立了城市，创造了崭新的世界。对这片由不同肤色、种族、背景的移民共同开发的土地，诗人充满了信心。

《草叶集》的风格就像当时新生的美利坚民族一样，具有丰富的多样性。有评论家将它的整体效果比喻为一首交响曲："它需要整整一支交响乐队的演奏以体现其主题的交错与再现，从轻柔的弦乐到喧嚣的铜管。"对普通民众的赞美大胆直率，对民主理想的讴歌高亢有力，对死亡、宇宙奥秘的探索则柔婉哀怨，如泣如诉。

《草叶集》在艺术形式上大胆打破了传统诗歌格律，创造了后来被称为自由诗体的新形式。诗人认为，民主之声不能受传统诗歌形式的束缚。拖长的、流畅的诗行本身就体现了贯穿全诗的自由主题。但诗集总体结构却很严谨，有章可循。惠特曼喜欢运用"目录诗"和"平行句"。

前者类似我国汉赋中的铺陈手法，而平行句会给人目不暇接之感，但并不觉得杂乱无章，串联纷呈的形象和意念暗藏着主题的脉络。所有这些，都给自由诗体以内在的节奏感。

爱默生是当时美国文坛的耆宿，向来有伯乐的美名，他与惠特曼的交往成了美国文学史上的一段佳话。除了惠特曼本人以外，他可以说是真正懂得欣赏《草叶集》的第一人，他相当英明地意识到新大陆已"诞生了一个伟人"。如今，爱默生早已作古，但《草叶集》却犹如一个不断萌动的有机生命，经历了一次又一次的茁壮成长，八次修订，八个版本，到1892年惠特曼逝世前，已出到第9版，里面所收的诗歌也由原先的12首发展成近400首。

贯穿始终的民主精神

纵观《草叶集》，我们发现这300多首诗中贯穿了一条主线，即诗人的民主精神。正是这种资产阶级民主精神决定了诗人对具体事物的立场和态度。

惠特曼的民主精神首先表现在他的废奴立场上。他生活的时代正是美国社会阶级矛盾日益尖锐的时期，随着资本主义文明的迅速发展，蓄奴制成了资本主义社会的最大障碍。惠特曼从小受家庭的影响，具有比较深刻的民主主义思想。因此，当北方以雇佣劳动为基础的资本主义制度同南方以奴隶劳动为基础的奴隶制度发生尖锐冲突时，他顺应历史潮流，坚决支持废奴运动，用诗文表明了自己的观点和立场。

诗人的民主精神还表现在他对普通劳动人民的态度和立场上。诗人多次提出，他所以把诗集取名为“草叶集”，就因为草叶象征一切平凡普通的东西和平凡普通的人。一反当时美国文坛脱离人民、脱离生活的陈腐贵族倾向，惠特曼第一次把目光放在普通人、放在日常生活上。他在《自己之歌》中集中地反映了纽约和长岛各劳动阶层的生活：赶车人、船夫、挖蛤蜊的、屠夫的小伙计、铁匠、赶马车的黑人、木匠、纺纱女、排字工、筑路者、拉纤者，应有尽有。诗人把这些人物概括为美国人的形象，把最高贵的品质给予这个形象，在这个形象中表现出正在准备为自由而战的进步人民的志愿和希望。

也正因为这种民主精神，诗人一而再，再而三地宣传“人类之爱”，并以乐观主义的笔触描写大自然，意气风发地歌唱人，歌唱人生。这种人道主义的思想意识说到底也正是他民主精神的反映。

惠特曼的民主精神亦表现在他诗歌的艺术风格上。19世纪中叶美国诗主要受英国诗的影响，受禁锢民主、自由思想的清教主义束缚。惠特曼的《草叶集》以其广阔的现实主义画面，浓重的浪漫主义笔触，用一种健康的、时代迫切需要的资本主义民主思想开创了一代诗风。

他的诗豪放粗犷，奔放不羁，完全不受传统诗法的限制。他的诗十分接近口语和散文诗，没有韵，也没有规则的重音、节奏。他把美国语言当做一种完全未加工的原料注入到新的诗歌形式中。他写诗的目的是表达自己的思想感情，不是追求诗的形式的优美。在他看来，“最好的诗就是具有最完善的美的东西——对耳朵的美，对大脑的美，对心灵的美，对时间与地点的美。”

惠特曼的这种诗风对美国诗歌的发展和美国现代主义文学的形成都有很大的影响。美国现代诗主要可以分为两大类，一类是以爱略特为代表的古典派，这类诗人推崇玄学诗歌，认为作家最根本的任务是与人类的过去建立对话。另一类，也是主要的一类，便是以惠特曼为代表的新诗派。这类诗人旨在激发人们感到世界是崭新的、空白的，一切都从未接触过、描写过，需要我们去描写，去创造。这种摒弃一切传统，勇于开拓一个新世界的精神正是惠特曼早在一百多年前首先倡导的。（姚暨荣）

诗歌的春雷

《草叶集》从第1版到第9版，经历了坎坷的历程，其中充满了激烈的争论。这种争论在诗人逝世后100多年的时间里仍然在延续。19世纪后期至20世纪全世界所有文学大师几乎无一例外地都在一生中的某个时刻向惠特曼的《草叶集》行过注目礼。小说家亨利·詹姆斯年轻时曾经批评惠特曼是“对艺术的冒犯”，到60岁时他才以“深深的该诅咒的耻辱感”检讨了自己早年的“罪过”，并尊称惠特曼为“最伟大的美国诗人”。他温馨的话语至今仍萦绕在全世界热爱惠特曼的读者耳边：“我祝贺你在开始一桩伟大的事业，这无疑是从一个长远的背景出发的。我擦了擦眼睛，想看看这道阳光是不是一个幻觉，但白纸黑字摆在我的面前……”

在惠特曼从事诗歌创作的年代，控制美国诗坛的是所谓“高雅派”诗人，他们一味以模仿英国诗歌为能事，而当时的英国诗歌也已是维多利亚式浪漫主义的末流，这种诗风在美国产生的只能是等而下之的仿制品。惠特曼来了，带着手脚上的泥土和草叶，带着汗珠和露水，从码头、田野、矿山、街市走来，放开嗓门，大胆高歌，带着开天辟地的一个崭新的“人的姿态”——他一开口就是一个崭新的文明的声音——后来的众多批评家没有说错，这就是“新兴的美国文明”的声音。惠特曼的时代是资产阶级共和国在新大陆蒸蒸日上的时代，《草叶集》反映了美国在内战前后从农业经济发展到一个工业大国的进程，用一个新的乐观的声音在歌颂一个新民族的崛起。

惠特曼主张为了描述宇宙万物的规律以及它们的创造力和丰富性，必须避免传统的诗歌常规，即押韵、格律等，于是他创造了一种空前自由的诗体。他的诗总是随着奔放的激情、恣肆的想象和纵横的议论而形成一种舒卷自如的旋律，宛若行云流水，当行则行，当止则止，所以“自由”是《草叶集》的一大特点。

在美国文学史上，《草叶集》成了一个源头，成为20世纪美国现代主义诗歌运动的先驱。（简　宁）

历史桂冠
LISHIGUIGUAN

惠特曼出生于美国纽约长岛的一个农民家庭。因家庭经济拮据，他只读过几年小学，11岁就辍学了。

1831年，惠特曼开始在纽约布鲁克林区的一家印刷厂做学徒。两年后，他搬到纽约市，并开始在不同的印刷厂工作。1835年，他返回长岛，在一所乡村学校执教。

1838年至1839年期间，他在他的家乡办了一份叫做《长岛人》的报纸。此后，他开始文学创作，同时参加当地的政治活动。早年的生活经历使他广泛地接触人民，接触大自然，对他后来的诗歌创作产生了极大的影响。他一直教书直到1841年，之后他回到纽约并当了一名记者，同时在一些主流杂志上担任自由撰稿人，或发表政治演讲。

惠特曼的政治演讲引起了坦慕尼协会的注意，他们让他担任一些报纸的编辑，但是惠特曼没有一个工作做得长久。在他担任具有一定影响力的《布鲁克林之鹰》报的编辑的两年后，民主党内部的分裂使得支持自由国土党的他离开了工作。在他尝试为自由国土党办报纸的努力失败后，1841年到1859年间，他共在新奥尔良编辑过1份报纸、在纽约编过2份报纸，在长岛编过4份报纸。1848年西欧各国爆发了革命，对惠特曼影响很大。他在报纸上发表文章讴歌欧洲革命，并写了不少诗来表达自己的心境，其中包括《欧洲》、《法兰西》、《近代的岁月》等。后来还担任过《自由民》报的主编，终因政见与当局不合而于1850年离开新闻界。

惠特曼脱离新闻界后，重操他父亲的旧业——当木匠和建筑师。惠特曼一方面从事体力劳动，一方面展开了他的旺盛的诗歌创作活动。1855年7月，美国诗歌史上炸响了一声开天辟地的春雷——惠特曼自己出版了《草叶集》的第一版，以代理商福勒和韦尔斯的名义发行。全书只有薄薄的94页，包括12首诗作。一年后，在草叶集的第二版，连同爱默生的祝贺信一同被出版。第二版有20组诗。爱默生一直企盼着一名新的美国诗人，现在他在《草叶集》中找到了。1861年美国南北战争爆发，内战结束后惠特曼自费发表了反映内战的诗篇《桴鼓集》。几个月后他又出版了一本续集，其中有悼念林肯的名篇《当紫丁香最近在庭园中开放的时候》、《啊，船长！我的船长哟!》等。

在美国内战后，惠特曼在内政部当职员，但是当当时的内政部部长詹姆士·哈兰发现他是“讨厌”的《草叶集》的作者后，就把惠特曼解雇了。到1881年《草叶集》第七版时，由于不断上升的知名度，这版诗集得以畅销。诗集带来的收入使得惠特曼可以在纽约卡姆登买上一间房子。由于内战时辛劳过度，惠特曼于1873年患了半身不遂症，在病榻上挨了近20年。1891年，《草叶集》出版了第九版，诗歌的篇目已增加到372首诗作。

1892年惠特曼逝世，他被安葬在哈利公墓自己设计的墓碑下面。

如同《堂吉诃德》是对骑士小说的清算一样，《包法利夫人》是对浪漫主义与浪漫派小说的清算。

《包法利夫人》

福楼拜（法国 1821—1880）

在19世纪的法国文学大师辈出的年代，继批判现实主义大师司汤达和巴尔扎克之后，出现了另一位致力于现实主义创作的文学大师——福楼拜。他在艺术上另辟蹊径，立志创新，形成了自己独特的风格，不仅丰富和发展了19世纪的现实主义文学，而且为19世纪后期的作家所师承，在法国文学史上起着重要的桥梁作用。

虽然福楼拜对现实生活的描绘不及司汤达的图景那样深刻，更不及巴尔扎克的画卷那样广阔辉煌，但是他是资产阶级社会日常生活细致的观察者，他给19世纪中叶的法国现实生活提供了虽然并不全面却是非常真实和典型的写照，因此代表着批判现实主义的新阶段。

福楼拜一生著述不多，以一部《包法利夫人》赢得了极大的声誉。《包法利夫人》是世界十大文学名著之一，作者从资产者的平淡无奇的日常生活中撷取题材，描绘了一幅地道的法国19世纪的外省风俗画。作者在小说创作中运用的“纯客观”艺术手法，对后世影响很大。“这部完美无缺的小说”出书以后，“在文坛上产生了类似革命的效果”。

经典回眸 JINGDIANHUIMOU

福楼拜开始创作活动的时候，巴尔扎克已经去世。19世纪50年代初期，法国一直没有出现重要的长篇小说。《包法利夫人》的发表标志着巴尔扎克之后第一部重要的长篇小说的出现。

小说《包法利夫人》的主人公爱玛是外省一个富裕农民的女儿，她的父母希望她能够受到大家闺秀的教育，把她送到修道院里度过青年时代。结果爱玛深受消极浪漫主义文学的不良影响和宗教的熏陶，头脑里充满了无名的感伤，幻想过浪漫主义小说中所描写的恋爱生活。然而，在爱玛的实际生活中，她身边的人每天庸庸碌碌，为衣食奔忙，和那种贵族社会的“风雅”生活相距甚远。

由于父亲对她十分疼爱，因此她不用操持家务，每天无所事事，只是期待着幻想中的爱情的到来。这时包法利医生出现了。他治愈了爱玛父亲卢欧老爹不小心摔断的腿，并且刚刚丧偶。卢欧对包法利非常欣赏，并把女儿爱玛嫁给了他。但是，包法利是一个平庸无能的人，他智力低下，性格软弱，满足现状，毫无理想，与爱玛理想中的爱情格格不入。

正当爱玛感到梦想破灭的时候，她在沃比萨舞会上遇到了子爵，爱玛为风度翩翩的子爵所倾倒，但这对她来说却是可望而不可即的。为此，爱玛大病一场。包法利为了解除爱玛的烦闷，便迁往荣镇定居。在这里，她认识了年轻的实习生莱昂，并且两个人一见钟情，但是莱昂虽然对爱玛有意，却胆小怕事，不敢向她进攻就到巴黎去了。

爱玛又一次回到了百无聊赖的生活中。这时，情场老手罗道尔夫乘虚而入，用花言巧语骗取了爱玛，使爱玛错把他当成了自己梦寐以求的情人，并且要求和他一起私奔。罗道尔夫本来对她就是逢场作戏，后来对她日益冷淡，最后竟然抛弃了她。爱玛的梦想又破灭了。她试图斩断私情，把精力转向对丈夫和孩子的爱，并且希望丈夫在事业上一举成名。然而，包法利却不争气，还几乎断送了一条人命。

爱玛绝望之时，在剧院又遇见了莱昂，莱昂经过巴黎酒店女郎的熏染，已不是当年含情脉脉、羞羞答答的小男孩了。他们开始了幽会生活，虽然爱玛感觉到情妇生活和夫妻生活一样平淡无奇，但她已经过惯了腐化堕落的生活，并且债台高筑，她把包法利的财产和积蓄都送到了高利贷者的腰包，如果不偿还债款，就要扣押财产了。这时，莱昂对爱玛已经失去了兴趣。爱玛向勒和、公证人、莱昂甚至罗道尔夫求助，却没有人肯帮助她。在走投无路的情况下，爱玛选择了服毒自杀。包法利怀着沉痛的心情埋葬了爱玛后，不久也离开了人世。

小说以简洁而细腻的笔触，再现了19世纪

典·故·逸·话

有人说：“好文章与其说是写出来的，不如说是改出来的。”此话颇有道理。法国著名作家莫泊桑在初学写作时，曾带着一篇新写的短篇小说去向法国大作家福楼拜请教。他在福楼拜的书桌上看见厚厚的一沓稿纸，但每页只有第一行写有铅笔字。莫泊桑十分吃惊地问：“您这样写不是太浪费稿纸了吗？”福楼拜笑道：“我一直有这样的习惯：一张稿纸只写第一行，其余9行是留着作修改用的。”莫泊桑赶紧向老师告辞，回家修改他的新作去了。

中叶法国的外省生活，塑造了鲜明逼真的人物形象，具有巨大的揭露意义，成为法国19世纪批判现实主义文学中的一部优秀作品。

"客观性艺术"的典范

《包法利夫人》被誉为世界十大文学名著之一。福楼拜在书中写的是平庸的人物和平淡无奇的生活，但他用的艺术手法却能点石成金，化腐朽为神奇；他通过个性化的语言来描写人物，用浪漫主义的语言来展示浪漫主义的个性，使浪漫主义也成为现实主义的一部分了。

《包法利夫人》的故事取自现实，其中夏尔·包法利的原型是欧解德拉玛，1834年前，他在福楼拜父亲的鲁昂医院实习，同年9月18日取得行医执照，但不得动大手术；1836年他和30岁的寡妇（小说中改为45岁）结婚，寡妇死后，又于1839年8月7日和17岁的农家女德尔芬·库蒂丽叶（包法利夫人爱玛的原型）结婚。德尔芬长得很美（鲁昂博物馆有她的画像），曾在鲁昂一家修道院学习，但她生性风流，喜欢交男朋友。据她婚后的女佣奥古斯汀梅娜吉（小说中的费莉西）说：她们两人同岁，无话不谈，常常同读小说，羡慕贵族夫人生活，模仿她们，每星期五在家中开招待会，邀请公证人事务所的年轻朋友参加，但却没有人来赴约。德尔芬自视很高，说起话来声音清脆如玉，对平凡的婚后生活不满，又不信教，搞了两次婚外恋，邻居看见过她在花园中吻抱情人。1848年3月6日，她搞得倾家荡产，服毒自尽。

这种婚外恋的风流艳事，法国文学史上不乏先例，如卢梭的《新爱洛绮丝》和普莱沃的《曼侬勒斯戈》。福楼拜怎么超越前人呢？前人写的都是浪漫主义的才子佳人，福楼拜写的却是现实主义的庸人和浪漫主义的怨妇。庸人满足于现状，怨妇却向往未来。包法利的外形笨拙，智力低下，性格软弱，毫无理想；结婚前唯母命是听：母亲为他选择职业，选择行医地点，选择婚姻配偶；和寡妇结婚后又唯妻命是听：他在人面前应该这样说，不能那样说；要顺着她的意思穿衣服，按照她的吩咐催促病人还账。他并不爱寡妇，但在寡妇死后，他也不感到如释重负；他向爱玛求婚，却又不敢开口，还是岳父做主，才成好事；他对爱玛更加唯命是听，爱玛要和他保持距离，他不敢越雷池一步，并不感到难堪，也不觉得痛苦。而爱玛却是一个充满了浪漫主义思想的少女，虽然生在农村，却不甘居人下，梦想着要过贵族夫人的爱情生活，结果嫁

了一个才貌平庸的丈夫，现实距离理想太远，所以婚外恋就合乎情理了……

《包法利夫人》不单是批判了庸俗的浪漫主义，而且也揭露了庸俗的资产阶级人物，如药剂师奥默。比起他来，包法利的形象反而显得高大了。包法利虽然平庸，但是心地善良，为人正直忠厚，从不口是心非，既不损人利己，也不嫁祸于人。奥默却是自私自利的典型：他吹嘘自己一知半解的科学知识，打击神甫，抬高自己；他吹嘘自己乐善好施，救济穷人，实际上却剥削药房的小伙计；他送消炎膏给乞丐，也是为了沽名钓誉，一旦膏药无效，有损他的名声，他就要置乞丐于死地；他劝跛脚的旅店伙计动手术，如果成功，他也可以沾光，如果失败，他就让医生一个人挨骂。这样一个小人，最后却得到了他朝思暮想的十字荣誉勋章，这真是对资产阶级的绝妙讽刺。

对于宗教，福楼拜也揭穿了教会的形式主义，这体现在布尼贤神甫身上。神甫的职责是了解教民的精神生活，拯救他们的灵魂；布尼贤却只会念经，背诵教义，不会联系实际。爱玛在婚外恋之前，精神万分痛苦，来找神甫忏悔。神甫既不了解她，也不会安慰她，反叫她去找医生。相比之下，不信教的爱玛却显得有一颗虔诚的心了，这又是对教会的无言指责。无论是指责批评，还是揭露讽刺，福楼拜都不直接发表个人的主观意见，而只作客观的描述，用具体的事例来说明问题。因此，《包法利夫人》成了“客观性艺术”的典范。（佚　名）

被忽视的夏尔·包法利

夏尔·包法利对作品主题的深化起到了不容忽视的作用，历来的研究者和教科书似乎都忽略了这个人物的存在，他似乎只是一个陪衬或道具，可有可无。我们好像忘记了，夏尔·包法利在小说中也是一个有血有肉的人物，也属于福楼拜塑造出来的特殊“典型”。而且，整部小说是以包法利上学作为开端，以他的死亡作为全篇的终结——爱玛死后，他又硬撑了一段时间，才在这个残酷的世界上消失。如果我们把这部作品作为某一个人物的传记来读，主角只能是夏尔·包法利，而不是爱玛。虽然在作品中的某些章节，夏尔的活动、思想的确描述得比较简略，但这并不意味着这个人物不重要。事实上，当爱玛死后，夏尔读到妻子的情书时，那些被作者省略掉的部分便重新被照亮了，我们仿佛把小说又重读了一遍。在小说的结尾，包法利获悉妻子背叛后的心理活动过程，作者也没有详细的交代，然而我们即便把包法利本人的“弱智”和“迟钝”等特征考虑进去，亦不能得出结论说，夏尔对妻子的偷情与背叛全然无动于衷。

在夏尔·包法利的迟钝、平庸、古板、懦弱的背后是宽厚、淳朴与善良，这样一个人物如果出现在《十日谈》或《堂吉诃德》里，也许还会带上一点儿喜剧色彩，然而他是生活在19世纪中叶的法国，他会有怎样的遭遇呢？

爱玛看清了这个社会的真实状况已为时太晚，她面临破产的威胁、无计可施之时，作者没有容她多活一天，立即就让她喝砒霜死掉了。因此，爱玛是一个真相的目击者，但她却没有时间去咀嚼苦难，而夏尔·包法利却是一个苦难的承受者。他对苦难的承受完全是被迫的，如果没有爱玛，他可能终其一生都觉得满足（因为他智力迟钝，感受力比较麻木），然而他不仅目睹了妻子的惨死，而且通过她留下的情书获悉了所有的隐情与秘密，进而认识了这个社会的基本真相。他不善表达，天性愚钝，他在获悉真相之后选择了沉默。

作者没有过多地渲染他的悲伤、绝望和痛苦，而是让他静静地一声不吭地靠在墙上死去了。作者没有写出来的部分，读者却看得很真切。让一个迟钝、麻木的人去承受全部的灾难，作者的确是残酷了一点。所以，这部作品的主题在很大程度上都与爱玛的悲剧有关，但却是通过夏尔·包法利而最终完成的。（格　非）

历史桂冠 LISHIGUIGUAN

福楼拜出生在鲁昂一个世代行医的家庭里，他的父亲是主任外科医生，并从1818年起担任鲁昂市立医院院长。福楼拜18岁时按照父亲的意愿来到巴黎攻读法律，并结识了仰慕已久的大作家雨果。他自小爱好文学，对法律并不感兴趣，在1843年因神经系统的疾病放弃了法律，开始致力于文学创作。1845年，父亲去世后，福楼拜搬到鲁昂近郊的克罗瓦塞别墅居住，埋头写作并终其一生。在此期间，他曾经几次和朋友出游，对社会加深了认识，为小说创作提供了真实可信的材料。

从1852年起，福楼拜花了四年多的时间从事长篇小说《包法利夫人》的写作。他并不急于发表作品，而是要闯出自己的新路。1856年，《巴黎评论》发表了这部小说后，轰动了文坛。福楼拜获得了盛誉，然而却因为小说批判的锋芒触犯了当局而受到控告。之后，福楼拜开始从事古代题材的创作，之后他又写了《萨朗波》、《情感教育》、《三故事》等。

福楼拜终生过着独身生活，在晚年培养了莫泊桑、左拉和都德等作家。1880年福楼拜去世，他未完成的遗作《布瓦尔和佩居谢》于1881年问世。

波德莱尔的《恶之花》是法兰西第二帝国时代的土壤上开出的一朵罂粟，经历了100多年的磨砺，至今仍拥有大量读者。

《恶之花》

波德莱尔（法国 1821－1867）

一个伟大的时代，往往从一个伟大的诗人开始，或者用一个伟大的诗人去证明。作为法国象征派诗歌的先驱、现代派诗歌的鼻祖，夏尔·波德莱尔开创了现代诗歌的新时代。在19世纪法国文学史上，只有他可以和雨果并肩而立，他勇于在浪漫主义文学群星灿烂的时代独辟蹊径，开创自己的艺术世界。他的创作上承浪漫主义的风格，下开象征主义的先河。他的影响遍及西方现代诗歌中的各种流派，爱略特把他奉为“现代所有国家中诗人的楷模”。

在世界各国出版的世界文学名著丛书之类的作品中，可以没有雨果、歌德的诗集，但绝不会漏掉波德莱尔。《恶之花》是奠定波德莱尔文学地位的杰作，雨果称其“像星星一般闪耀在高空”。1857年6月25日，《恶之花》出现在巴黎的书店里，整个法国诗坛为之震撼，议论纷起。这本不厚的小书，遭到了“普遍的猛烈抨击，引起了人们的好奇”，甚至是法律的追究。在相当长的时间里，它引发了无数舌战，毁誉参半，相持不下。

法国《快报》周刊曾公布的一份调查报告表明：46%的读者喜欢阅读波德莱尔的作品。这类调查报告几乎年年都有，而波德莱尔和他的《恶之花》也几乎总是名列前茅。单靠统计数字也许不足以说明一部作品的兴衰，而一部作品的兴衰也不能完全说明它在文学上的价值。但是，在浩如烟海的文学作品中，《恶之花》至今仍拥有如此数量的读者，这至少可以证明它的不朽。随着时间的流逝，越来越多的人们理解了《恶之花》深刻的内容和新颖的艺术形式所体现出来的划时代的意义，并将它置于世界文学经典的行列。

经典回眸
JINGDIANHUIMOU

法国伟大的诗人、批评家夏尔·波德莱尔在年轻时曾决心“做一个大诗人，却不是做拉马丁，也不做雨果，也不是做缪塞”。他渴望创造属于自己的辉煌，并最终做到了。他的诗集《恶之花》是一部划时代的不朽奇书，在世界文学发展史上永远闪耀着独特的光芒。

《恶之花》共100首，自始至终都表现了两个世界——现实世界和想象中的世界，资本主义世界和诗人理想的世界，魔鬼的地狱和上帝的天堂的对立、斗争。

第一部分是《忧郁和理想》，这是全集中分量最重的部分，充分反映了诗人精神上和肉体上的苦难，以及他为求得解脱而作出的精神上的努力。在诗中，诗人从出现在世界上就被母亲诅咒、世人嫉恨，并且得不到理解，又受到疾病和贫困的折磨、懒惰和厄运的困惑。在精神和物质的双重打击下，诗人试图通过对美的追求实现自己的理想，然而结果是一片迷惘。接着，诗人又转向了对爱情的追求，却在爱情的折磨中失去了自己的心。美和爱情都未能排遣诗人内心的忧郁和焦灼。

于是，诗人的目光从内心转向外部世界，他看见了巴黎。他进入这个城市，试图出淤泥而不染，静观城市的景色，倾听人声的嘈杂，远离世人的斗争。但是，乞丐、天鹅、老人、过客、娼妓和疲倦的工人不断地映入诗人的视线，他们的痛苦使诗人的内心不能平静，他只能在梦境中感受到光明和美好。当诗人醒来时，看到的仍是那个“愁苦麻木的世界”。

诗人不得不求助于酒。可是，酒给人带来的境界和梦一样是虚幻的，醒来时一切依然如故。于是，诗人像但丁深入地狱一样，到那盛开着“恶之花”的地方去探险，这地方就是人的心灵的最深处。诗人来到人最卑劣的情欲中去，大胆地为世人采撷了几朵恶之花。然而，诗人在罪恶之国漫游，得到的是绝望、死亡、对自己沉沦的厌恶。他曾经希望人世的苦难都是为了赎罪，为了重回上帝的怀抱而付出的代价，可上帝无动于衷。波德莱尔对上帝的存在

典·故·逸·话

在19世纪中叶文学史的转折时期，波德莱尔宣称：“大名鼎鼎的诗人早已割据了诗的领域中最华美的部分，因此我要做些别的事。”波德莱尔做了什么事呢？他认为，“18世纪流行的是虚伪的道德观，由此产生的‘美’也是虚伪的。所以18世纪是一个普遍盲目的时代。”因此，他对诗的性质给了新的定义：“什么叫做诗？什么是诗的目的？就是把善与美区别开来，发掘恶中之美。”“透过粉饰，我会掘出一个地狱！”波德莱尔在1848年革命中参加过武装起义，但起义失败，路易·波拿巴称帝，使他圣西门式的空想社会主义破灭。在此情况下，波德莱尔受美国诗人的启发，创作了《恶之花》，于1857年出版。此书一出，舆论大哗，波德莱尔也一举成名，但他因《恶之花》成的名却是“恶之名”，波德莱尔成了“恶魔诗人”。法兰西帝国法庭曾以“有伤风化”和“亵渎宗教”罪起诉他，同时查禁《恶之花》，并对波德莱尔判处罚款。

产生了怀疑，最终“向上帝吐出他的诅咒”。

诗人历尽千辛万苦，最后到死亡中寻求安慰和解脱。他歌颂死亡，从死亡中看到了希望。他的总结是：一切追求和理想到头来都是一场失败，人的灵魂依然故我。在人类社会的旅途上，到处都是“永恒罪孽的令人厌倦的景色”，人们只有一线希望，就是离开这个世界，到遥远的深渊里去“发现新天地”。这是诗人毕生的追求留下的唯一的微弱的希望。诗人的悲观厌世正是出于对这个世界的强烈的爱，然而，他不能改变这个充满着“恶”的世界，他只有选择离开。这是一个时代的悲剧。

伊甸园中的一枚禁果

波德莱尔曾经是个神话，而《恶之花》则是这个神话的主要来源。在法国，这个神话早已被打破了，波德莱尔成为无可争议的大诗人，《恶之花》成为法国文学史上具有划时代意义的优秀作品，并得到了世界文坛的承认。波德莱尔一夜之间得到的恶名，终于在历史的长河中被洗刷干净了。然而，在法国以外的有些地方，波德莱尔的神话仍然不同程度地存在着。不过这终归要被打破的，因为在法国之外的地方（其实法国之内也有许多地方），这种神话多半是“曾参杀人”式的传说。

波德莱尔在一些人的心目中被看做是一个颓废的诗人，他的《恶之花》被看做是对丑恶的美化、迷恋、欣赏和崇拜。然而当我们读过《恶之花》之后，我们明白了，这并不是事实。我们不能说他是一个颓废的诗人，我们只能说他是一个颓废时代的诗人，一个对那个时代充满了愤怒、鄙夷、反抗和讽刺的诗人，他以雄浑有力而非纤弱柔媚的笔触揭露了他那个时代的丑恶和黑暗，而字里行间却洋溢着对光明和美好的向往和追求，并且描绘了一个虽然虚无缥缈却毕竟是针锋相对的理想世界。

在《恶之花》中，我们看到，那些“丑恶的画面”总是作为波德莱尔的理想的对立面出现的，它们是诗人厌恶、鄙视、否定和抛弃的对象。有时候他因无力反抗而流露出无可奈何的悲观情绪，这正是在资本主义社会中一个作家不能真正摆脱他所痛恨的阶级的精神痛苦，而有时则是他的某种病态心理的反映。波德莱尔是一个对资产阶级、他们的社会、他们的道德标准深恶痛绝的作家，又是一个极其敏感、精神上受过戕害的知识分子。他一生中处处碰壁而又不知回头，事业上屡遭挫折而又不肯随波逐流，在激愤之余，写出一些故意惊世骇俗的东西，“恐吓安分守己的资产者”。其实，在一个病态的社会里，这倒毋宁说是一种正常的心理，其中有正当的反抗，有由于偏激而造成的错误，也有因抵制不了诱惑而染上的恶习。

对于全部《恶之花》，我们同意巴尔贝·多尔维利的话："波德莱尔先生采撷了《恶之花》，但是他没有说这些花是美的，是香的，应该戴在头上，拿在手里，他没有说这样做是明智的。相反，当他说出它们的名字的时候，他践踏了它们。"是的，波德莱尔践踏了它们，而没有连根铲除它们，他不知道它们的根在哪里。他在人性中寻找，他在基督教的原罪说中寻找，而不知道在社会制度中寻找，这是他的局限性。

一部文学作品的价值不在于它提供了多少值得仿效的人物和行动，而在于它能否为人生开拓出新的天地，或者它是否在一定程度上反映出人类生活的某些本质方面，以及它所蕴涵着的洞察、启迪和教育的力量。事实证明，波德莱尔的诗在七月王朝时到处碰壁，受到冷遇，在第二帝国时受到法律追究，被视为洪水猛兽，它更不能为资产阶级所容。《恶之花》的意义恰恰在于：它用一把锋利的解剖刀，打开了一个在资本主义制度的重压下，在丑恶事物的包围中，渴盼和追求着美、健康、光明和理想但终未能摆脱痛苦和沉沦的人的内心世界，那里面既有着与资本主义社会相对立的东西，又有着悲观的结论，从而暴露出这个社会的黑暗、腐朽和不合理，反映出正直善良的人们在这个社会的价值观念的范围内寻求出路是不可能的。（郭宏安）

诗人的楷模

一个对诗不大敏感的人，去理解波德莱尔并非易事。

诗人往往代表着某种不幸的命运。这种不幸使得他们痛苦不已，而恰恰是这痛苦使得他们内心充满了力量。诗人就是具有这么一种神奇的能力，即将痛苦转化为另一种东西（诗、艺术等具有永恒色彩的东西）。

从一般意义上说，诗来自于痛苦，这是事实，但是诗本身并不能显示诗人内心的痛苦，它往往是给人向上的力量的。而对于波德莱尔来说，他就是这种意义上的诗人。他内心痛苦，喜欢写诗，但是写出来并不是世人所谓的"高尚的作品"。他的痛苦是那么直接，完全在诗的字里行间，似乎还没有转化成另外一种东西。他承认自己内心一片黑暗，并不承认自己幸福，也不承认自己是个圣徒，要为人类承担什么不幸。他说内心是恶的，而且有一种变态的心理，沉湎于恶所带来的那种乐趣。这样写也是他的一种勇气，或者说他内心是真实的、坦诚的。

他首先掘出了自己内心里的那个地狱，正是这种直接切入事物本质的文风，让恶的本性暴露在阳光下，说出自己在为恶，与那些口口声声说自己在做某种伟大的事业，而内心一片黑暗的人比起来，更是一种勇气，一种率真。

为恶——承认乃是一种勇气；为恶——饰非乃是一种虚伪。

他写《恶之花》并不是想引人入歧途，而是出于某种道德劝诫。他希望自己的良苦用心能够得到人们的理解。波德莱尔是要人们理解他的用心，他是想让人面对自己，坦诚地面对自己。从坦诚中寻找到生命的本原，从而走向真的天堂。因此也就不难理解他从生理上厌恶那些一本正经的“正派人士”——他们总是遮遮掩掩，无法使自己真实起来，赤诚地面对生命的本原；而这些“正派人士”也无法容忍波德莱尔的诗作。正是这双方面的原因使波德莱尔很长一段时间不能被人理解。后来，波德莱尔才越来越为人所称道。兰波是步波德莱尔之后的法国象征主义诗人，他称波德莱尔是“第一具慧眼者，是诗人之王，一个真正的上帝”。而写了那著名的《荒原》的爱略特说波德莱尔已经成为“现代所有国家中诗人的楷模”。

《恶之花》本身是一个世界，这个世界就是波德莱尔的坦诚。（佚　名）

历史桂冠
LISHIGUIGUAN

夏尔·波德莱尔不仅是法国象征派诗歌的先驱，而且是现代主义的创始人之一。瓦莱里说：“波德莱尔是光荣的顶点”，兰波尊他为“最初的洞察者，诗人中的王者，真正的神”。

波德莱尔1821年生于巴黎一个受过法国大革命洗礼的美术教师家中，6岁丧父，母亲改嫁，从此他陷于孤独。继父想叫他进入官场，他却专与文人名士结交，一度沉迷于名士派的放荡生活。后来，家庭实行了经济管制，波德莱尔只能长期生活在贫困线上。波德莱尔在苦闷中写诗，但发表的不多。1857年出版《恶之花》后，舆论大哗，波德莱尔也一举成名。之后波德莱尔先后出版了《1859年的沙龙》、《人为的天堂》以及不少散文诗，巩固了他在文坛的地位，并成为魏尔伦、马拉美等一代青年诗人的精神领袖。

1866年，波德莱尔不慎跌倒，摔伤。尽管债台高筑，疾病缠身，但他仍在痛苦中继续自己的创作。1867年，瘫痪近一年的诗人告别了世界。波德莱尔的一生充满了矛盾、痛苦、反抗和颓废，但他不是一个颓废的诗人，而只是一个颓废时代的诗人。他对自己所处的时代充满了愤怒和鄙夷，并向往和追求着光明。他的作品激发了人们刻骨铭心的爱和恨，传达出力量与深度，表现出独特而深刻的美。

狄更斯用一副时代的放大镜放大了18世纪的历史，从而使读者如痴如醉地走进《双城记》。

《双城记》

■ 狄更斯（英国 1812-1870）

在英国文学史上，伊丽莎白女王时代以戏剧的成就为最大；在18和19世纪之交诗歌的成就为最大；而在维多利亚时代则以小说的成就为最大。当时的英国小说不仅取代了诗歌和戏剧在文坛独占鳌头，而且已经成为欧洲文化景观中璀璨的一页，狄更斯、萨克雷、乔治·爱略特、夏洛蒂·勃朗特、艾米丽·勃朗特等人形成了一个群星灿烂的小说鼎盛时代，其中狄更斯是19世纪英国现实主义文学的杰出代表，英国小说在他的笔下达到了灿烂辉煌的高峰。

狄更斯是欧洲19世纪少数杰出的批判现实主义大师之一，他的伟大不仅在于他深刻地暴露了英国各个社会阶层的生活实况，而且也在于他掀起了真正的文学革命。在他以前的英国文学中，普通人民是没有地位的；狄更斯虽不是第一个改变这种现象的人，却是最有效地改变了这种现象的人。他以妙趣横生的幽默、细致入微的心理分析，以及现实主义描写与浪漫主义气氛的有机结合而著称，在道德寓言、流浪汉小说、个人成长小说、历史小说乃至当时少有人涉及的悬念小说等广泛的艺术领域都有很高的成就，以其艺术上的创新对欧洲现实主义小说的发展作出了独特贡献。

狄更斯是用英语写作的最伟大的小说家，时至今日，他的作品仍像过去那样震撼人心。《双城记》是狄更斯后期创作的重要作品之一，以波澜壮阔的法国大革命为背景，全书结构严谨，情节错综复杂，真实传达了大革命时期的恐怖，对于“集体意志”加诸自由的戕害也有深刻的体验。这部作品是狄更斯诸多鸿篇巨制中最简短、最精炼，然而故事情节最扣人心弦、最惊心动魄的小说。

经典回眸 JINGDIANHUIMOU

英国文学批评家、历史学家汤玛士·卡莱尔的《法国革命史》中引用了一份在攻陷巴士底狱后从牢房中发现的秘藏手稿，作者是个叫格瑞·德默里的囚徒。其中有一段说："若是大人为了上帝和最神圣的三位一体的缘故而给我安慰，把我亲爱的妻子的下落告诉我——哪怕只是用一张卡片写上她的名字，通知我她还活着——那也是我所能得到的最大安慰，我也要永远祝福大人的伟大。"这一段话虽不多，却以其冤屈扣人心弦。这个可怜的人显然是叫人秘密囚禁了，否则为什么连他妻子的消息也不告诉他？可他却还要"永远祝福大人的伟大"，可见威胁着德默里的那位大人有多么大的权势！

这个情节是《双城记》的核心情节。一个被人秘密囚禁十年的囚徒在狱中含血带泪写出了自己不幸的遭遇，并要求向仇人清算，而十多年后这封控诉书恰好控诉了自己无辜的女婿。围绕这个情节作者写出了一个涵盖了那个时代的社会风云的波澜壮阔的故事。这就是《双城记》。

1859年问世的《双城记》以风起云涌的法国大革命为背景，直接反映了革命前后尖锐复杂的阶级斗争，表现了作者对待暴力革命的矛盾态度。无论从反映作家思想的发展，概括社会生活的广度、深度，还是从表现生活的艺术技巧来看，都是狄更斯后期创作中首屈一指的杰作。

1775年12月的一个月夜，寓居巴黎的年轻医生曼内特散步时，突然被埃佛瑞蒙德侯爵兄弟强迫出诊。在侯爵府第中，他目睹一个发狂的绝色农妇和一个身受剑伤的少年饮恨而死的惨状，并获悉侯爵兄弟为了片刻淫乐杀害他们全家的内情。他拒绝侯爵兄弟的重金贿赂，写信向朝廷告发。不料控告信落到被告人手中，医生被关进巴士底狱，从此与世隔绝，杳无音讯。两年后，妻子伤心过度而死。幼小的孤女露西被好友罗瑞医生接到伦敦，在善良的女仆普洛丝的抚养下长大成人。

后来，曼内特医生获释。这位精神失常的白发老人被巴黎圣安东尼区的一名酒贩、他旧日的仆人德伐日收留。这时，女儿露西找到了父亲，专程接他去英国居住。旅途上，他们邂逅了法国青年查尔斯·达尔内，受到他的细心照料。

原来达尔内就是埃佛瑞蒙德侯爵的儿子，他憎恨自己家族的罪恶，毅然放弃财产的继承权和贵族的姓氏，移居伦敦，当了一名法语教师。在与曼内特父女的交往中，他深深地爱上了美丽善良的露西。为了女儿的幸福，曼内特决定埋葬过去，欣然同意了他们的婚事。

在法国，达尔内的父母相继去世，叔父埃佛瑞蒙德侯爵继续为所欲为。他放纵自己的马车疯狂飞驶，若无其事地轧死了一个农民的孩子，终于被孩子的父亲持刀杀死。法国的土地上，一场革命的风暴正在酝酿之中，德伐日的酒店就是革命活动的联络点。达尔内的妻子不停地把贵族的暴行和联络的事项编织成不同的花纹，记录在围巾上，渴望复仇。

1789年，法国大革命的风暴终于袭来。巴黎人民攻占了巴士底狱，昔日的贵族一个个被推上断头台。远在伦敦的达尔内为了营救家中的老管事，冒险回国，一到巴黎就被捕入狱。曼内特父女闻讯后星夜赶到。曼内特医生出庭作证，使达尔内回到妻子身边。可是短短几小时后，达尔内再次被逮捕。在法庭上，德伐日宣读了当年医生在狱中写下的血书——向苍天和大地控告埃佛瑞蒙德家族的最后一个人！法庭当庭宣判：判处达尔内死刑。

就在这时，一直暗暗爱慕露西的律师助手西德尼·卡尔顿来到巴黎。他买通狱卒，混进了监狱。他的面貌和达尔内十分相似，于是顶替了昏迷中的达尔内，把他替换出了监狱。曼内特父女早已准备就绪，带上达尔内立即出发，一行人顺利地离开法国。

德伐日太太在达尔内被判决后，又到曼内特医生的住所搜捕露西和她的幼女，在与普洛丝的争斗中，因为枪支走火而毙命。而卡尔顿安详地走向断头台，从容献身。

小说以真实而又形象的描绘告诉我们：革命是必然的，是正义的。而这种结论的得出缘于作者对当时法国社会的深刻刻画和对劳动人民苦难生活的生动描述。作为现实主义的历史小说，该书在狄更斯的作品中占有着独特的位置，它集中而全面地反映了作者思想的发展过程，同时它又具有巨大而又神奇的概括能力。《双城记》在反映社会历史现实的广度和深度上是其他同类描写法国革命的小说无法比拟的。

寻找一条出路

《双城记》是狄更斯最重要的代表作之一。在创作《双城记》之前很久，狄更斯就对法国大革命极为关注，反复研读英国历史学家卡莱尔的《法国革命史》和其他学者的有关著作。他对法国大革命的浓厚兴趣发端于对当时英国潜伏着的严重社会危机的担忧。1854年底，他说：“我相信，不满情绪像这样冒烟比火烧起来还要坏得多，这特别像法国在第一次革命爆发前的公众心理，这就有危险，由于千百种原因——如收成不好、贵族阶级的专横与无能把已经紧张的局面最后一次加紧、海外战争的失利、国内偶发事件等——变成那次从未见过的一场可怕的大火。”可见，《双城记》这部历史小说的创作动机在于借古讽今，以法国大革命的历史经验为借鉴，给英国统

治阶级敲响警钟；同时，通过对革命恐怖的极端描写，也向心怀愤懑、欲以暴力对抗暴政的人民群众提出警告，幻想为社会矛盾日益加深的英国现状寻找一条出路。

从这个目的出发，小说深刻地揭露了法国大革命前深深激化了的社会矛盾，强烈地抨击贵族阶级的荒淫残暴，并深切地同情下层人民的苦难。作品尖锐地指出，人民群众的忍耐是有限度的，在贵族阶级的残暴统治下，人民群众迫于生计，必然奋起反抗。这种反抗是正义的。小说还描绘了起义人民攻陷巴士底狱等壮观场景，表现了人民群众的伟大力量。然而，作者站在资产阶级人道主义的立场上，既反对残酷压迫人民的暴政，也反对革命人民反抗暴政的暴力。在狄更斯笔下，整个革命被描写成一场毁灭一切的巨大灾难，它无情地惩罚罪恶的贵族阶级，也盲目地杀害无辜的人们。

这部小说塑造了三类人物。一类是以埃佛瑞蒙德侯爵兄弟为代表的封建贵族，他们"唯一不可动摇的哲学就是压迫人"，是作者痛加鞭挞的对象。另一类是德伐日夫妇等革命群众。必须指出的是，他们的形象是被扭曲的。例如德伐日的妻子狄安娜，她出生于被侮辱、被迫害的农家，对封建贵族怀着深仇大恨，作者深切地同情她的悲惨遭遇，革命爆发前后很赞赏她坚强的性格、卓越的才智和非凡的组织领导能力；但当革命进一步深入时，就笔锋一转，把她贬斥为一个冷酷、凶狠、狭隘的复仇者。尤其是当她到医生住所搜捕露西和小露西时，更被表现为嗜血成性的狂人。最后，作者让她死在自己的枪口之下，明确地表示了否定的态度。第三类是理想化人物，是作者心目中以人道主义解决社会矛盾、以博爱战胜仇恨的榜样，包括曼内特父女、达尔内和卡尔顿等。曼内特医生被侯爵兄弟害得家破人亡，对侯爵兄弟怀有深仇大恨，但是为了女儿的爱，可以摒弃宿仇旧恨；达尔内是侯爵兄弟的子侄，他大彻大悟，谴责自己家族的罪恶，抛弃爵位和财产，决心以自己的行动来"赎罪"。这对互相辉映的人物，一个是贵族暴政的受害者，宽容为怀；一个是贵族侯爵的继承人，主张仁爱。他们中间，更有作为女儿和妻子的露西。在爱的纽带的维系下，他们组成一个互相谅解、感情融洽的幸福家庭。这显然是作者设想的一条与暴力革命截然相反的解决社会矛盾的出路，是不切实际的。

典·故·逸·话

一天，英国作家狄更斯坐在江边垂钓，一个陌生人走到他的面前问他："怎么，您在钓鱼?""是啊，"狄更斯随口回答，"今天运气真糟，这时候了，还不见一条呢。可是昨天也是在这里，我钓了15条呢!""是这样吗?"那人说，"可是您知道我是谁吗？我是专门管这段江面的，这儿禁止钓鱼!"说着，他从口袋里掏出发票本，要记名罚款。狄更斯连忙反问："您知道我是谁吗？我是专门负责虚构故事的，虚构故事是作家的事业，所以，不能罚我的款!"

《双城记》有其不同于一般历史小说的地方，它的人物和主要情节都是虚构的。在法国大革命广阔的真实背景下，作者以虚构人物曼内特医生的经历为主线索，把冤狱、爱情与复仇三个互相独立而又互相关联的故事交织在一起，情节复杂，头绪纷繁。作者采取倒叙、插叙、伏笔、铺垫等手法，使小说结构完整严密，情节曲折紧张而富有戏剧性，表现了卓越的艺术技巧。（徐人望）

伟大的文化总是在激荡中生成的

狄更斯被称为伟大的英国现实主义作家。他早年生活非常穷困，并没有进过什么学校，完全靠自学增长知识。不过，这种困苦的生活，使他能够与最下层的社会接触，是他后来把这种经验写进他的小说里的好机会，作家的生活经验的确是他的灵感的最佳土壤。

《双城记》是以法国大革命为背景所写成的小说。通过一个个鲜活生动的人物，再现了19世纪初叶欧洲各国的社会生活、政治风暴和历史风貌。小说里描写了贵族如何败坏、如何残害百姓，人民心中积压了对贵族的刻骨仇恨，导致了不可避免的法国大革命。全书的巧妙之处可以分两点来说：情节结构、人物刻画。

情节结构方面，如果理性地看整体故事情节，其实安排得有些夸大和巧合，然而因为狄更斯的处理技巧十分高明，因此读者也就不会发现其中值得质疑的地方，而是陶醉在那引人入胜的情节中，随着故事的发展节奏而起伏激荡，仿佛此事发生在自身，有着无比的真实感。

人物刻画方面，作品十分生动而准确地表现出每个人物的特性，这也许就是为什么故事情节格外具有说服力的原因。例如德伐日的热心、德伐日夫人就相对显得冷漠，罗瑞先生忠实认真的态度，露西的坚强和卡尔顿的智慧与勇敢，都令人如见其人、如闻其声地留下深刻的印象，同时也发挥了巧妙的功能，让故事情节环环相扣地发展下去，又不失真实感，从这些人物身上，处处可见作者精心独到的刻画天才。

本书以文学的方法呈现出一个伟大而动荡的时代。贵族与教会的横征暴敛、奢侈荒诞，而相对于此的，是农民和一般下层人民的生活困苦、备受压迫。于是，在人民的忍耐到达极限后，法国大革命就是这无数民众的怨气的爆发。“自由、平等、博爱”是革命的理想，人人皆有伟大的抱负，以对未来无限的憧憬和对自由无比的渴望，为期待一个全新时代的降临而激昂雀跃。然而，令人始料未及的，是它所带来的剧烈的动荡与不安，以及随之而至的恐怖统治，让民众陷入了恐慌、惶惑及黑暗之中。一时之间，对与错、正义与邪恶、光明与黑暗，全混杂在这难分难解的时代，也混杂在千千万万的人心中。这种强烈的对比恰与《双城记》这个书名形成了呼应。假

如以此种角度来看，“双城”除了在实际故事中指伦敦与巴黎，又何尝不是指这一个混杂了光明与黑暗、正义与邪恶及许许多多原本对立分明的事物的城市呢？

在真实的人生中，我们也常遇见这样充满矛盾与冲突的时刻。然而历史证明，伟大的文化总是在激荡中生成的，是数不清的血汗交织成的。我们只要怀着那股进取的勇气，相信人人都能挣出自己的一片天，证明自己独一无二的价值。（佚 名）

历史桂冠 LISHIGUIGUAN

狄更斯于1812年出生在兰德波特的一个海军小职员家庭，家境一直较为困窘。狄更斯10岁时全家被迫迁入负债者监狱，11岁就承担起繁重的家务劳动。他曾在皮鞋作坊当学徒，16岁时在律师事务所当抄录员，后担任报社采访记者。狄更斯只上过几年学，全靠刻苦自学和艰辛劳动成为知名作家。

19世纪30年代初，狄更斯以“波兹”为笔名，发表了许多描写伦敦风土人情，城市风貌和各种人物的特写，后收录到《波兹特写集》。这些作品受到广大市民的欢迎，更坚定了狄更斯的信心，决定专门从事文学创作。不久，他的第一部长篇小说《匹克威克外传》以画配字的形式出版，并使他一举成名。从此摆脱了贫困的生活，专门从事文学创作。他写新戏，演老戏，四处旅行，结交新的朋友，创作新的小说，在英国和美国的听众面前朗读自己的作品。

狄更斯一生共创作了14部长篇小说，许多中短篇小说和杂文、游记、戏剧、小品。纵观自己一生丰厚的著述，狄更斯最满意的作品是写于1859年的《双城记》，也许《双城记》充分地表明了狄更斯恪守终生的信念：世上确有历尽磨难而依然傲然不屈的人。

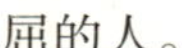

狄更斯对自己的写作有充分的自信，1869年他在遗嘱中写道：“我恳请我的朋友们绝不要为我建立纪念碑、纪念堂或设立奖金，我的作品将足以使我的同胞记得我。”他还强烈要求“把我的丧事办得简单、朴素，不事声张，不要宣布下葬的时间和地点……”1870年6月8日，狄更斯疲倦地合上了双眼。他去世后被安葬在西敏寺的诗人角，他的墓碑上如此写道：“他是贫穷、受苦与被压迫人民的同情者；他的去世令世界失去了一位伟大的英国作家。”

《悲惨世界》是不同时代、不同国度的千千万万人民不断造访的一块艺术胜地。

《悲惨世界》

■ 维克多·雨果（法国　1802—1885）

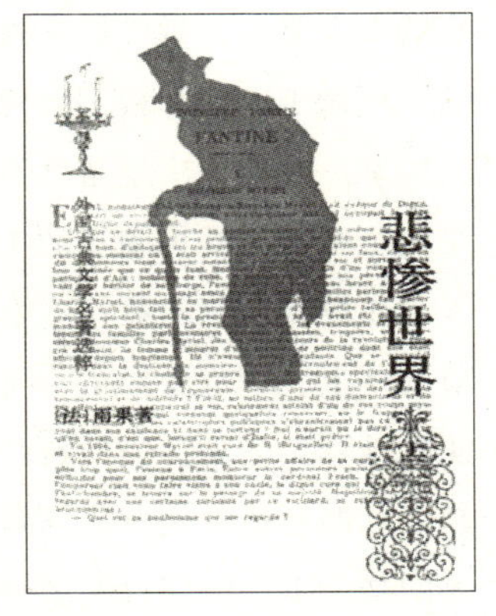

1861年6月30日上午，流亡在大西洋上的盖纳西岛的法兰西一代文豪维克多·雨果，完成了他的长篇小说《悲惨世界》。作品一经问世，便在社会上引起了轰动。小说发行的当天清晨，争相购买的人把书店围得水泄不通，5万册书很快告罄，此书成了雨果作品中流传最广、影响最大的珍品。

雨果是法国资产阶级浪漫主义文学运动的领袖人物，他的一生几乎经历了法国19世纪社会政治生活中发生的所有重大变革，他是人类精神文化领域里真正的伟人，文学上雄踞时空的王者。在世界诗歌史上，他构成了五彩缤纷的奇观，他长达几十年的整个诗歌创作道路都紧密地结合着法兰西民族19世纪发展的历史过程，他的诗律为这个民族的每一个脚步打下了永恒的节拍；在戏剧舞台上，雨果结束了一个时代也开创了一个时代，是他完成了从古典主义戏剧到浪漫主义戏剧的发展；在小说领域中，他是唯一能把历史题材与现实题材都处理得有声有色、震撼人心的作家。他小说中丰富的想象，浓烈的色彩，宏大的画面，雄浑的气势，显示了某种空前的独创性与首屈一指的浪漫才华。

《悲惨世界》是雨果最重要的长篇小说，也是最能代表他思想艺术风格的作品。小说规模宏大、内容丰富、气势磅礴，在浪漫主义艺术风格中加入了现实主义的某些因素，实现了二者的完美结合，堪称现实主义和浪漫主义相结合的最高典范，被列夫·托尔斯泰盛赞为“法国当时最优秀的作品”。

《悲惨世界》的卷首上印着一句话：“只要这世界还有愚昧和贫困，那么和本书同一性质的作品都不会是无用的。”这部作品问世已有一个多世纪，它在时间之流的大海上傲然挺立，它是不同时代、不同国度的千千万万人民不断造访的一块艺术胜地，而且将永远是人类文学中一块不朽的胜地。

经典回眸
JINGDIANHUIMOU

作为19世纪前期积极浪漫主义文学运动的领袖，雨果是法国文学史上卓越的资产阶级民主作家，《悲惨世界》是最能代表他的思想艺术风格的作品，多次被拍成电影，在世界上广为流传。

《悲惨世界》开始写作于1845年，发表于1862年。全书共分为五部，第一部《芳汀》讲述了主人公穷苦的工人冉阿让因为偷了一块面包而被判处五年苦役，又因为越狱而被加重处罚，在监狱中过了19个年头。他出狱后意外地闯进了主教米里哀先生的家。冉阿让受到米里哀主教的感化，立志为善。他改名换姓，来到蒙特猗城，因为发明制造宝石的方法而致富。他做了很多善事，被选举为市长。他认识了身患重病的女工芳汀。她曾经在被欺骗遗弃后生下了私生女珂赛特，为了生活她来到冉阿让的工厂做工，但却被了解她身世的德纳第敲诈勒索，结果被迫沦为妓女，又受到法律的迫害。冉阿让决定帮助不幸的芳汀和女儿团圆。结果为了不连累被误认为是出狱后又犯了盗窃罪的冉阿让的工人，他毅然承认了自己的真实身份，被警察沙威逮捕。

在第二部《珂赛特》中，雨果在开篇以雄浑的笔力再现了滑铁卢战役。一个圣诞节的晚上，越狱逃跑的冉阿让路过孟费村镇，认出了在德纳第家备受虐待的珂赛特，便把她赎买下来，当做自己的女儿来抚养，住在巴黎郊外一所古老的修道院里，隐居起来。但是很快他行善的名声引起警方的注意，又一次被沙威追捕。在一个修道院工人的帮助下，他们过上了平静的生活，珂赛特长大成人了。

第三部《马吕斯》中的主角马吕斯是一个崇拜拿破仑的进步青年，他和顽固的保王派的外祖父决裂并离家出走。他逐渐形成了共和主义的政治信仰。他邂逅了珂赛特并爱上了她。冉阿让在行善时救济了容德雷特一家，没料到容德雷特就是原来的德纳第。德纳第破产后流浪到巴黎，并以乞讨、行骗和偷盗为生。德纳第洞察到冉阿让的隐私，预谋陷害冉阿让。在马吕斯的帮助下，冉阿让得以逃脱。

在第四部《卜吕梅街的儿女情与圣丹尼街的英雄血》中，雨果描述了冉阿让为了躲避沙威的追捕，迁居到卜吕梅街。马吕斯与珂赛特相遇并产生了热烈的爱情，却遭到了马吕斯的外祖父的阻拦。这时，1832年的人民起义爆发了，反对路易·菲力浦政权，马吕斯参加了圣丹尼街的战斗。

最后一部《冉阿让》中，沙威也混进街垒，

典·故·逸·话

据说，1862年，雨果写完《悲惨世界》之后，将书稿投寄给一位出版商。稿子寄出很长一段时间没有回音，于是，他在纸上画了一个很大的“?”，寄给了出版商。隔几天，出版商回信了，雨果拆开一看，上面也是一个字没有，只画了一个“!”。他知道有希望了。果然，他的《悲惨世界》不久就出版了，并大获成功。

他被起义者抓住，冉阿让却以宽大的胸怀放走了他。在政府军的残酷镇压下，起义即将失败。冉阿让背负着身负重伤的马吕斯逃命的时候，遇见了沙威。沙威思想里发生了矛盾，不能继续执行逮捕冉阿让的司法职务，遂投河自杀。马吕斯伤愈后，和珂赛特结婚了。但当他们得知冉阿让的真实身份后却疏远了冉阿让并准备完全断绝关系，冉阿让在孤寂中濒临死亡。后来马吕斯间接了解到冉阿让一生行事的难能可贵，痛悔自己态度粗暴，马上和珂赛特一起去探望他。这时他已病重垂危。但是在临终前能得到一对青年人的谅解，使他感到莫大的欣慰。整个故事是以冉阿让对米里哀主教的回忆而结束的。

《悲惨世界》既是雨果思想的总结，更是19世纪的历史发展和社会现实生活的产物，全书通过对冉阿让一生传奇经历的描绘，刻画了从拿破仑滑铁卢失败到反对七月王朝的人民起义这一历史阶段，《悲惨世界》为我们展示了近半个世纪的法国历史的宏伟画卷，塑造了冉阿让、沙威、芳汀、珂赛特等栩栩如生的人物形象，深刻、细腻地再现了当时法国社会的景貌，写出了下层劳动人民的悲惨命运，这本书堪称书写穷人悲惨命运的经典之作。

全书情节曲折跌宕，有舒有缓，有张有弛，雨果在完成这部时间跨度二十余载的作品时，在重大历史事件的穿插及故事地点的转换上，具备了写实主义作品的特质，而在表现这些充满戏剧化的故事时，雨果无疑又使自己的浪漫主义手法得到了极致的发挥，他的《悲惨世界》正是通过浪漫主义与现实主义的高度结合，成为了历史上一切浪漫主义文学中最辉煌的杰作。

精神的结晶

《悲惨世界》是一轴辉煌的画卷。画幅的卷首可上溯到卞福汝主教经历的1793年大革命高潮的年代，卷末直延伸到马吕斯所参加的1832年巴黎人民起义。在这里，将近半个世纪历史过程中广阔的社会生活画面，都一一展现了出来：外省偏僻的小城，滨海的新兴工业城镇，可怕的法庭，黑暗的监狱，巴黎悲惨的贫民窟，阴暗的修道院，恐怖的坟场，郊区寒碜的客店，保王派的沙龙，资产阶级的家庭，大学生聚集的拉丁区，惨烈绝伦的滑铁卢战场，战火纷飞的街垒，藏污纳垢的下水道……这一漫长浩大的画轴中每一个场景，无不栩栩如生，其细部也真切入微，形象又是那么鲜明突出，色彩是那么浓重瑰丽，气势是那么磅礴浩大，堪称文学史上现实主义与浪漫主义结合的典范。

小说中的画面描绘，远远超出了表现历史背景与叙述人物故事经历的需要，雨果有意识要为后世留下史笔，他所描绘的这个世纪的两大历史事件滑铁卢战役与1832年巴黎起义，就是极为辉煌的两例。更主要的是，他要在小说里写出历史迂回曲折、起伏跌宕的巨变，并且在全部历史景象与过程的中心，安置一个触目惊心的社会现实，即下层人民悲惨的命运。他在小说的序里就指出了“本世纪”的三个问题：“贫穷使男子潦倒，饥饿使妇女堕落，黑暗使儿童羸弱。”因此，可以说，作者要绘制的就是那个世纪中穷人悲惨生活的画卷。

这是一部雄浑的史诗，是一个人的史诗，但又不限于个人的意义。主人公冉阿让的经历具有明显的奥德修斯式的传奇性，他一生的道路是那么坎坷，他所遇到的厄运与磨难是那么严峻，他的生活中充满了那么多惊险，所有这一切都不下于古代史诗《奥德赛》中主人公的历险。与奥德修斯的史诗不同的是，冉阿让的史诗主要是以他向资产阶级社会强加在他头上的迫害、向不断威胁他的资产阶级法律作斗争为内容的。

正因为冉阿让要对付的是庞大的压在头上的社会机器与编织得非常严密的法律之网，雨果要使这个人物的斗争史诗能够进行下去，就必须赋予他以惊人的刚毅、非凡的体力、罕见的勇敢机智。不仅如此，他还被作者赋予现代文明社会的活动能力。雨果笔下的这个人物几乎具有了各种非凡的活力，他是一个浪漫主义色彩浓厚的传奇性的主人公。

这个人物的浪漫主义色彩，更重要的是表现在他的道德精神方面，他的精神历程也像史诗一样可歌可泣。他本是一个本性善良的劳动者，社会的残害、法律的惩罚、现实的冷酷使他“逐渐成了猛兽”，盲目向社会进行报复，以致犯下了真正使他终身悔恨的错事，而这种悔恨却又导致一种更深刻的觉悟，成为他精神发展的起点，促使他的精神人格上升到了崇高的境界。

冉阿让并不是一个抽象的人。从出身、经历、品德、习性各方面来说，他都是一个劳动者。他体现了劳动人民各种优秀的品质，他是被压迫、被损害、被侮辱的劳苦人民的代表。他的全部经历与命运，都具有一种崇高的悲怆性，这种有社会代表意义的悲怆性，使得《悲惨世界》成为劳苦大众在黑暗社会里挣扎与奋斗的悲怆的史诗。这是一种博爱精神的结晶，人道主义精神的结晶。（柳鸣九）

人类苦难的“百科全书”

捧读《悲惨世界》，最突出的感觉当是厚重之感。这种厚重之感，不是拿在手上，而是压在心头，感到的是人类的苦难厚重的积淀。不是写苦难深重的书，都能当得起这“厚重”二字。而《悲惨世界》独能当得起，只因这部大书压在作者心头，达30年之久。

历时30余年，从1828年起构思，到1845年动笔创作，直至1861年才终于写完全书，真是鬼使神差，这在雨果的小说创作中也是绝无仅有的。

这30余年，物非人亦非，发生了多大变化啊！如果说1830年，在他的剧本《欧那尼》演出所发生的那场斗争中，雨果接受了文学洗礼，那么1848年革命，以及1852年他被“小拿破仑”政府驱逐而开始的流亡，则是他的社会洗礼。

流亡，不仅意味着离开祖国，而且意味着离开所有的一切，包括文坛领袖的头衔、参议员的地位等等；流亡，不仅意味着同他的本阶级决裂，而且也同他所信奉的价值观念、文学主张决裂；流亡，给他一个孤独者的自由：从此他再也无所顾忌了，不再顾忌社会、法律、权威、信仰，也不再顾忌虚假的民主、人权和公民权，甚至不再顾及自己的成功形象和艺术追求。流亡，把他置于这一切之外，给他一个大解脱，给他取消了一切禁区，从而也就给了他全方位的活动空间。雨果在盖纳西岛过流亡生活期间，就是从这种全方位的目光、全方位的思想，重新审视一切，反思一切。

在此基础上，他不仅对《苦难》手稿作了重大修改和调整，还大量增添新内容，终于续写完全书，定名为《悲惨世界》。整部作品焕然一新，似乎随同作者接受了洗礼，换了个灵魂。这是悲惨世界熔炼出来的灵魂，它无所不在，绝不代表哪个阶层、哪些党派，也不代表哪部分人，而是以天公地道、人性良心的名义，反对世间一切扭曲和摧残人的生存的东西，不管是多么神圣的、多么合法的东西。

世间的一切不幸，雨果统称为苦难。因饥饿偷面包而成为苦役犯的冉阿让、因穷困而堕落为娼妓的芳汀、童年受苦的珂赛特、老年生活无计的马伯夫、巴黎流浪儿伽弗洛什，以及甘为司法鹰犬而最终投河的沙威、沿着邪恶的道路走向毁灭的德纳第，这些全是有代表性的人物，他们所经受的苦难，无论是物质的贫困还是精神的堕落，全是社会的原因造成的。雨果作为人类生存状况和命运的思考者，能够全方位地考察这些因果关系，以未来的名义去批判社会的历史和现状，以人类生存的名义去批判一切异己力量，从而表现了人类历史发展中的永恒性矛盾。正是在这个意义上，《悲惨世界》可以称做人类苦难的“百科全书”。（李玉民）

历史桂冠 LISHIGUIGUAN

19世纪的法国文坛人才辈出，群星灿烂，其中有一位与巴尔扎克、左拉并驾齐驱的巨人，以他多产的作品蜚声世界，他就是兼有小说家、诗人、剧作家及政治家之称的维克多·雨果。

1802年2月26日，雨果生于法国东部的贝藏松。他的父亲效忠波旁王朝，母亲则一直是个保皇派。由于家庭的影响，青年时代的雨果政治立场保守，他早期的作品大都具有保守主义倾向。

查理十世上台后，雨果的政治态度开始转变。1826年，他与维尼、缪塞、大仲马等人组成第二文社，开始明确反对伪古典主义。1827年，雨果发表了著名的战斗性的浪漫主义宣言《〈克伦威尔〉序言》，成为浪漫主义文学运动的领袖。1829年雨果发表了浪漫主义诗集《东方吟》，表达了他对20年代希腊人民争取独立斗争的同情。同年出版的中篇小说《一个死囚的末日》，是雨果抽象人道主义思想最早的表现。1830年2月25日演出的《欧那尼》在法国文学史上被称为划时代作品，体现出雨果在《序言》中提出的艺术自由的思想，标志着浪漫主义戏剧对伪古典主义戏剧的胜利。1830年，七月革命爆发后，雨果一度拥护君主立宪制，但1848年的革命，使他又转向了共和主义。他因反对拿破仑三世而被放逐达19年之久。其间完成了长篇名著《悲惨世界》、《海上劳工》、《笑面人》。1870年，拿破仑三世垮台，雨果回到巴黎并受到巴黎人民的热烈欢迎。在普法战争期间，雨果参加了国民自卫军，并为抗战捐款。1874年，雨果发表小说《九三年》，这是他的最后一部重要作品。

1885年雨果逝世，法国人民为他举行了国葬，从此他长眠于专门安葬伟人的巴黎先贤祠。在长达60多年的文学生涯中，雨果勤奋创作，留下了22部诗集，12部戏剧，20部小说和散文，若干文论等珍贵作品，此外，他还创作了4000多件油画和水彩画等艺术作品，给法国文学和人类文化宝库增添了一份十分辉煌的文化遗产。

屠格涅夫的笔下，只是很冷静地写下人物的言行，那些文字好像一些氤氲的毒素，渗透在读者的血液里。

《父与子》

■ 屠格涅夫（俄国 1818–1883）

在世界文学中，也许很少有人像屠格涅夫那样，是一个杰出小说家，又是一位伟大的抒情诗人。他在俄国文学史上有着特殊的意义，他的创作标志着俄国文学浪漫主义的终结和现实主义的成熟，早在19世纪50年代就被称为“俄国当代最伟大的作家”。屠格涅夫以生花妙笔描绘了无比广阔的俄国社会生活画面，塑造了种种生动的艺术形象，揭示了人民的美好心灵，他以自己的艺术珍品发展了俄国现实主义文学。

在屠格涅夫那里，我们感受到的是绵延无尽的忧伤。他为白云、落花怅惘，为已逝的青春和曾经沉醉过的幸福叹息，更为人类恒久的苦难和俄罗斯多舛的命运而哀恸。在他的视野中，高耸着黑暗的坟墓，没有真实的和完全的幸福。然而，屠格涅夫的愁苦是高尚的，他没有妨碍人们追求健康、上进的生活，相反，他给人们以慈爱、关怀、抚慰和诱导。他教导人们如何在苦难中保持尊严和骄傲。人们热爱屠格涅夫，是因为他唤起了流溢在人心灵里的被世事所遮蔽了的善良。屠格涅夫从不抱怨命运，对大地和生命充满恩情，把所有的经历都视为生活的财富。正是他对生命深长的感恩和爱戴，鼓舞了那些踽踽独行的思想的流亡者。

在学术与哲理的园林中，文学是一种氛围，一个情景，或是一扇窗户。在更深夜静的夜晚，阅读屠格涅夫，即使被他忧伤的河流所浸透，心灵仍然会获得某种怡然的恬静。《父与子》是屠格涅夫的杰作，也是俄国文艺界争议最为激烈的作品之一。主人公巴扎各夫是一位极富艺术魅力的“多余人”，这个真实地反映了时代的典型形象被公认为“俄罗斯文学中第一个使大家肃然起敬的人物”。

经典回眸
JINGDIANHUIMOU

到了屠格涅夫手里，俄国长篇小说创作有了较大的发展，加里宁说：“屠格涅夫每发表一部作品，几乎都要引起针锋相对的文学派别的斗争，受到截然不同的评价。”1860年8月开始执笔，1861年7月完成的长篇小说《父与子》就是这样一部引起激烈争议的作品，也是他创作的顶峰。

故事发生在1859年5月。医科大学生巴扎各夫出身于平民知识分子家庭，他父亲曾是个军医，年老后迁居乡村，为农民治病，而他母亲则是个普通的俄罗斯家庭妇女。他们善良、淳朴，为自己的儿子感到骄傲。巴扎各夫应同学阿尔卡季的邀请一同到他父亲尼古拉·彼得罗维奇的田庄做客。尼古拉·彼得罗维奇热情地接待了他。阿尔卡季的伯父帕维尔·彼得罗维奇仪表端庄、傲慢冷漠，是个典型的贵族，巴扎各夫否定一切的精神和虚无主义的原则和帕维尔努力维护的贵族原则总是针锋相对。阿尔卡季很崇拜巴扎各夫，在争论时常常站在巴扎各夫一边，和他持相似的观点。他们和帕维尔在一起谈话的时候，对于社会制度、政治经济、俄国人民、哲学道德以及科学艺术等很多问题都展开了激烈的争论，而帕维尔远非巴扎各夫的对手。巴扎各夫还深受农民和家仆的孩子的喜欢，因为他很随意，没有老爷架子，所以他们和他在一起时感到很愉快。不久，巴扎各夫在一次舞会上认识了美丽又“有着独立和相当坚决的性格”的女地主奥金左娃。尤其是他发现他们曾经有过同样艰苦的经历，于是对她产生了强烈的感情。然而当他向她表白自己的爱情时，却遭到了拒绝，使曾经否定过爱情的巴扎各夫受到沉重的打击。同时，阿尔卡季爱上了贵族小姐卡捷琳娜，他把精力都用来营造自己的安乐窝，最终继承了父亲的庄园，成了精明的庄园主。后来，帕维尔·彼得罗维奇因在和巴扎各夫的辩论中一次次“失去了他那被捧得高高的自尊心”，感到他的阶层、利益、生活方式都受到了威胁。最后他通过决斗来维护他那贵族的“自尊心”，巴扎各夫答应了。结果帕维尔受了轻伤。他不仅在决斗中失败了，还在道义上也被彻底打垮，不得不承认，巴扎各夫骂他们的“贵族气派”的话是对的，“现在应该把一切的虚荣心丢开”了。而尼古拉则早就承认巴扎各夫比他们强了。

决斗之后的第二天，巴扎各夫告别了尼古拉的村庄，回到了自己年迈的父母的家里。在一次为邻村一个伤寒死者解剖尸体时，他不慎割破了自己的手指，由于没得到及时的处理，

典·故·逸·话

屠格涅夫在25岁那年，爱上了一位从法国来圣彼得堡演出的已经结婚生子的女歌唱家维·阿尔朵，从此便离家去国，天涯海角地追随着她。维·阿尔朵的丈夫比维·阿尔朵大了20岁，这位丈夫对年轻美貌的妻子有这样一位崇拜者始终能够心平气和地对待。在长达40年的时间里，屠格涅夫作为维·阿尔朵和那个家庭的朋友，与他们共同厮守着，他终生忠实于这个女子，终身未娶。

不久就因感染死去了。

《父与子》是屠格涅夫的代表作。巴扎各夫身上尽管有瑕疵，但他仍以不同凡响的艺术个性给人以鲜明的印象，在俄国文学史上他是第一个俄国“新人”形象，率先传达出平民知识分子已成为生活主角的时代信息。

符合时代的典型

屠格涅夫属于俄国社会运动中的自由主义一翼。他虽赞赏革命志士的高尚情操，他们为事业勇于奉献的平民精神，然而他与社会运动的另一翼——革命民主派不同，他只主张“渐进”，他认为另一派只是堂吉诃德悲剧式的、缺乏现实生活感的人，他喜欢温和的君主立宪而不喜欢杜勃罗留波夫、车尔尼雪夫斯基等民主主义者的“庄稼汉民主”。所有这些不能不反映在他的艺术创作里。但屠格涅夫是个深沉的现实主义作家，他必然把历史的重大客观事件置于视野之内，把再现生活作为无可推卸的职责，去塑造符合时代的典型。

把小说《父与子》中发生的事件限定在1859年自有其原因，正是该年自由主义者和革命民主主义者彻底决裂。屠格涅夫着重描写了这两种社会力量的分歧。前者的代表是贵族中较为进步和开明的基尔沙诺夫，后者的代表则是革命民主主义者、平民知识分子巴扎各夫。作者选择了这样的典型环境和典型人物来说明，两种势力的较量乃是两个不同阶级的对抗，“新人”巴扎各夫用以反叛“先生们”、“老爷们”的虚无主义带有直接反对贵族的性质。两者彼此仇视，仇视表现在衣着、行为举止、秉性、感情乃至思想意识层次。

巴扎各夫初见基尔沙诺夫，便对他那“目空一切的架势”和贵族仪容而表示反感，他以几乎是放肆的口吻去凌辱基尔沙诺夫：“老古董!”而后者“贵族的秉性难于容忍巴扎各夫的放肆”，骂他“傲慢而粗暴”。

在争辩中基尔沙诺夫把自己说成是个热爱进步的自由派人士，他肯定“真正的贵族”——“英国贵族”。可是巴扎各夫不屑一顾：“这种老调我们不知听过多少遍了。”因为在当时，英国之于俄罗斯，相去何止天渊。巴扎各夫对基尔沙诺夫自由式的爱民观点和改革，关于宪法、议会的美丽词句嗤之以鼻，他自己准备投入大规模的社会运动，他为自己定下值得“巨人”去做的任务，他要求积极的社会变革。

然而屠格涅夫在肯定民主主义者否定一切的历史必要性时，并没有把虚无主义者提高到战胜贵族——“父辈”的高度，即使在写巴扎各夫和基尔沙诺夫雄辩式的争论时他也没有完全站在巴扎各夫一边。在此屠格涅夫把巴扎各夫和基尔沙诺夫之间的冲突看做是两种社会历史势力的较量，而两者却都陷进了片面性误区；冲突双方只部分地有理，俄国知识分子的两极虽都了解和同情人民和他们的需求，但在两者之上还有某个第三者——俄罗斯人民，最后判断是非的公正人；孰是孰非，暂时还是个“斯芬克司之谜”。

超脱于两派之上，保持不偏不倚，严格地、客观地重视争论双方的实际缺陷，只有伟大的艺术家方能做到。我们不能断言屠格涅夫完全属于这样的伟大艺术家，但他确实把两派陷入误区的纷争写成了这部小说的悲剧性结局。（石枕川）

巴扎各夫·激情

你还记得他吗？巴扎各夫。在这个不再有激情的时代里，你还能坐下来读一读这个充满激情的男人吗？如果说，巴扎各夫过去受到人们的热烈欢迎是因为他身上某些言行适应了革命思潮的需要，那么今天他还能经得起阅读，则完全是因为他身上还有着其他一些人性的基本东西，例如激情。巴扎各夫的激情除了受时代、思潮的影响之外，还不可避免地受他自身的人性影响。他出身于平民家庭，虽然大学毕业成为知识分子，但却得不到社会的承认。他不满于自己的现状，无社会地位，也无贵族所拥有的一切，由此他否定贵族的生活准则，相信否定一切和虚无主义，政治激情也因此而产生。但另一方面，巴扎各夫对贵族的这种生活又不无留恋，由此他在帕维尔、尼古拉等人面前表现的否定一切的激情又多少起到了掩饰自己内心留恋的情绪，正因为如此，他才会在奥金左娃面前彻底崩溃。

不要把巴扎各夫当做一个革命者来理解，这是我们能够真正理解屠格涅夫塑造巴扎各夫的起点。确切地说，巴扎各夫是个不满现状的平民知识分子，这样就能理解为什么他在被奥金左娃拒绝后不久，又和尼古拉的事实妻子费多西娅发生了暧昧情感。他是个青年知识分子，他和阿尔卡季一样需要爱情需要恋人，这是他激情产生的人性因素。然而，奥金左娃只是被他的否定一切的冰冷态度所吸引，她并不爱他，也不可能爱上他这样一个穷人。这对巴扎各夫的打击可想而知。同时，阿尔卡季却赢得了奥金左娃的妹妹卡捷琳娜的爱，在巴扎各夫看来这不过是阿尔卡季出身于贵族，有钱有地位所导致的。他一点儿也不比阿尔卡季差，相反他在思想上是阿尔卡季的导师，但仅仅因为他出身于平民，他是个穷人，他就得不到奥金左娃的爱。巴扎各夫后来也明白了这一点，他在和奥金左娃告别时说：“我是一个穷人，可是我现在还没有受到别人的周济。再见吧，太太，请您保重。”既保持了他平民知识分子的自尊心，又隐晦地流露出他压抑的爱情。当他后来解剖伤寒病人尸体受到感染而奄奄一息时，巴扎各夫还要求奥金左娃来看他，并且在奥金左娃吻他前额中死去，便是基于这样一种压抑的爱情。另一方面，巴扎各夫和帕维尔的手枪决斗若被看做巴扎各夫政治激情的胜利，那么他和他的朋友阿尔卡季的分手就是一种压抑的友情。巴扎各夫说：“我们彼此讨厌了，我想我们现在应该分手了。”巴扎各夫在贵族的圈子里找不到他的朋友，找不到他的恋人，压抑的爱情和友情使他的激情不再。他回到了他的家中，经过几天苦恼和烦躁，他给自己找到了一个解闷的工作：帮助父亲给人治病，他已经没有激情了。他在这种没有激情的工作中再也找不到激情了。（邹 平）

历史桂冠
LISHIGUIGUAN

1818年11月9日，屠格涅夫出生于奥廖尔省的一个贵族家庭。他的母亲专横任性，虐待农奴，这给年幼的屠格涅夫留下了深刻的印象，他下定决心不与农奴制妥协。15岁时考入莫斯科大学语文系，后转入圣彼得堡大学哲学系语文专业，以后又赴德国，攻读哲学等课程。在欧洲，他受到卢梭等启蒙思想的影响，与巴枯宁等人时有来往。回到俄国后，在1842年底结识别林斯基，成为至交，他的反农奴制的态度更为坚决。1843年他发表叙事诗《巴拉莎》，获得别林斯基的赞许。同年他认识了法国女歌唱家维·阿尔朵夫人，此后终生眷恋她，甚至为她而侨居国外。特写集《猎人笔记》是屠格涅夫的成名之作，使他获得作家的声誉。同期他还写了一些剧本，以《村中一月》最为有名。1856年第一部长篇小说《罗亭》问世，罗亭成为“多余人”中最具光彩的形象。1859年发表的长篇小说《贵族之家》给他带来第一流作家的声望。以后他把目光转向观察新的社会典型，创作出刻画“新人”形象的两部长篇《前夜》）和《父与子》。此外，中、短篇小说的创作几乎贯串在他一生的文学活动中，著名的有《木木》、《阿霞》、《初恋》、《春潮》等。屠格涅夫一生四十余年的笔耕生涯中，创作了被誉为“艺术编年史”的六部长篇小说，以及大量的中短篇小说、特写、戏剧、抒情诗、叙事诗、散文诗等各种各样体裁的作品，并撰写了相当数量的文学评论、回忆录、文学书简等。1883年9月3日下午，屠格涅夫因脊椎癌死于巴黎附近的布日瓦尔。当他的遗体被运送回俄国以后，坟墓与别林斯基为邻。尽管俄国的知识分子为他举行了葬礼，但沙皇政府严禁一切悼念活动。一支书写优美的伟大之笔，从此停住了。

100年前有人说凡尔纳是个疯子，因为他所说的都是不现实的。
100年后又有人说凡尔纳已经过时了，因为他所想象的都已经实现了。

《海底两万里》

儒勒·凡尔纳（法国　1828－1905）

在人类文化史上，19世纪的法兰西文化光辉灿烂，当时名家云集，群星闪烁，其中有一颗星耀人眼目，与众不同，那就是被人誉为“科幻之父”的凡尔纳。他的名字和他的作品超越时空地域，至今仍受到世界各国人民特别是青少年读者的喜爱与欢迎。世界上很少有像他这样的小说家，从广袤的陆地写到浩瀚的海洋，从神秘莫测的地心写到变幻无穷的星际空间，他的许多在当时被认为是不可思议的科学预见，如今都已经实现或即将实现。从某种程度上说，凡尔纳预言了20世纪宇航科技的诸多成就，只不过他的这些预言是以科幻小说来表达的。霓虹灯、自动人行道、空调、摩天楼、导弹、坦克、潜艇、飞机，这些20世纪的奇迹也早在他的故事中就已经出现。现代潜艇之父西蒙·莱克在自传中的第一句话就是：“儒勒·凡尔纳是我一生的总舵手。”

你想了解神秘的海底世界拥有哪些令人惊叹的奇观吗？你想知道在人类无法到达的海洋深处生活着哪些奇妙的鱼类吗？你想考证世界上最大的珍珠产自哪里吗？你想看看美丽的珊瑚王国吗？你想领略与鲨鱼搏斗的惊心动魄的感觉吗？……如果，你对这一切都感兴趣的话，那么就请打开儒勒·凡尔纳的《海底两万里》，你便打开了探知海底世界的大门！它将带你走进一个充满新奇、刺激、惊险的世界，你想知道的一切在这里都可以找到答案。读凡尔纳的小说，不仅可以漫游天上人间，观赏到前所未闻的绚丽景致；还可以增长科学知识，启迪智慧与想象力，激发难能可贵的推动人类进步的创新精神；更可以陶冶情操，提高审美能力，激励人们去创造更多的真、善、美。

经典回眸
JINGDIANHUIMOU

《海底两万里》是凡尔纳的三部曲的第二部（第一部是《格兰特船长的女儿》，第三部是《神秘岛》），主要讲述了诺第留斯号潜艇的故事。1866年，有人以为在海上见到了一条独角鲸，法国生物学家阿龙纳斯最后发现那是一艘名为诺第留斯号的潜艇，并且带着仆人康塞尔和一个捕鲸手，跟随尼摩船长乘坐这艘潜艇在海底做了两万里的环球探险旅行。尼摩是个不明国籍的神秘人物，他在荒岛上秘密建造的这艘潜艇不仅异常坚固，而且结构巧妙，能够利用海洋来提供能源。阿龙纳斯通过一系列奇怪的事情，终于了解到神秘的尼摩船长仍与大陆保持着联系，用海底沉船里的千百万金银来支援陆地上人们的正义斗争。

本书是凡尔纳写的一部潜入海底、环游世界的科幻小说。书中的故事对于我们今天科技高度发达的21世纪来说，已是极易理解的事了。但是，在凡尔纳的时代，人类还没有发明可以在水下遨游的潜水艇，甚至电灯都还没有出现。而凡尔纳在他的海底世界里已经幻想了潜水艇，这是多么的令人不可思议啊。然而，凡尔纳的伟大正在于他的幻想是科学的幻想，小说发表后25年，人类成功地制造出了真实的潜水艇，随后进行真正的海底旅游。这本书中包容了其他大量的真实科学知识，对海洋动物、植物进行了细致描绘，对海底地理、地质知识作了准确介绍，内容十分丰富。作为一本科幻小说，书中塑造了鹦鹉螺号潜水艇的设计者、制造者、指挥者尼摩船长和乘船探险者博物学家阿龙纳斯的生动形象，描述了他们周游太平洋、印度洋等的冒险经历，故事引人入胜。书中还告诫人们在看到科学技术造福人类的同时，重视防止被坏人利用、危害人类自身的行为；提出要爱护海豹、鲸等海洋生物，谴责滥捕的观念。这些将使读者在丰富多彩的历险与神奇知识的阅读后，留下对有关人类正义更深层次的思考，以及更丰富的心灵的收益。

在《海底两万里》这部小说中，凡尔纳把曲折、生动的情节和惊人的想象力巧妙地结合在一起，把新颖的艺术构思和浓厚的幻想色彩自然地融会在一块，既给人以美学享受，又给人以丰富的科学知识。

凡尔纳的作品启迪人们扩大视野，带领人

典·故·逸·话

18岁时，凡尔纳遵父嘱，去巴黎攻读法律，可是他对法律毫无兴趣，却爱上了文学和戏剧。一次，凡尔纳自一场晚会早退，下楼时他忽然童心大发，沿楼梯扶手悠然滑下，不想正撞在一位胖绅士身上。凡尔纳非常尴尬，道歉之后随口询问对方吃饭没有，对方回答说刚吃过南特炒鸡蛋。凡尔纳听罢摇头，声称巴黎根本没有正宗的南特炒鸡蛋，因为他即南特人而且拿手此菜。胖绅士闻言大喜，诚邀凡尔纳登门献艺。二人友谊从此开始，并一度合写戏剧，为凡尔纳走上创作之路创造了有利条件。这位胖绅士就是大仲马。后来，凡尔纳与大仲马合作创作了剧本《折断的麦秆》并得以上演，这标志着凡尔纳在文学界取得了初步的成功。

们大胆地幻想未来，创造性地思索未来。世界上许多杰出的科学家，以他们成功的亲身经历，一次次实现了凡尔纳的的幻想。许多在科学领域里作出杰出贡献的人，都曾经是凡尔纳小说的爱好者，并声称他的小说开启了人们探索自然、学习科学知识的极大兴趣。凡尔纳创作每一部作品时对自己都有要求，他的作品都经过周密的构思。读他的作品不仅是一种文化消遣，而且是上了一节生动形象的地理历史课、科普知识课。1884 年教皇在接见凡尔纳时说："我并不是不知道您的作品的科学价值，但我最珍重的却是它们的纯洁、道德价值和精神力量。"

科学与幻想

凡尔纳处身在欧洲科学技术方面要求创新的时代。特别是 19 世纪末，欧美各国科学技术的显著发展和政治的相应变化，迫使人们考虑用新的科学方式来改变落后的、陈腐的生产工具。这时涌现出了一批工业革命的先驱者，如瓦特、爱迪生，以及后来的莱特兄弟。蒸汽机的发明、汽车、火车、电汽技术及飞机等科学技术成果应运而生。巴斯德、达尔文和爱因斯坦等人的科学论著相继发表。这一切引起了当时欧美许多文学家试图用文学形式来再现这种新技术和新的科学思想、描绘当日社会和未来世界的科学远景。

凡尔纳是这批作家中最突出的一个，当他逝世的时候，科学家同文学家一起赶来向他的遗体告别。因为他是科学家中的文学家，又是文学家中的科学家。有人说，科幻小说没有生命力，只能风行一时，这是片面的认识。有没有生命力，不在于科幻小说的体裁本身，而在于作者有没有这样的创造能力，有没有这样深厚的功底，凡尔纳的作品对这种看法是一个有力的驳斥。

《海底两万里》是凡尔纳创作的黄金时代最有代表性的作品之一。它成书于 1870 年，与长篇小说《格兰特船长的儿女》、《神秘岛》合为著名的三部曲，本书为第二部。这部创作享有百科全书式的荣誉。《海底两万里》是一部以海洋为背景的科学幻想小说，因而无边无际的大海里的自然景色和海洋深处丰富多彩的海生动植物是作家描绘的主要对象，篇幅几乎占了全书的二分之一。在小说中，凡尔纳以他渊博的海洋知识对大海进行了奇美壮观的描述。那壮观的海生动植物，把读者带入了一个崭新的海底世界，令人迷醉惊羡，既引人入胜，又耐人寻味。

在《海底两万里》中，凡尔纳依据富尔顿所进行的潜水船的试验，幻想了一个潜入深海，并能长期航行的潜水船，这在当时来说，简直是不可思议的。富尔顿的潜水船由于技术的原因，根本没有实用的价值，而凡尔纳所幻想的诺第留斯号，那时在世界上也根本没有那么强大的电力来源供给它所需的光、热和动力。世界上第一艘潜水船是在小说问世30年后才发明的，但是在小说中，却详细地描绘出了它的蓝图。今天，当人们提起潜水艇再也不感觉惊奇了，因为幻想已经变成现实，而且大大地超越了凡尔纳的想象。美国第一艘核潜艇“魟鱼”号曾在水下横渡了北冰洋，而第二艘核潜艇“海神”号仅用了84天的时间在大洋底下环绕了地球一周。但是，人们仍然叹服凡尔纳的幻想能力，仍然抹杀不了他对科学发明的启迪作用。（佚　名）

科学和民主的赞歌

儒勒·凡尔纳的书，也许不能算世界第一流的文学名著，但却无疑有着独特的艺术魅力，一百多年来，风靡了全世界。许多世界著名的科学家，包括伟大的物理学家爱因斯坦和星际航行技术的奠基者齐奥尔科夫斯基，都曾经生动地论述过，他们正是在儒勒·凡尔纳的小说的引导下，走上科学创造道路的。儒勒·凡尔纳的作品，是科学和艺术的水乳交融的结合，是生动地描绘先进的科学技术如何开拓新的世界的诗篇，又是科学和民主的赞歌。

儒勒·凡尔纳的作品，为什么能够经过整整一个世纪、仍然在地球的各个角落受到欢迎而历久不衰呢？

首先，在儒勒·凡尔纳的科学幻想和探险小说里，包含有丰富的、各种各样的科学知识，而这些知识又不是枯燥的、刻板的叙述，而是生动地和作品的情节交织在一起。在《海底两万里》中，作者不管是对于海底生物界的描绘，或者对于潜艇的构造与运动原理的叙述，都是十分引人入胜的。知识，在儒勒·凡尔纳的作品里，已经不是外加的东西，而是情节的有血有肉的组成部分。

其次，儒勒·凡尔纳还在自己的作品里，塑造了栩栩如生的人物。《海底两万里》中

的尼摩船长博学、冷静、沉着而机智，他不是书斋里的学者，他是在反抗殖民主义斗争烈火中成长起来的民族志士，在祖国沦为殖民地后，他带领少数志同道合的同志潜入海底，继续帮助被压迫民族的斗争。这样，作者塑造了一个外表似乎是与世隔绝、“心如死灰”的隐士，实质上内心感情十分炽烈、时刻注视着世界政治风云的科学家的形象。

儒勒·凡尔纳的创作所反映的时代离开我们已经有一百多年了。他所描述的科学也已经过时。拿潜艇来说，尼摩船长的鹦鹉螺号比起今天的核潜艇来，几乎是小孩的玩具。但是，科学上的过时，并没有使他的作品有所逊色。这点，就足以说明，儒勒·凡尔纳的作品，虽然包含了丰富的科学知识，但他并不是以科学知识取胜的，他的作品经久不衰的魅力，在于作品中深刻的人民性，以及与科学知识结合在一起的民主主义精神。（郑文光）

历史桂冠
LISHIGUIGUAN

儒勒·凡尔纳是法国著名的科学幻想小说和冒险小说作家，也是世界上知名的文学家之一。他于1828年诞生在法国的海港城市布勒塔尼省南特市的一个律师家庭里。1863年起，他开始发表科学幻想冒险小说，代表作为三部曲《格兰特船长的儿女》、《海底两万里》、《神秘岛》。主要作品还有《气球上的五星期》、《地心游记》、《机器岛》、《漂逝的半岛》、《八十天环游地球》等20多部长篇科幻历险小说。到1905年逝世为止，他一生中总共创作了104部科学幻想小说，近百万字。此外还有其他小说、剧本，以及一部地理册和六卷本的《伟大的旅行家和伟大的旅行史》等。这使他成为法国名誉很高的多产作家，被法国科学院选为院士，获得“荣誉军团”的爵士封号和勋章。人们称他为“科学幻想小说之父”，这是名副其实的。

凡尔纳的作品形象夸张地反映了19世纪“机器时代”人们征服自然、改造世界的意志和幻想，并成为西方和日本现代科幻小说的先河，我国的科幻小说大多也受到他作品的启发和影响。凡尔纳的作品情节惊险，生动幽默，妙语横生，熔知识性、趣味性、创造性于一炉，他提出自然科学方面的许多预言和假设，不断启发着人们的想象力，所以一直受到世界各地读者的欢迎。他的作品被译成数十种语言在世界各地广为流传，深受数亿读者的喜爱。据联合国教科文组织的资料表明，凡尔纳是世界上被翻译的作品最多的十大名家之一。

兰波是19世纪的文学神话，他颠覆了诗歌旧有的语言和节奏，虽逝于英年，然而名声大噪于后世。

《地狱一季》

阿尔蒂尔·兰波（法国 1854-1891）

现代诗歌史上从来不缺耀眼的天才，兰波从小就渴望自己成为一个传奇，他谜一般的诗歌及其充满流浪、反叛和幻想的一生，果然使他成为了19世纪的文学神话。即便撇开这个神话单就他的诗歌而论，也堪称辉煌。他为数不多的诗作在法国诗歌史上留下了极为浓重的一笔，被“超现实主义”诗人们奉为先知，若没有他，则很难设想象保罗·克洛岱尔或圣-琼·佩斯这样的诗人横空出世。

兰波的光芒无疑是属于最为独特神秘而又持久的那一种。与许多天才的命运类似，兰波有着近乎疯狂的偏执，有着混乱而神秘的情感，有着近乎自虐的生命体验，他16岁已经登上了巴黎的诗坛。作为一名文坛新秀，他以闪电般的速度迅速打入巴黎诗坛主流，用他的诗征服了这个文化艺术之都，虽逝于英年，然而名声大噪于后世。兰波37年的生命如同昙花一现、彗星一闪。后世的人无法了解彗星划过的刹那究竟发生了什么，也无法知道电光石火过后生命的去向，这位天才已经超出了人们理解力的极限。他存在的意义不是横空出世，而是出自尘俗，并因此照亮尘俗中艰于喘息的其他生命。这个被“缪斯的手指触碰过的孩子”，从14岁开始写诗，到19岁完成《地狱一季》，短短的5年时间就完成了作为一个伟大诗人的全部作品，实现了他在文字上“我愿成为任何人”的狂想。

经典回眸
JINGDIANHUIMOU

从14岁开始写作，到19岁因绝望放弃诗艺，兰波的创作期并不长。然而他数量很少的诗歌、散文作品不仅没有被时光湮灭，相反，对现代诗产生了决定性的影响。这在世界诗歌史上是独一无二的。兰波把激烈的生命糅进诗里，他总是渴望出发，去寻求新生命的狂热……这一切直接造就了他的语言、他的节奏。

《地狱一季》是一部九章的散文诗集，完整地呈现了一个质问真理者的心路历程：首先，他回忆了自己是怎样从对美的爱走向对恶的崇拜中去的——这“恶”并非单纯善恶论的恶，而是混杂了青年人的反叛欲和一个绝对主义者的殉难倾向的一种审美状态；然后，他幻想他的地狱游记、他的疯狂行径，充满激情，在狂热的背教渎神与纯洁虔诚之间左右摇摆——因此陷入不断的、残酷的自我灵魂的拷问之中，但从他华美灿烂的文字看来，他却又是沉醉于这拷问中的。他从一个女子的角度去思考自己的爱——他同时充当爱者和被爱者两个角色，他发现当自己去爱的时候，他戴着撒旦与耶稣的双重面具，这分裂却构成了一个天使般神秘的形象或目标。

在关键的一章“文字炼金术”中，他回顾了自己在艺术上的创造：“我发明了元音的颜色！”“我默写寂静与夜色，记录无可名状的事物。我确定缤纷的幻影。”读者跟随他游历他的幻想，享受感官、欲望的盛宴……在最后他明白了：“我如今才懂得向美致敬。”——从这里开始，他的沉沦的地狱篇演变成了上升的天堂篇，在后面的篇章中，他批判着平庸的生命并一直升华自身，反叛的力量反而成了它的对立面：“崇敬”的加速推动力，他甚至说：“我对世界的反叛只是一段短暂的苦刑……我们不会失去永恒！”

最后一章他又回复了一个诗人的全部清醒。他质疑天国、救赎：“我受骗了……我用谎言养育了自己。让我们上路。”他的态度就像后来存在主义者的态度：确认自己的存在，在此不幸的存在中夺取存在的意义。他说：“再也别唱赞美诗：坚持走过的每一步。”现实是残酷的，却意味着真实——真理亦应该从中诞生。

在《地狱一季》中，兰波发展了散文体诗的格局，开创了最自由、最灵动、最潇洒、最优美的的法语诗风格，并发展了波德莱尔的诗学。作为源头，他的诗和诗观催生了20世纪最重要的两个诗歌潮流：象征主义和超现实主义。

兰波狂热地写作，决绝地撤离，这也许是他生命冲动和生活经历所命定的。他的一生是

典·故·逸·话

1875年，兰波告别诗歌，开始了世界性的疯狂漫游。他在荷兰当殖民军雇员，在汉堡当马戏团翻译；甚至干上了贩卖武器的勾当，还在非洲丛林里组织了护商镖队与强盗周旋，差点死于非命。1879年，当兰波因病返回故乡，童年好友问他是否还关注文学时，他说：“我再也不想它了！”1891年，他的右腿因非洲的瘴疠瘠热和关节炎感染而变成了肿瘤。回到马赛后，他被截掉了一条腿，但仍然没能阻止死亡的来临。临死前，姐姐为他请来了神父，神父知道他对上帝不敬，但他听说这位天才诗人的非凡经历后，对他的姐姐说：“你弟弟有信仰，他有一种非凡的信仰！”

一场骇人的实验，各种致命的历险使他体验到生命无底的哀痛、恐惧、艰苦和危险。他的诗的质地，就是他生命的质地。他整个儿把反抗带进了法国的诗歌美学，但兰波真正想抵达的，恐怕是那不可能在尘世得到的、与原初生命同在的神启之境。

冲出“地狱”的希望

1871 年 5 月 15 日，兰波写信给伊桑巴的朋友、没有名望的诗人保尔·德梅民，请他给自己上“新文学”的一课，要求这位新的艺术家“通过长期的巨大的、思考过的全部感官的错乱”，使自己变成“通灵人”。

1873 年 7 月 10 日，魏尔伦因为不能劝兰波留在布鲁塞尔，向他开了两枪。兰波受了轻伤，魏尔伦被判监禁两年，两人的交往彻底失败。

而《地狱一季》在 1873 年 8 月写完，既是这次失败的汇报也是结论：与魏尔伦交往的失败，通灵人事业的失败。事实上，兰波很快就写完了这本书。在布鲁塞尔悲剧发生之前，他已经撰写了两三个“残酷的故事”，题为《异教徒卷》，又名《黑人卷》，并在书中再次大声疾呼欧洲文明、唯利是图、教士和军人的仇恨。通灵人的第一次失败实质上不是出走，也不是脱离资产阶级道德的生活，而是“狂热”的诗歌造成了灾难：“我的健康受到威胁。恐慌便接踵而来。我连续几天进入梦乡，而醒来时继续做最伤心的梦。我死亡的时机已成熟。我的懦弱沿着一条危险的路把我引向世界和西梅里的边缘；西梅里是阴影和旋涡的故乡。”

在《地狱一季》里，兰波描绘了他企图通过有意识的幻觉找到美的各个阶段：他以发明元音的颜色开始，他竭力固定眩晕，从歌舞剧的普通剧名着手安排惊恐；但是当他在各种浪漫曲里向世界告别时，他很快感到世界离他而去。宁愿向“语言的炼金术”告别，哪怕要“回到人间”！兰波夹在失去的青少年期，即“地狱的一季”和成年即“舒适的一季”之间，夹在他所憎恨的过去和他所害怕的将来之间。“新时期”现在尽管“十分严峻”，但他想把它视为前夜，犹如可能来临的晨曦的前奏曲。

总之，《地狱一季》描绘了诗人对生活和创造的探索历程，写出了自己对精神苦闷和失败的感受，但他对生活还没有绝望，而是抱着朦胧的期待。

兰波的诗歌先是最富有雨果胆略的传统诗，然后渐渐变成变幻无常的诗，直至光辉夺目的散文诗……他的作品闪闪升辉，其成就卓越令人瞩目。正如亨利·米叶所说，

学会读兰波的作品就是学会读“灵魂的语言”。（佚　名）

历史桂冠
LISHIGUIGUAN

法国诗人阿尔蒂尔·兰波用谜一般的诗篇和富有传奇色彩的一生吸引了众多的读者，成为法国文学史上最引人注目的诗人之一。

兰波禀性聪慧，思维敏捷，少年时期就显露出不凡的诗才，能用拉丁语写一手好诗。他的体内躁动着不安的灵魂，家乡小城沉闷污浊的社会风气和母亲呆板严厉的管束使他无法忍受，他多次不辞而别，扒车外逃。在向往已久的巴黎，兰波结识了魏尔伦，并得到魏尔伦的赏识和推荐，从此跻身诗坛。

兰波初期的作品尚有浪漫派的痕迹，后来他自己对这些诗大为不满，要朋友把它们统统烧掉。他开始尝试一种新的诗，在诗艺上进行了一系列大胆的创新和改革，提出了著名的“通灵”说。这时的兰波已成了魏尔伦的挚友，两人难舍难分，并结伴去国外漫游。但旅途中两人发生争吵，最后酿成惨剧，魏尔伦枪伤兰波，锒铛入狱。胳膊受伤的兰波挂着绷带，独自从比利时的医院步行回家。在苦闷和失望之中，他闭门不出，埋头写作，以排遣心中的惆怅。《地狱一季》就是在这种情况下写出来的。在这部不朽的散文诗里，兰波宣布告别诗坛。从此，他弃文从商，远离祖国，开始了冒险生涯，直到1891年2月他的膝上生了肿瘤他才不得不回到法国做截肢手术。

兰波临终前的日子漫长而又痛苦。他的姐姐伊莎贝拉照顾着他。这个曾经亵渎神明的人开始相信上帝，并接受了圣事，他知道自己已无可救药，表示愿意死在埃塞俄比亚，他曾在那里找到过宁静，但他终于未能走出马赛。11月10日，兰波死于马赛。临终前，他的最后一句话是对法国邮船公司的经理说的：“告诉我，什么时候才能把我送到码头……”

在巴黎的魏尔伦后来一直生活在痛苦之中，往来于小酒吧和医院之间，当从报上得知这位他称之为“履风之人”去世的消息，他极为震惊：“对他的记忆有如太阳照耀着我，永不熄灭。”

“他不属于一个时代而属于所有的世纪”，在西方文化中，莎士比亚享有着天神般的荣耀与尊崇。

《哈姆雷特》

威廉·莎士比亚（英国 1564－1616）

1564年4月26日他出生了，默默无闻。1616年4月26日他去世了，举世闻名。在整整52年的生涯中，他为世人留下了37个剧本、一卷14行诗和两部叙事长诗。他的剧本至今还在世界各地演出。在他生日的那天，每年都有许多国家在上演他的剧本纪念他。马克思称他是“最伟大的戏剧天才”。他就是英国文艺复兴时期最杰出的艺术大师——威廉·莎士比亚。

莎士比亚是欧洲文艺复兴时期最重要的作家之一，他也是整个欧洲文学史上少数几个最杰出的作家之一。可以说，如果没有莎士比亚，无论是文艺复兴还是西方文学史都会逊色不少。莎士比亚的剧作是西方戏剧艺术史上难以企及的高峰。在他的戏剧中，展开了如此广阔的生活画面：上至王公贵族，下至生活在社会底层的平民百姓，社会各个阶层的人物都在剧中婆娑起舞，而每个人又有各自的爱憎、伤悲与欢乐，每个人都具有鲜明的个性特征。莎士比亚剧作的语言，完全是诗化的语言，柔婉如同淙淙流水，激荡如惊涛拍岸，令人回味无穷，许多莎士比亚戏剧中的语言已经成了英文中的成语、典故，极大地丰富了英语词藻。莎士比亚一生创作颇丰，《哈姆雷特》是他最优秀的悲剧作品之一，也是西方戏剧史上的奇观，为后世创立了悲剧的典范，对后世影响深远。

经典回眸 JINGDIANHUIMOU

在莎士比亚时期，英国舞台上的“复仇剧”风靡一时，已经有人在莎士比亚之前写出了《哈姆雷特》。但是，莎士比亚赋予这个古老的故事以深刻的内容和崭新的思想，并且在艺术上达到了前所未有的高度。因此，在莎士比亚的《哈姆雷特》剧本问世之后，再无人尝试改编，因为人们没有希望写得比莎士比亚更好。莎士比亚的《哈姆雷特》和后来写出的《奥赛罗》、《李尔王》、《麦克白》一起被称为莎士比亚最著名的“四大悲剧”。

《哈姆雷特》以12世纪末的丹麦历史为蓝本改编而成。整个戏剧由五幕剧组成。故事主要情节是：丹麦王子哈姆雷特在德国人文主义中心维登堡大学读书，他的叔父克劳狄斯趁着丹麦国王老哈姆雷特在花园午睡的时候，把毒液注入他的耳朵内而害死了他。之后克劳狄斯不仅篡夺了王位，而且很快就娶了他的嫂嫂，即哈姆雷特的母亲。哈姆雷特回国后对父亲突然死亡、母亲快速改嫁给叔叔、叔叔继承统治大权的过程很疑惑，因此闷闷不乐。这时，父亲的鬼魂告诉他自己死亡的原因，并交代给他复仇的责任。哈姆雷特遵照鬼魂的嘱咐，决定为父亲报仇。

哈姆雷特深知邪恶势力之大，为了不引起叔父的怀疑只好装疯卖傻。国王已经开始怀疑哈姆雷特，在大臣波洛涅斯的建议下，利用大臣的女儿、哈姆雷特的情人奥菲利娅去试探他，又指使哈姆雷特的两个同学罗森格兰兹和吉尔登斯吞去试探他，都被他识破。哈姆雷特利用一个剧团到宫廷演戏的机会，安排他们上演了《贡扎古之死》，并按照父亲的鬼魂的话亲自加了几段杀兄篡位的情节，把戏名改成《捕鼠机》。在演出过程中，做贼心虚的叔父惊慌失措，起身就走，从而证实了鬼魂的话。当天晚上，哈姆雷特在去见母亲的途中，看到了克劳狄斯正在祈祷。这是一个复仇的好机会，但哈姆雷特怕在他祈祷的时候杀死他，会使他的灵魂升上天堂，而没有下手。哈姆雷特劝说母亲离开克劳狄斯，这时帐后突然有人惊呼起来，哈姆雷特误把偷听者——自己的情人奥菲利娅的父亲波洛涅斯错当国王杀死。克劳狄斯以此为借口派哈姆雷特的两个同学赍诏书去英国索讨贡赋，想借英王之手除掉哈姆雷特，哈姆雷特发现阴谋，中途矫诏，折回丹麦。

奥菲利娅的哥哥雷欧提斯从国外回来，雷欧提斯决心为父亲报仇。老奸巨猾的克劳狄斯把他父亲的死推在哈姆雷特身上。这时善良的奥菲利娅因为父亲被情人杀死和情人的出走，精神失常，误入河中淹死。在奥菲利娅的葬礼正在进行时，哈姆雷特恰好经过墓地。悲痛的哈姆雷特和奥菲利娅的哥哥雷欧提斯在墓穴中厮打起来。国王借机挑拨波洛涅斯的儿子雷欧提斯以比剑为名，设法用毒剑刺死哈姆雷特。

在决斗开始时，哈姆雷特占了上风。克劳狄斯怕哈姆雷特胜利，就斟上一杯毒酒以示祝

典·故·逸·话

有一次，声名远扬的莎士比亚在一部戏剧中扮演国王的角色，这时英女王伊丽莎白正在包厢里观看他的表演。她忽然想试试能不能分散莎士比亚的注意力，就扔下一块手帕。手帕飘到了台上的“国王”脚边。而细心的莎士比亚则不动声色地吩咐他身后的“大臣”说：“把我姐姐的手帕捡起来。”语言机智又巧妙，引来台上台下一片掌声。

贺。哈姆雷特的母亲在不知情的情况下代替儿子喝了有毒药的酒。雷欧提斯在克劳狄斯的煽动下，一剑刺中了哈姆雷特，同时也在争斗中被毒剑刺中。这时，王后中毒身亡。奄奄一息的雷欧提斯在最后一刻良心发现，当众揭发了克劳狄斯的阴谋。王子哈姆雷特在最后的时刻奋力刺死了叔父，为父亲报了仇，并把国事托付给挪威王子小福丁布拉斯。

《哈姆雷特》是莎士比亚的代表作，剧中人物性格鲜明、形象饱满，戏剧冲突尖锐、曲折复杂，语言富有特色、生动丰富，具有独特的艺术魅力。

说不尽的哈姆雷特

关于悲剧《哈姆雷特》的评论，在西方历代的莎士比亚研究中占据着特殊的重要地位，不仅浩如烟海，而且众说纷纭。其中，如何认识和评论哈姆雷特这个人物，可以说是古往今来许多学者、读者、观众无休止争辩的焦点。关于哈姆雷特的思想、性格的剖析，以及关于这一人物的典型意义与审美价值的估量，就是十分繁复的。在400年的岁月里，哈姆雷特在评论史上歧义颇多，真正是"有1000个演员扮演哈姆雷特，就有1000个哈姆雷特；有1000个观众看哈姆雷特，就有1000个哈姆雷特；有1000个评论家评论哈姆雷特，就有1000个哈姆雷特"。说不尽的莎士比亚，说不尽的哈姆雷特。

如此情况，使哈姆雷特的形象几乎成为一个亟待破译而尚未破译的"密码"，即使在马克思之后的莎学中，人们也为难以解开的"密码"的魅力所吸引，纷纷追求"阿里阿德涅的线团"，祈望借此引导自己走出丹麦王子其人其事所构筑的这座既神秘而又符合模糊美学原理的"悲剧迷宫"。为什么哈姆雷特的悲剧形象经历了几百年还能深深地震撼人心，具有那么强烈的超时空效应与反馈作用？究其主因，显然在于哈姆雷特就是"人"、"人的生命"。他十分活跃的自我意识、自我观照、自我求证，也就是人的自我意识、自我观照、自我求证。而且，戏剧诗人还把他在英国文艺复兴时期所感受到的人文主义人性观注入这一人物形象的思想与活动中，使之成为混合着多方面素质的艺术晶体。

无论从哪一视角考察，哈姆雷特形象所表现出来的莎士比亚的人文主义人性观，绝非剧作家单一的人性观，它融化了此前人们的人性观，也在超前意识中预示了后世人的人性观。它不属于一个世纪，而是属于所有的世纪。别林斯基把哈姆雷特当做“人”的代表，或许道出了莎士比亚塑造这一形象的本意：“它是伟大的、深刻的，它是人的生命，它就是人，它就是你，就是我，就是我们每一个人！”雨果也认为；“哈姆雷特不是某一个人，而是人。”如果莎士比亚活在今天，或许他和现代美国剧作家奥尼尔一样，公开宣称自己描写的心爱人物象征“整个人类”。（王忠祥）

一面时代的镜子

《哈姆雷特》是莎士比亚最著名的一部悲剧，它突出地反映了作者的人文主义思想。莎士比亚说过，他的作品就是“给自然照一面镜子，给德行看一看自己的面目，给荒唐看一看自己的姿态，给时代和社会看一看自己的形象和印记”。《哈姆雷特》正是一个时代的缩影。

哈姆雷特是文艺复兴时期人文主义者的理想人物。他是王子，按照传统，是王权的当然继承者。但是，他的美好前途被颠倒了的时代颠倒了。戏一开头，作者就展现了一幅丑恶的社会画面：国家发生宫廷政变，国王被害，阴谋家窃取了王位；王后改嫁；满朝臣子趋炎附势等，世界仿佛到了末日。于是这个王子喊出了“时代整个儿脱节了”的吼声。人们强烈地感受到这是“时代的灵魂”本身在呼喊。哈姆雷特本是个正直、乐观、有理想的青年，在正常的环境下，他可以成为一位贤明君主；但是现实的社会迫使他不得不装疯卖傻，进行复仇。他是英国那个特定的动荡不安的时代的产物。

在《哈姆雷特》这部戏剧中，处处可以看出作者着意把自己心目中典型人物塑造成一个英雄形象的匠心。哈姆雷特很有心计，在敌强我弱的恶劣情况下，他敢于针锋相对地进行斗争，他击破了奸王设下的一个个圈套：先是戳穿了波洛涅斯和罗森格兰兹等人进行刺探和监视的把戏；又使王后发现天良；接着采用“调包计”除掉奸王的两个走卒，把奸王“借刀杀人”的阴谋击得粉碎；最后“以其人之道还治其人之身”，把双重陷阱——毒剑和毒酒还给

了奸王。在每一回合的斗争中，哈姆雷特都显得形象高大。所以有评论说，《哈姆雷特》是一出“巨人型”的悲剧，此话不无道理。

《哈姆雷特》描写人物心理的语言十分丰富，这在莎士比亚所有悲剧中也是十分突出的。如哈姆雷特的性格大部分是以“疯话”表达出来的，他的满口荒唐言就像迸发出来的火花。克劳狄斯阴阳怪气的语言则反映出了他口蜜腹剑的丑态。波洛涅斯爱用诗体语言，给人以滑稽可笑的印象。

总之，《哈姆雷特》是一出人文主义思想家的悲剧，是欧洲文艺复兴土壤里长出来的一朵长开不败的艺术之花，直至今天，还在散发着它所特有的馨香。（佚　名）

历史桂冠 LISHIGUIGUAN

莎士比亚出生于沃里克郡埃文河上的斯特拉特福镇。父亲约翰是沃里克郡的自耕农，1551年移居斯特拉特福镇，做过商人，有人说他还当过屠户。1568年约翰被选为镇长。作为家中长子，莎士比亚曾被送到当地的文法学校学习拉丁文和古代历史、哲学、诗歌、逻辑、修辞等。十三四岁时，家道中落，莎士比亚被迫辍学帮助父亲料理生意。1582年11月同邻乡富裕自耕农的女儿结婚。大约在1585年，他离开家乡到伦敦谋生。传说他曾经在剧院门前为贵族顾客看马，逐渐成为剧院的杂役、演员、股东。这期间，他广泛地接触到了社会各阶层的生活，加深了对社会的认识。他开始写剧本时多半是改编旧剧或同其他作家合作，后来才独立创作。

1592年，莎士比亚的第一部剧作《亨利六世》的问世使消沉多日的英伦玫瑰剧场轰动，上座率收入竟高达整个演出季节的顶峰。《亨利六世》一鸣惊人，使年轻的莎士比亚终于发现了自己，看到了辉煌灿烂的前程，他一鼓作气不停顿地开拓着人生之旅，开拓着英国文坛新的天地。继《亨利六世》一举成名之后，《理查三世》、《亨利五世》、《亨利四世》、《哈姆雷特》、《威尼斯商人》、《罗密欧与朱丽叶》等传世佳作纷纷出世。

莎士比亚的墓在他家乡的一座小教堂旁，每年都有数以千万计的人像朝圣一般去瞻仰。莎士比亚“不属于一个时代，而属于所有的世纪”，在他死后的400年间，世界上几乎每天都在上演他的“不朽”剧作。尤其是在影视中，短短的100年间，每年平均有三部以上根据莎翁剧作改编的影视作品在世界各地上映。

陀思妥耶夫斯基是一位超越时空的作家，他的作品既面向现在，又面向未来，面向永恒。

《卡拉马佐夫兄弟》

陀思妥耶夫斯基（俄国 1821－1881）

每当社会形态急剧变更的时代，总会有一些伟大的文学家脱颖而出，比如但丁、莎士比亚、高尔基、鲁迅等，都是出现在社会变革动荡时期的文坛精英。俄国19世纪的陀思妥耶夫斯基也是如此，他是一位有着世界声誉的天才作家，也是一位思想错综复杂而艺术风格独具魅力的文学家。他的作品以崭新的艺术表现手法为现实主义文学开拓了道路，成为现实主义文学发展新阶段的重要标志，许多现代派作家把他“看成是自己的先驱和自己的支柱”。高尔基认为托尔斯泰和陀思妥耶夫斯基是两个最伟大的天才，他们以自己的天才的力量震撼了全世界，使整个欧洲惊愕地注视着俄罗斯，他们两个人都足以与莎士比亚、但丁、塞万提斯、卢梭和歌德这些伟大人物并列。如果说时间能熄灭爱情的火焰和人类的所有其他情感，那么对于真正的文学作品，时间却会创造不朽。陀思妥耶夫斯基的作品正是世界文学中这种不朽的作品之一，是经得起时间的考验，值得一读再读的。长篇巨著《卡拉马佐夫兄弟》是陀思妥耶夫斯基艺术创作的总结，从19世纪40年代开始在他创作中出现过的几乎所有的思想和艺术主题，在这里都有高度凝练的体现。他通过描写卡拉马佐夫一家的历史，真实地展现了俄国社会的生活图景，并继续探索着俄国和人类的命运。而小说中对人物精神世界和心理活动所作的分析对现代派产生了很大的影响。

经典回眸 JINGDIANHUIMOU

《卡拉马佐夫兄弟》是陀思妥耶夫斯基最杰出的作品之一，评论界大多认为它是作者一生总结性的作品。

卡拉马佐夫一家是“偶然组成的家庭”，家庭成员之间充满了矛盾和对立。老卡拉马佐夫年轻时是一个寄人篱下的食客，常常扮演小丑的角色，到了晚年成了富有的地主和高利贷者。他是个纵欲又贪婪的家伙，冷酷自私，厚颜无耻。他两次结婚都出于谋求财产和地位的私欲，而生活又不检点。他甚至可以在刚刚接到第一任妻子死亡的噩耗之时强奸了疯女人丽萨维塔，并且在晚年时还在专门的寝室与一个名叫格鲁申卡的女人保持着暧昧的关系。正因为他的这种卑劣的所作所为，他的儿子们都极其蔑视、憎恨他。

老卡拉马佐夫一生有四个儿子：长子德米特里为前妻所生，是个退伍军官。他的性格是复杂的，一方面同父亲一样，他追求肉欲，性格残暴。在军队时，他就曾经企图利用卡捷琳娜·伊凡诺夫娜的父亲的窘境而占有她。回到家乡后，为了财产和格鲁申卡，他又与父亲明争暗斗达到了不可开交的地步，并扬言要杀死他。另一方面，他的内心又有向善的地方。他真诚地爱着格鲁申卡，他曾为自己的野蛮行为忏悔过，他努力克制着自己不对父亲行凶。最后，当他被误认为杀父凶手时，他甘愿受到惩罚，因为他曾有过这样罪恶的想法。他想通过受苦来实现自己灵魂的净化。

次子伊凡和小儿子阿廖沙为第二个老婆所生。伊凡大学毕业后，成为了一个评论家。他崇尚理智，研究自然科学，善于分析、思考，力求理解生活的意义，同时他是个无神论者和唯物主义者。他同情遭受苦难的孩子，认为他们是无辜受害者。但是，伊凡对光明的未来没有信心，也不知如何改造这个社会。这使有着人道主义思想的伊凡内心充满了痛苦。后来，他成了一个无视任何道德原则的极端个人主义者。他也憎恨父亲，但他不露声色，而是收买了白痴斯麦尔佳科夫，向他灌输无所不为的犯罪思想，唆使他犯罪，而没想到德米特里却因此枉受20年苦役的冤狱。这使伊凡陷入了深深的自责中，最后神经错乱，走向了自我毁灭。阿廖沙则是个天真善良的年轻人，他仰慕修道院院长佐西马，后来为了追求爱的理想，摆脱

典·故·逸·话

陀思妥耶夫斯基十分推崇托尔斯泰，他称托尔斯泰是他最喜欢的作家，而托尔斯泰对陀思妥耶夫斯基更是推崇备至。1878年3月，托尔斯泰与好友斯特拉霍夫同去盐城听著名哲学家索洛维约夫的演讲，托尔斯泰为避开不必要的麻烦，要斯特拉霍夫不把他介绍给任何人。恰巧陀思妥耶夫斯基也来此听演讲，正好遇上斯特拉霍夫，但斯特拉霍夫没有介绍他认识托尔斯泰，两人错过了这次最好的相识机会。事后陀思妥耶夫斯基知道当时托尔斯泰也在现场时，多次为此次未能相识而惋惜、遗憾不已。而托尔斯泰直到十一年后才得知此事，那时陀思妥耶夫斯基已去世很多年了，其夫人安娜拜访托尔斯泰，向托尔斯泰提起尘封的往事时，托尔斯泰不由得激动万分："这太令人遗憾了！陀思妥耶夫斯基是我敬重的人，很可能也是唯一值得我请教并能够回答我大量问题的人！"

“世俗仇恨”而当了见习修士。他受到大家的信任和喜爱，但是他所信奉的基督教思想却无法“治愈”他的“病症”。最后，阿廖沙孤身一人离开家乡，继续用基督教的博爱去拯救“迷途”的灵魂。

斯麦尔佳科夫是老卡拉马佐夫与丽萨维塔生下的“私生子”。他由仆人格里戈里抚养长大，后来成为卡拉马佐夫家里的厨子。斯麦尔佳科夫有着一个肮脏卑鄙的灵魂，他仇恨一切俄国的东西，并可以为了个人利益背叛自己的信仰。他既胆小又狠毒、贪婪，是个十足的小人。最后他冷酷地杀害了亲生父亲老卡拉马佐夫并嫁祸于人，但在案件审理之前，他精神崩溃而自杀了。

《卡拉马佐夫兄弟》是19世纪70年代俄国社会生活的一面镜子，是作家在其一生中对哲学、政治、伦理、心理等各方面所作的苦苦探索的艺术总结。在这部小说中，陀思妥耶夫斯基的艺术成就达到了新的高峰。

“左右两难”的格局

小说《卡拉马佐夫兄弟》中主人公之一的德米特里·卡拉马佐夫被指控犯了杀父罪。他犯罪不但有动机有行动，而且人证物证一应俱全，他自己供认有杀父企图，但却矢口否认他杀了人。根据法律条文判定他是杀人犯，但事情本身却告诉人们他的确没有杀任何一个人。这是一个矛盾。要在一部作品中把需要表现的这个矛盾着的两个方面同时都写得充分，这就需要技巧，艺术上更要求作者有自我排障的魄力和在思想内容上对这一棘手问题从法律与道义两个方面提出一个能最后使其统一起来的圆满解释，这就造成了叶尔米洛夫专著中所谓的“左右两难”的格局。作为天才艺术家，陀思妥耶夫斯基是怎样通过自己的描写来表现这“左右两难”和解决这“左右两难”的呢？作为伟大的思想家，陀思妥耶夫斯基又是怎样把这一切最后统一起来的呢？这就是《卡拉马佐夫兄弟》这部小说构思的煞费苦心之处，因而也是全书的最精彩的传神之笔。当然，它也就自然成为理清情节来龙去脉的一个起点，认识结局悲剧实质的关键，开启全书内容，揭示人物性格的一把钥匙。如果说分析《白痴》须从开头“邂逅”入手，那么解剖《卡拉马佐夫兄弟》就只宜从结局“审案”开始。

这是一桩难以洗刷清白的冤假错案！杀人凶手，不是别人正是斯麦尔佳科夫。他制造了假现场，嫁祸于人。那天夜里，当德米特里举起铜锤听见隔壁房里发出响动往后院逃走之后，这个狡猾的狐狸便立即溜进主人屋里，把他杀死，从圣像后面把三千卢布拿出来。德米特里想杀死父亲，也的确举起了铜锤，只是由于白痴装癫在床上摆动才把他吓跑了。“偶然”制止了一场“必然”，而斯麦尔佳科夫则钻了一个空子。“必然”却又是通过生活中的各种“偶然”才得以揭示。老仆人格里戈里追赶到后院，德米特里照着来人又举起了铜锤……他之所以没有匆匆逃走，作家解释是因为在这一瞬间感到了“圣灵的亲吻”，是上帝使其灵魂与良心有了自我发现。德米特里从墙上越入越出，可后花园的门一直开着，这当然又是熟悉暗号的奥妙的知情人所制造的假凭证。事情真相大白，德米特里的兄弟伊凡即是见证。原来这一切，是在出事不久伊凡从契列马什尼亚归来，斯麦尔佳科夫向他坦白出来的。凶手交代了自己的罪行，三千卢布也交了出来，然后上吊自尽了。

这是一场惊心动魄的父子兄弟之间的仇杀案！然而现在法庭上的人证物证，却十分不利于德米特里·卡拉马佐夫，这就使问题陷入了“左右为难”的境地，加剧了人物命运的悲剧气氛。为其申辩的两人，却都驳不倒各种见证。断定德米特里不是凶手的阿廖沙·卡拉马佐夫，虽然正确，可是拿不出任何凭据来加以证明；伊凡再三说老卡拉马佐夫是斯麦尔佳科夫所杀，并且交出三千卢布的赃款来作证，但经医生诊断，伊凡神经已经错乱，因此证词失去了法律效力；其次，所指凶手已上吊自杀，死无对证；最后，难以认定它一定是赃款而不是其他什么。因此法庭断定德米特里是杀父凶手，动机和犯罪事实俱在，被处以20年苦役。

陀思妥耶夫斯基在小说中展开了多组发人深省的矛盾：法律与事情真相的矛盾、假罪犯与真罪犯之间的矛盾。在真真假假的矛盾中，人物与事实真相都具有双重性。欲杀父却并未杀父；不直接出面者却通过他人间接地达到了目的；不承认杀了人却承认良心上犯了罪；没干杀人勾当却在事实上教唆别人犯罪。在事理与良心、社会罪犯与宗教道德之间，陀思妥耶夫斯基选择了以良心与崇高道德来解释现实社会冲突的错误方案。这就是用一个统一的“自圆其说”来解决“左右两难”问题的全部症结所在。（刘　翘）

我在故我爱

《卡拉马佐夫兄弟》是陀思妥耶夫斯基的最后一部长篇小说。这是一部由家庭中的父子关系入手探讨整个人类社会生活出路的杰作。作者自称，这部作品在头脑中孕育达30年之久，其中伊凡的自白“宗教大法官”一章，甚至“在自己的心里几乎酝酿了一生”，可见作者用心之苦，写作态度之严谨。的确，这部作品的分量是沉重的，就个人的阅读经验而论，迄今为止，似乎还没有哪一部外国文学名著如此强烈地震撼了我的心灵。

与那些重在叙事的传统作品相比，《卡拉马佐夫兄弟》不是一部轻松易读的小说，需要沉下心来，通过那些意蕴丰富的文字，体悟人性的奥妙，与人物、与作家进行心灵与心灵的交流。作品中，虽然因其凶杀的悬念与破案的曲折，不乏引人入胜的故事结构，但作家显然不是重在传统式地讲述故事，而是从拯救人性的伟大使命出发，重在以精微犀利的笔触，通过人物灵魂的拷问，破译人性的密码，呼唤人间之爱，探索人生的出路。读着这样一部作品，会令人愈加感到我们的当代文学中精神内涵的贫乏与苍白，而这也许正是我们缺乏真正惊心动魄的优秀之作的重要原因。事实上，与陀氏生活的时代相比，面对物欲纷繁的现实，我们是多么地需要这样一种精神的沉思与探索。（杨守森）

历史桂冠 LISHIGUIGUAN

陀思妥耶夫斯基是19世纪俄国文坛上一颗耀眼的明星，与列夫·托尔斯泰、屠格涅夫等人齐名，同为俄国文学卓越的代表，在群星灿烂的19世纪俄国文坛上独树一帜，占有着十分特殊的一席。

陀思妥耶夫斯基出生于莫斯科贫民区一个医生家庭。他的祖父是位神职人员，当医生的父亲有不大的田庄，并取得了贵族身份。由于生活环境的原因，陀思妥耶夫斯基从小就接触到一些平民阶层的人，并感受到农奴的痛苦生活。由于家庭贫穷，他在上完三年寄宿学校以后，就进了圣彼得堡一家军事工程技术学校学习。但他对工程技术工作并不感兴趣，毕业后一年就申请退职，离开了工程局绘图处。从此他就走上了职业作家的道路，专门从事文学翻译和创作。就在退职后的一年之中，他译出了巴尔扎克的名著《欧也妮·葛朗台》，写出了他的第一部作品《穷人》。小说一出版，即轰动文坛，受到读者的普遍赞扬。别林斯基称之为“社会小说的第一次尝试”。他的几部长篇如《被侮辱与被损害的》、《死屋手记》、《白痴》、《罪与罚》、《卡拉马佐夫兄弟》等几乎全部被译成了世界各种主要语言，受到世界各国广大读者的欢迎，其中有的被称为俄国文学的瑰宝，世界文学宝库中的珍品，作者本人也因此被尊为世界性的长篇小说大师。1880年，陀思妥耶夫斯基参加了普希金纪念像揭幕典礼，并发表了演说，这也是他的最后一篇作品。

亨利·詹姆斯这位美国小说的开创者，不读其作，我们无法揣测他究竟有多么伟大。

《贵妇人画像》

■ 亨利·詹姆斯（美国 1843-1916）

西方现代小说的先驱亨利·詹姆斯出身于纽约的上层知识分子家庭，父亲老亨利·詹姆斯是著名学者，兄长威廉·詹姆斯是知名的哲学家和心理学家。他开创了现代心理小说的先河，在新批评派中占有举足轻重的地位。亨利·詹姆斯提出的“意识中心论”对后来的“意识流小说”影响巨大，可以说，没有他，就不会有法国的普鲁斯特，也不会有爱尔兰的乔埃斯。在心理分析精微细致这一点上，亨利·詹姆斯达到前所未有的境界，为小说艺术的表现力开辟了新的途径。然而亨利·詹姆斯在世时却未能受到当时广大读者的欢迎，主要是因为他跑在时代的前面，他虽生活于19世纪，可是他的气质、风格以及他对艺术的看法却属于一个地地道道的现代作家所有。

亨利·詹姆斯的创作风格高雅、细致，喜欢描写上层资产阶级精神面貌及他们“纯洁”的一面。他生长于美国，后定居伦敦并在晚年加入英国国籍，因此英美两国文学史都有足够的理由将其归于自己的旗下，但我们通常还是把他称为美国小说家。因为他虽然崇拜欧洲文化，但在道德情操方面更偏向于美国人。他认为美国人心地纯真、善良，比欧洲人更为可爱，这是他在《贵妇人画像》等小说中经常突出的主题。这位为欧美文化交流作出了突出贡献的现实主义小说家，在创作中成功地体现出自己独特的国际性，通过描写在国外的美国人的生活这样的“国际主题”来表现美国的民族精神与欧洲世界的融合与冲突。英、美、法三国整整一个甚至几个时代的文学流派，在亨利·詹姆斯的作品中都有所反映。在19世纪的写作方法迅速失势的转变阶段，他的创作逐渐发展，预示着一种生活方式和一种美学理想的终结。

经典回眸
JINGDIANHUIMOU

亨利·詹姆斯是美国作家中写作年头最长，作品数量也最多的一位，而《贵妇人画像》（又译《淑女画像》）是他最成功的一部长篇小说。小说是亨利·詹姆斯"国际主题"小说的杰出代表作。从这部小说中，我们不仅可以看到美国的天真与欧洲的世故之间的冲突，而且也可以领略到作者对人物心理状态的关注所体现出的作品风格的现代性。

聪明美丽又善良单纯的美国女孩伊莎贝尔父母早逝，她热爱自由，对生活充满了热情的理想。她满怀幻想和憧憬随姑母来到了英国，希望在这里找到她所向往的新生活。这时，一个又一个英国贵族、美国富商拜倒在她的石榴裙下。为了摆脱婚姻的束缚、保持个性的独立自由，也为了过上理想中的高雅生活，她先后拒绝了美国企业家卡斯帕·戈德伍德、英国贵族沃伯顿。与此同时，她的表哥，身患重病的拉尔夫也深爱着她，但他一直把自己的感情埋藏在心底。他在父亲去世前说服父亲，把一笔遗产留给了伊莎贝尔。这笔钱使她有经济条件去追寻自己的幸福。然而，拉尔夫没能想到，这笔钱使天真的伊莎贝尔更快成为老谋深算的欧洲男人的猎物。

在伊莎贝尔去罗马旅游时，结识了一位在美国出生、在意大利长大，游手好闲的艺术收藏家奥斯蒙德。善于伪装自己的奥斯蒙德看上去风度翩翩，过着自由而优雅的生活，这些对她有很强的吸引力。当奥斯蒙德得知伊莎贝尔得到一大笔遗产后，他立即设下圈套，一步一步引诱伊莎贝尔上钩。他的秘密情人梅尔夫人则一手策划，让伊莎贝尔嫁给他。天真无邪不谙世事的美国姑娘成了老练世故的欧洲人的牺牲品。虽然拉尔夫看透了奥斯蒙德虚伪的本质，坚决反对这门亲事，但是伊莎贝尔已经完全沉溺于奥斯蒙德表面的文质彬彬，一意孤行地嫁给了奥斯蒙德。婚后，伊莎贝尔和奥斯蒙德定居在罗马，她逐渐发现了丈夫的自私冷漠、虚伪奸诈，想尽办法猎取金钱的真实面目，并且发现了他婚前生活极不检点。伊莎贝尔认识到了自己婚姻的失败，她也感受到了令人窒息的生活。这时，拉尔夫病情恶化，生命危在旦夕，伊莎贝尔不顾奥斯蒙德的阻拦，来到伦敦。在拉尔夫的病榻前，拉尔夫说出了他劝父亲赠送遗产的好意，没想到却给她带来

典·故·逸·话

亨利·詹姆斯生于一个条件优裕的家庭。祖父在美国独立后自爱尔兰移居新大陆，成为美国第一批百万富翁之一，为子孙留下了大笔家财。父亲老亨利·詹姆斯是宗教哲学家，交往的都是社会名流。他主张孩子们要在充分认识世界后再确定自己的选择，因此，小亨利自幼不但受到良好的家庭教师的教育，而且经常随全家在欧洲旅游，进过多所学校，学会了多种语言。父亲的计划十分成功，在这四子一女的家庭中，哥哥威廉·詹姆斯成了著名的哲学家和心理学家、实用主义哲学和意识流心理学的创始人，弟弟小亨利·詹姆斯则成为举世闻名的文学家。

了祸端，伊莎贝尔也承认了由于自己的任性和无知受到了欺骗。

拉尔夫去世后，戈德伍德劝说她断绝与奥斯蒙德来往，他还爱着她。但是，伊莎贝尔经过一番痛苦的斗争后，还是决定返回罗马，因为她觉得“每个人都要为自己的行为承担后果”。但是，这时的伊莎贝尔已经不是从前的伊莎贝尔了，她从生活中得到了教训，她要以新的勇气和毅力来面对命运。

面对选择，面对生活

风和日丽的夏日午后，纯真美丽的美国姑娘伊莎贝尔走入古朴幽雅的花园山庄，从此揭开她在欧洲生活的第一幕。她对新生活怀着无限美好的憧憬与信念，却不期落入他人圈套，于是，美国的天真率直便成为欧洲世故与老练的牺牲品。这就是亨利·詹姆斯的佳作——《贵妇人画像》，他以优美典雅的笔触、细致入微的心理分析为我们描述了这个“国际题材”的故事。

小说深刻发掘了寻求与选择这一传统主题。伊莎贝尔是集真善美于一身的完美化身。她踏上欧洲大陆，寻求的是美、崇高以及人生的意蕴与内涵。然而，她所选择的丈夫奥斯蒙德却是这一切美好品质的相反面。看上去，命运似乎和她开了一个玩笑，但细究其因，却不难看出这一选择也是由她自身因素所导致的必然结果。天真无知、过分的理想主义、火焰似的热情，三者结合构成了伊莎贝尔性格的主要特征。这与她对几位追求者的取舍存在着内在的一致性。她拒绝美国青年卡斯帕·戈德伍德，是因为卡斯帕体现着男性的强硬意志，这无形中限制了她个性里渴望自由独立的意识，而且卡斯帕肤浅，不懂生活的深层意蕴，也就无法和伊莎贝尔达到和谐的交融；她没有选择英国贵族沃伯顿勋爵，因为她所蕴藏的旺盛生命力使她向往着更为火热、更为丰富的生活，而不愿囿于上流社会悠闲舒适、墨守成规的狭小天地，不愿与生活中痛苦和悲哀的一面隔绝开来。因而，伪装下的奥斯蒙德成为她必然的选择：儒雅的外表，离群索居的清高姿态，有品位的艺术收藏，幽静美丽的山顶别墅和纤细温柔的女儿的陪衬，这一切使他在伊莎贝尔眼里俨然代表了美与崇高的最高境界；同时，他一无所有和一事无成的境地更为伊莎贝尔渴望为美和崇高献身的理想主义信念提供了绝好的机会。所以，嫁给奥斯蒙德是她生命里的必然。这一选择是悲剧性的，但并非毁灭性的。

痛苦的人生体验磨练了伊莎贝尔，使她获得了对生活更深刻的认识。她最终看清了奥斯蒙德优雅与清高背后的自私、虚伪和世俗，也体会到病入膏肓的表兄拉尔夫所体现的精神与个性之美。

在小说结尾，伊莎贝尔再次面临抉择：是离开丈夫，还是继续承担义务与责任，也就是勇敢面对上次选择的后果？伊莎贝尔义无反顾的选择则立足于对生活更深层次的把握。通过后一种选择，伊莎贝尔表现出了勇气与女性的尊严。（洪增流）

一幅意义独特的淑女画像

詹姆斯在美国文学中第一次使妇女以主人公的身份进入小说，《贵妇人画像》在更广泛的规模与更深刻的程度上再现了无辜与腐蚀的对立，被公认是詹姆斯的杰作和英语文学中的上乘之作。

詹姆斯本人在这本小说的序言中说："整个小说的主旨是，一个可怜的姑娘向往自由精神，追求高尚情操，自以为头脑清楚、行事慷慨而合乎情理，到头来却发现自己在常规的磨盘里遭到碾轧。"这个"常规"道出了资本主义社会里自私和诡诈的普遍风尚。伊莎贝尔热情天真，充满对生活的渴望与对自由的向往，但年轻无知，缺乏经验。在欧洲文化熏陶下成长起来的奥斯蒙德以及他早年的情妇代表了堕落与腐蚀的势力。以道德危机为试金石来揭示各种性格的冲突是本书的核心。这一无辜与腐蚀相对抗的主题在以追求物质利益、占有物质财富为目标的资本主义社会里是具有普遍与长远意义的。造成伊莎贝尔悲剧命运的一个重要原因是她对"自由"的幻觉。她以为自己是自由的，可以在生活中作自由的选择，殊不知她的财富、美貌却可能成为阴谋诡计的目标，而她的单纯、天真又可能使她误将虚伪的做作视为道德的楷模。她不知道在追求自由的路上每一步都可能有陷阱。她婚后最痛切的经验是她终于认识到她是"一个被人利用的女人"，是"一件一经使用便束之高阁的工具，像削凿成型的铁木器具一样没有感觉、唾手可得"，因此，"她的错误是她的观察和认识的彻底失败：她过多地将事物理想化，看到的本质却太少"。她的虚幻的自由观使她沦为常规的囚徒。从这一点来说，《贵妇人画像》在文学作品中最深刻地揭示了一条真理，即有人认为自由是人性固有的抽象本质，这种信念是十足的幻觉。

《贵妇人画像》含蓄优雅，著名的现代英国小说家查·珀·斯诺认为，"作为一件独立的艺术品，这部小说达到了无懈可击的程度"。小说的大部分写得色彩绚丽，对话妙趣横生，背景描写也相当出色。当詹姆斯不刻意求工时，他的文笔挥洒自如；当他过分讲求风格时，文体便难免做作。这两者在《贵妇人画像》中兼而有之，总的说来效果是令人赞叹的。特别值得指出的是在这本小说中，詹姆斯第一次冲破了小说写作的传统方式，从两个水平上推动故事的进展。小说的事件与情节通过主人公的内心活动自然展开。作者细致地描绘了伊莎贝尔各种细致的心理变化及感受，外部世界是通过她的内心生活得到表现的。这种方法对现代小说家来说已经多少是理所当然的事了，但是在1881年却是小说技巧方面一个为人忽略的创新。就凭这点理由，《贵妇人画像》应该被视为小说发展历史上一本具有重大意义的作品。（侯维瑞）

历史桂冠
LISHIGUIGUAN

亨利·詹姆斯出生于美国纽约，他的父亲是一位出色的哲学家和神学家。他非常重视对子女的教育，经常带孩子们到欧洲各地旅游，让孩子们接受各种教育。亨利·詹姆斯就曾经在纽约、日内瓦、伦敦、巴黎等城市就读，学习了数学、拉丁语、希腊语等。老亨利还给孩子们请来各种家庭教师指导学习。这些都使亨利·詹姆斯从小就受到良好的教育。亨利·詹姆斯家可谓是美国文化和思想的中心，很多社会文化界名流经常到他家做客，比如爱默生、霍桑等。

1861年，美国内战爆发，亨利·詹姆斯因为身体的原因没有参加战争。1862年，他进入哈佛法学院读书，但是他对法律并不感兴趣，而是下决心从事写作。在这里，他结识了著名现实主义小说家威·迪·豪威尔斯。1864年，他发表了第一部短篇小说《错误的悲剧》和评论《小说的艺术》。从此，亨利·詹姆斯以小说家和文艺批评家的姿态进入文坛。他在创作的同时还去欧洲旅行，认识了包括狄更斯、乔治·爱略特等人在内的英国著名作家。

詹姆斯的主要作品是小说，重要的长篇小说有《一个美国人》，《贵妇人的画像》等。他还写了许多很有见地的评论文章，涉及英、美、法等国作家。他的游记有《大西洋彼岸素描》、《在法国的一次小小旅游》等。此外也写了许多文学评论、游记、传记和剧本。

1915年因美国未曾参加世界大战，亨利·詹姆斯愤而加入英国籍。他一生过着单身生活，将全部精力都投入到文学创作中。他经常往来于欧美之间，是一位沟通欧美文学的现实主义杰出小说家。

真正的经典不仅有深邃而让人从不同视角去品味的思想，而且有独具匠心的结构，令人叹为观止的形式。

《当代英雄》

莱蒙托夫（俄罗斯 1814—1841）

林林总总的外国古典文学长廊里，少不了一幅流光溢彩的画卷，这就是19世纪俄罗斯文学；星光灿烂的19世纪俄罗斯文学天幕上，少不了一颗耀眼夺目的明星，这就是米哈依尔·尤里耶维奇·莱蒙托夫。文学泰斗列夫·托尔斯泰说：“假如莱蒙托夫尚在，那我和陀思妥耶夫斯基也就显得多余了。”

莱蒙托夫13岁开始写诗，一生中创作了400多首短诗与多部长诗，其名篇《孤帆》、《童僧》与《恶魔》已经成为俄罗斯诗歌史上里程碑式的作品，这使他足以同普希金并驾齐驱。才华横溢的莱蒙托夫在其短暂的一生中还涉足于戏剧与小说领域，他的剧作《假面舞会》与小说《当代英雄》均成了世界文学史上真正的经典之作。

真正的经典作品不仅仅向一代又一代的读者提供那蕴涵深邃从而可让人们从不同的视角去透视去品味的思想，而且还要拥有极富独创性，让人们叹为观止的形式——如果我们假定作品的思想与形式可以分开而论的话。在叙事文学表现形式方面，塑造出毕巧林这一经典人物的《当代英雄》堪称是具有开创性的，拥有高品位的一流作品，至少《当代英雄》在人物形象体系、情节结构编排、叙事语言风格等方面都达到了炉火纯青的境界，赢得了无数艺术大师异口同声的称赞。在这方面，一百多年来涌现出的评论文章与著作可谓汗牛充栋，然而，进一步的发掘仍在进行，像对任何一部经典作品的解读一样，《当代英雄》的艺术魅力也是一口挖不干的活泉。其行云流水般的文笔，使《当代英雄》充满了美丽芬芳的诗意。

经典回眸
JINGDIANHUIMOU

读过俄国诗人莱蒙托夫长篇小说《当代英雄》的人，肯定会被诗人直指心灵的惊世笔墨弄得目瞪口呆。凭区区22年的经历，他哪来如此深刻练达的人世见解呢？他对毕巧林多重性格的准确把握，曾使得俄国公认的小说大家契诃夫叹息不已。

《当代英雄》是一部卓越的社会心理小说，由《贝拉》、《马克西姆·马克西梅奇》、《塔曼》、《梅丽公爵小姐》和《宿命论者》五个独立成篇的故事组成。五个故事又由一个总的故事讲述人的回忆凝结成一个整体，以作者游历的踪迹为线索：作者从同路人马克西姆·马克西梅奇口中听到的第一个故事《贝拉》，随后在客栈中他亲身经历的第二个故事《马克西姆·马克西梅奇》，这个故事快结束时，他得到了“毕巧林记事簿”，里面记着第三、四、五个故事，即《塔曼》、《梅丽公爵小姐》、《宿命论者》。他给“记事簿”加了个序，把它献给读者。如果打破这一阅读序列不难发现：几个故事都在以不同的手法，从不同的侧面，塑造着同一个人——当代英雄毕巧林。作家不以主人公的生平为序，而是将五个故事作了巧妙的安排，小说中迷津般的结构网络和情节是：圣彼得堡青年军官毕巧林奉命前往高加索作战部队，途中滞留在海滨小城塔曼，投宿在一所不大的、坐落在海边的茅草房子里。夜间毕巧林发现一个叫杨珂的走私贩子在海上偷运货物，接应他的是房东家的一位美丽的年轻姑娘和约14岁的盲男孩。第二天，毕巧林追问这件事并扬言要告发他们。夜色降临，含情脉脉的姑娘邀请毕巧林夜里到海边约会。毕巧林赴约，跟着姑娘上了一艘小船。在海上姑娘巧妙地卸掉了毕巧林身上的手枪，并企图淹死他。经过一番斗智斗勇的惊险较量，毕巧林终于脱险，但他为无端搅乱了走私者宁静的生活、自己险些丧命而懊丧不已。

之后，毕巧林在作战部队受伤后到基斯洛伏茨克疗养，在这里他遇见分队腿部受伤的士官生格鲁什尼茨基。格鲁什尼茨基利用贵族小姐崇拜被贬军官的心理，拼命追求随同母亲前

典·故·逸·话

俄国诗人莱蒙托夫也是一个数学爱好者。在服兵役时，他曾出题给军官做一个数学游戏：他让一个军官先想好一个数，不要告诉别人，然后在这个数上加25，心算好了以后，再加上125，然后再减去37。把算好的结果减去原来想的那个数，结果再乘5并除以2，最后，莱蒙托夫对那个军官说：答案是282.5。那个军官感到非常惊讶。立刻又有另外一个军官要求试一遍，结果都说明莱蒙托夫计算得又快又准确。

你知道这是什么道理吗？如果设预先想好的数为x，那么莱蒙托夫的算式是：$(x+25+125-37-x)\times5\div2=282.5$

你仔细看一下式子就会发现，莱蒙托夫已经偷偷地把原数减去了，所以式子中不存在未知数，莱蒙托夫只需把早就计算好的答案说出来，准没错。

来温泉疗养的公爵小姐梅丽。毕巧林对他的庸俗浅薄十分反感，为了捉弄他，毕巧林故意向梅丽献殷勤，并以自己风流倜傥的骑士风度赢得了公爵小姐的爱情。实际上毕巧林绝不可能爱上梅丽，更不可能与她结婚。恰巧这时，毕巧林与以前的情人维拉在温泉重逢。

此时的维拉已与前夫离异，嫁给了一位瘸腿的小老头。维拉在心里一直保持着对毕巧林的爱，毕巧林也觉得她是最能理解自己的女子，两人经常在梅丽小姐家见面。格鲁什尼茨基认为梅丽对自己冷淡是毕巧林从中破坏的结果，因此怀恨在心，暗中观察并到处散布毕巧林与公爵小姐私会偷情的言论。毕巧林要求他收回谣言，遭到拒绝，便提出与他决斗。

决斗前夕，毕巧林无法入睡，他回顾自己的一生，不禁自问：活着究竟为了什么？决斗以格鲁什尼茨基的丧生而告终。当毕巧林孤独地返回驻地时，得知维拉已经离开，他像疯了似的跳上马冲了出去，狠狠地鞭打那匹疲惫的马，他多么想能与自己最珍爱的人叙别，哪怕只有一分钟。坐骑因劳累过度而中途倒毙，毕巧林倒在濡湿的草地上，像小孩似的哭起来。后来，毕巧林因参与决斗而被贬到边塞。在一次婚礼上他与当地王爷的女儿贝拉邂逅，并深深爱上了这位16岁的美丽少女。毕巧林设计将贝拉抢到手，但她的单纯无知同贵夫人的卖弄风骚一样令他厌倦。四个月后，毕巧林对贝拉更加冷淡。后来，贝拉在塞外散心时，被一直倾心于她的当地人卡兹比契刺伤，两天后死去。要塞司令出于礼貌安慰毕巧林，不料毕巧林抬头发出令人毛骨悚然的笑声。不久，毕巧林调至格鲁吉亚，而后又返回圣彼得堡，接着又去波斯，后在归国途中死去。

作品主人公毕巧林，被称为继奥涅金之后的第二个“多余的人”。他不满现实，渴望有所作为，但在当时的社会找不到生活目标，转而将精力和才智放在冒险和追求奇遇、制造刺激事件上面。小说运用了打破时空顺序的特殊结构，层层深入，使主人公的内心世界一览无遗地呈现在读者面前。《当代英雄》以鲜明的人物形象、细致的心理描写、完美的结构、优美的语言而广为读者喜爱。

一个时代对人性的磨灭

《当代英雄》是俄国现代文学最早出现的长篇小说之一，是俄国文学中独领风骚的一部名著，和普希金的《叶甫盖尼·奥涅金》一样，也是世界文学中的不朽杰作。它以抒情散文的形式，多角度多层次地塑造了19世纪30年代俄国贵族青年的典型形象，揭示了造成这种典型的社会根源。

主人公毕巧林生于一个拥有三千农奴的贵族之家，并且是独生子，他的身上带有19世纪30年代贵族青年的特点，他是一个有志向、有抱负、有才能，坚韧不拔的人，他富有使命感，敢于行动，想为社会作出贡献，而最终他却不得不在和社会的斗争中心力交瘁，白白地沦陷了自己。

整篇小说中都贯穿着毕巧林智慧生动的语言，就像大仲马笔下劫后重生的基督山伯爵，带有报复和讽刺的口吻，就因为他对社会炎凉，人情冷暖的看破，才使他有了睿智的思维、敏锐的目光和尖刻的语言，毕巧林钟情于他的情人，而当他回来时，她已经嫁给了一个公爵，违背了她当初的承诺，即使她并不喜欢那个庸俗无能的人。毕巧林想唤醒她，但是他的真情屡次被冰霜冻结。

毕巧林不安于现状，他努力争取，但最终一无所获，他虽然有力量，有使命感，而最终被一个时代淹没，成为玩世不恭的“多余人”。（佚　名）

什么是英雄

《当代英雄》是经典巨作，因为真正的经典不仅有深邃的，让人从不同视角去品味的思想，而且有独具匠心的结构，令人叹为观止的形式。毕巧林对贝拉的爱是真诚纯洁的，但他对梅丽公主的勾引却掩盖了内心的纯洁，这种强烈的矛盾给读者以震撼和冲击。我鄙视毕巧林，因为他精力旺盛却无所事事，是个以拈花惹草、折磨情人为乐趣的浪荡公子；我喜欢毕巧林，因为他意志坚强、性情勇敢，是个有血有肉、感情丰富的青年；我同情毕巧林，因为他智慧超群却无用武之地，玩世不恭、愤世嫉俗。他是那个时代的英雄，也是那个时代的牺牲品。

最令我为之动容的，是毕巧林的日记，这部分我读了很多遍，每读一遍都让我更深切地感受到真诚，感受到人性的最深层的感情和人生真正的意义。什么是英雄？是不是只有干了一些惊天动地的大事或者是牺牲了自己性命的人才是英雄？当然，从表面上看毕巧林不是英雄，他的形象甚至有嘲讽的味道。但我认为，与其他人相比，一个人能如此深刻地剖析自己、了解自己，并且背负那么多的痛苦与煎熬，还能袒露真诚。这样的人在我面前一下子变得高大起来。

我喜欢《当代英雄》，它让我看到了物质、权贵不是人生的所有，精神的充实才是值得人们追求的东西。（朱　妤）

历史桂冠
LISHIGUIGUAN

莱蒙托夫1814年出生在莫斯科一个没落贵族家庭。父母早亡，给他幼小、敏感的心灵留下了永久的伤痕。他从少年时代就开始写诗。1828年秋天，莱蒙托夫考进莫斯科大学附属中学。一次，他在文学社集会上朗诵自己试作的诗，得到文学老师的鼓励。此后两年间，他写了60多首诗。两年后，莱蒙托夫考取了莫斯科大学伦理政治系，后转入语言学系，但在莫斯科大学读书期间，他和校方多次发生冲突，主动退学后转入圣彼得堡近卫军军官学校学习。

初到圣彼得堡，站在波罗的海之滨，面对波涛汹涌的大海，感慨万千，写下了著名的抒情诗《孤帆》。1834年，莱蒙托夫于军校毕业后，晋升为近卫军骠骑兵团旗手，驻扎在皇村。1837年，为纪念1812年卫国战争胜利25周年，他写了长篇叙事诗《鲍罗金诺》，歌颂俄国人民抗击侵略者的英雄气概，以后这首著名爱国诗篇鼓舞了世世代代的俄罗斯人民。

莱蒙托夫生活在俄国19世纪30年代，这正是沙皇专制镇压十二月党人的最黑暗的时期，整个社会令人窒息。他创作的《当代英雄》正是这个时代的写照。1837年1月29日，普希金被杀害的巨大悲痛笼罩着俄罗斯，一首悲愤的诗《诗人之死》一夜之间传遍了大街小巷。作者正是名不见经传的莱蒙托夫，他立即被沙皇抓捕、流放，从此他踏上了一条荆刺丛生、坎坷艰难的人生道路。1839年，莱蒙托夫终于找到了“知己”。一位20岁就失去丈夫的公爵夫人谢尔巴托娃走进诗人心中。当时，法国驻圣彼得堡公使的二儿子巴兰特也在追求谢尔巴托娃，巴兰特在遭到拒绝后恼羞成怒，肆意侮辱莱蒙托夫，并提出决斗。决斗并未造成伤亡，但沙皇要借机惩治莱蒙托夫，他又一次被捕，被流放到高加索。在流放期间，诗人完成了两部著名的叙事长诗《童僧》和《恶魔》。

1841年2月，莱蒙托夫在外祖母的周旋下，获得三个月的休假。他返回圣彼得堡度过了人生最后一次短暂而幸福的时光。不久，沙皇命令他提前返回，临行前他悲痛地写下《别了，满目疮痍的俄罗斯》一诗。朋友们为他送行，他心情十分抑郁，似乎预感到自己再也不能返回，写下了《我独自一人走上大路》。就在他返回高加索后，一些来自圣彼得堡上流社会的纨绔子弟在沙皇军官的唆使下，挑起事端，与莱蒙托夫决斗，1841年7月15日，诗人在决斗中中弹身亡，俄罗斯一代诗魂就这样消失了。

这世界上，那些懦夫、伪君子和趋炎附势之徒，一年之中就可以造出一百万个，而造就出一个左拉，却需要五百年。

《萌 芽》

■ 左拉（法国 1840-1902）

在19世纪法国的文坛上，名家辈出，巨著云集，文坛盛况，蔚为壮观，这是法兰西人民的骄傲和光荣。其间，有一位笔力酣畅、气度非凡的作家，他曾以《卢贡-马卡尔家族》这一鸿篇巨制与巴尔扎克的《人间喜剧》竞相媲美，接连推出数十部长篇小说，一跃而成为法兰西文坛的健将，这就是爱弥尔·左拉。

左拉是自然主义理论的倡导者，又是19世纪70至80年代法国批判现实主义传统的最彻底的捍卫者。读左拉的作品，好像是翻阅一卷卷资料翔实的宗族家谱，记述各式人等多达千余人，上至曾祖，下及玄孙，种族血统，家教遗风，乃至各类风俗和事件的细枝末节，应有尽有。作者以独特的眼光，从种族、遗传、环境三要素出发，洞察人类社会，运用他那犀利的文字解剖刀，详尽地剖析了资本主义文明纱幕掩饰下的社会罪恶，给读者提供了一部第二帝国时代的一个家族的自然史和社会史。

左拉的《卢贡-马卡尔家族》是继巴尔扎克的《人间喜剧》之后又一座罕见的文学大厦，充分实践了左拉的自然主义文学理论，《萌芽》是其中的名篇。它是法国文学史乃至世界文学史上第一部真实地再现了煤矿工人罢工斗争的整个过程，并第一次成功地在长篇小说中塑造了革命的无产者的形象，是左拉现实主义达到最高成就的一部杰作，不失为法国19世纪文学史上最重要的一部描写工人运动的杰作，一份献给无产阶级的厚礼。它作为一幅历史画卷，每每让我们驻足凝望；它作为一个时代强音，至今仍震撼着我们的心灵。

经典回眸
JINGDIANHUIMOU

左拉十分崇拜《人间喜剧》的作者巴尔扎克，把巴尔扎克视为自己“精神上的父亲”。他继承了巴尔扎克的文学事业，又致力于为新时代的需要而创建新文学，终于别开生面地为法兰西文坛建筑起又一座奇异壮观的艺术大厦。他不仅是自然主义文学主要实绩的创造者和创作理论唯一的发言人，而且对20世纪现代派小说产生了深远的影响。他的《萌芽》是世界文学史上第一部正面描写工人形象和生活状况，并完整地表现工人罢工运动的长篇小说。

小说主人公艾蒂安·郎第耶在里尔的铁路工厂里当机器匠，因为打了工头几个耳光而被驱赶出工厂。失业后，他来到了蒙苏煤矿，恰巧有一个推车女工死于心脏病，他被收留顶缺。在劳动生活中，他得到老矿工樊尚·马厄一家的照顾，并与马厄的大女儿卡特琳成为好朋友。由于他熟练掌握了劳动技能，作风正派，有文化，很快得到了大家的信任。

矿工每天都从事着沉重的劳动，而公司方面却想尽办法进行残酷剥削，并且随着经济危机的尖锐，剥削越来越重，一方面降低工资，另一方面又增加罚金。面对这种状况，工人的愤怒情绪日益增长。与此同时，艾蒂安与国际工人协会的活动家普吕沙尔建立了通信联系，并在他的影响下，开始研读各种社会主义书刊，终于认识到“资本是剥削的结果，劳动者有权利和义务收回这笔被掠去的财富”，并产生和形成了革命的反抗思想。在艾蒂安的发动与组织下，伏安矿井的工人率先建立起互助基金会，为罢工斗争作了经济准备。这时，煤矿坑道坍塌，工人惨遭伤亡。于是，罢工终于爆发了。

公司方面在两次谈判中都拒绝了工人提出的增加工资的要求，这更加激怒了工人，罢工规模也扩大了。公司开始用饥饿来迫使工人让步，艾蒂安邀请普吕沙尔来到蒙苏发表演说，一万名蒙苏的矿工集体加入了“国际”，罢工得到了“国际”的经济支援。然而，有限的资金却不能解决矿工的饥饿状况，长期的对峙把矿工逼到了财尽粮绝的困境。一部分工人在资本

典·故·逸·话

左拉50岁时已大腹便便，两眼疲惫无光，手指也不灵便，钢笔不听使唤，有时竟然昏昏沉沉地睡着在稿纸上。左拉的妻子缺少女性的温柔，平庸的生活使他郁闷之感日渐严重，衰老得很快。左拉夫人新雇佣的姑娘让娜年轻、纯朴，心地像水晶一样透明，又像迷人的梦一样美丽。让娜的出现重新点燃了左拉早已熄灭了的爱情之火。神奇的爱情力量使左拉肥胖的身体开始瘦下来，一下子似乎年轻了20岁，重新恢复了思想和文学的活力。他的朋友们也觉得他变成了另外一个人。此时，左拉正接近最后完成他已经写了二十几年的连续性巨著《卢贡-马卡尔家族》，在接近尾声时，作品的倾向有了明显的变化。这部书出版的时候，他亲笔题词：“献给我最亲爱的让娜，你把你的青春都给了我，你使我年轻了30岁……”

家的挑拨下到附近设备较好的矿井复工，伏安矿井的罢工矿工前去对复工者进行斗争，并捣毁设备、破坏机器，包围了公司经理的公馆，罢工变成群众性暴动。公司请来军警进行驱散，公司方面丝毫不让步，企图以饥饿拖垮罢工斗争。虽然矿工家庭面对饥饿、寒冷的挑战，而且已经有儿童被饿死、冻死，但是他们仍然团结一致，没有屈服。公司无奈之下又从比利时招来新工人，重新开始了生产。上万名罢工群众前往制止，又遭到军警的血腥镇压。罢工运动以失败告终。矿工们为生活所迫，又回到矿井干活。艾蒂安最终也不得不跟卡特琳下矿井。就在复工的那天，无政府主义者苏瓦林为了和艾蒂安争夺领导权，出于疯狂的破坏欲，故意损坏了矿井坑道的防水设置，导致水淹坑道，十几个矿工惨死井下。艾蒂安在井下被困十来天后，才被救出，而卡特琳却死在了他的怀中。

艾蒂安身体康复后，被公司解雇，在革命宣传中获得成功的普吕沙尔来信邀请他到巴黎去。于是，艾蒂安告别了蒙苏的矿工，走向了新的目的地。

希望的萌芽

《萌芽》不仅在法国文学史上，而且在世界文学史上也是第一部从正面描写煤矿工人罢工的作品。左拉在谈到《萌芽》的重要意义时指出："我的小说描写矿工劳动者的暴动，这是对社会的冲击，使它为之震动；一句话，是描写资本和劳动的斗争。这部小说的重要性就在于：我希望它预告未来，它提出的问题将是20世纪最重要的问题。"纵观全书，劳资斗争这条主线贯穿始末，法国社会的历史和现状，罢工的原因，罢工的过程、结局，一环扣一环，一气呵成。

"那是个没有星辰的夜晚，阴沉漆黑。光秃秃的平原上，有个男子沿着从马谢讷到蒙苏的大路孤零零地走着……"小说的开篇就向我们展示了一幅黑暗悲凉的画面。这个独行者就是书中的主人公艾蒂安。随着主人公的足迹，作者逐渐地把我们带入一个连艾蒂安本人也不熟悉的环境——蒙苏煤矿。左拉通过艾蒂安在井下劳动的情节，详细描写了井下地狱般的景象，而老矿工樊尚·马厄一家是蒙苏一万名煤矿工人的缩影。马厄家族在106年中被矿层吸干了血汗，而股东格雷古瓦却靠着祖上当年在蒙苏投资的一万法郎，经过一个世纪，增值了一百倍，变成了一百万法郎，他饱食终日，过着不劳而获的舒适生活，并且指望子子孙孙也能荣华富贵，享用不尽。左拉满怀着

对劳苦大众的同情，用写实的手法，以鲜明的对照和活生生的事实，表现了煤矿工人的衣食住行，展示了他们贫困生活的各个方面，并形象地把伏安矿井描写成食人肉的怪兽，把格雷古瓦这类人说成是靠煤矿工人的血肉“喂饱养肥的神”。这样，贫富的不均，社会的不公，资产阶级的残酷剥削是导致矿工罢工的直接原因，也就跃然纸上，昭示于天下了。左拉在《萌芽》中并没有用低沉的调子来表现罢工的失败，而是对产业工人的成长壮大充满了希望，把《萌芽》写成了一部悲壮的史诗。作者在小说的最后写道：“黑色的复仇大军正在田野里慢慢地成长，要在未来的世纪获得丰收。这支队伍的萌芽就要破土而出，活跃于世界之上。”历史证明，左拉的预言是正确的，无产阶级在20世纪的崛起，正是《萌芽》的最好续篇。（符锦勇）

斗争的萌芽必将冲破大地

巧克力、葡萄酒，这些会让你想到什么，一定是法国。毫无疑问，罗曼蒂克之乡，爱情美酒的摇篮，法国给予我们的是朝花上的晨露。但谁又知道浪漫玫瑰后的血泪史，就如庄重的巴黎圣母院背后有一个敲钟人，充满血腥的昂赞采煤区造就了一部伟大的作品。

19世纪后期，即大革命后，高利贷帝国法国发生了大罢工，其中就有昂赞采煤区。工人们在深如蚁穴的矿井中累断了脊背却挣不到糊口的面包，靠工人血肉供养的资本家却贪得无厌地压榨他们。这一切深深感染了这位自然主义作家，促使他创作了第一部描写工人阶级的作品《萌芽》，成为了继巴尔扎克后的又一大奇迹。

雨果光环下的左拉并没有重复弗洛伊德的手法，他用朴实无华的语言记录了那个时代的呻吟。主人公艾蒂安踽踽独行于原野上，把我们带入一个粗犷野性又纯真的矿工的世界。他们长期受着资本家的压榨剥削，只为了得到糊口的面包，而这一愿望也渐渐不能实现。在艾蒂安的号召下他们开始觉醒，举行了罢工。资本家招来军队展开了血腥镇压，同时矿井在无政府主义者的破坏下崩塌了，罢工失败了。整个矿井弥漫着不安与骚动，人们虽处在萧条悲伤中却没有绝望，他们等待着阳光洒在矿井的那一天，而这也是左拉的愿望。

拿破仑从第三次发动政变直至1870年法军在色当全军覆没后被俘虏，使法国乃至整个欧洲发生了极大的动荡，因而也促成左拉的《卢贡-马卡尔家族》的第13部。它的艺术形式展示了这位伟大作家的天赋，即前所未有的自然主义特色。左拉在文中除了对于巴尔扎克的现实主义的师承外，更注重了将其与自然主义的完美结合。这些都源自他能鸟瞰全局，感悟理解生活，才使《萌芽》像达达派作品一样可以表现发人肺腑的呐喊。1884 年，左拉来到罢工现场，八天后回到了巴黎，所以有人说《萌芽》的产生完全出于偶然，但就是这个偶然却惊动了整个世纪：19 世纪的广阔的生活画面下，一个矿工以极大的悲愤控诉了资本家对工人的残酷无情。他的声音沉稳有力，他义愤填膺；他反抗，他挣扎，他只是为了应得的面包！受压迫人民的号叫和哀苦被淋漓尽致地刻画出来了，从而进一步肯定了左拉在创作方面的贡献。而更重要的在于《萌芽》开辟了早期工人作品的道路，成为无产阶级的一曲赞歌。它在法国乃至世界文学史上的地位都是无可争议的，从中可以看出当时资本主义社会振聋发聩的历史现象：无产阶级已登上了历史舞台，寡头政治终有一日会被代替！

罢工是失败了，但这是暂时的，工人阶级的愤懑最终会像一条绿色的藤蔓从岩石中，从腥风血雨中以其超自然的力量去挣破这黑暗的世界。“全世界无产者联合起来”，受压迫的人民像洪水一样投入罢工运动中，胜利永远属于正义的斗争！人民的队伍在一天天壮大，黑色的复仇大军在田野里生长，要使未来的世纪获得丰收。在工人鲜血浸润的大地上，已经埋下了自由的种子，不久就会有新的斗争萌芽冲破大地，活跃在世界上了！（俞爰来）

历史桂冠 LISHIGUIGUAN

左拉是 19 世纪伟大的小说家，自然主义文学理论的创建者和实践者，1840 年生于巴黎，父亲是意大利人，母亲是希腊人。左拉中学毕业后曾在阿谢特书局当打包工人，不久以诗才出众被擢升为广告部主任。1864 年他出版第一部短篇小说集《给妮侬的故事》，次年又出版长篇小说《克洛德的忏悔》，警方认为书中的某些描写“有伤风化”，并发现左拉与共和派和进步人士过从甚密，阿谢特书局因此遭到搜查，左拉只好离职，从此走上专业创作道路。

左拉在当时法国科学技术和小说家龚古尔兄弟的影响下，开始探索新的创作方法。他参考了把社会看做生物学机体的孔德的实证主义哲学，提出他的自然主义文学理论，并写了两部长篇小说《台莱丝·拉甘》和《玛德莱娜·费拉》来实践他的文学主张，然而受到冷遇。1868 年，左拉开始准备创作巨著《卢贡-马卡尔家族》。一直到 53 岁的时候，终于完成。它包括 20 部长篇小说，出场人物达一千余人，题材几乎涉及法兰西第二帝国和第三共和国时期社会的各个方面，描写了各阶层的生活。其中《小酒店》、《娜娜》、《萌芽》等是最出色的代表。

1902 年左拉去世。1908 年，法兰西共和国政府以左拉生前对法国文学的卓越贡献，为他补行国葬，并使之进入先贤祠。

一切现代美国文学来自一本书，即马克·吐温的《哈克贝利·费恩历险记》……在它之前，或在它以后，都不曾有过能与之媲美的作品。

《哈克贝利·费恩历险记》

马克·吐温（美国 1835－1910）

1888年，马克·吐温的《哈克贝利·费恩历险记》出版后三年，美国著名电影名星莱奥纳尔·巴里摩尔刚刚九岁时，随父见到了马克·吐温。兴奋之余，巴里摩尔不禁为马克·吐温朗诵了《哈克贝利·费恩历险记》书末哈克不肯受“那一套文明规矩”的束缚，因而不肯返回那古板的家庭，而要闯荡江河，开创新的生活的那一段话。这位著名演员回忆说，当时马克·吐温“一只手按住了九岁孩子的胳膊，热泪盈眶”。马克·吐温美国式小说的艺术魅力之强大由此可见。

马克·吐温是美国小说史上的幽默大师和语言巨匠，他彻底摆脱了欧洲小说传统的窠臼，运用美国本土语言来表现美国特别是密西西比河地区本土人民的性格特征和风俗习惯，创造了完全属于美国的小说，是美国现实主义小说的奠基人，被称为“文学中的林肯”。

马克·吐温一生享有盛名，有过令人难以相信的多彩多姿的生活经历。他曾经做过密西西比河的轮船船长，新闻记者，排字工人，巡回演讲人，社会活动家，出版商，还是美帝国主义制度最激烈的批判者。与此相比，事实上小说创作几乎是他一生中最微不足道的部分，虽然他只出版过三部小说，但他就凭这三部小说，成为美国文学界最经典的作家之一。其中《哈克贝利·费恩历险记》不仅标志着马克·吐温文学创作的成熟，而且被公认为现代美国小说中具有划时代意义的经典之作。美国著名作家海明威称赞《哈克贝利·费恩历险记》是“我们至今所有的书中最好的作品。现代所有的美国文学作品都起源于这部书。以前没有一部作品，今后也不会有任何作品会像它一样优秀”。

经典回眸
JINGDIANHUIMOU

《哈克贝利·费恩历险记》是马克·吐温最重要的作品之一，在这部雅俗共赏、老少皆宜的杰作中，马克·吐温成功塑造了哈克贝利·费恩这个举世闻名的人物形象，并且真实地再现了美国社会。小说在对社会批判的同时，字里行间都洋溢着乐观健康的格调，展示出马克·吐温这位语言大师的艺术风范。

小说主人公哈克是个不信教、不读书、无人管束的“野孩子”，自从他和好朋友汤姆找到强盗在山洞里藏着的钱之后，法官萨契尔帮他们放债，他们一年到头每人每天都可以拿到一块钱利息。于是，道格拉斯寡妇收留哈克做她的儿子，但是哈克难以忍受道格拉斯寡妇和她的姐姐华森小姐的严格管教，经常和汤姆偷偷跑出去玩耍。一天，他酗酒成性的父亲老费恩来找他，他是来向哈克要钱的。他用船将哈克带到河上游的树林里，把他关在一间破屋子里。由于哈克受不了父亲醉酒后的虐待，一天夜里驾着小划子逃跑了。他来到一个荒岛上，遇见了华森小姐家的黑奴吉姆。原来吉姆听说华森小姐要把他卖掉，就逃了出来。从此，他们开始了在山洞里相依为命的日子。

一天，哈克男扮女装驾着小划子顺水漂流，他在一个小茅屋里和一个女人攀谈时得知人们已经认定他死掉了，并且怀疑是老费恩或者吉姆所为，于是悬赏300块钱捉拿吉姆，200块钱捉拿老费恩。哈克赶紧跑回山洞，带着吉姆撑着木排逃走了。他们打算到伊利诺伊州的卡罗镇，再从那里前往不买卖黑奴的“自由州”。

在逃亡过程中，他们历尽艰辛，却因为大雾而错过了卡罗镇。他们又丢失了小划子，木排也被轮船撞碎，幸好他们钻入水底才保住了性命。一天，他们搭救了两个被人追赶的人，这两个人穿着寒酸却自称是公爵和国王。吉姆根本不相信他们的鬼话。这两个人靠“演戏”骗了很多钱，还冒充硝皮厂老板的哥哥和弟弟去骗取遗产。结果好心的哈克没让他们的阴谋得逞，可是却没能摆脱两个骗子的跟从。他们又设计把哈克骗出去，将吉姆卖掉。哈克找到买吉姆的锯木厂，发现买主是汤姆的姨夫。莎莉阿姨将哈克误认为是汤姆，热情地招待了他。哈克将计就计，让后到的汤姆假装成是汤姆的弟弟席德。在他们一起去看戏的路上，哈克看到那两个骗子被抬着游街，浑身涂满了柏油，还插满了鸡毛。

哈克和汤姆找到黑人住的小屋，挖了一个地洞，放出了吉姆。不料在逃跑的路上，汤姆的腿上中了一弹，而哈克被姨夫带回家里，吉姆也被抓回去了。

第二天早上，汤姆醒来了。他说出华森小姐在临死前的遗嘱里已经恢复了吉姆的自由，而他这么做不过是想尝尝冒险的滋味。哈克从吉姆口中得知自己的父亲已经死了。莎莉阿姨打算收留哈克做干儿子，可是哈克不想再受管束，他又一个人逃走了。

《哈克贝利·费恩历险记》充分体现了马克·吐温的艺术风格。小说一扫当时流行的伤感主义文风，所描述的普通人和事物都是当时生活的真实写照。马克·吐温运用地道的美国英语描写真正的美国生活，行文自然流畅，寓尖锐讽刺于轻松调侃之中。这对以后的美国文学产生了深远的影响，美国英语从此登上了文学舞台。这部小说既有现实主义的精心描写，又有浪漫主义的抒情；既有人物心理的具体分析，又有奇特风趣的想象，小说主题的深刻性和艺术的独创性，代表了美国文学空前的成就。

幽默的魅力

马克·吐温的《哈克贝利·费恩历险记》是美国文学中的珍品，也是美国文化中的珍品。1984年，美国文坛为《哈克贝利·费恩历险记》出版100周年举行了广泛的庆祝活动和学术讨论，也出版了一些研究马克·吐温，特别是他的《哈克贝利·费恩历险记》的专著。专门为一位大作家的一本名著而举行如此广泛的纪念和专门的研究，这在世界文坛上也是少有的盛事。

这是因为《哈克贝利·费恩历险记》的意义不一般。美国著名作家海明威认为，一切美国文学都来自这本书，没有能与之媲美的作品。其他的名家像爱略特、屈里林、巴灵顿、福克纳等，都有类似的评价。经过百余年的历史检验，《哈克贝利·费恩历险记》是雅俗共赏、老少咸宜的世界名著。

《哈克贝利·费恩历险记》的意义，事实上已经超出文学的领域而成为美国文化的珍品。在20世纪，电影、电视等对于人们生活方式、社会风尚、价值观念的形成与变迁，其影响之大，常使世人为之惊叹，在美国尤其如此，而回顾美国的电影史，从1920年到1974年，历时半个世纪，同一部小说《哈克贝利·费恩历险记》，在美国拍成黑白片与彩色片，前后达五次。一部文学名著，成为文化上如此被热爱的珍品，并不多见。

《哈克贝利·费恩历险记》的影响遍及世界各国，而且从文化的视角看待文学名著，并非停留于文学本身，或停留于某些政治考虑而成为对人们的生活方式、社会风尚、美丑善恶等价值观念的形成与变迁发生强大影响的东西——这样的文化审美的观念正逐渐风靡世界。

是什么样的艺术魅力使美国和世界各国的读者如此喜爱《哈克贝利·费恩历险记》呢？是它给美国和世界各国的读者打开了一个独特的富于美国式幽默气质的心灵世

界，一个西部开发时期千千万万普通老百姓进行豪迈殖民时幽默气质的心灵世界。幽默逗人发笑，幽默蕴涵着智能，幽默乃机智的闪光。这样的幽默与塞万提斯笔下没落骑士战风车的幽默又不一样，乃是美国“西进”与“南下”声中千千万万勤劳的老百姓——这些强者在生活中的表现。它启发人们笑对人生，面对坎坷曲折，怀着勃勃的生机，开拓前进，因而是独特的，是美国式的，是平头百姓的。作品迷人的奥秘也许正在于此。

中国千百年来的文学传统以温柔敦厚见长，现代则以热情抒发见长，因而中国读者对《哈克贝利·费恩历险记》中活泼的幽默，由于审美习惯反差的原因，感受反倒会特别敏锐，也能得到特别强烈的审美享受。

这种马克·吐温式的、当年美国式的幽默，在世界文学史上曾独领风骚。试读《哈克贝利·费恩历险记》，从儿童们的结成“强盗帮”开始，接着写吉姆的迷信与自吹，哈克“爸爸”的酒疯，哈克假死与逃到河上，哈克失散重聚后对吉姆的作弄，河上巡逻队的盘查和哈克的妙计，男扮女装，“国王”与“公爵”的洋相，“打冤家”，哈克的告发信与拚着下地狱，“国王”“公爵”欺侮弱女子与棺材藏银，汤姆导演的效法王公贵族式的地狱。幽默的插曲，有如夏夜的星星布满天空，读者时而微笑，时而大笑，时而苦笑，人间烦恼为之一扫而光，而智能的光辉，在愉悦中把读者的心胸照亮。（佚　名）

19世纪美国文学的重心

马克·吐温亲切的幽默征服了全世界的读者。《汤姆·索耶历险记》及马克·吐温的中短篇小说都值得向喜欢高水平的幽默的读者推荐。本书比作者的其他小说表现了更丰富的风格，是他的代表作。

《汤姆·索耶历险记》是美国著名的小说家马克·吐温的四大名著之一。小说描写的是以汤姆·索耶为首的一群孩子天真浪漫的生活。他们为了摆脱枯燥无味的功课、虚伪的教义和呆板的生活环境，做出了种种冒险。这部小说虽是为儿童写的，但它又是本写给一切人看的高级儿童读物。因为阅读这本小说能让成年人从中想起当年的自己，那时的情感、思想、言谈以及一些令人不可思议的做法。

大多数在少年时期读过《哈克贝利·费恩历险记》的人，都会认为这是一本“少年读物”。这种认识虽然有一定道理，但在海明威眼里，却是另一种看法。他认为：“整个现代美国文学可以说源于一本书，这就是马克·吐温的《哈克贝利·费恩历险记》。”我认为，上述两种截然不同的看法之间一定具有一条真理，而海明威的说法

可能更接近真理。马克·吐温撰写《哈克贝利·费恩历险记》时，的确颇费周折。然而，他做梦也没有想到，这部作品竟能与梭罗的《瓦尔登湖》并列，成为19世纪美国文学的重心，而且是两部最具影响力的作品。

马克·吐温可以说是近乎无意识地完成了这部杰作。博大精深的密西西比河在不知不觉中培育了少年马克·吐温的想象力。在他执笔之际，这条河依然在他心里波涛汹涌。马克·吐温在这条河的激励之下，将自己的青春完全投入这部作品，甚至下意识地将美国的青春也投放进去。哈克的精神分裂源于他对自然社会的天才的了解与对文明社会的厌恶（哈克是一位少年、一位天才，也是一个伟人）。这种精神分裂正与我们现今的精神分裂相呼应。我们被夹在两种愿望之间，一种是美国“向外寻求领土”的传统愿望，另一种是比前一种更强烈的愿望，把这片广大的领土转换为大规模的生产工厂。我们以美国国民之一员而备受折磨，而且将永远地遭受这种折磨，因为这种精神分裂以后还会持续下去。不仅如此，从哈克身上，我们还可以感觉到那种连续不断的紧张感。如果你不以为然，那么，不妨重读书中的这一段，在这里，哈克吃不准是否该检举罪人兼逃亡奴隶，同时也是他的朋友——吉姆。

该书并没有感伤。全书以前工业化的“自然”美国为背景，这个美国充满了暴力、谋杀、固执、贪欲与危险。密西西比河的风景优美无比，但曾经做过船长的马克·吐温知道，密西西比是叛逆的，甚至怀有恶意。热爱往昔祖国一如现代祖国的美国成年人在读《哈克贝利·费恩历险记》时，往往不知不觉中抽去其中辛辣的成分，只把它当做一篇《失乐园》的叙事诗来读。不论是南方人还是北方人都会感觉到，虽然一种天真和鲜活的自由已永远逝去，但却另外出现了一些了不起的东西。伯利克里斯时代世故的希腊人读荷马时，一定也会有类似的心情。《哈克贝利·费恩历险记》是我们的《奥德赛》。

就作品而言，马克·吐温认为《汤姆·索耶历险记》只是“这投合世俗空气而用散文形式写成的一首赞歌”，其实，《哈克贝利·费恩历

典·故·逸·话

有一次，马克·吐温被邀请到法国的一个城市去演讲，到达的当天，他先洗了澡就去理发店理发，理发师非常热情，不一会儿就和马克·吐温聊起来了。理发师问马克·吐温：“您不是本地人吗?”马克·吐温回答：“我说过了，我还是第一次到这个美丽的城市。”理发师很高兴地告诉他：“您真走运，马克·吐温马上就要来了。他的演讲精彩极了，您晚上一定要去听吧?”马克·吐温也很高兴地回答：“对，我一定要去。”理发师又问：“您已经有了入场券吗?”马克·吐温回答：“不，还没有哩。”“可惜，太可惜了，”理发师替他惋惜道，“那您只得站着听了，坐票早就没有了。”马克·吐温很幽默地回答：“我与这位马克·吐温真没缘分，每逢他作讲演，我总是站着。”

险记》也是一首赞歌，不过，它是献给青春的赞歌。

海明威的看法也暗含上述意见。他认为，马克·吐温是第一位以创意运用方言的美国作家。《哈克贝利·费恩历险记》故意破坏传统英语的“文学”风格，不以英语的正确性为目标，而依照日常会话的变化引入新的韵律，并且向我们显示，非学术性的语言可以完成什么。虽然在成年后接受了大都会文化的洗礼，马克·吐温仍然是一个受惠特曼敬佩的“强有力而无教养的人”。这一点丝毫无损于马克·吐温的伟大，反而愈增其伟大。他建立起一个传统，与亨利·詹姆斯完全迥异的文学传统。马克·吐温与亨利·詹姆斯代表了美国文学与思想的两种势力，前者是本土的、幽默的，同时也是大众化的最佳表现；后者是英国的、欧洲的、纯分析的，同时也是贵族化的最佳表现。（克利夫顿·费迪曼）

历史桂冠 LISHIGUIGUAN

马克·吐温是一位出身贫寒，在艰苦的生活中自学成才的大作家，他以丰富的人生经历和特有的幽默风格，创造了美国文学的新时代，被誉为“现代美国小说之父”。

马克·吐温原名塞缪尔·朗赫恩·克莱门斯，于1835年出生在密苏里州佛罗里达镇，在密西西比河上的小城汉尼拔长大。他的父亲是个不得志的乡村律师和店主，在他12岁时就去世了，马克·吐温因此不得不辍学。他14岁时就在印刷厂当排字学徒工，后来又在东部和中西部的许多城市做排字工。1856年他沿密西西比河南下，想从新奥尔良转道去巴西。结果在途中遇见老舵手贺拉斯·毕克斯比，于是拜他为师，学习轮船驾驶。他学成后就在密西西比河上做舵手直至内战爆发。他的笔名马克·吐温就来自密西西比河水手的行话，意思是“12英尺深”，指水的深度足使航船通行无阻。在战争中，他曾经参加南军，还曾试图在西部新开发区经营木材业与矿业中发财致富，但没能成功。1862年马克·吐温开始在内华达弗吉尼亚城一家报馆工作。1865年，他的幽默故事《卡拉维拉斯县著名的跳蛙》引起了轰动，从此闻名全国。他在故事中运用了美国口语，并具有美国西部所特有的幽默风格。此后，他经常在报刊上发表幽默作品。随后的20年，相继完成了《汤姆·索耶历险记》、《王子与贫儿》、《密西西比河上的生涯》和《哈克贝利·费恩历险记》等不朽名著。

马克·吐温作品的幽默往往令人捧腹大笑，而他自己在创作时却是十分认真和严肃的。他的幽默作品固然可以让读者感到轻松愉快，但更能令人沉思。他是美国文坛上一位不朽的现实主义作家，他的优秀作品已成为美国文学和世界文学中的珍品。

托马斯·哈代为世界文学宝库提供了丰富而多样的小说珍品，他的作品闪烁着启迪人的智慧与悟性的光辉。

《苔丝》

哈代（英国 1840–1928）

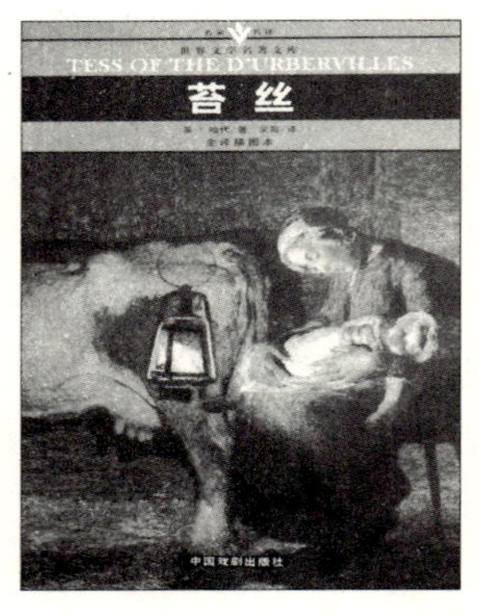

19世纪中叶，英格兰西南部沿海的多塞特郡是一个具有田园色彩、牧歌情调的美丽的村落，它远离现代工业世界而保持着古老传统，恬静幽美、古朴寂寥。也是英国小说家、诗人托马斯·哈代的出生地。哈代这位继狄更斯之后19世纪最伟大的批判现实主义小说家，被称为“英国小说中的莎士比亚”，他的作品虽不像狄更斯那样诙谐幽默，但却含蓄隽永，令人回味。其作品在散发着浓浓的乡土人情味的同时，又闪烁着启迪人的智慧与悟性的光辉。

哈代和但丁一样有着承前启后的地位，这位处在维多利亚时代和新时代交界线上的文学巨人，突破了19世纪维多利亚主义的窠臼，努力用一种更高的概括来表现近代资本主义条件下人们对生活的感受，与现代主义精神息息相通，成了英国小说中现代主义的一个先驱。20世纪的英国小说家在思想意识方面受哈代的影响可以说多于其他任何一个维多利亚时代的小说家，在他生前死后的一个多世纪里，他一直吸引着众多作家、批评家、社会学家、历史学家。

哈代代表着英国文学的伟大传统，作为英国杰出的现实主义作家，哈代不仅属于英国，也属于所有的时代和整个世界。《苔丝》是哈代的主要作品之一，在这部小说中他吸取了狄更斯等人的写作经验，并开辟了新天地，将原始的激情和自然的法则展现在读者面前。他摒弃了客套的礼仪，漠视小说的传统，是他创作的新阶段的标志，并奠定了他作为一位伟大的现实主义小说家的地位。

经典回眸
JINGDIANHUIMOU

19世纪是英国小说的黄金时代，杰出的批判现实主义小说家托马斯·哈代就属于这个时代，因为他的所有小说都创作于这个时代，但是他又绝不仅仅局限于这个时代，他在"性格和环境小说"中所表现出的思想意识和艺术表现方法都体现出现代主义的新气息。《苔丝》就是这样一部站在世纪交叉点上的经典杰作。

农村姑娘苔丝出生于一个贫苦的小贩家庭。一个乡村牧师告诉她的父亲约翰·德伯，他是德伯氏的嫡系子孙。这个消息让约翰一家人感到振奋。德伯太太提出让17岁的大女儿苔丝到一个有钱的德伯老太太那里去认本家。那时苔丝正为由于自己的疏忽，使自己家的老马被邮车撞死而感到内疚。为了帮助家里摆脱困境，她答应了母亲。德伯老先生已经去世，他的儿子亚雷接待了她。亚雷是个花花公子，他对单纯美丽的苔丝产生了不良企图，所以对苔丝十分热情，并且在苔丝走后立即以母亲的名义给她家去信，表示欢迎苔丝到他家的养鸡场工作。苔丝为了承担起家庭的重担，只得勉强同意了，结果亚雷奸污了苔丝。

苔丝回到家中时她已经怀孕了，周围的人对她的偏见和敌意使她生活在痛苦、孤独和压抑中。几个月后，她生下一个孩子，不久孩子就死去了。苔丝离开家乡，到几里之外的塔布篱牛奶厂当了挤奶工。她在这里遇见了年轻好学的安吉·克莱。他们在接触中彼此都产生了好感。克莱几次向苔丝求婚却都没能得到肯定的答复，苔丝没有勇气把自己的遭遇说出来，她陷入矛盾之中，可她最终还是被克莱的真情所打动，答应了他的求婚。苔丝觉得自己应该把真相告诉克莱，于是写了一封信放在他的房门底下。而克莱没有任何反常的举动，苔丝就以为他原谅了她。当苔丝后来发现那封信原封不动地在地毯底下时，他们马上就要结婚了，苔丝只好把信撕毁了。苔丝想当面向他讲清楚，但是克莱根本不给她机会。新婚之夜，克莱先向苔丝坦白了自己曾经有过的放荡生活，苔丝马上表示了原谅，并将自己的事情告诉了他。没想到克莱认为苔丝是一个骗子，一个淫荡的女人，他抛弃了苔丝。

苔丝的处境更加艰难，她靠给人家做些零活维持生计，后来来到一个农场干活，没想到那个农场主竟然是曾经调戏过苔丝并被克莱打过一拳的人。农场主让苔丝道歉，而苔丝坚决不从，于是，农场主让苔丝做繁重的工作。让苔丝感到更痛苦的是，她遇见了亚雷并又被纠缠。无奈之下，她给克莱写了一封信，希望能够得到他的帮助。克莱这时经过在巴西生活的艰辛，也为自己当初的鲁莽后悔了，但他却没能及时接到苔丝的信。

苔丝的父亲去世了。因为她家的房子住到父亲这一辈正好期满，所以他们不得不搬出去住了。结果亚雷乘人之危说服了苔丝的母亲，逼迫苔丝和他同居了。这时，克

莱接到苔丝的信，从巴西赶回。苔丝无法忍受内心的凄苦绝望和亚雷的讽刺挖苦，她杀死了亚雷并告诉了克莱。克莱决心保护苔丝，在一起逃亡的路上，他们度过了五天五夜难忘的时光，最后在午夜时分来到一处荒凉的地方。疲惫不堪的苔丝建议在这里休息一下。苔丝一定要克莱答应自己如果自己死了，帮助自己照顾妹妹，克莱不得不答应了。曙光微露，苔丝睡着了。这时，克莱发现他们两个人被追捕者包围了。他请求他们等她睡醒再带走她。当太阳升起来的时候，苔丝醒了，她没有惊慌和恐惧，和他们走了。七月的清晨，苔丝被执行死刑了，一对手挽着手的年轻人默默地为她祈祷。

小说《苔丝》发表后虽遭到旧传统道德维护者的责难，但却深受读者的喜爱，在短短的半年时间内，小说连出了四版，成为哈代最受欢迎的作品，并且迅速被翻译成多种文字，在欧洲乃至全世界范围内广泛流传。

时代的烙印

一部优秀的文学作品所展现给我们的社会生活画面，一定比政治、历史、哲学等书籍所能提供的还要丰富、具体、真实。正如马克思在评论19世纪那些伟大的批判现实主义小说家时说的那样：他们向世界揭示的政治的和社会的真理，比起职业政治家、政论家和道德家合起来揭示的还要多。19世纪后期英国批判现实主义文学巨匠托马斯·哈代正是这样的一位作家，他的代表作《苔丝》所揭示的就是那一时代英国社会生活的真实图景。

苔丝是这部作品的主人公，也是哈代在人物塑造上的顶峰，她的形象是哈代所有长篇小说中塑造得唯一理想化了的“美”的艺术典型，是他创造的女性形象中的皇后。她具有倾国倾城的美貌，高尚的道德品质，为人质朴、厚道，心地纯真善良，而她的命运则是个悲剧。作家哈代就是借助苔丝的悲剧性遭遇，向社会提出一个值得深思的课题。他说：“为什么在这样一幅美丽的女性材料上，像游丝一样的敏感，并且直到那时，还像雪一样的纯洁，为什么偏偏命中注定了要被描画上那样一幅粗暴的花样？”首先从历史唯物主义观点来看，在维多利亚时代传统的道德、伪善的宗教和虚伪的法律以及资本主义伦理道德和社会恶势力的相互作用等诸方面的影响下，当时的社会才是造成苔丝悲剧的真正原因。其次，从哈代的哲学观来看，苔丝悲惨的一生首先是神造成的。再次，可以说苔丝的悲剧是来自她个性的柔弱、善良、迁就、屈从。最后，还有来自传统贞操观对她的鄙弃，来自家庭的拖累，来自男权当道的虚伪的世界等原因。这个心地善良、聪慧、端庄的美丽姑娘的悲剧遭遇，是发展中的资本主义社会的吃人现实的展示，是传统伦理道德对人性摧残的再现，是愚昧的精神枷锁对妇女的人生禁锢的昭示。这种现实主义作品深切地反映出作品的时代烙印与冷酷的社会现实，也表达出哈代为主人公悲剧命运的抗争与对低沉的社会、人性、人生的控诉。然而苔丝的悲剧命运让整部作品也同样笼罩着浓厚的悲观主义气氛。因此，作品问世后曾长期受到世人的漠视并引起争论。20世纪初以来，它终于越来越显示出熠熠光辉，成为人们交口称赞的世界名著。在西方批评家看来，《苔丝》不仅是哈代最伟大的小说，而且也是英国文学中的伟大作品之一。

悲剧向来被认为是很高的文学形式，悲剧比其他戏剧更容易唤起道德与个人感情，因为它是最严肃的艺术，不可如滑稽戏或喜剧那样把它看成是开玩笑。哈代生活的时代是一个社会动荡不安的时代。宗教、政治、科学、社会各种因素动摇着人们的心灵，使人们的内心发生转变，在这种令人不安、恐怖混乱的社会里，哈代认为人必须创造自我价值，因为人不能获得来自外部世界的任何帮助，一切都要依靠自己，不可能存在任何超人力量来帮助你。这种融命运、社会、性格于一体的悲剧观既是哈代对悲剧的体验与思考，又是他对悲剧探索的结果。

著名小说《苔丝》作为集中体现作家的人生观转变和艺术风格成熟的代表作，奠定了哈代在世界文坛上的突出地位。它的艺术魅力不仅表现在人物塑造、情节构思、议论抒情等方面，还表现在作者描写人与景时所透出的绘画效果上。小说从色彩描写和会话术语的运用、光线明暗描写、透视法的运用以及整体意境的绘画美的创造等方面都显露出了绘画效果。将绘画艺术运用于小说创作，这一独特的文学手法的运用，体现着托马斯·哈代对现实主义美学原则的深刻理解。以《苔丝》的景物描写中对绘画手段的运用为例，阐述绘画艺术在小说创作中的运用所产生的艺术效果以及对作品主题

典·故·逸·话

1928年，哈代病逝。遵照他生前的遗嘱，他的遗体要安葬在自己的故乡，英格兰南部的多塞特郡。但是由于他对英国文学的杰出贡献，人们决定把他葬在举世闻名的伦敦“诗人角”——威斯敏斯特教堂。因为这里是“英国诗歌之父”乔叟，著名诗人约翰逊、布朗宁，小说家狄更斯等文豪长眠之地。最后经过讨论，决定把哈代的心脏留在故乡。不料在他的遗体运往伦敦后，那颗心脏竟然不翼而飞，而负责看守心脏的农夫则清楚地记得把它放在窗台上。后来，人们终于发现窗台上已经空空如也的盘子旁边，蹲伏着一只吃得饱饱的猫。多塞特郡的农民怀着激动而复杂的心情，将这只猫也一起葬入哈代的棺木里。

的影响，进而探索文学作品中绘画艺术的运用对文学语境锻造的作用和影响。《苔丝》的创作手法是一种有意味的审美形式。阅读《苔丝》使我们领悟到作者独特的创作技巧的深刻的悲剧意味。《苔丝》的艺术技巧以及这种艺术技巧所蕴涵的悲剧意味是常读常新的，其深刻的美学内涵及其悲剧意味感人至深，令人悲叹不已。

哈代在《苔丝》这部小说中，不仅在微观语言修辞范围使用了反讽的文学手法，更主要是在小说的结构上，小说中人物的塑造及主题的揭示与展开上，把反讽作为一种宏观意味的文学创作原则，妙用反讽等诸种文学手法，使这部小说的思想和艺术成就斐然，因而奠定了哈代在世界文坛上的独特地位。（佚　名）

苔丝悲剧命运的真正根源

苔丝的形象是哈代的一个杰出成就，她比哈代塑造的其他女性形象更富有热情、女性美和青春的活力，富有高贵的女人气质、坚强的意志和热烈的感情。苔丝的灵魂是纯洁的，道德是高尚的，但是在资产阶级的道德面前，她却被看成是伤风败俗的典型。她本是被侮辱被损害的人，可是在陈腐无聊的世俗偏见中反而被视为奸淫罪人，被看成侵犯了清白领域的罪恶化身，遭到残酷无情的迫害。

卡尔·韦伯曾说：苔丝的“故事是对慈悲的乞求，对宽容的渴望，对社会伪善的批判”。哈代显然站在同当时的社会偏见完全对立的立场上，通过苔丝的形象对当时虚伪的道德标准严加批判。苔丝“在世人眼里，是一个罪人，一个堕落的女人，一个受人供养的情妇，最终又是一个杀人犯。但是在哈代看来，苔丝的一切天赋都是她最伟大的美质，她是一个纯洁的女人”。哈代坚持道德的纯洁在于心灵的纯洁、品德的高尚，把苔丝看成是一个纯洁的人。社会则坚持传统的偏见，认为一时的过错就是不可挽救的堕落，苔丝是一个犯了奸淫罪的罪人。哈代认为世界上没有完人，人的完美体现在对人生的理解、对生活的热爱、对理想的追求、对爱情的忠实上，

但是，一切以利己主义为基础的资产阶级伦理道德，都是同人类美好的理想完全对立的，是扼杀人性美的罪魁祸首。哈代通过苔丝的悲惨遭遇无情地揭示出这种伦理道德的伪善及其劣根性，把它的残酷内容暴露出来，证明它的宗教和封建的性质。

哈代在描写苔丝悲剧的过程中，曾企图通过遗传理论、自然法则、悲剧预兆和因果报应来说明苔丝不幸的原因。但是，哈代敏锐的现实主义观察还是使他透过事物的表面，揭示出了苔丝悲剧的根源——"一道深不可测的社会鸿沟"，即当时的社会才是造成苔丝悲剧的真正原因。

在第十二章里，在苔丝回家的路上，哈代让读者同女主人公一起体验了宗教的、道德的、习俗的等各个方面的社会压力。回家以后，苔丝生活在忧郁、孤独中，她面前仿佛有一条崎岖漫长的大道，但她只能独自跋涉，没有人同情，没有人帮助，孤苦伶仃地同命运抗争着。并且显而易见，苔丝的孤独感、忧郁、自卑在一定程度上来自自我，来自她长期在社会集体意识中不自觉地形成的心理结构。苔丝给自己织了一张无形的道德罗网，把自己束缚起来。她的自我束缚的意识有其深刻的历史基础，是整个社会意识的具体表现。作为一定历史时期的个人，她不仅在整个历史的进程中形成了特定历史时期的社会意识和道德观念，而且其思想和行动也始终受到历史和社会意识的制约。因此，苔丝遭受痛苦的心理原因，归根结底仍然是当时的社会和时代，她的痛苦是遭到毁灭的农民阶级集体意识的典型表现。

从历史的观点看，苔丝从到亚雷家养鸡一直到农场种地的苦难历程，极其典型地代表着整个农民阶级向工人阶级转化的过程及其在这个过程中遭到的悲剧性命运。19世纪下半叶，随着资本主义经营农业的迅速发展，威塞克斯这个英国最后的宗法制社会，已经到了它最后的悲剧阶段。这个阶段最重要的特征就是农民由于经济结构的改变而引起的经济上的彻底崩溃，那些自食其力的占有少量土地和生产资料的农民，都不得不随之破产。

苔丝作为农民阶级的代表，她的悲惨命运就是在这种历史进程中形成的，她家中的老马被邮车撞死后引起的家中经济生活的改变，表明农民已经不能在他们原来的经济基础上生存下去了。在小说中我们清楚地看到，真正使苔丝无路可走的是她的贫困，无论心理的、精神的、社会的、宗教的原因，都是同她的贫穷联系在一起的，一切内在的、外在的因素都在经济力量的制约下发挥作用。

苔丝是哈代通过观察概括出来的艺术典型，她无法避免毁灭的命运，是因为她赖以生存的那块土地已经完全被资本主义占领，农民阶级已经最终毁灭。这就是历史的进程，就是苔丝命运的真正主宰。（聂珍钊）

历史桂冠
LISHIGUIGUAN

托马斯·哈代是19世纪最后30年中最优秀的英国文学家，其早期和中期的创作以小说为主，继承和发扬了维多利亚时代的文学传统；晚年以其出色的诗歌开拓了英国20世纪的文学。他的作品承上启下，既继承了英国批判现实主义的优秀传统，也为20世纪的英国文学开拓了道路。

哈代1840年生于英国西南部的一个小村庄，毗邻多塞特郡大荒原，这里的自然环境日后成了哈代作品的主要背景。他的父亲是石匠，但爱好音乐。父母都重视对哈代的文化教育。

1856年哈代离开学校，给一名建筑师当学徒。1862年，哈代来到伦敦，为一个著名的建筑师当绘图员，并曾两次在建筑论文比赛中获奖。同时，他继续研究文学和哲学，还在伦敦大学皇家学院进修近代语言，尤其是法语。1867年哈代因身体不适又回到家乡，一边从事建筑业，一边开始了小说创作。哈代的文学生涯开始于诗歌，后因无缘发表，改为小说创作。1871年自费出版了第一部长篇小说《计出无奈》，1872年出版第二部小说《绿荫下》，从这篇小说开始，哈代创作了一系列“人物与环境的小说”。1873年出版《一双蓝眼睛》之后，他听从妻子的劝告，放弃了建筑，专心从事文学创作。

哈代一生共发表了近20部长篇小说，其中最著名的当推《苔丝》、《无名的裘德》、《还乡》和《卡斯特桥市长》。1891年的《苔丝》和1896年的《无名的裘德》是哈代最后两部具有强烈的社会批判意义的长篇小说，也是他最优秀的作品，但因为这两部小说受到旧道德的维护者的强烈攻击，哈代不得不放弃了小说创作，转而开始了诗歌创作。出乎他的意料，诗歌创作给他带来了巨大的声誉，他成为当时英国最杰出的诗人。

他的史诗剧《列王》是他诗歌创作的顶峰。1901年，英国皇家文学会授予他金质奖章；其后，剑桥大学和牛津大学分别授予他荣誉学位；最后，他又被选为英国作家全会第三任主席。

1928年哈代去世。人们为他举行了盛大的葬礼，皇室成员出席了追悼仪式，首相亲自为他扶灵。他的遗体葬于伦敦威斯敏斯特教堂诗人墓地，他的心脏则葬于故乡斯廷斯福德教堂墓地。

他高产，稳产，显示出炉火纯青的功力，短篇小说，中篇小说，源源而出，丰富多彩，无不精湛绝妙；每一篇都是一出小小的喜剧，每一篇都是一扇令人顿觉醒悟的生活的窗口。读他的作品的时候，可以笑，可以哭，但永远是发人深思的。

《莫泊桑中短篇小说选》

■ 莫泊桑（法国 1850−1893）

法兰西文学的苍穹，明星璀璨，每一颗明星都有其值得一书的历史。被公认为“短篇小说之王”的莫泊桑，在法国文学史乃至世界文学史上都占有独特的地位，其作品在我国读者中的影响也十分深远。

莫泊桑继承了福楼拜、巴尔扎克、司汤达等现实主义大师的写实传统，同时又追随左拉等自然主义先驱人物，在不到十年的时间里，创作了近300篇脍炙人口的短篇小说，是世界文学史上最著名的短篇小说大师之一。莫泊桑用传神之笔刻画了法国上下各阶层的人物，每一个人物都凝结着作者的心血，寄托着作者的渴望。法国文学家左拉在谈到莫泊桑的短篇小说时说：“谁敢说获得不朽的不可能是一篇300行的小说，是未来世纪的小学生们当做无懈可击的完美的典范、众口相传的寓言或者故事呢?”当莫泊桑病逝后，左拉高度评价了他的一生，“他的作品将永存并世代相传！我们这些认识他的人，在心中将永远留下了他的形象，而以后，那些不认识他的人将通过他的作品而爱他，因为他歌唱了永恒的爱，歌唱了人生。”今天，左拉的预言已得到了验证。

翻开我国的文学翻译史，早在20世纪初叶，莫泊桑的作品就已传到中国。而今，几乎他的所有名篇佳作都有了一种乃至多种中文译本。在中国的书店和图书馆里，他的《一生》、《漂亮朋友》等长篇小说被称为“热门书”，而他的中短篇小说《羊脂球》、《项链》、《我的叔叔于勒》中的主人公形象，更深深地印在中国读者的脑海中。

经典回眸
JINGDIANHUIMOU

莫泊桑在文学史上的重要地位主要是由他的中短篇小说的成就所奠定的，他善于从一般人视而不见的凡人小事中发掘带有本质意义和美学价值的内容，他用这些平淡无奇的生活素材，给读者描绘了一幅幅丰满生动的社会风俗画，特别是出色地勾画了这个社会中为数众多的小人物形象。而且，他在语言艺术上达到了很高的境界，被视为法语的典范。他的代表作《羊脂球》、《项链》、《我的叔叔于勒》等都是其最好的证明，其布局构思精巧，别具一格，以叙述的小事显示出非凡的意义，给人以滴水见海的艺术感受。

莫泊桑短篇小说的主题大致可归纳为三个方面：第一是讽刺小资产阶级、小市民的虚荣心和拜金主义，如《项链》、《我的叔叔于勒》。《项链》是莫泊桑举世闻名的短篇小说，故事讲述了巴黎一个小公务员的妻子，因为爱慕虚荣，为了参加一次舞会，向朋友借来一串钻石项链。结果项链不幸被弄丢了。为了赔偿这串项链，夫妻两人开始了十年艰辛的生活。当十年后，他们终于还清了所有债务时，才得知当初借来的那串项链是假的。小说在嘲讽中深含着作者对小人物的同情之心。《我的叔叔于勒》通过一对小资产阶级夫妇对亲兄弟的势利态度，表现了资产阶级人与人之间赤裸裸的金钱关系。

第二是对资产阶级上流社会的批判和讽刺。在很多篇章里，莫泊桑都揭露了所谓体面人物的丑态，如他的成名作《羊脂球》。这篇小说以普法战争为背景，讲述了一个地位卑微却富有爱国主义精神的妓女为了解救同行的旅客，不得不忍受屈辱，但却遭到那些旅客的蔑视。小说生动地再现了资产者和上流女人虚伪自私的面目，表现出那些道貌岸然的资产者肮脏的内心世界。

第三是描写普法战争，反映法国人民的爱国情绪。这类作品在莫泊桑的短篇小说创作中占有重要地位，如《两个朋友》写了两个热衷垂钓的平民横遭普鲁士侵略军屠杀，而普鲁士军官却表现得“安详”、“平静”，以此抨击侵

典·故·逸·话

莫泊桑拜师福楼拜之后，每逢星期日就带着新习作，从巴黎长途奔波到鲁昂近郊的福楼拜住处去，聆听福楼拜对他前一周交上的习作的点评。福楼拜对他的要求非常严格，首先要求他敏锐透彻地观察事物。莫泊桑遵从师教，逐渐善于“发现别人没有发现过和没有写过的特点”，后来，当他在谈到作家应该细致、敏锐地观察事物时说：“必须详细地观察你想要表达的一切东西，时间要长，而且要全神贯注，才能从其中发现迄今还没有人看到与说过的那些方面。为了描写烧的很旺的火或平地上的一棵树，我们就需要站在这堆火或这棵树的面前，一直到我们觉得它们不再跟别的火焰和别的树木一样为止。”一次，福楼拜还建议莫泊桑作这样的锻炼：骑马出去跑一圈，一两个钟头之后回来，把自己所看到的一切记下来。莫泊桑按照这个办法锻炼自己的观察力有一年之久。

略战争。还有讴歌抗击侵略者的爱国主义精神的《米龙老爹》、《决斗》、《蛮大妈》等。莫泊桑短篇小说布局结构的精巧、典型细节的选用、叙事抒情的手法以及行云流水般的自然文笔，都给后世作家提供了楷模。

忧伤的故事里没有愤怒

莫泊桑的小说写得极有情致，尤其短篇。开始总是不紧不慢地铺叙，或着意渲染场面与氛围，从容之中显出张弛有度的格局。接下去自然跌宕起伏，命运多蹇的主人公一不小心找上麻烦，只是万般危难亦如此娓娓表过，读来却有别样的意味。就像透过雕花窗棂的皎皎月色，伴着鸟啼和裙裾曳地的声，这情形多半叫人捉摸不透。

窸窣不错，人生总有麻烦。《项链》的女主人公玛蒂尔德因一夜风光付出十载艰辛，这令人欷歔不已的故事好像是说女人的虚荣毁了自己，然而这里仍有可以思忖的问题——以十载艰辛换来在佛莱思节太太面前的一席豪迈，是不是也颇值得？见到有钱的女友，她至少不会像当初那么心态不平衡了。

以普法战争为背景的《羊脂球》是莫泊桑短篇小说中最有名的作品，也最容易被作为爱国主义文本来解读，要不就搭上对贵族和资产阶级的讽刺和批判。不过，从一个妓女的皮肉生涯讨论到法兰西的民族尊严，这意思本身有些不伦不类。莫泊桑的故事往往把两个不相干的事扯在一起，让人作出某种似是而非的判断。当然，这个话题是从被普鲁士军队扣留在托特镇的那辆马车上开始的，除了名叫羊脂球的妓女外，那车上麇集了贵族、商人、政客和修女，几乎代表国家意志的各个阶层，其中包括君主立宪派、议会反对党和共和派人士。妓女和国家既然被安排成如此同舟共济的关系，无助的羊脂球必定陷入一种众意难违的局面。正是一车人的集体意志决定了羊脂球是否应当委身于普鲁士军官的问题，而先拒后纳的理由都被荒谬地提升到国家利益的高度。莫泊桑对风云骤变时期的社会公意似乎怀有深切的恐惧，因为那种反复不定的特性中隐含着被操纵的可能，自1789年大革命以来的历史足以证明这一点。实际上《羊脂球》不但揭示了这种公意的荒谬，甚至还诘问到类似鲁迅所说的国民性问题，这里包含着被许多评论者所忽略的话语关系。

尽管如此，莫泊桑的东西仍然可以说是一种相当写实的文本，没有隐喻和寓言性质，初看清澈如水，但奥秘也许就在于那种不紧不慢不愠不火的叙述风格。在莫泊桑的许多作品里，叙述的体态和语式有其特殊功能，由于故事本身与叙述层面传达的感受存在着某种反差，这就决定了解读的歧异。很难说叙述的背后是一种拈花微笑的心态，还是不无忧虑的苟且。

按通常文学史的定位，师从福楼拜的莫泊桑当属19世纪中叶以后崛起的自然主义流派。然而值得注意的是，莫泊桑这儿并没有一般自然主义小说的冷酷和刚烈，表现悲惨人生也好，揭露世间恶行也好，那温婉优雅的笔墨似乎有意拉开了与叙述对象的距离，他的文字里让人觉不出叙述者的愤怒。先前福楼拜不是这样，跟他同辈分的左拉也不这样。也许，经历过普法战争和巴黎公社的动荡岁月，他更向往心灵的安谧。带着怀疑与感伤的眼光审视人生，要说不跟犬儒主义发生精神共鸣也难。

（李庆西）

使哀苦无告者说话

莫泊桑的小说大都短小精致，你会吃惊，在仅仅几页的篇幅里，他就能给你展现一个精彩的故事或者人物，就像他的一生，也是短而精致，他只活了43岁，但给我们留下了6部长篇小说、306篇中短篇小说和3部游记。

莫泊桑写到一个弃婴，他十几岁的时候被一辆大车碾断了双腿，从此就只能拄着双拐求乞，而且除了周围的三四个村庄，他不敢走远。他害怕外面陌生的世界，尤其害怕大路上成队走着的宪兵，于是他老是在周围这几个村庄乞讨，人们已经厌烦他了。12月的一天，天气阴冷，大家的心情都不好，他已经两天没有讨到任何食物下肚，又奔波了许久，再也走不动了，就溜到一个农家院子的一角，像是要等候一种神秘的援助，但什么也没有。突然，他看见了一群鸡，他的手还很灵活，丢出一块石头打死了一只。他想用火来烤，这时被鸡的主人发现了，于是被众人一顿殴打。他流着血，饿得要命，而宪兵也被叫来了，把他带到镇上。他一句话也不说，因为他已经弄不清楚发生了什么事，思想已经混乱，况且已经有那么多年没跟人说过话。他被丢到牢里，第二天当宪兵要来审讯他时，看见他已经死了。“多么出人意料啊”——谁都没有想到他也要吃东西。

莫泊桑还写到一个瞎子，他是一个乡下人，父母在世时，还有人照看他，可两老一去世，尽管他姐夫把他那份遗产夺到自己手里，却连汤也舍不得给他多喝。他是不是有智力、有思想，甚至有感觉，是不是对自己的生活有清醒的认识？谁也没想过这样的问题。凡是他的失明使人想到的残忍的恶作剧都被想出来了，尤其是在他吃东西的时候，人们把小猫、小狗放到他的食盆边来捉弄他，和他抢食，或者故意给他塞瓶塞子、木屑、树叶甚至垃圾，然后在一边哈哈大笑。还是在一个冬天，下着大雪，他姐夫一早把他带到很远很远的一条大路上去求乞，这一天他再也没有像往常一样自己回来。到初春解冻的时候，人们发现一大群乌鸦在平原上空不停地盘旋，然后像一阵雨点集中落在同一个地方，人们在那里发现了瞎子残缺不全的尸体。

这是一些最弱势者，一些哀苦无告者，他们甚至已经发不出自己的声音。我们在莫泊桑的笔下感到了对这些弱势者最强烈的同情，他使他们留下了自己的足迹。莫泊桑的故事发生在他生活的19世纪下半叶，离提出“自由、平等、博爱”的口号的法国大革命已近百年。这样的悲剧发生有普遍穷困的问题，也有导致冷漠甚至残忍的观念问题。无论如何，莫泊桑的小说提醒我们：还需要更仔细地聆听那很容易被喧闹和欢乐声盖过的微弱的悲惨之声。（何怀宏）

历史桂冠
LISHIGUIGUAN

被誉为“短篇小说之王”的莫泊桑是法国19世纪末的著名小说家。他的母亲是福楼拜的朋友，因此使莫泊桑能够得到福楼拜的悉心指导。莫泊桑一方面接受了福楼拜的批判现实主义，另一方面又受到了自然主义的影响。

比之于许多作家，他的生活经历和创作实践的联系也格外密切。没有少年时代诺曼底农村的生活，就不可能产生《绳子》和《一生》；没有普法战争中的亲历和见闻，就不可能产生《羊脂球》和《米龙老爹》；没有“行政牢房”的10年体验，就不可能产生《遗产》和《项链》；同样，没有成名后与上流社会的接触，也就不可能产生《漂亮朋友》和《温泉》。

从19世纪70年代起，莫泊桑就为多种病魔所困扰，19世纪80年代视力开始衰退，心脏病和神经痛也接踵而来，但他一直坚持创作。1891年之后，他的病情加重，已经无法将创作继续下去了。1893年莫泊桑去世时，年仅43岁。他短暂的一生正如他深刻隽永的短篇小说一样，是浓缩的精华。他为世界文学宝库作出了突出的贡献，他在写作技巧方面取得了杰出的成就，不仅在法国文学史上占有重要地位，而且对后来的欧洲及中国作家都产生了很大的影响。

抛开那既布局严谨又游刃有余的戏剧结构不谈，抛开那既自然生动又富有潜台词的舞台语言不讲，《玩偶之家》的深刻主题，就已在欧洲乃至整个世界回响了100年！

《玩偶之家》

易卜生（挪威 1828－1906）

如果按照席勒所说“我们如果拥有一个民族的戏剧，我们才能成为一个民族”，那么挪威就是因为有了亨利克·易卜生才得以成为一个民族的。易卜生是挪威历史上最伟大的文学家，他通过自己独具特色的“易卜生式”社会问题戏剧真实地反映了挪威社会，不仅创造了挪威文学的繁荣，而且推动了社会的发展。易卜生在艺术方面所进行的革新使欧洲现实主义题材的戏剧创作得到振兴，对近代欧洲戏剧的发展具有开拓性意义，被誉为“现代戏剧之父”。即使去世100年后，挪威最伟大的文学家依然是易卜生。他的铜像在奥斯陆民族剧院外已经整整矗立了100年，在过去的这段日子里，他给挪威民族带来的荣誉，比别的任何挪威人都要多。

百年之前，易卜生曾说：“我的主要目的一向是描写人，人们在一定社会环境和思想观念支配下的情绪和他们的命运。”对于当时不理解他剧作的人们，易卜生发出了充满自信的回应：“我是为未来的读者和观众写作。”百年之后，当我们重读他最杰出的戏剧之一——《玩偶之家》时，我们可以想象早在1914年这部经典剧本被翻译成汉语并搬上舞台，在“五四”时期在全国各地上演时，剧中女主人公娜拉不甘做丈夫的玩偶，追求个性解放的光辉形象对我国妇女解放运动所起的积极作用。

易卜生之所以被称为“近代欧洲的戏剧大师”，首先因为他是一个戏剧艺术的革新者。他将戏剧当做表现当代社会生活的镜子，把舞台当做讨论当代政治问题的论坛。《玩偶之家》吸引了整个欧洲，易卜生也显示了他在戏剧上的独创性，并奠定了他作为一个戏剧艺术大师的牢固地位。

经典回眸
JINGDIANHUIMOU

“易卜生的话剧是现代话剧的罗马：条条道路通往它，也发源于它。”瑞典戏剧专家马丁·拉曼曾如此评价。作为“现代戏剧之父”，易卜生生前共写有26部戏剧和1部诗集，1906年易卜生辞世时，西方戏剧正沿着他所开创的道路前进。

社会问题剧《玩偶之家》是世界名剧，从问世以来就受到世界各国观众的热烈欢迎，经久不衰。直到今天，虽然它所反映的内容已经众所周知，它的批判现实意义也随着时代的变迁减弱了，但这些都没有影响到它仍然是许多剧团的保留剧目。

《玩偶之家》是三幕剧，故事发生在圣诞节前夜。女主人公娜拉上街购物归来，书房中的丈夫海尔茂热情地迎接着她，他亲昵地喊她“我的小松鼠”、“我的小鸟”。正当他们高兴地谈论着过年的事情时，娜拉的女友林丹太太来拜访她。林丹太太的丈夫三年前就去世了，他没给她留下什么财产，所以在她得知海尔茂当上了银行的经理后，就想请娜拉帮忙给自己在海尔茂手下谋份职业。娜拉毫不犹豫地答应了她，并趁着兴头，对女友讲述了自己的秘密。

原来，海尔茂婚后曾经得过重病，医生建议他去意大利的海岛疗养。但是当时他们没有这么多钱，而且海尔茂坚决不同意借贷。无奈之下，为了丈夫能够康复，娜拉偷偷地以父亲的名义向暗中做高利贷生意的柯洛克斯泰借了1200块钱，并对丈夫谎称是父亲资助他们的。海尔茂经过一年的休养，终于痊愈了。而娜拉一直没将真相告诉海尔茂，她独自承担起了还债的责任。为了还债，娜拉节衣缩食，还在家里做零活。让娜拉感到欣慰的是，这笔钱马上就要还完了。

没想到正在这时，柯洛克斯泰来到娜拉家要账。当他看到林丹太太的时候，感到林丹太太很可能会取代他在银行的位置，因为他同海尔茂的关系一直很紧张。当他的这种感觉得到证实后，他蛮横地要求娜拉阻止这件事发生。遭到拒绝后，他又指出，他有足够的证据证明当年娜拉是伪造父亲的签名向他借钱的，而这样做的后果是将受到法律的惩罚。娜拉为了丈夫和孩子，不得不答应柯洛克斯泰为他求情。娜拉并没告诉丈夫事情的真相，因此她为柯洛克斯泰求情遭到了丈夫的拒绝。另一方面，柯洛克斯泰看到娜拉仍然在犹豫，便将事情的真相写出来扔进了她家的信箱，并在信中对海尔茂进行威胁。海尔茂回家后，娜拉为了阻止他打开信箱看信，便给他表演舞蹈，然后拉他去参加舞会，她甚至绝望地想到了死。

林丹太太得知娜拉的不幸，为了帮助娜拉，她决定放弃银行的职位，并且为了挽救在困境中的柯洛克斯泰，林丹太太向这个她并不爱的男人表示了“爱情”。柯洛克斯泰为了回报林丹太太，他决定再写一封信退还借据，放弃对娜拉和海尔茂的起诉。

海尔茂最终还是打开了信箱。他先看到柯洛克斯泰的第一封信，看后，海尔茂大发雷霆。他辱骂娜拉是“坏东西”、“下贱的女人”，谴责她葬送了他一生的幸福。娜拉则向海尔茂表明了愿以死来解脱他的决心。

这时，柯洛克斯泰的另一封信到了。海尔茂得知柯洛克斯泰已经不追究这件事了，他顿时“快活地跳了起来”，并烧毁了借据。他反复对娜拉说：“我已经饶恕你了。”而这时的娜拉反而变得冷静了，她从这件事看出了海尔茂的虚伪及她作为玩偶的地位。最后，娜拉拒绝了海尔茂的苦苦挽留，毅然走出了家门。

易卜生在《玩偶之家》中通过层层剥笋的手法展开故事情节，分析人物心理，展示人物性格。第一幕开始时，娜拉给观众的印象是个美丽、活泼、无忧无虑的家庭主妇。她对女友林丹太太谈到她为拯救丈夫而自我牺牲的往事，使观众立即感到娜拉是个善良而坚强的女性，为了丈夫和家庭忍辱负重，甚至准备牺牲自己的名誉。随着同海尔茂、柯洛克斯泰的谈话，娜拉的性格和思想层层展现出来，一个头脑清醒、渴望独立自由、愿为真理而奋斗的高尚的女性形象活生生地站立在观众面前。

剧中的次要人物林丹太太同娜拉一样高尚。她自食其力，富有牺牲精神，为了维持生病的母亲和年幼的弟弟的生活，她嫁给了一个有钱但她不喜欢的男人。丈夫死后，她开小铺、办小学，为母亲养老送终，抚养几个弟弟成人，最后剩下她孤单一人仍在为寻找工作到处奔波。易卜生笔下的这两位妇女形象栩栩如生，给人留下了深刻印象，充分显示出易卜生对妇女命运的深切同情。

易卜生善于把复杂的生活矛盾集中为精练的情节，他常常把剧情安排在矛盾发展的高潮时，然后运用回溯手法，把前情逐步交代出来，使得矛盾的发展既合情合理，又有条不紊，这种独特的创作手法使《玩偶之家》成为一部不朽的经典。

戏剧的革新

舞台上，一声门响从楼下传到楼上，它告知蒙着脸倒在沙发里的丈夫，也告知观众——一个女性离家出走了。这一声门响，传出了剧场，传遍了欧洲，后来还震撼了世界。它所引起的社会反响，为人类有戏剧以来之空前。

这一形象于1914年走进中国，不仅推动了中国戏剧与文学的革命，而且成为社会女性追求新生的理想偶像。阿英当时写道：“新的人没有一个不狂热地喜爱他的作品，也几乎没有一种报刊不谈论他，在中国妇女中出现了不少的‘娜拉’。”茅盾回忆道：“（20世纪）20年代，易卜生这个名字，萦绕于青年的胸中，传达于青年的口头，不亚于今日之下的马克思和列宁。一时间，中国进步舞台上，名角争演、观众竞看的形象莫过于这位弃家出走的女性。她就是《玩偶之家》中的娜拉。”

《玩偶之家》是易卜生的代表作。玩偶，就是通常所说的娃娃。所谓“玩偶之家”，并非“娃娃的家”，也非“家中的娃娃”之意，而是指剧中女主人公娜拉在家中的地位如同玩具，处于无足轻重的地位。所以，这部戏在中国初译时，被冠以《傀儡之家》之名。

娜拉是19世纪欧洲文学中具有资产阶级民主倾向的妇女典型。她达观、勤奋、勇于吃苦、乐于助人。在借据一事暴露前，她性格的最突出特点是天真。这表现为她对丈夫、对社会，尤其对自己在家中实际地位的理想化的理解。这反映了资本主义社会及资产阶级家庭所带有的欺骗性。海尔茂暴露出的自私本性，唤醒了娜拉的觉悟。娜拉的性格从这时起显示出新特点，即敢于追求彻底独立的人格，这显示出她性格的成熟。她是以资本主义宗教、法律、教育及道德的批判者的姿态迈出家门的。尽管她走进的仍是黑暗，但这种挑战颇具力量。娜拉的出走是展示其性格最有力度的一环。尽管她的出走带有一定的盲目性，观众也有理由为她走进黑暗而担心，但娜拉还是能以其出走表明，她已迈向了新生活。她的出走并非社会改造的理想出路，但能预示不平等社会中妇女自我解放意识的增强。

海尔茂并非漫画式的形象，他品正行端，堪称模范公民及出色丈夫，但在个人利益与家庭危机的考验面前，他暴露出自私的本性及男权主义思想本质。事实表明，不管娜拉怎样爱他，只要这爱与他的切身利益发生冲突，他都会毫不犹豫地给予否定。易卜生通过揭示海尔茂这个正人君子形象所掩盖的本质特征，以新的角度及深度，揭示了资本主义社会的本质。

《玩偶之家》这部作品的艺术特点也是十分鲜明的。

易卜生是戏剧革新家。这种革新首先表现在戏剧题材上。当时欧洲舞台时兴纯粹的娱乐剧。易卜生将令观众生厌的乔装、谋杀、决斗撵出剧场，代之以深刻社会问题的提出和激烈的争论。剧场因此成为有公众参与的社会论坛，

典·故·逸·话

1885年的一天，易卜生走向奥斯陆的一家咖啡馆，那里为他长年保留着一张别人做梦也不敢占的桌子。他走进来的时候，整个咖啡馆像一个人似的站起来向他致敬。在他坐下以前，人们一直站着，就像在国王御驾前一样。一个会说英语的人用虔诚的旁白对咖啡馆里唯一一个外国人说：“这就是我们伟大的民族诗人易卜生。”那位外国人是法国散文家理查德·勒·加里安，他把这一幕写进了他的挪威游记，将易卜生的步伐形容为“君王般的自我克制的步伐”。

文学也因此大大增强了参与社会变革的功能。

易卜生对戏剧艺术的革新还体现在剧情结构的创新上。为避免“社会问题剧”的情节非戏剧化，他将问题与情节高度融合，使讨论与剧情一体化。易卜生是设置戏剧冲突的高手，他使全剧人物都围绕借据这一中心活动。娜拉与女友、女友与柯洛克斯泰、柯洛克斯泰与海尔茂、海尔茂与娜拉，这是一个环环相连、首尾相扣的行为链，驱动这“链条”的事件就是借据的着落。但与一般的情节剧不同，易卜生在事件冲突的表层下埋伏了性格冲突的主线。围绕借据得失展开的事件，最终只是引出人物性格冲突的铺垫。当在其他剧作中已成为高潮的借据风波平息后，这戏真正的冲突才拉开序幕。本来已松弛了情绪的观众意外地再度调动情感，进入难得的欣赏佳境。正是由于和谐地处理了讨论与观剧的关系，易卜生才能够用大众关注的热点问题增强戏剧性，以论战性强化情节，以情节性使论战艺术化，从而吸引了观众。

动用追溯手段强化剧情，也是易卜生的结构艺术。剧幕拉开后，构成冲突的事件业已发生，剧情实际是依托在对这一事件的回顾上。但作者不是和盘托出，而是以抽丝剥茧的方式渐进顾及，从而造成悬念不断，扣人心弦的效果。

少用独白、旁白，多用对白。这是《玩偶之家》语言上的特点。这使人物的语言颇具个性化，话锋犀利，警句精辟。（刘　铁）

无声的回响

美国学者哈罗德·克勒曼这样写道：“娜拉告别丈夫的关门声在全世界回响着——这是高度的戏剧技巧，因为在演出过程中，我们并没有听到房门开关的声音。”这句话是很令人深思的。与一般的“社会问题剧”不同，《玩偶之家》并不是要用那些外在的言辞和表面的冲突让人们“明白”什么，而恰恰是用一种听不见的声响让人们在沉默之中反思自己“不明白”的是什么。娜拉并不“明白”，她以一种相当朦胧的心绪来企盼自己毫无所知的生活方式，追求自己并不清晰的价值理想。她把爱情看得高于一切，超过了法律条文、社会舆论乃至宗教信仰。然而她终于发现，她在爱情中只不过是一种消遣，她在家庭中只不过是一具玩偶，她迷惘了，幻想破灭了，于是便离家出走了。“娜拉走后怎么办？”这对她本人，也许都是一件并不清楚的事情。同娜拉一样，海尔茂也不“明白”，他不明白自己那个活泼可爱的“小鸟儿”、“小松鼠”怎么突然之间会离他出走？他不明白，自己那番维护社会正义、法律尊严的训斥有什么不对？那不正是教育自己的妻子如何正确地对待人生吗？他甚至以一种相当恳切、相当真诚的态度对她说：“你只要一心一意依赖我，我会指点你，教导你；要不然我还算什么男子汉大丈夫？一个女人没有人帮助是怪叫人心痛的事。”因此，我们切不可以将海尔茂视为一个简单的“反面人物”，用克勒曼的话来说，“他不是个小人，只是个小资产阶级而已”。因此，《玩偶之家》所反映的并不仅仅是某些个别人的悲剧，而是一个阶级、一个时代的悲剧。“如果不带先入为主的偏见去读《玩偶之家》的话，它的深刻含意是不言自明的，即：除非妇女同样是自由的，否则男人也不能成为‘自由’的（或真正的）人。”抛开那既布局严谨又游刃有余的戏剧结构不谈，抛开那既自然生动又富有潜台词的舞台语言不讲，仅是这一主题，就已在欧洲乃至整个世界回响了一百年！

一百年后的今天，当人们在饶有兴致地建设着自己的小家庭、装饰着自己的安乐窝的时候，请当心娜拉的关门声！（张艳华）

历史桂冠 LISHIGUIGUAN

亨利克·易卜生一生和戏剧事业紧密相连，剧本的创作和剧院的经营凝聚了他毕生心血。他不仅为挪威的戏剧事业作出了卓越的贡献，更为世界戏剧的发展建立起崭新的里程碑。1828年易卜生生于挪威东南海滨小城斯基恩。1844–1850年间在药店当学徒，业余读了许多书。1850年写出第一部历史悲剧《卡蒂林纳》，从此开始创作生涯。1851年来到首都奥斯陆创办《文艺新闻周刊》，并继续参加民族独立运动。1851–1862年曾任剧院经理和艺术指导，努力为挪威民族戏剧的振兴开辟道路。1864–1891年侨居德国和意大利，晚年回到祖国。

易卜生一生共写了26部剧本和一些诗歌。早期剧作大多以北欧民间传说和挪威历史为题材，充满着爱国主义精神和浪漫主义色彩。1858年发表的《赫尔格兰德的勇士》是挪威第一部民族现实主义戏剧。19世纪70年代写了十多部社会问题剧，如《社会栋梁》、《人民公敌》、《群鬼》，其代表作《玩偶之家》描写的是中产阶级家庭妇女娜拉由不满玩偶地位到愤然出走，把批判锋芒直指资产阶级家庭、道德和宗教。易卜生的作品大多以社会问题为主，因而获得了“问号大师”的美誉。

1891年，易卜生回到挪威。他创作了两部自传性质的作品《建筑师》和《当我们死而复苏时》。1900年患中风后长期卧床不起，1906年去世。

列夫·托尔斯泰的一生像夏花一样绚丽地悄悄绽放，像秋叶一样静静地落下，在空中划过一道美丽的光……

《复 活》

列夫·托尔斯泰（俄国 1828-1910）

1910年10月27日深夜，一位82岁的老人用颤抖的双手穿上衣服，点燃蜡烛，给妻子写下了最后一封信："我不能再在这种奢华的环境中生活了。我要像我这个年龄上的老人所习惯的那样去做，从尘世的生活中逃出来，在孤独和寂寞中度过自己的晚年。"第二天凌晨，这位老人瞒着妻子，离家出走。这位晚年离家远行的俄罗斯老人，就是享誉世界的文学巨匠——列夫·托尔斯泰。

列夫·托尔斯泰是俄国文坛上最卓越的现实主义大师，也是位于世界现实主义文学顶峰的巨匠之一。他不仅是一位伟大的文学家，也是一位伟大的思想家，是精神世界的王者。在他半个多世纪的创作历程中，他以其卓越的艺术天赋和伟大的人道主义精神为整个世界奉献了一大批感人至深的杰作，表现出对俄国各种社会问题以及人生的意义的深刻思考。列宁认为，"这位天才的艺术家，他不仅创作了无与伦比的俄国生活的图画，而且创作了世界文学中第一流的作品"，称他是"俄国革命的镜子"；高尔基说，"他告诉我们的俄罗斯生活，几乎不下于全部俄国文学"，并称他是"囊括整个俄国和一切俄国东西的伟大灵魂"。

托尔斯泰的三部长篇巨著《战争与和平》、《安娜·卡列尼娜》和《复活》，是他留给全人类的文化艺术珍宝。其中《复活》不仅是他长期思想艺术探索的总结，也是19世纪俄国批判现实主义小说的巅峰之作。作者站在被侮辱被损害者的立场上，表现了人性的复活，更重要的是，他通过主人公人性的复活揭露了统治阶级的罪恶，并以此为俄国指明了复活的道路。

经典回眸
JINGDIANHUIMOU

1887年6月，法院检察官柯尼拜访托尔斯泰，讲了一个真实的故事：一个叫罗扎丽·奥尼的妓女被控告偷了醉酒的嫖客一百卢布，因此被判四个月监禁。陪审员中有一个上流社会的青年，发现罗扎丽原是他一个亲戚家的养女。几年前，他诱奸了这个姑娘，她怀孕后被赶出门。后来姑娘生了孩子，孩子被送进育婴堂，姑娘沦落为妓女。那青年良心发现，表示愿意同女犯结婚以赎罪。不幸的是，那女犯在狱中死于斑疹。这个故事使托尔斯泰很受震动，他决定以此为题材写一部小说。他于1889年动笔，先后六易其稿，前后历时十年之久。故事以地方法院审理的一起谋财害命的案件开始，陪审员聂赫留朵夫发现被告竟然是曾经被他诱奸过后来又抛弃了的玛丝洛娃。他十分惊恐，害怕玛丝洛娃认出他来。但根据他对玛丝洛娃的了解，他相信玛丝洛娃是无辜的，但他因为怕别人知道他们的关系而不敢站出来为她辩护。

玛丝洛娃是个女农奴的私生女，后来被女地主——聂赫留朵夫的姑妈收养了。长大后就在姑妈家既是养女，又是婢女。她16岁那年，女地主的侄子聂赫留朵夫公爵来姑姑家做客，他诱奸了她并给了她一百卢布。但是他走之后，她怀孕了，随即被辞退。她先后在警察局长、林务官等家里做工，由于她年轻貌美，不断被调戏和侮辱，最终沦为了妓女。后来，一家旅店的仆役谋财害命，却嫁祸于她，使她站到了法庭的被告席上。

聂赫留朵夫曾是个思想进步、纯洁的年轻人，他在读大学期间在姑妈家遇到了玛丝洛娃并真诚地爱上了她，但是后来军队的放荡生活使他变得自私虚伪，精神道德堕落了。一次，他在回军队的途中，顺道去了姑姑家并诱奸了玛丝洛娃。

法院的庭长、法官、副检察长都只关心自己的私事，他们极其不负责任地判处无罪的玛丝洛娃去西伯利亚服苦役四年。良心尚存的聂赫留朵夫决定做些事情帮助玛丝洛娃，他为此去找律师商谈上诉事宜。

聂赫留朵夫去监狱探望了玛丝洛娃，请求

典·故·逸·话

列夫·托尔斯泰曾诙谐地对一个朋友说："如果我是沙皇，我就要颁布一项法令，作家要是用了一个自己不能解释其意义的词，就要剥夺他的写作权利，并打一百棍……"托尔斯泰是言行一致的，他的作品几乎每一篇都进行了反复的修改。托尔斯泰写《复活》前后花了十年，为其所花费的心血是惊人的。他为此特地参观了莫斯科和外省的许多监狱，上法庭旁听审判，接触囚犯、律师、法官、狱吏等各种人物，深入农村调查农民生活，还查阅了大量档案资料，进行分析研究。托尔斯泰连续多年沉浸在创作的激情中，在前六年里，他先后写出了三份草稿。由此可见，托尔斯泰对待创作是何等严肃认真，精益求精，真像他说的那样，把"自己的一块肉放进墨水缸里"。

她对自己罪行的宽恕并要和她结婚。而玛丝洛娃的愤怒使他更感到自己罪孽的深重，更坚定了帮助她的决心。去圣彼得堡上诉之前，聂赫留朵夫认识到土地不应该是私有的，于是将自己继承的土地交给了农民。在圣彼得堡，聂赫留朵夫为玛丝洛娃四处奔走，但是他所接触的官吏不是不学无术的庸人，就是冷酷无情、残忍暴虐的官僚；不是利欲熏心、贪得无厌的贪官，就是卑鄙无耻、阴险狠毒的小人，他们无视人民疾苦。结果，枢密院驳回上诉，维持原判。聂赫留朵夫在无可奈何之下，告了御状。

聂赫留朵夫跟随玛丝洛娃去了西伯利亚。为了改善玛丝洛娃的境遇，聂赫留朵夫设法把她调到了政治犯的队伍中。为了人民的利益而触犯当局的政治犯给玛丝洛娃留下了良好的印象，受到他们的影响，玛丝洛娃纯真的天性又复活了，民粹派的革命家西蒙松爱上了她。这时，沙皇恩准将玛丝洛娃的苦役改为流放，但玛丝洛娃向聂赫留朵夫表示，她要和西蒙松在一起。

聂赫留朵夫回到了莫斯科，面对到处都是恶势力横行的社会，他看不到希望。他随手翻看一本福音书，终于感到只有充满爱心，人类才能达到最高的幸福。从此，聂赫留朵夫开始了一种全新的生活。

作为列夫·托尔斯泰在思想、宗教伦理和美学探求上的总结性的长篇小说，《复活》具有特别突出的地位，发表以后，受到了一致的好评。

人性的复活

列夫·托尔斯泰的《复活》是一部很有代表性的作品，是世界文学宝库中永不磨灭的珍品，它是列夫·托尔斯泰世界观发生巨变后，呕心沥血写出的最后一部长篇巨著，被公认为列夫·托尔斯泰创作的高峰，也是他一生思想和艺术的总结。

《复活》这部小说，写的是人性复活。弘扬人性，何罪之有？文学以情感人，不管它反映的是什么社会现实，突出的是什么样的思想，我们看重的是其“情”字。《复活》正是对贫苦大众和弱小者的同情和爱护之心，对统治者的憎恨，对贵族的憎恨，对革命者的敬意，对官办教会的蔑视，充满着深厚的感人之情。这一切表现得异常分明、异常强烈、异常真挚，而这一切都是人性的感情。无怪乎《复活》感动了一代又一代的读者而成为超越世界、超越时代的不朽名著。列宁曾一针见血地指出：“作为俄国千百万农民在俄国资产阶级革命快到来的时候的思想和情绪的表现者，托尔斯泰是伟大的。”这也是对托尔斯泰的高度评价，从一个侧面也为《复活》下了一个定论。正如《复活》中说道的：“人们认为，神圣和重要的不是春天的早晨，不是为造福万物而生就的人间美景，这种可以激发和睦、融洽、友爱之情的景，神圣而重要的倒是人们自己想方设法施行人对人的统治。”以此来结束这篇文章，其目的在于让人更深层次去领悟所谓复活的真谛。（周三勤）

人类最美好的感情

《复活》是列夫·托尔斯泰三大代表作中最晚的一部，被认为是托尔斯泰创作的“最高峰”。它没有《战争与和平》史诗般的恢弘气魄和明亮的诗意，没有《安娜·卡列尼娜》的波澜与不安的骚动——它完全是体现了一位伟人的暮年心灵的稳健和悲天悯人的大气！

在这里，作家目光的犀利、描绘的精确、笔力的雄浑达到一个空前的高度，这与作品内容的严肃性是相符合的。在这里，面对人类的苦难，作家保持了高度的镇静，然而读者却不得不为见到的景象而深受震动。托尔斯泰在这里的挖掘比以往都要深，可以说整个俄国都被他翻了出来。他再现的艺术世界已经达到可作为一面“镜子”的程度。评论家斯塔索夫赞誉道：“整个19世纪还不曾有过这样的作品。它高于《悲惨世界》，因为这里没有一点儿幻想的、虚构的、编造的东西，全都是生活本身。”正因为作品除去了浪漫主义的委靡因素，因而整个显出了威力，如同米开朗琪罗的雕塑一般。然而这不是一座普通的雕塑，是一座宏伟的纪念碑。它把19世纪末整个俄国的现实熔铸进去，上面刻有穷人、贵族、狱吏、监犯、革命者、医生、妓女、学生、农民、商人、律师、法官、教士……里面混合了忏悔、怜悯、感恩、真挚、热情、宽容；无耻、欺诈、放荡、侈靡、冷酷、自私、凶残……这里，作者唱出了人类艺术最崇高的歌：“我们为不幸者洒一掬泪，人世的悲欢感动我们的心。”

确实，当我们打开这本书，不禁感受到有一种心灵的复活——人类最美好的感情的复活！即使是当代，许多人也许正在悄然地埋葬自己的这些美好的感情却毫无察觉。在这种时候，我们需要的不正是《复活》这样的作品来唤醒沉睡的心吗？

正如花草需要春天的甘霖才能长出新绿，人类需要博爱与同情才能生存繁衍。抑或这就是使《复活》不朽的原因？

《复活》里写的虽然是贵族的忏悔，但是托尔斯泰并不是把这个主题当做贵族的专利，他是把忏悔放在人的心灵的内在的、普遍的矛盾中展开的。人都有神性和兽性。当人放纵了自己，就可能堕落；而当人自觉，就可能“复活”，所以托尔斯泰主张以“道德的自我完成”来改变社会的不平等和罪恶。在社会革命激烈的时代，他提倡“勿以暴力抗恶”，是反对阶级斗争的。但是，作为人类寻求精神解放的一种文献，在我们这个把道德的自我完善当成笑话的时代，读这样的书，也许会引起某种惭愧的感觉。（佚　名）

历史桂冠 LISHIGUIGUAN

列夫·托尔斯泰，一位生于贵族之家的俄国文豪，他放弃了轻而易举就能得到的逍遥享乐的生活，而选择了一条布满荆棘又充满矛盾的生命之路。正是在这条路上，他创造了穿越时空的生命的永恒。

1828年，托尔斯泰出生在图拉省的雅斯纳雅波良纳。托尔斯泰家是名门贵族，他的父亲是一位伯爵，母亲则是一位公爵的女儿。托尔斯泰一岁半丧母，九岁丧父。1841年全家迁到喀山。1844年，托尔斯泰考入喀山大学东方系，攻读土耳其语、阿拉伯语，第二年转入法律系。但是他并不专心于学业，而是沉迷于社交。同时，他对哲学产生了兴趣，阅读了卢梭的作品以及其他一些文学著作。1847年，托尔斯泰申请退学，回到了由他继承的雅斯纳雅波良纳，并在此度过了一生的绝大部分时间。

1851–1854年托尔斯泰在高加索军队中服役并开始写作，1854–1855年参加克里米亚战争。几年军旅生活不仅使他看到上流社会的腐化，而且为以后在其巨著《战争与和平》中能够逼真地描绘战争场面打下基础。1855年11月到彼得堡进入文学界，其作品几乎每一部都在世界文坛上占据着第一流的地位，是俄罗斯社会生活的宏伟史诗。特别是1889–1899年创作的长篇小说《复活》，是他长期思想、艺术探索的总结，也是对俄国社会批判最全面深刻、最有力的一部著作，成为世界文学不朽名著之一。

托尔斯泰继承了俄国及欧洲批判现实主义的优良传统，通过自己创作的不断突破，通过大量哲理、道德、宗教和历史问题涵盖了广阔的艺术表现领域，将这一伟大的文学流派推至巅峰。托尔斯泰晚年力求过简朴的平民生活，由于无法容忍与家庭、妻子的矛盾，他毅然离开了雅斯纳雅波良纳。路上，他因着凉患了肺炎。1910年11月20日，托尔斯泰溘然长逝，享年82岁，一代文学巨匠走完其人生旅程。

托马斯·曼是一位文坛罕见的幸运儿，尽管不少同时代者与后辈人对其著作和为人颇有针砭，却都无法减弱他作品流传的势头。

《布登勃洛克一家》

托马斯·曼（德国 1875—1955）

作为20世纪德国最杰出的小说家之一，托马斯·曼对现实主义文学的发展贡献重大。他始终以维护德国18、19世纪进步的人道主义传统为己任，在创作中既继承了古典作家的优良传统，又勇于创新，用新的艺术手法反映新的时代。有不少评论家认为在德国文学史上他的地位仅次于歌德。的确，他的创作生涯是典型的大作家的生涯：多产，广阔的视野，以及自觉地扮演一个有责任心的社会批评家和人类价值的保护者。

托马斯·曼是一位文坛罕见的幸运儿，从出生到80岁高龄去世间始终生活优越，近70年创作生涯几乎年年都有著作问世。此外，他的六个子女人人都在文化领域卓有建树，他的作品至今仍然拥有广大读者，尽管不少同时代者与后辈人对其著作和为人颇有针砭，却都无法减弱他作品流传的势头，与他在世界范围的影响相等的唯有卡夫卡一人。

托马斯·曼是一个使很多天才黯然失色的伟大作家，他在令人难以想象的青年时代就写出了经典巨著——《布登勃洛克一家》。1929年，托马斯·曼凭借这部小说荣获了诺贝尔文学奖。颁奖词称《布登勃洛克一家》“这部气势磅礴的写实小说是德国最早的也是最突出的作品，即使拿来和上述欧洲各国的名家相比，也毫不逊色”。到1975年为止，它已经被翻译成数十种文字。比起它来，那些现代主义的经典就显得太牵强、太寒酸了，它具有经典作品才有的庄重感和相应的规模、超人一等的气质。经过时间的洗礼，这部书已成了一些家族小说的楷模，是那个时代传下来的真正的经典。

经典回眸
JINGDIANHUIMOU

年轻的托马斯·曼于22岁开始着手创作，25岁完稿，26岁出版的《布登勃洛克一家》被誉为德国资产阶级的“灵魂史”，是一部“使整个欧洲都感到与自己有关”的“欧洲的小说”，奠定了他在德国乃至欧洲文坛上的地位。小说以独特的风格和深邃的思想内涵再现了德国中产阶级的时代，从它的副标题“一个家庭的没落”即可看出作者的创作意图和作品所要表达的主题。

1835年10月的一天，布登勃洛克一家和许多朋友聚集在孟街老宅庆祝乔迁之喜。客人散尽之后，布登勃洛克参议递给父亲老约翰一封要求遗产的信。写信人是老约翰前妻所生的儿子高特霍尔德·布登勃洛克。他因为和一个门第悬殊的女子结婚被逐出了家门。参议的婚事完全由老约翰做主，他娶了一位富豪之家的女儿，婚后有了四个孩子：托马斯、安冬妮、克利斯蒂安和克拉拉。

六年后，布登勃洛克老太太去世了，不久，父亲老约翰把布登勃洛克公司交给了布登勃洛克参议继承。没过多久，老约翰也去世了，但是直到咽气，他也没提到长子高特霍尔德。托马斯18岁就到公司里做事，他工作勤奋热情。他的妹妹安冬妮为了家族的利益嫁给了她并不喜欢的格仑利希。结果刚刚结婚四年，格仑利希就破产了。原来，格仑利希在向安冬妮求婚时就已经濒临破产，他为了得到安冬妮的陪嫁而骗取了安冬妮父母的欢心。现在，参议不愿帮助格仑利希，安冬妮和他离婚了，带着女儿伊瑞卡搬回了孟街老宅。次子克利斯蒂安也走上了商人的道路，但参议对他不抱太大希望。

1855年，布登勃洛克参议去世了。他的大儿子托马斯成了公司的老板，克利斯蒂安也回到公司工作了。托马斯将参议的头衔让给了高特霍尔德伯父，受到人们的赞扬。由于托马斯聪明能干，公司出现了活泼进取的精神。克利斯蒂安开始时工作很努力，但是没几天，他就懒散了，甚至整个下午不上班。1856年，高特霍尔德参议去世了，参议的头衔又归到托马斯头上。

一个叫蒂布修斯的牧师和克拉拉好了起来。参议夫人得知蒂布修斯家境很好，所以对蒂布修斯的求婚感到由衷的高兴。托马斯也娶了盖

典·故·逸·话

托马斯·曼的大女儿艾丽卡10岁时，一天她放学回家，家人已围坐在饭桌边上，但大家都未动手用餐，不知所措地望着桌上的主菜——一碗热气腾腾的蘑菇汤。他们闻着那汤的气味没有以前的蘑菇汤鲜美，担心有毒。艾丽卡大胆地尝了一口后说：“这汤有毒吗？只是没放盐，仅此而已!”艾丽卡往汤里加了一些盐，一股香气扑鼻而来，于是大家都放心地吃起来。托马斯·曼认为，他聪明的大女儿总能找到解决困难的简单办法。从此以后，只要遇上难以应付的局面，托马斯·曼总是说：“让艾丽卡往汤里加点儿盐！”这几乎成了他一生的口头禅。

尔达·阿尔诺德逊小姐，她的父亲是位百万富翁。

随着时间的推移，托马斯和克利斯蒂安的关系日渐恶化，最终决裂了。克利斯蒂安带着他应得的五万马克离开了家。

安冬妮在慕尼黑游玩时认识的商人佩尔曼内德来到孟街拜访老参议夫人，他来向安冬妮求婚。托马斯了解到佩尔曼内德经济状况很好，就告知了母亲，同意了这门亲事。而安冬妮婚后才发现丈夫是个不思进取的男人，她的第二个孩子也夭折了。当她发现佩尔曼内德勾引女仆的时候，毅然决定和他离婚，带着伊瑞卡回到了家。

1861年，托马斯的儿子哈诺出生了，全家人都沉浸在喜悦中。他们为孩子举行了隆重的洗礼宴。克利斯蒂安也来了，他维持不了生活，母亲答应给他一笔钱。托马斯对他很冷漠。

两年后，托马斯竞选上了议员，繁忙的公务损害了他的健康。他买了一大块地皮，建造了新房，可生意却一天不如一天了。

克拉拉得重病去世了。

安冬妮的女儿伊瑞卡已经20岁了，她嫁给了年近四十的保险公司经理胡果·威恩申克，他是个收入颇丰的人。伊瑞卡生下了女儿小伊丽莎白。

1868年7月7日是布登勃洛克公司的百年纪念日，那天，全城都在欢庆。可中午托马斯却接到一封电报：他刚以低价购买的一块庄稼地遭遇了冰雹。这时，威恩申克保险公司也由于欺诈而被控告，最后威恩申克被判处三年半徒刑。

这一年秋天，老参议夫人病逝了。托马斯、克利斯蒂安和安冬妮开始分家产，因意见不统一结果不欢而散。托马斯把孟街老宅卖给了暴发户哈根斯特罗姆参议。

哈诺渐渐长大了，他学习并不好，对经商也没有兴趣。1873年，威恩申克出狱后就失踪了。

托马斯的妻子盖尔达和年轻的少尉关系暧昧，托马斯却衰老了。1875年，托马斯去世了，去世前，他宣布公司要歇业。虽然公司结束了，但安冬妮仍然把希望寄托在小约翰身上。盖尔达把现在的住宅卖掉了，搬到城外住。克利斯蒂安住进了一家精神病院。

盖尔达决定离开布登勃洛克家了，安冬妮感到十分痛心。盖尔达走之前，将家庭大事簿交给安冬妮保存。

《布登勃洛克一家》给年仅26岁的托马斯·曼带来了世界声誉，这是其早期创作的顶峰。布登勃洛克一家整整五代人，半个世纪的叙述时间，被拉长到600多页，读来却一点儿也不觉冗长。缓慢的节奏与交错的细节，加上疏密有致的布局，关键情节的叙述真实自然，这得益于其优秀的架构能力与丰富的铺垫。

这位年轻作家向人们展示了他控制叙述节奏的才华，几个主要人物被描写得活灵活现、个性突出。一个由盛而衰的商业家族，消失在无可挽回的命运中。

生活的镜子

《布登勃洛克一家》是一部中产阶级的小说，因为它把20世纪描写成一个中产阶级的时代。它把一个社会刻画得既没有崇高得令人目眩，也不至于卑微得让人纳闷。这些中产阶级的人喜欢一种充满智慧的、发人深思的、精巧敏锐的分析与创造，而本书对这些现象的冷静、成熟和高雅的反映形成了它史诗性的趣味。小说中许多人物是以作家的亲友为模特的，有着浓重的自传性质。

作为一部现实主义的力作，《布登勃洛克一家》有着深刻的思想内涵，小说通过一代又一代典型人物的更迭和家庭日常生活的描写勾画了一幅巨大的德国社会生活画面，反映了德国资产阶级发展的两个重大阶段及其历史演变过程，揭露了这个社会的没落与腐朽。

高特霍尔德·布登勃洛克要求平分房产，三个儿女相互嫉妒，安冬妮婚事计划的失算，浪荡子克利斯蒂安的挥霍……这种种丑恶的没落迹象正是倾轧投机的商业风气和腐化堕落的社会道德在布登勃洛克家庭内部的反映。对于这些社会现象，布登勃洛克家族的某些成员并不理解其所以然，他们拼命挣扎也逃脱不了衰亡的命运。值得指出的是，在表现布登勃洛克和哈根斯特罗姆的冲突时，读者能明显感到，虽然哈根斯特罗姆的崛起和竞争是造成托马斯·布登勃洛克商业衰退的一个原因，但导致这个家庭衰亡的更重要原因在于道德和灵魂方面。

托马斯和安冬妮为了家族和经济上的利益而背弃爱情，克利斯蒂安的颓废和堕落，安冬妮的两次婚变、女婿的犯罪入狱，托马斯的儿子哈诺精神和肉体的衰弱，还有其他一些情节，都表明这个家庭道德上的危机和解体。商业上的失利反过来加深了家庭成员间的矛盾和冲突，引发了道德上的衰退和心理上的脆弱，这与上面的危机形成了一种恶性循环，最后导致经济上的破产和第四代哈诺的死亡。此外，作者还通过一些人物的言行和心理描写，揭露、批判了封建贵族、基督教会和德意志帝国的教育制度。

与许多现实主义作家一样，托马斯·曼笔下的人物形象的性格特征同生活环境是密切联系在一起的。他们的思想和行为都是资产阶级社会和大商人家庭的产物，同时他们又都具有鲜明的个性，体现出同一个阶级的不同时代印记，因此显得血肉丰满，栩栩如生。

老约翰的思想带着明显的普鲁士精神的色彩；小约翰比父亲更有棱角，更严峻，也更精明；而托马斯还在年幼的时候，就被认为是“商人”的材料，小约翰死后，他挑起全副担子。

这时，正是布登勃洛克一家由盛转衰之际，但是由于托马斯的进取精神、讨人喜欢的殷勤态度和圆滑的手腕，使他们公司多年来的声誉得以维持和发扬。他感情的激昂和振奋，心境的忧虑和沮丧，都是和家庭的利益直接关联的。他以全副精力投入经商活动，凡事以家业为重；他比祖父和父亲更有魄力，在经营上既进取又很稳健。然而，作品主题思想的深刻性正是表现在这里，像托马斯这样精明能干的商人，发家致富的思想渗透到每个细胞里，还是挽救不了名门望族没落的命运。

作者通过这个人物从信心十足到幻想破灭，深刻地表现布登勃洛克一家没落的历史命运。哈诺是布登勃洛克家的末代子孙，他的悲剧在于社会环境与个人志趣之间的不可调和的矛盾。他从小气质敏感，秉性懦弱，不适合也不喜欢这种明争暗斗的商业生活，除了沉湎于音乐，陶醉于艺术之外，对从事商业毫无兴趣。至于哈诺的死因，与其说是生理上的羸弱，不如说是社会环境扼杀了他的生命。（《欧美现代文学史》）

日神的悲歌

从托马斯·曼本人的传记中可知，《布登勃洛克一家》正是渗透了他青年时代对叔本华哲学的迷恋。他曾经“一连几天地躺在一张式样别致的长椅式沙发中”阅读叔本华的书。他还写道：“这真是一种幸福，我不用把现实这样一种感觉藏在心里，一个证实它、答谢它的美好希望就在眼前，文学的寓所已经存在。因为，离我沙发两步远的地方，极其繁冗的手稿摊开在那儿，故事正好发展到该让托马斯·布登勃洛克死去的地步了。”叔本华的悲观主义掺和着尼采阐发的没落心理的确为他提供了艺术升华的机会。针对有些人责难他这本书“涣散人心”，托马斯·曼反驳道：“难道只有写酒神的颂歌才算生活的主题吗？只要是好书，即使是反对人生的，也不失为一种人生的诱惑。”

小说结尾部分讲哈诺，一个具有艺术禀赋的男孩的故事，由此，艺术家题材被织入一个没落家庭的编年史。这会打破小说预设的框架吗？换句话问，作家真的在艺术家身上看到了蜕化的结果和颓废的象征？毫无疑问，布登勃洛克一家一代比一代更加浮躁、神经质和堕落。小哈诺在生理上无法胜任存在的要求，最后死于他无法抵御的伤寒，这也许就是一种寓意。但是，生理的衰弱带来心理体验的扩展。在哈诺身上，富裕市民终于成了一位感觉敏锐的艺术家。他在世俗生活中是失败者，但他所具有的内在丰富性建立了通向人道主义的桥梁。这是托马斯·曼的一大发现。他曾在别的场合也说过：没落在某些情况下意味着“高尚、深沉、崇高；它无须同死亡和终结有任何关系，相反它可能是生命的升华、提高和完善”。正是基于对颓废概念的这样一种新的解释，他为我们留下了包括《布登勃洛克一家》在内的一系列传世佳作。

《布登勃洛克一家》1901年正式出版。此前一年，德国航空界的先驱齐柏林伯爵驾驶飞艇进行了首次飞行；德国重工业发展迅猛；来自殖民地的钱则不断涌入……一切生机勃勃，前景看好。现实生活中的市民对自己的未来充满自信。但恰恰在这个时候，一位作家以讥嘲的口吻，讽刺的笔锋，描写了一个汉萨商人世家的没落，市民阶级的精神危机和传统文化的分崩离析。小说发表约15年后，情况果真发生了，虚构的故事获得了预言般的意义。（卫茂平）

历史桂冠 LISHIGUIGUAN

德国小说家和散文家托马斯·曼1875年出生于德国北部卢卑克市。父亲是经营谷物的巨商，并任本市税收事务的参议；母亲出生在巴西，有着葡萄牙血统，喜欢幻想，爱好艺术。1891年，父亲去世，商号倒闭。第二年，托马斯·曼举家迁往慕尼黑。1893年，他中学毕业后，曾在慕尼黑一家保险公司当见习生，期间创作了第一部中篇小说《堕落》。1901年长篇小说《布登勃洛克一家》问世，奠定了他在文坛上的地位，以后发表了《特里斯坦》、《托尼奥·克勒格尔》和《死于威尼斯》等。1924年因发表长篇小说《魔山》闻名全球。1929年，托马斯·曼获得诺贝尔文学奖。1930年发表中篇小说《马奥与魔术师》。1939年发表长篇小说《约瑟和他的兄弟们》的前三部以及《绿蒂魏玛》等。1947年，托马斯·曼描写德意志命运的小说《浮士德博士》完稿，这本书反映了德国走向法西斯这一历史悲剧。1949年，他在法兰克福和魏玛发表演讲，纪念歌德诞生200周年。1952年，他离开美国。1955年，他在斯图加特和魏玛发表题为《试论席勒》的演讲，纪念席勒逝世150周年。他始终维护德国统一，反对分裂。

托马斯·曼一生坚持写作，直至生命的最后一息，他还写了大量的评论文章和书信，在他漫长的文学生涯中总共写了两万多封信。1955年，托马斯·曼在瑞士苏黎世附近的基尔希贝格逝世。

在契诃夫的笔下，现实主义的形光色调和到了最为饱和的状态，无须一个多余的词，就能抵达本质。

《契诃夫短篇小说精选》

■ 契诃夫（俄国 1860–1904）

法国小说家莫泊桑曾经说过：“恐怕没有一个法国小说家，能够断定他不曾直接或间接地受到过契诃夫的影响……在所有现代小说家的血管里，都至少流动着契诃夫的几滴精神的血液。”然而这位19世纪俄罗斯批判现实主义文学的最后一位杰出代表，他活着的时候，却被世人多有忽视。一百年前，当契诃夫的死讯传出时，是列夫·托尔斯泰第一个表示：契诃夫不仅是一位伟大的俄国作家，也是世界上最伟大的作家之一。验证托翁的评价并不需要一百年的时间。很快契诃夫便跻身于最伟大的俄国作家之列，与普希金、果戈理、陀思妥耶夫斯基以及托尔斯泰比肩而立。在戏剧方面，他更被公认为“俄国的莎士比亚”。

契诃夫是与莫泊桑齐名的短篇小说艺术大师，同时也是一位出色的戏剧家。他截取平凡的日常生活片段，以一颗崇高而纯洁仁爱的心在作品中真实地反映了俄国资产阶级民主革命前夕的社会生活，并表现出鲜明的民主主义倾向。他的完美的艺术创造为人类文学宝库留下了一笔珍贵的遗产，对20世纪文学有很大影响，这位被誉为“俄罗斯语言的最后一位大师”的作品受到世界各国人民的喜爱。

契诃夫中短篇小说杰作很多，在他的创作中占有重要地位。作品《变色龙》、《套中人》、《第六病室》等都是脍炙人口、广为传诵的著名篇章。在他的短篇小说中，通过对一件件小事的叙述，成功地塑造了一个个生活在社会底层的“小人物”的典型形象，以“契诃夫式”的幽默和讽刺嘲笑、鞭挞了“不合理、可鄙甚至可恶”的社会现象，表现出作者对弱者的同情和对合理生活的追求。时间是公正的评判员，契诃夫的小说经受了近百年的时间检验，它们依然闪耀着独特的艺术光彩。

经典回眸
JINGDIANHUIMOU

《契诃夫短篇小说精选》选收了契诃夫的优秀短篇小说17篇，代表了作者各个不同时期的创作成就。契诃夫的小说短小精悍，简练朴素，结构紧凑，情节生动，笔调幽默，语言明快，富于节奏感，寓意深刻。他善于从日常生活中发现具有典型意义的人和事，通过幽默可笑的情节进行艺术概括，塑造出完整的典型形象，以此来反映当时的俄国社会。

契诃夫在早期创作中就注重表现现实，对当时社会的一些丑恶现象进行了讽刺和抨击。比如他的名篇《变色龙》就是这样一篇杰作，由于对典型人物的成功刻画而使主人公奥楚蔑洛夫对咬伤人的小狗的态度随着狗的主人的不同而不断变化着，成为见风使舵、善于变脸、投机钻营者的代名词。还有《小公务员之死》，通过一个小公务员的死塑造了一位对高官卑躬屈膝、唯唯诺诺的小公务员的典型形象，表现了当时社会有权势者的倨傲专横，展示了沙皇俄国的官场丑态。

契诃夫还将目光投向处于社会底层的劳苦大众。在《万卡》中，九岁童工的稚真心灵，他的学徒生活的苦楚，他对祖父和故乡的眷恋，这一切在篇幅有限的作品中巧妙地互相穿插和渗透，给读者以深刻印象。著名中篇小说《草原》描绘和歌颂了祖国的大自然，思考农民的命运，表达了人民对幸福生活的渴望。

契诃夫中期创作以《第六病室》和《在流放地》两篇为代表。中篇小说《第六病室》是一部思想深刻，艺术完美的作品。小说控诉了监狱一般的沙皇俄国的阴森可怖，并通过“疯子”格罗莫夫同“健康人”拉金医生之间的争论阐明：在沙皇专制的俄国，善于思索并敢于直言者被当做“疯子”，而洞察专制制度罪恶的恰好是这些“疯子”和“狂人”。正直、善良，但不懂得生活的拉金医生的遭遇烘托和强化了读者的印象：只因为拉金同格罗莫夫交谈过几次，他竟然也被视为精神病人而被关进第六病室直至惨死在那里。拉金的遭遇表明：托尔斯泰主义以及一切鼓吹放弃斗争的主张势必遭到失败。

契诃夫在后期中短篇小说的创作中，民主主义立场和思想越来越坚定。他的中、短篇小说涉及社会生活中许多重大问题。例如《农民》、《新别墅》、《出差》、《在峡谷里》等作品描绘了当时俄国农村的贫困、落后和愚昧，展示了农村中的贫富悬殊和矛盾，反映出愚昧和闭塞的劳动者身上的一种自发的不满和反感情绪。19世纪90年代资本主义在俄国迅速发展，它提高了工农业生产力以及科学和技术水平，但同时却给广大劳动群众带来了灾害和苦难，契诃夫在《女人的王国》、《三年》和《出诊》中以其独特的笔触对此作了反映。

随着资本主义的迅速发展，金钱的罪恶势力越发渗透到俄国社会生活的各个角落，小市民习气无情地腐蚀着人们的心灵。在《姚尼奇》、《醋栗》和《脖子上的安娜》等作品中，契诃夫以更加犀利的笔触暴露庸俗，鞭挞精神堕落的知识分子。

契诃夫还在许多作品中艺术地反映了改变现实生活的愿望。如《套中人》、《带狗的女人》、《农民》、《新娘》等作品，尽管它们反映的是极其不同的生活现象，但都渗透着“不能再这样生活下去”的社会情绪。《套中人》塑造了一个反动、保守、扼杀一切新思想的“套中人”别里科夫的典型形象，并以他的喜剧性死亡的结局暗示反动势力的必然崩溃。

无论是作为一个作家，还是作为一个历史人物，契诃夫的成长和发展道路都具有深刻的意义，他的作品的社会艺术价值是永远不可磨灭的。英国的《每日电讯报》和《卫报》曾不约而同地以“我们为何仍然深爱契诃夫”为主题，指出即使在他死后百年的今天，他的作品仍然深具现实意义。

永远的契诃夫

2004年7月15日是契诃夫逝世100周年纪念日。在这位伟大的作家身后百年回头来看，其在俄国文学史上的地位是毋庸置疑的。当年曾经批评他、鄙视他的一些作家和评论家的名字早已如过眼云烟，而契诃夫的名字却深深地刻在百年间每一个读过他作品的人的心里。在小说创作方面，他以自己的中、短篇小说与写了长篇巨著《战争与和平》的列夫·托尔斯泰齐名；在戏剧创作方面，有资料显示，除了莎士比亚，契诃夫是作品在全世界上演次数最多的戏剧家。2004年被联合国教科文组织命名为“契诃夫年”，不知契诃夫是否是世界上第一个获此殊荣的作家。

俄国研究者通常将契诃夫的创作分成三个阶段，第一阶段即《草原》之前的阶段，作品基本上属于轻松、幽默型，也多发表于讽刺幽默类杂志，此时的契诃夫被认为是“写一些快活的故事的快乐的作者”；第二阶段自《草原》开始，尤其是在《第六病室》、《决斗》、《带阁楼的房子》、《我的一生》等作品中，那个无忧无虑、快乐机智、不久前还以自己的幽默和笑话笑对人生的契诃夫，仿佛突然间洞察了生活的真谛，变成了一个悲观主义者，作品中不时流露出阴郁、忧伤的情绪；第三阶段则是指契诃夫晚期的小说和戏剧创作，这一时期，作品中充满对真善美的追求和希望，在时而优美、时而犀利、富有诗意的忧郁基调里，是对现实的浓重的哀伤和对未来的希望：“遗憾的是，在那个美好的时代，你我都无缘驻足。”

然而细忖，我们真的有理由凭这几个短篇就爱上契诃夫。其实，契诃夫从一开始就绝非一个简单的讽刺幽默作家，在他可笑、滑稽的情节背后，人们总能捕捉到某种深意，是对人性的弱点的揭露和抨击，对生活中的虚伪和愚昧无情的谴责，如高尔基所言："他擅长随时随地发现鄙俗之事并将其鲜明地反映出来，只有对生活有高要求的人才能做到这一点，因为他热切地盼望看到人是朴实的、美丽的、和谐的。"所谓"爱之深，恨之切"。这是一个怀着仁爱之心的人哀其不幸、怒其不争的讽刺，是一个对生活有着深刻的了解，睿智、敏感之人博大的同情。小万卡那封寄往"天堂爷爷收"的信，由于一个喷嚏溅到长官竟郁郁而终的小公务员，由于一条狗而尽显奴颜婢膝本色的"变色龙"奥楚蔑洛夫，用各种规矩牢牢套住自己也去限制别人的"套中人"别里科夫……这些形象即使在一百年后的今天仍然能在全世界找到"对号入座"的人，这就是契诃夫作品"最可怕的力量"（高尔基语），因为他写的是真情实事，绝非杜撰。

普希金称果戈理为"快乐的忧郁者"，这一精当的定义也完全适用于契诃夫。他中后期作品中的忧郁和悲剧性中也时时透着幽默。在他优秀的作品中，正是幽默和讽刺使悲剧性更加强烈和突出，让人笑过之后想哭，流着眼泪想笑。这种讽刺与幽默源自早期的幽默小说，贯穿契诃夫创作的始终。而契诃夫作品最大的悲剧性，也是令不分国籍、不分种族的人最受触动之处，就是他不露声色地暴露给我们看的我们自己精神的平庸和野蛮。在契诃夫看来，人类已经站在万丈深渊的边缘，他看不到出路。我们在契诃夫身上也看到了俄国知识分子所特有的忧患意识，在他冷静客观的叙述和轻盈机智的笔触下，看到了更加深刻的忧郁。

契诃夫辞世已经一百多年了，在他仅仅44年的生命中给我们留下了那么多的精神财富。他的作品中所反映出来的，无论是人性的弱点还是人性的光辉，都因为是为"人"所有，而在人间永垂不朽。（黄　玫）

自由的阅读

"热爱书籍吧，它是知识的源泉。"这是几代中国读者耳熟能详并奉为圭臬的名言。其实，人们阅读在很多时候并不是为了求知、获取信息，读文学作品尤其如此。心灵的寄托、情感的宣泄……甚至纯粹的消遣，都可以成为阅读的动机。我把这种"漫无目的"的阅读称为"自由的阅读"，并且以为这是一个人难得的精神享受。与其说作品的魅力来自文本，倒不如说来自读者，因为文本只有一个，而读者却有无数；创作为时尚短，阅读来日方长。文学作品的生命力，说到底还是在于生生不息的阅读之中。

说起“自由的阅读”，我感受最深的要数读契诃夫的小说。阅读契诃夫的心灵体验，至今是我一生最珍贵的精神收藏之一。

初次与契诃夫相遇是很偶然的。当时我刚进初中不久，爱读书但没有钱买，只好借书看；借书也不易，学校图书室藏书少得可怜，往往写了好多条子递进去也难得借到一本自己想要的书。图书管理员是一个老小姐，古板的很，绝不会允许学生进她的藏书室的。但我们人小鬼大，苦苦哀求不行，便采取迂回的办法。每逢星期六下午大扫除，几个爱读书的同学相约一起去帮她打扫图书室，渐渐地与她混熟了，终于可以通融通融进里面去选书了。我会画几笔画儿，平时帮她画点儿海报、新书介绍什么的，因此更受优待，遇到有好的新书她还向我推荐，甚至给我留起来。《契诃夫短篇小说精选》就是她第一回向我推荐并为我留起来的“好书”。

初读契诃夫的情景大多淡忘了，但有一点可以肯定，如果没有这个机缘，我是不会那么早就读契诃夫的，因为这之前除了安徒生的童话之类，我还从来没有涉猎过外国古典文学著作呢。奇怪的是，与一般少年读者不同，引起我的兴趣的并不是作家早年那些逗笑的“契洪特的故事”，而是后来写成的那些韵味悠长，并带有几分忧愁的“契诃夫式小说”。

如果上苍能让我重新选择人生，我一定会把“文革”这段噩梦般的经历从中剔除。这突如其来的内乱对我的伤害主要是精神上的。这时候，我多么需要一个朋友帮助我走出精神的困境，摆脱思想的茫然。值得庆幸的是，正在这万般无奈的时候，就在我们那个小小的“地下图书馆”里，我与“老朋友”契诃夫又“相遇”了。一位同窗不知从什么地方弄来了一本契诃夫的小说选，而且是当年我读过的那个老版本。当我翻开书，那心情的滋润，就只有用“久旱逢甘霖”才能形容了。在那间狭窄拥挤的学生寝室里，在幽暗的灯光下，我完全沉浸在契诃夫营造的艺术世界里。这不是一般意义的阅读，不存在除了“阅读”以外任何现实的、功利的目的，这是一种“自由的阅读”，一次精神的“对话”，一次灵魂的“遭遇”——需要用整个身心去领会，去感受，去体验。

典·故·逸·话

契诃夫有一次接到弟弟的信，信上自称是“你的渺小无闻的弟弟”。他立刻提笔在回信上写道：“你为什么自称是‘你的渺小无闻的弟弟’？你承认自己渺小吗？在人们当中需要自己的尊严。你又不是个骗子，你是个正直的人，对吧？那就尊敬自己是个正直的人吧，要知道正直的人并不是渺小的，不要把谦虚和妄自菲薄混为一谈。”契诃夫不仅这样教育弟弟，他的许多作品中也提倡“人的尊严”，这对我们也是很深刻的启示。

契诃夫的文字饱含着忧郁，流淌着哀愁，但却不失希望的光辉。虽然这一线光辉十分微弱，无法照亮你周围的世界，但重要的是告诉了你，前面还有光明存在。他的小说结尾总是在暗示我们，不管发生了什么灾难，生活并没有到此结束。他好像是在苦口婆心地告诫人们，千万不能被眼前的庸俗无聊所压倒，更不能麻木不仁沉溺于其中，要相信世上存在着高尚正直的生活值得我们去争取。

从20世纪50年代到今天，半个世纪过去了，我们的生活发生了翻天覆地的变化，我自己也由一个不谙世事的少年变成了一个饱经沧桑的老人，然而，阅读契诃夫给我的心灵的撞击，并没有什么两样。（佚　名）

历史桂冠
LISHIGUIGUAN

契诃夫是俄国文学史上第一个以短篇小说的突出成就而位于世界一流文学家之列的作家，他以简洁的笔法描写了众多小人物形象，创作出宏伟的19世纪80至90年代俄国社会的百科全书。

契诃夫于1860年出生在罗斯托夫省塔甘罗格市一个普通商人家庭。他的祖父曾是赎身的农奴，父亲则开了一个小杂货铺。契诃夫从小就在业余时间帮助父亲料理店里的事情。1876年，不善经营的父亲破产了，全家迁往莫斯科，只把契诃夫留下继续学习。契诃夫靠担任家庭教师维持生计和求学。1879年，中学毕业之后，契诃夫进入莫斯科大学医学系学习。1884年，大学毕业后，他开始了行医生涯。这使他能够经常接触到各种阶层、不同职业及个性的小人物，广泛地了解人们的生活，对他今后的创作有着良好的影响。

契诃夫第一次公开发表作品是在1880年。他的最后一部短篇小说《未婚妻》发表于1903年。他从事短篇小说的创作活动二十余年，不断地进行思想和艺术方面的探索，终于达到炉火纯青的境界。世界文豪列夫·托尔斯泰称赞他说："契诃夫创造了新的形式……从技巧上说，他，契诃夫，远比我高明。"无产阶级革命文学巨擘高尔基则说："作为文学家，契诃夫在我们当代的艺术家中是唯一掌握了'言简意赅'的高超写作艺术的。"契诃夫对中国人民怀有美好的感情，曾约高尔基一同访问中国，但因久病不愈而未遂心愿。1904年因肺病恶化而辞世。

刘鹗这位晚清的传奇人物，吸取人间百味，写成了《老残游记》，成为旧文学的收场，新文学的先驱，备受世人赞誉。

《老残游记》

■ 刘鹗（中国·清　1857–1909）

1909年8月23日，新疆乌鲁木齐的大清军队牢狱中与往常一样，值班者按时按序查验每一间房子，这是政府下令发配重犯的关押所，所囚禁的都是些重量级人物，相比之下从南京押来的刘鹗显得毫不起眼。当值班者打开刘铁云所禁号门后，只听得一声吆喝："已故！"声音传得横梁上尘灰纷飞。刘鹗的死对监狱当局无疑减轻了一份压力，但当时没人能想到，这位无头衔无光环的平头百姓，在他死后近百年中一再被人们提起。

刘鹗字铁云，生于晚清，是一个罕见的奇才，文学艺术、天文地理无所不精，既是卓有成就的作家、诗人、金石家，同时也是考古学家、数学家、医学和水利专家，堪称世间罕有的全才。很少有人能如刘鹗一般精通文理，在对中国传统文化的继承和对西方理性知识的介绍上均有卓越的贡献。他不但是一个很有见识的研究者，同时又是一位很有实力和魄力的政治家以及成功的文艺、学术领域的开拓者。在近代中国社会中，无论在实业救国还是在文学革新的浪潮中，刘鹗都扮演着先驱者的角色。而刘鹗这个名字为人们所了解，是他留下的一部小说《老残游记》。

在19世纪末的中国文学领域中，在救亡和启蒙的双重变奏中，旧文学从前台退居幕后，新文学由背后走向前台。刘鹗的《老残游记》也正是在这一大背景下出现的，无论在思想上还是在艺术上都取得了很高的成就，成为旧文学的收场，新文学的前驱，备受世人赞誉，是十大古典白话长篇小说之一，又是中国四大讽刺小说之一。

经典回眸
JINGDIANHUIMOU

刘鹗这位晚清光绪年间的传奇人物，虽是一介布衣，却能外连洋人，内通王公将相，呼风唤雨，神通广大。他借助自己对生活的理解，从经商、行医、治理黄河、兴办洋务运动中吸取人间百味，写成《老残游记》，让人通过该书从另一个视角了解复杂的晚清社会。

小说《老残游记》使刘鹗后世留名，但这对刘鹗来讲完全是歪打正着。他在世时从未想过要以小说立业。当初创作这部作品，并拿出去发表，是为了资助受沈荩案件牵连而只身逃往上海的连梦青。因此它发表时署名为洪都百炼生，直至刘鹗逝世十年后，他才被确认是该书作者。

《老残游记》1903年9月先连载于上海《绣像小说》半月刊，这部著名晚清谴责小说共二十回，写了主人公老残颇富传奇色彩的游历征程。这位原本出现在山东登州府东门外蓬莱山一带的三十多岁的江南游客，原名铁英，别号老残，曾读过几句诗书，却因为八股文章做得不通，求不成官，教书又没人要，做生意岁数大也不中用了——既无祖业可守，又无行当可做，就拜了一个摇串铃的道士为师。学了几句口诀，也摇起串铃，走街串巷，替人治病糊口，奔走江湖近20年。

山东博兴县的黄大户得了一种奇病，多年来无人能医。老残前来，用古人传下的药方治好了他的病。黄家感激不尽，唱戏、设宴招待三天。随后，老残又只身前往济南大明湖去看风景，听了艺人白妞的鼓书，大饱耳福，接着游览了济南的四大名泉。恰逢幕宾高绍殷的爱妾得了病，滴水不进，经老残一医治，三四天就好了。从此，一传十，十传百，找老残看病的人越来越多。

山东省巡抚求贤若渴，经高绍殷举荐，把老残看做一代奇才，授予他官职，还向他请教治理黄河的策略。此后，有了闲钱的老残用几百两银子从火坑中救出了妓女翠环，纳她为妾，并从翠环那儿知道了一些黄河为害的严重和地方官吏不顾百姓死活的情况。做了官的老残于是便开始积极奔走，为民请命、伸冤造福，救活了若干百姓的命，他的心中也无比快活。获救以及被翻案的贾、魏两家都很感激老残，视老残为救命大恩人，各送了三千两银子作为酬

典·故·逸·话

西方人接触中国近代小说，大约在20世纪二三十年代，最早接触的中国近代小说就是刘鹗的《老残游记》。早在1929年，《老残游记》的部分译文《歌女》（小说第二回黑妞白妞说书）即在《亚洲》杂志（11月号）上发表，译者是亚瑟·韦利。此书虽是一个选译本，但西方人却是由它开始认识了刘鹗的艺术才能。1936年，林语堂又将《老残游记》二集六回译成英文，题名《泰山的尼姑》，由商务印书馆发行，在西方亦颇流传。1951年，林译本又在美国约翰·戴出版社出版了修订本，改名为《寡妇、尼姑和名妓》，1971年西点格林伍德出版社再版。

谢，老残却分毫不取。两家只好找来戏班子大摆宴席款待老残。功成名就的老残没有久留于官场，而是带着翠环离开齐河县，回了江南老家。

不管从哪个角度来看，《老残游记》都是一部成功的小说，不但痛快淋漓地揭示了清末政治的腐败，更是揭露了“清官”残害百姓的劣行。“赃官可恨，人人知之；清官尤可恨，人多不知”——刘鹗在书中极有见地地揭露出封建政治中这种特殊的丑恶现象，使得《老残游记》比一般的谴责小说在思想方面更上了一个台阶。而这种大胆的暴露，在中国文学作品中也属该小说为首创。在艺术上，小说同样达到了高超的境界，被鲁迅称赞为“叙景状物，时而可观”，具有极高的国际影响力。

事动人，情亦动人

《老残游记》被鲁迅列入晚清四大谴责小说之一，但它并不是一部客观、冷静地描写和暴露社会现实的作品。与其他几部小说相比，它是一部很不相同的著作。如果说《官场现形记》、《二十年目睹之怪现状》、《孽海花》等书把全力放在暴露官场的丑恶腐败上，那么，《老残游记》于抨击官场之外，把更多的笔墨用于表现自我的身世之感和家国之痛上，甚至对官场的批判，也更侧重于自己对官场的独特认识的表达。它在晚清乃至整个中国小说发展史上，是一部流露出最强烈的自我表现欲望和具有最浓厚的主观抒情色彩的作品。正如一位海外学者所指出的那样，“如果在行文上用的不是第三人称，它就是中国第一本用第一人称写的抒情小说”。

作者曾明确地表示过自己的创作意图和艺术追求，在续集自序中，他把《老残游记》说成是一种“其力甚劲，其行乃迩远”的有力的哭泣。在续集自序中也说，作品中所记录的乃是作者一生“五十年间，可惊，可喜，可歌，可泣之事业，固历劫而不可以忘者也”。一生中不能忘怀的可歌可泣的经历和事业，以及由此而引起的身世之感、家国之痛凝成了《老残游记》，这是作者在“棋局已残，吾人将老”，欲不哭泣而不可得的时势与心境下的一种沉痛的发泄。刘鹗把它比之于屈原之《离骚》，太史公之《史记》，杜甫之诗，曹雪芹之《红楼梦》。这种寄托着作者内心隐痛的抒愤之作，在我国历史上虽然不乏佳作，但自觉地借小说以抒情者，除《红楼梦》、《儒林外史》等极少数作品之外，实不多见。

我们并不否认，凡较好的作品，都会不同程度地表现出作家的艺术个性和作者的情感、情调和趣味，但像《老残游记》的作者那样，运用小说这种文学形式，对自己的情感、情趣、情调作了那么自觉又那么充分的淋漓尽致的表达，实属罕见。对于《老残游记》，人们欣赏它，玩味它，在很大程度上就是欣赏和玩味它的这种被表达得很充分的趣味和情调。这是一个有着深厚的传统文化修养的文人的趣味和情调，它使那些在大体相同的文化环境中成长起来的读者感到亲切，可以接受，乐于欣赏和玩味。

但"传统味"却并非陈腐气，没有人会喜爱陈腐的东西。《老残游记》风靡当时，饮誉后世，决不会是因为它表现了某种过了时的陈腐的东西。我们所说的这种根植于深厚文化传统基础上的韵味和情调，是个人的，也是民族的。它一旦被凝聚成艺术作品，就会成为民族文化财富而具有永久的魅力和价值。

《老残游记》是刘鹗这样有着深厚文化修养又有丰富阅历的学者和艺术家书写身世之作，它成为中国小说史上的传世之作，同时它在近代小说的艺术革新方面也走在同时代人的前面。（徐鹏绪）

"游"者的视线内外

刘鹗在其自序里说，《老残游记》是哭泣之作。他说，哭泣是灵性现象，"有一分灵性即有一分哭泣"，"灵性生感情，感情生哭泣"，"《离骚》为屈大夫之哭泣，《庄子》为蒙叟之哭泣，《史记》为太史公之哭泣……"他说："吾人生今之时，有身世之感情，有家国之感情，有社会之感情，有宗教之感情。其感情愈深者，其哭泣愈痛：此洪都百炼生所以有《老残游记》之作也。"

更重要的是，刘鹗的哭泣不只是哭泣，在他的哭泣里，有他的未来想象，或者说有他的梦。有意思的是，在社会人生的现实与"梦"之间，刘鹗的情感与思想都有着一种张力。在《老残游记》二集的自序里，刘鹗说"人生如梦"，但梦毕竟是虚幻的，因而他同时又对"人生如梦"提出了质疑。然而，尽管明知梦是虚幻的，刘鹗还是要"梦"。他说："夫梦之情境，虽已为幻为虚，不可复得，而叙述梦中情景之我，固俨然其犹在也。"

为了揭示自己的未来想象，除揭露丑恶之外，刘鹗还比李伯元和吴趼人塑造了更多的正面形象。游者老残本人，即是一个才智极高又充满正义的人物，他不为官累，不为钱累，不为色累，自由、正直；他疾恶如仇、从善如流、侠肝义胆、有才有德；他淡泊官场，却时时关心政事，敢于为民请命；他利用与张宫保的关系，参了酷吏玉贤，纠正了刚弼的冤案。老残的"游者"身份，除了是作品的线索人物外，更有其特有的思想价值。老残是中国古代的一个文人，一个有才的、“学而优”的文人，但他却没有由“士”而“仕”的想法，他有着边缘心态，他只愿意做一个游者，在远离中心的地位观察着、思考着、工作着。他是中国古代文人中极为鲜见的一个人物：在并不“穷”的时候有着“独”的心态，他逃避“达”却又做着“兼”的事。他是中国古代的正直文人，在边缘处充当着官场和社会的正义与良心。（程文超）

历史桂冠 LISHIGUIGUAN

刘鹗原名孟鹏，字云抟，又字云博，后来改名为鹗，字铁云，又字公约，发表《老残游记》时署名为“洪都百炼生”，1857年生于江苏丹徒。他出身官宦家庭，既受过传统的儒家教育熏陶，又旷达放浪、不拘泥于世俗礼法，不但具有突出的文学天赋，还对“西学”很感兴趣，知识博杂，尤其精通考古、数学、医学、水利等自然科学。刘鹗一生经历异常丰富，做过医生，经过商，又充当过达官贵人的幕宾，但一直都很不得意。后来因为治理黄河有功，声名大振，被推荐做了知府。

刘鹗的思想与晚清的洋务派接近，曾帮张之洞筹办洋务，自己也从事过铁路、矿藏、运输等实业活动。刘鹗还曾在北京设立了“瘗埋局”，专门收掩无主尸骸。据说著名的爱国侠士大刀王五牺牲后，就是刘鹗收葬的。后来，刘鹗有感于国势衰微，提出借外资兴办实业，被顽固派诬蔑，被指责为汉奸。八国联军侵占北京时，他用低价向俄军购买他们掠夺并存储在太仓的粮食以赈济饥民，这本来是救国救民的侠义举动，不料却被仇家陷害为私售粮草，刘鹗因此遭到弹劾而被流放至新疆，1909年不幸病死在迪化。

刘鹗不仅是近代较早地把目光投射到西方世界的中国人，更是杰出的文学家。1903年出版的小说《老残游记》和诗集《铁云诗存》，就是他卓越的文学天赋的最好证明。而同时，刘鹗也是造诣颇高的金石学家，由于一生嗜好金石、碑帖、字画及善本书籍，在殷墟甲骨文被发现之后，他大量购买收藏并进行研究，在我国甲骨学的草创时期作出了重大贡献，在甲骨学研究史上具有开创之功，出版了《铁云藏龟》、《铁云藏陶》、《铁云藏封泥》等学术书籍。而数学著作《勾股天元草》、《弧三角术》，水利著作《历代黄河变迁图考》、《治河七说》、《治河续说》，医学著作《人命安和集》（未完成）的出版，更让我们看到了一位天才的、博古通今的全能学者。

泰戈尔为自己建立了一座文学圣殿，崇拜和阅读他的人一代代老去，而他的作品却依然新鲜如故。

《吉檀迦利》

泰戈尔（印度　1861－1941）

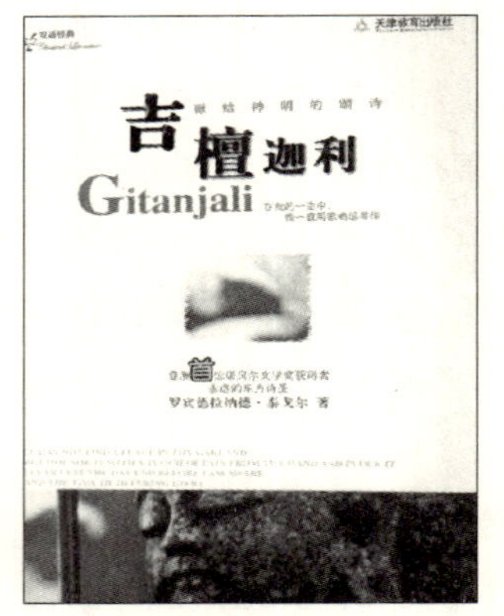

20世纪初期的印度是英国的殖民地，政治上遭受压迫，经济上受到剥削，使这个古老的国家的人民陷入贫穷、愚昧之中。为了唤醒这个沉睡的巨人，两位伟人应运而生了，一位是“圣雄”甘地，另一位则是印度近代史上最伟大的文化巨匠——泰戈尔。

1913年的诺贝尔文学奖评奖会上，一部诗集成为评委们争相阅读的作品，委员会以12:1的投票比例将当年的诺贝尔奖颁给了这部诗集的作者，这是瑞典文学院第一次将诺贝尔奖颁给一个东方人。当时，一些西方媒体抱怨委员会不应该将这份荣誉授予了一个“名字拗口、不见经传的亚洲人”，但是，大部分读过这部名叫《吉檀迦利》的诗集的人都对这次授奖感到非常满意，他们将诗集的作者称为“东方圣人”，这个人就是泰戈尔。

泰戈尔是个多才、多艺、多产的作家，其创作的作品所涉及的内容几乎文、史、哲、艺、政、经等范畴无所不包，无所不精。从表面看来，他的作品很少有所谓高深莫测的玄机，也不刻意于宏伟的构筑或摆出所谓的巨擘的气势，其语言也是质朴无华的，但是我们不得不承认，泰戈尔为自己建立了一座文学圣殿，他已经成为人们记忆里一个永恒的经典和偶像。泰戈尔一生创作50多部诗集、12部中长篇小说、100多篇短篇小说，崇拜和阅读他的人一代代老去，而他的作品却依然新鲜如故，更显深邃。

经典回眸
JINGDIANHUIMOU

《吉檀迦利》发表于1905年，原文用孟加拉文写成，有着极强的韵律。次年，泰戈尔自己把该集译成英文，并将原集改为散文诗集。语言障碍的克服，使他的诗得以被世界所理解和接受。

“吉檀迦利”就是“献诗”的意思，这是一部献给神的颂歌。在诗人笔下，这位神有多重的名称和身份。诗人称他为“主人”、“朋友”、“父亲”，甚至“国王”，但更多的时候还是直接称他为“神”。在翻译的时候，诗人用了“God”这个词，但这里的“God”并非基督教的上帝，而是从印度哲学中的“梵”这一抽象概念演化而来的有人格的宗教神。他同上帝一样是宇宙的创造者和主宰者，但却不是拥有绝对权威、巍然凌驾于万物之上的神，而是万物化为一体的，人人可以亲近的，具有浓厚平民色彩的泛神。奥义书哲学认为，万物同源，皆出于“梵”，“梵”是宇宙的最高本质和最高实在。在泰戈尔的哲学思想中，“梵”更是一种与现象世界和人这些有限存在相区别的无限的存在，但人的灵魂却能够与这种宇宙精神达到实质的同一。于是，达到“梵”我如一就成为了诗人追求的最高精神境界；在“有限”中体味“无限”的欢乐，就成为了他诗歌创作的主题。而这部诗集中关于神在自然中和人类社会显现的描写，却蕴涵着现实主义的因素，飘散着浓郁的生活气息，形式和韵味都弥漫着东方奇花异草的芬芳。

诗人的灵感来源于印度人民的生活。他的诗是产生于热爱韵律和诗歌的人民中间的。人民生动素朴的语言精练成的诗最为清新流丽，所吟唱出的印度广大人民的悲哀与快乐、失意与希望、怀疑与信仰也最为深刻动人。泰戈尔的诗在印度“家弦户诵”，永远存活在广大人民的口中。

诗人以轻快欢畅的笔调歌颂自己有着悠久优秀文化的祖国、热爱和平民主的劳动人民和雄伟壮丽的山川，他歌唱生命的荣枯、现实生活的欢乐和悲哀，表达着对祖国前途的关切。诗里有“提灯顶罐，巾帔飘扬的印度妇女；田

典·故·逸·话

1924年泰戈尔访中国时，那年5月8日正好是他的63岁生日。北京“讲学社”为在京的泰戈尔举行了一次别开生面的祝寿活动。祝寿活动在天坛草坪举行，胡适主持，其中一个特别的节目，是梁启超主持献赠给泰戈尔一个中国名字。梁启超在说出这个名字之前，引经据典，说明这三个字的出处。他说“罗宾德罗纳特”（泰戈尔的全名是罗宾德罗纳特·泰戈尔）有“太阳”、“雷”的含义，可引申为“如日之升”、“如雷之震”，所以中译时意译为“震旦”。古印度曾称中华为“震旦”，而中国人也称印度为“天竺”。按中国习惯姓名的称谓，前姓后名，那么若以国名为姓氏，以本名为名，泰戈尔先生的中国姓名就是“竺震旦”了。梁启超这一番博古通今、融汇中外的解释，博得全场的掌声。泰戈尔本人也高兴得笑逐颜开，欣然接受祝寿会赠予的由名家篆刻的“竺震旦”的大印章。

间路上辛苦流汗的印度工人和农民；园中渡口弹琴吹笛的印度音乐家；海边岸上和波涛一同跳跃欢笑的印度孩子，以及热带地方的丛树繁花……我们似乎听得到那繁密的雨点，闻得到那浓郁的花香”（冰心语）。诗集表现出的热爱人民和祖国的赤忱之情感人至深，诗人对自然、人生、欢乐、光明的歌颂洋溢着奋发、热烈的情绪，极富感染力。

写在《吉檀迦利》前

这些诗歌的译稿，我带在身边好几天，我在火车里读它，在公共汽车上或餐馆里读它，我时常不得不把原稿合上，免得陌生人看到我是多么被它所感动。这些抒情诗——据我的印度朋友告诉我，孟加拉文的原作充满了微妙的韵律、不可翻译的轻柔的色彩以及创新的格律——以其思想展示了一个我生平梦想已久的世界。一个高度文化的艺术作品，然而又显得极像是普通土壤中生长出来的植物，仿佛青草或灯芯草一般。

一个诗和宗教同为一体的传统，一个世纪又一个世纪地传下来，从有学问和没有学问的人们那里采集了比喻和情绪，把学者和贵人的思想，重新带给群众。如果孟加拉文化毫不间断地保存下来，如果那普通的心灵不是像我们这样分裂成十多个彼此毫无了解的心灵，那么，泰戈尔的这些诗歌中的哪怕是最微妙之处，几代以后，也会流传到道旁乞丐那儿。

当英国只有一个心灵的时候，乔叟写下了《特罗勒斯与克丽西德》，虽然他是写出来给人阅读或朗读的——因为我们的时代迅速到来——游唱诗人歌唱他的诗篇为期甚短。罗宾德罗纳特·泰戈尔，像乔叟的先驱者们一样，也为他的诗篇作曲配乐，人们时时刻刻都明白，泰戈尔是那么丰富多彩，那么自然流露，那么热情奔放，那么出人意表，因为他是在做着他自己从不感到奇怪、不自然或需要辩护的事。这些诗篇不会装订成印刷精美的小书，躺在贵夫人的桌子上，她们用慵倦的手翻着书页，这样就能对毫无意义的一生郗歔叹息，其实，她们对人生所能了解的，不过如此而已；这些诗篇也不会被大学生带来带去，及至人生的工作开始，便将它们丢在一边。

然而，一代代过去，旅人们仍将在大路上吟咏这些诗篇；划船的人们仍将在河上吟咏这些诗篇；情人们在互相等待的时候，吟咏这些诗篇，就会发觉这种对神的爱是个魔法的海湾，他们自己的更为痛苦的热情，可以在其中沐浴而重新焕发青春。这位诗人的心，时时刻刻向这些人涌去，毫无自贬身价之意，因为他的心深知他们会懂得的，而且他们的生活境况也已经充满了他的心。

旅人穿着红棕色衣服，以求蒙上尘土也不会显眼；姑娘在她床上寻找着从她那皇家情人的花冠上落下的花瓣；仆人或新娘在空空如也的屋子里等待着主人回家——凡此都是仰慕着神的那颗心的形象。花朵和河流，呜呜吹响的海螺，印度七月里的滂沱大雨，或者是灼人的炎热——凡此都是那颗心在结合或分离之际的情绪的形象。而一个泛舟河上弹琴的人，就像中国水墨画里那些充满神秘主义的人物一般，就是上帝自身。

我们感到无限新奇的一个完整的民族，一个完整的文化，似乎渗透了这份想象力；然而我们之所以深受感动，并非由于它的新奇，倒是因为我们遇到了我们自己的形象，仿佛我们在罗塞蒂的柳林里散步一般，或者，也许是第一次在文学作品里听到了我们自己的声音，仿佛在梦里一般。（叶　芝）

相遇泰戈尔

在这尘世间，找不到一个如此优美的世界，这个泰戈尔散文诗的世界。

高二的那一年，我与你在一个小小的书摊前相遇，也许生命的冥冥之中，注定你在我人生的某一个路口等我。这是你给予我人生无价的馈赠。“你已经使我永生，这样做是你的欢乐。这脆薄的杯儿，你不断地把它倒空，又不断地以新的生命来充满。”

这是你《吉檀迦利》中的第一首的第一句。如一泓清泉，随意自然，流泻而出。这是你所献给生命的赞歌。这里的所有的语言，若要我来形容，所有的形容词都显得做作苍白。还是我们一同来体会，来读它吧：当你命令我歌唱的时候，我的心似乎要因着骄傲而炸裂，我仰望着你的脸，眼泪涌上我的眼眶。

我生命中一切的凝望与矛盾融化成一片甜柔的谐音——我的赞颂像一只欢乐的鸟，振翼飞越海洋。

在泰戈尔的《吉檀迦利》中，作者以歌颂神灵为形式与神主结合，但并非是在表达一种超凡脱俗的思想，他借此表达的是一种对生命的歌唱，表达了对人生理想的思索和追求。泰戈尔是印度民族诗体的继承者，又是新诗体的开拓者，他脱离了原来的格律诗体，而“不保留诗歌格律明显的抑扬顿挫”再“赋予孟加拉散文以诗的情韵”之后创作的。他的散文诗比其他的散文诗更具有民族特色和个人的独特风格。

泰戈尔的散文诗是从“诗的语言和表现手法”上揭去那华丽而羞涩的面纱，他的语言虽然没有韵脚，但处处有他内在的旋律。而他的散文诗的最显著的特点，就是口语化。要不怎么说读起来那么的亲切、活泼。这样在他的诗歌的内在韵律中便使人更能体会到他诗中的激情，如飞瀑一样的自然神韵。

对于散文诗的风格，法国帕特蓝的散文诗是华丽的，俄国屠格涅夫的散文诗是精致而绚丽的，英国蓝德的散文诗是简洁、明了的，而泰戈尔的散文诗则是清新、质朴的。在诗中作者对生活的描写都毫无渲染，只是在自然地描绘，给人一种生活的真实感。其次还在于作者在诗歌中情感的真实性，他给人一种率真的朴实美。还有他描写的形象的意象化，诗人同时还是一个出色的画家，其中的一些诗给人一种如诗如画的感觉。此外，风格的朴实无华还在于凝练的口语化的语言，形象的比喻，从而使深刻的哲理变得形象、具体和朴实。（刘建军）

历史桂冠 LISHIGUIGUAN

1861年泰戈尔出生于加尔各答市一个非常富裕的家庭，父亲是著名的宗教改革家和社会活动家，六个哥哥也均献身于社会改革和文艺复兴运动。泰戈尔的科学、历史和文学方面的丰富知识大都在家庭中获得，受家庭环境的影响，他从小就喜欢文学，特别热爱诗歌创作。泰戈尔靠家庭教育和刻苦自学度过了少年时代，1878年去英国学法律，后转入伦敦大学攻读英国文学，研究西方音乐。

泰戈尔的才华在童年时就初露锋芒，1875他发表爱国诗篇《给印度教徒庙会》时，年仅14岁。19岁时他就成了职业作家。泰戈尔一生著述颇丰，共创作了50多部诗集，被称为“诗圣”。还有12部中长篇小说、100余篇短篇小说、20余种戏剧，以及大量有关文学、哲学、政治的论著和游记、书简等。此外，他还是位造诣颇深的音乐家和画家，曾创作了2000余首歌曲和1500余帧画，其中歌曲《人民的意志》被定为印度国歌。

1913年他获得诺贝尔文学奖。1941年4月，这位印度近代文学的奠基人写下最后的遗言《文明的危机》。同年8月7日，在加尔各答泰戈尔的祖宅中，他悄然离世，留给世人的是数之不尽的文学财富。

《母亲》是高尔基最优秀的作品之一，开辟了无产阶级文学的新纪元。

《母 亲》

高尔基（苏联 1868-1936）

在世界文学史上，高尔基是高高耸立在俄罗斯文学发展道路上的一座丰碑。他为新的苏联文学的形成和发展奠定了基础，成为俄苏文学史乃至世界文学史上继往开来的伟大作家。正如法国著名作家巴比塞所说："高尔基是伟大的明灯，他为全世界开辟了文化界人士要走的道路。"

作为无产阶级文学和苏联文学的奠基人，高尔基不仅是一位出色的小说家、剧作家、诗人，而且还是一位优秀的文学评论家。他在不断的探索中首先创立了社会主义现实主义美学观，并在创作中进行了成功的实践。高尔基开创了无产阶级文学的新纪元，列宁称他为"无产阶级艺术最杰出的代表"。

1905年，俄国发生第一次革命，高尔基坚定地投入到斗争中，并因此遭到沙皇政府的逮捕。获释后，他加入社会民主工党，并结识了列宁。他越来越深切地感到文学必须表现新的时代，于是他创作了第一部社会主义文学的奠基品，这就是《母亲》。后来当高尔基在伦敦与列宁见面时，他吃惊地发觉列宁居然是《母亲》最早的读者之一。原来，列宁是向国外出版商借来高尔基《母亲》的手稿进行阅读的。《母亲》在德国、法国、意大利等欧洲各国工人中广泛传播，深受世界各国无产者的喜爱。

经典回眸 JINGDIANHUIMOU

《母亲》是高尔基于1906年发表的长篇小说，这部小说反映了工人阶级的革命斗争，被认为是第一部社会主义现实主义作品。在发表之初，它曾受到资产阶级和孟什维克文艺批评家们的猛烈攻击，沙皇政府也决定将其销毁，但是列宁保卫了这部小说，并给予它极高的评价。1930年我国出

版了夏衍的译本，激励了无数读者走上革命的道路。

年轻的工人巴维尔的父亲米哈伊尔·弗拉索夫是工厂里最好的钳工，但是他一生穷困潦倒，因精神苦闷而经常酗酒，最后得病死了。母亲尼洛夫娜是一位受尽生活折磨的劳动妇女，她任劳任怨，温柔善良。巴维尔在一个休息日第一次像父亲一样喝醉了，他在母亲悲伤的爱抚下感到了羞耻。从此，他有了很大变化：他对工作热心，既勤快又规矩；他变得谈吐文雅，喜欢读书，可是他读过的书都悄悄地藏起来，这引起了母亲的焦虑和不安。一次，母亲忍不住问他在看什么书，他说，他在看禁书，因为他要知道真理，而这些书告诉了他工人生活的真理。母亲看到儿子说话时眼中放射出执拗的光，她知道儿子已经献身给一种秘密而可怕的东西。但是习惯了温顺盲从的母亲感到了悲哀和忧郁，她静静地哭了。此后，经常有人到母亲的家里聚会，她从他们的谈话之中听到了“我们——社会主义者”，但是母亲对这些并不是十分理解，只是相信自己的儿子是不会做坏事的。

巴维尔和同志们在工厂散发了号召大家团结起来去为自己的利益斗争的传单，这引起了工人们的骚动，工人由怀疑、敌视到好奇、信任。于是，经常有人来找巴维尔询问关于真理的事情。同时，他的家也因此遭到了宪兵的搜查，并在他家逮捕了两个同志。不久，工厂主借口改善工人生活条件而克扣工人的工钱作为沼地排水费用，巴维尔作为工人的代表向工厂主抗议，但是群众还没觉醒，当巴维尔提议工人罢工时，他的话好像几滴雨水落在干旱的土地上面，很快就无影无踪地消失在人群里面了。结果罢工没能发动起来，而巴维尔却在当晚被宪兵逮捕了。第二天，巴维尔的同志来看望母亲，他们告诉她为了营救巴维尔，他们决定派人到工厂继续散发传单以证明不是巴维尔散发的传单。母亲主动承担了这个任务。不久，因为传单的出现转移了宪兵的注意力，巴维尔被放了出来。巴维尔十分感谢母亲，他的同志赞扬母亲有一颗伟大的母性的心。

巴维尔继续着革命工作，他们在“五·一”

典·故·逸·话

一天夜晚，高尔基脸色铁青地从剧院出来，非常气愤。原来这天上演的正是高尔基的剧作《耶戈尔·布雷乔夫和其他的人们》，导演没经他的同意，将结尾处理成布雷乔夫死了。这一改，悲剧气氛浓了，观众非常激动，每场谢幕竟达二三十次。观众虽然欢呼了，但高尔基看了却生气，说：“布雷乔夫没有死。”

他找到导演，说：“你得改回去。”“为什么？”导演惊愕了，说，“这样的效果不是更好吗？”“布雷乔夫当时没死，要尊重事实。”

导演欣赏自己的修改，也被剧场里的掌声迷住了，不愿改。高尔基坚持自己的意见，导演没法，只好把结尾改为让布雷乔夫倒下，但没有死。这一次，高尔基虽然满意了，但是观众谢幕只有五六次，剧场效果差多了。

节时组织了游行。母亲亲眼目睹了儿子和同志们对真理的宣传，他们毫无畏惧地面对着沙皇的士兵。巴维尔又一次被捕了，母亲明白自己的儿子是为着大家的幸福而被抓去的。

巴维尔的同志要接母亲到城里安全的地方去住，母亲却提出要帮助他们做事。她为他们送报纸，她渐渐理解了儿子和同志们所做的事情，她觉醒了，因为她目睹了同志们的被捕、牺牲和他们对革命的坚定信心。巴维尔被判流放，他在法庭上还在演说，号召大家继续战斗。就在母亲传送印着儿子的演说稿的传单时被特务盯上了，但她没有扔掉装满传单的皮包逃跑。她在被捕前，抓紧时间在火车站散发着传单，并大声号召群众革命。她说："真理是血海不能消灭的！"虽然母亲遭到毒打并被捕，但革命思想已经深入人心了。

《母亲》是高尔基最优秀的作品之一，是一部划时代的巨著，开辟了无产阶级文学的新纪元。

文学的新纪元

《母亲》是高尔基最优秀的作品之一，它生动地反映了20世纪初无产阶级政党领导下的波澜壮阔的群众斗争，第一次塑造了具有社会主义觉悟的无产阶级英雄的形象，是一部划时代的巨著。

小说的人物和素材来自真人真事。1902年，在高尔基的故乡下诺夫戈罗德附近的索尔莫沃工业区，革命工人举行了"五·一"游行。游行的组织者扎洛莫夫被捕，他的母亲安娜继续从事儿子的事业。高尔基当时已经与俄国社会民主工党有了联系，并很熟悉扎洛莫夫母子的英雄事迹。小说就是以索尔莫沃的工人运动为背景，以扎洛莫夫母子的事迹为素材写成的。但作者没有局限于写真人真事，他根据1905年革命中积累的丰富经验，概括地反映了20世纪初俄国的革命运动：工人运动从自发到自觉，从经济斗争转到政治罢工，农民和工人在斗争中结成同盟。小说突出了无产阶级政党在革命斗争中的领导作用和社会主义思想的无比威力，显示了俄国无产阶级坚忍不拔的革命意志和不可动摇的革命信念。

青年工人巴维尔最初是一个普通工人，繁重的劳动、沉闷的生活使他几乎走上父亲的老路。但他生活在工人运动蓬勃发展的时代，在革命知识分子的帮助下，他迅速

找到了献身工人阶级解放事业的光明大道，成长为领导群众斗争的先进工人。巴维尔是世界文学中第一个有血有肉的无产阶级革命者的形象。作家结合革命斗争和群众的成长，描写了他的高度觉悟和革命英雄气概。在考验面前，他总是挺身而出，无论面对气焰嚣张的厂长，还是全副武装的警察，或是在敌人的法庭上，他都大义凛然，巍然屹立。作家通过这一形象成功地表现了20世纪初俄国无产阶级革命家的成长过程和高尚的品德。

母亲不仅是20世纪初普通俄国工人的母亲和妻子的典型形象，而且是当时俄国正在觉醒的革命群众的艺术典型。这样，作为先进工人代表的巴维尔的形象和作为革命群众代表的母亲的形象，彼此配合，从不同的侧面深刻地揭示了小说的主题。母亲的形象使小说的主题揭示得最充分。同时，作家通过母亲的感受来描写作品中的一切重大事件，生动细腻的心理描写既揭示了母亲丰富的内心世界，又使作品中的事件和其他人物具有浓厚的浪漫主义色彩，增强了作品的感染力。

《母亲》第一次使工农英雄人物进入文学领域，这是它的巨大贡献。它以对新革命现实的真实描写，以对时代本质深刻的概括，以具有高度思想性和艺术性英雄人物以及新的创造方法开创了无产阶级的新纪元。（谭得伶）

社会主义现实主义创作的典范

高尔基把19世纪的现实主义称为“批判现实主义”，他只肯定文学对资本主义给予批判从而得出革命结论，而否定作家——如果戈理、陀思妥耶夫斯基、列夫·托尔斯泰等探索俄国化道路、塑造“俄罗斯灵魂”。高尔基倡导“社会主义现实主义”创作方法，认为文学应该“激励起对现实的革命态度，即以实际行动改造世界的态度”，认为塑造新的英雄人物是社会主义现实主义精神的主要表现。

《母亲》是自觉运用社会主义现实主义创作方法的范本。

巴维尔和他的母亲两位英雄形象体现了俄国工人阶级的成长过程。小说一开始描绘了阴森森的工厂画面，展示了帝俄时代工人的处境和老钳工米哈伊尔·弗拉索夫的悲惨人生。《母亲》不是只揭露社会病痛而引起疗救的注意，它本身就指明道路。年轻的巴维尔没重复父辈的人生。他生活在工人运动蓬勃发展的时代。在革命知识分子的帮助下，他和工人们学习革命理论，培养阶级意识，并在日后的“五·一”游行时向群众宣传革命理论。巴维尔在法庭上演说是小说的高潮。这篇演说体现了作者对马克思主义的理解，对无产阶级革命的真诚。母亲尼洛夫娜是俄国革命群众的代表。小说通过这位底层妇女的觉醒过程，表现革命理论教育人、改造人的力量，表现无产阶级革命运动的深度和广度。母亲形象在小说视觉上占有重要地位。小说所有重大事件几乎都是通过她的眼睛、她的感受来描写的，细腻的心理描写揭示了母亲丰富的内心世界，增强了作品的感染力。

《母亲》广泛地描写了革命者之间的人际关系。小说通过对母爱、爱情和友谊的描写，展示了革命者崇高的精神世界，这是作者高尔基理想主义的表现。这和十月革命前后他在《不合时宜的思想》论集中所表现的对俄国革命和文化发展的见解以及忧虑，组成了他完整的文化观念，而他的种种忧虑一定程度上预言了许多日后所发生的历史性悲剧。（郑万鹏）

历史桂冠
LISHIGUIGUAN

高尔基原名阿列克塞·马克西莫维奇·彼什科夫，1868年生于下诺夫戈罗德城（现名高尔基城），父亲是细木工，早逝。高尔基由外祖母抚养成人。外祖母家贫，11岁的高尔基就不得不外出谋生。他曾在鞋店、圣像作坊当学徒，在轮船上帮厨，做过脚夫、锯木工、园丁、面包师等等以维持生计，少年时期曾参加倾向民粹派的大学生秘密团体。20岁后，高尔基开始在俄国各地流浪，经历丰富。1892年9月高尔基发表了他的处女作《马卡尔·楚德拉》，从此，一颗光芒夺目的明星升上了俄国文坛。

19世纪90年代高尔基写了许多短篇小说，大多取材于底层社会。在高尔基早期作品中，具有浪漫主义色彩的民间传说和寓言式的故事占有重要地位，如《鹰之歌》、《海燕》等。19世纪90年代末，高尔基的创作思想臻至成熟，这时期高尔基发表了第一部著名长篇小说《福玛·高尔杰耶夫》，接着，《三人》也问世了。此外，高尔基还写了许多具有极大社会意义的剧本，如《小市民》、《太阳的孩子》等。

1901年起因参加革命工作，高尔基几次被捕。1905年和列宁会面，高尔基思想上受到很大影响。1906年发表长篇小说《母亲》，反映俄国工人阶级的革命斗争，被认为是第一部社会主义现实主义作品。十月革命后参加社会主义文化活动。1934年主持第一次苏联作家代表大会，并当选为苏联作家协会主席。其他重要作品有自传体三部曲《童年》、《在人间》、《我的大学》，反映资产阶级家庭三代历史的长篇小说《阿尔达莫诺夫家的事业》，描写革命前四十年间资产阶级知识分子生活和思想的长篇小说《克里姆·萨姆金的一生》，以及许多政论、特写、回忆、文学论文等。

夏目漱石在文学上的最大贡献是以他十几部长篇小说和大批短篇小说树起批判现实主义文学的丰碑，给后来的作家以深刻的启迪。

《我是猫》

■ 夏目漱石（日本 1867-1916）

若要日本人选出一个能代表日本近代文学的作家，十人中有九人会选夏目漱石，他的作品至今仍流传甚广。被喻为“国民作家”的夏目漱石，有关他的研究论文或书籍数量多得可说是日本第一，甚至有专门收集这一类书物的图书馆存在，而且每年都会出现这类研究论文或书籍。之所以会出现这一罕见的文学现象，是因为夏目漱石不但是个杰出的作家，也是个批评家、画家、学者。他34岁时被派遣到英国留学两年，归国后任教于第一高等学校与东京帝国大学。38岁时才发表处女作《我是猫》，49岁病死。他的创作时间虽仅十年，却是日本一代文豪，有关他的研究论文或书籍，数量多得可说是日本第一，甚至有专门收集这一类书物的图书馆存在。

1904年梅雨初晴的一天，一只生下不久的小猫迷路走进夏目漱石的家。翌年1月夏目漱石发表的《我是猫》就是以这只小猫为模特的。《我是猫》是日本近代文学中一部视野广阔、描写深刻、贯穿着批判精神的讽刺小说，奠定了夏目漱石在日本近代文学史上的崇高地位。

《我是猫》这部富于诙谐的作品，以洋溢于字里行间的笑声引导人们驱散郁积在心头的愁云，振奋精神，从对现实的反思中燃起爱与恨的火焰。这部别出心裁的长篇小说以幽默与讽刺为主要特征，由一只被拟人化的善于思索、乐于议论又富于正义感的猫担任叙述者与评论者，通过这只猫的眼睛俯视日本当时的社会与20世纪所谓现代文明的大潮，并以连珠般的妙语警句极尽嬉笑怒骂之能事。

经典回眸
JINGDIANHUIMOU

长篇小说《我是猫》是夏目漱石的代表作。这部作品写于1904年至1906年9月，1905年1月起在《杜鹃》杂志上连载，不久，编成上、中、下三册出版。

夏目漱石为发泄多年郁愤而写成的长篇小说《我是猫》，淋漓尽致地反映了20世纪初日本知识分子的思想和生活，尖锐地揭露和批判了明治“文明开化”的资本主义社会。

这部作品反映面广，内容丰富复杂。作品没有完整的故事情节，以猫为故事的叙述者，通过它的感受和见闻，写出它的主人穷教师苦沙弥及其一家的平庸、琐碎的生活以及和他的朋友迷亭、寒月、东风、独仙等人经常谈古论今、嘲弄世俗、吟诗作文的故作风雅的无聊世态。作品还巧妙地写进了邻家金田小姐的婚事引起的纠葛，并把它贯穿在作品始终。资本家金田的妻子为了选择女婿到苦沙弥家里打听理学士寒月的情况。苦沙弥有些傲慢，不大理睬她，于是招来了金田夫妇的肆意迫害：先是指使一伙人侮辱谩骂，接着唆使苦沙弥的同事进行报复，然后又买通落云馆的顽皮学生闹得他不得安宁，最后还叫苦沙弥过去的同学对他进行规劝、恐吓。

小说围绕金田小姐婚事引起的风波，有力地揭露了资产阶级，批判了社会拜金主义风气。金田老爷是靠高利贷起家的、“穷凶极恶，又贪又狠”的大资本家，拥有大量的财产。他的“堂皇富丽的公馆”，与苦沙弥的“暗黑的洞窟”形成鲜明对比。他发财致富的“秘诀”是“要精通三缺”，即缺义理、缺人情、缺廉耻，“把鼻子、眼睛都盯在钞票上”，“只要能赚钱，什么事都干得出来”，把金钱看得比生命还重要。金田依仗自己的财势，成为社会上赫赫有名的人物。他财大气粗，仗势压人。主人公苦沙弥贫困、正直，教书十年与他素不相识，只是怠慢了他的老婆，他便兴师动众三番五次进行打击，致使苦沙弥的身心受到严重摧残。买通落云馆的顽童搞得苦沙弥坐卧不宁，他却得意扬

典·故·逸·话

夏目漱石这位讲究“美感”的美食家，对日本茶道却有非常负面的评价。他在自称表现自己艺术观的《草枕》中认真评道：“一听到茶，我就不免退避三舍。世界上没有比精于茶道者更会装模作样的风流人士了。他们将广泛的诗域，故意画地自限地制造拘束感，极度自尊、极端造作、极其狭隘。即使毫无必要，却一再行礼如仪，啜着泡沫还感到自鸣得意，这就是所谓‘精于茶道’的人。恐怕麻布军团当中也必然风雅得很，因为那些成天向右转、齐步走的仁兄，想必也全是茶道中的好手。这些根本没受过趣味教育的商贾或市井之徒，因为不知何谓风雅，机械性地将一些规矩一概囫囵吞枣，以为如此方为风流雅事，反正为了鄙视真正的风流人士而做的事，就是所谓茶艺。”可见，即使是保存传统日本品味，夏目漱石仍然有所取舍。

扬地说："……这个家伙……不久将来，总会投降的呢。"一副奸诈、凶狠可憎的面目暴露无遗了。所以，连"猫"也觉得金田是"最坏的人类"。

从叙述角度来看，在这部小说里，"我"（猫）是虚构的形象，它不仅有动物的习性，也有人的思想意识。"猫"是叙述者，也是评判者，事事通过它的目光表现出来，起到了多方面的作用，因此，"猫"的见闻和议论就构成了作品的内容。从结构角度来看，小说以"我"（猫）为叙述者，以"我"的出生、流落苦沙弥家为开头，最后随着"我"误饮了啤酒掉进水缸淹死而结束。作品没有完整曲折的情节，也没有一般小说那样严谨的结构，正如初版序言里所说："《我是猫》像海参一样，不易分辨哪是它的头，哪是它的尾，因此随时随地都可把它截断，从而结束。"

《我是猫》是以讽刺小说著称的。作者继承了日本俳谐文学和西欧讽刺文学的传统，善于运用风趣幽默、辛辣讽刺的手法进行揭露和批判。他的描写既夸张又细腻，语言诙谐有趣。全部作品语言幽默戏谑，处处闪烁出作者的机智讽刺的天才。正如鲁迅所云，《我是猫》"轻快洒脱，富于机智"，以飘逸的文体透过一系列冷嘲热讽否定了封建而落后的旧事物，对日本资本主义现代化所带来的诸如拜金主义、利己主义等弊端深表不满。这部自出机杼的作品，不拘泥于西方小说的模式，凭借联翩的浮想运用自如地安排了一连串出人意料的新奇、警辟而幽默的场面，寄余味于笑声中，其如珠妙语往往道破人情世态，剥下邪恶、虚伪与愚昧的外衣，放射出理性的光芒。

闲聊《我是猫》

几年前，一个很偶然的机会读到夏目漱石的《我是猫》。第一次读日本小说，惊讶于日本文化与中国文化异曲同工的妙处，于是手不释卷，再三咀嚼，甚至我上大学也跟着我过来，偶有闲暇时便拿出来翻阅。

我拿到的是译林出版社出版，于雷先生1992年的译本。此后好像在市面上也没有看到旁的译本，不过即便有，我估计也很难超越这个译本的精妙。不知是因为日本文字承的是汉字的衣钵，还是于雷先生确实高明，这本散本式的小说读来如行云流水，甚至读到诗词歌赋处，也是酣畅淋漓，毫无凝滞晦涩之感，不得不拍案叫绝。

夏目漱石创作《我是猫》时已经38岁，这也是他的处女作。作为一个作家而言，他算是大器晚成。漱石的一生极为坎坷多舛，颇具传奇色彩，加之他所生活的年代正值日本明治维新时期，封建幕府没落，资本主义制度刚刚确立，人们尤其是知识分子正处在一个迷惘的精神危机中，因此他的作品充斥着很浓重的阴郁与压抑。夏日漱石创作这部作品时事业与家庭包括自己的一贯信仰和价值观都出现了严重的危机，这些危机以及由此导致的神经质在《我是猫》以及今后的作品中都打下了深深的烙印。漱石后来在回忆起这段经历时说，“我对这种神经衰弱和疯狂深表谢意”。有个叫尼采的家伙曾经说“艺术家天生都是自虐狂”。不可否认的是，有时候人们的确喜欢从折磨自己的精神中获取一种难以言表的快感，艺术家尤甚。也许正因为此，才使得许多真正流芳百世的作品欣赏来如活脱脱的生活再现，也更能引起观者的共鸣，比如唱戏的程蝶衣，比如写诗的顾城，比如写小说的夏目漱石，他们都用自己的生命成全了艺术。

“厌世”“苦恼”“郁愤”是漱石常用的词汇，也是他的世界观与创作观，这些情绪也流露在《我是猫》的几乎每一个角落。他毫不吝啬地用大量的笔墨以独白的方式通过主人公——一只猫来扒下人类道貌岸然的外衣，好使那长满疮疤的身体暴露在光天化日之下，并且还要逼着人低下头去看。我一位朋友就因为受不了他极尽辛辣挖苦之能事的笔法而没有办法把这本小说读下去。

作者笔下的猫公精于言辞，他批评人“全是些体面的小偷”，“对于自己的能量过于自信，无不妄自尊大”，“从利己主义出发所推出的‘公道’原则，也许比猫的逻辑优越，但是，论其智慧，却比猫还低劣”。漱石作为知识分子的一员，对当时的小知识分子，例如小说中的这些教师，更是有深刻而贴切的揭露——“那些教师之流对自己的愚昧无知浑然不觉，却又摆出一副高傲的面孔”，“尽管凡夫俗子们把不懂的事情宣扬得像真懂了似的；而学者却把懂了的事情讲得叫人不懂。大学课程当中，那些把未知的事情讲得滔滔不绝的大受好评，而那些讲解已知事理的却不受欢迎”。

即使是作为纯粹的文学作品来欣赏，漱石优美隽永的文笔也能在书中窥见一斑，这集中体现在景物以及人物的细节描写上，例如写景：“给红松林装点过二三朱红的枫叶已经凋零，宛如失去的梦”，暗示着日本传统文化在外来文化的冲击下已经辉煌不再，如明日黄花一般凋谢；又如描写车夫老婆：“这声音毫不留情地震撼着初春恬静的空气，把个风软树静的太平盛世彻底庸俗化了”。这样字字珠玑的精妙描写，俯首可拾。

虽然《我是猫》写于38岁，对于漱石短暂的生命来说，这时已然是他生命的晚期。这个时候的漱石已经对物欲横流的社会绝望至极，他转而研究禅宗，提出“则天去私”的价值观。铃木藤十郎的“狂”，甘木医生的“死”以及八木独仙的“信”都演绎着“则天去私”的观点。漱石虽然在书的最后也不忘嘲讽独仙的东方的“自然

法”的修养，但从其中流露出的与全书风格迥异的鲜有的平静来看，漱石最终也只能在精神上寻求解脱。（佚　名）

字字都是个生命体

《我是猫》算得上日本的才子书之一，也是世界文学名著之一。

夏目漱石一生才华横溢，虽只搞了十年创作，却留下了一系列珍品。他的作品大体反映了明治时期知识分子的痛苦而不安的灵魂，反映了他在东方思维和西方文明、在虚幻理想与残酷现实、在迂腐守旧与拜金大潮之间的艰辛求索与惨痛折磨。

《我是猫》不知可否说是大和民族在明治时期精神反馈的“冥思录”之一。

《猫》写作时所处的时代恰是明治维新以后。当时，一方面，资本主义思潮兴起，人们学习西方，寻找个性，呼唤自由，自我意识和市场观念蓬勃发展；另一方面，东方固有的价值观、文化观与风尚习俗，包容着陈腐与优异，在抗议中沉没，在沉没中挣扎……一群穷酸潦倒的知识分子面临新思潮，既顺应，又嘲笑；既贬斥，又无奈，惶惶然不知所措，只靠插科打诨、玩世不恭来消磨难挨的时光。他们时刻在嘲笑和捉弄别人，却又时刻遭受命运与时代的捉弄与嘲笑。

主人公是猫，以猫的眼睛看世界，这在当时，在创作手法上有一定的突破。今天常有作品以外星人的视觉看地球人，同样反映了人间积习，没有一副超越现实的视角就看不透彻。

猫公很富于哲理，精于言辞，对人类的弱点讽喻得十分入骨。例如：“世人褒贬，因时因地而不同，像我的眼珠一样变化多端。我的眼珠不过忽大忽小，而人间的评说却在颠倒黑白，颠倒黑白也无妨，因为事物本来就有两面和两头。只要抓住两头，对同一事物翻手为云，覆手为雨，这是人类通权达变的拿手好戏。”他抨击社会，也见地非凡：“……说不定整个社会便是疯人的群体。疯人们聚在一起，互相残杀，互相争吵，互相叫骂，互相角逐。

“莫非所谓社会，便是全体疯子的集合体，像细胞之于生物一样沉沉浮浮、浮浮沉沉地过下去？说不定其中有些人略辨是非，通情达理，反而成为障碍，才创造了疯人院，把那些人送了进去，不叫他们再见天日。如此说来，被幽禁在疯人院里的才是正常人，而留在疯人院墙外的倒是些疯子了。说不定当疯人孤立时，到处都把他们看成疯子；但是，当他们成为一个群体，有了力量之后，便成为健全的人了。大疯子滥用金钱与权势，役使众多的小疯子，逞其淫威，还要被夸为杰出的人物，这种事是不鲜其例的，真是把人搞糊涂了。”

猫公博学多识，通晓天地古今，引证或褒贬了荷马、毕达哥拉斯、笛卡儿、克莱尔、尼采、贝多芬、巴尔扎克、莎士比亚、孔子、老子、宋玉、韩愈、鲍照、晏殊、陶渊明，以及《诗经》、《论语》、《淮南子》、《左传》、《史记》等数不清的中外名人名作。他还很有点自由平等观念。他说："既不能零售空气，又不能割据苍天，那么，土地私有岂不也是不合理吗？"猫公针砭时弊，道出了一串串永远耐人寻味的警句名言，诸如："咱家不清楚使地球旋转的究竟是什么力量，但是知道使社会运转的确实是金钱……连太阳能够平安地从东方升起，又平安地落在西方，也完全托了实业家的福。"

"官吏本是人民的公仆、代理人，为了办事方便，人民才给了他们一定的权力。但是，他们却摇身一变，认为那权力是自身固有而不容人民置喙。"猫公批评大和魂说："因为是魂，才常常恍恍惚惚。东乡大将有大和魂，鱼贩子阿银有大和魂，骗子、拐子、杀人犯也都有大和魂。'大和魂！'日本人喊罢，像肺病患者似的咳嗽起来，百米之外，吭的一声。"猫公还敢于蔑视权贵，鼓励创新。他描画乌鸦在东乡元帅的铜像上便溺，把伊藤博文的照片倒贴在墙上。他说："不从胯下倒看莎士比亚，文学就会灭亡……"

猫公嬉怒笑骂，皆成文章。悲痛幻化的笑声，最令人难耐。

猫公如此神通广大，才高识卓，又公正锐敏，当然是神猫、奇猫、圣猫了。以它的眼睛看世界，悲痛化为笑声，怎能不尖酸刻薄！当然，它同时又是个俗猫、蠢猫。他自作聪明，假冒圣贤君子，误了不少事，吃了不少苦头，甚至不知酒桶会淹死猫，终于丢了性命。

小说尽管以"猫眼看世界"，但写来写去，创作主体还是人类中的一个"我"，或是人类的邻居、地球上的另一个他（猫）。假如以全宇宙中的"我"或永恒中的"他"来观察人类，更不知将写出什么样的奇书了。

小说在结构上也有突破。它以猫的视觉为坐标轴，可长可短，忽东忽西，并没有一个有头有尾的故事，也谈不上情节进展的逻辑，读来却也津津有味。日本小说曾有散文化的趋势，某些小说的散文化是有欠充实的反映。而在《猫》，在当时，却是一种具有魅力的创新。当然，老实说，作者最初并没有想写这么长。由于首章轰动，编者要他续写，他才铺陈连载，这说明他并没有通篇的完整构思，同时也说明如不是大家手笔，怎么会写得这么左右逢源，随心所欲？

在语言上，《猫》的格调既不全像《旅宿》那么豪放空灵，也不像《明暗》那么简练凝重，更有别于《心》和《从此以后》那么柔润细腻。在这里，刚柔兼用，雅俗并举，变化多端，声色俱艳。而且，将江户文学的幽默与风趣、汉学的典实与铿锵，西方文学的酣畅与机智熔为一炉，以致在语言的海洋中任情游弋，出神入化。笔墨忽而精妙隽永，针针见血，富于哲理；忽而九曲十回，浩浩大波，长于思辨。暂且摘引两句景色和人物描写的妙句，例如挖苦苦沙弥平庸的脸说：“假如春风总是吹拂这么一张平滑的脸，料想那春风也太清闲了吧！”写景：“给红松林装点过二三朱红的枫叶已经凋零，宛如逝去的梦。”“这声音毫不留情地震撼着初春恬静的空气，把个风软树静的太平盛世彻底庸俗化了。”有的像讽刺诗，有的像写意画，各得其妙。总之，假如以一颗艺术的心灵去触摸或感受他的作品，自然会体味到语言的色彩、声韵，甚至字字都是个生命体。（于　雷）

历史桂冠 LISHIGUIGUAN

夏目漱石本名夏目金之助，生于江户一个小吏家庭，是家中末子。他1874年入浅草寿町的户田学校，自幼喜欢汉学，14岁开始学习中国古籍，少年时曾立志以汉文出世；后进入帝国大学（现东京大学），就学期间的漱石因受好友影响而开始写作，曾有诗文汇集于《木屑录》。《木屑录》不仅是漱石最早汇集成册的作品，且署名为“漱石顽夫”，是他的正式笔名“夏目漱石”的来源。1895年他在爱媛县松山中学任教，后又去熊本县执教。这段经历后来体现在他的小说《哥儿》中。

1899年10月28日，32岁的夏目漱石抵达伦敦，开始了在英国的留学生活，1902年12月5日起程归国，归国后在东京帝国大学讲授英文并开始文学创作。1905年的《我是猫》令他一举成名。1907年开始为《朝日新闻》写连载小说。1911年曾拒绝接受政府授予的博士称号。1916年因胃溃疡去世。

夏目漱石在日本近代文学史上享有很高的地位，被称为“国民大作家”。他对东西方的文化均有很高造诣，既是英文学者，又擅长俳句、汉诗和书法。写作小说时他擅长运用对句、叠句、幽默的语言和新颖的形式。他对个人心理的精确细微的描写对后世也影响深远。他的门下出了不少文人，芥川龙之介也曾受他提携。

夏目漱石死后将自己的脑和胃捐赠给东京帝国大学的医学部，他的脑至今仍保存在东京大学。1984年，他的头像被印在日元1000元的纸币上。

杰克·伦敦24岁开始写作，他的创作生涯是短暂的，但他靠顽强学习，刻苦写作，赢得了时间和生命。

《马丁·伊登》

■ 杰克·伦敦（美国 1876–1916）

他原来是一个流浪汉，当他立志从事文学创作以后，深感自己知识贫乏，于是就抓紧一切空闲时间发狂似的阅读世界文学名著，他把莎士比亚、歌德、巴尔扎克三大文豪作为典范，仔细地研究他们的作品，学习他们的艺术手法。他一边读书，一边拼命地练习写作，每天坚持写五千字，往往一下子就寄出二三十篇小说稿。六年之后，这个流浪汉变成了美国西部沿海一带最受欢迎的人，受到交际界殷勤的招待，为作家、评论家和主编、编辑们所热烈颂扬，被誉为文学界一颗灿烂的明星。他就是批判现实主义文学的先驱——杰克·伦敦。

杰克·伦敦在美国文学和世界文学中享有崇高的地位，他擅长以人物的行动来表现主题思想，其小说故事情节紧凑，文字精炼生动，有相当的感染力。他一生创作了50多部短篇小说、长篇小说和故事，其中许多作品堪称短篇小说的经典，为人们了解美国人及其性格提供了生动的素材，受到世界范围的广泛赞誉。因为他创作了许多引人入胜的冒险故事而被认为是“爱伦·坡的继承人”，又因其作品中的社会主义倾向而被称为“美国无产阶级文学之父”。

杰克·伦敦的水手生涯和丰富的人生经历为他的创作提供了无比丰富的素材，《马丁·伊登》就带有明显的自传性质。这部发表在杰克·伦敦文学创作的高峰时期的作品，也是他最成功的小说作品之一。他让文字燃烧生命烈火，多少年来一直深深吸引着不同时代、不同经历的读者。

经典回眸 JINGDIANHUIMOU

《马丁·伊登》是杰克·伦敦最著名的长篇小说，也是一部带有自传性质的作品。小说讲述了一个水手成为作家的历程，而当他得到了他梦想的一切时却感到人生了无意义，最终以自杀了结一生。在美国文学发展史上，《马丁·伊登》起着先驱的作用，后来不少描写“美国梦”破灭的作品，都或多或少地受到了杰克·伦敦这部小说的启发和影响。

马丁·伊登是个年轻的水手，一次在一场吵架中把律师的儿子阿瑟解救出来而被邀请到阿瑟家做客。在阿瑟家里，他遇见了阿瑟的姐姐露丝。他立刻被露丝高贵脱俗的气质深深打动了。在吃饭时，阿瑟兄弟们谈论了大学的课程，可是伊登一点儿也不明白，他给大家讲述了他五光十色的水手生活。全家人都被他的故事吸引住了，连缺少生活热情的露丝也不例外，这让律师夫人感到很开心，她希望精力旺盛的伊登能让女儿对生活充满希望。饭后，露丝特地为他弹了钢琴。

伊登和嫁给杂货店老板的姐姐一家住在一起，他看着自己破烂的房间，觉得露丝遥不可及。他决心开始努力读书。露丝给了他很多帮助，她帮助他纠正错误的语法，还教给他算术，他们也经常在一起谈论诗歌。露丝发现伊登的悟性极强，逐渐产生了要征服他的欲望。伊登和她在一起的时候，感到过去自己的生活是那么渺小和平庸，而他对露丝的崇拜更加热烈。

马丁·伊登开始尝试写作了。他将自己的生活经历写成了一个个内容离奇浪漫的冒险故事，寄给了许多家报纸杂志，但是或者如石沉大海，杳无音信，或者被退了回来。露丝每次和伊登见面，都为他的力量和生气感到震惊，她知道自己早已经征服了他。但她不自觉地萌动了爱意，她想按照自己的观念改变伊登，然而马丁·伊登决心成为一个作家。

当马丁·伊登看到屋角的地板上堆积成山的退稿时，他绝望了，他已经没有邮票再把它们寄出去了。但是他想到自己第一次打架不服输的劲头，顿时又信心倍增。

典·故·逸·话

凡是到过美国作家杰克·伦敦家中的人都觉得很奇怪：窗帘上、衣架上、柜橱上、床头上、镜子上……到处贴满了形形色色的小纸条，初到他的房间里的人还以为那是什么特殊的装饰品呢。实际上，这些小纸条并不是空白的，上边写满了各种各样他搜集来的材料：有美妙的词汇，有生动的比喻，有五花八门的资料。杰克·伦敦从来不愿让时间白白地从他眼皮底下溜过去。睡觉前，他默念着贴在床头的小纸条；第二天早晨一觉醒来，他一边穿衣，一边读着墙上的小纸条；刮脸时，看镜子上的小纸条；在踱步休息时，他一边回忆小纸条上的内容，一边到处寻找启发创作灵感的词汇和资料。不仅在家里是这样，外出时也一样。外出的时候，杰克·伦敦把小纸条装在衣袋里，只要一有空就随时随地掏出来看一看，想一想，记一记。由于他这样锲而不舍地搜集、积累材料，再加以灵活运用，因此，他写出了一部部光辉的著作。

在一个美丽的秋日里，伊登向露丝表达了自己的感情。露丝同意和他订婚，可是她的父母却不看好这门亲事，他们认为这婚约早晚都会解除的。

露丝不相信伊登会成为作家，她想让伊登到他父亲的律师事务所工作。但伊登却不愿放弃写作，他过上了隐士生活，把自己憋在屋子里研究写作风格，但是他的稿件还是被退回来了。在他万念俱灰的时候，他的两篇稿子被采用了。他立刻去见露丝，在露丝家，他遇见了几位显赫的客人。但是在谈话中，他对他们十分失望，还为了维护社会主义学说同露丝的父亲发生了冲突，结果不欢而散。露丝感到无地自容，她终于决定毁掉婚约。

不久，伊登的好运来了。稿费源源不断地涌来，连他从前那些被退回的稿件也被抢走。伊登从前渴望得到的名誉、金钱、地位都有了，甚至露丝也主动向他示爱。但是伊登看透了这一切，他感到上层社会的虚伪，人生也因为没有了欲望而变得空虚。

伊登又回到了海上，他想继续他的水手生活，但他发现自己已经变了，变得和那些水手没有共同语言了。他感到前途渺茫。一天，他熄了舱房灯，然后把双脚伸出了舷窗，溜进水里。他使出浑身力气朝海底游去，他仿佛在一道望不见底的大楼梯上滚下去，滚下去……杰克·伦敦是以“超人”自居的，虽然他无法成为“超人”，但他写作的《马丁·伊登》确实是超越了时代。

生命的最后一幕

《马丁·伊登》不仅是杰克·伦敦的最佳作品之一，同时也是他最令人困惑的作品之一。1908年伦敦32岁，他的小说如《野性的呼唤》、《海狼》及《铁蹄》等惊人地赢得了全世界的赞誉。《马丁·伊登》正是出版于这段被公认为他写作生涯的巅峰时期。但是这本扣人心弦的小说的奇特之处在于它描述的是一个作家如何证实自己的才华，如何坚忍不拔地一一克服了不利的情况，而在他的成就终于远远超过当初他最大的期望之后，竟然失望而自尽。自从这本书问世之后，始终令读者与批评家困惑不解的，事实上也就是这一点。

杰克·伦敦属于那种写小说动辄从个人生活经验中取材的作家，甚至连《野性的呼唤》中那只狗巴克也不过是伦敦本人稍加掩饰的自状而已。事实上马丁·伊登阅读与写作的过程，基本上也就是伦敦本人的经验，他在《约翰·巴立空》这本小说中指

出："我就是马丁·伊登。"

许多看过《马丁·伊登》的读者都认为，这么一个故事，描述主角如何历经困难而终获成功，逻辑的必然结局绝非自杀。这个结局之突如其来可由另一项事实看出：《太平洋月刊》于1908年连载这个故事，当时还曾经悬赏五百美元，让读者来猜测伊登最终的命运。而伦敦本人写这个故事的时候，当时正在他的"蛇鲨"号游艇上，航行于南海，当时故事尚未接近尾声，他自己似乎也不知道该如何结尾。

奋斗代表一切，结果无关紧要。真正陷伊登于绝境的并非布里圣登的死，或露丝与他关系破裂，或领悟到文化生活的肤浅，而是他认清他已无路可走，并不幸地彻悟他已丧失了对人生的兴趣。在前半部狂热的活动之后却非常戏剧化地紧跟着来了令人无法抗拒的惰性，他发现做任何事情都提不起兴趣，连离开椅子动一动都有困难，再也没有任何事情能让他感到振奋。我们几乎可以断言他此刻已到了癫狂与抑郁期。伊登自己也晓得他的问题症结所在，他对露丝说："我病了，病得很重，现在才晓得病有多重，我已经丧失了什么东西，以往我对生命毫不畏惧，可是生命已将我填满到这种地步，我现在一点儿欲望也没有了。"若干证据显示出伦敦写《马丁·伊登》的时候心里非常烦恼，唯恐他会精神错乱。在写《马丁·伊登》之前他至少有两度企图自杀以求解脱。有一次他出人意料地在旧金山附近的卡轨奈兹海峡中泅水而打算把自己淹死，恰巧有艘渔船到来才救了他一命。在伦敦身上，兴高采烈与郁郁不乐的情绪交替出现，直到四十岁那年他吞服了大量吗啡，结束了自己的生命。（富兰克林·瓦克尔）

失望与幻灭

无疑，《马丁·伊登》是一部个人奋斗史。杰克·伦敦通过主人公的坎坷一生反映了有才华的年轻人在美国资本主义社会的悲惨遭遇。不难看出，马丁·伊登是资本主义社会的牺牲品，同时也是资产阶级个人主义的牺牲品。

首先，那个社会本身是他奋斗的最大障碍。当马丁·伊登写出一篇篇真实生动的小说、诗歌后，即遭到当时社会的冷落和不理解（包括曾鼓励他读书学习的恋人露丝），在那些不学无术的出版商及其掌握作者命运的编辑、批评家眼里，他只是个不符合资产阶级口味的无名之辈。伊登因为偶然的机会成名后，出版商接二连三地发表他过去被退回的作品这个细节，辛辣而又深刻地揭示出资本主义社会的虚伪本质。

但是，最使伊登伤心的，正是他心目中的"天使"露丝。这位从小养尊处优的富家闺秀之所以对伊登投以青睐，只是因为出于好奇和求新的心理。她发现伊登与她结识的那些上流社会的子弟不一样，富有朝气和毅力，诚实可爱。但她根本不能理解和赏识伊登出类拔萃的才华。她反对伊登写作，企图按资产者的模式改造伊登，把他塑造成像她父亲那样的人。当她周围的人开始大肆攻击、中伤伊登时，她便无情地抛弃了他。在这里，自私自利和市侩的偏见远远超过了她对伊登的爱情。如果说，是她开始激发起伊登奋斗的信心的话，那么，也正是她扼杀了伊登的创作才华，最终毁了他。

《马丁·伊登》这部小说从根本上说，是写了失望和幻灭——对资本主义社会的失望以及个人理想的幻灭。伊登以渴望和追求开始，最终以自杀结束；他蜚声文坛，但只是在他看透了文艺界的平庸无知之后；他赢得了优雅高贵的露丝的爱，但又发现她跟她父亲一样是个庸俗不堪、追逐名利的市侩；他最后平步青云，跻身名流，却开始鄙视这个阶级，怀念他曾一度拼命要挣脱的劳苦群众……人生就是这样充满矛盾，充满悲剧。

在《马丁·伊登》里，杰克·伦敦正是以伊登的一生遭遇来表现他对社会、对人生的理解和认识。他在小说中基本上否定了马丁·伊登的个人主义思想，抨击、揭露了资本主义社会的种种阴暗面，这无疑具有深刻的现实意义。因此，《马丁·伊登》一直被视为美国文坛上杰出的批判现实主义的名作。（李正中）

历史桂冠
LISHIGUIGUAN

杰克·伦敦是一位带有传奇色彩的文学家，他的传奇色彩很大一部分来自于他戏剧性的人生经历。

1876年杰克·伦敦出生于加利福尼亚州的旧金山。他是个非婚生子，他的母亲在生下他八个月后嫁给了一个破产的农民。贫困的家庭生活使杰克从幼年起就不得不去打零工、卖报维持生计。13岁小学毕业后，他当了罐头厂的童工，没受多少正规教育。青年时代卖过报，当过水手，去阿拉斯加淘过金，还因“无业游民”罪被捕入狱，罚做苦工。通过勤学苦练，1900年起发表作品，后来加入社会党，积极参加工人运动，写了他最重要的两部长篇小说《铁蹄》和《马丁·伊登》。1910年以后，继续发表优秀的短篇小说，揭露和批判资产阶级社会，但也出现了不健康的思想倾向。晚年脱离社会斗争，1916年退出社会党。1916年11月22日，杰克·伦敦因服吗啡过量而自杀，年仅40岁。杰克·伦敦24岁时开始写作，16年中他共写成长篇小说19部，短篇小说150多篇，还写了3个剧本以及相当多的随笔和论文。他的创作生涯是短暂的，但他靠顽强学习，刻苦写作，赢得了时间和生命。他以杰出的作品馈赠给读者，他一生的贡献是难以用作品的数量来衡量的。

欧·亨利的作品有“美国市民生活的百科全书”之称，而且以其“意料之外、情理之中”的结局为人称道。

《欧·亨利短篇小说选》

欧·亨利（美国 1862–1910）

距华盛顿州不远的北卡罗来纳州有一个名叫格林斯波罗的小镇，1862年9月11日，小镇里一位不得志的医生和他美丽纤弱的妻子生了一个大眼睛、不大强壮的孩子。谁也不曾想到，在19世纪末20世纪初，这个孩子以欧·亨利的笔名平步文坛，成为一个深受美国和世界读者喜欢的伟大小说家，并且在百年之后仍然保持着长久的影响和魅力。

法国最杰出的短篇小说家要数莫泊桑，俄国的当推契诃夫，美国独树一帜的则是欧·亨利，他以新颖的构思、诙谐的语言、悬念突变的手法表现了20世纪初期的美国社会，开辟了美国式短篇小说的途径。他的作品富于生活情趣，被誉为“美国生活的幽默百科全书”。美国于1918年设“欧·亨利纪念奖”，专门奖励每年度的最佳短篇小说。

幽默是美国的文学传统之一。从华盛顿·欧文开始，许多作家都善于写那些可笑而又意味深长的故事。欧·亨利承袭了这一传统，受同时代作家的影响，加之一生经历坎坷，使得他的幽默与众不同——充满了辛酸的笑声，在夸张、嘲讽、风趣、诙谐、机智的幽默之中，含有抑郁、凄楚的情绪。读《麦琪的礼物》让人苦笑，读《警察与赞美诗》让人悲凉辛酸。这种“含泪的微笑”加深了作品的社会意义，具有长久的艺术魅力。

经典回眸 JINGDIANHUIMOU

欧·亨利一生创作了270多篇短篇小说，《欧·亨利短篇小说选》收有他的主要作品40多篇，其中《麦琪的礼物》、《警察与赞美诗》、《最后的藤叶》等篇目一向都被视为短篇经典，并被收进各种教材，达到了脍炙人口的境地，它们代表了欧·亨利作为一个小说家的最高成就。

无论从内容或风格上来说，欧·亨利的作品都只能是美国这块土地上的产物，他既写东部，也写西部，但他最负盛名的故事大都发生在纽约市的大街小巷中，发生在他称之为“四百万”的普通百姓身上。他为市民读者而写，也擅长写市民生活，故而有“曼哈顿的桂冠诗人”之称。其实，欧·亨利写西部也同样得心应手，比起闹市中的哀怨病态，他笔下粗犷的西部反倒显出一股豪侠之气。无论是牛仔矿工，还是强盗骗子，一个个写得栩栩如生，有声有色。

欧·亨利的小说通俗易懂，其中无论发生了什么，发生在何处，也无论主人公是何等人物，他的故事写的都是世态人情，并且带有浓郁的美国风味。一般说来，驱使人们行动的欲望和动机是相当复杂的，但是欧·亨利人物的思想相对来说却都比较简单，动机也比较单一，矛盾冲突的中心似乎都是贫与富。这一方面大概因为美国是个平民社会，不存在天生高人一等的贵族阶级，既然金钱面前人人平等，贫富就成了社会的主要矛盾。另一方面，此时正值美国内战后的“镀金时代”，拜金主义盛行，坑蒙拐骗样样齐全，贪污舞弊泛滥成灾，似乎只要能赚到钱便是成功，并不需要问问钱的来历是否清白合法，因此对金钱的占有程度便成了人们关注的中心，与欧·亨利同时代的马克·吐温说得好：“在世界上任何地方，贫穷总是不方便的。但只有在美国，贫穷是耻辱。”欧·亨利笔下的芸芸众生就是生活在这样一个由金钱主宰的世界中，他们的处境动机，他们的喜怒哀乐，大都与金钱的占有有关，所以欧·亨利描绘的世态人情，无论是善是恶，都有某种美国式的单纯。

欧·亨利小说中感人至深的落魄的小人物在艰苦的求生环境中，仍能对他人表现出真诚的爱与关怀，作出难能可贵的牺牲。为了给丈夫购买一条白金表链作为圣诞礼物，妻子卖掉了一头秀发；而丈夫出于同样的目的，卖掉金表给妻子买了一套发梳。尽管彼此的礼物都失去了使用价值，但他们从中获得的情感是无价的。为了鼓励贫病交加的年轻画家顽强地活下去，老画家于风雨之夜挣扎着往墙上画了一片永不凋落的常青藤叶，他为自己的杰作付出生命的代价，但青年画家却因此获得勇气而活了下来。一个富人已经沦落到挨饿的地步，但他坚持履行自己的一年一度在感恩节请穷朋友吃饭的职责。而刚吃饱饭的穷朋友为了使对方满意，也忠实地扮演了自己的角色。他们各自作出牺牲，为的是给他人一点儿安慰……所有这些都未必称得上轰轰烈烈的大事，而是小人物们日常完成的小事，但正是在这些小事上，他们达到了善，达到了自己精神境界的至高点。

欧·亨利对恶具有同样的敏感，他把美国这个名利场上的把戏看得十分透彻，那些“丛林中的孩子们”尔虞我诈，钩心斗角，巧取豪夺。残忍遇到狠毒，小骗碰上大盗，强盗骗子纵然高明，却仍然斗不过金融家，华尔街的经纪人是决不手下留情的，更可悲的是，在这种对财富的角逐中，人们的灵魂受到腐蚀，年轻的姑娘明明在饭馆当出纳员，却偏偏装腔作势，假冒名门望族。忙忙碌碌的经纪人竟然忘了昨夜的新婚，向妻子再一次求婚。在一个金钱万能的世界里，父亲的财神可以在最关键的时刻制造一起交通堵塞，从而使独生子获得未婚的机会，爱神此刻只能甘拜下风。

不过，欧·亨利笔下的善与恶并不那么截然分开，泾渭分明，它们之间有着一个广阔的中间地带，其中存在着良心发现、翻然悔悟、重新做人的种种可能性。决定洗手不干的保险箱盗窃犯为了救出不幸把自己反锁在保险库里的孩子，当众拿出自己的看家本领，准备跟警察再去蹲监狱；一个自惭形秽、背弃了情人的男人，毕竟还能尽自己的努力，让青梅竹马的姑娘断了对他的思念，快快活活地去重新开始生活。

欧·亨利的成功主要在于他善于捕捉和把握生活中的典型场面，在一个个生活的片段里，处于两难中的主人公必须面对抉择，这时不仅能集中刻画人物心理，也能充分展示生活中固有的矛盾。再加上欧·亨利具有把情节剪裁得恰到好处的本领，因而能在很短的篇幅内达到一种思想与艺术相结合的完美效果，给人以强烈的印象，而这也正是短篇小说成功的关键。

欧·亨利的小说在艺术处理上的最大特点就是它们的“意外结局”。情节的发展似乎明明朝着一个方向在发展，结果却来个出其不意。这意外的结局一般说来是比较令人宽慰的，即便是悲哀的结局，也常包含着某种光明之处，这就是所谓“带泪的微笑”。像《带家具出租的房间》这样的悲剧在欧·亨利的笔下是很少发生的。然而，意外的结局不能不经常依赖于某种偶然性，而太多的偶然性又不能不与现实产生差距，所以“意外结局”一方面使欧·亨利的小说显得趣味盎然，同时也使它们缺乏深度。

两难的处理和意外的结局往往产生令人啼笑皆非的幽默效果，在欧·亨利的小说中，幽默是贯穿始终的，有的专门是为幽默而幽默的。绑架孩子的歹徒被顽童折磨得苦不堪言，宁可倒贴钱把孩子护送回家。幽默家因日复一日地制造幽默，竟变成了一个心力交瘁的吸血鬼，

典·故·逸·话

美国著名短篇小说家欧·亨利总是手头拮据，这常常是因为他受到一个人的敲诈，此人对亨利坐过牢的事了解得一清二楚。亨利的钱只有靠卖文章得来，可他又不太相信那些出版商们。有一次，一个叫汉普顿的出版商向他约稿，亨利要求预支稿费，而汉普顿声称在见到初稿以前拒付稿费。因此他们达成一项协议：欧·亨利交上前半部手稿可拿到250美元，然后交上后半部手稿可再拿到250美元。不久，亨利交上了前半部手稿，可汉普顿非但没付钱，连信也未复。后来才得知，狡猾的汉普顿出版了小说的前半部，同时打出广告以250美元的价格征求后半部。

最终在殡仪馆的后房中才得以告别尘世的愚蠢，重新恢复了一个正常人的知觉。欧·亨利显然是把自己视为一个幽默家，他在《幽默家自白》中写道："我的笑话的性质是和善亲切的，绝不流于讽刺，使别人生气。"这句话也适用于欧·亨利本人，他讽刺，但不流于讽刺，他的嘲讽和幽默通常是善意的，有时能令人震惊地揭示出人生的真谛，如《生活的陀螺》和《钟摆》那样，它们体现了欧·亨利透视生活的能力。欧·亨利的语言本身也充满了夸张和幽默，而幽默能起到淡化事物悲剧性的作用，使大众读者更能接受。

近百年来，欧·亨利的小说在全世界一版再版，始终拥有大量的读者，足见其作品的生命力。

欧·亨利式结尾

欧·亨利是美国著名的现实主义短篇小说家之一，他的小说从各个角度揭露了资本主义的黑暗，描写了社会底层人民的生活和苦痛，颂扬了他们的真诚爱情和友谊、自我牺牲的高尚行为和对幸福生活的向往。他小说的结尾采取喜剧的形式，表达深刻的社会内涵、残酷的社会现实和人性的升华，并进一步指出这种现实的不可逃避性。本文探讨了欧·亨利小说中的"欧·亨利式结尾"发人深省的艺术效果在其文章中的体现和作用。

苏联作家苏曼诺夫说："艺术的打击力量要放到最后。"欧·亨利式结尾就是在文章情节结束时突然让人物的心理情境发生出人意料的变化，或使主人公命运陡然逆转，出现意想不到的结果，但又在情理之中，符合生活实际，从而造成独特的艺术魅力。

欧·亨利一生共创作了三百篇短篇小说和一部长篇小说，著名的短篇小说有《麦琪的礼物》、《警察与赞美诗》和《最后的藤叶》等。就以他的小说《警察与赞美诗》为例来说说这种艺术。综观全文，苏比曾几次惹是生非，想进监狱得以安身，可他总是"背运"。当苏比受到赞美诗的感化，欲改邪归正时，警察却以"莫须有"的罪名将他投入了监狱。在所有人都认为苏比将要平安度过一生之时，警察出现了，并将他带上了法庭。这是典型的"欧·亨利式结尾"，就犹如看见黎明的人又跌入黑暗一般，让读者的心一揪，回味无穷，发人深省，久久难以忘怀。而欧·亨利就很好地运用了这种方法，并借此深刻地反映社会善恶不分的现实。

“欧·亨利式结尾”的艺术效果并不一定只出现在小说结尾处，也会出现在文章情节中。例如，在《警察与赞美诗》中有这样两个情节：有一次，苏比想通过“调戏”一女子来达到进监狱的目的，但这貌似“文雅娴静”的女子却反过来勾搭起了苏比；又有一次，苏比拿走了一位“衣冠楚楚”的顾客的伞，可这伞原本“来路不正”。“简朴而颇讨人喜欢”的女子、“衣冠楚楚”的顾客都给人以品格端庄的感觉，却做了暗娼和小偷。相信读者在读到这个情节时都感到不可理解，但细细想来这样的“伪君子”在现实社会中是处处存在。所谓高尚的上流社会成员都是衣冠楚楚、文雅高贵？可事实上，他们只是把卑鄙的行径掩藏在美丽的面纱下而已。也正因为内心的肮脏，才更需要表面上的装点，因而表里不一也就在情理之中了。“欧·亨利式结尾”在幽默中深刻地揭露了资本主义社会每况愈下的世风。

欧·亨利的另一篇代表作《最后的藤叶》是写美国格林尼治村三位贫穷画家相濡以沫、彼此帮助的故事，是一曲美好心灵的颂歌。苏和复西的邻居贝尔门是一个画了一辈子画却还没名气的画家。不久，复西得了严重的肺炎，而且病情越来越重。她把生命的希望寄托在窗外最后一片藤叶上，以为藤叶落下之时，就是她生命结束之时。然而令人惊奇的是，尽管屋外的风刮得那样厉害，锯齿形的叶子边缘已经枯萎发黄了，但它仍然长在高高的藤枝上。于是奇迹出现了，复西没有死，原来是一直默默无闻的老画家贝尔门，在一个风雨交加的夜晚，为了画上最后一片藤叶，染上了肺炎。在他生命的最后时刻，终于完成了他已等待二十五年的杰作。小说的结尾笔锋一转，完全颠覆读者的假想：原来以为要死的人活了，所有人都认为不可能有绝世之作的老画家却画出了激发垂死之人强烈求生欲望的神圣作品。《最后的藤叶》充满了感伤气氛。作者用这样出乎意料的结尾赞美了穷艺术家之间“相濡以沫”的友谊，突出地刻画了一个舍己为人，以自己的生命创作出“最后的杰作”的老画家的形象。

其实这篇小说还可以有别的结尾。一是藤叶落了，复西死了；一是藤叶未落，复西和贝尔门都活着。前一种结尾伤感色彩浓，但不能为主题服务，甚至连贝尔门这个人物都显得多余。后一种大团圆结尾虽然热闹，但不能深刻揭示那个社会埋没人才的罪孽，不能引人向文章外的空间思考、探索，也就失去了这篇文章的价值，因此这种结尾才既符合小说的主题，又符合情节发展的逻辑。“欧·亨利式结尾”在这篇伤感文章的末尾画上了一个并不完美却寓意深刻的感叹号，令读者回味无穷，深受教育。

“欧·亨利式结尾”的艺术效果在他的另一篇著名的代表作《麦琪的礼物》中也被演绎得淋漓尽致。一对深深相爱的小夫妻德拉和吉姆为了给对方买圣诞礼物，分别将自己最美丽的头发和家传的金表卖掉，去买了配得上金表的白金链子和配得上美丽头发的梳子。爱情就在他们分别拿出礼物之时发出了万丈光芒，将读者的眼眶湿润。文章的最后说："他极不明智地为了对方而牺牲了他们家最最宝贵的东西。不过，让我对现今的聪明人说最后一句话，在一切馈赠礼品的人当中，那两个人是最聪明的。在一切馈赠又接收礼品的人当中，像他们两个这样的人也是最聪明的。无论在任何地方，他们都是最聪明的人。"简简单单几句话却又道出了"欧·亨利式结尾"的艺术效果的真谛，引导读者向文章外的空间思考，从而得出读者自身的生活真谛。寻找爱人并在她曾住过的房间被她的灵魂召唤，询问房主却又是查无此人，绝望笼罩下，他用和爱人相同的方式下结束了年轻的生命。不知道第二天房东打扫时会不会在心底浮现一点点内疚或者不安。"欧·亨利式结尾"的艺术效果将这篇文章的读者拉向何为爱情，何为良心，何为生存的思考之中。《带家具出租的房间》这篇文章又借此向读者提出了问题：他爱她，因此尽力寻找，绝望之际就了结了自己的生命。这样的生死相许在"快餐爱情"的今天是否仍然存在，是否仍能打动你已冰封的爱情观？良心是什么？是诚实、守信，还是对得起自己？如果良心危及了你的生存，你会选择谁呢？店老板选择了生存，他并没有错，他也是为了生存。如果他不将房子租出去，如果他不欺骗那位年轻人，他要怎么过活？年轻人的死，爱人的死，店老板的欺骗，都是由那时的社会造成的。黑暗，混乱，漂浮，饥饿无一不影响着人们的生活。为了生存只有各自为城。欧·亨利就是在借这篇文章抨击当时黑暗的社会现实，试图引起人们的共鸣与思考。

文章是人写的，那就逃脱不了环境对作者的影响，欧·亨利的一生富于传奇性，当过药房学徒、新闻记者、银行出纳员，又曾为避免麻烦流亡洪都拉斯。后因回家探视病危的妻子被捕入狱，并在监狱医务室任药剂师而开始认真写作。1901 年提前获释后，迁居纽约，专门从事写作。欧·亨利善于描写美国社会尤其是纽约百姓的生活。因此深知人民生活的艰难、困苦，所以他的文章才喜欢用朴实、诙谐的语言描绘人世间的故事，又用峰回路转的结尾来引起读者对社会对人性的思考，从而形成了著名的"欧·亨利式结尾"，产生独特的艺术魅力。

豹 尾 一 甩

我们提起欧·亨利的小说，首先想到的就是结尾，这似乎是一种条件反射，一种审美反应。因为欧·亨利的结尾成了一种突出的文学现象，早已风靡了世界文坛。古今中外的文学艺术大师，无不看重和强调最后"卒章显其志""临去秋波那一转"的功能。我国《神异经》中还有张僧繇画龙点睛的传说，欧·亨利小说的结尾，即有这种魅力。

可以读一读欧·亨利的代表作。如《麦琪的礼物》写一对相亲相爱的小夫妻，穷到家底只有一块八毛七分钱，无法为对方买圣诞礼物。但爱情的力量是巨大的，总要想办法。结果是一个卖掉了自己最令人艳羡的一头美发，给丈夫买了一条白金表链；一个则卖掉了自己最宝贵的一只祖传金表，为妻子买了一套珍贵的发梳。他俩都为对方作出了爱的牺牲，牺牲了自己的无价之宝。这种意料之外、悲剧性的结局，无论是小说中的人物，还是广大读者，都会受到内心的震撼，这就是艺术的最高境界。而出人意料的结尾，来自引人入胜的情节。其情节犹如山涧泉水，即使是危石挡流，曲折迂回，也能畅流无阻，奔腾向前。但当读者被山泉的流程带到小说的目的地——结尾时，泉流却朝不同方向急速一转，来个突然拐弯，出现意想不到的归宿。这种结局，我们往往会被搞得莫名其妙，然而马上又恍然大悟，好比电光一闪，照亮了山涧隐藏的秘密，让整条山涧流水都大放光明。这也就是我国作家历来所强调的“豹尾一甩”的艺术。只有最后的“豹尾一甩”，才能“甩”出一个“新结局”“新纪元”——正如契诃夫所说：谁发明了新的结局，谁就开辟了新纪元。

结尾要有铺垫，“意料之外”是由“情理之中”铺垫而成的。可以说，没有铺垫，就没有“欧·亨利式结尾”。铺垫的方法，决定结尾的形式。欧·亨利小说的结构千变万化，通向结尾的铺垫途径四通八达。有《麦琪的礼物》的十字交叉式结构，有《警察与赞美诗》的事与愿违式结构，有《最后的藤叶》的强铺垫式结构。其艺术构思的走向，就是情节结构中的铺垫走向、蓄势走向。因而欧·亨利总是采用迂回曲折的手段以达到曲径通幽的目的。或“顾左右而言他”，或“此地无银三百两”，或“醉翁之意不在酒”。时而煞有介事，时而漫不经心，时而浓墨重彩，时而轻描淡写，但无不写得幽默俏皮，风趣诙谐。在情节的进展中始终隐瞒着一些关节，保守着最重要的秘密。小说氛围的创设，情境的营造，又是如此的扑朔迷离，神秘兮兮，让读者跟随欧·亨利的神来之笔打转转而误入歧途，甚至在信以为真而又自以为是的审美判断中上当受骗。我们往往要到最后才明白，原来这是一个化腐朽为神奇的结局。试想：假如《警察与赞美诗》里的苏比不是最后因赞美诗的感化想重新做人却被警察逮捕，那么前面占五分之四篇幅的以身试法的恶作剧还有什么意思？如果《麦琪的礼物》里的那对年轻夫妻互赠圣诞礼物的结果，不是想得到发梳的却已经没有了一头美发，想配上白金表链的反而失掉了祖传金表，那么整篇小说对“贫贱夫妻百事哀”的爱情心理描写也就失去了光彩。正因为有这种出人意料的“豹尾一甩”的威力，“欧·亨利式结尾”才成为小说的一种主要的艺术特征，显示出无比神奇的艺术魅力。

出人意料的结尾，表现了欧·亨利高明的“聚集”技巧。人们在毫无准备的情况下，突然出现意外事故或预料不到的打击，留下的印象是最深刻的。欧·亨利正是抓住了读者的这种心理特点来实现小说的“聚集”的。读者从开头一路读来，对小说所描写的极其平常的故事几乎是漫不经心的，要不是写得幽默风趣，引人入胜，好像就不值得一读了。可是到了最后，却猛然受到意想不到的心理一击而引起感情的强烈震撼，审美效果也完全不一样了——前面看似平凡的一切，全因这最后的“豹尾一甩”，才超凡脱俗，身价百倍。（阮温凌）

历史桂冠 LISHIGUIGUAN

1862年美国小说家欧·亨利出生于美国北卡罗来纳州的一个小镇上，原名威廉·西德尼·波特，他的父亲是一个医生。他从15岁起就在叔父的药房里当学徒，后来，他还放过两年牛，做过会计员、土地局办事员和银行出纳员。

1896年，欧·亨利因涉嫌银行少了一笔为数不多的款子而无故被判处5年徒刑。在狱中，他就以“欧·亨利”为笔名，在当时有名的《麦克吕尔》杂志上发表短篇小说。出狱后，他来到纽约，混迹于小客栈、公寓、公园、小酒馆、贫民窟及下等剧场等地。他说自己是纽约“400万”小市民中的一员，而不是“400个”富翁之一。

欧·亨利写作勤奋，几乎以每周一篇的速度向报刊提供短篇小说，他写的小说约有300篇。按题材分，基本上属于三类：写中美洲的，写美国西部的与写纽约市特别是曼哈顿区的。其中最好的是写纽约的。他把纽约曼哈顿区一带的街道小饭馆、破旧的公寓的气氛渲染得十分逼真，故有“曼哈顿的桂冠诗人”之称。由于欧·亨利一生颇多困顿，与“小人物”有着共同的命运，因此他的小说既具有幽默的作品带来“含泪微笑”的效果，同时也加深了作品的现实的社会意义。

欧·亨利的最优秀的十几个短篇，至今仍然拥有不少读者。其中《麦琪的礼物》、《警察与赞美诗》、《最后的藤叶》、《带家具出租的房间》、《市政报告》、《黄雀在后》和《我们选择的道路》等篇，都是脍炙人口的名篇。作者对美国社会生活的描写爱憎分明，对失意落魄的小人物深表同情，用含泪的微笑嘲讽资本主义社会。欧·亨利的作品情节富于戏剧性，在结尾往往出现意料之外的结局。他独具特色的小说手法，对美国短篇小说创作影响很大。

欧·亨利是美国20世纪初颇受读者欢迎的短篇小说家。由于他经济上常常处于拮据状态，终于因病及饮酒过度，于1910年过早地死去了，终年48岁。

罗曼·罗兰的作品是人们强大的精神支柱，一切具有自由灵魂的人们，都可以在他那里找到安慰。

《约翰·克利斯朵夫》

罗曼·罗兰（法国 1866-1944）

法国曾经产生过许多大诗人、大作家、大小说家，但是法国最大的荣誉，却在于那些性格不动摇，精神自由的人，他们有纯粹的人道特点。对于人类来说，这些特定的价值超过艺术和文学的才能。维克多·雨果曾经是这样的人，在他之后，则是罗曼·罗兰。

罗曼·罗兰，这个名字就像一颗恒星，永久地闪耀着光芒。这位法国著名作家和音乐史专家，以他文学作品中的高尚理想和他描绘不同种类人物时具有的同情和对真理的热爱而影响了世界文学史。在世界文学领域里，罗曼·罗兰占据着举足轻重的地位。在罗曼·罗兰前期的文学活动中，小说巨著《约翰·克利斯朵夫》无疑要算是他最为杰出的成就，不论是从它沉甸甸的分量、丰厚的现实内容、高远脱俗的灵性、高昂的人道主义精神力量，还是从它巨大的艺术规模、广阔生动的图景、鲜明的人物形象、动人的艺术魅力，都堪称文学史中的鸿篇巨制。

我们曾经敬奉之至的多少座丰碑都已坍塌破碎，被夷为平地，而罗曼·罗兰树起的丰碑却挺过枪林弹雨，穿过唇枪舌剑，傲然屹立。他的作品是人们强大的精神支柱，在这个骚动的世界上，一切具有自由灵魂的人们，都可以到这儿寻求安慰。他的著作经过高温熔炉的反复冶炼，洋溢着一种悲天悯人的宗教情怀，以及对人类无限深情的关爱。

《约翰·克利斯朵夫》是罗兰的杰作，也是法国文学史上里程碑式的巨著，先后被翻译成二十多种语言。作品中所表达的对虚伪卑鄙的极端厌恶，对忠诚友谊和纯洁爱情的真诚歌颂，以及对光明、正义、艺术的执著追求和奋斗精神，感动并鼓励了无数读者。正如作者所希望的，《约翰·克利斯朵夫》“直接接触到那些生活在文学之外的孤寂的灵魂和真诚的心”。

经典回眸
JINGDIANHUIMOU

小说《约翰·克利斯朵夫》中的主人公约翰·克利斯朵夫成长的历程和与命运顽强抗争的一生赢得了无数读者的崇敬。爱德蒙·高斯称《约翰·克利斯朵夫》为“20世纪最高贵的小说作品”。

约翰·克利斯朵夫出生于比较贫穷的市民阶层，他的父亲与祖父都是宫廷乐师。他们在克利斯朵夫三岁时发现了他非凡的音乐天赋，从此想将他训练成音乐家。父亲的严厉管教使克利斯朵夫形成了叛逆的性格，而祖父的谆谆教诲又使他懂得了音乐的真正含义。还不到13岁，克利斯朵夫就已在宫廷管弦乐队里当上了第二小提琴手。由于父亲嗜酒如命，他成了家庭经济的主要支柱。不久，祖父中风去世了。后来，父亲在一次醉酒后死去。克利斯朵夫在给有钱人家当家庭教师时，遭遇了一场悲剧式的恋爱。后来，他爱上了寡妇萨皮纳，可萨皮纳得病死去，给克利斯朵夫以沉重的打击。克利斯朵夫逐渐看到了德国艺术的虚伪性，决心演奏表露自己真诚的作品。他的行为惹怒了公爵，失去了宫廷这个靠山。他下决心要离开德国。

一天傍晚，他为了保护一个农村姑娘，打死了一个喝醉的士兵并因此被通缉。克利斯朵夫只好逃往巴黎。法国是克利斯朵夫一向极为向往的国家，但现实的巴黎并非如他所想象。他开始指责法国艺术界的虚伪。他过着困苦又孤独的生活，所作的曲子虽然并不普遍受到欢迎，不过却引起了注意。他在史丹芬家受到了很好的接待，他们那个喜欢卖弄的女儿高兰德和她的表妹葛拉齐亚是他的学生。

有一天晚上，人们介绍给他一个腼腆的年轻文学家——奥里维，他是克利斯朵夫音乐的崇拜者。克利斯朵夫感到奥里维异常面熟，原来奥里维就是安多纳德的弟弟。安多纳德是克利斯朵夫曾经偶遇的一位姑娘，在他离开德国之前，在戏院门厅里他看到一个法国家庭女教师正在为买不到票发愁，就邀请她一起进去了。这姑娘的主人却认为自己受到怠慢，为此十分恼怒，就把她辞退了。安多纳德为了供奥里维

典·故·逸·话

罗曼·罗兰年轻的时候非常崇拜三个人：贝多芬、莎士比亚和列夫·托尔斯泰。可是托尔斯泰在他写的一本名为《怎么办?》的小册子里偏激地排斥世人看中的文学、艺术，他甚至把莎士比亚称做四流的作家，认为贝多芬不过是肉欲的引诱者。这使22岁的罗曼·罗兰困惑不解，就好似正在大海上航行的船失去罗盘一样，怎么办呢？他思索再三，给托尔斯泰写了一封信，诉说内心的矛盾。很快，托尔斯泰回了他一封长信。在信中，托尔斯泰阐述了他泛爱的人道主义思想。他认为，无论从事哪一样事业，包括文学艺术的动机，都应该是为了爱全人类，而不是为了爱事业本身。艺术家如果没有这样的爱，他的作品就不会有价值。只有沟通人类的情感，消除人类的隔膜的作品，才是成功的作品；只有为了坚定的信仰而能牺牲一切的艺术家，才是有价值的艺术家。托尔斯泰这一番话，给罗曼·罗兰留下了极深的印象，对他一生都产生了影响。

考取高等师范学校耗尽了精力，在他被录取的时候，她却因肺结核死去了。

克利斯朵夫和奥里维是真正的朋友，共住在一所公寓里。虽然贫穷，但他们在精神上是和谐愉快的。奥里维帮助克利斯朵夫深入了解法国社会，并写评论文章帮他树立声望。与此同时，还有一个人在暗中支持他。没过几年，他发现自己已是在新音乐方面最重要的作曲家了。

后来，奥里维与肤浅的雅葛丽纳的婚姻把这两个朋友拆散了。同时，克利斯朵夫终于找到了那个匿名的恩人，那就是葛拉齐亚。这时她已嫁给了奥地利大使馆的随员。雅葛丽纳离开奥里维出走了，奥里维与克利斯朵夫开始对工团主义运动感兴趣。他们参加了一个"五·一"节的庆祝会，结果庆祝会变成一场暴动。奥里维被刺伤致死，克利斯朵夫杀死一个士兵后也逃离了这个国家。他在瑞士流亡期间与朋友的妻子发生了不愉快的恋爱，内疚暂时压抑了他的天才。但是已经孀居的葛拉齐亚帮助克利斯朵夫在瑞士度过了十年硕果累累的生活。当他返回法国时，已成了公众追求和欢呼的对象。

葛拉齐亚死在埃及，远离她所爱的克利斯朵夫。克利斯朵夫晚年教奥里维的儿子和葛拉齐亚的女儿音乐，把全部的爱给了他们。当他们在罗马举行婚礼时，克利斯朵夫得了肺炎，最后死在巴黎。他至死都坚定不妥协，因为他是真正的艺术家。

《约翰·克利斯朵夫》是一部有深广文化内涵的书，它不但成为主人公克利斯朵夫的历险记，并且是一部音乐的史诗，反映出20世纪初期那一代的斗争与热情，融合德、法、意三大民族精神的理想，用罗曼·罗兰自己的话说，仿佛是一个时代的"精神的遗嘱"。书中的主人公不仅是音乐家，也是思想探索者、文化研究者，他既上升到当代思想的顶峰作过巡礼，又在巴黎的文化集市上作过考察，他的经历本身就像一条思想文化的长廊，包容了当代的哲学、历史、社会学、文学艺术等各个领域的现状与课题，以及对它们的见解与思考，这使小说居于高品位的层次，具有严肃深邃的风貌。读这本书，可以增添学识，有益心智。

人类心灵的史诗

真正的光明绝不是永没有黑暗的时间，只是永不被黑暗所掩盖罢了；真正的英雄绝不是没有卑下的情操，只是永不被卑下的情操所屈服罢了。所以在你要战胜外来的敌人之前，先得战胜你内在的敌人；你不必害怕沉沦堕落，只要你能不断地自拔与更新。

《约翰·克利斯朵夫》不是一部小说，应当说，它不只是一部小说，而是人类一部伟大的史诗。它所描绘歌咏的不是人类在物质方面而是在精神方面所经历的艰险，不是征服外界而是征服内心的战绩。它是千万生灵的一面镜子，是古今中外英雄圣哲的一部历险记，是贝多芬的一阕大交响乐。愿读者以虔敬的心情来打开这部宝典！

（傅　雷）

约翰·克利斯朵夫的个性悲剧

《约翰·克利斯朵夫》是罗曼·罗兰的长篇小说代表作，20世纪前期欧洲著名的“长河小说”之一。在近代法国小说史上占有特殊地位，它的特殊价值一是作为社会小说对欧洲现代文明腐朽衰落的现实作出了有力的批判，二是作为观念小说以一种新的人道主义思想对一代人产生了深远的影响。

小说描述音乐家约翰·克利斯朵夫的一生，塑造了这个集道德理想、行动热情和英雄精神于一身的新人形象，并以他的经历为线索，展现了战前欧洲广阔的社会生活。

约翰·克利斯朵夫是一个有着丰富性格内涵的复杂形象。他并不从个人对社会的伦理关系去批判资产阶级，而是保持着对它的某种依恋性，因而没有表面化的苍白的思想特征。不过，在展望未来社会的远景时，他也不自觉地为某种宽泛的博爱理想所困扰，导致他那强悍个性的畸变和悲剧性终结。

罗曼·罗兰并未赋予这一小说人物以过多的政治色彩，但他那被作家有意突出的普遍人性由于不断地处在尖锐的社会矛盾之中，因而往往被历史化和具体化了。这也是小说家努力的方向，他想使这一人物成为有血有肉的人的形象，不排除身上的弱点和盲目性，而突出他的英雄性格和反抗精神；不使他脱离社会和政治斗争，却又让他保持着思想上的绝对自由；不窒息他身上一定程度的野性和强悍个性，同时赋予他以人情味和真诚的同情心。总而言之，这既是一个具有丰富人性特征的人物形象，又是一个在社会里挣扎、谋生、创作、反抗、探索的实实在在的艺术家。从小说美学的观点来看，这是一个在现实性的基础上加以理想化的形象。

但是，审美理想化并没有妨碍小说家把他的人物的个性根植于现实的土壤。约翰·克利斯朵夫的性格发展不停滞于单纯的人性层面，譬如凝聚的“英雄个性”的层面。在小说的前半部，主人公的活动表现出个人干预社会的倾向，然而这种个人干预社会进程的可能性非常有限。但主人公性格的发展在小说后半部突破了这一点，他逐渐使自己的生存目的由单纯反抗变为一种明确而自觉的民主主义理想，即投身于进步人类的事业。在战前的历史条件下，这种转变的根本标志就是与劳工结合。但是，在政治问题上，他却感受着矛盾，一方面他作为艺术家不能为政治空谈而浪费他的时间，另一方面又感到政治是不可逃避的东西，面对贫富悬殊的不公平的社会现实，他“良心上不能不拥护劳工的政党”。罗曼·罗兰笔下的人物是一代优秀分子，他们对劳工的事业充满同情和希望，但在历史潮流中仅仅看到工团主义的神话，因而未能真正地找到历史的出路，小说的悲剧性就在于此。

罗曼·罗兰在小说末卷出版序里，已向读者言明小说结局的悲剧意味。他无意于讴歌约翰·克利斯朵夫的宽容与慈悲，只是以冷静的痛苦的忏悔意识写出这一个时代的悲剧：

我写下了快要消亡的一代的悲剧。我毫不隐蔽地暴露了它的缺陷与德行，它的沉重的悲哀，它的混混沌沌的骄傲，它的英勇的努力，以及它在重新缔造一个世界、一种道德、一种美学、一种信仰、一个新的人类这一超人使命的重负之下感到的沮丧。——这便是我们过去的历史。

这是一段超人精神的沮丧的历史。在1914年大战临近的历史进程中，这段试图超越老旧的欧洲的可歌可泣的历史，已经接近尾声。所以在深思熟虑之后，不得不匆匆结束他的主人公的行程。

尽管小说的结局带有悲剧色彩，还是不能把它的基本精神作为悲剧意识来理解，因为小说主题的侧重点是欧洲新一代民主主义者的“超人使命”，他们不仅要重新缔造一种文化，而且要重新缔造一个新的人类。罗曼·罗兰在小说中正是试图通过他的人物来设想一种全新的文化和一个全新的人类社会，从而开拓了欧洲人道主义文学的广阔前景，正是在这个意义上，阿拉贡认为“这部小说打开了20世纪的门户”。

罗曼·罗兰在小说中明确提出了铲除“贫乏的个人主义”的主张，这标志着欧洲人道主义的一个新的方向。但罗曼·罗兰并不要求取消个性，相反的，他主张个性获得全面的发展，只是不赞成以个性的发展来拒绝个人的社会义务。个人与社会，个性的发展与社会的义务，这就是《约翰·克利斯朵夫》的中心内容。小说正是围绕这一中心内容来表现“生与爱”，或英雄主义与博爱的主题的。生命力，或英雄主义，体现了强有力的个性特征，爱则是一种道德天职和人类义务。

约翰·克利斯朵夫身上集中了当代思想的这两个方面。作者在塑造这个艺术形象的过程中，作了一个大胆的尝试，把尼采的超人精神同托尔斯泰的道德使命结合起来，并以新的历史精神处理个人命运同周围世界的现实关系。这样，读者便看到了小说主人公的个性及其社会存在犹如一条生命的巨流自由地奔泻。与这种粗犷强悍的个性同时存在着的，是对人类的巨大同情心，它以真诚的爱维系着人类的精神联系，并试图克服冷酷无情的人际关系。围绕主人公形成的友爱世界，体现了作者的这一审美理想。但这一理想只是一个未来的远景，当作家让他的人物把这一远景乌托邦地搬移到现实中来的时候，便导致了小说结尾的思想悲剧。（柳鸣九）

历史桂冠 LISHIGUIGUAN

1866年罗曼·罗兰生于法国中部高原上的小市镇克拉姆西。15岁时，随父母迁居巴黎。1899年毕业于法国巴黎高等师范学校后入罗马法国考古学校读研究生，归国后在巴黎高等师范学校和巴黎大学讲授艺术史，并从事文艺创作。

罗曼·罗兰一生贯穿人道主义精神。前期受托尔斯泰影响较深，主张全人类抽象的“爱”，以“英雄精神”对抗资本主义的社会沉沦和文化堕落，提倡艺术为普通人服务。第一次世界大战和十月革命胜利后，罗曼·罗兰深刻地认识到帝国主义是战争的根源，对无产阶级革命寄予希望，他积极投身进步政治运动，成为具有国际影响力的反帝反法西斯主义文艺战士。

罗曼·罗兰一生创作了大量的戏剧、小说、传记和音乐史论著作，最重要的有《革命戏剧》八部、《名人传》、《约翰·克利斯朵夫》等。其中《约翰·克利斯朵夫》堪称20世纪最伟大的小说之一，先后获得1913年的法兰西学士院文学奖和1915年的诺贝尔文学奖，也代表了罗曼·罗兰一生创作的主要成就：他用豪爽质朴的文笔刻画了在时代风浪中为追求正义与光明而奋勇前进的知识分子形象，控诉了资本主义社会对艺术的摧残。

50岁之前，罗曼·罗兰一直默默无闻，深居简出。50岁以后，罗曼·罗兰声名鹊起，成为整个欧洲争论的焦点，被称为“20世纪法国文学中最伟大的神秘主义者之一”“人类深深爱戴的作家”。罗曼·罗兰充满战斗的一生，为人类创作的众多精神食粮，他那不屈服于黑暗势力的崇高人格，却将永远与人类同在，永远鼓舞后人，为人类的进步与和平，为自由与光明而奋斗。

如果你想了解现代主义文学，最好的办法就是从反复阅读卡夫卡的《变形记》开始。

《变形记》

卡夫卡（奥地利 1883-1924）

在世界文学史上，弗兰兹·卡夫卡绝对是一个异类。他生前默默无闻，死后却成为公认的现代主义文学最重要的奠基人之一。作为一位伟大的文学家，他极为罕见地不是本国或本民族的代言人，他在身份认定上的矛盾性与特殊性，使得他注定无处归依：他是奥匈帝国的臣民，生长在捷克的布拉格，在一家意大利保险公司做小职员，母语是德语，血统是犹太人，而他本人又终生与犹太人的生活、宗教和习俗保持着非常大的距离。20世纪初，在西方现代文艺流派异彩纷呈、此起彼伏的时期，卡夫卡以强烈的社会批判精神和奇妙的构思以及纯客观的叙述方式构成了独树一帜的艺术风格，从而在现代文学史上位于第一流的大家之列。

卡夫卡一生为自己的灵魂而写作，留下包括书信日记、中短篇小说和三部长篇小说在内的众多作品，但他生前却立下遗嘱，要他的朋友马克斯·布洛德将他所有写成的文字付之一炬。但他的朋友没有执行这个遗嘱，这才使后人得以知道卡夫卡的名字。卡夫卡生前公开发表的作品极少，《变形记》即是其中之一，是卡夫卡最有代表性的作品，也是他最著名的流传最广的作品。

《变形记》是一本这样的好书：读它，有一种“思维的乐趣”，有一种睿智的感觉，思想上的所得显然多于心灵的收获。卡夫卡生前默默无闻，死后却成为公认的现代主义文学最重要的奠基人之一、表现主义文学的代表人物，这的确是个特殊现象。著名作家张炜曾经说过：“他（卡夫卡）的作品不多，但我们从文学史上却难以找到像他这样完整的、简洁的作家。他是一个不灭的、特别的灵魂，这个灵魂永远训诫和启示着人类。”

经典回眸
JINGDIANHUIMOU

20世纪初，在西方现代文艺流派异彩纷呈、此起彼伏的时期，卡夫卡以强烈的社会批判精神和奇妙的构思以及纯客观的叙述方式构成了独树一帜的“卡夫卡式”艺术风格，从而在现代文学史上位于第一流的大家之列。在西方，卡夫卡被誉为幻想小说的创造者，是20世纪最有影响的德语作家。他的一生却始终处于悲观忧郁和深深的孤独之中，他的这种情绪是他作品的基调。《变形记》是虚妄荒诞与细节真实的完美结合，是体现“卡夫卡式”创作特色的出色篇章。

小说中的主人公格里高尔是个旅行推销员，一天早晨，他醒来时突然发现自己躺在床上变成了一只大甲虫。他想到今天要去赶5点钟的火车出差，但却翻不了身，起不了床，只能任凭父母和妹妹焦虑不安地在门外呼唤他。直到7点钟，公司派秘书主任来训斥他。格里高尔拼命挣扎到人们面前，吓得秘书主任大叫一声，母亲则晕倒在地，父亲恨不得把他打回房去。格里高尔心中想的却还是上班的事，他害怕失去工作，一再恳求秘书主任在经理面前为他美言几句。而秘书主任被吓跑了，母亲醒来后又慌乱地撞上桌子，打翻了咖啡壶，父亲生气地拿起手杖把他赶回房间，关在了屋里。

格里高尔虽然外形变了，但仍保留着人的观察和思考能力。由于父亲破产，家庭的重担就落到他的身上。他担负起全家的生活，还打算还清父亲的债款，准备送17岁的妹妹进音乐学院深造。现在，他为不能继续工作而感到羞愧、焦虑。妹妹每天照顾他的生活。他已经喜欢吃腐烂的东西，习惯了在墙壁和天花板上爬行。因此屋里的家具，甚至他最喜欢的挂画全部被搬走了，却没有人考虑到对他精神状态的影响。一天，母亲想看看他，但却被他的样子吓昏，父亲一气之下用苹果把他砸伤。由于格里高尔的变形，家里的生活更加艰难，他们不得不变卖首饰，辞退女仆。而且为了腾出房子出租而挤在了一起居住。格里高尔想到自己因遭遇了不幸而无法养家，并且老板、同事和朋友对自己非常冷漠，内心充满了痛苦。一天，格里高尔被妹妹动听的小提琴所吸引爬出了房间，被房客看到。结果房客要求退租并且愤然离去。从此，曾经对他充满同情的妹妹也否认甲虫是她的哥哥，并且主张将它弄走。他们把他看成是“我们一切不幸的根源”，把他锁在房间，不再理睬他。其实，格里高尔已经决心去死。他

典·故·逸·话

1923年，作家卡夫卡在柏林街上看见一个小女孩，她因为洋娃娃丢了而哭泣不已。卡夫卡对小女孩说她的洋娃娃走了，因为几分钟以前他碰见过她。他又说洋娃娃答应要给小女孩写信。以后几个星期，卡夫卡连续写信给小女孩，叙述洋娃娃在旅途中的新奇见闻。

开始绝食，并在孤寂和饥饿中凄凉地死去。当做粗活的老妈子发现他干瘪的尸体时，全家人都松了一口气，感到无比的轻松和愉快。他们还特意请了一天假，一起去郊外旅游，庆祝新生活的开始。

卡夫卡是现代主义文学的开山鼻祖，《变形记》是他的代表作品之一。如果你想了解现代主义文学，最好的办法就是从反复阅读《变形记》开始。

卡夫卡：一个预言家

卡夫卡是一个独特的人，在他忧郁恐惧的目光的审视下，周围的世界充满了荒谬感，他自己一生的生活与创作也是一个荒谬和自我矛盾的过程。首先，卡夫卡的自我身份就是极其矛盾、尴尬的，德国批评家龚特尔·安德尔对他的评价是："作为犹太人，他在基督徒中不是自己人；作为不入帮会的犹太人（他最初的确是这样），他在犹太人中不是自己人；作为说德语的人，他不完全属于奥地利人；作为劳动保险公司的职员，他不完全属于资产者；作为资产者的儿子，他又不完全属于劳动者；但他也不是公务员，因为他觉得自己是作家；但就作家来说，他也不是，因为他把精力花在家庭方面；而'在自己的家庭里，我比陌生人还要陌生'。"甚至，我们连卡夫卡的国籍也无法准确地认定，他是奥匈帝国时期生活在布拉格的一位用德语写作的犹太作家，但后人总要给他一个属性，只好称他为奥地利作家。他的身份如此难以确定，这本身就是一个寓言和象征。他是荒谬世界中的荒谬的个体，是一个永远找不到归宿的"边缘人"。他受到了紧密、无形和冷漠的挤压，敏锐的感觉和内心的苦闷无以排遣，便只好向自己倾诉，让一个本质的自我看一个变形的自我，并让自我倾诉成为唯一的生存方式。

卡夫卡是一个伟大的作家，但他在生活中却是一个卑微渺小的人。他是父亲意志的牺牲者，喜欢文学，却委曲求全地按照父亲让自己出人头地的愿望学习法律。他一方面为不能满足父亲的要求感到深深的内疚，另一方面又仇恨父亲的专横暴戾，仇恨父亲对有着独立的情感世界的人的压抑。同时他又受母亲的影响，具有忧郁、悲观、沉溺幻想的性格，他对生命有着细腻的悲剧式的理解，这就注定他在生活中永远是一个失败者，正如他自己所说："一切障碍都能摧毁我。"

卡夫卡一生为自己的灵魂而写作，留下包括书信日记、中短篇小说和三部长篇小说在内的众多作品，但他生前却立下遗嘱，要他的朋友马克斯·布洛德将他所有写成的文字付之一炬。但他的朋友没有执行这个遗嘱，这才使后人得以知道卡夫卡的名字。他的中篇小说《变形记》和《美国》、《审判》、《城堡》三部长篇，均为现代主义的经典之作，但在“卡夫卡式”的写作中，这三部经典长篇小说都没有写完。

但卡夫卡的确是一个伟大的作家。他最早用敏锐的内心感悟而并非用写实的方法塑造人物，用充满虚幻想象的象征和寓言而不是精彩的故事情节，来完成一次具有开创意义和独具魅力的文学使命，这使他成为现代主义文学的创始人。更重要的还不是他开创了怎样的文学，而是他最早发现了世界的荒谬和人的异化，最早发现了精神价值的沦落和自我的丢失，这使他成为整个20世纪人类的精神走向和生存现状的预言家。卡夫卡可以没有身份上的归属，但他必须寻觅幻想中的家园；他可以不为文学而写作，但必须为自己的灵魂而写作；他可以不是一个作家，但他肯定是一个人类灵魂的预言家。

格里高尔的宿命，正是整个20世纪灵魂现状的宿命；卡夫卡的发现、忧郁、苦闷和矛盾，正是现代人的真实写照。（崔　苇）

制造绝版的人

我这样地去想象他：20世纪，欧洲，某个有柔风的夜晚，卡夫卡博士蹑手蹑脚地走到书桌前，有花香随风而至，一切那么安详，这使他感觉异常地放松，终于有勇气提起鹅毛笔，窗外巡逻队笃笃的皮靴声又踏破了宁静，他战栗了。那笃笃声渐渐远去直至消失，许久后他才安定下来，笔下终于放开了。卡夫卡完全地展示了自己作为可怜的政治旁观者的那种悲哀，同时又变幻着手法描述自己这样小人物的渺小……但他的手法却真的高妙！

卡夫卡与法国作家马赛尔·普鲁斯特、爱尔兰作家詹姆斯·乔埃斯并称为西方现代主义文学的先驱和大师。卡夫卡这位表现主义大师，生前默默无闻，孤独地奋斗，随着时间的流逝，他的价值才逐渐为人们所认识，作品引起了世界的震动，并在世界范围内形成一股“卡夫卡”热，经久不衰（很多作家都有类似的命运）。他善于用一种景象——荒诞的充满非理性色彩的景象，个人式的、忧郁的、孤独的情绪，运用象征式的手法。后世的许多现代主义文学流派如“荒诞派戏剧”、法国的“新小说”等都把卡夫卡奉为自己的鼻祖。

文学之于现实主义，远比现代主义的可读性要高。就是说，现实主义文学从某种意义上，比现代主义要通俗得多。可以说，现代主义天生就是沉闷的。

卡夫卡肯定是个极其沉闷的人，是灰暗的，消极的人，于是，现代主义也跟着这样发展过来。这在卡夫卡的作品中，有很完整的体现。

比如说，一个命题：人。

现代主义是绝对不可以重复的，这是令所有现代主义作者都感到悲哀的事情。用现代主义手法写出来的“人”，是人类的代表，而且是人类的典型代表，我们再写一个，就是重复。这就使得我们不可以再用现代主义手法去写“人”。

卡夫卡及他以后的现代主义风格，如同一个幽灵，飘荡在文学的上空。虽然他以后偶尔出现的某些作家、流派、思潮比较短命，但孤立的作者一旦找不到创作的出口和台阶，就会去拽现代主义的边毛了。但他们往往想不到，那样地去写“人”的现代主义，是制造了一个完全，一个标准，还怎么去攀登？那简直就是绝版。

纵观卡夫卡，他是伟大的，跟托尔斯泰一样伟大，因为他是制造绝版的人。

（佚　名）

历史桂冠
LISHIGUIGUAN

卡夫卡1883年出生于布拉格的一个犹太家庭。父亲是百货批发商，性格粗暴，“专横有如暴君”，对卡夫卡向来管教很严。卡夫卡生来体弱敏感，性情温和，他一方面十分崇拜父亲、敬畏父亲，另一方面一直都生活在“父亲的阴影中”。而他的母亲气质忧郁、多愁善感，对卡夫卡悲观孤僻性格的形成产生了重要影响。卡夫卡自幼热爱文学，他一生的作品并不多，但对后世文学的影响却是极为深远的。

卡夫卡创作勤奋，但并不以发表、成名为目的，他将写作看做是寄托思想感情和排遣忧郁苦闷的手段。他生前发表的作品仅占全部作品的九分之一。卡夫卡主要作品还有三部没有结尾的长篇小说《美国》、《审判》和《城堡》，短篇小说《判决》、《地洞》等，以及一些书信和日记。

1917年，卡夫卡患上肺结核开始咳血。1921年，卡夫卡肺结核复发，于1922年6月辞职。1924年因肺病恶化，医治无效，于同年6月3日病逝于维也纳近郊的基尔灵疗养院。在去世前，他托付挚友布洛德将其作品全部烧毁，但布洛德出于友谊与崇敬之情，违背了卡夫卡的遗愿，整理出版了《卡夫卡全集》，让世人不至于与这位世界文学大师失之交臂。

乔埃斯选用最恰当的语言、最恰当的内心韵律，匹配了最恰当的内容，引领读者在小说中缓缓前行。潜意识在那里流动，你会感到自己已经无法自控，已经无法舍弃任何一行文字。

《尤利西斯》

■ 詹姆斯·乔埃斯（爱尔兰 1882－1941）

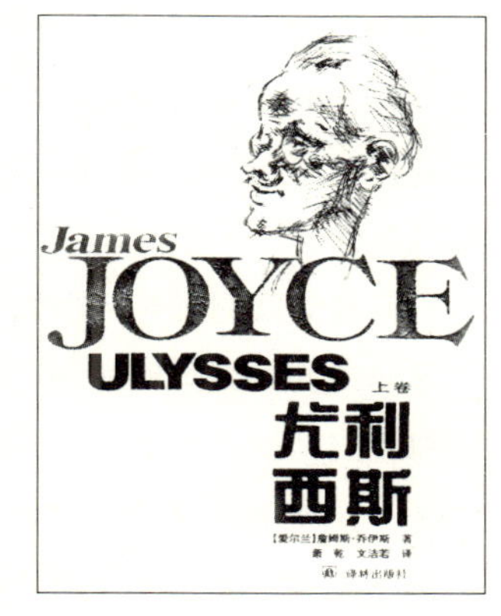

爱尔兰被称为大西洋上的绿宝石，它的首都都柏林集城市与乡村、海滨与田园、幽静与热情为一体，具有独特的风韵，爱尔兰的著名作家詹姆斯·乔埃斯把它称之为“天堂的中心”。他离开都柏林在外流放，度过了他人生最后的30年，期间他曾经到过罗马、巴黎等地，但唯独没有再回到都柏林，然而他的作品《尤利西斯》不仅把都柏林活灵活现地展现在人们面前，更让人通过这部书无法忘却都柏林。

乔埃斯是一位在西方文学史上留下不可磨灭影响的杰出作家。作为小说艺术的革新者，他拓展了西方小说的表现力。20世纪的不少西方小说，直接或间接地、自觉或不自觉地受益于乔埃斯创新的努力。他的小说《尤利西斯》讲述了两个都柏林男人在1904年6月16日这一天中的生活经历和感受。现在每年的6月16日这一天，居住在世界各地的爱尔兰人都会举行各种各样的活动来纪念爱尔兰的伟大作家詹姆斯·乔埃斯，他们用《尤利西斯》一书的主人公布鲁姆来命名这一天。在爱尔兰的首都都柏林，人们更是按照乔埃斯的小说《尤利西斯》来复活昔日的都柏林。从人们的衣着到酒店的布置，好像人们又重新回到了布鲁姆生活过的时代。人们称每年的6月16日这一天为“布鲁姆日”。

“100个人中没有10个人能读完《尤利西斯》，在能读完的10个人中，又有5个人是将它当做艺术上的力作来读的。”“《尤利西斯》是20世纪文学中小说的最大贡献，它必定会使作者不朽，正如《巨人传》使拉伯雷、《卡拉马佐夫兄弟》使陀思妥耶夫斯基万古流芳一样。”这是1922年《纽约时报》的书评作者约·科林斯在同一篇书评里对《尤利西斯》所下的两个判断。时至今日，这两个截然不同的预言都“幸而言中”。

经典回眸 JINGDIANHUIMOU

20世纪20年代，“诲淫诲盗”的《尤利西斯》犹如“一块坠自月球的陨石”，在欧美社会掀起了轩然大波。1918年在美国报纸上连载，1920年乔埃斯就被告上法庭。结果乔埃斯败诉，理由是该书有伤风化，会诱惑很多过于敏感的人。1933年第二次上法庭时社会观念已经大变，美国法官这次宣判乔埃斯无罪。

乔埃斯在创作《尤利西斯》这部小说过程中，把20世纪初广为流传的意识流创作技巧推向了高峰。小说讲述了一个平凡的小人物，广告推销员布鲁姆和他的妻子莫莉，以及青年知识分子斯蒂芬大约18个小时的经历，表达了作者对现代人精神空虚和道德堕落的看法。布鲁姆是爱尔兰匈牙利裔犹太人，他在都柏林整天忙碌，但是一无所获。他11年前丧子，现在性功能衰退，妻子和情人相会，他也无可奈何。作为犹太人，他到处受人欺凌，胆小如鼠，但自己又和别的女人鬼混，沉湎于酒色。在道德沦丧、家庭分裂的情况下，他飘零无依，备受精神折磨，在都柏林的中产阶级中很有代表性。

斯蒂芬富有理想和激情，对人生和未来有美好的憧憬。他不满爱尔兰的现实，也不满父亲的一味酗酒放荡，决心和国家、宗教以及家庭决裂。这两个人碰到一起，布鲁姆找到精神上的儿子，斯蒂芬找到了精神上的父亲。小说中的莫莉对过去有美好的回忆，在性生活方面有过挫折，渴望健全的家庭和社会联系。这三个人物都陷入了无法解决也无法摆脱的矛盾之中，他们在这种毫无结果的混乱和绝境中消耗精力和浪费时间。

作品借用了古希腊神话中的英雄俄底修斯的故事，意在表明现代人生活的空虚和无聊。和古希腊英雄相比，现代人懦弱、卑微、堕落。小说用了大量的篇幅来描写布鲁姆的可怜又可鄙的处境，他妻子的耽于肉欲，以及斯蒂芬的自命清高、彷徨和玩世不恭。作品十分精细腻地表现了布鲁姆在外游荡一天的生活，象征性地点出现代人到处飘流、无处安身的悲哀、绝望、孤独的处境。

在总体结构上，《尤利西斯》分为三部分，共18章，大致与荷马的《奥德修纪》相对应。第一部分描写斯蒂芬寻找精神父亲的过程，对应俄底修斯之子远方寻父。第二部分讲述布鲁姆一天在都柏林的游荡，对应俄底修斯十年的海上飘零，第三部分“回家”对应俄底修斯回家的经历。这种比照将古代英雄的悲壮和现代的卑劣猥琐间的强烈反差勾画得极为鲜明。《尤利西斯》突出地描绘了人物的意识活动，尤其是潜在的意识活动。现实的当代社会主要是通过人物头脑里不断涌现的意识、人物的感觉和臆测来加以展现的。与那些表现崇高理想、高尚道德和坚强意志的作品不同，《尤利西斯》通过理性表现出来的人的无意识和自然本能，强调的是在人的日常生活中去观察和理解人自身。理想的光环失去之后，剩下的就是非英雄的凡夫俗子。因此，这部作品又是20世纪非英雄文学的杰作。

《尤利西斯》是个具有多层次结构的作品。一方面，它以荷马史诗为构架，体现了历史和现实的联系。同时，作品后15章分别突出人体的一个器官，各章加以综合，就形成人的整体。多种文体、语言的运用，令人眼花缭乱，却又自成体系。另一方面，小说成功地运用意识流的手法，将外部的现实和人物内部的意识，对过去的回忆、对现在的体验，以及对未来的幻觉交织在一起加以描写，情节具有很大的跳跃性和随意性。富有成效的实验和创新，使得《尤利西斯》成为意识流文学首屈一指的经典作品。

《尤利西斯》刚出版时在美国就被封查了两次，而且屡屡被诋毁，认为文辞难懂、品位低下。但现今历史对其重新定位，作者詹姆斯·乔埃斯被称为“20世纪最杰出的大师”，《尤利西斯》被《时代》周刊奉为20世纪最伟大的小说，开创了20世纪的意识流小说先河。

《尤利西斯》的感慨

初读《尤利西斯》，始于那句流传甚广的“100个人中没有10个人能读完《尤利西斯》”。《尤利西斯》是爱尔兰著名的现代派小说家乔埃斯的著作，乔埃斯曾入都柏林大学专攻现代语言学，后赴欧洲大陆。乔埃斯的第一部短篇小说集是《都柏林人》，后又写自传体中篇小说《青年艺术家画像》。

文学界对于《尤利西斯》的评价，我觉得就如两个磁极。一些评论将《尤利西斯》的身价抬得很高，觉得它“是一部旷世奇作”；另一些评论又将它贬得很低，觉得它“粗俗不堪入目”。而我始终是以一种膜拜的态度看待《尤利西斯》的，它是一部太能够显示文学功底的著作。《尤利西斯》洋洋洒洒一百万字，却只是描述了十八个小时的事情，我无法想象作者需要怎样的观察和想象，才能写出这样一部独特的著作。何况，书中的出场人物并不多，只有布鲁姆、斯蒂芬和莫莉三位主要人物。

《尤利西斯》的成功之处，在于对人物内心的细致刻画。乔埃斯以他惊人的文学功底，用一百万字讲述了三个人物在十八个小时内的活动。《尤利西斯》虽篇幅巨大，但毫无赘言，乔埃斯以他对人生和生活的认识和细腻的洞察力，描写了主人公的行动、语言和细微心理变化。《尤利西斯》中对内心活动的描写出神入化，三位主人公的每个细微的思想变化，都清晰真切地呈现在了读者面前。

《尤利西斯》的第一主人公布鲁姆是一位匈牙利裔的犹太人，他在都柏林的报社做广告推销员。布鲁姆这一形象的价值超越了固有的身份，乔埃斯用自己深刻的社会经验和扎实的文学功底，把千千万万的爱尔兰市民的特点都集中到了布鲁姆身上。布鲁姆的经历和性情，也恰恰代表了诸多爱尔兰市民。

布鲁姆的生活饱经沧桑，幼子夭折，妻子不贞，自己常自欺欺人地在名存实亡的爱情中挣扎彷徨。布鲁姆人到中年却一无所成，面对比自己薪水高几倍的莫莉，他极其自卑。但布鲁姆另一方面又自恃清高，甚至不愿与吃相不雅观的顾客在一个饭馆用餐。布鲁姆热心血性，狭义地帮助醉酒的斯蒂芬。但另一方面，他也有着贪婪猥琐的欲望，甚至曾试图欺侮一名海滩边的残废少女。

布鲁姆苦闷彷徨，充满矛盾。他对现实迷茫但又充满希望，无奈但又期待奇迹。布鲁姆失去了精神的支柱和进取的目的，生活和事业都遭受了沉重的打击。布鲁姆的颓废，正反映了20世纪初爱尔兰市民的孤独、迷茫和绝望。

乔埃斯将他16年对于生活和社会的理解，全部浓缩到了《尤利西斯》中，同时它又是一部价值超越了社会现实的著作，并且上升到了哲学的深度。

《奥德修纪》闻名世界，被公认为是人类历史上一部伟大的史诗。而乔埃斯，他以过人的悟性写下了一部当代题材的《奥德修记》。《尤利西斯》每一章的内容，都采取了与《奥德修纪》平行的结构。乔埃斯独具匠心，巧妙构思，使整部《尤利西斯》的结构与寓意都和《奥德修纪》相照应。乔埃斯从史诗的深度审视现代生活，赋予了《尤利西斯》哲学的内涵。

《尤利西斯》于1922年2月2日出版，它是乔埃斯16年构思7年写作的成果，可出版后长期被禁止在英美发行，直至1933年才重新流通。

《尤利西斯》出版后同样不为世人接受，

典·故·逸·话

据英国媒体报道，《书刊收藏者》杂志日前公布了一个价值最高图书版本排行榜，第一版的《尤利西斯》以10万英镑夺魁，第一版的《哈利·波特与魔法石》排名28。爱尔兰作家詹姆斯·乔埃斯从1914年开始撰写《尤利西斯》，完成于1921年，1922年首次出版。第一版厚740页，只印了1000册，其中有编码的100册是用荷兰出产的手工纸印刷的，并且有乔埃斯本人的签名，这100册书现在每本价值10万英镑。《书刊收藏者》杂志的编辑乔纳森·斯科特称："第一版的《尤利西斯》夺魁是因为稀少，而且它的装订非常容易损坏，很难保存。当然，这个价钱和这部小说本身的文学地位也有关系。"

上市后即在文学界引起了巨大的争议。弗吉尼亚伍尔夫斥责此书“粗俗不堪入目”，当时一些作家甚至毫不客气地把乔埃斯的签名赠阅本退还。只有爱略特等少数有慧眼的作家，意识到了《尤利西斯》的价值，竭力为它辩解。清华大学决定将《尤利西斯》列为必读书目时，同样引起了教育界和文学界的诸多反对。

每思及此，我就不禁感慨。《尤利西斯》可以是一部世界名著，也可以是一部旷世奇作，但它难以在全世界的读者中都受到欢迎。

乔埃斯和曹雪芹写出了这样的两部著作——《尤利西斯》和《红楼梦》，这究竟是他们的伟大，还是他们的悲哀……（萧奕寒）

美妙的疯狂

少数敏感、富于直觉和想象的人，能不经训练和指导就读懂詹姆斯·乔埃斯的长篇巨著——《尤利西斯》；智力一般的读者，即使仔细地读，甚至去研究，也获取甚少，或者除了迷惑恶心之外一无所得。也许应该像伯利兹丛书那样给这本书配一本指南和难字汇编，然后，那些专心致志、努力追求的读者也许最终能明白一点乔埃斯先生在谈些什么。

乔埃斯先生传达了某种东西，这一点毫无疑问。他力图告诉我们他在40年感知思索的生活中所遇到的人们的故事，向我们描述他们的行为、语言并分析他们的动机；向我们叙述那个肮脏、动荡，因为酗酒和主宰一切的教权而变得有毒的“世界”给他带来的影响。他是一个富于情感的盖尔特人，一个以自我为中心的天才，他最大的乐趣和消遣便是自我剖析，一生最重要的事便是在笔记本上像照相一样准确、忠实地记下遇到的事、听见的话。更重要的是，他决心以一种新的方式来讲述这一切，不是像以往那样平铺直叙地叙述，按部就班地安排思想、事实、事件，语言文字是受过教育并有一定修养的人都能看明白的，而是对古典的散文和流行的俗语进行比拟，对圣经文学故意曲解，语言上采用有节奏的散文，并故意不连贯，所用的象征玄妙莫测、隐秘难辨，只有在这方面受过启蒙或是知识极为广博的人才能理解。简而言之，乔埃斯先生是通过用一切英语语言，或者说是用魔术师才能想出来的骗术和幻象来讲述。

在对《尤利西斯》作一简要分析，并对它的结构和内容作出评论之前，我想对它作一番鉴定。《尤利西斯》是20世纪文学中小说的最大贡献，它必定会使作者不朽，正如《巨人传》使拉伯雷、《卡拉玛佐夫兄弟》使陀思妥耶夫斯基万古流芳一样。当今用英语写作的人很可能没有人比得上乔埃斯先生，甚至即使有人想与他竞争，也缺

少这个能力。伴随着这个声明，我们立即补充说，即使当整个世界的人都达成协议：一般的人——不论有无教养，不论是文明人还是野蛮人，信仰者还是异端——都一致同意不用的下流、粗俗、恶毒、堕落的词及短语时乔埃斯先生仍然觉得都可以用。他的回答是："我的种族，我的国家，我的生活造就了我——我必须表达出我的本来面目。"

乔埃斯先生的每一个思想，他所经历的一切，遇到的所有人，甚至可以说在神圣的或是渎神的文学中读到的全部东西都可以在《尤利西斯》的含混与坦率中找到。这并非不可能。如果个性便是人们全部经历、思想感情、顾忌和释然、获得与继承等的总和，那么可以说《尤利西斯》比现有的任何一本书都更完美地揭示了一个人的个性。卢梭的《忏悔录》、彼什科尔泽夫的《箴言》以及卡斯诺娃的《回忆录》和它相比，只是超一流之下的一流读物。

乔埃斯先生是让自己的笔触随意流泻，忠实地再现零乱的或是有目的的思想的第一人。他的文学创作似乎证实了弗洛伊德的某些观点。大多数作家都将自己有意识有目的的思想录于纸上，乔埃斯则将自己无意识的思想写下来而不让它受制于有意识的思想，即使是也只是为了受到赞同和鼓励，甚至是表扬。他同意弗洛伊德的观点，认为无意识代表的是真实的、处于本性中的人，而意识代表的则是制造出来的墨守陈规、精于世故的人，是格伦迪太太的奴隶、教堂谄媚者、社会和国家驯服的木偶。

当一位语言大师像乔埃斯先生刻画利奥波尔德·布鲁姆一样，去揭示某个道德上的魔鬼、性反常和性倒错者、背叛种族和宗教的人，以及没有文化背景、没有自尊、不能从经验中学习、从前车之鉴中获得启示的人的无意识世界，同时忠实地再现他的思想，不论其是否有目的或是漫无目标或是偏执于某一事物时，这位大师无疑都很清楚地知道他在做什么，知道无意识的可怕的内容对99%的人都是无法接受的，知道这些恶心的产物被抛到那些人眼前时他们是如何的愤怒。但这和我关注的问题无关，也就是说，我只关心作品写得好不好，是不是件艺术品，对这个问题只有唯一肯定的答案。

乔埃斯先生对有组织的宗教、传统的道德以及文学风格与形式没有多少尊敬。他的字典里没有"服从"这个概念，不论对上帝还是对人，他都不屈服。这样的人格通过第一手资料不加任何掩饰地揭示出来，很有意思，也很重要。因此我们从通往这类人格的大道穿过了疯人院，因为只有在那里乔埃斯先生的人格才得以毫无保留地显现。为了防止有人把我的话当成攻击乔埃斯先生精神不正常的遁词，我必须立即声明：他是我所知道的精神最正常的天才之一。

最后，我斗胆作一个预言：100个人中没有10个人能读完《尤利西斯》，在能读完的10个人中，又有5个人是将它当做艺术上的力作来读的。除了作者之外，我很可能是唯一将这部作品从头到尾谈过两遍的人。我从它学到的心理学精神病学的知识比我在精神病研究所待的10年学到的还要多。《尤利西斯》当然还有其他的有益的解读方式，但绝不会太多。（约·科林斯）

历史桂冠 LISHIGUIGUAN

詹姆斯·乔埃斯是20世纪西方富有独创性和影响力的作家。1882年生于爱尔兰首府都柏林一个中产阶级家庭。他的父亲对民族主义有着坚定的信念，母亲则是虔诚的天主教徒。他从小就在教会学校接受天主教教育，学习成绩出众，并初步表现出非凡的文学才能。1898年乔埃斯进入都柏林大学专攻哲学和语言，1902年毕业，决心同天主教会决裂，同都柏林庸俗、堕落的社会生活决裂。1904年，他偕女友诺拉私奔到欧洲大陆，从此义无反顾地开始了长达一生的流亡生涯。1908年，由于母亲去世，他暂时回乡，并开始写短篇小说集《都柏林人》。

1911年后，乔埃斯便再也不曾踏上爱尔兰的土地。他一生颠沛流离，辗转于罗马、巴黎等地，多以教授英语和为报刊撰稿糊口。经过漫长的时间，他完成了两部对当代西方文学影响颇大的作品，即中篇小说《青年艺术家画像》与长篇小说《尤利西斯》。他晚年双目近乎失明，但仍然坚持写作，并发表了最后一部长篇小说《菲内根守夜》。此外，乔埃斯的作品包括抒情诗集《室内乐》和剧本《流亡者》。

对这个独树一帜的爱尔兰作家来说，创作生涯远不是一帆风顺而是坎坷的。《都柏林人》原稿曾先后投给22个出版商，每次都被退回，最后才被一位出版商接受，可又压了八年才问世。集子中对爱尔兰社会风尚表现了蔑视与反感，对人们的欲望、感情和复杂的内心活动等作了深刻的描写。乔埃斯饱受眼疾折磨，但他对文学矢志不渝，勤奋写作，终成一代巨匠。1941年，乔埃斯病逝于瑞士的苏黎世。

茨威格是梦一般的音乐之都维也纳孕育出的文学天才，翻遍文学史，我们也很难找出第二个像他这样全能的作家。

《一个陌生女人的来信》

斯蒂芬·茨威格（奥地利 1881−1942）

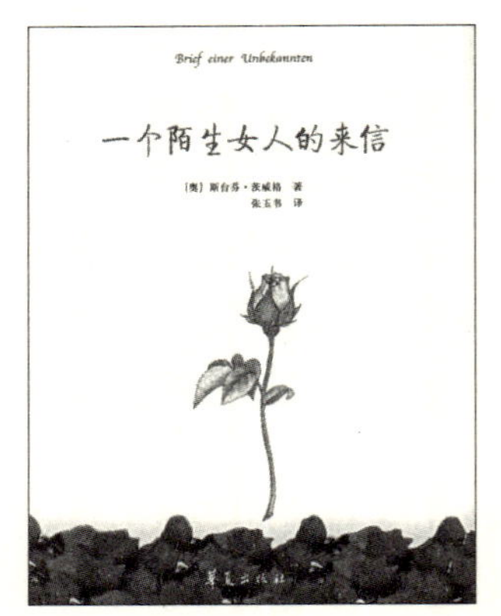

奥地利文学家似乎都有一种超凡的能力，使得诺贝尔文学奖、普利策文学奖频频光顾那个充满艺术和文学气息的国度，成为许多现代知名导演翻拍电影的主要灵感源泉。

在英才辈出的奥地利作家中，有这样一位作家，他虽然没有获得过诺贝尔文学奖，但在世界文坛久负盛名，他就是茨威格，他是梦一般的音乐之都维也纳孕育出的文学天才，一位深邃的世界主义者与和平主义者。翻遍文学史，我们也很难找出第二个像茨威格这样全能的作家：他用诗歌叩开文学的大门，用译作扩大影响，用小说赢得声誉，用戏剧巩固地位，用传记增加砝码，最终，又用散文作了总结。虽然他走得过于匆忙，以至于连诺贝尔文学奖都没来得及获得，但成千上万不同年龄、不同肤色、不同性别的读者对他超越时空的挚爱显然远胜于一切人为奖项。

茨威格一生亲眼目睹了欧洲从繁荣走向衰败的历程，在长达40年的创作生涯中，他用激情点燃人们的心灵，用人道维护正义和平，用世界主义目光关注全人类命运，并以其辉煌的文学成就在世界文坛上赢得了令人瞩目的地位。茨威格对人类心路历程的积极探索和对和平正义的孜孜追求，使他的书“在地球上所有语言中找到了友谊和接受”。在他生前，根据统计他已经是世界上“被翻译出版得最多的作家”。他建立和拥有了一个稳定而不断扩大的读者群，这些读者注视着他的文学活动，关注着他的每一本新书，期待着他的下一本书能够给他们带来惊喜，而又并不脱离他们已经熟悉了的“茨威格式”的感情激越和富丽华美。《一个陌生女人的来信》是茨威格中篇小说的代表作，也是一部震撼心灵的杰作，已跨越了国别与民族的界限，在世界各地的读者心中点燃人性之光，并成为他们汲取人生哲思的无尽源泉。

经典回眸
JINGDIANHUIMOU

茨威格，一位灵魂的猎手，毕生致力于描写人的情感世界，捕捉人们内心深处无处不在的激情。《一个陌生女人的来信》是一部具有独特魅力的作品，它通过书信体的形式充满激情地讲述了一个凄惨的爱情故事。作者怀着浓烈的感情，以极为纤细的笔触深入一位忠贞于爱情的女子的内心，展现了她人格的魅力和由此造成的悲惨遭遇，并且在艺术上突出表现了作者善于探索人物内心世界的非凡才能。

著名小说家R在生日那天收到了一封奇怪的来信，写信人没有留下自己的名字和地址，对于小说家R来说是一位陌生女人。她在信中讲述了自己对他始终爱恋的一生，可是他却并不记得她是谁。她是生活在小市民阶层的一个贫苦的寡妇的女儿，家里靠养老金和出租房屋为生。在她13岁那年，小说家R作为房客来到了她家，他的富有、英俊、神秘和与众不同引起了她的好奇和敬畏。她偷偷地关注他的生活，细心地打探他的行踪。有一天，她在家门口看到他下了车，就下意识地为他打开了门，这是他们第一次相对。他用温暖而多情的眼光看着她，并且亲昵地说："多谢了，小姐！"从那时起，她就再也忘不了他，她就永远属于他了。然而，他对所有女人都是这样含情脉脉，他从未在意过这个小女孩。而女孩为了配得上所爱的人，她努力读书、学习、练习钢琴，她注重起自己的穿着打扮，但他几乎再也没有看过她一眼。女孩把自己所有的爱恋都给了小说家，她怀着虔诚的心疯狂地爱着他，她吻过他摸过的门把手、捡过他扔掉的烟头，仅仅因为它们带着他的气息。女孩16岁的时候，因为母亲的改嫁而不得不离开维也纳来到了因斯布鲁克。分离让女孩痛苦，但这丝毫没有影响她对他的爱。而且，这种爱变得越来越炽烈，她强迫自己过着寂寞的生活，她拒绝其他男孩的好意，不参加任何快乐的活动甚至很少出门。同时，她努力搜集关于他的所有信息。

在她18岁那年，她放弃了衣食无忧的生活，坚决地回到维也纳，在一家服装店做职员，仅仅为了委身于他。她每天都在他的寓所附近

典·故·逸·话

德国作曲家兼指挥家理查·施特劳斯的交响诗剧《唐璜》、歌剧《玫瑰骑士》、《莎乐美》和《埃列克特拉》等作品有着广泛的听众，但是只有诗人雨果·冯·霍夫曼斯塔尔能写出与他的音乐天才和脾性相匹配的歌词。1929年，霍夫曼斯塔尔故去，施特劳斯竟觉得自己从此不可能再为歌剧谱曲了。1931年，施特劳斯请一位朋友致信茨威格，问作家是否愿意为他写歌词。随后，《沉默的女人》为名的作品诞生了，同时诞生的是施特劳斯和茨威格的一段亲密的人际关系，这关系既有人道色彩，又富艺术韵味。这种关系的媒介是一些往来书信。1933－1935年欧洲政治风云突变，使两位艺术家的通信中断。而茨威格和施特劳斯之间的来往书信已成为20世纪前半叶最有趣的文本之一。

等待他，希望他能认出她来。他是一个放荡不羁的花花公子，每天都和不同的女人在一起。终于有一天，他注意到了她，虽然他并没有认出她来。他约她一起吃饭，然后带她回到了自己的住处。她深知他喜欢轻松自在的生活，不愿承担责任，因此，她不仅没泄露自己的秘密，而且极力掩饰了一个处女的羞怯与踌躇。在她与他度过了三个良宵之后，他离开了。他不会知道在这之后，她忍受着精神上的屈辱和肉体上的痛苦，为他生了一个儿子。为了给孩子最好的教育，她又不得不卖身为娼。但是她从未告诉他这些，她不愿让他猜疑，让他违背自己的意愿，她勇敢地独自承担了这一切，她仅仅在他生日的时候为他送上了一束白玫瑰。她为了能随时听他的召唤，拒绝了有钱有势真心爱她的求婚者。她等待的那个时刻终于来到了，但让她失望的是，他仍旧没有将她认出来。他把她当成了一个真正的妓女，尽管她一次次暗示着他，但他始终没有认出她是谁，而更让她伤心的是，他竟然付钱给她。

她写这封信的时候，他们的儿子因为患流感而死去了，她也濒临死亡。她在信的末尾请求作家在自己过生日的时候，买些玫瑰来插在花瓶里。作家看完了信，仍没有回忆起这个女人到底是谁。只是，他书桌上的花瓶第一次在他生日的时候是空的。

茨威格的小说可以称为“激情主义”小说，《一个陌生女人的来信》典型地代表了茨威格小说的特色，是其小说中的经典杰作。

激情之美

《一个陌生女人的来信》这部震撼人心的作品，既是对一个献身于爱情的被损害的女人深情的歌颂、沉痛的叹惋，又是对一个亵渎感情玩弄异性的所谓“体面人”致命的鞭笞、辛辣的讽刺。两者相辅相成，激起读者的无限同情和无比愤怒。

就前者而言，可以说作者把人类最美好的感情之一——爱情升华到一个诗意的境界，爱情使那陷入了情网的女孩子变得极为纯洁、坚强、聪敏。这爱情之所以动人，首先在于它是无私的，只知道奉献，不知道索取，她的心完全放在了爱的对象身上，关于个人的一切考虑便统统排斥了。她并非不清楚这种疯狂的爱对她的未来意味着什么，问题在于明明知道它带来的只有厄运然而仍义无反顾。她始终谦卑地、固执地爱着，或者毋宁说——奉献着！少女时代是这样，青春时代是这样，做了母亲以后还是这样，即使在决定放弃生命之前仍然是这样！这种始终不渝甚至不要回报的爱实在是卓绝的。为了那几个销魂的夜晚，她倾其所有毫不吝惜地付出一切：青春、美貌、才华、家庭、婚姻甚至生命。女主人公短暂的一生是苦恋的一生，追求和不幸就是其生命的主旋律。然而她以自己的真诚、感情的专一与洁白无瑕实现了道德上的自我完善和人性上的至真至纯，她可与日月同辉的精神品格使那些猥亵的轻浮之辈显得何其渺小可怜！

就后者而言，可以说作者把人类最卑下的行为之一——玩弄爱情——刻画到了某种漫画般的地步。一个半生都在苦苦追求他，费尽心思要引起他的注意，并且在他的怀抱里度过好几个夜晚又为他生了儿子的情人，他居然从未认出过她，甚至连个确切的印象都没有留下来。问题在于，他需要女人但是并不爱女人，就像他要享受生活却并不认真对待生活一样。她对于他，也不过是“萍水相逢、时过境迁的无名女子”而已。这是污秽对圣洁的亵渎，是兽性对弱者的蹂躏。女主人公爱得越是真挚、热烈，那游戏人生者就越发显得猥琐、卑下，二者对照所形成的落差也就越大，这个悲惨的故事所产生的悲剧性也就越强烈。

作为一个人道主义者，茨威格对那些践踏人格、轻慢人类感情的“正人君子”们是轻蔑而且愤怒的，他使他们的灵魂显出原形，使他们自以为高人一等的精神品质变得分文不值。与此同时，他以深刻的理解和温存，关心人的命运，怜悯人的孤独，珍重人的性爱；他敬佩人类天性中所蕴藏的那种不可磨灭的爱的精神，相信它正是组成伟大人性的本质因素或永恒部分。确实，小说的最杰出之处，就在于它是一曲对于人性中至真至诚的品德的深情歌颂，它越是遭遇乖蹇，也就越能引起人的共鸣，越显示出它的价值和迷人的光辉。

从艺术的角度讲，小说的一个鲜明特征是对于激情的强化处理。对塑造人物来说，激情具有深刻的意义自是不言而喻的，但是如何运用这种手段却因人而异。在茨威格那里，激情似乎是组成其人物个性的首要因素，因此赋予它的地位也好像格外重要。茨威格的《一个陌生女人的来信》这部小说中所描写的这个不知姓名的陌生女子，从少年到青年，仿佛神鬼摆弄一般，像失去理智似的不能自已，不计后果，毫无怨言地热爱着那一向把爱情作为消遣的小说家，忠心耿耿，连他扔掉的烟头也视为圣物，暗中以身相许，并且最终为他献出了生命。这种不可思议的献身行动，从心理学的角度说正是某种激情驱使的结果。在这里，激情使得女主人公的爱情神圣化而放射出逼人的光辉；然而，当这伟大的爱的激情横遭轻侮，崇高的感情为卑下的情欲而牺牲了的时候，一种使得灵魂震颤的东西就产生了。可见，在激情当中，人最有可能表现出他的悲剧性，它确能赋予作品以某种销魂的力量，这从茨威格的小说中可以真切地感觉到。（王化学）

一只忧郁的苹果

一、全部关于爱的问题，可以归结为苹果的问题。

我有一个苹果，如果我给了你，我就失去了这个苹果。如果你也有一只苹果，我们交换之后，我还是只有一只苹果。如果我们把爱情看成是手中的苹果，能够给予和交换、拥有和放弃，也就是说，如果爱情是我们可以拥有的一只苹果，那么这只苹果一定是忧郁的。因为没有苹果的时候我们渴望苹果，有了苹果的时候我们担心失去苹果，失去苹果时我们觉得被苹果抛弃——整个过程中，没有我们，只有忧郁的苹果和苹果的忧郁。

二、“陌生女人”的来信叙说的是她的爱情故事。

他被她爱了一生，可是他甚至从来没有认识过她。她始终只是他一生艳遇中平凡的一次，并不因为她的巨大付出而曾经得到过任何特殊的地位。

三、这样的爱真实吗？

还好茨威格是在写小说，而不是在写传记，并因此获得了特殊的权利：极端。这是一个极端的故事，无所不用其极。或许是因为，只有极端的情况，才能够光照出人性中某些深沉的因素，才能向我们揭示某些隐藏的真理。不应该用真实来衡量这样的小说，因为这样的小说从来没有试图去虚构。同样从极端的意义上讲，茨威格并不能够虚构任何并不存在的情感，这样的情感存在于我们的生活中：我们偶然会发现它、会被它充溢，但是我们已经习惯于把情感看做是那只忧郁的苹果，所以我们无法认识这个“陌生女人”。我们被一封长信，被一腔温柔的情感，被一股执著16年的热情团团围住，我们被她曲折的一生所感动：我们为她的欣喜而欣喜，为她的悲伤而悲伤。

四、她为他付出的是那么巨大，如果她为他的付出是一只苹果的话。

她从13岁开始爱他，难以自拔。只有死亡才让她寄出了“陌生女人的来信”，并最终向他揭示了这个爱情故事。

他从来没有给过她什么，除了他的眼光，可是“这种眼光在你身上并不是有意识地表示多情和爱慕，而是你对女人怀有的柔情，使你一看见她们，你的眼光便不知不觉地变得温柔起来”；除了她终于争取到的三个共度的夜晚，可是“不过是几百个女人当中的一个，只不过是连绵不断的一系列艳遇中的一桩而已”；除了多年后以买欢出现的重聚，可是他“却为了这一夜付钱给我！我对你来说不是别的，只不过是夜总会的一个妓女而已”。他还给了她一个孩子，那曾经是她的全部希望所在，可是“有其父必有其子：一夜之间他就残忍地撇开我走了，一去永不复回”。

五、陌生女人爱了一生，她扔掉了忧郁的苹果，并因此富有。你呢？

其实，全部关于爱的问题，可以归结为苹果的问题。（佚　名）

历史桂冠 LISHIGUIGUAN

奥地利作家斯蒂芬·茨威格1881年出生于奥匈帝国首都维也纳一个犹太富商家庭，他在19世纪生活了19年，度过了自己对世界最敏感、思想最活跃、接受知识最快的青年时代；1942年，他悲怆地离开人世。他活得不算长，但跨越了两个世纪，经历了物质文明突飞猛进，文化艺术空前繁荣，然而社会政治十分动荡的时代。

茨威格自幼就深受维也纳浓厚的文化氛围的熏陶，而富裕的家境又为他的学习发展提供了良好的条件。他在读中学时就对里尔克的诗歌和尼采的哲学产生了兴趣，16岁，他在维也纳著名的《社会》杂志上发表了他最早的诗歌，在文坛崭露头角。离开大学后，他到欧洲、印度、北非和美洲等许多国家旅行，结识了罗丹、罗曼·罗兰、维尔哈仑等人。旅行生活及与各国艺术家的广泛交往，丰富了他的思想，扩大了他的创作题材和作品的生活画面。

1904年，茨威格出版第一部小说集《艾利卡·埃瓦尔德之恋》时，写作还不成熟。而1911年他的第二部小说集《初次经历》，淋漓尽致地描写了儿童的内心世界，并通过孩子的眼睛揭示了成人世界的虚伪丑恶，出版后受到文坛的广泛好评。

1928年，茨威格应邀到苏联参加托尔斯泰诞辰一百周年纪念，并见到了高尔基。1933年法西斯上台，茨威格作为犹太血统的知识分子遭到迫害。他的书籍被查禁，他的家被搜查。1934年，茨威格被迫流亡国外，到了英国伦敦，后来又到了巴西的里约热内卢。他一方面忍受着失去故土的精神上的痛苦，另一方面坚持创作。他写了一些强烈抗议法西斯主义的作品。

茨威格的一生著述极丰，从诗歌、戏剧到小说、散文、传记，无不涉及，而且在世界上赢得了极高的声誉。他曾经把因为写作而获得的巨大声望和成就比喻为一个来敲门的客人，而且这位客人来了之后一直没有走。1942年2月23日，失去了祖国的茨威格对生命绝望了，他与妻子在寓所内双双服毒自杀。巴西政府为他举行了极其隆重的葬礼，并把他安葬在国王彼得罗二世的墓旁，这在巴西和世界历史上都是绝无仅有的。从此，茨威格的躯体安卧于巴西，他的灵魂则永远活在世界人民的怀念之中。

鲁迅的《呐喊》给予我们的不仅是文学的章法和技巧，更重要的是心灵的滋养。

《呐 喊》

鲁迅（中国 1881–1936）

1881年9月25日，一个日后名扬世界的伟人诞生在水乡绍兴；1936年10月19日，一颗照耀着中国文坛的巨星在上海陨落。鲁迅，这位身材瘦小的作家，却以雷霆般的力量震撼了中国乃至世界。他为我们留下了300万字的作品，因此成为20世纪中国最受瞩目的文化巨人，中国现当代最受爱戴的作家。

在现代文学史上，鲁迅占据了一个章节，他的《狂人日记》、《野草》等都载入了文学史；在革命史上，他是一个斗士，以笔代枪进行斗争，他用生命的全部光芒，划亮了充塞天地之间的黑暗和寂静。当纷纷扰扰的尘世一次次掀动生活的虚华，当此起彼伏的喧嚣毫无遮拦地湮没现代人脆弱的记忆，当浮躁、迷茫、虚妄和日益膨胀的物欲源源不断地充斥失去自控的心灵和大脑，当越来越多的灵魂游离于精神家园之外，鲁迅究竟使我们想起什么呢？他仅仅作为一个独行的“过客”而存在吗？如果不是，我们能否找到接近他的心灵通道，从而更好地把握人生的要义？读一读鲁迅的作品吧！在20世纪的最后200天里，面向全球华人社会的《亚洲周刊》选出20世纪中文小说一百强，总结中华文化的最新灵感，让中文世界的读者蓦然回首百年岁月，重温那些曾经激动人心的小说。它们虽然历经时代的沧桑，但每一个方块字都像一滴雨点，一滴一滴地渗在枯旱的历史土壤中，滋润了多少荒芜的心田，陪伴了多少人成长，也见证了多少欢乐和哀愁。而鲁迅的名著《呐喊》位于榜首，为世纪之冠。

《呐喊》是鲁迅众多小说集中的一部，其中《狂人日记》、《孔乙己》、《阿Q正传》等文章都为鲁迅的代表作。鲁迅不只是作为文学家仅仅出现在我们语文课本上的，而是作为思想家横亘在我们民族多灾多难又是世纪动荡和变革的历史坐标系上。他的《呐喊》给予我们的不仅是文学的章法和技巧，更重要的是精神和心灵的滋养。

经典回眸
JINGDIANHUIMOU

现在我们年轻的读者读鲁迅的小说，可能比较“隔”。主要是时代的隔膜，对鲁迅小说深刻的思想内涵不容易理解；也可能不习惯鲁迅那种冷峻的表达方式，包括语言的特异风格。属于经典的东西，往往有阅读的距离，但只要认真去读，总会有所得。

《呐喊》共收录了鲁迅自1918至1922年间写的16篇小说。小说具有充沛的反封建的热情，从总倾向到具体描写，都和“五四”时代精神一致，表现了文化革命和思想革命的特色。《呐喊》中的作品，大都写于“五四运动”的高潮时期，要为新文化运动助阵振威，取名《呐喊》，意指作者受新文化运动的鼓舞，“有时候仍不免呐喊几声，聊以慰藉那在寂寞里奔驰的猛士，使他不惮于前驱。”集子中的作品明显地保留着作者于“五四”高潮时期，在结束了一段时间的沉默之后，奋起呼喊的特色。作品真实地描绘了从辛亥革命到“五四”时期的社会生活，揭示了种种深层次的社会矛盾。对封建制度及陈腐的传统观念进行了深刻的剖析和彻底的否定，表现出对民族生存的浓重的忧患意识和对社会变革的强烈渴望。

《狂人日记》是现代文学的第一篇小说，这篇和果戈理短篇同名的作品发表于“五四运动”前一年，描写了一个“迫害狂”患者的精神状态和心理活动。小说的艺术构思是巧妙的，发表后，由于它所表现的深广的忧愤和犀利的批判，使许多读者耳目一新。这篇小说是向封建社会进军的第一声号角，以前所未有的彻底的精神，反映了中国革命已经进入新的阶段的历史的特征。继《狂人日记》之后，鲁迅写了《孔乙己》和《药》。孔乙己是一个没有“进学”的老童生，穷困潦倒，封建社会一方面以“万般皆下品，唯有读书高”的思想培育了他的自尊的性格，另一方面又给他以最冷酷的待遇，使这种性格不断地受到现实生活的蹂躏和践踏。作品通过人物的行动抨击了封建制度，同时也暗寓着对这种性格的鞭挞。如果说短篇《孔乙己》已经点出封建制度怎样扭曲一个人的性格，那么，这个主题在《药》里表现得更为沉痛。《药》写的是茶馆主人华老栓买人血馒头为儿子小栓医病的故事。封建统治阶级长期以来麻痹人民，使他们陷入愚昧和无知。农村生活和农民形象在鲁迅小说中占有显著的地位，《阿Q正传》以塑造辛亥革命时期一个农民的典型形象取得了非凡的成就。

典·故·逸·话

1918年5月，在钱玄同的激励和介绍下，鲁迅在《新青年》第四卷第五号发表了中国现代文学史上第一篇白话文小说《狂人日记》，首次使用笔名“鲁迅”。在“鲁迅”之前，还曾用过“迅行”的笔名。鲁迅一生用了140多个笔名，而以笔名“鲁迅”闻达于天下。

许寿裳曾对此作过解释：“（一）母亲姓鲁；（二）周鲁是同姓之国；（三）取愚鲁而迅速之意。”

《呐喊》中的每一篇作品的题材内容和艺术构思都不一样，这不仅由于鲁迅在创作过程中经过反复的酝酿，而且也是他长期生活考察和艺术探索的结果。鲁迅小说富于独创性，具有非常突出的个人风格：丰满而又洗练，隽永而又舒展，诙谐而又峭拔。鲁迅擅长于画龙点睛的手段，寥寥几句，既写出了人物的思想和感情，也写出了人物的面目和身形，并且给人以非常强烈的印象。鲁迅小说里的每一个人物，都使人觉得他们的确是中国人，真实地反映了某个历史时期某些不同的中国人的思想和生活，在这点上，又表现了一个严峻的现实主义作家的风格和气质。鲁迅小说的艺术特点首先在于真实。鲁迅主张文学创作用“白描”手法，“如实描写”，“有真意，去粉饰，少做作，勿卖弄”。作品中展现的生活场景、水乡风情、民俗风貌、城镇景致、人物的言行姿态，就像生活本身那样真实、自然，犹如身临其境。

《呐喊》中所收录的作品以深广的历史内容和高超的文学技巧相结合，成为中国现代文学的第一座高峰。在这部巨著中，有学者思想的厚重沉积，有对华夏五千年曲折历史深邃的理解，有对中国现实社会切肤的认识，更有对未来热切的希望。鲁迅将他的慈悲和热血、忧思、他深夜哀恸的低泣，全部倾注在《呐喊》的字字句句之中。因此，《呐喊》无疑是中国新文艺史上真正的划时代的杰作。这部“中国最好的一部小说集”以先锋的姿态拷问着华夏民族的灵魂，开启着炎黄子孙的蒙昧，以无与伦比的艺术价值和思想力量，变无声中国为有声中国，成为文学史册上一道激情四射、恒久不灭的耀眼光芒。

真实冷静地挖掘生活

1925年1月的《现代评论》上，张定璜，一位刚阅读完鲁迅先生的《呐喊》，身处美国的作家，指出了鲁迅的特色是“第一个，冷静；第二个，还是冷静；第三个，还是冷静”。在拜读了鲁迅先生的《呐喊》后，我认为这冷静真的是鲁迅的第一特色，虽然不是唯一的特色。而真实，这鲁迅小说的首要艺术特点与冷静相结合，便成为了鲁迅挖掘生活深层意义的基础与动力。

曾有人说：“《水浒传》若教你笑，《红楼梦》若教你哭，《儒林外史》之流若教你打呵欠，我说《呐喊》便教你哭笑不得，身子不得动弹。平常爱读那些美满团圆，或惊奇的冒险，或英雄的伟绩的谁也不会愿意读《呐喊》。”也许很多人都有同感，那么这又是什么原因呢？原因就在于鲁迅先生真实冷静地挖掘生活的善恶美丑。《呐喊》里面有的只是极其普通、极其平凡的人，你的朋友，你自己。《呐喊》里面没有像电影里似的使你焦躁，使你亢奋的光景，因为你的日常生活里面就没有那样的光景。真实，便是《呐喊》给人的第一感受。《呐喊》中时常出现的鲁镇，是中国乡间到处都可找到的一个乡镇，镇上人们的生活也无非就是种地、饲养，这些普通的旧社会农村村民们每日的生活，平淡，无甚大波澜。在这种常见的旧社会场景中，在那些互相熟识的人之间，要找出这些也不过如《呐喊》中一样：孔乙己偷东西给人家打断了腿，单四嫂子死了儿子，七斤后悔自己的辫子没有了一类的话罢了，再大一点也就是阿Q喊着“过了二十年又是一个……”被枪毙掉之类。鲁迅先生便是从这些极普通、极平凡的人、事中将旧社会的生活里含有的一切永久的悲哀挖掘了出来，令读者们感觉到它的存在，在内心深处更是无法拒绝它。张定璜写道：“这悲哀已经不是那可歌可泣的青年时代的感伤的奔放，乃是舟子在人生的航海里饱尝了忧患之后的叹息，发出来非常之微，同时发出来的地方非常之深。”挖掘，在真实冷静地挖掘生活下，人物的性格和命运、深刻的社会意义都呈现在读者面前。这真实的感受，仿佛使我与作者同步，身边也响起了那重而有力的铲子叩击生活价值与意义的铿锵之声。

生活，一切源自生活。鲁迅先生是一个忠于他自己的艺术家，无论什么时候、什么地方，他决不忘记他对于自己的诚实。他看见什么，就描写什么。他把自己的生活世界展开给读者，不粉饰，也不遮盖。他的讽刺也同样源自现实生活，不冗长，不散漫，不过火。他在“新颖”的讽刺中揭露了封建制度以及陈腐的传统观念的罪恶。同时，也是这讽刺，它带来的思想寓意与尖锐锋利都给人极疼的触及。

鲁迅的《呐喊》的艺术特色极为丰富，最鲜明的特点有三：第一是用笔深刻冷峻，第二是句法简洁峭拔，第三是体裁新颖独创。以上皆为大家公认。有人说鲁迅是学过医的，洞悉解剖的原理，所以常将这一技术应用到文学中去。我更认为鲁迅先生是站在现实的角度上，更客观即真实冷静地观察生活，撷取生活中的现象与问题。他或用抒情的笔调，或用冷峻的笔调，或用诙谐风趣的笔调，这皆是挖掘的不同方式与过程。从《呐喊》一书看来，鲁迅先生解剖的对象不是人类的肉体，而是人类的心灵，他挖掘出“病态社会不幸的人们”，“揭出病苦，引起疗救的注意”，从内心深处为新文化运动“呐喊”，为现实与未来生活的美好“呐喊”。（林　舒）

不能忘却的寂寞

寂寞不仅是鲁迅创作的强大内驱力，而且作为他洞察社会历史和国民灵魂的重要

视点，复现于《呐喊》的艺术世界之中。《狂人日记》采用主人公独语形式，这种文体本身就是一个寓言。狂人从写满“仁义道德”的历史中看出分明都是“吃人”二字，自然不能见容于世，不仅古久先生与赵贵翁们与他为敌，而且小孩子也同他作对，不仅村人对他虎视眈眈，而且自家大哥也与他们一伙。在他所生存的环境里，他被视为疯子，疯人疯语同常人的日常话语无法沟通，所以即使他周围挤满了形形色色的人，他也仍是一个寂寞的孤独者，周围的人愈多，他就愈显得寂寞。这是早醒者、先驱者的寂寞，狂人形象正叠印着鲁迅十年前寂寞的痛苦体验。向寂寞最有力的抗争，唯有呐喊，哪怕没有回应，哪怕喊声被铁屋子所密闭，也还是要呐喊，唯有呐喊才能显示生命的存在，才能获得唤起觉醒的希望。“救救孩子！”狂人的这一声呐喊叫出了作者此时的希望，也照出了作者对往昔一度沉默的自省自谴。然而，作品的楔子却与本文主体构成强烈的反讽，狂人患被迫害狂时敢同几千年的历史传统对抗，敢同绝对多数的庸众对阵，而病愈之后，却赴某地候补，这意味着他向传统的复归、与庸众的认同，他以归降的方式消解了自身的寂寞。这无疑是深刻的精神悲剧。

先驱者的寂寞在鲁迅自身实在是体验到了痛彻骨髓的程度，《狂人日记》之后仍有言犹未尽之感，遂于翌年推出一篇《药》。前一篇里，狂人恐惧被吃但尚未被吃，还有机会呼吁“救救孩子”，最终因为病愈归依传统而暂时免去了被吃的危机，寂寞亦随之暂告缓解。而在后一篇里，革命者夏瑜则始终是寂寞的。

生存于士与民、文言世界与日常语言世界的夹缝中间，其尴尬的处境对读书人是一种折磨，这种折磨每每使读书人心理发生程度不同的扭曲。孔乙己极力讳言“偷”，每当被众人逼得理屈词穷之际便出之以文言，以守为攻，转败为胜或多或少都有点心理变态的色彩。《白光》主人公陈士成更严重。一连16回科考的紧张，16回急切的期待，16回落第的沮丧，加之平日的辛苦、执著的希望与世人的白眼，在他的心中重叠交织，搅得他六神无主、五脏不安。每当看榜归来，他觉得连一群鸡都在笑他，精神空虚，可见一斑。

《呐喊》从多角度、多侧面、多层次揭示出“无声的中国”的整体面貌及其本质。《孔乙己》里短衣帮对孔乙己的嘲笑与遗忘，不只是他们对知识分子的报复，更是冷漠之心的表现。短衣帮与《阿Q正传》里闲人们的哄笑，《药》里的茶客与《风波》里的人们的是非之论，还有阿Q游街时看客们的叫好声，表面上沸沸扬扬，实质上却是空虚无物，有声形同无声，因为那不是发自独立人格的独特声音。民众用冷漠——寂寞加重了他人的痛苦，反过来，冷漠——寂寞也折磨着民众自身。

鲁迅深恐寂寞持续下去，热切地希望将无声的中国变为有声的中国，让毒蛇似的寂寞永远消逝，于是他才发出振聋发聩的呐喊。而今，我们是否能够体会得到鲁迅当

年的寂寞，是否能够于市声之大热闹中品味出精神之大寂寞？（秦 弓）

历史桂冠 LISHIGUIGUAN

鲁迅原名周树人，字豫才，浙江绍兴人，1881 年 9 月出生于浙江绍兴，7 岁开始读书，12 岁从寿镜吾老先生就读于三味书屋。13 岁那年家里发生一场很大的变故，经济状况渐入困顿，接着父亲一病不起，使他饱尝了冷眼和被侮蔑的滋味，“看见世人的真面目”。

1898 年鲁迅离开故乡考进南京江南水师学堂，后又转入江南陆师学堂附设的矿路学堂。1902 年初毕业后被选派赴日留学，先是学医，后为改变国民精神，弃医从文。1909 年 8 月回国。

辛亥革命后鲁迅应蔡元培之邀去南京临时政府教育部供职，后又随部迁住到北平。1918 年在《新青年》上发表新文学的第一篇白话小说《狂人日记》，正式开始了辉煌的创作生涯，至 1926 年，又相继出版短篇小说集《呐喊》和《彷徨》等。

“四·一二”反革命政变使鲁迅思想产生了飞跃，由此进化论思想为主导，转向以马克思主义的阶级论思想为主导。1930 年 3 月“左联”成立时，被推荐为常委，成为中国共产党领导下的左翼文化运动的主将。后十年的杂文，更加深刻、犀利，有如匕首、投枪，充满了唯物辨证的精神。这些作品收在《而已集》、《三闲集》、《二心集》、《南腔北调集》、《伪自由书》、《准风月谈》、《花边文学》、《且介亭杂文》等专集中。1936 年病逝于上海。

20 世纪末进行的我国第一次“国民阅读调查”，在提名的 170 位现当代作家中，鲁迅高居榜首。1981 年重新修订出版的 16 卷本《鲁迅全集》，至今已经销售 19 万套，据此印行的单行本等，仅近 10 年来就发行了 280 多万册。新兴的互联网上，打上“鲁迅”二字查询一下，有关的网站、条目竟然成百上千，在网上讨论鲁迅的普通读者络绎不绝。

奥尼尔抱着对人生诚实的态度和尤利西斯般的勇气深入人类的内心，当我们评价奥尼尔的戏剧创作时，必须采取十分慎重的态度，因为在他之前，美国只有剧场；在他之后，美国才有了戏剧。

《毛 猿》

尤金·奥尼尔（美国 1888－1953）

19世纪的美国，虽有几位剧作家的潜心创作，但美国剧坛的成就不大，美国戏剧远远不能同美国小说和诗歌相提并论。当时的剧作家和演员多刻意追求浪漫的情节和华丽的布景，直到奥尼尔出现，美国戏剧才逐步取得了不比小说和诗歌逊色的成绩，并赢得了国际性的声誉。因此，尤金·奥尼尔可以说是美国戏剧的开山之祖，他在戏剧观念的革新、主题和题材的开掘、人物的选择、各种艺术表现手法的尝试等方面均有建树，给以后的剧作家提供了学习、借鉴的范例，为20世纪美国戏剧的发展与繁荣奠定了基础。评论界曾指出：“在奥尼尔之前，美国只有剧场；在奥尼尔之后，美国才有戏剧。”

奥尼尔是一位严肃的戏剧家，他一生坚持不懈地革新戏剧艺术。他把戏剧从19世纪的传统束缚中解放出来，使之在现实生活中扎根、成长。他首次把现实主义乃至自然主义的传统手法运用于美国戏剧的创作中，他的艺术风格以多种多样和精深圆熟而著称。他博览群书，深谙欧洲戏剧传统，他曾四次荣获普利策戏剧奖，并于1936年被瑞典皇家学院授予诺贝尔文学奖，成为第一位获此殊荣的美国戏剧家。

《毛猿》是奥尼尔表现主义戏剧的代表作，是一部富有寓言性和普遍意义的杰出悲剧。他在这部剧中结合了现代戏剧形式与古典悲剧风格，为世人展示了现代悲剧里的崇高与幸福。该剧初次上演时引起了轰动，美国各大报纸纷纷发表剧评，极力称赞，为后世戏剧的发展提供了可借鉴的模式。

经典回眸 JINGDIANHUIMOU

奥尼尔曾说："我相信，一出真正悲剧中的幸福，要比迄今所有具有幸福结局的剧本中的全部幸福还要多。"他的杰出代表作《毛猿》就是体现了这种悲剧里的幸福。

主人公扬克是美国一艘远洋邮船上的司炉，他没有受过教育，头脑简单，但身体强壮、精力旺盛、酷似毛猿。尽管在地狱般的炉膛口从事繁重的体力劳动，他却因为自己强健的体魄而自豪。他认为自己是推动着轮船前进的驱动力，他说："我是原动力"，"我是结尾，我是开始！我开动了什么东西，世界就转动了！"他将有钱的乘客看做是"真正多余的包袱"，并觉得"我们才是有归属的人，你们可不是"。

然而有一天，轮船公司董事长的女儿米尔德里德出于好奇到舱底去"参观"烧火工人的工作，结果被扬克粗犷的体貌吓得辱骂道："噢，这个肮脏的畜生！"然后昏倒在地。这件事严重挫伤了扬克的自信和尊严，他感到了前所未有的自卑。

他开始重新考虑自己的命运：再不能以"毛猿"的身份在社会上生存了，必须讨回人的尊严和价值。他要找米尔德里德算账。于是，在邮轮泊岸后，他在纽约最繁华的第五大街上等待米尔德里德，他想得到这个社会的认可。但是，他却没有找到。扬克便决心向富人报复。他到纽约街头向富人淑女绅士们挑衅，但是，他们都用彬彬有礼又冷漠无情的态度对待他。扬克明白了，他不会被这个社会承认。他恼羞成怒，被一位开汽车的胖绅士撞到后，他冲绅士的脸上猛打了一拳，而胖绅士竟然纹丝不动还要礼貌地向他表示歉意。这时，扬克被及时赶到的警察以"扰乱治安"的理由送进了监狱。

扬克在监狱中听到了关于世界产业工人联合会的报道，认为那是为穷苦工人撑腰的组织，于是出狱后便去投奔产联的一个地方分会。当他在与工会秘书谈到要炸掉米尔德里德的父亲任总经理的道格拉斯工厂时，秘书误认为他是想要破坏工会的资本家的奸细，将他逐出门外。

最后，无处可归的扬克只好到动物园去找关在铁笼中的大猩猩倾诉衷肠，他看到大猩猩犹如"沉思者"那么认真地倾听着他的诉说，突然觉得它才是自己真正的知音，将它当做自己的"兄弟"。他不顾一切地打开了笼门，想要和猩猩一起走上马路，进行一场毁灭性的巡礼，跟上层社会算账。大猩猩接受了他，热情地拥

典·故·逸·话

1936年，奥尼尔荣获诺贝尔文学奖。他不喜欢出名，因此不愿到斯德哥尔摩去领奖。他拒绝别人为他拍摄新闻短片。摄影师们精心设计了一个他得知获奖消息时的场面：一个电报投递员走向他家门口，奥尼尔听到门铃声来开门，然后把电报给站在身旁的妻子看，脸上笑逐颜开。而奥尼尔对这些安排的回答是："让他们见鬼去吧！"

抱着他，扬克感到了从未有过的幸福。但由于猩猩的力气过大而勒断了扬克的筋骨。最后，扬克在笼子中找到了死亡这个唯一的归宿。

《毛猿》是奥尼尔最具现代性的悲剧代表作，它以“铁笼”为总体戏剧场景，象征工业文明所造成的人的异化境况，以主人公扬克独特的疯狂形象暗示虚无时代的意义追寻者的不同以往的殉道形态，展示了现代悲剧中的崇高与幸福。

追寻“归属”

《毛猿》是尤金·奥尼尔的一部表现主义代表作。作品极为细致地刻画了处在社会底层的小人物扬克从乐天知命、盲目乐观到认识自己在社会中的可悲地位的心理过程，反映了工业高度发展的现代社会里劳动者失去归属、找不到出路的迷惘和痛苦。

奥尼尔在谈到《毛猿》时曾说过，剧本的题材来自他的亲身经历。早在1911年，奥尼尔在纽约码头边上一家摇摇欲坠的蹩脚旅馆里结识了一位在大西洋轮上当司炉工的小伙子德里斯考尔。这个小伙子健壮、乐观，对人生充满信心。可是没有多久，作者听说他在一次航海中投海自杀了。这件事给了奥尼尔极大的震动，引起了他的深思。作者后来谈道：“我一直在寻找答案：为什么这样一个对自己的强壮体魄充满优越感的人，一个在他对宇宙的狭隘的认识范围里内心感到完全和谐的人，居然会走上自杀的绝路?”

11年后，即1922年3月，他的作品《毛猿》问世了，经过作者的加工，剧中主人公的经历已和生活中的原型有了很大出入。因此也可以说，德里斯考尔这个人物，他的死，只是一个引起作者对人生和社会思考的起因，一个激发起作者强烈的创作欲望的诱发剂，作者所表现的，却是作者对自己人生的感受，由于作者长期生活在社会底层，因此对资本主义社会造成人的异化这一现象体会极深。他在作品中着力表现的正是在工业高度发展的社会里，人逐渐变成机器的奴隶，成为“非人”的那种无所寄托，无所依赖的精神状态。《毛猿》中有这样一个场面，出工的铃声一响，全体工人都机械地跳了起来，立正，然后迈着囚徒式的步伐，一个紧跟着一个，默默地鱼贯而出，唯恐人们误解他的用意，奥尼尔后来还特意指出：“有人竟会以为这是船上的规矩，其实这只是象征着这些成为机器的奴隶的人们的高度组织化的生活。”在这种高度组织化的、奴隶般的社会中，人们感到失去了归属，找不到自己行为的目的和依

据，失去了精神支柱。他们所熟悉的旧世界已经解体，回到原始时代去是不可能了。往前看呢，也是一片茫茫，新的世界是他们所陌生的，尤其是世界大战给人类造成空前浩劫以后，更增强了人的灾难感，使人们感到自己的生活风雨飘摇，朝不保夕。

文艺批评家道瑞斯·福尔克在论及奥尼尔的作品时说，在当时“寻找自我不仅仅是一个个人的问题，它已成为人类共同的、普遍的问题了”。《毛猿》中所表现的，正是人们寻求自己在社会中的适当地位、寻求归属的痛苦过程。（汪义群）

疯狂的沉思者

疯狂的沉思者，在这个富有语义张力的徽号之下，我们可以开列一张长长的文化思想巨人的名单：苏格拉底、德谟克里特、第奥根尼、卢梭、荷尔德林、克尔恺郭尔、陀思妥耶夫斯基、尼采、斯特林堡……他们的“疯狂”并非都是纯粹的官能事实，而是由看与被看、庸众与特异的个人之间的对立所产生的效应：真正探求存在与生命意义的沉思者在世俗的眼中永远都是疯子。这一群疯人的形象曾一度凝缩为文艺复兴时期的两张忧郁的面孔——哈姆雷特与堂吉诃德，而奥尼尔的杰作《毛猿》中的主人公扬克正是这两个伟大文学典型的精神后裔。他像丹麦王子一样将复仇的过程变成了对人生终极意义的沉思，发出了“生存还是毁灭”式的诘问：“我说，你高高在上的，月亮上的人，你好像挺聪明，回答我，嘿？把内幕消息、秘密情报塞给我——我打哪儿下去，嘿？”而就气质来说，他却更为贴近那位西班牙的游侠骑士，那份“我就是钢铁”的自信，那“把世界上的钢铁炸到月球上去”的干云豪气，还有那“死也要在战斗中死去”的顽强意志，都使他成了工业文明时代的堂吉诃德。

对世界存在的根基和意义的探寻，使扬克不但继承了哈姆雷特和堂吉诃德的精神血统，同时也继承了他们的命运。复仇王子与游侠骑士的生命是同复仇与游侠的使命一道完结的——沉思就是以隐喻的方式走向死亡，因而扬克的死也殊非偶然，他走进关猩猩的铁笼，正是作为意义世界的殉道者自蹈亡地。然而，扬克的临终状态却与他的两位先辈迥然不同。哈姆雷特与堂吉诃德都在临死前恢复了理智，平静而安详地撒手尘寰，而扬克却将死亡的边缘变成了疯狂的顶点，他在猩猩笼子里发表的长篇独白比他此前的任何言论都更像谵妄的呓语。

这两类临终状态暗示着两个时代的两类沉思者不同的死亡意味。哈姆雷特和堂吉诃德的死是苏格拉底式的，是属于理性时代的。对于他们，疯狂只是通向真理的过程和手段，在经受了长期的灵魂煎熬之后，他们最终洞见了那明晰而稳定的意义世界，于是，便可以结束颠沛不定的旅程，心满意足地魂归天国了。扬克的死却是尼采式的，属于世界失却了根基和意义的虚无时代，从邮轮底舱到纽约第五大街，从岛上监狱到世界产联的地方分会，他苦苦探寻了一遭，最后发现自己仍然被囚禁在“铁笼”里，而“千条的铁栏杆后便没有宇宙”，于是疯狂不再是通向真理和意义的途径，而成了目的本身，成了绝望笼中的真诚歌舞，成了献给死亡的永恒祭奠。在这歌舞和祭奠的面前，一切理性时代的悲剧都带上了喜剧的色彩，哈姆雷特的遗言里保留着“重整乾坤”的许诺，堂吉诃德的墓碑上镌刻着“一生幻惑，临殁见真”的格言，唯独扬克之死为我们留下了一幅完全虚无的图景：

他像一堆肉，瘫倒在地板上，死去。猴子们发出一片吱吱的哀鸣。

直面并执著于这虚无的世界，这就是尤金·奥尼尔展示给我们的现代悲剧里的崇高与幸福。（刘　岩）

历史桂冠
LISHIGUIGUAN

奥尼尔出生于美国纽约一个演员家庭，自幼随父旅行演出，体验了美国各大城市的生活。他曾进普林斯顿大学学习，但因闹事而辍学。离开学校后，他从事过多种职业，到洪都拉斯勘探过金矿，在阿根廷和南非等地干过各种杂活，在英国和美国的邮船上当过水手。这丰富的生活经历使他的创作有取之不尽的源泉。1912年他患肺结核，在治病期间开始从事戏剧创作。两年内，写了八个独幕剧和两个多幕剧。1914年至1915年，他又回到哈佛大学贝克教授门下学习写戏。1916年，他到一个剧团和剧作家合办的普洛文斯剧团当编剧。这里为他提供了很有利的条件，成了他展示才华的舞台。1918年，他写了《天边外》，20年代，他写了《安娜·克里斯蒂》、《琼斯皇》、《毛猿》、《榆树下的欲望》等剧，从而奠定了他在戏剧界的地位。

20世纪30年代，奥尼尔依然精力旺盛，笔耕不辍，写出了三部曲《悲悼》等重要作品。1936年，奥尼尔获诺贝尔文学奖，并成为美国20世纪唯一获得该奖的剧作家。令人惊讶的是，他在获得殊荣之后又写出了两部经典力作，《送冰的人来了》和《进入黑夜的漫长旅程》，前者1956年创下连演565场的记录，而后者则于同年为作者赢得了第四个普利策奖。1953年1月这位美国现代戏剧大师在波士顿的一家旅馆中病逝，享年65岁。始终居住在人类心灵深处的尤金·奥尼尔是不朽的，他让世界文学史熠熠生辉。

德莱塞将自己的体系和往昔的巨擘们达成了某种程度的统一，而且拥有了新鲜灵动的气息。这种成功是一个承前启后，普泽大众的成功。

《美国的悲剧》

西奥多·德莱塞（美国 1871–1945）

从小说家的首要任务是描绘出一幅既可信而又有重要内涵的想象中的社会画面来说，德莱塞是美国仅有的屈指可数的巨人之一。他遵循巴尔扎克的现实主义文学传统，突破了美国文学只写“微笑”一面的“高雅传统”，开拓了美国现实主义文学的道路，美国的评论家称其为“自然主义的奠基人”，对20世纪美国文学的发展有着极大的影响。

德莱塞是20世纪前半叶美国最负盛名的作家，他的小说《美国的悲剧》一出版，立即轰动了美国文坛，小说主人公克莱德·格里菲斯这一艺术形象一时间成为人们议论的中心，报纸杂志纷纷发表评论，就连那些向来没把德莱塞放在眼里的贵族化的资产阶级杂志，如《大西洋月刊》、《哈泼流氏杂志》等也来参加这场热烈的评论。

经过整整25年的奋斗，德莱塞终于以胜利者的姿态登上了美国文坛，当年他立下的誓与资产阶级的偏见和不公正的舆论战斗到底的夙愿实现了。为了庆祝这一扬眉吐气的胜利，德莱塞在纽约公园附近的一所公寓里举行了一次规模宏大的宴会，他以向资产阶级示威的姿态出现在公众面前。事实证明，德莱塞没有忘记自己苦难的童年和艰苦的历程，他决不能因资产阶级的捧场而忘记过去，他永远是属于人民的作家。德莱塞打开了美国小说从维多利亚式、豪威尔斯式的谨慎体面通向诚实大胆和生活的激情的道路，若没有他的开拓，美国作家恐怕没有谁敢试图描写生活、美和恐惧。德莱塞自觉地运用现代科学方法对人性和社会进行研究和分析，形成了独树一帜的风格。

经典回眸
JINGDIANHUIMOU

长篇小说《美国的悲剧》是德莱塞的代表作，也是有着国际影响的经典著作。德莱塞以大量的现实案件为基础，为世人展现了一个真实的美国社会。这部作品充分体现出他的思想、艺术特色和最高成就。作品所揭示的不仅仅是一个个人的悲剧，更是一部社会的悲剧。

小说主人公克莱德·格里菲斯出生于堪萨斯城的一个平民家庭，他的父母是街头传教士，地位低微。克莱德从小就跟父母在街头唱赞美诗，经常受到人们的轻蔑和嘲笑。聪明漂亮又敏感的克莱德对此十分反感，他羡慕富人，怨恨自己家庭的贫困，希望有一天能摆脱这种生活，梦想着飞黄腾达。16岁时，克莱德终于下决心走出家门，开始为自己的幸福奋斗。他先到一家杂货店当学徒，后来又在市内最豪华的格林·戴维森旅馆当服务员。在这里，他接触到了有钱人的奢华的生活，眼界也逐渐开阔了。他慢慢地和一些放荡的朋友学会了喝酒、玩牌，甚至逛妓院，并且交上了一个爱慕虚荣的女朋友——霍旦丝。为了满足自己和霍旦丝的欲望，他欺骗父母，连姐姐生孩子的钱也不放过，变得越来越自私，唯利是图。一次，他开车撞死了一个孩子，为了逃避警察的追捕，他流浪到了芝加哥。

克莱德在芝加哥待了三年，在这三年中，他做过各种低贱的工作，尝遍了人间冷暖，对这个虚伪的社会认识得越来越清楚，也变得更加世故。为了得到自己追求的那种生活，他终于偶然间找到了自己的伯父塞缪尔·格里菲斯，他是一位成功的内衣工厂老板，很有声望。在伯父的安排下，聪明能干的克莱德很快当上了打印间主任。虽然伯父和堂兄曾嘱咐过克莱德生活要检点，他自己也曾决心改过自新，但是他对异性的狂热渴望和工作创造的便利条件使他引诱并占有了新来的女工罗伯特。克莱德从未想过要和罗伯特结婚，即使他有时候也觉得自己的欺骗是可耻的，可是罗伯特只是一个地位卑微的女工，他向往的是过上伯父家那样富有的生活。这时，克莱德认识了堂妹的女友桑德拉。桑德拉是一位资本家小姐，她美丽富有，克莱德决心娶桑德拉为妻。可是，罗伯特已经怀孕了，克莱德几次逼她堕胎都失败了，她坚持要求克莱德尽快结婚。为了自己即将得到的幸福，克莱德把罗伯特推下了水，眼看着她淹死了。

> **典·故·逸·话**
>
> 1900年德莱塞开始出版《嘉丽妹妹》时，出版公司老板认为此书有伤风化，只印了1000册，除极少数赠阅外，全部封存在仓库里。德莱塞仅得稿费100元，生活无着，几乎自杀。《嘉丽妹妹》是用巴尔扎克式的现实主义手法写成的，为美国文学开创了一个新的天地。它虽在美国被禁，后来却在英国出版。1907年终于在美国再次出版。

克莱德被捕了，他的母亲为了救他而四处奔走，她到监牢中看望他，为他作祷告。而克莱德想到的却是上帝是没有用的，克莱德的母亲也不禁对上帝产生了怀疑。而由于克莱德的伯父属于共和党，面临大选的两党为了骗取选民的信任开始互相攻击、自我标榜。

克莱德在监狱中看到许多人和他一样，因为追求过上富有的生活而犯罪入狱，可是却有一些人不劳而获、生活奢华。他对这个社会非常困惑。他对牧师坦白了自己的行为，最后被处以死刑。

1925 年 10 月，《美国的悲剧》出版了。这是德莱塞经过两年时间的艰苦写作和认真修改的巨大成果。由于这部不寻常的作品以强烈的现实主义手法深刻地揭示了美国社会一切弊病的根源，充分反映了劳动者对资本主义制度的愤怒的感情，因而获得了空前的成功。

悲剧的力量

《美国的悲剧》通过克莱德的腐化堕落、犯罪以至最后毁灭的过程，深刻地揭示了美国“文明”的实质，戳穿了美国“民主”的神话，暴露了美国社会制度的罪恶。正如作者自己在《答记者问》中所说：“这本书整个讲来是对（美国）社会的一个控诉。”“小说之所以得到成功，并非因为‘它是悲剧’，而是因为‘它是美国的悲剧’。”

之所以说“它是美国的悲剧”，是因为克莱德的极端利己主义完全是美国生活方式的必然结果。小说告诉我们，克莱德并非天生的恶人，惯做坏事的青年，他从追求物质享受到追求女性、玩弄女性；从渴望伯父提携到削尖脑袋企图钻入上流社会；从自私自利到走上杀人的道路，社会对他起了很大的作用。冷酷的现实造就了克莱德的自私和卑鄙，社会的悲剧酿成了个人的悲剧，于是谋杀把他的悲剧推到了顶峰。可见，作者所谓美国的悲剧，就是美国社会阶级鸿沟所造成的悲剧。

《美国的悲剧》的悲剧意义还在于它摆脱了古典悲剧的“崇高风格”，由“平凡性”代替了“非凡性”，在美国重建了悲剧美学的范畴。与前辈作家亨利·詹姆斯和豪威尔斯等人的“斯文”的“现实主义”不同，它打破了那种裁剪得整齐的世界图景，写了向来不登大雅之堂的丑事和惨事。主人公克莱德是一个地地道道的小人物，他出身卑微，生长在一个受教会庇护的街头家庭唱诗班，过着贫困的，与乞丐无异的生

活。他没有天赋，没有文凭，也没有技术；没有进取心，也没有品格修养的追求，有的只是一般人的那种对金钱美色的渴望和对社会地位的追求。他性格软弱，遇事迟疑不决。“普通”二字决定了他对命运选择的道路，不甘普通而又挣脱不了普通人的悲剧，决定了他命运选择的失败。这种选择和失败不是个人气质上的缺陷作怪，而是综合因素，特别是“普通人”的命运所决定的，是社会所决定的。这样就使克莱德的悲剧具有了普遍意义。《美国的悲剧》这种“将人生有价值的东西毁灭给人看”的悲剧给我们带来了一种由“压抑感”折射后的崇高、庄严的哲理趣味，这又使小说的悲剧意义的内涵得到了扩展。这种悲剧意义的多重性使小说产生了令人叹服的力度。

评论家们经常用“力量”这个词来概括德莱塞的这部代表作品，德莱塞超过其他美国现实主义作家以及他自己的其他作品的，就是这部作品所具有的来自生活实感的力量，就是真实再现了美国悲剧的力量。（陈伯通）

美国梦的牺牲品

德莱塞慧眼独具，很早就发觉美国报刊上大肆渲染的凶杀案中，凶犯通常并不是仅仅出于仇恨，而是被一种想在社会上出人头地的强烈欲望所驱使。因此，德莱塞认为，这恰好是对美国虚伪的道德标准的强有力的控诉。这类凶杀案总是与私恋事件有牵连。德莱塞从1914年起仔细研究过十几起此类案件，其中即有切斯特·吉莱特于1906年在纽约州边远地区荒无人烟的大比腾湖上溺死女友格雷斯·布朗一案。案发后切斯特被判处死刑。但在德莱塞看来，像切斯特这些人之所以会杀人，多半是因为他们头脑简单，抵御不了美国人那种羡慕荣华富贵的世俗欲望的引诱。杀人犯不仅是罪犯本人，更是美国这个社会，因为当时美国社会崇尚那种仅仅接纳少数人的荒谬绝伦的价值观念，并对两性关系怀着如此病态的恐惧心理。切斯特的案情梗概，后来就成为德莱塞的《美国的悲剧》的主要故事框架。

小说主要故事以切斯特一案为原型，在某种程度上本来带有推理小说的一些特点，但是可以肯定，德莱塞的兴趣重点并不在于案件的侦破，而是在于研究当时美国之梦的一个受害者。当时美国社会上，确实有许多青年人，特别是那些出身低微、家境贫困的穷小子，无不梦想在社会上出人头地，或者一夜之间突然发迹，成为百万富翁，或者痴心妄想，有朝一日能高攀上富家女，有钱有势，享尽荣华富贵。大肆渲染这类题材的文艺作品充斥当时美国文坛。德莱塞在某种程度上来说虽也采用了这么一个关于美国梦的寓言，但他反其道而行之，将它的大团圆结局颠倒了过来。显而易见，圆了这美国梦的可说是绝无仅有，大多数人只落得遗恨终生，甚至丢掉性命。德莱塞在他的小说中早就说得很清楚："社会活动的范围毕竟划得泾渭分明，谁要是越出一步，就注定要灭亡。"（《珍妮姑娘》）可惜直到今天，仍然有一些人执迷不悟，热衷于美国梦。这就足以说明德莱塞远在七十多年以前所写的这部巨著至今依然具有巨大的现实意义。

小说问世的20世纪20年代，美国社会崇尚伪善的侈谈，并没有好好地去培养青年一代。美国的实利主义使青年人认为，有了金钱便能占有一切，包括美色在内，因此，《美国的悲剧》就是对当时社会现实的一个严厉的控诉。（潘庆龄）

历史桂冠 LISHIGUIGUAN

西奥多·德莱塞是美国现代文学史上杰出的批判现实主义文学代表者，他以独特的现实主义创作为20世纪的美国文学开创了新天地。

德莱塞生于印第安纳州特雷浩特镇。父母亲是德国移民，笃信天主教。他出生不久恰逢父亲失业，童年在困苦生活中度过，曾和兄弟沿铁路拾煤渣，帮母亲去别人家里取衣服来洗勉强糊口。中学没毕业就去芝加哥谋生，曾失业流落街头。在老师的帮助下，他上过一年大学。1892年受聘为记者和编辑，走访了芝加哥和纽约等城市，广泛接触和了解社会生活，开始写些杂文，也为商业刊物写故事。1900年他转向小说创作，翌年完成长篇小说《嘉丽妹妹》，由作家弗兰克·诺里斯推荐，与出版商签订了合同，但印数极少。作者深受打击，但没有绝望。1911年又发表了《珍妮姑娘》，描写穷姑娘珍妮和富家子弟莱斯特相爱，后来孤独死去的惨状。作者又遭无端非难，打了几年官司，后来不了了之。另一部长篇小说《"天才"》拖到1923年出版后，作者又一次受到围攻，许多知名作家如孟肯、杰克·伦敦和辛克莱·刘易斯纷纷出面为他辩护。这使作者对社会环境有了深刻的认识，他坚持批判现实主义的创作道路，继续发表了许多优秀作品。影响较大的有《欲望三部曲》，包括三部长篇小说《金融家》、《巨人》和《斯多噶》。1925年，《美国的悲剧》正式出版，获得了国内外的好评。1927年11月，作者应邀去苏联访问。1931年发表了观点鲜明的政论集《悲剧的美国》等，大胆地分析和抨击了美国寡头政治造成的种种危害。第二次大战中他积极参加了反法西斯斗争。

1945年，74岁高龄的德莱塞参加了以福斯特为首的美国共产党。德莱塞对美国文学的影响是巨大的，他的主要功绩在于突破了美国文学中的"高雅"传统，他的创作道路表明了现实主义在美国的成熟。

《追忆似水流年》的一切都超越了常规，普鲁斯特凭借此书在文学史上实现了一场“逆向的哥白尼的革命”！

《追忆似水年华》

普鲁斯特（法国 1871-1922）

作为西方意识流小说的奠基者，普鲁斯特是现代主义文学的先驱之一。他使法国小说从传统走向现代，并以艰苦卓绝的理论探索和艺术实践为意识流小说开辟了新的境界，为西方现代小说艺术的发展作出了突出的贡献。因此人们把他和乔埃斯、卡夫卡并称为现代主义文学的三大奠基人。

普鲁斯特是个半辈子躺在床上、与药罐子为伍的人，这是一个只生活了一半却创造出全部的人。他的长篇巨著《追忆似水年华》是意识流小说的开山之作，在西方现代小说史上具有里程碑式的重大意义。普鲁斯特像一位伟大的建筑师，他以30年的时光，用回忆的砖石砌就了一道辉煌的时光走廊。他将自己仅有一次的生命如数地押在了一部长长的著作上、一场无声无响的劳作上。他没有渴望与这种劳作精神相去甚远的酬谢和犒赏，无论它来自哪个方向，他都全无兴趣。就是这种罕见之至的纯粹性，才使一部长卷具有了某种无从想象的洁净和丰富华丽感。

一切伟大的文学作品都建立或瓦解了某种文体，也就是说，它们都是特例。在那些特例中，《追忆似水年华》属于最深不可测的一类，它来自一种不可思议的综合，它把神秘主义者的凝聚力、散文大师的技巧、讽刺家的锋芒、学者的博闻强记和偏执狂的自我意识在一部自传性作品中熔于一炉。它的一切都超越了常规。从结构上看，它既是小说又是自传又是评论。在句法上，它的句子绵延不绝，好似一条语言的尼罗河，它泛滥着，灌溉着真理的国土，更令人惊异的是，这个特例同时也标志着过去几十年里的文学最高成就。作品如一幅巨大的银幕展现在我们面前，它标志着“意识流”作为一种文学流派正式登上文学舞台，并掀起了意识流流派创作的高潮。普鲁斯特凭借着这部小说，在文学史上实现了一场“逆向的哥白尼式的革命”，令自己跻身于20世纪最伟大的小说家之列。

经典回眸
JINGDIANHUIMOU

要了解法国文学，不能不读《追忆似水年华》。普鲁斯特的这部名著，风华绝代，卷帙浩繁。他从1909年起开始创作300万字的巨著《追忆似水年华》，直到去世前才全部完成，而直至1927年，该小说的7部15卷才全部出齐。这是一部回忆录式的自传体小说，是作家对自己的经历与感受的心路历程的回忆记录。叙述者是马塞尔，他患有失眠症，在半睡半醒的状态下断断续续地回忆起了童年时期在贡布雷的生活。贡布雷周围有两条小路。一条通向斯万家，另一条通向盖尔芒特家。斯万在剧院结识的交际花奥黛特介绍他去了富裕的资产者维尔迪兰夫人的沙龙。起初，斯万并不喜欢奥黛特，但当他发现她是教堂一幅壁画上叶忒罗的女儿西坡拉的化身时，就爱上了她，后来成了她的情夫。维尔迪兰夫人厌恶斯万，不再邀请他，从此斯万再也没见到奥黛特。

马塞尔在香榭丽舍大街散步时认识了奥黛特的女儿希尔贝特·斯万，并爱上了她。但希尔贝特却故意躲避、疏远他，马塞尔假装和她断绝关系，结果弄假成真。随着时间的流逝，他对这段恋情也渐渐淡忘，也很少拜访斯万夫人。

两年后，马塞尔和外婆去海滨城市巴尔贝克，认识了外婆的女友维尔巴里西斯侯爵夫人。侯爵夫人是盖尔芒特家族的成员。马塞尔和侯爵夫人的外孙圣卢成为朋友。一天，马塞尔在海边看到一群姑娘，其中一个推着自行车。一次，他在一个画家的家中又遇到了那个推自行车的姑娘——阿尔贝蒂娜，她很神秘，对马塞尔来说是个谜。马塞尔和外婆回到巴黎，他得知圣卢在东锡埃尔服兵役，于是决定去看望他，希望以此结识圣卢的舅妈盖尔芒特夫人。圣卢带马塞尔到维尔巴里西斯夫人府，盖尔芒特公爵夫人也到了，她是个让人爱慕的女人，举止优雅、谈吐风趣。马塞尔还遇见盖尔芒特公爵的弟弟夏吕斯男爵。饭后，夏吕斯男爵请马塞尔陪他散步，他是个同性恋者。

马塞尔外婆的去世使马塞尔对生活感到失望。马塞尔又去了巴尔贝克，阿尔贝蒂娜也在附近一个疗养地。他先是回避她，后来又常去看她。他怀疑她是双性恋。他对喜欢阿尔贝蒂娜的人产生了嫉妒，劝说她和他一起返回巴黎，并把她软禁在自己家中。马塞尔愿娶她为妻，但阿尔贝蒂娜终于还是不愿受婚姻束缚，不辞而别，后来她不慎坠马而死。

马塞尔陪母亲到威尼斯旅游，这时收到了希尔贝特的信，她要和圣卢结婚了。斯万死后，希尔贝特的母亲奥黛特嫁给了福什维尔伯爵。

典·故·逸·话

普鲁斯特因著作《追忆逝水年华》而闻名，当他13岁及20岁时，分别回答过一份涉及被提问者的生活、思想、价值观及人生经验的问卷，而这份问卷亦因为他特别的答案而受到世人的关注，后人将这份问卷命名为“普鲁斯特问卷”，后来研究普鲁斯特的人士还以此为依据来分析一个作家成长的变化。

希尔贝特邀请马塞尔去福什维尔伯爵家做客，在那里，他得知希尔贝特在小时候曾经爱过他。第一次世界大战爆发了，马塞尔一直生活在疗养院里。他曾三次返回巴黎，第二次回去的时候，他在街上遇见了失势的夏吕斯，并偶然发现夏吕斯是性虐待狂。他还获悉圣卢在前线阵亡了。马塞尔第三次回到巴黎时，战争已经结束。寡妇维尔迪兰夫人嫁给亲王当上了王妃。一个下午，马塞尔来到盖尔芒特王府门前，铺在院子里的大小不等的石板让他回想起了威尼斯圣马克教堂中的石板，感到了吃浸泡在茶水中的玛德莱娜小点心的那种快感。他觉得自己超越了时间界限，可以通过文艺创作找回失去的时间。

普鲁斯特凭借着一部小说，便在文学史上实现了一场“逆向的哥白尼式的革命”，令自己跻身于20世纪最伟大的小说家之列。《追忆似水流年》在20世纪世界文学史中无疑是一座丰碑。作品以行云流水的笔调，丰富细腻的联想将时间这一主题固定化为文学命题，从而完成了一项创举。

普鲁斯特是一位非常注重对小说形式进行探索的作家，在体裁上他打破了小说与散文的界限，大量地运用散文的笔法，松散如行云流水，各个篇章相对独立却又浑然一体。《追忆似水流年》在20世纪世界文学史上无疑是一座丰碑。

寻找失去的时间

普鲁斯特在《让·桑特依》的题词中写道：“我是否能把这本书称为小说？可能称不上，但这是我一生的精华，是消逝的年华中那些令人心碎的时刻汇集而成，其中没有掺杂其他任何东西。这本书不是编造而来，而是收获所得。”

这段话也适用于《追忆似水年华》。这部作品译为《寻找失去的时间》更为合适，它用第一人称来写，但并不是自传体作品。作品中的叙述者没有姓，只有“马塞尔”这个名字。此人相当奇特，“他不仅是主人公和演员，而且还是自己行动的观众”。作者把这个人物当做故事的依托和视野的中心。

小说取材于作者的生活和经历，但所描写的世界并不是作者生活的世界的翻版。普鲁斯特出身于大资产阶级家庭，他一生走过的道路是从沙龙到沙龙的道路，因此，他作品中反映的自然是上流社会中度过的良辰美景。可以说，《追忆似水年华》是一部上流社会的编年史。这部小说描写的时代是法国走上帝国主义的历史阶段，随着垄断资本的日益集中，上层社会发生了巨大的变化，贵族阶级日趋没落，对往日纸醉金迷的生活无限留恋，抚今思昔不胜感叹。小说以细腻的笔调刻画了他们的怀旧之情，对他们庸俗、腐朽的情趣也进行了辛辣的讽刺和鞭挞。

这部小说基本上是按时间的先后顺序来写的，只有在“斯万之恋”中采取倒叙的手法。但是，它和传统的小说有很大的区别。首先，小说的故事支离破碎，各个段落互不连贯；其次，小说没有系统的情节，没有戏剧性的场面，即使有，也只是一些没有前因后果的场面，而且涉及的是次要人物。作品中最吸引人的地方不是故事本身，而是作者对某一主题的感想，它们使作品具有一种无可比拟的魅力。例如，在叙述者慢慢苏醒或失眠时，作者就对这种半睡半醒的状态进行细腻的分析，听到一支奏鸣曲就对音乐发表议论，同一位画家邂逅则谈论对绘画的看法，恋人吃醋时，就提出种种假设进行解释。可以说，这部小说的特色之一，是小说家不时被散文家所打断。

贯穿这部小说始终的主题是时间，即“失去的时间”和“找回的时间”。普鲁斯特认为，时间并没有消逝，而是埋藏在我们自身之中。叙述者和我们每个人一样，在不知不觉中逐渐储存了他各种不同的自我，以及他看到的各种人物形象和社交界的各种场面。通过一种意外的感受，完整无缺地保存下来的往事又奇迹般地再现出来。

这种无意中回忆起往事的体验，并非普鲁斯特的独创。但普鲁斯特的小说全部都是从这种无意识回忆中产生的。这种无意识地回忆往事，是通过现时的感觉和忘却的过去之间的一种巧合来进行的，比用理智来回忆要清晰得多，原因是用理智回忆的往事无所依托，重现之后会很快消失，而无意识的回忆往事有现实的感觉作为依托，能产生一种强烈的印象，使人对时间有立体感。因此，普鲁斯特认为，这种埋藏在潜意识中的回忆，不能靠理智的推理来发掘，只能用直觉来发现。

与此同时，作家用艺术的形式把这种无意识回忆的往事固定下来。他认为现实是不断消逝的时光，所以艺术家的任务是在无意识回忆的广阔海洋中去探索和发现消逝的时光。他曾说：“真正的生活，最终被发现和理解的生活，因而也是真正体验过的唯一生活，就是文学。”（徐和瑾）

伟大的普鲁斯特

在现代艺术的代表性作家中，难得使用“伟大”这个词汇。是说不清的禁忌阻止了我们，使我们从不轻易地说他们当中谁是“伟大的”。但我们可以经常地说他们是绝妙的、天才的，等等。可是面对着普鲁斯特，我们却常常要表现出某种慷慨。

普鲁斯特的《追忆似水年华》，大概可以说成前无古人后无来者的书。几乎看不到借鉴，也看不到模仿——所有的模仿都不会成功。再也找不到比他更为自信从容、旁若无人的精神巨人了。他只在自己的世界中遨游，这差不多就是一个生命的全部意义。在古今中外的作家中，谁具有如此的极端色彩？

这不仅是一种实验，不，这完全不是实验——他将自己仅有一次的生命如数地押在了一部长长的著作上、一场无声无响的劳作上。他没有渴望与这种劳作精神相去甚远的酬谢和犒赏，无论它来自哪个方向，他都全无兴趣。就是这种罕见之至的纯粹性，才使一部长卷具有了某种无从想象的洁净和丰富华丽感。

作为一个生命，他那种独特的、细致入微的感知是任何人都无法重复、都要叹为观止的。我们常常在普鲁斯特惊人的发现和描述面前感叹：人哪，像他这样敏感多情，才不枉为一个人！我们不知何时失去了这些——一个人最为宝贵的东西，它们永远地失去了……（张　炜）

历史桂冠
LISHIGUIGUAN

马塞尔·普鲁斯特是西方现代文学的前驱者，他在创作中所体现的自我意识、时间概念和爱情心理都是对传统小说的突破，为现代派文学开辟了一条崭新的道路。

普鲁斯特出生于巴黎郊区奥特伊镇一个富裕的家庭，自幼体弱，9岁时患上了哮喘病，终身不愈。1882至1889年，他在巴黎的孔多塞中学学习，在这期间，他结识了一些文学爱好者，并进入社交界。同时，他开始了文学创作，曾和同学合办了《丁香杂志》。1889年，他在奥尔良第76步兵团服役，第二年进入巴黎大学法学院和政治科学学校学习，同时开始研究哲学。他听过哲学家柏格森的课，并尝试将他的直觉主义的潜意识理论运用到小说创作中。

1895年，普鲁斯特开始创作自传体小说《让·桑特依》，内容和《追忆似水年华》很相似，但没有完成。1903年和1905年，父母的相继去世给普鲁斯特以沉重的打击，并且他的健康状况也每况愈下，由于哮喘病发作需要经常住院治疗。他深居简出，埋头写作。1913年，《追忆似水流年》的第一卷《斯万家之路》由作者自费出版了，1918年又出版了小说第二卷《在如花少女们身旁》，1919年11月该书获得龚古尔奖。之后在1921至1922年间出版了《盖尔芒特家之路》、《索多姆和戈摩尔》。

中国现代散文的发展，当以“五四”时期的成就为最高，影响为最大。而朱自清的散文创作，又是这一时期成就最突出的。“朱自清”三个字，已经成为白话散文的代名词了。

《背影》

朱自清（中国 1898-1948）

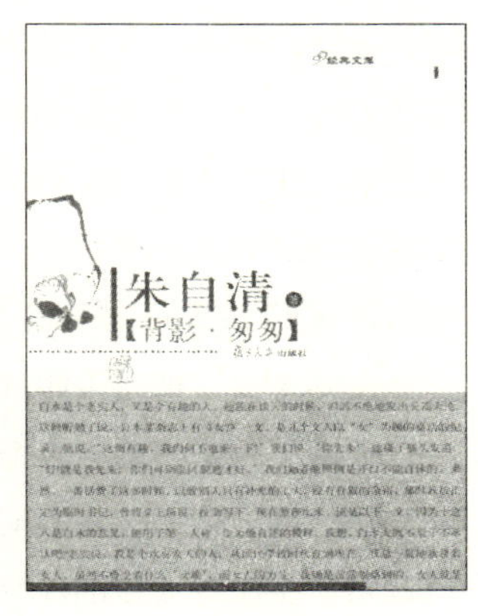

中国现代散文的发展，以“五四”时期的成就最高、影响最大，而朱自清的散文创作，又是这一时期成就最高的。作为散文大家，朱自清的名字永远和中国现代散文的历史连在一起。在五四时期这集一时之盛的散文百花园里，有周作人的隽永，俞平伯的绵密，徐志摩的艳丽，冰心的飘逸，而朱自清先生则以其“真挚清幽的神态”屹立于“五四”散文之林，他的散文以独特的美文艺术风格，为中国现代散文增添了瑰丽的色彩，为建立中国现代散文全新的审美特征，树立了“白话美文的模范”。

朱自清的文字对读者的感动不是棒喝的顿悟，而是修行的渐悟。乍读之下，你可能感受不强，因为那不是一“板砖”，拍得你晕头转向或肌肤生疼；而是一根针灸师手中的细针，在你不经意间，猛一下针尖就穿透了你敏感的皮肤，进入了你的肌肉，其疗效慢慢地蔓延到你的神经、精神，可谓“沁人心脾”。朱自清的文字可以比成杜甫笔下的“春雨”，“润物细无声”般在读者的心上留下经久不灭的印痕。

散文集《背影》是朱自清四年的创作结晶，近百年以来，已经和他的名字融为一体。集中的每一篇，都是朱自清在厄运面前的挣扎和对人情淡薄的旧世道的抗争。虽然是怨而不怒，却同样会引起人们的同情、叹息乃至强烈的共鸣。读《背影》，能够读到朱自清强烈的自尊意识，也能读到他悠长的生活史、情感史、思想史，会让人感觉无比亲切，越读越精彩，越读越经典。

经典回眸 JINGDIANHUIMOU

《背影》是朱自清的第一部经典散文集，包括《阿河》、《荷塘月色》、《女人》、《儿女》、《飘零》等15个散文名篇。“五四”运动以后，朱自清开始变得孤独和彷徨，为了摆脱心理危机，他努力地以积极的态度看待人生，使自己生活中的每时每刻都有独立的意义和价值。理想幻灭之后，自尊、自重、自强、自爱成了他在这一时期个人强烈的精神追求。他用中国知识分子的气节来规范自己的思想、行为，坚持人格的高洁和自尊。因而《背影》集收录的文章，也体现了一种向上的追求。

文集中的作品在柔软中闪着光泽，简朴中见晶莹。而它们之所以感人至深，是因为朱自清的情感发自肺腑。这些散文生动地抒写了他的禀性、气质、灵感、情思、嗜好、习惯、修养、人生经历和人生哲学，表现了他的全部思想、感情和人格，鲜活地再现了一个有血有肉的生命，包含着与众不同的趣味，显示出经久不衰的艺术生命。散文集《背影》乍一看是淡淡的，但细细咀嚼，便觉得别有一番滋味在心头。朱自清注视着惨淡的人生和阴冷的现实，在无可奈何的苦笑中，依然透露出“国家之念”的忧国忧民的感情。同时，朱自清在《背影》集里筑起了一个“爱”的天国，他把父子、夫妻之情，把兄弟姐妹的童心写得亲切逼真。

正如作为诗人的朱自清写起诗来是十分散文化的一样，作为散文家的朱自清，散文又是很有诗味的。在当时的作家中，有的从古文堆中来，往往有陈腐气；有的从外国归来，往往有太多的洋气，而《背影》中的作品，一开始就有一种纯正朴实的新鲜作风。《背影》集的大多数散文，都涉及日常生活的一角，其中有作者的心声，有他真诚的品性和天真淳朴、幽默风趣、深沉柔婉的情怀和气氛，更有超乎寻常的艺术感染力。温厚、朴素、自然，是这些散文的本色，它们毫不矫饰地表露了作家的感情和心灵，篇篇都是足以称道的艺术珍品。

腹有诗书气自清

作为散文大家，朱自清的一些代表作，如《绿》、《荷塘月色》、《匆匆》、《背影》等一发表，就广为流传，选入中学课本后，影响着一代又一代人的写作。有多少人，包括我本人，在文学练习期，曾沉浸于朱自清《背影》这本散文集的意境里，模仿过他的调子，甚至“剽窃”过他的措辞。论写景状物，在“五四”那一代散文家中，还有谁比他更细致、更精致？杨振声夸赞朱氏散文说，“在新文学运动初期，便已在领导着文坛”。

朱自清的诗是散文化的，而他的散文又饶有诗味，正如郁达夫说的：“满贮着那一种诗意……以江北人的坚忍的头脑，能写出江南风景似的秀丽……”善于进行风格概括的李广田说，“他的作品一开始就建立了一种纯正朴实的新鲜作风”。

青少年可能更青睐《绿》、《荷塘月色》等清纯的篇章，但稍稍上点儿年纪和人生感悟的，则更喜欢《背影》等蕴涵着更多辛酸况味的文章。《背影》写尽了相隔千里相互关心的父子情，《给亡妇》则写绝了相隔阴阳浓得化不开的夫妻爱。据说散文集《背影》一出版，朱自清就请在上海的出版商给在扬州的老父亲先寄了一册。朱小坡当时已相当老弱，行动不便，让家人把自己连同椅子搬到了窗前，戴上老花镜，一字一句地读着儿子专门写给自己的文章，感动得老泪纵横。

《背影》解读的宽度就是你生活的宽度、思考的宽度。《背影》集里有悠长的朱自清的生活史、情感史、思想史，也可以有你自己的悠长的生活、情感乃至思想的历史。文学阅读甚至“文学”本身都不怕，甚至很需要这样的投射与移情，对此，现代文学理论是早就言明了的；而且，恰恰是那些经典化的作品，因为“有无数读者的反复阅读，所以越读越精彩，越读越经典”。（佚　名）

出淤泥而不染

《背景》是一部润物细无声的经典散文集，其中流淌不尽的，乃是人世间平淡的缕缕真情。朱自清的魅力在于以平和恬淡的风味带给读者内心莫大的震撼，文集中，无论记述家事还是忆及亲人，篇篇都表达了朱自清的赤子之情，显示了他的情操、思想和为人。文章的措辞不激烈、不强硬，而真善美与假恶丑却在作者笔下泾渭分明。

在这些散文中有一部分是以夹叙夹议手法写的呼吁与诅咒的名篇，如《白种人——上帝的骄子》、《阿河》、《哀韦杰三君》、《旅行杂记》、《海行杂记》等。这些散文直接从现实生活取材，从一个角度抨击了当时的黑暗社会。《阿河》写了一位18岁的农家少女阿河的悲剧，她被迫嫁给了一个30多岁的流浪汉，气得她离家出走去当用人，后来又被男人抢回去，逼她爹拿钱换人，她爹只得以80块钱的价格又把她卖给一个有钱的老板。作者义愤地控诉了畸形社会为富不仁的罪孽。在《哀韦杰三君》里则对“三一八”惨案中的死难者韦杰三君致以自己深挚的悼念和敬意，语挚情深，感人肺腑，朱自清对北洋军阀统治下的黑暗社会的憎恶是非常明显的。

《背影》集中的散文多表现父子、夫妻、师生、朋友间的感情。朱自清从作为儿

子、丈夫、父亲、老师、朋友所应有的伦理、道德及仁爱之心出发，检点自己在人伦关系中的生活细节，对自己的粗疏、随便、懈怠，表示深深的自责和无尽的悔恨。愈是自责自悔，愈是表示修善补过，便愈是宛然托出一颗诚挚、广博的爱心。其中《背影》一文是朱自清收到父亲那封“惟膀子疼痛厉害，举箸投笔，诸多不便，大约大去之期不远矣”的信后萌动了创作契机，文章通过当年父亲为自己买橘子的背影的回忆，倾吐了儿子对父亲的感恩图报之情。

作者不是正面地、直接地评说这种感情，而是自审那时自己对父亲送行过程中不敬的思绪——总觉得父亲与搬行李的脚夫讲价时“说话不漂亮”；他又是叮咛又是嘱咐茶房，“心里暗笑他的迂”等，现在回想起来，“那时真太聪明了”，自责自悔是出于作者为人的人性、伦理、道德，更是出于自己对父亲的一片挚爱深情。灵魂的自尊更加反衬出对父亲的情之切、爱之深，反衬出远在他乡的儿子对父亲健康状况的忧愁，以及自己不能守在老人身边尽孝的痛苦。另一方面，用悲剧心理观照和描写人生，伴随着他“爱”的饮泣，使散文散发着人道主义的温馨气息。《背影》写作者的生活感受，写出了真情，写出了情致，使这篇散文在当时获得单篇散文从未曾有过的脍炙人口、争相传诵的巨大影响。

《荷塘月色》等篇是以写景抒情见长的名篇。在这篇写景抒情散文里，朱自清先诉说自己的不宁的心境，然后描写一个宁静的与现实不同的环境——荷塘月色，通过对传统的“出淤泥而不染”的荷花和高寒孤洁的明月的描绘，象征性地抒发了自己的洁身自好和向往美好新生活的心情。总之，这类写景散文，寓情于景，情景交融，流露着浓郁的诗情画意。而且，无论是叙事散文还是写景散文，篇章布局都是十分精当的，显示出他早期散文漂亮、缜密的特点。

在“五四”散文的百花园中，朱先生的散文独具一格，他的写景抒情散文显示了很高的艺术成就，显示了“旧文学之自以为特长者，白话文也并非做不到”，尽了“对于旧文学的示威的历史任务”，为现代散文美学作出了贡献。

（吴为公）

典·故·逸·话

1920年，是朱自清在大学的最后一年。一天，他到琉璃厂去逛书店，在华洋书庄见到一部新版的《韦伯斯特大字典》，定价要14元。这些钱对这部大书来说虽不算太贵，可对一个念书的学生来说却实在不是个小数目。朱自清手头没这么多钱，可书又实在舍不得，思来想去，自己的一件皮大氅还值点钱。这件大氅，是父亲在朱自清结婚时为他做的，可当时朱自清实在舍不得那本大字典，又想到将来准能将大氅赎出，便在踌躇许久后，毅然将它拿到了当铺。拿上钱，朱自清马上去把那本《韦伯斯特大字典》抱了回来。不料那件费了父亲许多心力的大氅，却终究没有赎回来。

历史桂冠
LISHIGUIGUAN

朱自清原名自华，字佩弦，号秋实，笔名余捷、知白等，原籍浙江绍兴，1898年生于江苏东海县。其祖父朱则余，号菊坡，原籍绍兴，本姓余，因承继朱氏，遂姓朱。祖母吴氏。父亲名鸿钧，号小坡，母亲周氏。六岁时朱自清随全家定居扬州。少年时即不苟言笑、学习认真、沉着倔犟、洁身自尊，品行与学业俱优，喜欢看小说，颇有志向，曾自命“文学家”。

1916年，朱自清考入北京大学预科，同年底与武钟谦女士完婚。1917年夏，迫于家庭经济状况恶化，为减轻家庭负担，乃改名“自清”，提前一年投考北京大学本科，被哲学系录取。1919年，他加入《新潮》诗社，开始创作新诗，其新诗处女作《睡罢，小小的人》于同年2月问世。他积极参加“五四”爱国运动和新文化运动，并就此走上文学道路。在三年内，他修完四年的课程，于1920年提前毕业。此后，他曾在杭州、扬州、上海、台州、温州、宁波等处中学任教，同时从事新诗和散文创作。1922年，和俞平伯等人共同创办《诗》月刊。

1925年夏，朱自清赴北京任清华大学教授。1928年8月，出版散文集《背影》，在文坛引起强烈反响，并以平淡朴素而又清新秀丽的优美文笔独树一帜。同年11月26日，其夫人武钟谦在扬州病逝，对他打击很大。1931年4月，结识陈竹隐女士，同年8月赴欧洲进修和游历。1932年7月回国后写成《欧游杂记》，仍任清华大学教授，同年8月与陈竹隐结为伉俪。1934年后参与《文学季刊》杂志编辑工作。

1937年，抗日战争爆发，朱自清随校南迁至长沙、昆明、蒙自、成都，任长沙临时大学、西南联大教授。这一时期曾写过散文《语文影》，与叶圣陶合著《国文教学》等书。抗日战胜利后，积极支持昆明学生反对国民党发动内战。1946年，由昆明返回北京，任清华大学中文系主任。7月，著名的民主战士李公朴、闻一多被国民党特务暗杀，他不顾个人安危，出席成都各界举行的李闻惨案追悼大会，并报告闻一多生平事迹。1946年10月，他从四川回到北平，11月担任“整理闻一多先生遗著委员会”召集人。

1948年6月18日，朱自清身患重病，仍签名《抗议美国扶日政策并拒绝领取美援面粉宣言》，并嘱告家人不买配售面粉，始终保持着一个正直的爱国知识分子的高尚气节和可贵情操。1948年病逝于北平，享年50岁。毛泽东曾称赞他“一身重病，宁可饿死，不领美国的‘救济粮’的‘骨气’，表现了我们民族的英雄气概”。

劳伦斯在现实主义道路上独辟蹊径，被赞誉为“爱的祭司”，他的小说创下了文学史上的奇迹。

《查泰莱夫人的情人》

劳伦斯（英国 1885-1930）

提起英国文学，就不能不提到劳伦斯，他笔下有许多脍炙人口的名篇。劳伦斯的出现，对20世纪的英国文坛是一场强烈的地震，只是在余震过后，人们才充分认识到它的震动之强和影响之深。天才，用这个词来形容劳伦斯是恰当的，当时的英国社会很注重人的出身、教养，社会上还弥漫着从维多利亚时代以来的清教徒风气，生长在这个时代里的劳伦斯是与众不同的，他出身于矿工的家庭，没有名门望族的声誉，也没有名牌大学的文凭，他所拥有的仅仅是才华。他在现实主义道路上独辟蹊径，既不同于传统现实主义文学前辈，又不同于自然主义文学大师左拉。他大胆地关注两性之间的关系，从“性”的角度剖析和抨击了西方现代文明，被赞誉为“爱的祭司”，“最伟大的富于创造力的小说家之一”。

《查泰莱夫人的情人》是劳伦斯创作的高峰。小说通过超越阶级鸿沟的一对男女尽情展示生命之妙和以此为纽带建立起爱之方舟，从而躲过汹涌而来的漫天洪水，那斩断一切生命之脉的物欲文化之浊流。可以说，劳伦斯提供的是一个象征，一则寓言，一篇现代的启示录，根本含义便是：充满爱的生命战胜死亡。由于书中有对性爱的大量描写，在问世后曾受到了猛烈的抨击，并被英国当局查禁三十年之久，而开禁之后却立刻畅销全球，创下文学史上的奇迹，成为文学史上最有争议的作品之一。劳伦斯以一个思想家的锐敏、一个艺术家的真诚表达了对时代的焦虑、人生的困顿、人性的堕落和西方理性主义文化的危机与塌陷的思考，预示了西方社会的转型和现代主义思潮的临盆，他对西方文化的批判是深刻的，他对人的命运的关怀是深挚的。现在，人们已经认识到这是一部“真诚、健康的书”，是一部主题严肃而意义深刻的作品，它在艺术上开创了现代小说性爱审美描写的先河，对西方现代主义文学产生了重大影响。

经典回眸

JINGDIANHUIMOU

劳伦斯的小说以其深刻的审美意蕴和独特的表现方法而熠熠生辉，《查泰莱夫人的情人》是劳伦斯的最后一部作品，也是他呕心沥血、抱病三易其稿的作品。这是一部需要不带有任何偏见去阅读的作品，只有这样，人们才能深深体会到作家写作的目的：使人们“对性树立起应有的尊重，对肉体的奇特体验产生应有的敬畏”。

小说发生在第一次世界大战时期。1917 年，健康活泼的女主人公康妮嫁给克利福仅仅一个月，克利福就重返了前线。半年后，29 岁的克利福负重伤被运回国。他虽然保全了性命，但腰部以下全部瘫痪，从此他们的肉体是完全隔绝的。1920 年，克利福的父亲死了，他继承了爵位，成了克利福·查泰莱男爵，康妮就成了查泰莱男爵夫人。他们搬到了查泰莱的老家勒格贝，克利福主管着矿场。康妮过着一种闭塞、沉闷的日子，她不得不习惯了这种缺乏生气的生活。她忍受着丈夫的残废，忍受着勒格贝的丑陋和阴森，忍受着一群群矿工放工回家时的嘈杂声，忍受着附近村子里农民对她的冷淡，忍受着女管家的挑剔和尖刻……

康妮的父亲是个曾经享有盛名的皇家艺术学会的会员，他不希望自己女儿“守活寡”。康妮渐渐地消瘦了，她喜欢在树林里散步，她觉得自己正在委靡凋谢。父亲劝她找个情人。康妮结识了克利福的客人蔑克利斯，他也对她很钟情。但是蔑克利斯是个娇弱的情人，他因为对此事不抱有希望，所以很快就离开了。康妮陷入了苦闷之中。康妮的孤独和寂寞只能在林中漫步时得到慰藉。一天，克利福和康妮去林中散步，克利福谈到了今后继承人的问题，他希望康妮能和一个“高尚”的男人生一个孩子作为他们的继承人。在这里，康妮认识了克利福的看林人梅乐士。一个偶然的机会，康妮无意中看到了梅乐士裸着上身洗澡，于是一种纯粹的寂寞着的男子的孤独感深深地埋在了内心，她禁不住经常跑到小屋跟前，一次，梅乐士请她进屋坐坐，康妮觉得像做梦一般，临走时还向梅乐士要了一把小屋的钥匙。克利福受博尔顿太太的鼓励，沉浸在了对煤矿的经营中。康妮终于投入了梅乐士的怀抱。梅乐士曾被妻

典·故·逸·话

劳伦斯自幼习画，绘画才能十分了得，他在意大利一边写作《查泰莱夫人的情人》时，一边作画。1929 年，在《查泰莱夫人的情人》备受攻讦、横遭厄运时，劳伦斯委托友人为之筹备在伦敦举办画展，展出自己的 25 幅油画和水彩画，并出版其绘画集。这些画是劳伦斯近三年来身染沉疴坚持笔耕之余的呕心沥血之作。这些绘画一经展出，便颇受观众和收藏家青睐。短短 20 天中，观众流量达 12000 人次，其中几幅画立刻成交售出。那些天中，华伦美术馆门前书有劳伦斯名字的鲜艳旗帜迎风招展，观众络绎不绝，称得上那年夏天伦敦城里蔚为壮观的一景。

子抛弃，他当着康妮的面烧了他们的结婚照。不久，康妮怀孕了，她越来越感到自己离不开梅乐士，终于下定决心与丈夫分手。而克利福无法忍受自己妻子的情人是个下等阶级的看林人，因此他拒绝离婚，并且梅乐士的前妻又要和梅乐士复婚。但是面对重重阻碍，康妮和梅乐士都没有失去信心。康妮离开了勒格贝，去了苏格兰，而梅乐士已经在一个农场找到了新工作，为他们今后的生活奋斗。他们充满希望地等待着不远的相聚……

《查泰莱夫人的情人》于1928年发表，劳伦斯从男女性爱这里作为切入点，来展现理性文明对人类情感生活的扭曲和异化，目的是要重建人文精神的价值体系，弘扬自然和谐的生活价值观与审美观，培养丰富健全的人类情感。

唤醒蛰伏的肉体

小说《查泰莱夫人的情人》是从第一次世界大战战后社会状况和工业文明对人性的机械性扭曲的宏观视角中展开的。“铁与煤已经深深销蚀了人的肉体与灵魂”，这就是资本主义工业制度的恶果，而贵族矿主克利福男爵则是“铁与煤”的人格化身。这个人物既具有英国贵族的虚伪、傲慢和自私，又具有工业资本家的冷酷无情、拜物教心理和机械性气质。当他察觉这种控制力渐渐失效时，便对她暗暗产生了仇视。

克利福坐在机械轮椅上进入树林是小说中令人难忘的一段情节。他得意忘形地自以为在骑马奔驰，而且认为“机器和汽油”比柏拉图的灵魂上天时乘的骏马跑得更快。他驱动车子在小蓝铃花和喇叭花上面碾过，把爬地藤的淡黄色钟形小花轧在轮下，在勿忘我花中间无情地开辟出一条路来。然而富于讽刺意味的是，克利福的机械轮椅在坡地上受阻了，他狂暴地胡乱发动机器，终于弄坏了发动机。

康妮便是在克利福机械轮椅下被碾轧着的一朵鲜嫩的花。少女时代的她具有村姑似的健康体态和充沛的精力，脸色红润，有着温柔的蓝眼睛和温和的声音。现在她的生命正在渐渐枯萎下去，一种空虚感时时弥漫在她的心头。在康妮的世界里，唯有那片树林是没被“奸污”的地方，“树林像是她唯一的安身处，她的避难所”。后来，康妮渐渐感觉到树林具有某种精神，进而感觉到树林似乎与自己的生存状态有某种相似性：“她自己就像一座森林，像一个幽暗的枝丫交错的橡树林，有千万开放着的蓓蕾在无声地低语。同时，那些欲望的小鸟正在广袤的浓密错综的身体里酣睡着。”

在看林人的屋舍背后，康妮偶然窥见了梅乐士在洗澡，在急忙退缩之间，她看清了他那细弱的腰、瘦长的双臂和白皙的背部，于是她好像拦腰受到一击。她明白，那强烈的视觉震荡已经冲击到身体深处，那一瞬间的印象，那种奇异的经验，已经深深刻在她的心底。

当晚，康妮在自己房间里做了一件很久没有做过的事——观察自己的裸体。她感到自己还没有真正地生活就已经老了，于是哀伤地痛哭起来。这不仅是对丈夫的愤懑，而是对蹂躏和窒息生命的罪恶力量的愤懑：

“不公平！不公平！那肉体的深深不平的感觉，燃烧到了她灵魂的深处。”从此，康妮开始频频地孤身一人到树林里去了。不过康妮的意识里并没有真正作为一个男人的梅乐士，她只觉得心里有什么被唤醒了，她要走出门廊和大门去。她在三月的和风里仿佛听到某种呼喊：“你要再生！”（佚　名）

两个残缺生命的复活

梅乐士出生于矿区村庄，也曾在矿场做工，后来在克利福父亲手下做过两年看林人。大战时他曾从军，到过埃及和印度，做过下级军官。战后他并非不能找到较体面的职业，但他竟愿意继续为克利福看守树林。他选择遗世独立固然与多次受过性爱和婚姻的打击有关，但更是他面对文明社会而采取的一种自我放逐的姿态。他对上层阶级感到憎恶，但他又厌恶深受工业文明制度毒害的平民大众的卑贱庸俗，认为他们也同样崇尚物质、权势和金钱。他与雇主阶级对立，但又不属于矿工阶级，而是以“自然人”的身份与整个文明世界对立。

但梅乐士并不能真正摆脱自己的社会属性而成为一个理想化的“自然人”。孤独生活本身仍然带给他精神上的痛楚。

康妮和梅乐士的第一次单独接触，是在春天里一个阳光灿烂的日子，康妮观看着鸡群的嬉戏，深深地被这一幅美丽的图画迷住了，而与此同时，她的被遗弃女性的失望感，竟浓重到前所未有的程度，几乎使她难以承受。她在凄凉无助的痛楚中茫然地哭泣着。梅乐士的心突然融化了，就像坠落的一点儿火花，他把手放到她的肩上，温柔地、轻轻地抚摸她……她只有一种沉睡和梦幻的感觉——“她再也承负不起她自己的重量。她整个地放在那里，任人拿去，任人拿去……”朱利安·莫伊纳汉指出，康妮与梅乐士之间的第一次性关系，标志着“她从此岸向彼岸迈出了一大步，从无生命世界过渡到了有生命的世界”。

小说中一共以他们的七次性交来表现康妮灵与肉的再生过程，这使得《查泰莱夫人的情人》远远超出了劳伦斯其他相似的作品，主人公不是在一次晴空霹雳似的意外体验中霍然顿悟的，而是逐渐地、艰难地达到生命的最后觉醒。

在梅乐士与康妮的最后一次性交中，康妮终于能直面本来的自我，触摸到了生命的本源：在康妮看来，梅乐士已不再是一个情人，甚至也不仅仅是一个丈夫，而是一个珍贵的生命伴侣。

小说以梅乐士给康妮的一封信结束。他在信中说："你没法保证将来，除非真正相信你自己最好的东西，相信超越它的力量。因此我相信我们之间的那个小火焰。现在对我来说，它便是世间唯一的东西了……现在那小火焰便是我在生命中唯一关心的东西，它是我的'圣灵降临'，那叉形的火焰。"他对未来有信心——"我们真正信赖那小火焰，并信赖无名的上帝会保护它不被吹灭。只要人的心中、人与人之间始终燃烧着那小火焰，或许就不是全然没有希望的。"（侯　楷）

历史桂冠 LISHIGUIGUAN

戴维·赫伯特·劳伦斯出生在英国中部诺丁汉郡一个矿工家庭。父亲是一名矿工，朴实粗犷，母亲是小学教员，会写诗。父母间文化教养和性格的差异导致二人不和，母亲对婚姻不满，把全部精力放到了两个儿子身上，对幼子劳伦斯更是关爱有加。

劳伦斯从小多病，13 岁考入诺丁汉中学，并获得奖学金。1910 年，劳伦斯高中毕业后，曾在故乡做过小学教员，期间开始诗歌创作。1906 年进入诺丁汉大学学院学习植物学、法律。他很早就开始写诗，于 1911 年发表了第一部长篇小说《白孔雀》，表达了作者对大自然勃勃生机的礼赞，对畸形文明迫害人们天性的谴责。1910 年母亲的去世给他很大打击。之后他与大学教授的夫人弗丽达一见钟情，弗丽达的爱情给他很大鼓舞，两人于 1914 年结婚。一次大战中劳伦斯发表长篇《虹》，因触犯当局战时利益而被禁毁，使他处境艰难，几乎一蹶不振。战争结束后他开始了流亡生涯，先后到过意大利、德国、澳大利亚、美国、墨西哥等地，企图找到一处世外桃源。1928 年私人出版了最有争议的最后一部长篇小说《查泰莱夫人的情人》，但英美等国直到 20 世纪 60 年代初才解除对此书的禁令。

1930 年劳伦斯因患肺结核死于法国尼斯附近的旺斯镇，骨灰被安葬在美国新墨西哥州的一个农场。劳伦斯是 20 世纪英国文学史上最独特、最有争议的作家，他敢于打破传统方式，以其独特的风格揭示人性中的本能力量，召唤人们从资产阶级文明的灰烬中重建现代社会。

张恨水以自己独特的写作风格倾倒了无数读者，他的每一部作品都堪称难得的艺术精品，而《金粉世家》更是其中之冠。

《金粉世家》

■ 张恨水（中国 1895−1967）

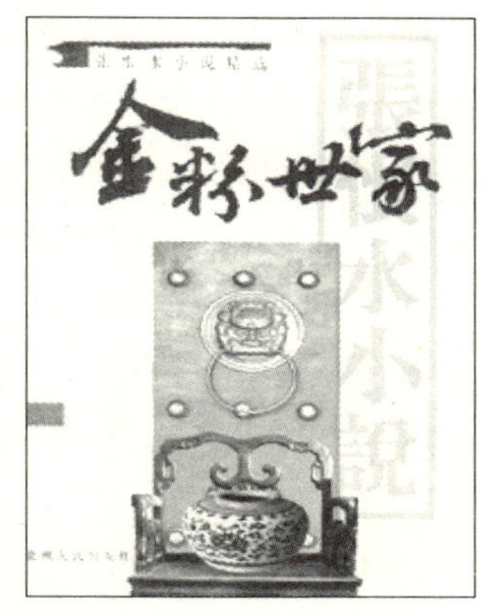

虽然文学史的价值不是以一个作家留下文稿的重量来衡量的，然而在50年间写出百余部中长篇小说，较长者达数十万言甚至百万言，还有近5000篇散杂文字之如张恨水者，在文学史上似乎难以找出第二人。他以俗为雅，由旧求新，化腐朽为神奇，孜孜不倦地创造出一个庞大的文学世界，被视为20世纪中国文学由传统向现代转型的一个典型。他徘徊于旧营垒，窥视着新观念，依附于俗趣味，酿造着雅情调。留连于旧程式，点化着新技巧，始终不愿沉溺于陈旧的套数，时时追求着改良和创新。因此有学者断言：不研究张恨水，就很难真正理解中国小说在20世纪转型过程中沉重的失落感，以及突破旧程式的艰难步伐。

作为我国20世纪二三十年代最负盛名、创作成果最为丰硕的作家之一，张恨水以自己独具魅力的作品倾倒了无数读者，其小说在中国现代文坛上独树一帜。他不主一派，不拘一格，于朴实淳厚中显出灵气和文采，比起郭沫若、茅盾、巴金、老舍、曹禺等大家，展现出另一种文学风格形态。他在新旧文学之间独树一帜，闯出了自成一体的新路。作为现代通俗小说的开拓者，他的长篇巨制《金粉世家》一出，世人争相传阅。

张恨水的每一部作品都堪称难得的艺术精品，而《金粉世家》更是其中之冠。这部长篇通俗小说洋洋洒洒80万字，凝聚了作者六年的生命情感与心血，是一本不逊色于任何严肃文学作品的通俗文学经典，被誉为“20世纪民国版《红楼梦》”，其厚重的历史感、鲜明的时代气息和强烈的反叛意识于字里行间呼之欲出，尽展无遗。

经典回眸
JINGDIANHUIMOU

《金粉世家》描写的是北洋军阀内阁总理的小儿子金燕西与总长白雄起的小妹白秀珠两小无猜，被认为是门当户对。而成年后的燕西却与平民女子冷清秋一见钟情，被金母斥为对家庭没有责任感——因为全家人都将家族的前途系在与白家的关系上。随后金家对燕西和清秋的事大加阻挠。但个性强烈、极具反叛精神的燕西坚信爱情大于一切，他将清秋的诗文拿给金铨过目，金铨对清秋的文笔大加赞赏，再加上金家三姐妹的极力举荐，金铨默许了燕西和清秋的婚事，但交代燕西一定要妥善处理他和白秀珠的关系。得知燕西要与清秋结婚的消息，白秀珠悲恨交加。白雄起更是勃然大怒，加深了对金家的仇恨。燕西终于如愿以偿地与清秋走进婚姻殿堂，而婚后却又混迹于公子哥中，开始夜不归宿，使清秋心中烦闷。某天清秋整理燕西衣服，发现秀珠的信，心中不悦，两人发生争吵，从此矛盾不断。清秋生了女儿后，不甘心在金家闲置下去，便应聘了城郊小学的国文老师，此事被金太太得知，以金家不准女眷外出谋生，清秋违背了家规为由，要求她辞去工作。清秋据理力争，引起了金太太的强烈不满。此时燕西与清秋的关系已日渐疏远。

此后，燕西在咖啡厅碰到了从日本回国而仍旧对自己一往情深的白秀珠，不禁动情。因厌倦了婚后的平淡生活，燕西终日和白秀珠纠缠在一起。当清秋得知燕西要和秀珠去德国的消息，仿佛晴天霹雳，两颗相爱的心从此决裂。清秋带着孩子搬到金家的空房子里，终日与诗书为伴。燕西决定和秀珠远赴德国，并向她求婚。而秀珠接近燕西只是为了复仇，自己将要独自远嫁德国。一场大火烧去了金家过去的辉煌，清秋带着孩子就此从金家消失，带着满腹的辛酸去了南方，投入到新生活的洪流中。燕西失去了清秋后终于醒悟过来，他四处寻找但为时已晚，心灰意冷地远走他乡，永远告别了这块伤心的土地。金家的兄弟姐妹也都各奔东西，一代豪门就此解体了。

《金粉世家》是一个灰姑娘般的爱情悲剧。这部伤心的民国史诗，旨在让世人了解表面上堂皇高贵的封建大家族的真相，看清官僚妻妾

典·故·逸·话

1944年5月16日，是张恨水五十寿辰，恰好也是他从事新闻和创作30周年纪念日。为此，张恨水所在的重庆《新民报》社及一些报社准备联合开茶话会。张恨水感到十分不安，亲自撰写了一篇题为《总答谢》的文章发表在《新民报》上："照说，这种光荣的赐予，我应当诚恳地接受。可是一想到物价的数字，我立刻想到不应当因我这百无一用的书生而浪费。而且我的朋友，不是忙人，就是穷人。对于忙朋友，不应当分散他的时间；对于穷朋友，不应当分散他的钱币。于是我变为恳切的婉谢。假如茶话会真的开了，一个面白无须、身着川绸长衫的措大，在许多来宾中公然受贺，那窘状是不可想象的。说我矫情不如说我知趣。朋友，以为如何？"

间的相互倾轧、不择手段以及他们的子女放荡堕落的腐朽生活。小说将那些在复杂环境中人性的幽暗与蜕变暴露无遗，而存埋在国人头脑中的伪善、顽固的封建意识以及北洋政府内部钩心斗角的矛盾冲突则被狠狠地鞭挞。同时，人性中的真善美也在小说中得到了放大、讴歌，而作者赋予了冷清秋、敏之等进步青年对光明的追求，使得新思想和新时代的曙光屡屡闪现出来，让人在伤感中看到不灭的希望。

那一场风花雪月的事

张恨水认真写小说，把写小说当做著述事业，是从《金粉世家》开始的。这部小说1926年在北京《世界日报》连载，1932年刊完，全书共90多万字。小说以一个豪门弃妇做引子，写出了这个豪门的盛衰，目的是暴露北洋军阀卵翼下的官僚们如何钩心斗角，如何骄奢淫逸；他们的家庭成员，那一群寄生虫，如何醉生梦死，如何糜烂堕落。因为小说写的是姓金的国务总理的家庭，于是许多大官僚，尤其是当过国务总理的，特别是姓“钱”的，都以为是写自己，生怕自己的阴私被揭发。事实上，张恨水是新闻记者，朋友多，日常闲谈，每以豪门生活为资料，他选取了其中好多模特儿，集中在姓金的一家。

《金粉世家》在他所写的小说之中，是结构最严谨的一部。在此之前，他的写作是意兴所至，涉笔成趣。即使如《春明外史》，那是名作了，除了杨杏园故事以外，多半是随时听到新闻，随时编写小说，可以写一百回，也可以写二百回，是不讲求什么章法的，及至写《金粉世家》，却是以小说家的地位写小说，精心布局，有个完整的计划。比如写金家诸子，各有爱好，彼此性格不同，错综复杂的故事梗概，都是预先想好了的。至于白描手段，是他之所长，在本书中也有所表现。

小说主要的故事，通过一个平常人家的女儿冷清秋和国务总理的小儿子金燕西，从恋爱、结婚，到被遗弃、逃走的凄凉结局，中心的意思是指出“齐大非偶”，这是他的婚姻观。是不是他就主张“门当户对”呢？那就不知道了。

小说在报上连载时，引起读者的注意，因为许多人很想知道大官僚的私生活和一些宦海秘闻。对于故事情节兴趣更为浓厚的，却是那些具有一般文化水平的妇女们，包括老太太群在内。抗战时期在重庆，我曾陪他出席过朋友的家宴，他的读者——那些太太、老太太们，纷纷向他提出问题，议论这部小说人物处理得当与否，并追问背

景和那些人物后来真正的结局。一部小说在发表若干年后，还得到读者如此的关心，可见不是寻常之作。（张友鸾）

清秋的美丽与哀愁

清秋在小说当中是具有特殊的个性，同时又特别富于一种结构性作用的一个人物，大家主要的兴趣都集中在她身上，一般来说是集中在对她命运的关怀上。小说前半段的时候，我们总是在担心，清秋不要上当，一个花花公子，一个纨绔子弟，那么这个婚姻最后会是什么模样？所以这个阶段的悬念基本集中在这个上面。因为金燕西在外面有各种社交、女朋友，最突出的一个人物叫白秀珠。所以在前半部的时候，我们的悬念集中在这个上面。但清秋进了金府之后，我们关心的是她的处境，因为这是个很危险的处境，有点儿像林黛玉进贾府。这个处境当中对她影响最大的人可能就是三嫂玉芬，三嫂玉芬是白秀珠的内应。

在第九十回，有这么个回目，在回目下回说，"怀诗忽解脱对月长嗟"，清秋从精神上解脱，那么这二人在价值观上一直有冲突，有分歧，所以二人之间一再争吵，争吵到好多次之后，清秋自己就开始反思了。她说这样的富贵日子，也如同穿了浑身的锦绣，戴了一面重枷，实在是得不偿失。大家知道清秋是重精神生活的，不太重金钱，所以她从此到小楼上去，自己把自己封闭起来，封闭一段时期之后，到第一百回的时候，金府失火，在失火的过程当中，她抱着儿子离开了金府。那么出走之后的清秋去了哪儿呢？

这是一个非常空洞的回答，在人间，她没死，开头都以为她去跳了昆明湖。她没死，那么她采取一个什么样的态度呢？我们知道出走这个主题，在整个现代文学当中非常有名，大家都知道鲁迅的《伤逝》——子君，涓生，可以说清秋和燕西的故事本身也是个伤逝故事，但是价值观念不同，思想意识水平不一致，清秋出走最终的归结是隐居，而子君却非死不可，因为鲁迅后来有许多回答：要么堕落，要么回来。

那么在清秋命运的叙述过程当中，张恨水借用了许多西方手法，倒叙、悬念、开放式的结尾，所以让我们对清秋的命运始终保持着一份关爱，注意着她。那么其次我们必须要理解一下清秋究竟是一个什么样的人？她是什么样的身份，这个身份思想由内心生活决定，她秉承什么样的价值观？清秋，大家都知道是学生，可是她和现代女学生之间的差别还有一层身份，她是个女才子，清秋会作诗词，作得极好的诗词，这是一个非常重要的因素，她怎么样进的金府？就是燕西的姐姐把清秋的诗稿拿给金铨去看，金铨一看，如此有才华的女子，难得找到的，虽然门第低了一点儿，但是个非常满意的儿媳妇，所以她进去了。

清秋天生是带有诗人气质的，在20世纪20年代或者再早一点儿，清秋是个不合时宜的人，而燕西是一个什么人呢？燕西是个追逐时尚的人，一个不合时宜的人和一个追逐时尚的人在一起生活，其结局可想而知。

但是我们想一想，这样所谓处在先锋位置上的人，有先进意识水平的究竟有多少？而文学究竟该反映哪一种人，该反映占多大社会比例的人？像清秋这样，半新不旧的人没有过，所以这是他的一个贡献。写出过渡时代的相对平静的过渡生活当中的人物，这是张恨水对现代文学的贡献，他的特点就在新旧掺架，就在过渡。这么一个过渡人物非常重要。（徐德明）

历史桂冠
LISHIGUIGUAN

张恨水原名张心远，笔名愁花恨水生、恨水，1895年出生于江西广信，祖籍安徽潜山。他天资聪颖，从小喜欢中外文学作品，曾以“少年才子”闻名乡里。在江西读私塾的学生时代，勤奋的张恨水除了完成学校规定的课程外，还阅读了大量古今中外的哲学、历史书籍和文学作品。青年时代的张恨水由编辑工作转向写作，1919年发表的第一篇小说《南国相思谱》让他步入文坛。此后张恨水超人的才华获得了全面发展，既善于琴棋书画，又能吟诗作对，还会写剧本和登台演戏。

张恨水是由深受鸳鸯蝴蝶派影响的旧派小说向现代小说过渡的代表性作家，在近半个世纪的写作生涯中，共创作了100多部通俗小说，其中绝大多数是中、长篇章回体小说，以《春明外史》、《金粉世家》、《啼笑因缘》、《八十一梦》四部长篇小说为代表，而长篇小说《落霞孤鹜》、《银汉双星》、《满江红》、《夜深沉》、《蜀道难》等也都是有影响的作品。

“九一八”事变后，张恨水所写的“国难小说”以抗战为题材，意在“鼓励民气”，艺术视野趋于开阔，格调越来越豪放，可见他作为一位成熟小说家的锐意求新的态度。在小说之外，张恨水还写有大量文艺性散文和新闻性散文，再加上3000首左右的诗词和一些剧本，全部作品数量多达3000万字以上。这些作品中，除了成就令人瞩目的小说，散文、诗词也毫不逊色。他的散文代表作《山窗小品》显示了一位散文大家的气度，而他结集出版600多首诗词，也向世人展示出一位真实、亲切、敢爱敢恨、敢怒敢骂的中国诗人形象，古典文学论集《水浒人物论赞》和多篇杂文更是彰显了他卓越的文字天赋。

作为中国现代戏剧史上最光彩夺目的作品，《雷雨》如刀刃般在读者的心弦上缓缓滑过，那颤抖而出的余音，至今未息。

《雷 雨》

曹禺（中国 1910-1996）

如果说，在20世纪30年代中国话剧已经走向成熟，那么成熟的标志之一则是出现了曹禺和他的戏剧。这位被誉为“刻画人心灵的戏剧大师”是中国的莎士比亚，他的作品以深邃的内涵、纯熟的技巧，被认为是中国话剧的经典之作。在中国，还没有哪一个剧作家的剧作，能像曹禺的话剧这样久演不衰。曹禺是官宦家庭中走出来的旧时代的叛逆者，是中国20世纪最伟大的剧作家之一。他根植于中国文化土壤，沐浴过西方的民主自由思想，对行将衰亡的封建旧家庭有着刻骨铭心的体验，对腐朽黑暗的东西疾恶如仇，对美好人生怀有诗意的追求。曹禺为中国话剧赢得了世界性的声誉——中国话剧的辉煌离不开曹禺！

《雷雨》是曹禺的开山之作，也是他的成名之作。他的悲愤以及对旧时代的控诉，在《雷雨》中得到了尽情的宣泄。这部剧作在中国文学史上被文学史学家称为“在文学史上具有划时代意义的一面旗帜”，对中国现代话剧文学样式的成熟起了决定性的作用。23岁的曹禺就读清华大学时创作的这部四幕剧，是一出超越传统“命运悲剧”与“性格悲剧”的“生存悲剧”。

《雷雨》是曹禺的第一个艺术生命，发表不久，留日学生立即将其搬上日本东京舞台。在国内，中国旅行剧团将其视为保留剧目，在京、津、沪多次演出。郭沫若称它是“一篇难得的力作”。茅盾曾有“当年海上惊《雷雨》”之誉。自20世纪80年代以来，《雷雨》再度兴起，久演不衰。

作为中国现代戏剧史上最光彩夺目的作品，《雷雨》代表了曹禺——甚至一代剧作家所能达到的最高成就。它以扣人心弦的情节、简练含蓄的语言、各具特色的人物和极为丰富的潜台词，如刀刃一般在读者的心弦上缓缓滑过，那颤抖而出的余音，至今未息。

经典回眸
JINGDIANHUIMOU

中国观众所喜欢的是引人入胜的故事，是热闹的场面，是有个性的人物，是民族的现代的戏剧语言，而这些美学目标，在曹禺的《雷雨》中都得到了充分的体现。这部话剧完全运用了古典戏剧三一律的创作手法，以集中的场景（周公馆客厅）和集中的时间（同一天上午至午夜），表现了周、鲁两家以爱情的、血缘的、阶级的复杂关系为内容的尖锐的戏剧冲突。

故事发生在20世纪20年代的天津。周公馆的老爷周朴园因江桥事件的牵连去向不明，管家鲁贵只好把周家的大少爷周萍从无锡接来打理产业。正当周萍准备卖掉周公馆还债时，周朴园回来了，并且还带来了一位妙龄太太繁漪和小儿子周冲。起初，周萍对同龄的继母繁漪很是反感，但随着繁漪挺身而出，帮周萍解决了债务问题后，两个年纪相仿的人自然而然地走到了一起。但是，尴尬的“母子”关系使他们不敢正视自己的真实情感，欲罢不能的痛苦更加猛烈地煎熬着他们。繁漪的怀孕迫使他们私奔，然而繁漪的流产则导致了周萍只身远去东洋。5年后，周萍回国准备大干一番事业，但意外的瓦斯爆炸事件又使他一蹶不振。在极度痛苦中，他与管家鲁贵的女儿——美丽单纯的丫环四凤产生了感情。而他的弟弟周冲，一个单纯善良、充满幻想的大孩子，也同时爱上了四凤。

繁漪发现了这个秘密后，极度失望，开始了疯狂的报复，而走投无路的鲁贵也向老爷告发了繁漪与周萍的私情，同时也把四凤怀孕的消息告诉了繁漪。周朴园引以为豪的有秩序的家——周公馆开始动摇了，而真正的打击却是鲁贵妻子——四凤母亲的出现，原来她就是周萍的生母梅侍萍。30年前，身为周家丫环的侍萍与大少爷周朴园相爱并生下了两个孩子，可是由于身份地位的悬殊，最终被周朴园抛弃。大年三十的晚上，她带着刚生下3天的孩子离开周家，原打算投河自尽，却被人救起，从此开始了30年痛苦飘零的生活。繁漪见到侍萍，向她暗示四凤与自己的儿子周冲有暧昧关系。侍萍没有想到命运竟会如此安排，女儿在30年

典·故·逸·话

一生中成就、鲜花都有了的著名人物，到了桑榆晚节珍惜自己的荣誉往往甚于生命，曹禺却不。每当客人来家看望，他总是不忘取出画家黄永玉写给他的一封信，为客人大声念这封措辞严厉不留情面的信。信中这样写道：“我不喜欢你解放后的戏，一个也不喜欢。你心不在戏里，命题不巩固，不缜密，演绎分析得也不透彻。过去数不尽的精妙休止符、节拍、冷热、快慢的安排，那一箩一筐的隽语都消失了……”曾听到曹禺念信的美国剧作家阿瑟·米勒这样回忆道：“这位对曹禺的批评，用字不多却相当激烈。曹禺念信的时候，神情激动。我真不明白当曹禺恭恭敬敬地把这封信裱在专册里，现在又把它念给我听时，他是怎么想的。”曹禺先生这种“傻气”中包藏着的率真心灵，是对艺术缺憾的真真切切的悔悟！

后又走进了周家，并且重复了自己以前所走过的路。她决定带走四凤，远远地离开这里。四凤、周萍这对恋人竟是同母异父的兄妹，而被周朴园开除的矿工鲁大海恰恰是他长年思念、未曾谋面的二儿子——命运就这样捉弄了两代人。

无论是从故事层面、戏剧效果，还是从更深的人生哲理意蕴上，《雷雨》都是一部值得一读的精彩之作，在戏剧艺术上臻于完美之境。读《雷雨》确是一种对语言艺术的享受，作家像魔术师一样，那些平常听到的话，那些通常用的语言，经过他的手，却给人一种诱惑力，给人耳目一新的感觉。《雷雨》的语言艺术创造，标志着中国话剧艺术的成熟。

永远的《雷雨》

我从上小学就看《雷雨》，加上电影，看了不下七八次，许多台词——特别是第二幕的一些台词我已会背诵。我特别喜欢侍萍回忆30年前旧事时说的“那时候还没有用洋火”这句话，我觉得现在的演员没有把这句话的沧桑感传达出来。我知道《雷雨》的情节与人物家喻户晓。我的缠足的、基本不识字的外祖母，在我7岁时就向我介绍过戏里的人物，她说鲁大海是一个“匪类”，而繁漪是一个“疯子”。

《雷雨》表现了旧社会的罪恶，毫不客气，针针见血。戏里表现出来的罪恶主要来源有二：一是阶级，二是性。不仅周朴园是剥削压迫工人、“下人”的魔王，繁漪也是张口闭口下等人如何如何，把繁漪说得如何富有革命性乃至这样的人可以成为共产党员怕只是一相情愿。《雷雨》是猛批了资产阶级的，比《子夜》揭露得更狠，是现代文学史上突出地批判资产阶级的为数不太多的重要作品之一。《雷雨》里充满了压抑、憋闷、腐烂、即将爆炸的气氛，这种气氛主要是由于周朴园的蛮横专制造成的。与憋气和闷气共生的，则是一股乖戾之气——早在明朝就有人注意到了弥漫于中华大地上的一股戾气。《雷雨》里的人物，多数如乌眼鸡。当然，大海的戾气是周朴园逼出来的，你也不妨说旁人的戾气也应由周老爷负责——这就是戏之为戏了。实际上，找出了罪魁祸首直至除掉了罪魁祸首之后，各种问题并不会迎刃而解。但是压抑和憋闷再加上乖戾，就是在呼唤惊雷闪电，呼唤血腥，呼唤死亡——有了前面的那么多铺垫，你甚至会觉得不在最后一场死他个一串就是没有天理。从阶级斗争的角度来看，这种情势实际上是在呼唤革命。而从民主主义的观点来看，你也可以说是在呼唤民主——只有民主才能消除憋闷与乖戾二气。

《雷雨》已经在中国演了近70年，70年来长盛不衰。这确实是经典之作，其情节、人物性格与人物关系之周密与鲜明的处理，令人叫绝。（王　蒙）

爱·被爱·无爱

在《雷雨》大量的情爱纠葛中，人们自然不会忽略青春期的周冲对四凤至纯至真的爱。他那颗涌动着情感的激流的心在兴奋、幸福中摇荡……尽管人们可以有一百种理由否认周冲这种感情的合理性和现实性，却无法否认这种感情的真实性，无视它所具有的灵魂震撼力。

周冲是从一个未谙世事的少年眼光，来看待那个他几乎一无所知的女性世界的，并由此形成了他的心理期待和情感倾向。善良、单纯、平和的周冲视四凤为他心中的偶像、精神的引导者。他迈出了人生中心理和情感历程的重要一步，兴奋激动又羞涩心怯，燃烧的爱情之火激发了他追求善和美的热望，以向所爱的人奉献一切为幸福，他无限憧憬、跃跃欲试，尽管目睹了父母失和的变故，仍未动摇和摧毁他的痴迷情怀。然而，年幼的周冲显然缺乏对爱情成长过程中所要承受的磨难的足够的心理准备，并付出了超乎寻常的代价。

如果说周冲对于四凤的爱由于特定年龄和身份而具有浪漫诗意的话，那么，繁漪对于周萍的爱却是那样地沉重。在繁漪最需要情爱的年龄，却被无情地幽闭在冰窟一样的周公馆，在她心中燃烧、奔涌着的是一个成熟女性对自己生命的热烈的情欲，她对周萍的爱，使她真正地成为一个完整的女人，她置名声和道德律条于不顾，爱得那样决绝、热烈、刻骨铭心。她为挽救和延续与周萍的爱费尽了心血，甚至不惜牺牲自己的自尊和他人的利益。对于她近乎疯狂的情感，我们似乎很难用资产阶级的生活准则之类的话来准确说明其内涵。

事实上，繁漪的爱的权利是一个女性的本能和自觉，只不过由于特定的境遇她表露得更加大胆和离经叛道，也因而赢得了剧作家的偏爱。她是曹禺剧作中一个率真、果敢的精神女神。我们无法指责繁漪为爱所付出的一切，应当谴责和诅咒的是给予繁漪种种不幸和灾难的罪恶社会和封建礼教。

我们曾经一度否认周朴园对侍萍的爱，因为他是那样的粗暴、恶劣、充满铜臭气地面对侍萍。然而，试品味剧本的序幕和尾声部分，我们会分明感受到人生暮年的周朴园在四面楚歌的处境中，并未泯灭他对侍萍的爱恋，即使他曾有过将侍萍母子赶出家门的举动，即使他曾对从天而降的侍萍满怀敌视的警觉，但我们没有理由怀疑他在青年时代的浪漫情怀中对侍萍曾有的痴心爱恋。人们往往说周朴园是出于维护其家长的权威形象的动机才做出纪念侍萍生日、保存原有家具、保持侍萍的起居习惯等行为的，然而，难道在周朴园的行为准则中，他的家长权威真的要靠这些生活琐事来建立和维持吗？在他和侍萍分别的30年中，依然极其珍视那件侍萍曾亲手缝补过的衬衣，其中所包含的睹物怀人的情感意向不是显而易见的吗？周朴园固然有其政治上反动、思想上没落的特征，但与此同时，他也是一个人，在家室之乱之累的可悲境遇中，他对侍萍的那份情思亦是感伤哀切。（陈广录）

历史桂冠 LISHIGUIGUAN

曹禺，本名万家宝，字小石，祖籍湖北潜江，1910年9月出生于古老的天津城。生逢那个风雨飘摇的时代，又长在封建的官僚家庭，这一切都给曹禺的整个童年生活以莫大的影响，使他形成了忧郁的性格。对于小曹禺来说，人生的不幸莫过于亲生母亲的早逝，而幸运的是，曹禺得到了一位酷爱戏剧的继母，她常带着曹禺观看戏曲和文明戏。敏感而忧伤的曹禺由于害怕直面这个灰暗的世界，所以没上过小学，而是在家中诵经读史，也常常偷看《红楼梦》、《水浒传》、《西厢记》等古典名著。

曹禺的青少年时代一直都是在天津度过的，后来到南开学堂读书。他如饥似渴地阅读了大量“五四”以来的新文学作品，正是鲁迅、郭沫若这些大师的作品使他“激动”，启发他“必须关心中国的社会问题”。曹禺曾在两所最著名的大学中接受过教育——无论是南开大学政治学系还是清华大学西洋文学系的象牙塔生涯，都为曹禺一生的创作奠定了基础。在求学期间，他大部分时间是泡在图书馆里，拼命研读着各种世界名著，也时常和朋友去欣赏京戏名家的表演，到天桥去听曲艺，同时，他还涉猎了东西方的一些哲学著作，不但读老子，读佛，还读《圣经》，并赞美柏拉图“神奇的《理想国》”，“同情叔本华对生活深沉的忧郁”，也热爱过“尼采旺盛的生命力与超人的思想”。曹禺被这些先哲们的精神所感动，理解了对于人类的“终极关怀”，感到“这个社会非改变不可”。

曹禺那种执著的、热诚的求索精神，熔铸在其早期创作里，便诞生了一部惊天动地、感动世界文坛的《雷雨》。在随后的创作中，曹禺可谓获得了大丰收，著有代表作《日出》、《北京人》、《原野》等，并改编了《家》，翻译了莎翁的名剧《罗密欧与朱丽叶》。因为曹禺在戏剧事业中取得的巨大成就，他被世界文坛誉为“中国的莎士比亚”。

叶芝是和永恒拔河的人，爱尔兰这片土地养育了他，给了他诗歌的灵感，给了他生命的昭示，给了他随时间而至的智慧和爱。

《苇间风》

叶芝（爱尔兰 1865-1939）

海涅初到伦敦的时候，被那里匆忙的景象吓住了。他大声喊着：派一个哲学家到伦敦去，千万别派诗人！然而，19世纪末，爱尔兰的叶芝还是来到了伦敦。那时的叶芝还不知道自己今后将会成为一位名扬天下的诗人，并能与诺贝尔文学奖结缘；他还不知道，到了1899年的时候，他将以一部题为《苇间风》的诗集标志现代主义诗歌的开端，犹如百年前他的英国前辈华兹华斯与柯勒律治以合著的《抒情歌谣集》标志英国浪漫主义诗歌的开端。

叶芝是和永恒拔河的人，是“20世纪最后一个浪漫主义诗人”。他的成就是非凡的，这位西方诗坛极为罕见的忠于艺术直至老死的诗人，从浪漫主义走来，再到进入现代主义，他从事诗歌创作所经历的岁月，正值英国诗坛沧海桑田式的变迁——后期浪漫派、唯美派、象征派和现代派，而他在每个时期里都写出了优秀的作品，取得了独特的成就，这在现代文学史上是绝无仅有的。

诗是永葆爱的源头活水，诗意是生命的高级觉悟，是灵性的自然流露，是闲情的随意散播，它生存在一块丝帕、一只发结、一个抬手、一个转身、一个笑意和一瞥妩媚的眼光里。我们都会老去，那么让我们年轻时学会读诗吧，从叶芝这部《苇间风》开始，半个多世纪过去了，叶芝那些饱满纯熟、富有活力的诗篇已经深入人心，成为永恒的经典，在世界的各个角落传颂。他的作品是世界诗歌宝库里的一笔财富，更是馈赠给后人的一种深沉的幸福。

经典回眸
JINGDIANHUIMOU

作为一位象征主义诗歌大师，叶芝构建了一套完整的个人神话体系。可以说，没有他，整个西方现代诗歌乃至现代主义很可能不会呈现今天的状态。走进叶芝梦幻般绚丽的诗歌世界，我们仿佛感觉不到年龄、时代的差异，却能真切地触摸到诗人崇尚自由、追求真理的天性和他壮丽凄美的情操。天堂是什么颜色？不是纯洁无瑕的白，不是娇嫩天真的粉，不是热烈奔放的红，不是深沉忧郁的蓝。在叶芝这个充溢着温柔灵光的世界里，我们看到的却是灰，被无情岁月洗尽脂粉铅华的灰——诗人一生追求的真理的颜色。诗人对真理近乎于完美的追求及对生命体验自觉的超越，具有感人的伟大力量。

1889年，叶芝出版了第一本诗集《莪辛漫游记》。这部诗集的题材和语言都带有爱尔兰的地方色彩，引起了读者强烈的兴趣。叶芝1900年以前的诗受唯美主义和象征主义的影响较深，但由于叶芝的诗大多在爱尔兰民族的历史文化中选取题材，从布莱克、雪莱和斯宾塞的诗作中汲取表现方法，所以他早期的诗常常把浪漫主义的幻想与理智的思索融为一体，把抽象的观念与具体的形象结合起来，语言富有音乐美和爱尔兰的地方色彩。叶芝早期的诗除了《莪辛漫游记》外，还有诗集《苇间风》等。

《苇间风》是一部爱的诗集，所选诗歌有的节奏低缓，犹如一曲从长巷里飘出的大提琴曲；有的明亮欢快，宛如爱尔兰草原上一曲优美的风笛。爱贯穿了叶芝的生命，也贯穿于他的所有诗歌中。1889年1月30日，23岁的叶芝遇见了美丽的女演员茅德·冈，诗人对她一见钟情，尽管这段一直纠结在诗人心中的爱情几经曲折，没有什么结果，但诗人对她的强烈爱慕之情却给诗人带来了真切无穷的灵感，此后诗人创作了许多有关这方面的诗歌。在他的人生和《苇间风》这部诗集中，爱是严肃而又圣洁，美丽而又痛苦的。他将青春、爱情连同死亡一同糅进循环往复、错综神秘的时间洪流里，让远古与现代在相同的时空背景里互相对视。在这种痛苦的对视中，真理、自由等命题一一浮现，并被赋予了岁月的厚重感。没有任何人

典·故·逸·话

1938年8月22日，是一个极其普通的日子。此时的叶芝已是73岁高龄了，这时离他和茅德·冈初次相遇已经半个多世纪。这天下午，叶芝用他那双写下了无数诗篇的手，提笔给茅德·冈写去了一封短信："我亲爱的茅德，我想请你和你的朋友来我这儿喝茶，星期五下午四点半。四点或稍晚些会有车去接你们的，我一直想见你，你的W.B.叶芝"。"我一直想见你"这像是一个行将就木的老人的呓语，五个月后，怀着对这个世界的无限眷恋，叶芝飘然仙逝。在他的葬礼上，人们没有看见茅德·冈的身影。这位摘取了诺贝尔文学奖的大诗人，终其一生也没有获取那个他深爱的女人的芳心。据说茅德·冈71岁的时候接受记者采访，谈到叶芝，茅德·冈说过这么一句："世人会因我没嫁给他而感激我的。"

能够像叶芝一样，能将对爱情的赞颂发展到极致，甚至超越爱情中的人而存在。在这久远的时空里，叶芝在孜孜不倦地构建着自己的，也是人类永恒的命题——生命、尊严、青春、爱情，抒写着他对自己和人类的无限的爱。

有两样东西一明一暗地闪现在叶芝的诗里，一个是爱尔兰民族解放运动，一个是他个人的一套神秘主义体系。前者使他的诗增加了英雄主义色彩，后者则是叶芝本人用心构筑的城堡。在此之上，他用自己无与伦比的诗才吸收一切，融化一切。叶芝初期的诗作受唯美主义和象征主义的影响较深，写得绝美：朦胧、甜美而略带忧郁，充满了美丽的辞藻，把浪漫主义的幻想与理智的思索融为一体，语言富有音乐美感和爱尔兰地方色彩。但他很快就学会写得实在、硬朗，同时仍然保留了许多美丽的东西，把生活的哲理与个人的感情相结合。他的诗歌语言、诗歌形象多意，在整体上又拥有完整的主题：既明白如话，又比一般白话更高一层，透亮而又深刻。

超越时空的永恒之爱

一个美丽的国度，一位不朽的诗魂。爱尔兰可以没有风笛，但爱尔兰绝不能没有叶芝。初识叶芝，来自他的诗作《当你老了》。诗的语言是那么朴实，又那么温暖。朴实得像没有任何棱角的小石块，温暖得如冬天里热气腾腾的烤红薯。这的确就是叶芝，他的诗在意境上似乎都可以与海、天空、星斗联系上，读来让人不由产生一种久远、空阔的沧桑感。爱是超越时空的，不管是苍苍的白发，还是满头的青丝，面对叶芝的作品，在某个夜深人静的时刻轻轻翻开，我们的心灵都将会被震撼。爱，我们曾共同拥有。

读《当你老了》，有一种感觉是入骨的，因为任何一颗青春的心都不会也不情愿面对苍老，靠近死亡，并把它刻画得温情脉脉。层叠的皱纹，如银的白发，这是一种怎样的沉重？这是岁月无可奈何的叹息，这是个体生命的最终归宿。以这个归宿作为起点，诗人开始痛苦地吟唱爱情，回忆往事。痛，使诗人清醒，使思想升华。然而，痛并不是诗歌的全部，爱才是它的主题。

叶芝笔下的爱，平凡、宽容而又震撼人心，可谓“于无声处听惊雷”。22岁的年轻人能写出苍老与永恒，靠的绝不仅仅是丰富的想象力和娴熟的写作技巧，而是一种理解力与宽容力——对强大世俗文化的理解与宽容，一种驾驭历史与文化时所表现出来的至高的审美品位。唯其如此，爱才能表现出穿透岁月的成熟魅力。因为爱本身就是与时间盘根错节般地交织在一起的，“剪不断，理还乱”。爱的执著与岁月的神秘在这里被揭示得无以复加。叶芝，在22岁时，其爱情和作品就注定不朽！（韩 鹏）

聆听苇间风

因为在英文方面能力的不足，我一直在阅读英文诗歌的时候产生出一些消极的情绪，这也导致我很难从这些字母组成的诗行中真正觅出感动我的“美”。然而我要感谢今年一个美丽的秋天的清爽早晨，在书店和一位名叫叶芝的爱尔兰诗人的浪漫邂逅，正是因为他笔下的多情诗行，我惬意地接收到了一种似乎是来自天国的信息。

提到叶芝，很多人都不会感到陌生，这位于1923年获得诺贝尔文学奖的爱尔兰诗人诗风独特，“汲取浪漫主义和唯美主义的抒情而不流于铺张，融合现代派的新颖和奇幻而不失之晦涩，其抒情作品更因为写尽与茅德·冈的终生恋情而尤其具备了深刻的感染力”。阅读叶芝，聆听叶芝，使我对他的英文诗歌有了一种基于美感意义上的共鸣。我很难说出他的诗歌造诣和美丽具体藏身在诗行的哪一部分或是哪些小小的角落，但是阅读的时候心里却总是花火般地绽放出绚丽缤纷的感动，发出微带淡蓝色调的幽叹。诗句给我的美好的感觉真实而清澈。

茅德·冈的一次感慨，一次幻想，就足以点燃诗人的所有热情，可见她在诗人心中占据着多么举足轻重的位置。也许茅德·冈自己都不知道，只因为她的一句“我愿意做一只海鸥”，诗人整个华美的想象世界就毫无保留地浸泡在她寥寥的几个单词之中了。其实，对于浪漫的人来说，真正耐读的不是长篇累牍的书本，而是爱人的一个眼神，一个动作，一句漫不经心的语言。

在叶芝的幻想世界里，与茅德·冈化为白鸟的地方是美好的，是“数不清的仙岛”，是“没有岁月，没有忧伤”的永恒，是“远离人群，远离烦恼”的世外桃源，而那“黄昏的蓝星在天际低低闪光”的景象美得简直要让人心为之崩溃。然而，尽管这些句子如此美轮美奂，它终究只是纸上的宫殿，只是文字营造的氛围。无论其中有多少迷人的斑斓和温暖的浪花，无论一双白鸟在风口浪尖的飞翔有多少欢欣和自由，从诗意的世界里被现实拉回来的诗人叶芝依然必须去面对第一次向茅德·冈求婚时遭到的冰冷拒绝。这是一幕真实而残酷的演出，没有人可以逃离。

在叶芝敏感的心里，那“婴儿的啼哭”抑或“苍冷的田野”等，都在思考之中纠缠着诗人的心，都在消损着他心中想象的殿堂，然而一切的难受却因为茅德·冈的影像而终止，纠缠诗人的苦痛的思考似乎被影像的美丽抽离出忧伤的心了。一枝绽放的玫瑰解放了诗人压抑的心，在灵魂的深处托起了一个诗意的天堂来。

叶芝是一个浪漫、感性而且不会撒谎的诗人，他选择展示自己的方式就是文字。他用文字把自己的形象、茅德·冈的形象和他的梦境毫无保留地呈现在世人面前，希望能被茅德·冈了解。这些文字的排列组合如此曼妙奇异而又有魔力，它感染了几乎所有热爱英语文学的人。（佚　名）

历史桂冠
LISHIGUIGUAN

叶芝是爱尔兰诗人，不仅伟大，而且令人着迷。从照片看上去，他显得俊逸而又深沉，没有一点刺目的地方，尤其是那双眼睛，既像孩子又像老人，兼具学者的风采。爱略特称他为“这个时代最伟大的诗人”一点也没不过分。叶芝几乎没有失败的作品，许多诗篇饱满纯熟，又不失活力。在诺贝尔文学奖的家族中，很少有像叶芝这样深入人心，具备永久魅力的作品。

1865年叶芝出生在都柏林，其曾祖父和祖父都担任过爱尔兰教堂的教区长，但父亲却叛离宗教，靠画画谋生。叶芝童年的大部分时间是在爱尔兰西部的港口城镇斯莱戈度过的。那里住着他母亲的许多亲戚。那里的景色后来成了他许多诗歌的背景。爱尔兰这片土地养育了叶芝，给了他诗歌的灵感，给了他生命的昭示，给了他随时间而至的智慧和爱，他也因此被称为“爱尔兰的灵魂”。

1874年，叶芝全家移居伦敦，可是他们一直思念着爱尔兰，于是在1880年，他们又回到都柏林。1884年，他在父亲影响下想成为一个画家，进入都柏林的艺术学校学习。但到1886年，他便离开学校，专门从事诗歌创作，并立志要成为一个诗人。

叶芝早期作品带有唯美主义倾向和浪漫主义色彩，后期作品融现实主义、象征主义和哲理思考为一体，以洗练的口语和含义丰富的象征手法，表现善恶、生死、美丑、灵肉的矛盾统一。主要作品有《苇间风》、《责任》等。1923年，这个不断反省、不断面对自己和诗歌困境的爱尔兰诗人，终因他“始终富于灵感的诗歌，并因为他以高度的艺术形式表达了整个民族的精神”而获得诺贝尔文学奖。

1939年叶芝在法国南部的凯帕玛汀去世。他的遗骨直到1948年才被护送到爱尔兰，埋葬在斯莱戈的“鼓崖”之下，那里是他童年时最喜欢的地方。

历经时间的打磨，《飘》虽然未能进入文学经典的殿堂，却进入了无数读者的心。

《飘》

玛格丽特·米切尔（美国 1900—1949）

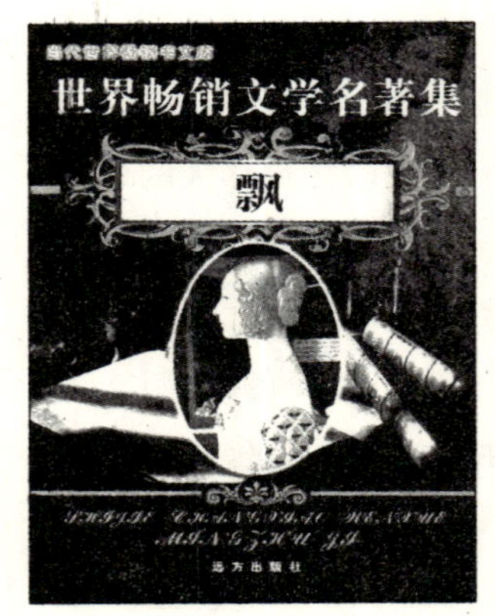

在美国的一次文学聚会上，一位男士滔滔不绝地向别人介绍自己的作品，他发现旁边有一位女士很少说话，便和她搭话：“夫人，您发表了多少作品？”那位女士回答：“只有一本书。”男士露出轻蔑的表情，“哦，我出版的书不下30本。”他接着又问，“您的书名叫什么？”女士神色自若地回答：“叫《飘》。”男士登时张口结舌。

仅仅写了一部作品就名扬天下并在文坛上占有一席之地的作家是绝无仅有的。而美国女作家玛格丽特·米切尔便是这样一位绝无仅有的作家，她唯一的作品《飘》一经问世便成了美国小说中最畅销的作品。《飘》的出版使玛格丽特几乎在一夜之间变成了当时美国文坛的名人，成了亚特兰大人人皆知的“女英雄”。这突如其来的盛誉彻底改变了她的生活。“小说出版的当天，电话铃每三分钟响一次，每五分钟有人敲门，每隔七分钟有一份电报送上门来。公寓门口总站着十几个人，他们在静候着玛格丽特出来，以便请她在小说上签名，而要求采访、邀请玛格丽特去各地巡回讲演，甚至要求她为各慈善事业捐款的人更是络绎不绝。

自1936年出版之日起，《飘》这部美国内战时期的罗曼史便打破了所有的出版记录。它的发行量达到2500万册，被译成27种语言，而且至今仍是最畅销的小说。1937年，小说获得普利策奖。尽管美国文坛一直有意贬低《飘》的文学价值，但历经时间的打磨而长销不衰的事实表明，这部名著虽然未能进入文学经典的殿堂，却进入了千百万读者的心。

经典回眸
JINGDIANHUIMOU

《飘》以19世纪60年代美国南北战争和战后重建时期为背景，以女主人公郝思嘉的爱情纠葛和生活遭际为主线，着力刻画了姿色迷人、聪明能干的大庄园主女儿郝思嘉这一争强好胜、贪婪冷酷、为达目的不择手段、不屈不挠进行奋争的女性形象，并生动、形象地再现了美国南部种植园经济由兴盛到崩溃，妇隶主生活由骄奢淫逸到穷途末路，奴隶主阶级由疯狂挑起战争直至失败灭亡，奴隶制经济终为资本主义经济所取代这一美国南方奴隶社会的崩溃史。全书在描绘人物生活与爱情的同时，勾勒出南北双方在政治、经济、文化各个层面的异同，具有浓厚的史诗风格，堪称美国历史转折时期的真实写照，同时也成为历久不衰的爱情经典。

作者米切尔以其高超的艺术造诣，使《飘》一书中人物个性鲜明，几个主角在性格、道德观等各方面既对比强烈，又互为依存，引出一系列冲突，产生了许多扑朔迷离的悬念，使故事环环相扣，波澜起伏地向前发展。人物的语言绘声绘色，各具特点，显得真切感人。这种戏剧性的情节与细腻的人物心理描写有机结合，产生了立体描述的效果，强烈地吸引了读者。

很长时间里，《飘》并没有进入文学研究的殿堂，但这丝毫无损于它的魅力，进一步使它名扬天下的是根据小说改编而成的电影《乱世佳人》一举夺得10项奥斯卡大奖，并成为电影史上经典名片，费雯丽和盖博在电影《乱世佳人》里的形象更成为无数人心目中真实的思嘉和瑞德。

1939年，傅东华首译玛格丽格传世巨著《Gone with The Wind》，取其消逝与渺茫之意命名为《飘》，自此风行至今。美丽与勇敢的郝思嘉、风流与执著的白瑞德、坚强与宽容的韩媚兰、儒雅与懦弱的卫希礼——这些名字萦绕在几代人的脑海中，日久弥坚。

文学圣殿
WENXUESHENGDIAN

女人要做郝思嘉

再次走近郝思嘉，和十几岁时看她的感觉完全不同，以前总是觉得她不过是个坏女人，一个坏到骨头里的女人，一个妖里妖气的女人，一个放荡的喜欢在男人面前卖弄风情的女人……现在这样的女人却成了你的最爱，因为她的冷傲、她的妩媚、她的多情，甚至她放浪形骸的样子都特别吸引你的目光，因为你现在是一个成熟的男人，一个有多种精神需要的男人，当然再也不会被那些酸涩的青苹果们所吸引了！

现代社会对女人的要求越来越高，坚强、独立、积极，是现代女人的必备素质。如果不能似郝思嘉那般美丽动人，请记住，女人也有追求美好的权利，可以使自己变得风情万种。像郝思嘉不能真正拥有白瑞德那样，如果一个女人不能拥有自己深爱的男人，不要紧，她还可以爱自己。郝思嘉可以做到的，其他女人也可以做到。郝思嘉是那个时代的宠儿，美丽勇敢坚强独立，同时有着天生的贵族的傲慢……她的迷人之处不仅在于她的美丽，还在于她的智慧，相信很多的女人可能做梦也想成为郝思嘉吧。当然，她的这种独特的气质不是人人都可以模仿来的，也许你曾经见过一个女人，她看人时从不正眼看人，总是斜睨着眼角以示自己的与众不同，她以为这就是真正的有气质，可是给你的感觉却很滑稽，因为，那种真正的不动生色的由内向外渗透的傲慢才对人有致命的杀伤力。有的女人恰恰不懂这一点，以为外表上的拒人于千里之外或是几个伪清高的眼神就能获得旁人的崇拜，实在可笑之极！

现代女人要做郝思嘉，不是让人去模仿表面上的东西，以为仅仅读一遍《飘》，或学习她的言行举止就能做到，关键是她的品格，她的坚韧不拔，她的处变不惊，她的俏皮机智……这些都需要生活的磨炼，需要对社会环境和人文环境的深刻认识，需要对生活非常个人化和人性化的理解。别人是不能代替你来思考的，倘若成为别人思想的衍生物，至多是一个美丽而性感的女人而非那个聪颖智慧，迷倒万千男女的郝思嘉了。她既有人格的魅力，也有人性的魅力，才成为男人女人共同欣赏的对象。

自古以来，在审美的角度上，男人就和女人有很大的差异。两性在爱与恨中背离，又在爱与恨中相悦。身为女人无法容忍男人的灵魂和肉体的分离，身为男人无法忍受女人美貌与智慧的不能并存。而恰恰在郝思嘉身上，集合了所有女人的优点，性感、迷人而又充满智慧，

典·故·逸·话

1937年7月，美国电影制片人戴维·舍尔兹内克用5万美元购买了《飘》的电影改编权——这在当时对一个作家的第一部小说是个很高的价格。然后，他开始了寻找女主角的艰苦历程。他挑选了上百个未经训练的女演员和声名显赫的女明星，包括拉娜·特娜、碧特·戴维斯和凯瑟琳·赫本。

同时，舍尔兹内克也在准备着这部电影史上复杂的影片。他决定要使影片中的老南部做得像他在小说中读到的那样。他在好莱坞的摄影棚里搭起了桃树街的墙壁和一部分天花板，然后用粉碎的红砖面制成了佐治亚州的“红土地”。

到了1938年12月，舍尔兹内克已经花了一年多的时间和至少5万美元来寻找扮演郝思嘉的演员了，但是他仍未找到。他的赞助人都开始害怕了，想抽回资金。尽管有重重的压力，舍尔兹内克还是决定即使没有女主角，他也要开拍“火烧亚特兰大”一场。幸运的是，“亚特兰大”烧完了，郝思嘉也出现了。

男人和女人似乎找到了一个完美的化身。于是，现代男人呼唤郝思嘉，而现代女人也以有郝思嘉这样一个几近完美的同性为自豪，也开始为自己量身定做一份“郝思嘉计划”，虽然不能全然接近，至少在心灵上是个慰藉。这就是为什么现代都市中的白领女性越来越美丽越来越吸引男人目光的原因。

时代呼唤美貌与智慧并存的女性，让我们的女性越来越美丽。（休　蓝）

逝去的“永恒”

初读《飘》，喜欢的是思嘉，想做的也是思嘉。我为思嘉的勇气与自信所折服，崇拜她那乱世中求生的无畏精神。后来再读《飘》，爱的仍是思嘉，然而，却又对另一个高洁的女子——媚兰深深地向往。

媚兰是勇敢的，虽然没有思嘉那种向前冲的劲头，但上流社会的完美女性所具有的勇敢在她身上完全体现出来。在医院里，她无私地照顾伤员，在义卖上勇敢地捐出结婚戒指，在梅太太责怪她不该让瑞德上门时，她愤怒地批评梅太太。这些时候她所表现出的坚强意志，甚至超过了思嘉。

但“媚兰精神”中最重要的仍然是善良——单纯的善良，完全投入的善良，不指望回报，也没有怀疑的至善。因为至善，也就达到了至刚的地步，怎样的伤害都是不可能的。当思嘉在众人谴责的目光注视下走进卫家时，她旁若无人地奔上来，拥抱思嘉，“媚兰精神”也就在此时得到了最高的体现与升华。

媚兰是上流社会最理想的高贵女子的化身，可时代的风浪却摧毁了她所依靠的一切，她无法抵抗。只有思嘉能乘风破浪，扎根发芽，于是媚兰只能作为衬托的绿叶，悄然地绽放又消亡。媚兰的死，象征着旧时代的“永恒”与人们记忆中的“黄金时代”随她一起消失在历史长河中，

慢慢被遗忘。

渴望媚兰，也许是人类心灵深处，对被放逐的伊甸园的永恒向往。（赵子涵）

历史桂冠 LISHIGUIGUAN

玛格丽特·米切尔出生于美国佐治亚州亚特兰大市的一个律师家庭，她的父亲曾经是亚特兰大市的历史学会主席。在南北战争期间，亚特兰大曾于1864年落入北方军将领舒尔曼之手。后来，这便成了亚特兰大居民热衷的话题。自孩提时起，玛格丽特就时时听到父亲与朋友们，甚至居民之间谈论南北战争。当26岁的玛格丽特决定创作一部有关南北战争的小说时，亚特兰大自然就成了小说的背景。

玛格丽特曾就读于马萨诸塞州的史密斯学院，后因母亲病逝，家中需要她来操持家务，于是不得不中途退学。从1922年起，她开始用自己的昵称“佩吉”为《亚特兰大日报》撰稿。

在经历了一次失败的婚姻之后，玛格丽特于1925年与佐治亚热力公司的广告部主任约翰·马施结婚。1926年，由于腿部负伤，玛格丽特不得不辞去报社的工作。在丈夫的鼓励下，她开始致力于创作。

《飘》的写作占去了玛格丽特近十年的时间。1935年7月，麦克未伦公司决定出版这部小说，并暂定名为《明天是新的一天》。此后，玛格丽特花了半年的时间来反复核实小说中所涉及的历史事件的具体时间和地点。她还引用美国诗人欧内斯特·道森的一句诗，将小说的题目改为《Gone with The Wind》。

1949年8月11日晚，在去看电影的路上，一场意外车祸将玛格丽特·米切尔撞倒在地，她失血很多，昏迷不醒，医生们拼命抢救，最终仍回天无力……一个传奇式的女子就这样走完了她那不平凡的一生。她没有给这个世界留下一儿半女，却给这个世界留下了一部感人的小说，以及由此而来的一部不朽的电影佳作。

林语堂是中国现代文学史上一位带着神秘色彩的传奇人物，他的《京华烟云》堪称近现代中国的百科全书。

《京华烟云》

■ 林语堂（中国　1895–1976）

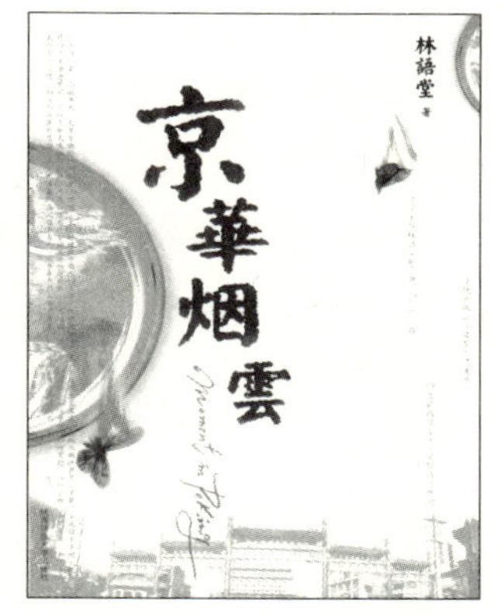

很多年前，在台北一个学校的毕业典礼上，冗长的演讲一个接一个，后来轮到一位戴眼镜的先生，只见他站起来说："绅士的演讲，应当像女人的裙子，越短越好。"台下先是一愣，继而哄堂大笑，不久报纸上把这则趣闻刊登出来，这笑话也就尽人皆知了。那位先生就是林语堂，是第一个把"幽默"这个词引入中国的人。

在20世纪中国文坛上，林语堂是个具有世界性影响的风云人物。有人曾说："全世界大多数的外国人只知道中国有两大文人：一位是德配天地的孔夫子；一位是学贯中西的林语堂。"作为一位世界性的知名作家而被美国文化界评选为"20世纪智慧人物"之一的林语堂，是中国现代文学史上一位带有神秘色彩的传奇人物。他不但学贯中西，是我国最优秀的双语作家之一，而且在语言学的研究方面取得了重大突破。通过文学作品，他构架起了东西方文化的艺术长廊，在海外研究界产生了广泛的影响。林语堂八十多年的生活遭遇和创作成就在中国现当代文学史、文化史上是不可替代的：他兼备散文大家与著名长篇小说家的双重身份，是唯一一位长期用英文进行文学文化创作的中国现当代作家。

《京华烟云》这部长篇巨著是历年来有关中国的小说作品中最磅礴、最华丽、最完备、最重要的典范之作，因为在构思与创作基调等方面深受《红楼梦》的启发而被誉为"现代红楼"。它不加粉饰地呈现出中国的一切困境与纷扰，并积极地昭示着国家的希望，是一部只有国人才能完全体会的经典。这部史诗般磅礴的巨著被林语堂书写得如泣如诉，是一部可以在寂寞长夜里独自品味的佳作。更重要的是，它随着传播面积的扩大，已成为北美华人文学成功的典范，为世界华语文学创作提供了深刻的启示。

经典回眸
JINGDIANHUIMOU

1938年春，林语堂想将《红楼梦》介绍给西方读者，但因种种原因没译成，于是便决定仿照《红楼梦》的结构写一部长篇小说，这就是《京华烟云》。

林语堂在脑子里构思两个月后开始着手，1939年8月《京华烟云》正式完稿。1939年底在美国出版后，半年内即行销5万多册，美国《时代》周刊称其“极有可能成为关于现代中国社会现实的经典作品”。

《京华烟云》英文书名为《Moment in Peking》，《京华烟云》是它转译为中文后的书名，也有译本将这本书译为《瞬息京华》。小说以主人公姚木兰的命运发展为线索，讲述了北平曾、姚、牛三大家族从1901年义和团运动到抗日战争三十多年间的悲欢离合和恩怨情仇，并在其中安插了袁世凯窃国、张勋复辟、直奉大战、军阀割据、“五四”运动、“三一八”惨案、“语丝派”与“现代评论派”笔战、青年“左”倾、二战爆发等历史事件，全景式展现了近代中国社会风云变幻的历史风貌。

在林语堂的诸多英文著作中，以《京华烟云》分量最重，影响最大。这部小说生动地描绘了一幅近代中国的风貌图。叙事忠实，毫不隐瞒一切真情；笔墨豪放瑰丽，对于古往今来，都有透彻的了解与体会。论国事，包括义和团之真面目、八国联军在北京、赛金花之义学、国民革命之推翻满清、以段祺瑞为首之皖系北洋政府的卖国与屠杀爱国学生、国民革命军之北伐、日本人在华北之贩毒走私、日本人之侵华制造伪政权、上海“八一三”保卫战、中国国民之内迁逃难潮……论人物，在本书中出现了顺乎自然的道家、前清高傲耿直不妥协的大臣、义和团的红灯照、旧式商人、千金小姐、富家公子等人物……论地方，则有王府花园、北平各名胜、西湖、详尽的泰山游记、日本人与汉奸的毒品工厂……论战争，有长城血战、上海血战、天津血战、抗战第一年中华民族内迁大逃难的悲壮场面……诚如作者所言，“本书暴呈中国的一切困恼纷扰，但由于此，也正表示我们对国家未尝放弃我们的希望！无须加

典·故·逸·话

林语堂号称幽默大师，在家里也极有情趣。他的妻子廖翠凤在家里俨然是上帝，林语堂经常叫她“妈妈”。在她看来，这种称呼一点也不过分，因为在生活上，他的确像一个长不大的孩子。她常常盯着他半晌不做声，林语堂不等她开口，便替她说：“堂呀，你有眼屎，你的鼻孔毛要剪了，你的牙齿给香烟熏黑了，要多用牙刷刷，你今天下午要去理发了。”接着哈哈大笑。

林语堂喜欢散步，而且步幅很大，一般都会把别人丢得老远，可林太太除外，他会和太太一起慢慢地走。太太觉得奇怪，林语堂则有一番妙论：“如果我不跟你在一起走，人家一定看不起我。现在我同你走，人家会说：‘你的太太有件水貂皮大衣，你一定很富裕’。”廖翠凤听完幸福地大笑。

以粉饰，她将调整她自己，一如过去历史上所昭示吾人者！诚盼此书将给予吾人以深刻的启示，将我们深植于往昔的根蒂，开出灿烂的鲜花！”

若梦浮生中的彻悟

看完小说的最后一页，我再次端详封面上那烫金的四字标题——“京华烟云”，一切的感动与领悟，便尽融化于这涵盖了红尘百态的题目之中。我生平第一次被这样快乐地感动着，也是第一次带着这样一种舒畅的心情和快乐的感动而流泪。《京华烟云》给人的感动是任何一个没有拜读过它的人无法体会的，那是一种浮生若梦的感悟，一种心旷神怡的陶冶，一种博大精深的震撼。林语堂先生，这位中国现代文学史上不朽的艺术大师，用他“博大、真切、健朗”的文风演绎了这部洋洋70万言的长篇巨著。

《京华烟云》是一个枝繁叶茂的故事，是一个《红楼梦》的“近现代”版。如果说《红楼梦》是一部中国封建社会的百科全书，那么《京华烟云》无疑是一部中国近代社会的百科全书。忆起书中的件件史实，简直是“展现于历史舞台上的话剧。而剧后的背景，则是中华民族博大精深的文化”。本书的原著是林语堂先生旅居海外时用他娴熟优美的英文写成的，目的是向那个黑暗岁月中因为不了解中国而鄙视中国的外国人展示真正的中国文化。所以，书中的字里行间都渗透着这位艺术家对中国人生活艺术的由衷赞叹，对本土文化的钟情以及对中国深深的热爱。而给我印象最深的莫过于书中处处流露出的老庄哲学思想，那种浑然天成，顺应天道，遵从自然，怡然随和的生活艺术。

例如书中第三部题为“秋季歌声”，取庄周“臭腐化为神奇，神奇化为臭腐”之周而复始，由平淡之至趋向绚丽，再由绚丽至极归于平淡的循环过程之意。秋季的歌声，是“树叶衰落之时，春天已经开始”。“秋季歌声”写的是抗日战争，写的是一个旧的中国开始衰落时一个新的中国已经开始萌芽，其中有一句话：“晚秋落叶声中，得以听出新春的调子，即将来的夏季的强壮节拍。”这不正是将古老的道家哲学与现实的社会相联系，将中国悠久的道家文化与世界的客观发展规律相联系而得出的伟大预言吗？

我被这种由滴水到大海的人生感动着，被这浮生若梦、瞬息红尘的彻悟所感动着，我的呼吸都顺畅多了，我的心境是从未有过的开阔明朗，而我的眼前却不断地涌出感动、震撼于这种情感的泪水。如果说《红楼梦》让人感动，那么它是让人生悲，生怜，生愤，生出对旧世界的恨，以快快觉醒去砸碎它；而《京华烟云》让人感动，是让人生爱，生喜，生情，生出对新世界的热情，一起努力去开创它。你会一下子感到身边的事物是那么的可爱，你会学会像书中每一个人那样艺术地生活，安然恬静、积极热情地生活。它会让每一个中国人更加深刻地了解我们的民族性，更加深沉地热爱我们的民族文化，我们的国家。而这一切，都蕴于木兰，这个道家女儿若梦浮生中的一些感悟。“小说给人以‘一场大梦’的印象时，即成伟大的小说”，“包括无涯的人生，就是伟大的小说”。（林太乙）这不就是所谓的“不朽的艺术”吗？我的思想的潮水久久不能平静。

中国小说的魅力如中国茶一样回味悠长。在这个四月的薄阴天里，我呷一口香茗，凝望南方灰白的天空，久久地温习着这瞬息京华的故事……（张韦忠）

一本可以随时翻看的小说

《京华烟云》是一部好几篇小说联成的长篇小说，但没有因此而成一本散漫无结构的故事，反而成为大规模的长篇，其中有佳话，有哲学，有历史演义，有风俗变迁，有深谈，有闲话，加入剧中人物之喜怒哀乐，包括过渡时代的中国，成为现代中国的一部伟大小说。

《京华烟云》在实际上的贡献，是将中国社会介绍给西洋人。几十本关系中国的书，都不如一本地道的中国书来得有效。关于中国的书犹如从门外伸头探入中国社会，而描写中国的书却犹如请你进去，登堂入室，随你散步，领略景致，叫你同中国人一起过日子，一起欢快、愤怒……此书的最大优点不在于性格描写得生动，不在于风景形容得宛然如在目前，不在于心理描绘的巧妙，而在于其哲学意义。你一翻开来，起初觉得如奔涛，然后觉得幽妙、流动，再次觉得悲哀，最后觉得雷雨前之风云暗淡，到收场雷声隆隆，伟大壮丽。留给读者细嚼余味，忽恍然大悟：何为人生，何为梦也。而我乃称叹叫绝也！未知他人读毕有此感觉否？故此书非小说而已，或可说，“浮生若梦”是此书之主旨。小说给人以一场大梦的印象时，即成为伟大的小说。

这部小说虽然是用英文写成，却有许多奥妙，非中国人看不出来。西洋人看书比较粗心，也许不会体悟出来。中国奇特的心理，非中国人不能了解。又如书中谈《红楼梦》之处，当然，未读过《红楼梦》者是无法欣赏的。也有几处讽刺某一派人，也得中国人才能领会。

《京华烟云》是一本可以随时翻看的小说，并不是一定要有闲时才看，最好是夜阑人静时独自看；困倦时，起来喝口清茶自问道：“人生人生，我也是其中之一小丑否?” (林如斯)

历史桂冠
LISHIGUIGUAN

林语堂，1895年出生于福建省龙溪县，原名和乐，后改玉堂，又改语堂。1901年六岁的林语堂入坂仔教会办的铭新小学，10岁到厦门鼓浪屿继续读小学，13岁时入厦门寻源书院。1912年，17岁的林语堂以第二名的优异成绩毕业，进入上海圣约翰大学就读，1916年以第二名毕业于圣约翰大学文科，之后在北京清华学校任中等科英文教员。1919年夏与厦门豫丰钱庄老板的女儿廖翠凤结婚，当年秋携新婚妻子赴美哈佛大学比较文学研究所深造。一年后由于经济原因前往法国为华工服务，教他们读书写字。1922年获文学硕士学位，同年转赴德国入莱比锡大学，专攻语言学。1923年获博士学位后回国，任北京大学教授、北京女子师范大学教务长和英文系主任。1924年后为《语丝》主要撰稿人之一。1926年到厦门大学任文学院院长。1927年离开厦门到达武汉，任外交部秘书，为期仅六个月。

1932年林语堂创办《论语》半月刊，提倡幽默；1934年另创《人间世》，主张文章需抒发性灵；1935年又办《宇宙风》半月刊，提倡“以自我为中心，以闲适为格调”的小品文。同年，林语堂的英文著作《吾国与吾民》（又译作《中国人》）在美国出版，四个月内印了七版，登上畅销书排行榜，林语堂因此在国外一举成名。而后，在赛珍珠夫妻的邀请之下，林语堂举家于1936年迁往美国，开始了他长达30年的海外生涯，那也是他文学写作的重要时期，他的英文作品《生活的艺术》在美国高居畅销书排行榜第一名长达52周，长篇小说《京华烟云》使他获得诺贝尔文学奖提名。

林语堂于1944年曾一度回国到重庆讲学。1945年赴新加坡筹建南洋大学，并任校长。1952年在美国与人创办《天风》杂志，1966年后定居台湾，1967年受聘为香港中文大学研究教授，1975年被推举为国际笔会副会长，1976年病逝于香港。

读博尔赫斯，总感到面对的是一个游走在语言和语言之间的幽灵。他被尊崇为“为作家写作的作家”，而他的文本早已超越了纯粹的写作而存在着。

《交叉小径的花园》

博尔赫斯（阿根廷　1899–1986）

博尔赫斯没有获得过诺贝尔文学奖，但智利的诺贝尔文学奖得主巴勃罗·聂鲁达却认为他是“影响欧美文学的第一位拉丁美洲作家”，一些文学研究者甚至把美国文学分为博尔赫斯之前和博尔赫斯之后。阿根廷全国文化委员会曾拒绝授予博尔赫斯全国文学奖，然而到头来，阿根廷文学在世界上的声名却几乎全是博尔赫斯一个人赢得的。

博尔赫斯被尊崇为“为作家写作的作家”，而他的作品早已超越了纯粹的写作而存在着。诗歌、散文和短篇小说是博尔赫斯三大创作成果，而且各有千秋，相互辉映。有一种很生动的说法是：“他的散文读起来像小说，他的小说是诗，他的诗歌又往往使人觉得像散文。沟通三者的桥梁是他的思想。”博尔赫斯是一个阅读者，他的一生不断在图书馆里阅读他人，而在写作的过程中，他又不断地用想象和宗教式的虔诚来阅读自己。

博尔赫斯有着智者的头脑，但他却没有化繁入简，而是乐于操纵复杂的形式，发表于1941年的《交叉小径的花园》是他的代表作，其高超手法与巧妙意象在这篇小说中发挥得淋漓尽致。博尔赫斯如同一个迷宫的制造者，在他离开我们多年后我们依然徘徊在他的世界中，似乎有个密码连接着他和我们的世界。有点儿像科幻小说的时间通道般，阅读他的任何一篇文章犹如穿梭于世界各地，在这里没有地域界限，没有时间纬度，只有一根线从天上垂直下来，沿着这条指定的线，我们谨慎地和他交流，即便离开绳子的指引，虽然不会迷路，却会终日在茫茫世界中游荡。

经典回眸
JINGDIANHUIMOU

博尔赫斯是利用哲学问题作为文学素材的作家，对时间和空间的深邃思考启发他写了许多作品。他的小说结构不受时间和空间正常顺序的约束，故事在“心理时间”内展示，“迷宫”式荒诞离奇的情节和现实并存，镜子、迷宫、旋梯等象征物在他的小说中经常出现。博尔赫斯从《欧战史》242页一段历史的记载中得到灵感，写出一部迷宫般的小说，这就是著名的《交叉小径的花园》。

《交叉小径的花园》表面上采用侦探小说的形式，描写了青岛大学前英语教师余准博士是第一次世界大战中的一名德国间谍，他获得情报，英军已布置13个师的兵力向塞尔—蒙托邦一线发动攻击；英军炮兵阵地在一个名叫艾伯特的地方。余准需要将这个重要情报迅速报告给德国军队，但与此同时，一个英国特工马登上尉却正一刻不停地追踪着他。

这时候一本电话簿帮了他的忙，余准乘上火车逃往阿什格罗夫村，争分夺秒地赶到斯蒂芬·艾伯特博士家里。两个人聊起天来，艾伯特是一位汉学家，正在研究余准的曾祖父制造的迷宫。此时马登上尉已经追踪而来，余准掏出枪，用唯一一颗子弹射杀了艾伯特。马登上尉随即将他逮捕，余准被判死刑。第二天报纸报道了这则新闻，余准和艾伯特的名字同时出现在报纸上。德国上司猜出余准的良苦用心，将同样名为艾伯特的小城夷为平地，余准“糟糕地取得了胜利”。

博尔赫斯用“交叉小径的花园”造了一座迷宫，又借角色之口宣布“写小说和造迷宫是一回事”。而下面的话正揭示了小说的主题：“由相互靠拢、分歧、交错或永远不干扰的时间织成的网络包含了所有的可能性。”《交叉小径的花园》表面上是写命运的偶然性，深层主题却是对时间的探讨。博尔赫斯将关于时间相对性的深奥、复杂的哲学问题诉诸小说这一艺术形式，充分显示了他过人的智慧和非凡的文学才能。

文学圣殿
WENXUESHENGDIAN

流沙上的花园

阿根廷作家路易斯·博尔赫斯一生的作品就如他作品中时时出现的一面面镜子，互相映照直至无限，由此折射出作家眼中世界的多个方面，也包含了作家眼中自我的多重映像。相同的主题和意象在博尔赫斯的诗歌、散文、小说中重叠出现，不仅淡化了各种体裁之间的界限，而且使他的每一部作品都反映出他所特有的对文学和人生的

哲理思考。《交叉小径的花园》是博尔赫斯1941年出版的短篇故事集的同名小说，美国作家约翰·厄普代克曾这样描述他对这篇小说的印象："（博尔赫斯获国际出版奖之前）我本人只读过《交叉小径的花园》……尽管有着超乎其体裁所要求的生动与智力，阅读这篇小说却可以不必知道他的创作者是世界文学的一位巨人。"

博尔赫斯的小说是虚构的艺术，但是这并不完全排除作品中的写实成分。博尔赫斯认为，"没有一部作品不是其时代的产物"。作为20世纪初西方社会剧变时期的见证人，个性敏感的博尔赫斯在作品里不可避免地透露出现实的印迹。《交叉小径的花园》的故事背景设在一战的欧洲，战争与杀戮既是当时混乱的现实世界的直接象征，也决定了博尔赫斯认识人生的虚无主义基调。现代作家反复书写的荒原主题在博尔赫斯的虚构世界中以怪诞夸张的形式再现。叙述者余准是一个嘲弄一切的悲观主义者，他嘲弄他的雇佣者，认为他所效力的日耳曼帝国是个荒蛮的国家，认为他那个视手下的间谍为搜集情报的机器却对他们个人一无所知的德国上司"病态而又可憎"，还想象那个德国人远在柏林的办公室在漫漫无期的等待中显得"死气沉沉"。余准也嘲弄自己的追杀者。在英国军队服役的爱尔兰人马登在余准的证词中被描绘成一个"喧哗、轻信、快活的一介武夫"，智力迟钝然而追逐猎物锲而不舍，而他的姓名（Madden）则暗示了他致命的疯狂。余准甚至嘲弄自己在死亡游戏里的求生本能。当他预见到自己被追杀的命运并下意识地反锁上房门，或是当他希望借助手枪增添勇气时，连自己都认为是"荒谬"的。

小说中有一段余准检查衣袋的细节描写，衣袋里的零碎物品可以理解为暗指余准拥有（或负担）的多重自我。一枚中国古币夹杂在一把外国零钞中影射主人身在异域的处境；链表象征机械的时间对个人自由的限制；假护照和一串作废的亨伯格公寓的钥匙说明了间谍的伪装身份及行将败露的危机；只有一发子弹的手枪则昭示了持枪者杀人的使命和被杀的命运。余准清点这些物品的同时却希望发现自己一无所有，说明他厌倦并渴望摆脱所有这些混乱的身份。作为生活在混乱的社会现实之中的混乱个人，余准的情感和行为也充满矛盾。厌倦生活却又渴望生命，厌恶暴力却又使用武器，具有民族荣誉感却又缺乏道德标准。虽然余准预见到"人们越来越屈从于穷凶极恶的事情：要不了多久世界上全是清一色的武夫和强盗了"，并告诫人们恶行导致的恶果将不可挽回，但是因为"人的声音"过于微弱而枪声却可以传得很远，最终他只能以谋杀的枪声代替微弱的人声把情报传递到柏林。

余准枪杀无辜的艾伯特去完成一项对他本人来说毫无意义的任务，唯一的目的只是验证他的民族自豪感。余准感到先人的灵魂汇于己身，然而作为身在异邦的孤独的外乡人，他的民族意识只能通过个人意志的行为表现出来而且忽视道德准则的规范，因而是虚妄的。德国上司对这个传递情报的人的感受和他的民族漠不关心，余准被判绞刑，刑前在绝望孤独的叹息中结束了自白："他不知道（谁都不可能知道）我的无限悔恨和厌倦。"

在个人行动的具体层面上，余准也是一个迷宫缔造者。他的迷宫就是战乱的社会现实和身在异域的个人处境，他的规则就是不可逆转的个人选择，而迷宫的中心在自述的最后一刻揭开——刺杀艾伯特。在整个宇宙的抽象层面上，小说描述的主要迷宫是余准的曾祖父彭最无边无际的时间花园，而《交叉小径的花园》的作者既是小说家彭最也是小说家博尔赫斯。在他们的作品里，世界的混乱是时间的混乱，而他们的虚构世界的秩序就是时间的秩序，即时间的无限循环和永恒。时间以不同面目的圆形意象反复出现：如艾伯特书房里的圆形座钟，留声机上旋转的唱片，象征涅槃再生的青铜凤凰，仿制波斯陶器并在不同时代和地点再现的中国古瓷作品，先死而后生的彭最小说里的主人公。时间可以循环，迷宫可以失而复得，所以艾伯特不仅重建了彭最的迷宫而且发现了失传的《永乐大典》。文学也同样在时间的轮回里再生：《一千零一夜》在故事的中间因为抄写错误而无休无止地重新开始，口头文学作品由每代人补充新的章节而代代相传。

博尔赫斯说："未来不可避免而且精确，但未必发生。上帝潜伏在洞穴里。"真正的选择在于那个潜伏的上帝。然而对于博尔赫斯，上帝不是宗教意义上的神而是时间意义上的虚无："有一个概念是所有其他概念的腐蚀剂和毁灭者。我指的不是恶，因为恶的势力只限于伦理的范畴。我指的是无穷。"当时间成为无穷，永恒成为腐蚀一切的虚无，梦幻迷宫中的短暂秩序也便重归于无时不在的现实混乱。

不过，在彭最的小说中英雄们可以愉快地"杀戮与死去"，博尔赫斯也以同样的从容态度面对人生的虚无和诸多不幸。博尔赫斯从小视力微弱，晚年完全失明，但他却认为失明乃是一种"天赋"，是艺术家创作的"工具"。作为一生致力于文学和秩序的迷宫的缔造者，博尔

典·故·逸·话

博尔赫斯青年时代曾潜心研究过《庄子》，庄周梦蝶的故事使他大为神往，像发现新大陆似的向他的老师、阿根廷著名作家马塞多尼奥讲解，并在许多作品中提到它。《庄子》另一让博尔赫斯着迷之处是《天下篇》中惠子讲的"一尺之棰，日取其半，万世不竭"，博尔赫斯把它与古希腊芝诺飞矢不动的诡辩相提并论。在早年的《阿喀琉斯和乌龟永恒的赛跑》中，博尔赫斯写道：中国有个传说，说梁朝的皇帝有一根神奇的权杖，每传给继位的新君时，权杖就缩短一半。虽然随着君王更替，权杖会越来越短，但它永远存在。这个传说不见于中国正史。中文版《博尔赫斯全集》的编者加了个注，说大概是博尔赫斯把惠子的妙论和秦始皇万世基业的宏图糅合在一起了，大概是博尔赫斯的创造。

赫斯知道："没有什么是建于磐石之上的，一切皆在流沙之上。但我们的责任就是建造，仿佛磐石就是流沙。"（朱雪峰）

历史桂冠
LISHIGUIGUAN

1899年博尔赫斯出生于布宜诺斯艾利斯一个有英国血统的医生家庭。童年受英国家庭教师教育，涉猎了大量欧美文学名著。第一次世界大战爆发后，全家移居瑞士。中学时代即开始写诗，后就读于剑桥大学，掌握了英、法、德等国语言。大战结束后，随家遍游欧洲各国。在西班牙居住期间，与极端主义派作家过从甚密，同编文学期刊。1921年回到布宜诺斯艾利斯，在公共图书馆任职，同时进行文学创作。两年后，他自费出版了诗集《布宜诺斯艾利斯的激情》，此后又相继出版了几本诗集和散文集。1935年出版的短篇小说集《恶棍列传》，以独特的写作风格引起评论界的极大关注。

1941年，博尔赫斯的代表作，短篇小说集《交叉小径的花园》出版，却在次年的阿根廷全国文学奖评选中落选，引起阿根廷文学界一片抗议之声。此时，博尔赫斯的文学地位已不可动摇。1945年阿根廷作家协会为了"伸张正义"，为他的短篇小说集《虚构集》特设荣誉大奖。

1946年，博尔赫斯因在反对庇隆的宣言上签名而被革除在市立图书馆的职务，派任市场家禽稽查员。他拒绝任职并发表公开信表示抗议，得到知识界的声援。

博尔赫斯一生读书写作，书与笔已经和他的生命融为一体；晚年双目失明，仍以口授的方式继续创作，成就惊人。他的其他重要作品还有：短篇小说集《阿莱夫》、《布罗迪报告》、《沙之书》，诗集《诗人》、《影子的颂歌》、《老虎的金黄》、《深沉的玫瑰》等。他长期独身，由母亲照料生活，直至68岁才与孀居的埃尔萨·阿斯泰特·米连结婚，3年后即离异。母亲辞世后，他终于认定追随他多年的日裔女助手玛丽亚·儿玉为终身伴侣，他们1986年在日内瓦结婚。然而五个星期之后，一代文学大师博尔赫斯便在日内瓦逝世。

加缪在法国20世纪文学史上占有很重要的地位，他的作品不多，而其中蕴涵的精神价值和魅力仍然深刻影响着一代又一代青年。

《局外人》

■ 阿尔贝·加缪（法国 1913–1960）

1960年春，一次意外的车祸给一个曾获诺贝尔文学奖的年轻作家的创作生涯生硬地画上了句号。这个人就是与萨特齐名的法国存在主义作家和评论家阿尔贝·加缪。20世纪的法国有两位号称“精神领袖”的人物，一是萨特，一是加缪。作为诺贝尔文学奖的得主，加缪在法国20世纪文学史上占有很重要的地位，他的作品不多，但其中蕴涵的精神价值和魅力仍然深刻影响着一代又一代青年。加缪是20世纪中期法国最著名的存在主义文学创始人之一。他虽然以一种冷静、客观的创作手法表现人物的行为、命运，但却始终关注着处于社会底层的普通人的生活。法国著名作家莫里亚克称赞他是“年青一代最欣赏的思想大师之一，他对他们提出的问题提供了一个答案，在某种意义上，他代表着这一代人的良知”。

加缪被誉为“年轻人的精神导师”和“社会的良心”，其创作大都运用白描手法，文笔谨严、简朴又明快，保持传统的优雅笔调和纯正风格。他的小说“都是形象的哲学”，蕴涵着哲学家对人生的严肃思考和艺术家的强烈激情。《局外人》是加缪的代表作和成名作，小说出版后即引起轰动，被译成多种文字在世界各国出版，是一部举世公认的文学经典著作。

加缪以其《局外人》一书站在了当代小说的尖端，为法国小说增添了新的内容和新的风格。加缪的思想，其核心就是人道主义，人的尊严问题一直是围绕着他的创作、生活和政治斗争的根本问题。他是与文学沙龙、文学名人、荣誉、勋章保持距离的“局外人”，但他的思考却深入到了现代社会的腹地。他短暂而执著的一生就像他的思想一样，扑朔迷离，却实践着他自认的人生的意义。

经典回眸 JINGDIANHUIMOU

1942年，年仅29岁的加缪发表了他的存在主义文学作品《局外人》，作品以客观、冷漠的口吻叙述了主人公莫尔索的一生经历。这部著作在当时就引起极大反响，使他成为法国家喻户晓的著名作家，并奠定了他在世界文学史上的重要地位。

莫尔索是一个公司的小职员。一天，他接到养老院发来的电报，说他的母亲去世了，第二天要安葬。他向老板请了假，然后乘长途汽车来到养老院，他已经有一年时间没去看过母亲了。在养老院，看门人提出可以为他打开棺材，让他再看母亲一次。但是莫尔索拦住了他。接下来是为母亲守灵的一夜，然后为母亲送葬。莫尔索不觉得悲伤，只是感到很累。当长途汽车驶入阿尔及尔时，他感到喜悦，因为马上可以躺下大睡一觉了。睡醒后，他来到海滨浴场游泳，遇见从前的女同事玛丽。他们在沙滩上一起游玩，晚上一起看了费南代尔的喜剧片后，又一起过夜。莫尔索一个人在家闲极无聊，只好趴在阳台上看马路上过往的行人。

周一上班和往常一样，晚上回家和要去遛狗的邻居老萨拉玛诺撞了个满怀。邻居雷蒙邀请莫尔索到家里坐坐。在他家，雷蒙向他讲述了自己被情妇欺骗的事，他已经把她打跑了。现在，他想出个主意报复她。周六，玛丽又来了，她成了莫尔索的情人。周日早上，莫尔索听到雷蒙家里有吵架声，接着，一个警察来了，他让雷蒙待在家里等着传讯。下午，雷蒙请莫尔索为他证明说那个女人骗了他。莫尔索答应了。

周六下午，雷蒙因为莫尔索替他作了证而邀请莫尔索、玛丽到海滨浴场玩儿。在这里，他们遇见雷蒙那个情妇的弟弟。雷蒙被刀刺伤了。回到海滩小屋后，雷蒙包扎了伤口，又要到海边去。莫尔索不放心，就跟他去了。雷蒙想报仇，他来到了情妇弟弟藏匿的地方，想用手枪把他干掉。莫尔索怕出事，把雷蒙的手枪要了来。情妇的弟弟钻到岩石后面，他们只好回去了。莫尔索又回到海边，他看到雷蒙的对头一个人躺着，他用刀威胁莫尔索，莫尔索用枪把他打死了。

莫尔索被关进监狱审判，法官、辩护律师都询问了他对母亲的感情问题，觉得他对母亲太冷漠。但莫尔索表现得无关痛痒，他觉得这和案件没有关系。玛丽来看过他，她说等他出来，她要和他结婚。

终于开庭了。法庭上挤满了各种人，养老院院长、看门老头、雷蒙、萨拉玛诺、玛丽都来了。从他们的证词中，法官得知莫尔索在母亲葬礼上没有流泪，还拒绝看母亲最后一眼。在守灵的时候甚至吸烟，喝牛奶、咖啡，在母亲死去第二天就寻欢作乐。萨拉玛诺说莫尔索对他的狗很好，雷蒙说他不是罪犯，玛丽说他是个好人，可是法官根本不听他们的。检察官从他对母亲的无情判定他是预谋犯罪，因此判处他死刑。莫尔索感到很疲惫，在临死前，他拒绝见神甫，拒绝忏悔，甚至将神甫痛骂了一顿。神甫走了后，莫尔索反而平静下来，他希望自己受刑那天，会有很多人来看自己，对他发出咒骂的呼声，这样他就不会感觉太孤单。

《局外人》这部小说篇幅不长，但它在文学史上的分量却毋庸置疑。加缪的成名作和代表作也就是《局外人》，他因为这部小说而获得1957年的诺贝尔文学奖。

局外人的荒诞和幸福

加缪曾经把《局外人》的主题概括为一句话："在我们的社会里，任何在母亲下葬时不哭的人都有被判死刑的危险。"这种近乎可笑的说法隐藏着一个十分严酷的逻辑：任何违反社会基本法则的人必将受到社会的惩罚。这个社会需要和它一致的人，背弃它或反抗它的人都在惩处之列，都有可能让检察官先生说："我向你们要这个人的脑袋。"莫尔索的脑袋诚然是被他要了去，社会抛弃了他，然而，莫尔索宣布："我过去曾经是幸福的，我现在仍然是幸福的。"这时，不是可以说是他抛弃了社会吗？谁也不会想到莫尔索会有这样的宣告，然而这正是他的觉醒，他认识到了人与世界的分裂，他完成了荒诞的旅程的第一阶段。

谈《局外人》而不谈荒诞，就如同谈萨特的《恶心》而不谈存在主义。

加缪在这本书中列举了荒诞的种种表现，由于发现了"荒诞"，莫尔索的消极、冷漠、无动于衷、执著于瞬间的人生等顿时具有了一种象征的意义，小说于是从哲学上得到了阐明。当加缪指出，"荒诞的人"就是"那个不否认永恒，但也不为永恒做任何事情的人"的时候，我们是不难想到莫尔索的，尤其是当加缪指出"一个能用歪理来解释的世界，还是一个熟悉的世界，但是在一个突然被剥夺了幻觉和光明的宇宙中，人就感到自己是个局外人"的时候，我们更会一下子想到莫尔索。"荒诞的人"就是"局外人"，"局外人"就是具有"清醒的理性的人"，因为"荒诞，就是确认自己的界限的清醒的理性"。

《局外人》是一部非常成功的小说，它以自身的独立的存在向我们展示了一种关系：人与世界的关系。这种关系之所以如此强烈地吸引着我们，是因为它迫使我们向自己提出这样的问题：世界是晦涩的，还是清晰的？是合乎理性的，还是不可理喻的？人在这个世界上是幸福的，还是痛苦的？人与这个世界的关系是和谐一致的，还是分裂矛盾的？莫尔索不仅是一个有着健全理智的人，而且还是个明白人，他用自己的遭遇回答了这些问题，而他最后拒绝进入神甫的世界更是标志着一种觉醒：他认识到，“未来的生活并不比我以往的生活更真实”。莫尔索是固执的、不妥协的。他追求一种真理，虽死而不悔。这真理就是真实地生活。加缪在为美国版《局外人》写的序言中说：“他远非麻木不仁，他怀有一种执著而深沉的激情，对于绝对和真实的激情。”我想这话是不错的，我们甚至可以说莫尔索是一位智者，因为加缪在《西西弗斯的神话》中写道：“如果‘智者’一词可以用于那种靠己之所有而不把希望寄托在己之所无来生活的人的话，那么这些人就是智者。”莫尔索显然是“这些人”中的一个，他要“义无反顾地生活”，“尽其可能地生活”，相信“地上的火焰抵得上天上的芬芳”，因此，他声称自己过去和现在都是幸福的，这虽然让人感到惊讶，却并不是不可理解的，因为加缪认为：“幸福和荒诞是同一块土地上的两个儿子”，幸福可以“产生于荒诞的发现”。当然，莫尔索是在监狱里获得荒诞感的，在此之前，他生活在荒诞之中而浑然不觉，是一声枪响惊醒了他，是临近的死亡使他感觉到对于生的依恋。于是，莫尔索成了荒诞的人。局外人就是荒诞的人，像那无休止地滚动巨石的西西弗斯一样，敢于用轻蔑战胜悲惨的命运。而加缪说：“应该设想，西西弗斯是幸福的。”

《局外人》的读者可以不知道莫尔索什么模样，是高还是矮，是胖还是瘦，但他们不可能不记住他，不可能不在许多场合想到他。莫尔索将像幽灵一样，在许多国家里游荡，在许多读者的脑海里游荡。如果说时代变了，环境变了，人际关系变了，那他们可以记住，在第二次世界大战期间或以后相当长的时间里，在法国或类似的国家里，有那么一个莫尔索……（郭宏安）

究竟谁在局外

存在主义文学是在存在主义哲学基础上产生的当代西方现代派文学中的一个流派。“存在先于本质”“自由选择”和“荒诞体验”是它的基本理论。它在思想内容上的反传统性和在艺术形式上对传统的继承性使得它备受读者的欢迎，一时风行当时的法国，而且深深影响了自第二次世界大战以后的许多现代主义文学流派，如“荒诞派戏剧”“黑色幽默小说”等。中篇小说《局外人》不仅是加缪的成名作，而且也是存在主义小说的代表作。小说由主人公（第一人称叙事者）莫尔索的自述构成。莫尔索是阿尔及尔一家法国公司的小职员，过着独居生活。作品叙述了他母亲死后第二天他就去寻欢作乐，后来又糊里糊涂地杀了一个人而入狱，最终走向刑场。情节如此简单的一部作品为什么会闻名世界呢？这是大家都感兴趣的问题。

加缪的《局外人》虽然是部中篇小说，仅仅几万字，却为我们塑造了一个内涵丰富、性格独特、值得反复研究的人物形象。

主人公莫尔索的形象反映了20世纪40年代的一部分青年对混乱的世界秩序所感到的精神不安和绝望心理，在他看来，这个世界的关系也是荒谬的。莫尔索是一个“意识到一切都是荒谬的人”。加缪赞美这种人的认识和态度，他认为，正如神话中永无休止地把巨石推往山顶，巨石滚落下来又起而复始的西西弗斯那样，这个神话人物的工作的荒谬性正表现出他的伟大之处：他热爱生活，藐视天神和死亡。莫尔索和他一样，藐视忏悔和死，他以冷漠的态度去对待这个冷漠的世界。

“局外人”，顾名思义，就是独立于客观世界之外的人，超越于现实生活之上的人。但是，事实上，人是不能脱离客观现实而独立存在的，是每时每刻都与社会生活发生着联系的。因此，所谓“局外”，并非客观存在意义上的局外，而是主观感受上的局外。作者所集中描绘的，正是人们对现实生活的这种“局外人”的态度。

莫尔索被投入监狱之后，突然从自由的处境落到不自由的处境。起初他感到十分不习惯，然而，他自信“任何事情，到头来都能习惯”。即使把他装进枯树中，一天到晚没有别的事，只能抬头看上面的天，日子久了，也会习惯的。何况，目前还不是被装进枯树里，他每天等待放风的时间，或者盼着接见律师。他还找到了消磨时间的办法，那就是回忆。单单回想一下他屋里的家具，就可以想上几个钟头。这样，一个人在外面只生活一天，就足够在监狱中回想一百年。要想的东西实在太多了，根本就没有烦闷的时间。在等待接受死刑的那个最后的时刻，莫尔索也有办法控制自己，他的办法是进入幻觉。他幻想制定一条法律，给判死刑的人一个活命的机会，或者发明一种化学药物，使受刑的人吃过之后，有十分之一可以活命。当他从幻觉中醒来之后，他想，不管是谁，有一天注定要死，那么，现在死和再过20年才死，有什么区别呢？想到这里，他就心安理得了。至此，我们不难看出，作者在《局外人》中所要表达的那种人生哲学。

小职员莫尔索是加缪反映“荒诞”的第一典型形象。莫尔索的荒诞主要表现在他对现实的一切都是冷漠的，很少主动去感受人生，对外界具有一种盲目的超脱感、麻木感。他对母

典·故·逸·话

1960年1月4日，加缪在外出旅游时不幸死于车祸，年仅47岁。他罹难的消息迅速传遍了世界，尽管法国广播电台当时正在闹罢工，罢工委员会仍同意播放五分钟的哀乐以悼念加缪。世界各国的报纸也纷纷在头版头条刊登加缪身亡的消息。《纽约时报》发表评论说：“我们的时代接受了加缪的观点，血腥的世界大战，可怕的氢弹威胁，这一切使现代社会能够接受加缪严肃的哲学，并使之长存于人们的心中。”

亲的去世、女友的爱情、社会道德、法律制度，甚至对自己被判死刑都十分冷漠、不屑一顾。在他的眼里，社会的一切秩序都是毫无意义、荒诞可悲的。莫尔索形象具体体现了加缪关于“荒诞”的哲学思想。

《局外人》是加缪思想和艺术的起点，作品所塑造的“局外人”——莫尔索形象一直为世人所关注，是世界文学人物画廊中的经典形象。与艺术形象同样生辉的是作品在哲理性、独特的叙述笔调、对照手法、心理描写、语言风格方面所取得的成就。

在这里，尤其值得一提的是《局外人》中的现实主义因素，这部作品有情节、有人物，很容易读懂，这在现代派作品中是不常见的。这也是作品能赢得众多读者，产生世界性影响的原因之一。

加缪的思想和艺术对后来的现代主义文学影响很大，荒诞派文学和新小说派文学都从存在主义文学中汲取了很多营养，它们共同丰富了世界文学的宝库。（佚　名）

历史桂冠 LISHIGUIGUAN

阿尔贝·加缪是法国伟大的小说家、随笔作家和散文作家。作为诺贝尔文学奖的得主，加缪在法国20世纪文学史上占有很重要的地位。他被奉为存在主义文学的领袖之一，与哲学家兼作家萨特齐名，都是法国二战后的“精神领袖”。加缪的作品数量不多，而其中蕴涵的精神价值和魅力仍然深深地影响着一代又一代青年。加缪1913年生于阿尔及利亚的蒙多维，幼年丧父，靠奖学金读完中学，在亲友的资助和半工半读中念完大学并取得哲学学士学位。希特勒上台后，加缪参加反法西斯的抵抗运动。1944年法国解放，加缪出任《战斗报》主编，写了不少著名的论文。加缪1935年开始从事戏剧活动，曾创办过剧团，写过剧本，当过演员。戏剧在他一生的创作中占有重要地位。主要剧本有《误会》、《加里古拉》、《戒严》和《正义者》等。除了剧本，加缪还写了许多著名的小说。中篇小说《局外人》不仅是他的成名作，也是荒诞小说的代表作。该作与同年发表的哲学论文集《西西弗斯的神话》，在欧美产生巨大影响。长篇小说《瘟疫》曾获法国批评奖，它进一步确立了作家在西方当代文学中的重要地位，“因为他的重要文学创作以明确的认真态度阐明了我们这个时代人类良知的问题”，1957年加缪获得诺贝尔文学奖。在短暂的创作生涯中，加缪赢得了远远超过前辈的荣誉。他的哲学及文学作品对后期的荒诞派戏剧和新小说影响很大。评论家认为加缪的作品体现了适应工业时代要求的新人道主义精神。萨特说他在一个把现实主义当做金牛膜拜的时代里，肯定了精神世界的存在。1960年1月4日，加缪在巴黎东南70公里处死于车祸。

喜欢《小王子》，好像不需要理由，不管你是谁，你都可以得到不同的感受，这是一本值得你一生阅读并去体会的书！

《小王子》

圣埃克絮佩里（法国 1900–1944?）

世纪之交，法国人举办了一次“20世纪最佳法语图书”评选活动。评选结果出乎人们意料，最终脱颖而出摘得桂冠的是一本区区数万字、不过百余页的小书——《小王子》。在一项几乎纯粹较量“人气”的竞赛中，《小王子》能够压倒《追忆似水年华》或《蒂博一家》这样的煌煌巨著，也许其意义并不在于奠定这部广受欢迎的作品在文学史上至高无上的地位，而仅仅是验证和强调了它同世间所有平凡的心灵接近的程度。

阅读《小王子》长久以来被视为一种必修的文化学分，从9岁到99岁，年龄已经不再是界限，每个人都可以以自己的方式来体会其中的柔情和哲理，品出你自己的人生况味，读出你生命中久违的眼泪来。这是一个关于爱和责任、感动与纯真、星星和泪水的寓言，当我们阅读它的时候，我们那颗日复一日变得冷漠的心，会在小王子的目光中，在满天的星光下，恢复往日的纯真与烂漫。漫游在小王子的世界中，是一种心灵的盛宴。

所有的大人都曾经是孩子，因此，半个世纪以来，《小王子》几乎成了人类“共通的语言”，所有关于人类美好的感情：梦想、美丽、善良、理想、忧伤、希望……这里都有；所有关于大人们的执拗、固执、贪婪、任性、残暴……那些失却了本真的生活乐趣的大人们的言行，都在这里得到反思。《小王子》是一种真正的“心灵鸡汤”——不像真正的鸡汤那么油腻，但营养比鸡汤更丰富。有许多人收藏着各式各样的《小王子》，反复阅读，与小王子一起成长，这是一本值得你一生阅读并去体会的书！

经典回眸
JINGDIANHUIMOU

《小王子》是一本畅销的世界名著，在全球范围内被翻译成42种文字，并多次再版，经久不衰。1993年这本书出版50周年时，法国政府以作者圣埃克絮佩里的肖像发行50元钱币来纪念他，这一行为可谓空前绝后。很多近代有名的作家均承认在写作上受本书影响很大。

全书主要描写了一个来自外星球的小王子的探险经历。小王子有一朵心爱的玫瑰花，他不知道如何爱她，后来便离开她去拜访其他的小行星。他到达的第一个小行星上住着一个国王，他把每个人都当做一样东西，以他自己的逻辑来统治一切；第二个行星上住着一个自负的男人，认为其他的人都是他的仰慕者；第三个星球上住着一位酒鬼，他喝酒是为了遗忘他喝酒的耻辱；第四个星球是属于一个商人的。他认真地计算着星星，并将数目写在纸上，锁在抽屉里，认为自己拥有它们，因为他是第一个想到拥有它们的人；第五个星球是所有行星中最小的，只能容下一根灯柱和一个点灯人。点灯人依规则傍晚点灯，早上熄灯，一刻也不能休息地忠于自己的工作，他认为一个人是不可能同时努力工作和偷懒的；第六个星球是第五个星球的十倍大，住着一个地理学家，他和小王子谈到“朝生暮死”的问题，最后，他建议小王子到地球去，于是小王子离开了心爱的花。

来到地球的小王子，走过了沙丘、岩石和雪地之后，在一个玫瑰花园里，发现自己拥有的并不是全宇宙独一无二的花，而是一朵普通的玫瑰花。因为单是这个花园里就有五千朵玫瑰花，长的跟他的玫瑰花一模一样。于是他伤心地哭了，这时，狐狸出现了，并告诉小王子“驯养”的意义，于是小王子才了解他的玫瑰花对他来说，还是世上独一无二的，因为他曾将时间投注在他的玫瑰花身上，他们的关系跟其他花是不同的。

道别的时候，狐狸告诉小王子它的秘密——“我们只有用心才能真的看见；真正重要的东西是肉眼无法看见的……”故事娓娓道来，作者以其生花之笔将我们带入了宇宙空间一个美妙的天地。

有关《小王子》的介绍、评论有很多，而不同的人必将以不同的角度来解读《小王子》。好书是历久弥新的，《小王子》同时感动着全球不同角落的大人和小孩，相信它将会永远活在每个喜爱它的人心中。

永远的童话，让我们永远去读

几年前的一天，我在武大图书馆看书时，听到两个人的谈话。从飘入我耳朵的只言片语里，我知道他们正在寻找一本叫《小王子》的书。

这本书我以前读过，它是一个中篇童话，圣埃克絮佩里著。圣埃克絮佩里是法国著名的飞行员兼作家，他参加过两次世界大战，和战友亨利·吉约梅等人一起开辟过从非洲到拉美的国际航线。1944 年他执行侦察任务时，消失在地中海上空，再也没有回来。

在飞行之余，圣埃克絮佩里写了不少作品，记录他"在星群中找到的真理"。在他众多的作品中，《小王子》是最受人们欢迎的一部。这本不足五万字的小书 1943 年出版于美国，不久即成为名著，后来又被拍成同名电影。在作者的祖国法兰西，这本书已销售 400 万册以上，足可与大名鼎鼎的雨果、加缪等人相比肩。即使在华语世界，也至少有五种不同译本出现。

为什么一本小书会受到如此青睐呢？

圣埃克絮佩里在这部童话小说里，通过一颗小星球上的一个小王子旅行宇宙的经历，表达了对人类"童年"消逝的无限感叹。小王子在旅途中到过六个星球，碰到过一个目空一切的国王，一个爱慕虚荣的人，一个消磨光阴的酒鬼，一个唯利是图的商人，一个循规蹈矩的点灯人和一个学究式的地理学家，最后才到达地球。作者以小王子孩子式的眼光，透视出这些大人们的空虚、盲目和愚妄，用浅显天真的语言写出了人类的孤独寂寞、没有根基、随风流浪的命运。同时，也表达出作者对金钱关系的批判，对真善美的讴歌。

故事里一只狐狸说过这样一句富有哲理的话："只有心灵才能洞察一切，本质的东西肉眼是看不见的。"狐狸告诉小王子，在茫茫的宇宙中，因为有一朵玫瑰花存在，你曾经为她浇过水、除过虫，和她有着心灵的感应，所以宇宙就完全不同了。世界上有千千万万朵数也数不清的玫瑰花，它们看上去没有什么不同，但因为有了心灵，你的那朵就和别的有了不同，所有别的玫瑰花加在一起，也不能取代她。

我每一次读《小王子》，都被这种孩子式的看待世界的态度感动，多么天真、幼稚，可又多么纯洁、真诚。在现实生活中，我们整天忙忙碌碌，像一群群没有灵魂的苍蝇，喧闹着、躁动着，听不到灵魂深处真诚的低语。时光流逝，童年远去，我们渐渐长大，岁月带走了许许多多的记忆，也消蚀了心底曾经拥有的那份童稚的纯真。我们沉溺于人世浮华，专注于利益法则，我们不顾心灵的沉重的桎梏，可是愈如此，愈体验到人生的虚无。读大学时，我看了不少现代派的作品，里面充满了欲望、异化和梦魇，这些对世界险恶真实的写照，看得人心里充满了阴霾失望。但是，每次读一遍《小王子》，就好像在清水中洗了个澡一般，心又重新变得剔透明亮了。

后来，我渐渐发现，许多人提到自己最喜欢的一本书时，都会选择一本童话，有安徒生的，有格林的，也有圣埃克絮佩里的。这些人有不同的经历、不同的个性，但对童话的那份热爱却是相同的。童年虽然不会再回来，但在童话里，我们却可以找回那份童年的感觉。

没有人永远留在童年，可是我们可以永葆一颗真纯的童心。

没有人永远活在童年，可是我们对童年的渴望将是永远的。

永远的童话，让我们永远去读。（陈万华）

让世界适合于小王子们居住

我说《小王子》是一部天才之作，说的完全是我自己的真心感觉，与文学专家们的评论无关。我甚至要说，它是一个奇迹。世上只有极少数作品，如此精美又如此质朴，如此深刻又如此平易近人，从内容到形式都几近于完美，却不落丝毫斧凿痕迹，宛若一块浑然天成的美玉。

令我感到不可思议的一件事是，一个人怎么能够写出这样美妙的作品；令我感到不可思议的另一件事是，一个人翻开这样一本书，怎么会不被它吸引和感动。我自己每次翻开它时，都觉得新鲜如初，就好像第一次翻开它时觉得一见如故一样。每次读它，常常是含着泪花微笑，在惊喜的同时又感到辛酸。我知道许多读者有过和我相似的感受，我还相信这样的感受将会在更多的读者身上得到印证。

按照通常的归类，《小王子》被称做哲理童话。你们千万不要望文生义，设想它是一本给孩子们讲哲学道理的书。一般来说，童话是大人讲给孩子听的故事。这本书当然也非常适合于孩子们阅读，但同时更是写给某些成人看的。用作者的话来说，它是献给那些曾经是孩子并且记得这一点的大人的。我觉得比较准确的定位是，它是一个始终葆有童心的大人对孩子们，也对与他性情相通的大人们说的知心话，他向他们讲述了对于成人世界的观感和自己身处其中的孤独。

的确，作者的讲述饱含哲理，但他的哲理绝非抽象的观念和教条，所以我们无法将其归纳为一些简明的句子而又不使之受到损害。譬如说，我们或许可以把全书的中心思想归结为一种人生信念，便是要像孩子们那样凭真性情直接生活在本质之中，而不要像许多成人那样为权力、虚荣、占有、职位、学问之类表面的东西所累。可是，倘若你不是跟随小王子到各个星球上去访问一下那个命令太阳在日落时下降的国王，那个请求小王子为他不断鼓掌然后不断脱帽致礼的虚荣迷，那个热衷于统计星星的数目并将之锁进抽屉里的商人，那个从不出门旅行的地理学家，你怎么能够领会孩子和作者眼中功名利禄的可笑呢？倘若你不是亲耳听见作者谈论大人们时的语气——例如，他谈到大人们热爱数字，如果你对他们说起一座砖房的颜色、窗台上的花、屋顶上的鸽子，他们无动于衷，如果你说这座房子值十万法郎，他们就会叫起来："多么漂亮的房子啊！"他还告诉孩子们，大人们就是这样的，孩子们对他们应该宽宏大量——你不亲自读这些，怎么能够体会那讽刺中的无奈，无奈中的悲凉呢？

我还可以从书中摘录一些精辟的句子，例如，"正因为你在你的玫瑰身上花费了时间，这才使她变得如此名贵"，"使沙漠变得这样美丽的，是它在什么地方隐藏着一眼井"。可是，这样的句子不胜枚举，而要使它们真正属于你，你就必须自己去摘取。且把这本小书当做一朵玫瑰，在她身上花费你的时间；且把它当做一片沙漠，在它里面寻找你的井吧。我相信，只要你把它翻开来，读下去，它在你心中一定会变得名贵而美丽。

圣埃克絮佩里一生有两大爱好：飞行和写作。他在写作中品味人间的孤独，在飞行中享受4000米高空的孤独。《小王子》是他生前出版的最后一本书，出版一年后，他在一次驾机执行任务时一去不复返了。没有人知道他去了哪里，在地球上再也没有发现他的那架飞机的残骸。我常常觉得，他一定是到小王子所住的那个小小的星球上去了，他其实就是小王子。

典·故·逸·话

二战前，圣埃克絮佩里参加了西班牙内战，打击法西斯分子，后来被捕。在监狱里，看守的警卫一脸凶相，态度极为恶劣。圣埃克絮佩里认为自己第二天将被枪毙，于是陷入极度的惶恐与不安中。他翻遍口袋找到了一支香烟，却找不到火柴。他鼓起勇气向警卫借火，警卫冷漠地将火递给他。当警卫帮他点火时，两人目光无意中相接触，这时圣埃克絮佩里突然冲警卫微笑了一下。这抹微笑打破了他们心灵之间的隔阂。警卫的眼神也少了当初的那股凶气。而后，两人聊了起来，对家人的思念和对生命的担忧使圣埃克絮佩里渐渐哽咽。后来，警卫一言不发地打开狱门，悄悄地带他逃离了监狱。

有一年夏天，我在巴黎参观先贤祠。先贤祠的宽敞正厅里只有两座坟墓，分别埋葬着法兰西精神之父伏尔泰和卢梭，唯一的例外是有一面巨柱上镌刻着圣埃克絮佩里的名字。站在那面巨柱前，我为法国人对这个大孩子异乎寻常的尊敬而感到意外和欣慰。当时我心想，圣埃克絮佩里诞生在法国并非偶然，一个懂得《小王子》作者之伟大的民族有多么可爱。我还想，应该把《小王子》译成各种文字，印发几十亿册，让世界上每个孩子和每个尚可挽救的大人都读一读，这样世界一定会变得可爱一些，会比较适合于不同年龄的小王子们居住。（周国平）

历史桂冠 LISHIGUIGUAN

《小王子》的作者安托万·德·圣埃克絮佩里1900年生于法国里昂。1921–1923年在法国空军中服役，曾是后备飞行员，后来又成为民用航空驾驶员，参加了开辟法国—非洲—南美国际航线的工作，他的作品《南方邮航》、《夜航》、《风沙星辰》等，都是他根据自身的飞行经验而创作的。

1923年圣埃克絮佩里因飞行事故负伤退役，但他始终对飞行难以割舍。1927年，他终于如愿以偿，成为从法国图卢兹到非洲卡萨布兰卡和达喀尔的邮航的一名飞行员。在任朱比角中途站站长期间，他多次死里逃生，极为出色地完成了空难救险任务，并因此荣获法国荣誉团骑士称号。

1939年德国法西斯入侵法国，虽然医生认为圣埃克絮佩里多次受伤不宜再次入伍，但他坚决要求参加抗德战争。1940年法国在战争中溃败，圣埃克絮佩里在流亡美国期间，创作出了“小王子”这一永恒的纯真的形象。1943年，在圣埃克絮佩里的强烈要求下，他回到法国在北非的抗战基地阿尔及尔执行飞行任务。

1944年7月31日上午，圣埃克絮佩里出航执行第八次任务，从此再也没有回来，牺牲时，年仅44岁。近年，在欧洲某地的一个湖中，发现了圣埃克絮佩里的飞机残骸。为了纪念这位伟大的战士和文学家，当地决定为这架飞机的残骸建立一个博物馆，以他的名字命名，陈列他的作品和遗物。

张爱玲是空前绝后的，她是中国文学史上的一个“异数”，文字在她的笔下，才真正有了生命。

《金锁记》

张爱玲（中国 1920−1995）

20世纪40年代的上海，有一位红极一时的女才子，几乎在一夜之间，成为当时文坛富有传奇色彩的著名作家。知道她的，凡她的作品便称为好；不知道她的，一点不知。她的名字叫起来普通到俗，使未知其名其人者不由会反问，她是谁？她的名字叫张爱玲，当时她母亲为她报名上学时匆匆起就的名字，却成为中国现代文学史上一个用刀刻过般的名字，任凭岁月流逝，时代变迁，伴随着她绮丽而又精美的佳作，流传到今日，愈发显示出她丰厚而又瑰丽的魅力。

说张爱玲是中国文学史上的一个“异数”应当不为过，文字在她的笔下才真正有了生命，能一直钻进人的心里去。她为创作而创作，她将才情学识融为一体，在其作品中深深渗入世俗的精致又保持超然的姿态，同时具有非凡的转化中外文学传统的能力，对人性的精准洞察力以及描写人物形象的深度使一般的现代作家难以望其项背。绚烂如蝶的张爱玲仿佛20世纪40年代沦陷区的废墟上绽开的罂粟花，其生命混杂着平凡中的传奇。

张爱玲，这个被当时文坛称为奇迹的女作家，出身于官宦世家，却擅长写平民甚至小市民的苦乐，而生活与其处世之道，却又全然不同。读了她的佳作，你会豁然明了什么是作家，什么是小说，什么是传世精品。《金锁记》是张爱玲最出色的中篇小说，远比她更有名气的《倾城之恋》成熟深刻。傅雷曾称它为“文坛最美的收获之一”；美国学者夏志清则推之为“中国从古以来最伟大的中篇小说”。今天，当我们重新阅读张爱玲的作品时，谁也不能否认她是空前绝后的。那种文字，精致到只有中国文字才能表达，迷惘到只有20世纪40年代的中国才能产生，冷静到只有张爱玲才能写出。

经典回眸 JINGDIANHUIMOU

走过中国现代文学史，张爱玲是你要流连驻足的一块里程碑；走过女性写作的流域，张爱玲不是大河，是彼岸；走过中国最黑暗的年代，张爱玲在黑暗中点灯，从沦陷区里发声。她生于上海，十里洋场孕育了她的独特才华；她隐于美国，客死异乡。《金锁记》素有“张爱玲最出色的中篇小说”之称。早有研究者评价说，其在艺术成就上突出表现为两点：一是细腻传神的心理描写，二是苍凉意境的创造。另外，《金锁记》的语言委婉含蓄，整篇小说笼罩在一种悲凉的氛围之中。开头那段“三十年前的月亮”的描写更是被广为引用，成为张氏作品“苍凉之美”的最佳体现。

《金锁记》写于1943年，小说描写了一个小商人家庭出身的女子曹七巧的心灵变迁历程。七巧做过残疾人的妻子，欲爱而不能爱，几乎像疯子一样在姜家过了30年。在财欲与情欲的压迫下，她的性格终于被扭曲，行为变得乖戾，不但破坏儿子的婚姻，致使儿媳被折磨而死，还毁了女儿的爱情。“30年来她戴着黄金的枷。她用那沉重的枷角劈杀了几个人，没死的也送了半条命。”

《金锁记》是一个关于女人的悲剧，讲述了在没落的旧式上层家庭中，一个出身低微的女人是怎样在对金钱和爱情双重渴望的交织下一步步走向人性的扭曲。它揭示了这样一个悲剧性的主题：女人通过金钱和爱情来实现自我价值是不可能的。书中人物性格刻画十分细腻，心理剖析非常犀利，字里行间流淌着浓郁的色彩，具有独特的语言魅力。

《金锁记》为张爱玲的代表作之一，1943年11月由上海《杂志》月刊登载，1944年收入《传奇》小说集。

张爱玲后来提及，她的好多作品里的人物和故事“各有所本”。《金锁记》就是这样，实际以她太外祖父李鸿章之次子李经述一家的生活为背景，如小说中的“姜公馆”暗指李公馆；“大爷”的真名叫李国杰，主持过招商局；二少爷和曹七巧的原型，即李国杰那得软骨症的三弟及从老家合肥乡下娶的妻子。据张子静《我的姊姊张爱玲》记述，张爱玲曾与李国杰的妻子多次聊天闲谈，“得知外人不知道的李鸿章大家庭中的秘密韵事”，“发表《金锁记》后，当时李鸿章还有不少后代在上海”，“也许李府那些人也不太看书，根本不知道我姊姊发表了那篇小说，把他们的丑陋的一面写进了历史”。

七巧的悲剧，一方面是性格使然，另一方面也是特定环境造成的。她始终挣扎着维护自己的尊严和价值，但一个出身低微的女人，在旧式大户人家是没有太多选择的。小说结尾之处，也曾为七巧的人生提供了另一种可能性。文中讲到普通人家的男子“喜欢她，也许只是喜欢和她开开玩笑，然而如果她挑中了他们之中的一个，往后日子久了，生了孩子，男人多少对她有点儿真心”。不同的环境，可能会有不同的结局。

然而张爱玲对这种悲剧显然有一种宿命式的看法，在越长越像母亲的长安身上，我们已经可以看到悲剧轮回的影子。小说的结尾，又点出悲剧的永恒性，“三十年前的月亮早已沉下去，三十年前的人也死了，然而三十年前的故事还没完——完不了”。这一切，也许就像张爱玲笔下的月亮一样，月缺月圆，再缺而再圆……

张爱玲在《金锁记》中以空前深刻的程度表现了现代社会两性心理的基本意蕴。她在当时的创作年代并无任何前卫的思想，然而令人震惊地拉开了两性世界温情脉脉的面纱。主人公曾被作者称为是她小说世界中唯一的“英雄”，她拥有着“一个疯子的审慎和机智”，为了报复曾经伤害过她的社会，她用最为病态的方式，“她那平扁而尖利的喉咙四面割着人像剃刀片”，随心所欲地施展着淫威。

作者将现代中国心理分析小说推向了极致，细微地镂刻着人物变态的心理，那利刃一般毒辣的话语，产生了令人惊心动魄的艺术效果。《金锁记》在叙述体貌上还借鉴了民族旧小说的经验，类似《红楼梦》的小说手法已被作者用来表现她所要表现的华洋杂处的现代都市生活。

生花之笔的佳篇

《金锁记》是张爱玲最重要的代表作之一，曾得到许多批评家的赞誉，年少曾读，体会不深，近日重读，拍案叫绝，再三回味，越发爱不释手。我以为，和张爱玲其他的小说篇章比起来，这篇《金锁记》可以说是张爱玲顶峰之作，无论从技巧上还是思想上，都能体现张爱玲的天赋所在，寻常人是无法企及的。

张爱玲善于刻画女人，尤喜描写各色“坏女人”，《金锁记》也不例外，小说女主人公曹七巧是麻油店人家出身的下级阶层的女子，可是她的大哥为了攀附权贵，把她嫁入了没落大族姜家，她丈夫是个自小就卧病在床的废人。七巧出身平民，有着勇敢、刚强、直爽的一面，突然进入了死气沉沉、钩心斗角的封建家族，而且嫁了一个废人，这个矛盾注定这是一个悲剧故事。在姜家她处处遭到排斥和冷眼，因此她不断反抗，在别人眼中，她恶名昭著。后来丈夫和婆婆相继死后，姜家分了家产，七巧终于得以脱离封建家族的桎梏——张爱玲把它比做是一把金锁——带着儿女搬到外头住。在七巧的下半生，虽然没有了压抑的生活，而且有了经济基础，可是她的后半生过得并不如意：旧时曾托以幻想的意中人三爷季泽来找她，她毫不犹豫地揭穿了他的骗财的把戏，把自己生命中唯一一点儿爱情葬送了；儿女长大要结婚出嫁了，可是七巧偏要和儿媳过不去，终于气死了儿媳；女儿30岁了仍未婚嫁，好不容易找了对象，七巧偏从中破坏……最后，这么一个不幸的女人终于在郁郁中死去，结束了她不幸的一生。

张爱玲的小说受传统小说影响很大，这篇《金锁记》尤其明显，单从技巧上来说，许多地方可以看得出《红楼梦》的影子来。比如人物描写方面，写七巧，小说一开端并不直接就写，而是通过两个下人的床头闲话点出，把这个家族的人物关系和大致的情况都交代清楚，这和《红楼梦》借冷子兴贾雨村之口道出荣宁二府的兴衰故事一样异曲同工。

在两个下人的口中，道出了七巧的出身；然后再借二嫂三嫂背后的冷言闲语，交代了七巧在家族中的低劣地位，因为她是平民出身，而且直言直语，大家都瞧不起她。在一系列铺垫之后，七巧终于出场，一开始就写她因为替二小姐云泽作媒，气得二小姐哭，三言两语之下，完全通过语言和动作来表现七巧的独立个性，还把姜府的错综复杂的人物关系交代得相当清楚。短短四五千字，完全是侧面描写，就把七巧的出身、人物关系、人物形象交代得非常圆满清楚，张爱玲的生花妙笔，让我赞叹。

其实这种侧面交代的方法在小说中应用得很广。最妙一笔是在后面，当写到七巧约准女婿童世舫见面，要拆散他们时，在童的眼中，只见“门口背着光立着一个小身材的老太太”，在童的心中，印象是“直觉地感到那是个疯子”，而小说在写七巧老年的时候，一处都没有正面去刻画七巧的形象，而到最后才借旁人的眼睛点出，妙笔如斯，再次叹服。

其次，小说跨度30年，写人物和事情的变

典·故·逸·话

胡兰成第一次去拜访张爱玲时，吃了闭门羹，只得了一个通报姓名的机会，从门洞里递进了一小纸条，没有人知道他在纸条上写了什么内容，总之一向性情孤僻的张爱玲在第二天便回访了他，此后属于她的恋爱传奇就开始了。胡兰成向张爱玲要照片时，她在反面题了词：“见了他，她变得很低很低，低到尘埃里，但她心里是欢喜的，从尘埃里开出花来。”那时的张爱玲不足23岁，尽管她看透了世间痴男怨女，但与比她大15岁的结过两次婚的胡兰成的偶然相遇仍然使她不能自己。

1944年，张爱玲和刚与妻子离了婚的胡兰成在上海结婚。没有任何的仪式，只是一纸婚书：“胡兰成与张爱玲签订终身，结为夫妇。愿使岁月静好，现世安稳。”然而张爱玲的幸福生活很快幻灭了。1946年，由于抗战胜利更加落魄的胡兰成却又有了新好，张爱玲的千里寻夫的辛苦换来的却是心灰意懒。

迁，《金锁记》里面用的方法更是奇妙。比如小说最后，七巧把手上的镯子往手臂上推，那镯子在年轻圆润的时候是丝毫推不上的，可是到了老年，油尽灯枯，镯子能一直推上腋窝，这金镯子好比一把枷锁，三十年的压抑和苍凉无奈，就在这一推之间，纤毫毕现，实在是点睛之笔！

通篇读完，也许大多数读者和我一样，非但不会对七巧种种变态行径感到厌恶，而是会感到一种直彻心骨的苍凉的悲哀和同情。七巧其实是一个很可爱的女子，年轻的时候，她也会和街上的走贩眉来眼去，享受着生活的快乐；同时她也是一个十分善良的女子，你看她，尽管大哥把她带到火坑了，她后来再见大哥，哭闹过后，一样塞了许多贵重礼物送给大哥带回，这时她仍然是有温情的；她的情人季泽被她骂走后，她不也会躲在窗户背后看着爱人仓皇而去的背影吗？那时她心中还有爱情，就是到晚年，她在某一瞬间也仍然怀念年轻时候的温柔。这样，这个人物活了，我们对她丝毫没有世故的眼光，她是可爱的，也是不幸的。

张爱玲，确实是个奇女子。不但在于她的经历，还奇在她的文章。愿一读再读，细细玩味。（佚　名）

深刻的悲剧

一个人的世界随着生命的谢幕而结束，可是现实的生活仍在继续，月亮照样升起，照耀着死亡再也无法感知的一切。从此，月亮在张爱玲的艺术世界中不断出现。今天我们打开《张爱玲文集》，惊喜于其中竟流淌着一条动人的月亮河。综观文集，月亮这一意象发展的顶峰当推《金锁记》。这篇小说里，月亮统领全部的其余意象，显示了故事的悲剧性和悲剧的深刻性。全篇九处写到月亮，有些蜻蜓点水般一笔带过，有些则浓墨重彩，精雕细琢。

七巧，这个与月亮有关的人在故事的一开始就注定了是一出悲剧，她嫁到了富贵人家，可是处处因自己的出身受到歧视；她结婚五年了，有了一对弱小的儿女，可是从未享受过婚姻的幸福；她自以为是地爱上了丈夫的弟弟——三少爷姜季泽，可是三少爷对她却严叔嫂之防。张爱玲的小说里全是些不彻底的人物，只“除了《金锁记》里的曹七巧”。人活着，必须有各种欲望的支撑，对七巧而言，所有的欲望都不

如金钱重要，确切地说，她只有唯一的金钱欲。爱情和金钱相比，是可以舍弃不要的，人生的其余内容也是如此。当所有的欲望都遭到了破产，只剩下黄金的枷锁时，七巧就成了一出彻底的悲剧。

十年之后，七巧的丈夫和婆婆都死了。苦难熬出了头，她分到了家产，搬出姜府自立门户。过去冷淡七巧的姜季泽现在上门来向她倾诉爱情，精明的七巧在心旌摇荡之余发现所谓的爱情是假的，大怒之余把季泽赶出了家门。爱情的幻影消失了，淌着眼泪的七巧奔到窗前：

“玻璃窗的上角隐隐约约反映出弄堂里一个巡警的缩小的影子，晃着膀子踱过去。一辆黄包车静静在巡警身上辗过。小孩把袍子掖在裤腰里，一路踢着球，奔出玻璃的边缘。绿色的邮差骑着自行车，复印在巡警身上，一溜烟掠过。都是些鬼，多年前的鬼，多年后的没投胎的鬼……什么是真的，什么是假的?”

一出彻底的悲剧造就了一个彻底疯狂的人。七巧戳穿季泽的感情骗局时，她还有强烈的情感，她还能大怒。下半部中的七巧完全成了一个疯子，她压抑自己正当的情感，最终丧失人的情感变成了非人。

七巧戴着黄金的枷，她用那沉重的枷角劈杀了几个人，没死的也送了半条命。岁月从她可以直推到腕下的手镯里徐徐地溜走了，她的生命早已是一个徒具形式的空壳。一个出身寒微的女子，违背己愿地投身到上流社会的礼仪与罪恶中去，最后却成为上流社会最腐化的典型人物。

七巧是一出悲剧，她又一手导演了几起悲剧，这形成了主题级的反讽。七巧的死解放了被她控制被她奴役的儿女，而死去的芝寿和绢儿只能永远地死去了，长安和长白也已给她折磨得不像人，并且失去了一生中最美好的一段时光。七巧死了，长安和长白获得了新生，三十年前的故事似乎结束了。叙事者又回到了说书人的位置上，将读者从故事的时空带回现实的时空：

“三十年前的月亮早已沉了下去，三十年前的人也死了，然而三十年前的故事还没完——完不了。”

月亮的意象在小说的结尾重又出现，有始有终，成为贯穿全篇的主题意象，强调了悲剧的深刻性和一贯性、彻底性。小说情节的关键时刻、人物命运的重要关头，月亮的意象都会出现，与人物同喜同悲，这绝非是作者的无意之笔，而是她的刻意营造。《金锁记》“是中国从古以来最伟大的中篇小说”，也是从古以来最深刻的一出悲剧。悲剧是人的悲剧，尤其是女人的悲剧。

悲剧的延续性贯穿小说的全篇，并且一而再，再而三地被暗示。七巧、长安、芝寿都是悲剧，各自的悲剧有其来龙去脉，剧情不尽相同，悲哀和怨愤都是一样的，而悲剧又是延续不止的。

女性的悲剧，人生的悲剧，从若干个三十年前排演到若干个三十年后。张爱玲的世界诞生在半个世纪前，可是百年千年后，推开我们最新文明的窗子，张爱玲的月亮仍将照耀着我们。（佚 名）

历史桂冠 LISHIGUIGUAN

张爱玲的一生就是一场迷幻的传奇。生于上海的她，在深宅大院中度过了童年。身为满清遗少的父亲终日沉溺于鸦片和姨太太，被西洋文化装扮过的母亲也有自己的世界——对于张爱玲而言，父爱与母爱虽然近在咫尺却遥不可及。伴随着太多的世态炎凉、人情冷暖，张爱玲渐渐成长为一个敏感早熟、内心阴郁而情思丰富的少女。青年时代在香港求学的她，能够从容旁观人们在战火硝烟中奔忙逃生，看他们为金钱或其他利益而相互倾轧、明争暗斗。

没有人比张爱玲更配得上"传奇"一词了。她的家世，她的早慧、早熟，她独特的创作历程，无不具有着某种神秘感和传奇色彩。张爱玲性格中注定会聚集很多矛盾：她是一个善于将生活艺术化而懂得享受的人，又是一个对生活充满悲剧感的人；她是名门之后，却称自己是一个自食其力的小市民；她受的是西洋学堂的教育，但却钟情于中国的小说艺术，在创作中自觉师承《红楼梦》、《金瓶梅》的传统；她悲天悯人，时时洞见芸芸众生"可笑"背后的"可怜"，但实际生活中却显得冷漠寡情；她通晓人情世故，而自己无论待人还是穿衣都是我行我素，特立独行；她在文章里同读者拉家常，但却始终保持着距离，不让外人窥测她的内心；她在20世纪40年代的上海大红大紫，然而几十年后，又在美国深居简出，过着与世隔绝的生活。

作为一位旷古才女，张爱玲一生的文学成果巨大而丰硕，多样的创作表现了她无与伦比的天赋与才华。张爱玲的作品取材于世俗生活，将西方现代心理分析派的要领和中国古典小说的叙事笔法奇特地结合在一起，风格富丽堂皇而且充满丰富的意象。最难得的是她对人生的了解极为深刻，这对于一个年轻的女作家来说的确是个奇迹。

晚年的张爱玲选择了寂静封闭的生活，因为热闹对于她来说早已是过眼云烟，她孤独地居于美国，于1995年月圆人团圆的中秋节前夕悄然离世。

《静静的顿河》让世界认识了顿河，认识了哥萨克，认识了肖洛霍夫这位伟大的作家。

《静静的顿河》

肖洛霍夫（苏联 1905—1984）

肖洛霍夫是20世纪苏联小说史上继高尔基之后最重要的作家，不仅在苏联文学界享有巨大的威望，同时是一位有着广泛的国际声誉的作家。他以现实主义手法生动地反映了苏联普通人的现实生活和社会形势，并深刻地洞察到俄罗斯人民的历史命运和时代的悲剧，而且在艺术上将史诗与悲剧的体裁结构原则结合在一起，形成了独树一帜的艺术风格。

肖洛霍夫一生写下了许多个悲剧故事，而他自己的命运，究竟是悲是喜，实在无法说清。他徘徊于“中心”与“边缘”之间，既要迎合“中心”，又要保持“边缘”的独立地位，最终能够同时为苏联与西方两个世界所接受，肖洛霍夫为此所付出的辛苦恐怕是局外人难以完全体会的。《静静的顿河》是肖洛霍夫的代表作，出版后引起了很大轰动。1965年，肖洛霍夫正是因为“在这部描写顿河流域的史诗般的杰作中，以强烈的艺术力和正直的创造性，真实地反映了俄罗斯民族生活的一个历史阶段”而荣获了诺贝尔文学奖，成为苏联唯一一位被政府承认的诺贝尔文学奖获得者。1965年，肖洛霍夫在荣获诺贝尔文学奖的演说中，讲到一个作家必须认清的天职和使命应该是“对读者诚实，向人民展示真实”，虽然“这样做，有时是会不愉快而且需要勇气”。他用14年的时间创作出的长篇小说《静静的顿河》就是一部现实主义的力作，表现出作者对“人的命运”和“人的魅力”的深切关注。《静静的顿河》问世以来，被翻译成数十种文字出版，并被多次改编成电影、电视连续剧和话剧等，是被改编成其他艺术形式最多的苏联文学作品，具有世界范围的持久魅力。

经典回眸
JINGDIANHUIMOU

小说《静静的顿河》的主人公葛利高里出身于哥萨克中农家庭，他正直善良，忠厚热情，热爱劳动，勇敢顽强。最初，他遵从哥萨克的古老风俗，按照父亲的意志与富农女儿娜塔莉亚结婚，但充满活力和激情的他却和邻居斯杰潘的妻子阿克西尼娅热烈地相爱了。他不顾父亲的阻挠和全村人的非议，毅然抛下了新婚的妻子，与同样热情似火的阿克西尼娅私奔了。第一次世界大战爆发后，葛利高里像千百个哥萨克男子一样应征走上了前线。但当他面对着血肉横飞的战场时，感到了战争的残酷，并且在和革命士兵贾兰沙的交往中，他认识到帝国主义战争的荒谬性，他对他所效忠的哥萨克天职等旧传统产生了怀疑。可是，他在战争中荣获的那枚乔治勋章以及回家养伤时得到全村人的夸赞，使他又重新坚定了“忠实保守哥萨克的光荣”信念，并急切地返回了前线。

1917年初，葛利高里同情废除沙皇的统治的革命斗争。在十月革命胜利后，失败的沙皇军官与国外干涉势力互相勾结，妄图将新生的苏维埃政权扼杀在摇篮之中，国内战争开始了。葛利高里在布尔什维克的影响下参加了红军，担任连长并率领连队与白匪战斗。但是，葛利高里的内心瞧不起俄罗斯的“乡巴佬”，并接受了旧军官伊兹瓦林狂热鼓吹的哥萨克自治的观点，认为全俄罗斯共同的真理是没有的，只有哥萨克共同的真理。他对革命军事委员会主席波得捷尔柯夫杀害战俘非常反感，加上村里的老年妇女抱怨苏维埃政权摊派任务，抓人打人，更使葛利高里对苏维埃政权抱有深刻的成见。当顿河上游发生暴动时，他以为找到了维护哥萨克利益的道路，于是参加了叛军，并当上了叛军师长，率领大批疯狂的哥萨克向红军进犯。特别是他的哥哥彼得被红军杀死以后，他怀着疯狂的仇恨和野蛮的报复心理，残酷杀害大批红军战士。随着形势的变化，叛军和白军联合起来，但是葛利高里受到白军军官的歧视和排挤。他对自己的选择产生了怀疑，因此成天酗酒，内心极端苦闷。1919年10月，红军大举反攻，白军一败涂地。当白军溃逃的时候，葛利高里被抛弃了。于是，他怀着赎罪的心情参加了红军，他因表现突出而立功受奖，晋升为副团长。但由于他当过叛军军官，因此始终不被信任，后来就被“彻底复员”了。

> **典·故·逸·话**
>
> 20世纪20年代末，我国新文学奠基人鲁迅首先注意到肖洛霍夫的作品。1928年《静静的顿河》第一部在《十月》杂志上发表，第二年鲁迅先生便约请贺非翻译，并亲自校订，还撰写了后记。1931年《静静的顿河》中译本作为鲁迅编辑的“现代文艺丛书”之一，由上海神州国光社出版。从此，肖洛霍夫的作品几乎每发表一部，都很快被介绍到中国来。

葛利高里的归来引起了家乡人们的猜忌敌视，他的父母已经先后病故，妻子也死于难产，妹妹嫁给了村苏维埃主席珂晒沃依。珂晒沃依命令葛利高里到村肃反委员会登记，葛利高里又怕又恨。后来，他怀着绝望的心情带着阿克西尼娅参加了专门骚扰苏维埃粮食征集队的佛明匪帮。1922年春，佛明匪帮被击溃，阿克西尼娅在逃跑时中弹身亡。悲痛欲绝的葛利高里已经走投无路，他在草原上徘徊了三天三夜，用战刀为阿克西尼娅挖了坟墓，埋葬了她。最后他把武器扔进了顿河，孤身一人回到了村中。他的勇敢精神和全部精力都已付之东流，身心交瘁、两鬓苍白的他唯一的念头就是见到儿子，因为“这是在他的生活中所残留的全部东西”，“这是暂时还能和大地和整个这个巨大的，在冷冷的太阳下面闪闪发光的世界相联系着的东西”。《静静的顿河》让世界认识了顿河，认识了哥萨克，肖洛霍夫也因此成为继帕斯捷尔纳克之后又一位获得诺贝尔文学奖的苏联作家。

顿 河 之 美

在秋天的下午阅读《静静的顿河》，每次抬眼都能望到窗外清爽的蓝天，刹那间心思已经飞到了遥远的顿河边上，我自己化身为头戴毡帽脚登长靴的哥萨克，四下是如烟的大草原，耳畔响着哥萨克的古歌：“不是犁头开垦出这沃野千里，开出千里沃野的是战马铁蹄，千里沃野种的是哥萨克的头颅，装扮顿河的是年轻寡妇……”这是读者阅读的造化，也是小说家的造化，相信此刻如果能够与作者面对面，那么在两个人的对视里必定都是会意的微笑。

顿河之美在于肖洛霍夫用细致入微的笔触描绘出的哥萨克世界，这个世界不是高手匠人构建出来的，而是对土地与人的情感宣泄。基于作者对顿河的熟悉，使得他对每一个细节和人物的刻画驾轻就熟，几个主要人物的描写有浑然天成之感，葛利高里在白军和红军中的摇摆不定；阿克西尼娅对纯真爱情的执著追求；娜塔莉亚的善良美丽却性格刚烈。每一件相关事件的发展，你都会发出这样的感叹：人在这个时候，就是这样的！而不应该是别的样子的。

哥萨克既是士兵又是农民，士兵在历史上通常扮演的是镇压者的角色，农民则永远处于被压迫者的地位，而在哥萨克人身上，这二者融合的是那么自然。马、酒、枪支……这些元素反复出现在小说中，成为哥萨克人的一部分，既是顿河画卷中的点缀色，有时候又成为小说的主旋律。只有粗犷的民族才能与这些词汇连接在一起，当这些词汇成为一个民族的历史符号时，读者就会感知到这个民族的成长之路是从血与火中走来的。这些人物和事物从开篇起，就像山巅初融的雪水，每个哥萨克都是一颗微小的水滴，组合为一体时就会迸发出巨大的感染力，读者在阅读时会被这缓慢但不可阻挡的力量推动着，尽情体会哥萨克的粗鲁野蛮、单纯幽默、保守和卑微，会认识一群奴隶的后裔，一群不屈的战士，一群小农意识支配下的农民和无政府主义者，这些人性的魅力贯穿全篇，使得小说成为和谐统一的整体。

按照镜头构建法的分析，《静静的顿河》中人与人之间的关系算是近景，人物所处的战火烽烟是中景，在这一切的背后的远景，则是绚丽多彩气象万千的顿河风景画。从春天到冬天，肖洛霍夫不厌其烦地描绘着那片博大的土地，每一朵顿河的浪花，每一片草原上的草叶，每一颗苍穹上的星星，还有春水泛滥中的鱼群，麦浪翻滚中的大雁……只有在俄罗斯民族那样宽广的土地上才能诞生这样的情感，只有这样的土地才能诞生这样的作家。一个蜷缩在城市胡同中的作者永远不可能有博大的心胸，他不可能体会到草原之美，他也永远弄不懂，为什么有的作家会痴迷于描写高天上的流云和草地上的蝴蝶。

我一直认为，当小说脱离了土地，脱离作者所赖以生存的根基，脱离民族性、地域性，脱离了作者的本体性，那么，小说就已经死亡……当一个作家从内心归属于一片土地时，他的血液里就流淌着那片土地的精神、传奇、风采、历史及其崇高的形象，而那片土地所传达给他的某种特殊启示，将凝聚成这个作家毕生赖以表达的字符，从他的这些字符里所传达出来的，是那种最擅长抒发心灵和情感之美的语言，他不是从世界文学的潮流中，不是从书架上的故纸堆里，而是从炎热的夏天、寒冷的冬天，长葡萄的平原或积雪的高山之间获取灵感，获取文字的力量和决心，只有对土地的眷恋和心有所属，他的文字才能如此从容不迫和富有个性。（陈　均）

真正的经典

1976年冬天，我得以走进仍然关闭着大门的地区图书馆的书库，从尘封了10年的书架上，挑选一些中外文学名著，悄悄借回去阅读。其中，就有肖洛霍夫的长篇小说《静静的顿河》。

接下来的狂热读书的情景，实在令人终生难忘：简直是顾不上吃饭，取消了休息，压缩了睡眠时间，一连多日，像着了魔一样，我只是捧着书读啊读，恨不得一口把书吞下去。那才是真正的“废寝忘食”啊！奇异的风物人情，突然而起的革命，连绵不绝的战争，与错综复杂的矛盾纠葛、血肉丰满的鲜活的人物、悲欢离合的故事、荡气回肠的爱情、风云变幻的历史、惊心动魄的悲剧融合在一起，波澜壮阔、气象万千地展示出来，令人激动万分、震撼不已。

尽管是翻译作品，你依然能强烈地感受到原著驾驭语言的神奇力量。小说开头便写到了那条离我们如此遥远而又让读者如此熟悉的顿河。主人公葛利高里家的院子在村头，牲口圈的两扇小门朝着北面的顿河急流。故事便在微风吹皱的波光粼粼的顿河岸边无穷地展开，一望无际的顿河两岸的草原，为顿河哥萨克提供了人生舞台，主人公们在这个广阔的舞台上，演出了一幕幕令人悲伤、令人叹息而又令人回味不已的历史剧。读《静静的顿河》的整个过程，似乎一直能嗅到弥漫在顿河岸边的潮湿、腐烂的气息，以及顿河草原上散发出的青草和泥土的浓烈味道。几年前，重新阅读《静静的顿河》时，一翻开书，就立刻又嗅到了那熟悉的顿河草原的空气。

我们的那些号称“巨著”“史诗”之类的小说，与《静静的顿河》相比，有很大的距离！正像几年前我重读《静静的顿河》一样，我还经常重读其他自己所喜欢的文学经典名著，这不仅可以使我重温过去的难忘的审美经验，而且还能够使我始终保持着基本的稳定的文学鉴赏力和艺术判断力。（王培元）

历史桂冠 LISHIGUIGUAN

肖洛霍夫是20世纪苏联的伟大作家之一，这位忠诚的苏联共产党党员，更是一位忠实的写作者，他在创作中超越了特定时代的局限性，真实地描写了“人的永恒的魅力”，表现出民族历史的真相。

1905年5月24日，米哈依尔·亚历山大罗维奇·肖洛霍夫出生于顿河军屯州维约申斯克镇格鲁日林村一个商店职员家庭。他的童年时期是在顿河草原上度过的，因此他深谙顿河哥萨克的生活和风俗。1920年，年轻的肖洛霍夫就开始参加苏维埃政权的工作，他担任过卡尔金镇革命委员会办事员、武装征粮队员，还参加过消灭白匪的战斗，这些经历为他今后的创作积累了素材。

1926年，肖洛霍夫出版了《顿河的故事》，使评论界为之吃惊，深深地吸引了广大读者。1932年他发表描写农业集体化的长篇小说《被开垦的处女地》第一部，第二部1960年出版。卫国战争时期肖洛霍夫写了许多通讯、特写、短篇小说。1934年发表反映卫国战争的长篇小说《他们为祖国而战》的部分章节，新版仍未完稿。1965年，肖洛霍夫凭借《静静的顿河》获得了诺贝尔文学奖。最后一部短篇小说《一个人的遭遇》于1956年最后一天和1957年第一天首先在《真理报》连载。肖洛霍夫被誉为“顿河史诗”的作者，是一位具有独特风格并得到东西方一致承认的著名作家，1984年去世。

走在老舍写的那些胡同里，呼吸老舍小说里的空气，在北京的阳光、和风里生活。那是一种宿命，也是一种关怀。

《四世同堂》

老舍（中国 1899-1966）

小说既是一个民族的历史，也是一种文化的沉淀，能够把沉淀真实地融入历史，又能使历史清楚地显示出沉淀的小说，无疑是一部优秀的现实主义作品，而能写出这样的作品的人无疑是一位文学巨匠。老舍就是这样一位巨匠。在许多西方读者心目中，老舍比起任何其他的西方小说家，似乎更能承接托尔斯泰、狄更斯、陀思妥耶夫斯基和巴尔扎克的“辉煌的传统”。他虽自称“我是文艺界中的一名小卒”，却有着“中国狄更斯”的美誉，曾被北京市授予“人民艺术家”的光荣称号。

一种文化，只有在关键时刻才能真实地呈现出它的优劣；一个民族，只有在危亡之际才能真正显露出他的强弱。1937年，日本全面发动了侵华战争，中华民族面临亡国灭种的危急。在这个关键时刻，中国人民进行了不屈不挠的斗争，中国的传统文化也在人民的行动中得到了较全面的体现。1944年初，老舍根据妻子胡絜青的叙述，创作了一部描写沦陷区人民生活的巨著——《四世同堂》。小说真实地表现了沦陷区人民内心的矛盾、惶惑、苟且偷生的不安和坚决反抗的决心，并试图以文化为基点寻找原因，而真正地将“沉淀”融入历史。

《四世同堂》以整个抗战的历史为背景，以一个不见经传的沦陷了的小胡同为对象，倾吐了古都人民的亡国之痛、亡城之难和不可征服的民族魂。作为文学家，老舍严格地按照抗战发展阶段来安排自己的故事顺序，没有写解放区、八路军、新四军，而是将目光放在沦陷区的普通市民身上，使中国传统文化在他们身上得到了最直接最真切的反映，从而有力地证明了中华民族的强大坚决和浩然正气。

经典回眸
JINGDIANHUIMOU

老舍是一位享有盛名的语言大师、文学巨匠，更是一位不可多得的集幽默与深刻于一体的大家，他的卷帙浩繁的著作，不仅是我国的文化瑰宝，也是世界公认的文学财富。

长篇小说《四世同堂》就是老舍奉献出来的一块熠熠闪光，为东西方共同珍爱的文学瑰宝，是老舍生前自认为最好、最满意的作品，三部曲组成的壮阔史诗有着如《红楼梦》般丰富的内涵。战争时的众生面貌、沦陷中的北平古都在这部作品里鲜活地一一重现。全书犹如一幅浩大的生活画卷，昂扬恢弘，是一部感人的现实主义杰作。半个多世纪过去了，《四世同堂》已被誉为“反法西斯文学的经典著作”。

《四世同堂》包括《惶惑》、《偷生》、《饥荒》三个部分，描写了1937年“七七事变”之后，侵华日军的铁蹄肆意践踏着古老神圣的北平城。城中小羊圈胡同中十几户老居民的平静生活被打乱。这些平凡而普通的中国人，一夜之间被迫进入了一个梦魇般的世界。

祁老太爷是一个秉承中庸之道，凡事以忍为先的封建家长，八国联军打进北京的惨痛经历，使他懂得了在国家民族大事上的是与非，爱和憎。儿子祁天佑上敬父母，下卫子孙，是一个正派的生意人，却因为受到日本人的敲诈勒索，游街示众，被逼投河自尽。长孙祁瑞宣是一位中学英文教师，在极端困难的条件下也不为日寇做事，同贤妻韵梅艰难维持着一家老小的生计。而次孙祁瑞丰则贪图安逸享乐当了汉奸。三孙祁瑞全是个热血青年，出城参加了八路军。全家的心肝宝贝——祁老人的曾孙女小妞妞在日本投降前夕被活活饿死。而小羊圈胡同的其他居民，或奋起抗争，或被出卖而家破人亡，或苟且偷生，认贼作父。有人被屠杀，有人被逼疯……这条小胡同所发生的一切，无不成为中华民族那一段屈辱历史的缩影和见证。

怀有强烈爱国热情的老舍，在书中对那些富有民族气节的人物寄予了崇敬和同情，而对汉奸败类的嘴脸则厌恶地给予戏谑。在老舍笔

典·故·逸·话

我国著名漫画家丁聪先生从20世纪30年代起，就开始了漫画创作。1937年，当时在上海的丁聪就投入了抗日救亡运动，在进步刊物上发表抗战宣传画。上海沦陷后，丁聪辗转于重庆、成都等地，继续以漫画为武器，揭露日军罪行。就在这个时候，他认识了时任中华全国文艺界抗敌协会负责人的老舍先生，并很快成为好友。当时老舍正在创作长篇小说《四世同堂》，作家赵家璧就想请丁聪为《四世同堂》作插图。但由于丁聪还没有到过北平，不熟悉那里的生活，出于画家的职业责任，丁聪婉言谢绝了作家的好意。1979年，《四世同堂》要再版了，丁聪一口气读完了《四世同堂》。一个月后，他就拿出了二十多幅插图底稿。丁聪漫画的创作风格与老舍特有的幽默风格融于一体，相映成辉，使读者在阅读老舍先生的作品时，又欣赏到著名漫画家的杰作，无形中加深了对作家及其作品的理解。

下，敌人的残暴统治，各色汉奸卑鄙活动的丑态展露无疑；而知识分子的善良、懦弱和苦闷，以及一些下层市民的坚强不屈的意志也得以尽情地体现。

历史的沉淀

《四世同堂》怎样体现了文化沉淀的呢？

首先，四世同堂的家长祁老人、祁家的老朋友常二爷、小羊圈胡同二号李四爷等老人都是中国旧式文化的代表。他们勤劳、善良、谦卑、朴实、忍让、和气、闭塞、讲究礼仪、看重仁义。他们活了一大把年纪，经历了许多次“国难”。

在他们心中，只要不惹日本人，只要合情合理，只要忍得住，他们尽可以平安地度过晚年，他们的家族也尽可能人丁兴旺，儿孙满堂。家重于国的观点使他们对亡国灭种的危机并不在意，只认为多存储粮食、少活动、多忍让就会化险为夷、消灾免祸。他们是中国文化中沉淀得最久的那一部分，他们的思想中总有一种民族的自我意识衍变成的封闭住的自大。但是，日本人并没有因他们的安分守己而善待他们。祁老人苦心经营的四世同堂由于儿子天佑的跳河、重孙女妞子的饿死而瓦解；常二爷因为给日本人下跪受辱而活活气死；李四爷被日本人一枪托打在太阳穴上而一言未留地离开人世。

“最伟大的牺牲是忍辱，最伟大的忍辱便是预备反抗。”（老舍语）在忍无可忍的情况下，这文化中沉淀最久、最能忍痛的人也会愤怒地反抗。在特殊的历史背景下，这种“沉淀”的亮点——坚毅、勇敢终于显现出来。

其次，祁瑞宣、陈野求这两个既是旧文化的负担者，又是新文化的追求者，在古都的沦陷中经受了残酷的心灵炼狱，作出了不同的抉择。他们代表着新旧文化交替中的知识分子沉淀中较新的部分。

祁瑞宣对祖国有一份挚爱：“在国旗下吃粪，也比在太阳旗下吃肉强。”但是他又受着传统文化的束缚，他不能摆脱四世同堂家庭的沉重负荷，不能违背长子长孙的“孝”。他好像是新旧文化的钟摆，必须左右摆匀，才能时刻进行得平稳准确。因此，他只能鼓励三弟去尽忠，只能在家与国之间矛盾、彷徨、挣扎。与巴金笔下的高觉新相比，瑞宣的思想更为深刻，甘心为十口之家的温饱和安定鞠躬尽瘁，没有违心的奉承，没有作揖哲学。在国破家亡的剧烈冲击面前，瑞宣的苦闷和矛盾自然要比觉新更

忧愤深广，更富时代内容。经过长期的惶惑、偷生，瑞宣终于选择了抗战宣传工作，在伟大的民族解放战争中找到自己的位置。

至于陈野求，他是沦陷区另一类知识分子的代表，他也有学识，也爱国，有着与瑞宣相似的特点与愿望，但迫于家庭、生计，他又不得不出卖国家、出卖灵魂。这类人叛国前为生计发愁，叛国后耻于自己的行为，在这些矛盾中他们的良心没有得到片刻安宁，陈野求死于街头也昭示了他们可悲的结局。作者在否定这类知识分子的同时，又表示了深切的同情。

作者写陈野求在于对比瑞宣这类知识分子的气节，他们更多地继承了传统文化中的忠诚与坚贞。同时，由于传统文化心理和家庭制度的束缚，他们也形成了平和忍耐、封闭自守、缺乏冒险精神和英雄气概的心灵弱点。在国破城亡之秋，在沉淀中较新的这部分中，传统文化的优劣两端都充分地暴露出来。

再次，中国文化中儒者难士的代表钱默吟在国难当头的危急之时所表现出的决断坚毅，有力地证明了古老民族的不可摇撼和古老文化的厚积薄发。

钱默吟是一个带有古典和旧时士大夫气的老诗人。他“像一本古书似的，宽大、雅静、威严”。他酷好陶诗，爱花，爱酒。在和平的日子里，有了这些，他足以自得其乐，安度余生，这正是传统文化中隐者的典型。但是，北平的沦陷使他清醒，“亡国”的意识使他不能再安于隐居。他支持儿子仲石的出走，他不屈于敌人的严刑拷打，他顽强地与敌人作着斗争，终于由隐士变成了从事秘密抗日宣传和暗杀的战士。

“天下兴亡，匹夫有责。”传统文化要求中国人在关键时刻以国为重，舍生取义。这是一种源于传统文化内核的强劲生命力，而这股生命力又会使人迸发出无限的热力。如果说老舍对以上人物及其所体现的传统文化都持有一种肯定态度的话，那么，他对传统文化中的消极因素的讽刺和抨击则集中在冠晓荷和瑞丰身上。

冠晓荷的无聊来源于他的敷衍处世，醉心于烟酒饭菜、贪图享乐的人生观。他只是表面地继承了中国传统文化中形式上的东西，附庸风雅、装腔作势而根本不懂其文化的实质。在沦陷之时，他的无聊又必然使其向日本侵略者摇尾乞怜，出卖国家，成为一个民族的败类。

祁瑞丰则是一个市民文化之下乘和外来文化之皮毛的混血儿。他活着就是为了吃饭、喝酒、看电影、找热闹，不学无术却又讲究吃喝打扮。这样的油头粉面之徒在亡国之际，自然会成为敌人的走狗。

不幸的是，祁、冠二人仍为文化沉淀的一部分，“因为这文化太悠久太古老了，所以渣滓也就特别的多，生出许多使人担优的东西”。历史证明，这一部分沉淀归会被抛弃、淘汰。

在《四世同堂》中，老舍主要反省于文化沉淀中的忍辱、顺服和无聊等积弱，同时，他又在作品中肯定了传统文化的积极。我们要承认，只有在抗日战争的历史背景下，它们才能这样突出而完整地显现出来。

在读《四世同堂》的过程中，我心里总是感到震撼。这震撼来源于那段苦难的岁月，也来源于同根的文化，更来源于这历史与沉淀的交融。《四世同堂》是一部民族的痛史、愤史。它在决心自食民族积弱的同时，又无时无刻不在昭示着古老民族的浩然正气和无畏气概。民族的历史与文化的沉淀是互相依存、不可分割的，文化以历史为背景，历史又因文化而充实丰富，只有将文化放在历史中看待，才能正确地评价文化。（佚　名）

文化忧思

在最深刻的意义上，《四世同堂》是一部文化反思、文化批判之作。如果说对北平人在日伪统治下生存状态的描绘、对北平市民生活形态的展示构成了《四世同堂》的一个层面，那么，文化反思与文化批判则构成了《四世同堂》更深刻的层面。甚至可以说，在《四世同堂》中，沦陷后北平人的生活常常是作为文化反思与文化批判的“材料”而存在的。

《四世同堂》的独特之处正是在于：在抗日救亡的旗帜下，它不仅揭露了日本侵略者的凶残、贪婪，汉奸的卑劣、丑恶，而且从中国人自身寻找国土沦陷、民族陷于生存危机的历史原因，从而进入文化反思和对民族劣根性的批判。这样，20世纪40年代被许多人淡忘了的“五四”启蒙主题在《四世同堂》中重新得到体现。

就对日本侵略者的揭露、对北平人悲惨生活的展示而言，《四世同堂》属于那个时代，但是，就文化反省与对民族劣根性的批判而言，《四世同堂》超越了那个时代。李泽厚把“五四”至20世纪80年代中国现代思想的发展过程概括为“启蒙与救亡的双重变奏”，而这种变奏中的两个主旋律——“启蒙”与“救亡”，早已被老舍和谐地容纳在一部《四世同堂》之中。

我认为《四世同堂》在老舍作品中更具有代表性。开始创作这部长篇小说时老舍45岁，已经积累了整整20年的创作经验，无论是思想上还是艺术上都已经进入成熟期。再者，老舍是以严肃认真（甚至有些庄重）的态度从事《四世同堂》的创作的。1942年他在一篇文章中将剧本创作与小说创作进行比较，强调小说创作的艰难与严肃。一年半之后，他开始创作《四世同堂》。

《四世同堂·序》中所谓的“照计而行”、“颇有雄心”，也暗示着老舍的庄重与深思熟虑，正是上述因素决定着《四世同堂》在老舍创作中的“集大成”性质。考察一下《四世同堂》之后老舍的小说创作还会发现，最成功的作品是那部没完成的、表现没落旗人生活的《正红旗下》。而老舍对旗人生活方式的描绘、对旗人命运的思考，正是从《四世同堂》中对小文夫妇的描写开始的。从这个角度看，《四世同堂》在老舍作品中不仅“承上”，而且“启下”。

关于《四世同堂》，老舍曾经说过：“就我个人而言，我自己非常喜欢这部小说，因为它是我从事写作以来最长的，也可能是最好的一本书。”（董炳月）

历史桂冠
LISHIGUIGUAN

老舍原名舒庆春，字舍予，另有笔名絜青，鸿来、非我等，满族，北京人。1899年出生于一个贫民家庭。1918年北京师范学校毕业后任小学校长和中学教员。1924年赴英国任伦敦大学东方学院汉语讲师，阅读了大量英文作品，并从事小说创作。

老舍一生创作历时40年，成果极其丰富，著有800多万字的作品。代表作有长篇小说《老张的哲学》、《赵子曰》、《二马》、《骆驼祥子》等，中篇小说有《月牙儿》、《我这一辈子》，短篇小说集有《赶集》、《樱海集》、《蛤藻集》、《火车集》、《贫血集》，剧本有《龙须沟》、《茶馆》，另有《老舍剧作全集》、《老舍散文集》、《老舍诗选》、《老舍文艺评论集》和《老舍文集》等，其中最著名的是其长篇小说和戏剧作品。

老舍作品大多取材于市民生活，又善于准确地运用北京话表现人物、描写事件，使之具有浓郁的地方色彩和强烈的生活气息，为中国现代文学开拓了重要的题材领域，而“京味文学”的诞生就是老舍对中国现代文学史的特殊贡献。迄今为止，老舍的作品已被译成20余种文字出版。独特的幽默风格和浓郁的民族色彩以及从内容到形式的雅俗共赏，使这些经典文字赢得了无数读者的青睐。

“文革”初期，1966年8月23日，一个风雨如晦的日子里，老舍在惨遭人格侮辱后，投入北京的太平湖自尽，在“生命与尊严哪一个更重要”的质问面前，他选择了死，同时也选择了另一种生——人格的完整和高大。

"美国作家不是美国文化的一部分。"福克纳这样说过。他对自己在美国文学史上的作用抱悲观主义的态度，但是肯尼迪总统在悼念他时，却颂扬他的作品为"永恒的纪念碑"。

《喧哗与骚动》

威廉·福克纳（美国 1897－1962）

从20世纪20年代起，美国出现了"南方文学"这样一个流派，福克纳是这个流派的主要代表者，他还有一大批追随者与模仿者。早在20世纪30年代，当美国的批评家还拿不准应该如何评价福克纳的时候，法国的萨特与马尔罗就著文推崇过福克纳。在英国，老作家理查德·休斯为福克纳的杰作《喧哗与骚动》英国版作序，并对该书的写作技巧作了高度的评价。在意大利，二次大战后，福克纳成为一些新兴作家模仿的榜样。福克纳对拉丁美洲、亚洲与非洲的文学界，也有着程度不同的影响。

福克纳是一个独树一帜的作家，他的题材、构思的独创性以及他的特殊的艺术风格使他在瞬息万变的西方文学潮流中，像一块屹立不动的孤独的礁石。作为一名公认的美国文学大师，福克纳最大的贡献在于为人类一个留下了虚构的、神话般的文学地域——位于密西西比州北部的约克纳帕塔法县。全县方圆2400英里，人口15000多，县中心是杰弗逊镇。福克纳曾两次为这个虚构的县绘制地图，并骄傲地自称为它"唯一的主人和所有者"。《喧哗与骚动》是这一庞大的"约克纳帕塔法"世系（由十多部长篇和近80部短篇小说构成）的代表作之一。

福克纳在写《喧哗与骚动》的时候，还是个名不见经传的年轻人，这部他最重要的小说的诞生也没有使他一夜成名，但是，他的影响却在稳步增长着。1949年福克纳荣获诺贝尔文学奖，死后他的影响越来越大。人们谈论意识流小说，就不能不谈福克纳的《喧哗与骚动》，谈论福克纳虚构的著名的"约克纳帕塔法世系"，就无法回避《喧哗与骚动》。

经典回眸
JINGDIANHUIMOU

《喧哗与骚动》是福克纳的得意之作，他曾说：“我对这本书最有感情。”这部思想内涵丰富、艺术手法独特的作品，被誉为“美国最优秀的意识流小说”。

小说共分四章，即“班吉的部分”、“昆丁的部分”、“杰生的部分”和“迪尔西的部分”。而女儿凯蒂的故事是整个小说的中心线索。

第一章《1928年4月7日》是“班吉的部分”。这一天是凯蒂白痴弟弟班吉33周岁生日，福克纳通过意识流的方式叙述了凯蒂的堕落以及家族的颓败。凯蒂年轻时曾与本地一个小伙子厮混，结果未婚先孕。她不得不草草嫁给了富裕的银行家赫伯特·海德。但是后来赫伯特发现了凯蒂的隐情，抛弃了凯蒂。凯蒂只好把私生女小昆丁寄养在母亲家，自己则去闯荡世界了。班吉的智力仅相当于三岁的孩子，他的脑海里总是浮现出童年和姐姐凯蒂在一起的情景，他因为她的遭遇和自己失去了她的关怀而痛哭。

第二章《1910年6月2日》是“昆丁的部分”。凯蒂的大哥昆丁是叙述者。当时他是哈佛大学的学生，非常敏感，对妹妹凯蒂有着很深的感情，甚至超出了正常范围。妹妹的私通行为和草率结婚给他以沉重的打击。家族的没落加重了笼罩在他心头的阴影。同时，大学生活也不愉快，他因心情不好而与同学发生了纠纷。最后，精神几近崩溃的他选择了跳水自杀。

第三章《1928年4月6日》是“杰生的部分”。杰生是凯蒂的大弟弟，他是个实利主义者，也是康普生家唯一一个顺应潮流发展的人。姐姐的离婚使他不得不离开前姐夫的银行，他因此仇恨姐姐凯蒂。他冷酷无情，眼里只有金钱。凯蒂的私生女小昆丁寄养在他的家中，他侵吞了姐姐给女儿的生活费，并且虐待小昆丁，使她走上了母亲的老路。

第四章《1928年4月8日》是“迪尔西的部分”。这一天是复活节，黑人女佣迪尔西是叙述者。康普生一家人发现小昆丁带着杰生的积蓄失踪了，迪尔西则带着班吉去参加复活节的

典·故·逸·话

1950年11月10日早晨，福克纳家中的电话铃响了，遥远的电话通知他获得1949年的诺贝尔文学奖。然而福克纳居然不愿意出席瑞典的颁奖典礼！当家人、朋友和美国国务院特使的请求一概无效时，福克纳的妻子又生一计，让女儿出面哀求父亲带她到欧洲一游，作为即将结束高中学业的毕业礼物。深爱女儿的福克纳同意了。然而，就在启程前几天，他再次酗酒，险些耽误了旅行。在典礼上，这位身材矮小、高中也没有毕业的乡巴佬，多亏女儿的帮助才克服了羞怯和腼腆。讲演的时候，他说得细声细语，速度很快，又带着浓重的家乡口音，谁也没有听清楚。宾客们说，直到第二天报纸上发表了演讲词之后，“我们才知道他说了些什么”。

礼拜。杰生去报警并寻找小昆丁却一无所获。迪尔西从小生活在康普生家里，亲眼目睹了康普生家由盛到衰的全过程。她的忠诚、忍耐、毅力与仁爱和康普生家的其他人形成了鲜明的对比。在她的身上，作者体现了“人性复活”的信念。

1946年，福克纳为这个小说写了一个附录，作为情节的补充。杰生于1945年变卖房产，遣散了用人，并将班吉送到了精神病院。凯蒂到大城市闯荡后，又有了几次失败的婚姻，最后沦为德国纳粹军官的情妇。在写作方式上，《喧哗与骚动》把意识流手法发挥得淋漓尽致，成为现代派文学的经典之作。书名来自莎士比亚戏剧《麦克白》的一段独白：“人生不过是一个行走的影子，一个在舞台上指手划脚的伶人，登场片刻，就在无声无息中悄然退下；它是一个由白痴所讲的故事，充满了喧哗和骚动，却找不出一点意义。”这恰好可以作为这本小说的一段绝妙的注释。

意识的流动与主题的升华

《喧哗与骚动》是福克纳的第一部成熟之作，作为“约克纳帕塔法世系”小说的代表作，作家倾注了许多心血，也是他最钟情的作品。小说通过对康普生家庭成员的遭遇变故和日趋颓唐的精神世界的描写，反映了美国南方庄园主贵族阶级走向没落的必然趋势和南方传统价值观念的沦丧覆亡，同时，在一定程度上也对资本主义价值标准进行了批驳。《喧哗与骚动》的创作以美国南方大地为根基，表现了南方新旧体制交替转换过程中传统观念与现代意识、理想与现实之间的矛盾与冲突。作品最富有光彩的部分是对人物内心的体验与描摹，揭示出身处困境的人的痛苦与不安，将对南方历史的追溯、反思与人物的失落、沉沦、挣扎一一融入作品之中，使作品语义朦胧、内涵深远。

人的内心世界是神秘莫测、瞬息万变的，《喧哗与骚动》在表现这方面内容时显示出了高超的技巧。在前三章里，作者着力表现人物的内心真实，展示人的感受、情绪、联想等种种意识流动的痕迹，尤其是对人物的异化人性、病态心理、扭曲性格予以了充分的展示。班吉的基于精神疾患产生的混沌、错乱的痴呆型意识流，精神濒临崩溃的昆丁自杀前产生的理性色彩与绝望情绪交织的情意型意识流，满怀功利心的杰生冷静又偏执的理性意识流以立体交叉的复合方式呈现出来，多层次、多角度的意识彼此映衬、相互交融，形成了从直觉虚幻到理性明晰全方位的意识形态，使作品具备了无穷的张力。

福克纳是一个善于运用神话原型的作家，《喧哗与骚动》是他运用神话的一个范例。他以基督受难周的事件为原型，为小说安排了一个对应的神话结构，使小说具有了超越时空的意义。小说中1928年的三个日期，正是那一年的基督受难日、复活节前和复活节，昆丁自杀的1910年6月2日则是圣体节的第八天。因此，康普生家的历史便与基督受难的历史产生了关联，增添了作品寓意的普遍性和深刻性。每一章里都有与基督经历大致平行的内容，基督的圣洁、庄严正好反衬出了康普生们的卑微、委靡，他们违背了基督临终时对门徒的告诫："你们要彼此相爱。"爱的匮乏使家庭分崩离析，使他们陷入困境，耶稣基督的受难、复活拯救了人类，康普生们却走向了毁灭，反讽意味不言而喻。此外，夏娃的堕落引发了人类的灾难，凯蒂的堕落则导致了康普生家的覆亡；亚当、夏娃偷食禁果的故事与昆丁和凯蒂乱伦式的爱是对应的；小昆丁私奔出逃的情景与耶稣复活的场面是相似的……这些神话原型的运用更有利于表现南方社会的历史命运和人类的精神危机，并将作品主题升华到探讨人类命运的高度，使作品从平凡、浅显走向了超越与永恒。（《欧美现代文学史》）

历史桂冠 LISHIGUIGUAN

威廉·福克纳是美国南方密西西比州北部一个庄园主的后裔，他对地主家庭盛极而衰过程中的种种变化十分熟悉。第一次世界大战时在加拿大空军中服役。1925年在新奥尔良结识著名小说家舍伍德·安德森，在他的帮助下出版了第一部小说《士兵的报酬》。第二部小说题为《蚊群》。1929年出版第三部小说《萨托里斯》。这是以虚构的约克纳帕塔法县为背景的第一部小说，写南方贵族地主有害的精神遗产对子孙的不良影响。这部小说被称为"站在门槛上"的书，从它可以看出福克纳日后的重要作品中将要出现的主调、题材、情绪与艺术手法。福克纳自称从此开始他发现他的"家乡那块邮票般小小的地方倒也值得一写，只怕一辈子也写不完"。他一生共写了19部长篇小说和70多篇短篇小说，其中绝大多数以约克纳帕塔法县作为故事发生的地点，人们称他的作品为"约克纳帕塔法世系"。

在自己的作品中，福克纳不仅写了200年来美国南方社会的变迁和各种人物的命运，还写了现代人的精神面貌和他们关切的问题。他在小说的技巧上也作了许多探索和创新，意识流、多角度叙述法、象征隐喻的运用，都取得了很好的成效。他曾获得一次美国全国图书奖，两次普利策奖。1949年还因"他对当代美国小说作出了强有力的和艺术上无与伦比的贡献"而获得诺贝尔文学奖。

川端康成为日本民族和世界文坛留下了一个永恒的美的形象，在日本，他的《雪国》可以说是家喻户晓。

《雪国》

川端康成（日本　1899-1972）

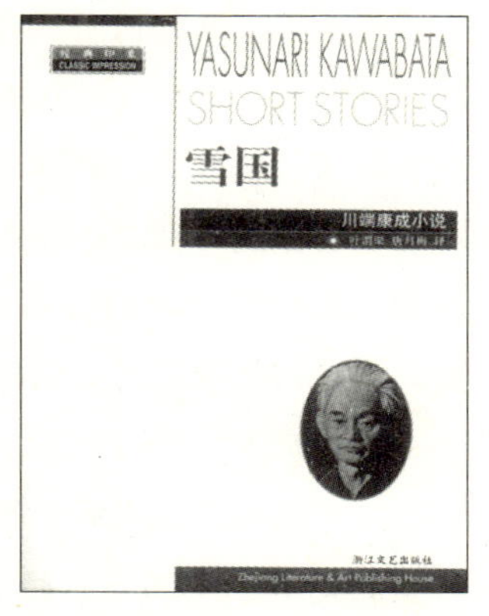

1968年12月10日，一位清瘦如鹤的日本老人身着和服，在瑞典皇家科学院的诺贝尔奖授奖仪式上，向来宾和听众们发表了一篇题为《我与美丽的日本》的演讲。这位老人，就是被誉为日本"新感觉派"代表人物的川端康成。这一年，他因小说《雪国》、《古都》、《千羽鹤》而获得了该年度的诺贝尔文学奖。

川端康成一生的文学生涯长达半个多世纪，其创作以中短篇小说为主。长篇小说《雪国》对于这位以短篇小说而成名的作家来说，无疑具有里程碑式的意义。小说从开始创作到最后完成，经历了漫长的岁月，跨越了整个二战时期，前后花费了十多年的时间。从他的作品里，我们可以感受到川端康成不仅是一位优秀的文学家，更可以称得上一位造诣深厚的艺术家，他娴熟地运用西方现代派文学创作手法，以意识流的风格牵着故事在美景佳人交织的丝丝情感中曼舞。作为日本文学的代表人物，川端康成一生执著于艺术追求的唯美主义，他在文学创作中努力探索，最终以东方和日本的传统精神为基础，并注重对西方人文主义理想和写作技巧及心理分析的研究，形成了自己鲜明的风格。《雪国》是川端康成创作的成熟标志和艺术高峰，全书不足八万字，与许多中外名著相比，也许算不上鸿篇巨制，但这本书在日本，却真正是家喻户晓。只要一提起《雪国》，连饭馆的厨师也能立即流利地背出小说的开头。

经典回眸 JINGDIANHUIMOU

《雪国》是川端康成的经典著作，是作者经过15年的思索断断续续写完的一篇中篇小说。它在思想上表现出作者对下层妇女的同情和对人生命运的感伤，而在艺术上则体现了东西结合的独特风格。

小说主人公岛村第一次到雪国的时候，认识了艺妓驹子。驹子的美丽和洁净给岛村留下很深的印象。驹子向岛村诉说了自己凄苦的身世：她生在雪国，15岁就到东京当了艺妓。后来被一个好心人赎身，但是他不久就死去了。

后来她跟随三弦师傅学琴，由于师傅的儿子行男生病，她为了生计不得不又做了艺妓……岛村想和她交朋友，而不想把她看做艺妓难为她。驹子很受感动，她主动接近了岛村，特别是当她听到岛村对歌舞的见解后，对岛村就更加亲近。岛村喜欢上了驹子。当天晚上，驹子陪别的客人喝酒，醉了，她大喊着“岛村先生”闯进了岛村的房间，猛然倒在了岛村的身上。

无所事事的岛村出于对驹子的思念又一次来到了雪国。在火车上，他偶遇了素不相识的叶子、行男。他在火车的反光里看到的叶子有着难以形容的缥缈的美。他没料到，叶子他们和自己在同一个车站下车。岛村来到旅馆找到了驹子，驹子告诉岛村，她有写日记的习惯，还经常看小说、记笔记。第二天早晨，岛村看到镜子中的驹子显示出无可比拟的洁净美丽。下午，岛村在散步时碰见驹子，驹子邀请岛村到家里坐坐。当岛村打听起行男的病情和陪同行男的姑娘叶子的情况时，驹子变得很生气。

岛村离开了驹子的家，遇到一个女按摩师。她告诉岛村，驹子已经和行男订婚了，为了给他挣钱看病，所以才又当了艺妓。后来，驹子向岛村否认了按摩师的关于订婚的话。驹子的三弦已经弹得非常好了，但她的生活却是空虚的，她无法改变现状。岛村决定离开雪国，驹子为他送行。这时，叶子赶来，说是行男病危，要驹子回去。但是驹子断然拒绝说：“我在给客人送行，不能回去。”岛村劝她不要送行了，可她仍坚持去。

第二年的秋天，岛村再一次来到雪国，又见到了驹子。这时行男已经死了。岛村发现驹子有个男人，虽然已经维持了五年了，但是她并不喜欢那个人，甚至想做出一些不轨的事情来和他断绝关系。驹子总是在很早或很晚不正常的时间到岛村房里来。旅馆开始准备迎接来参观枫叶的客人了，叶子也来帮忙。叶子的出现让岛村招呼驹子时有了顾虑，他觉得叶子能够看穿他的内心。驹子总是来岛村的房里坐坐，她有时也觉得难为情，但她真的对岛村十分爱慕，可是岛村却认为驹子的爱情是徒劳的。驹子感觉到岛村对叶子的渴望，她感到悲哀。她

典·故·逸·话

川端康成一岁丧父，两岁丧母，七岁祖母身亡，十一岁姐姐离世，十六岁祖父逝世，他不仅接二连三地为亲人披孝送葬，而且辗转寄食在亲戚家中，也不断地碰上亲戚的丧葬。有一年暑假，川端康成参加一个丧礼，再加上为中学英文教师和一位好友送殡，他的表兄送他一个“参加葬礼的名人”之绰号，表嫂、表妹甚至说川端康成的“衣服全是坟墓的味儿”，送给他一个“殡仪馆先生”的雅号。

因为岛村无意中说的“你是个好女人”而误解了岛村，她认为岛村是在挖苦耻笑自己，因此非常愤怒。

岛村在雪季临近时决定回到东京去。在他临行前，村里突然失火了。当他和驹子跟随大家跑到现场时，看到叶子从二楼直挺挺地坠下。叶子死了，驹子跑过去将叶子抱在怀里，疯狂地喊着让众人让开……

在川端康成的大多数小说里，《雪国》是第一部先在杂志上连载后来才单独出版的作品。小说最后定稿之前曾有几个不同的版本。它们的主要区别是结尾的不同。换句话说，当时川端康成决定不了如何收尾。其中部分原因是川端康成把生活看做一个无法预见结局的过程，他的小说形式和结构上更富于音乐感而不是建筑的立体感，更强调暂时性而不是空间感。

死亡使美丽永恒

川端康成的小说中，有因离别产生美的《伊豆的歌女》，也有因死亡产生美的《雪国》。在日本，《雪国》发表时引起了轰动，喜欢它的人认为这是日本“近代文学史上抒情文学的顶峰”，不喜欢的人认为是“颓废死亡的文学”。

是否喜欢《雪国》，主要在于是否认同川端康成在小说中透露出的独特审美——死亡也是美。如川端康成描写了叶子优美的死亡，在水流前面，忽然浮现出女人形体。她落下来的姿势是这样的：女人的身体在空中形成水平线……那正如一种非现实世界的幻影。她的姿势仿佛是无休无止的状态，僵硬挺直的身体在空中伸长往下落，变得柔软，却带有木偶人风味的无抵抗和不含有生命力的自由自在。

叶子死亡的身体呈现出自由自在的美，之所以“自由自在”是因为死亡让人脱离了现实的肉体，脱离肉体后的纯粹精神因此自由而美丽。

如果我们把《雪国》看成一个关于“美”的寓言故事，便可能得出一个结论：《雪国》实际上是岛村寻找至美的过程，他在“雪国”里找到了现实美，也发现了艺术美，最后通过死亡看到了至美。

两位女主人公驹子和叶子正分别代表着现实美与艺术美。面对两个美丽的女人，岛村很容易就拥有了驹子的现实美，但他一直忘不了难以接近的叶子的艺术美，甚至在岛村看来，叶子的艺术美也不是纯粹的，因为纯粹的艺术美是完全超脱于现实、超脱于肉体之外的。对于依然生活在现实、肉体中的叶子来说，死亡是达到至美的唯一途径。最后，叶子被烧死，脱离了肉体的躯壳，她的美在死亡的那一瞬间永存。所以，作者这样描写叶子死的那个时刻岛村的感觉：“银河像是刷的一声流进岛村的内心去。”叶子死了，岛村终于看到了纯粹的美。在《雪国》中，想要达到艺术美只有以死亡为代价，死亡从而成为美的开始。不知道川端康成在自杀的一瞬间，是否也得到了永恒的美？（阳　雯）

历史桂冠 LISHIGUIGUAN

川端康成出生于大阪已经衰落的贵族家庭，幼年父母双亡，后祖父母和姐姐又陆续病故，以致孤独忧郁伴其一生，这些都反映在他的创作中。在东京帝国大学国文专业学习时，参与复刊《新思潮》杂志。1924年毕业，同年和横光利一等创办《文艺时代》杂志，后成为由此诞生的新感觉派的中心人物之一。新感觉派衰落后，川端康成参加了新兴艺术派和新心理主义文学运动。

他一生创作小说100多篇，中短篇多于长篇。作品富有抒情性，追求人生升华的美，并深受佛教思想和虚无主义影响。早期多以下层女性作为小说的主人公，写她们的纯洁和不幸。后期一些作品写了近亲之间甚至老人的变态情爱心理，表现出颓废的一面。

成名作小说《伊豆的歌女》描写一个高中生“我”和流浪人的感伤及不幸生活。名作《雪国》描写了雪国底层女性形体和精神上的纯洁和美，以及作家深沉的虚无感。其他作品还有《浅草的少男少女》、《水晶幻想》、《千羽鹤》、《山之音》和《古都》等。

川端康成一生获得了多项荣誉。1952年获日本艺术院奖，1957年获联邦德国歌德奖章，1958年获日本菊池宽奖，1960年获法国政府艺术文化勋章，1961年获每日出版文化奖，日本政府的文化勋章，以及1968年的诺贝尔文学奖等国内外多种荣誉。然而，这些成就不仅没有给川端康成带来心灵的慰藉，而且使他的心情更加压抑，他依然在孤独苦闷中生活着。1972年4月16日，他突然在自己的办公室里含煤气管自杀，没有留下遗书。

钱钟书自有一番睿智，他那机敏锐利的笔墨，能让人读时捧腹，读后默然，在掩卷之余，一叹人生世事之荒谬无常。

《围　城》

钱钟书（中国　1910–1998）

对于现代青年来说，钱钟书无疑是一个谜一般神秘而富于魅力的人物。他通晓中西古今，口才雄辩，浓郁的风趣与睿智，淡泊宁静毁誉不惊的人格，使得他极富传奇色彩，风靡海内外。曾有一次，一位英国女士来到中国，给钱钟书打电话，想拜见他。钱钟书在电话中说："假如你吃了一个鸡蛋觉得不错，又何必要认识那只下蛋的母鸡呢？"风趣若是。当年他的"奇书"《围城》出版后虽然十分畅销，洛阳纸贵，但却颇有争议，毁誉不一。

1980年，《围城》由人民文学出版社重印后，畅销不衰，多次印刷，累计已达百万册，甚至屡屡被盗印。之后，《谈艺录》、《七缀集》的出现，使钱钟书更加大放异彩。他虽未必"著作等身"，但所作却字字珠玑，为读者所喜爱、叫绝。于是，不少青年惊奇地"发现"了钱钟书，其惊喜程度不亚于哥伦布发现了新大陆。

如果没有电视剧《围城》，会不会有现在这么多人知道钱钟书？有了电视剧《围城》，又有多少人真正了解钱钟书？钱钟书是一位风华绝代的博学鸿儒，也是一位踏踏实实的中国作家、学者，他不务虚名，落落自甘，淡泊自守，宠辱不惊，虚怀若谷。他没有叱咤风云的权势，也没有惊险神奇的经历，甚至没有"权威"的气势与派头，有的只是"叫驴拉磨"般的读书精神、学问修养。从这一点讲，钱钟书是极平凡的，但钱钟书又是极不平凡的，不平凡的是他的学问与成就，更不平凡的是他甘于寂寞、淡泊自守的精神！

作为一部风格独特的讽刺小说，《围城》赢得了读者的广泛赞誉，书中那些精妙绝伦的比喻和幽默辛辣的讽刺耐人寻味——钱钟书可谓"以一书而定江山"。这幅栩栩如生的市井百态图，耐人寻味，发人深省，引人发出会心的微笑。

经典回眸
JINGDIANHUIMOU

被誉为“新儒林外史”的经典名著《围城》是钱钟书1947年写就的一部以爱情、婚姻为主题的长篇小说，“婚姻就像一座围城，城外的人想进来，城里的人想出去”，小说通过主人公方鸿渐与几位知识女性的情感、婚恋遭遇和生存境遇，深入地刻画了某些旧中国知识分子的本性。

围绕着主人公方鸿渐的人生经历，《围城》的故事一波三折地展开。身为江南豪绅之子的方鸿渐，在欧洲留学四年，可他却不学无术，不但换过三所学校，更改过好几门专业，而且是一事无成，游手好闲，生活作风懒散，结果连个学位都没有拿到，只好买了个假文凭，谎称自己获得了克莱登大学哲学博士学位。在对方鸿渐这一人物的描写方面，小说主要就其爱情婚姻纠葛进行了详尽的刻画。方鸿渐先受已死的未婚妻周小姐的父亲资助去留洋，而后在回国的轮船上，偶遇放浪不羁、耐不住寂寞的南洋人鲍小姐，两人打得火热，而下船时方鸿渐却被其抛弃，于是在心理上对男女关系产生了恐惧感。回到上海后，留法女博士苏文纨有心与他共筑“围城”，而方鸿渐却痴迷于苏文纨的表妹唐晓芙，但最终被苏文纨设计拆散。赵辛楣是苏文纨的朋友，他一直爱慕着苏文纨，但是苏文纨却从来不爱他。苏文纨张口闭口都是方鸿渐，使得赵辛楣对方鸿渐很有醋意。赵辛楣不断地攻击方鸿渐，可方鸿渐却不予以还击。后来，苏文纨嫁给了诗人曹元朗。而赵辛楣和方鸿渐因为说不清道不明的原因却成了朋友。方鸿渐遭受着失恋之痛，为了治愈心伤并躲避险恶时局，他离开上海，去远在湖南的三间大学应聘教职。在三间大学，他落入英语教师孙柔嘉设下的圈套，无奈之下与她结婚。但由于两人在性格、人生志趣等方面的差异，再加上孙柔嘉姑母的挑拨，他们的生活始终是吵吵闹闹的，不尽如人意。这一切使得方鸿渐终于要从“围城”中脱身而出。

《围城》这部小说表面上是喜剧，但是核心却是对20世纪中国知识分子不留情面的讽刺。主人公方鸿渐的基本经历就是不断渴求冲出“围城”，而每一次的走出又走进了另一座“围城”——通过如此蕴藉深刻的描写，钱钟书巧妙地传达了他的人生哲学，表现了对男女婚姻的迷惑以及对人生现实困境的关注。

典·故·逸·话

1978年9月至1980年底，是中国作家、学者钱钟书在国际学术会议上大放异彩的季节。一位叫费景汉的汉学家这样描述座谈会上的钱钟书：会场上最出风头的要算是钱钟书——他给我的印象是机智，善于征服别人。他在茶话会上提到一位美国诗人，他用优美的英文背诵一段那位诗人的诗作。提起另一位德国诗人，他就用标准德文背诵了他的一篇作品。再提及一位拉丁诗人，他也能用拉丁文来背诵一段。这些诗人未见得是什么大诗人，提及的诗作也未必是他们的重要之作，但钱钟书却能出口成章，流利无滞地背出，真是把在场的美国人吓坏了。

《围城》是中国知识分子小说的极品，其间蕴藉丰富，既有讽刺的风趣，也有智慧的幽默，因此，举国上下，尤其在知识分子中间，涌起了一股持久的《围城》热。人生是一部永远也读不完的大书，总是饱含了酸甜苦辣千般滋味，而这一切无不在《围城》中得到了淋漓尽致的体现。在这部书中，钱钟书以独特的眼光对所谓的“文化精英集体”进行了一种深刻的审视与打量。而其中那种戏谑嬉笑的喜剧精神，又使这本小说在现代喜剧文学中独树一帜。

“围城”围住了什么

仔细研究、琢磨《围城》，我们会发现，表现“城外的人想冲进去，城里的人想逃出来”的男女婚姻的迷惑和困境并非《围城》的真实意图或终极内涵。作者仅仅是通过这一现象来揭示更深刻的人生意蕴和社会内容，透过这层表象，作者给我们展示了当时中国芸芸众生乃至人类的生存状态和处境。

作者在《围城》的序言里谈该小说的创作和出书的经过时说道：“在这本书里，我想写现代中国某一部分社会，某一类人物。”“我没有忘记他们是人类，凡是人类，是有无毛两足动物的基本人性的。”作者选取中国社会中最有代表性之一的阶层——知识分子阶层，来写当时中国社会中的普通人们的生存状态，写出他们的悲苦、无奈、迷茫、失望和挫败，以及他们身上的人性弱点，并以此来写整个人类。

方鸿渐出生于一个深受旧思想、旧传统、旧文化熏染的旧式家庭。在这个家庭中，每个角落，甚至在它的空气中，都散发着腐朽、衰败的气息，父亲用旧的思想和道德观念教育他，家人之间彼此鄙夷，充满嫉妒，钩心斗角。这种家庭环境给方鸿渐的性格打上了深厚的底色，培养造就了方鸿渐的俗气、虚荣、软弱、胸无大志、不谙世故的个性特征。“他是个无用之人，学不了土木工程，在大学里从社会系转到哲学系，最后转入中国文学系毕业。”由死去的未婚妻的暴发户的父亲出钱送他去留洋，“方鸿渐到了欧洲，既不抄敦煌卷子，又不访永乐大典，也不找太平天国文献，更不学蒙古文西藏文或梵文，四年中倒换了三个大学，伦敦、巴黎、柏林，随便听几门功课，兴趣颇广心得全无，生活尤其懒散”，最后银行里只剩下300英镑，便计划回国。“父亲和丈人希望自己是个博士”，他就“买张文凭去哄他们”。在三间大学，由于他的幼稚和不谙世事而受排挤、陷害，遭到解聘。在爱情婚姻上，他接二连三地碰壁，

吃尽了苦头，最后与孙柔嘉结婚，方鸿渐更是承受了太多的冷遇、讥讽、奚落和难堪。父亲叹其“怕老婆”、“没出息”，妻姑批评其“本领没有，脾气倒很大”，妻子说其“最要面子”、“顽固”。由于妻姑的挑唆，两人经常陷于吵吵闹闹甚至激烈的冲突、碰撞中，以致其产生了从“围城”中逃出去的想法。当方鸿渐独自无聊地彷徨在凄冷的街头，他内心充满了颓唐、迷茫、无奈、失望，“家”，这个温馨、宁静而又可避风雨、解烦忧的幸福港湾，似乎于他没有更真切的现实意义。小说充分展示了方鸿渐处处碰壁、连遭失败的生活经历，揭示了人们受压抑、难容于现实社会而遭遇到的无法言状的悲苦的人生困境。

小说中的轮船、汽车、飞机、城市以及绿绸小伞等具有现代内涵的物体意象本是人类文明与进步的产物，却加剧和见证着方鸿渐处境的不断恶化，使方鸿渐不由得产生“人生万事”都是“围城”的感慨。由于社会、环境、利益、心理、出身、经历、教养、处境的不同，人与人之间的沟通就产生了很多障碍，也就变得愈加艰难。所以，有人认为：“从作品的表现方法来看，《围城》更像一部象征小说，其中蕴涵的否定性的象征意义要远远大于一部寓言小说的涵盖量。它的隐喻性主题探讨的是人类生存困境的根源。”（张新民）

世间离和

读书是种境界，物我两忘的那种。都说文如其人，其实读书也如其人。思想上是个比较懒惰的人，所以从小到大通读过的书寥寥可数，但《围城》是个例外。

对《围城》的痴迷是难以名状的，常常拿过来随意一翻，从翻到的那一页看下去，前面发生的事情用记忆补齐，后面的故事虽已了如指掌，还是一字不落地细细品味。什么哲学家比蒙娜丽莎更神秘的微笑，赵辛楣害了黄热病的衬衫，言行举止像放慢镜头的陆子潇以及顾尔谦小女孩儿似的天真表情。在精彩处发出第 n+1 次的大笑，乐此不疲。在文字越来越沉重的今天，《围城》让人轻松地叹服。

《围城》的讽刺是犀利而一针见血的，比如说汪处厚的糟糠之妻凑趣地死去，比如鸿渐眼中的法国和安南警察，比如媳妇们怀孕和不怀孕时肚子中吃饭和受气的容积各占的比例，再比如孙柔嘉听鸿渐长篇大论时打的那个“面积不小”的哈欠。但《围城》的高明之处在于作为读者的我们却不会因此而有任何心理上的负担，是聪明的讥讽而不是书中同船回国的孙太太似的恶毒的刻薄。这让人轻松，不会产生有如看泼妇骂街似的耳朵和心灵共同的沉重感。

从前看书时喜欢一目十行，囫囵吞枣式的粗糙，所以并未发现《围城》中的细腻。但是看的遍数多了，不会对结局好奇，心里慢慢安静，于是在词句的斟酌当中，有了很多感悟。

说《围城》是婚姻也好，是人生也罢，钱钟书将一切归结为鸿渐家的那只老钟，敲打着迟到的钟点，淡然地看着世上的离和。（佚　名）

历史桂冠 LISHIGUIGUAN

钱钟书字默存，号槐聚，笔名中书君，1910年出生于江苏无锡一户书香世家，父亲钱基博是一位学富五车、桃李满天下的著名国学大师。受到家学熏陶的钱钟书从小就有着非凡的天赋，取得了斐然的成绩。钱钟书上中学时，国文、英文极为优异，被清华大学破格录取，考试时成绩总是第一，是全校公认的“才子”，发誓“横扫清华图书馆”。教授称钱钟书为“人中之龙”，于是他得到“清华之龙”的雅号。他敢向权威论短长，公开批评新文学大家周作人的《中国新文学的源流》。他在校时就已经发表了不少中、英文作品。1933年，他毕业于清华大学外文系，1935年与杨绛结为伉俪，一同赴英国留学，从法国归国后担任过西南联大、暨南大学、清华大学、北京大学等著名高等学府的教授。

博学多能并精通多门外语的钱钟书，出版了相当数量的著作，代表作有散文集《写在人生边上》，短篇小说集《人·兽·鬼》，长篇小说《围城》等。然而面对一系列相继而来的人生风雨，钱钟书开始由创作走向研究，用半辈子寒窗的寂寞，默默地为世界文化奉献着自己的智慧，著有文论及诗文评论《谈艺录》、《宋诗选》，学术巨著《管锥编》5卷、《七缀集》、《槐聚诗存》等，并用英文撰写了《十六、十七、十八世纪英国文学里的中国》。他还参与了《毛泽东选集》的外文翻译，主持过《中国文学史》唐宋部分的编写工作。钱钟书以自己一生的饱学之识，将广袤复杂的中西文化挥洒自如地连接和打通，在文学创作和学术研究两方面均取得了卓越成绩，自成一家，被誉为文化宝库。

钱钟书的确是世上之“唯一”。1991年，全国18家电视台拍摄《中国当代文化名人》，钱钟书是首批入选的36人之一，但他却谢绝了拍摄。1998年12月19日，钱钟书因病在北京逝世。在翌日新华社播出的新闻通稿中，出现了“永垂不朽”的字样。六十多年来，许多中外著名人士，都对钱钟书给予了极高的评价，称之为“20世纪人类最智慧的头颅”。

《老人与海》是海明威最负盛名也是流传最广的著作，迸发出强大的精神力量，激励了一代又一代的读者。

《老人与海》

海明威（美国 1899-1961）

1951年，当加西亚·马尔克斯在巴黎街头第一次见到海明威时，他根本无法抑制自己的激动，远远地扯着嗓门，用着拉丁美洲味道的西班牙语喊道："大师！"这个词几乎概括了几代青年对于这个用全部生命来历险的人的绝对崇拜的情感。

海明威是一个硬汉，与他的硬汉精神相吻合的是他那简洁利落的写作风格。他净化了当时的文风，掀起了一场"文学革命"。因此，他被同时代及后来的许多作家奉为典范。"每一句话和每一个段落，都要尽量写得简洁。"这是海明威在堪萨斯城的报社实习时读到的采访手册的第一条，这也成为海明威写作的信条之一。他的作品语言都极其简洁，并把叙事的准确性与简洁性统一起来，但是主题却异常深刻地印在读者的脑海里。这使得他的作品改编成电影的数量比任何一位获奖者都多。

《老人与海》是海明威最负盛名也是流传最广的著作，该书出版以后十分畅销，当年获得了普利策奖，1954年，"因为他精通于叙事艺术，突出地表现在他的近著《老人与海》之中；同时也因为他在当代风格中所发挥的影响"，又获诺贝尔奖。对于《老人与海》这本被译成几十个国家的文字的作品，海明威自己评价说"是这一辈子所能写的最好的一部作品了"。小说饱浸了对生命的赞美与尊重，为全世界读者提供了去参考并演绎生命"绝对动力"的平台，曾激励了一代又一代的人为了追求理想而不顾眼前困境，并因此迸发出了强大的精神力量。

经典回眸
JINGDIANHUIMOU

《老人与海》这部小说是根据真人真事写的。1936年，海明威的朋友富恩特斯出海很远捕到了一条大鱼，但由于这条鱼太大，在海上拖了很长时间，结果在归程中被鲨鱼袭击，回来时只剩下了一副骨架。海明威在《老爷》杂志上发表了一篇不长的通讯《在蓝色的海洋上》报道这件事。当时这件事就给了海明威很深的触动，并觉察到它是很好的小说素材，但却一直也没有机会动笔写它。1950年圣诞节后不久，海明威在古巴哈瓦那郊区的别墅“观景社”动笔写《老人与海》（起初名为《现有的海》）。到1951年2月23日就完成了初稿，前后仅八周。

小说讲述的是一个让人震撼的故事：主人公桑提亚哥是一个经验丰富的古巴老渔民。然而，在故事开始时，他正处于背运时期，整整84天没有打到一条鱼。人们都怀着同情的眼光看着他，但是他的心中却始终充满了信心，每天照例独自出海捕鱼。桑提亚哥是一个鳏夫，他的妻子已经去世多年，没有任何亲人。同村的男孩曼诺林从5岁起就和他学习打鱼，由于他已经很多天没有收获，所以虽然曼诺林对老人很牵挂，无奈父亲让他到另一只渔船上干活去，他只能每天傍晚等待师傅回来，帮助师傅做些力所能及的事情。桑提亚哥曾经有过87天一无所获的经历，可在那之后，他们又连续三天都捉住大鱼。桑提亚哥在第85天又早早地出海了，他要到更远的地方。他想85是个吉利的数字，又一次充满了憧憬。果然，在他出海第一天垂钓不久，他就预感到有大鱼在四周，终于在中午时分，有一条大鱼在深海咬钩了。他判断出这是一条非常大的鱼，从此，老人和大鱼的搏斗开始了。晚上，大鱼竟然把渔船拖到了海心，桑提亚哥一直小心翼翼地调整钓丝，彻夜未眠。虽然受到饥饿、寒冷甚至生命的威胁，但是他决心和大鱼周旋到底。第二天，桑提亚哥为了看到大鱼的样子，不顾手上的伤痛拉紧了钓丝，让他惊喜的是，这是一条比渔船还长两英尺的马林鱼。老人任凭大鱼拖动渔船远离海岸，心中默默为自己的成功祈祷。等到第三天的早上，桑提亚哥已经筋疲力尽、遍体鳞伤了，但是他没有丧失信心，反而在中午的时候抓住时机，制伏了大鱼。

桑提亚哥终于把大鱼绑在了自己的小船旁，开始返航了。他心中盘算着这条大鱼将会带给自己的好处，不禁满怀胜利的喜悦。然而，让他意想不到的是，返航途中，马林鱼的血腥味吸引了一群鲨鱼尾随而至。虽然桑提亚哥想尽一切办法与之搏斗，保护自己的战利品，却终究寡不敌众，鲨鱼吃掉了剩下的所有马林鱼肉。结果当老人经过三天海上奋战后，只带着巨大的马林鱼的骨架回到了岸上。但老人的心里没有被打败。所有人都为这罕见的马林鱼骨架惊奇，它很快成为了大家议论的话题。曼诺林非常难过，他照顾着桑提亚哥，坚信他是个胜利者，并发誓以后一定和他一起出海。这时，桑提亚哥因为过度的疲惫已经睡着了……

《老人与海》整部作品朴素、简洁，于凝练的语言中蕴涵着作者深刻的人生体验，富于寓意与象征，读来隽永清新，已被译成几十种文字，并屡次被搬上银幕。

面对失败，生命应有一种硬度

《老人与海》是海明威小说艺术臻于成熟的代表作，也可以视为他毕生文学成就的总结。书中所刻画的老渔夫桑提亚哥已成为美国文学史上一系列不朽的英雄之一。

海明威在他的《老人与海》中，昭示了人类精神的极限性超越。海明威并没有把《老人与海》这部作品写成如《战争与和平》一样的巨作，波澜壮阔地表现生命终极动力的伟大与崇高，但是这个故事中最杰出、最优秀的地方，是它把故事充分容纳在一个尽量小的规模内，使人们能够纵观全局，直观形象地懂得人真正的努力究竟是怎么一回事。在这点上，很少有比海明威做得更好的长篇小说大师。

在美国的文学史上，“可能没有人比海明威更懂得生存的尊严来自何处”。海明威在《老人与海》中，用数量不多的笔墨叙述了老人与海洋、大鱼、饥饿、焦渴作斗争的过程。《老人与海》中的老人，是个真正孤独的个体，而就是这个在汪洋大海中驾驶一条小船与汹涌波涛、刺眼的阳光、挣扎的大鱼对峙的，似乎转眼就要消失在汪洋大海中的个体身上寄托了人真正的尊严。

《老人与海》这部作品的语言特色，不在于词句的华美与哲理的深刻，它是用包含爱与忍耐及奋斗的返璞归真的字里行间感动读者；老渔夫并不是什么英雄形象，而他的努力与坚持及在孤独和伤痛中表现出来的顽强，并不比任何英雄差，甚至比他们更伟大——老渔夫在

典·故·逸·话

如果说《老人与海》是中国读者中阅读最多的诺贝尔获奖作品，那也是一件情理之中的事。据说，《老人与海》海明威曾校改了两百多次，本来可以写成一千多页长，最终只剩下几十页的一个短中篇。假如仍是一千多页，那就不是海明威了。诺贝尔文学奖史也将抹去他的名字。1952年，《生活》杂志以全本杂志的篇幅匿名登出了这部中篇小说后，立刻掀起一轮阅读热潮。与此同时，《生活》杂志约请了100位著名人士，请他们就这部作品发表评论，并将这些评论一一刊出。等到杂志社公开该书作者的姓名时，人们纷纷对海明威这位文坛硬汉致以崇高的敬意。

成败得失之间始终能保持平和的心态。这个老人如此可爱，似乎自然界里没有什么东西不能与他对话似的。海明威在《老人与海》中，用爱模糊了不同类型的生命之间的界限。小鸟可以成为老人的朋友，马林鱼成为受老人尊重的对手，即便是掠夺老渔夫的战利品的恶鲨，老人最后也只对它说："把它（马林鱼）吃了，加拉诺鲨。做个梦吧，梦见你杀了一个人。"

《老人与海》是世界文学宝库中的珍品，是海明威全部创作中的瑰宝。这部不朽的文学名著，曾激励了一代又一代的人为了追求理想而不顾眼前困境，并因此迸发出了强大的精神力量。它为读者造成的震撼从某种意义上说比《战地钟声》更悠远洪亮。

《老人与海》是一首真正雄浑的史诗，每一行都用精确的散文安放在最恰当的位置上，从头到尾可以像诗一样朗诵。它用精练的笔法雕刻出宇宙的始终、自然的神秘、生命的庄严，有如千锤百炼的铁砧，发出凝重、坚实的光芒。无论就内容、形式、结构和布局来说，它都称得上是一件深邃完美的艺术品。（佚　名）

精神的胜利

《老人与海》之所以成为海明威的巅峰之作，之所以不同于海明威其他硬汉小说，就在于海明威在《老人与海》中，不但写了硬汉，而且通过这一硬汉形象讴歌了人类的永恒价值。正是这一点使得《老人与海》中的硬汉桑提亚哥与海明威其他小说中的硬汉有了天壤之别。

海明威创作《老人与海》之前所写的硬汉，仅仅是性格的坚强，他们对读者的吸引力完全来自于硬汉特异的性格，他们的价值只在于硬汉性格的罕见。但《老人与海》中孤独的老渔夫桑提亚哥已经不仅仅是条硬汉，他身上所体现的精神价值，完全是古希腊悲剧精神的现代回响。在《老人与海》中，海明威终于为他钟爱的硬汉找到了灵魂，这灵魂就是人类亘古不变的永恒价值。因此，在《老人与海》中，硬汉桑提亚哥的刚毅性格已经成为小说的表面。通过桑提亚哥硬汉性格来礼赞人类的永恒价值，才成为小说的真正主题。《老人与海》中展现了哪些永恒的价值呢？首先就是人的自信。桑提亚哥的自信是绝对自信，是不以环境变化而变化的自信，是不用与他人比较的自信。在桑提亚哥的生存哲学中，即使遭遇到极大的背运，也不能失掉自信。

人活着，唯一能确定的必然，就是走向死亡。除此之外，没有任何必然的东西可以依靠。既然人是靠偶然活着的，那么支撑人生存勇气的，就只有自信了。如果丧失了自信，在持续那么多天的背运之后，桑提亚哥还有勇气和毅力出海捕鱼吗？因此人活着就必须自信，不自信是人消费不起的奢侈品。正因为桑提亚哥有着绝对自信，他对小孩被叫走表示了完全的宽容和理解。在这里，海明威展现了自信与宽容之间的联系。从物质上来说，老人搏斗了三天三夜的结果是失败了；但从人的精神，从人的自信自尊，从人勇于和命运作竭尽全力的抗争来说，桑提亚哥取得了胜利。

说到底，人的真正胜利也只能是精神的胜利。人在物质上无论取得多大的成就，都不能赢得我们崇高的敬意。而只有精神和气魄的胜利，才使我们感动，才使我们和追随老人的孩子一样，为他的悲壮落泪。（侍春生）

历史桂冠 LISHIGUIGUAN

海明威，1899年7月出生在美国密执安湖南岸的一个小镇。他14岁走进拳击场，满脸鲜血，可他不肯倒下；19岁的他在一战的意大利战场上被炸成重伤，身上中的弹片和弹头多达230余块，一共做了13次手术，换上了一块白金做的膝盖骨，也没能让他倒下。为表彰他的英雄事迹，意大利政府授予他十字军功勋章和勇敢勋章。写作上的无数艰辛，无数的退稿，无数的失败，还是无法打倒他，直到晚年，连续两次飞机失事，他都从大火中站了起来，没有什么可以击垮他，包括病痛与无助。

他的第一部长篇小说《太阳照样升起》问世后立即博得了一片喝彩声，成为当时那一代人的典范之作。这部小说因“你们都是迷惘的一代”的题词而产生了一个文学流派——“迷惘的一代”，而海明威就成了这个流派的代表。他的一生创作了《老人与海》、《永别了，武器》、《战地钟声》等优秀作品，1954年获诺贝尔文学奖，1961年因为不愿意成为无能的弱者而自杀。

海明威死了，但他塑造的硬汉形象永远活着。海明威是一个硬汉，与他的硬汉精神相吻合的是他那简洁利落的写作风格。海明威净化了当时的文风，掀起了一场“文学革命”。因此，他被同时代及后来的许多作家奉为典范，并且吸引了世界上一代又一代读者的目光，其春风化雨般的影响，经久不衰。此外，海明威的硬汉精神和他面对难关的坚毅态度，都发挥了超越文学之外的影响力。

作为一个赢得广泛赞誉的小说家，加西亚·马尔克斯将现实主义与幻想结合起来，创造了一部风云变幻的哥伦比亚和整个南美大陆的神话般的历史。

《百年孤独》

■ 马尔克斯（哥伦比亚　1928-　）

西班牙语为世界奉献了一部不朽的巨著——加西亚·马尔克斯的《百年孤独》。在20世纪现代主义文学中，盛行于拉丁美洲的魔幻现实主义是盛开于其中的一枝奇葩，它的领军人物加西亚·马尔克斯是哥伦比亚当代最伟大的作家，为确立拉丁美洲文学在世界文坛的重要地位作出了突出贡献，被誉为“继西班牙黄金时代的天才们之后，继巴布洛·聂鲁达之后最伟大的天才”。在1996年瑞士《周末》评选的“在世的伟大作家”中，马尔克斯当之无愧地名列榜首。

人们以为在20世纪因为现代派和后现代派文学理论的影响，我们不会再看到宏大叙事的作品了，但是马尔克斯的《百年孤独》的问世，改变了这个看法。《百年孤独》一出版即引起了一场强烈的“文学地震”，这部被誉为“再现拉丁美洲历史社会图景的鸿篇巨制”虚构了一个叫做马孔多的小镇，描绘了在这个奇特的地方生活的布恩地亚家族百年的盛衰史，它把读者引入了一个不可思议的奇迹和最纯粹的现实相互交错的生活之中。小说首印的8000册仅在布宜诺斯艾利斯一地半月内便被抢购一空，随后一版再版，拉美凡能看书的人差不多都读过这部小说。1982年，马尔克斯因在小说中“把幻想和现实融为一体，勾画出一个丰富多彩的想象中的世界，反映了拉丁美洲大陆的生活和斗争”而荣获了诺贝尔文学奖。

穿越了三十多年的光阴，马尔克斯的《百年孤独》作为20世纪最伟大的小说，仍旧受到世界各国人民的喜爱。

经典回眸 JINGDIANHUIMOU

被誉为“再现拉丁美洲历史社会图景的鸿篇巨制”的《百年孤独》，是加西亚·马尔克斯的代表作，也是拉丁美洲魔幻现实主义文学作品的代表作。全书近30万字，内容庞杂，人物众多，情节曲折离奇，再加上神话故事、宗教典故、民间传说以及作家独创的从未来的角度来回忆过去的新颖的倒叙手法等，令人眼花缭乱。但阅毕全书，读者可以领悟到，作家是要通过布恩地亚家族七代人充满神秘色彩的坎坷经历来反映哥伦比亚乃至拉丁美洲的历史演变和社会现实，要求读者思考造成马孔多百年孤独的原因，从而去寻找摆脱命运捉弄的正确途径。

小说讲述的是居住在马孔多镇的布恩迪亚家族七代人充满神奇色彩的坎坷命运，以及马孔多镇从兴建、发展到鼎盛再到最后消亡的百年历史。而马孔多镇就是哥伦比亚，甚至拉丁美洲的一个缩影。

布恩迪亚家族的第一代何塞·阿卡迪奥·布恩迪亚和表妹乌苏拉的结合遭到了亲友们的反对，因为当初布恩迪亚的叔父娶了乌苏拉的姑母，结果生下了一个长着“猪尾巴”的儿子。乌苏拉婚后因对此恐惧而拒绝与何塞同床。这件事被村里的人知道了，布恩迪亚受到大家的嘲笑。一次，布恩迪亚斗鸡胜了邻居阿及拉尔，阿及拉尔不服，遂拿这件事来羞辱他。布恩迪亚一气之下竟杀死了阿及拉尔。此后，阿及拉尔的鬼魂经常出入布恩迪亚的家，布恩迪亚为了躲避祸患只好带着妻子和一些年轻人远走他乡。两年后，受梦的指引，布恩迪亚决定定居在一个小河边，并按梦境中的名字“马孔多”命名。此后，随着人口的增多，马孔多日益繁荣，而布恩迪亚家族也世代在此繁衍生息。多年之后，布恩迪亚突然发疯，人们把他绑在了一棵栗子树上，他居然又活了半个多世纪才死。而妻子乌苏拉身体健壮，活了一百多岁，为他生了两男一女。大儿子何塞·阿卡迪奥生在他们来马孔多的旅途中，长大后和他们家的帮工、会算命的女人庇拉·特内拉发生了关系，并生下一个孩子，叫阿卡迪奥，而他则在内战时被政府军抓去枪毙了。二儿子奥雷良诺生在马孔多，他和政府派来的镇长的女儿雷梅苔丝结婚，而他在婚前也和特内拉发生过关系，他们生的儿子取名为奥雷良诺·何塞。一天晚上，雷梅苔丝突然暴死。奥雷良诺·布恩迪亚爱上了姑姑阿玛兰塔·乌苏拉，他们结婚后生下了一个带有“猪尾巴”的孩子，这是这个家族的第七代，也是最后一代。阿玛兰塔·乌苏拉生下他之后，因为流血过多而死去，而这个孩子不久就变成了一张皮并被蚂蚁拖到洞穴里吃掉。

奥雷良诺·布恩迪亚喜欢研究吉卜赛人写他家家族历史的“羊皮书”，他发现上面所写的“这个家族的第一个人将被捆在树上，而最后一个人将被蚂蚁吃了”都得到了应验。他又从“羊皮书”中预见到自己永远不会离开这间房子了。这时，马孔多被一阵飓风卷走，永远地从地球上消失了。

《百年孤独》出版之后被译成三十多种文字出版，印数达一千万册。欧美一些电影公司都想把这部作品搬上银幕，纷纷向作者要求拍片权。各国文学评论界也不断发表文章评介他的作品，给予高度的赞扬。英国《泰晤士报》说加西亚·马尔克斯是“一位理想主义者和伟大的小说家”；1971年诺贝尔文学奖获得者——智利作家聂鲁达称赞《百年孤独》是“继塞万提斯的《堂吉诃德》之后最伟大的西班牙语作品”，美国文学评论家约翰·巴思说《百年孤独》是“给人印象最深的一部小说，而且是任何一个世纪这类杰出作品中的杰作”，阅读这部作品时，“如同阅读《堂吉诃德》、《伟大前程》和《哈克贝利·费恩历险记》一样，引人入胜”。

一个缔造者的土地

《百年孤独》虽然正式出版于1967年6月，但早在1965年便为幸运的拉丁美洲读者所称道了。是年初，当时已经蜚声拉丁美洲文坛的墨西哥著名作家卡洛斯·富恩特斯读到了《百年孤独》一书的前三章原稿。读罢，富恩特斯大为赞赏，欣然提笔写道：“我读完了《百年孤独》前75页手稿，精彩之极……其中，虚构的故事与‘实际’的故事、梦幻与史实交织融合，而由于运用了民间传说、杜撰、夸张、神话……马孔多变成了一块世界性的土地，变成了一个缔造者以及他们的兴衰的圣经般的故事，变成了一部有关人类保存或毁坏自己的渊源和命运以及梦想和愿望的历史。”数月之后，小说的部分章节便开始在波哥大的《回声》、巴黎的《新大陆》、墨西哥的《对话》、利马的《阿马鲁》等世界各大期刊披露，并立即受到同样的好评，为此书的辉煌前途创造了成功的条件。

1966年初，小说作者收到布宜诺斯艾利斯南美出版社的一封来信，提议出版他的作品，他把自己正在撰写的这部小说提供给出版社。1967年6月，《百年孤独》便问世了。小说取得了轰动效果：第一版于几天之内即告售罄；第二版、第三版以及后来的数版，情况也是如此。在三年半的时间内，小说出售了近50万册；而与此同时，作家以前的作品也一版再版，在西班牙语世界同样取得了异乎寻常的高额印数。批评家几乎毫无例外地一致大加赞扬，于是，这部小说的声誉很快便越过了语言的障碍，传到了外国出版商的耳朵里，使他们竞相抢起稿来。短短的几个月内，便签订了

18个翻译出版合同，而最初的几种外文版版本也获得了种种荣誉：1969年获意大利基安恰诺奖，同年获法国最佳外国作品奖，1970年被美国文学评论家列为12部世界优秀作品之一。当时誉满世界文坛的阿根廷文学大师胡利夏·科塔萨尔的一番评论让人们认识到小说作者加西亚·马尔克斯的分量。他说："近年来，加西亚·马尔克斯再次证实，在他恢弘的创作能力之中，有着一种非凡的想象力，它以锐不可当之势闯入了南美小说领域，并使其摆脱了令人乏味的叙事状物的呆板陈旧模式。只有这样的创造，只有从马孔多这样得天独厚的、纷繁复杂的土地起步，我们才能坚实地踏入瓜纳哈尼。"

这时候，哥伦比亚、拉丁美洲乃至世界文坛，才真正承认了这位已届不惑之年的作家。

《百年孤独》是加西亚·马尔克斯的代表作，也是拉丁美洲魔幻现实主义文学流派的代表作，作家运用魔幻现实主义手法，通过革命军总司令奥雷良诺·布恩地亚上校一家七代人的经历，描绘了加勒比海沿岸某国小城镇马孔多从荒漠的沼泽地上兴起到最后被一阵旋风卷走，布恩地亚家族的最后一代被蚂蚁吃掉，以至完全消亡的百年历史演变过程。该书描写的历史长、人物多、场面大，堪称再现拉丁美洲历史社会图景的世界文学巨著。1967年，《百年孤独》出版，评论界认为它是拉丁美洲魔幻现实主义又一部经典性代表作品，是最具代表性的拉丁美洲魔幻现实主义小说。

加西亚·马尔克斯花了18年的时间创作了这部长篇小说，并且在篇名上煞费了一番苦心。"百年"是什么意思？作家说，那是为了表示年代的久长。也就是说，拉丁美洲人民被压迫、被剥削的苦难岁月是漫长的。"孤独"又作何解释？作家没有正面回答，只是说了这样一句话："孤独的反义词是团结。"

加西亚·马尔克斯遵循魔幻现实主义创作原则，经过巧妙的构思和想象，把触目惊心的现实和源于神话、传统的幻想结合起来，形成色彩斑斓、风格独特的图画，使读者在"似是而非，似非而是"的形象中，获得一种似曾相识

典·故·逸·话

1965年，马尔克斯开始创作《百年孤独》。6个月后，小说才写到一半时，由于经济紧张，他的妻子梅塞德斯为了不打扰丈夫的写作，当掉了首饰、电视机、收音机，而给丈夫写作用的新闻纸却从未短缺过。马尔克斯曾心怀感激地说："她瞒着我把所有的事情都承担起来了。要是没有她，我永远也写不成这本书。"《百年孤独》完成之后，马尔克斯每年收到来自世界各地的邀请信在千封以上，其中近1/3是由欧美政府机构或著名学府发出的。马尔克斯曾经说过："荣誉几乎毁掉了我的生活，因为它破坏了我真实的感觉。"他感叹，"做一个普通人是多么的幸福！"

又觉陌生的感受，从而激起寻根溯源去追索作家创作真谛的愿望。

值得注意的是，《百年孤独》一书凝重的历史内涵、犀利的批判眼光、深刻的民族文化反省、庞大的神话隐喻体系是以一种让人耳目一新的神秘语言贯穿始终的。有的评论家认为这部小说的叙述语言仿佛出自一个八岁儿童之口，这是很深刻的评判目光。因为这种直观的、简约的语言确实有效地反映了一种新的视角，一种落后民族的自我意识。当事人的苦笑代替了旁观者的眼泪，“愚者”自我表达的切肤之痛取代了“智者”貌似公允的批判和分析，更能收到唤起被愚弄者群体深刻反省的客观效果。

（林一安）

魔幻现实主义

《百年孤独》这部巨著，总是与魔幻现实主义这个名词连在一起，它被人称为魔幻现实主义的顶峰之作，是魔幻现实主义艺术手法的第三个里程碑，标志着这一流派达到了鼎盛时期。

从小说中所表现的发生在马孔多的风风雨雨，读者会感觉到这个建在荒无人烟的沼泽边上，带着象征意义的小镇所折射出来的哥伦比亚社会，甚至整个人类发展的历史和现实。要以这么一个小镇的人群和生活反映这么丰富的内容，不是一般的艺术表现手法能够达到的。《百年孤独》具体采用了以下一些手法来表现马孔多这个光怪陆离的世界。

艺术夸张的手法。比如小说中写何塞·阿卡迪奥被枪打死，一股鲜血从他家的门下流出，流过台阶、街道，左拐右弯，一直流到乌苏拉的厨房里。当然没有血能流那么长，那样沿路线拐弯，仿佛被施了魔法。更奇怪的是他的身上找不到伤口和出血点，而他尸体上的刺鼻的火药味即使经过六个小时的浸泡也无法除去。这便是魔幻的现实。

神话传说的移植。比如美丽超俗的俏姑娘雷梅苔丝有一天被一个床单带上了天，消失在太空里。这使人想起《一千零一夜》中有关飞毯的神话故事。还有那场下了四年多的大雨也与《圣经·创世纪》中上帝为惩罚人类而降的那场大洪水颇为相似。

象征手法。最令人难忘的是有关那场全体村民失去记忆的描写。他们为了沟通和生活，用文字给所有物品都贴上标签。这不免会令人感到失去记忆是多么可怕。

另外，马尔克斯在《百年孤独》中使用的叙事手法也颇为精彩。最能体现作者匠心的是小说开头以及小说中间重复出现的布恩迪亚上校面对行刑队会想起他父亲带他去见识冰块的那个下午。这一句句重复使小说显得环环相扣，使读者建立起小说自己

的时间结构，加深读者的印象。（周 虹）

历史桂冠 LISHIGUIGUAN

加西亚·马尔克斯是哥伦比亚当代最杰出的作家，他在作品中成功地实践了魔幻现实主义原则，被赞誉为“拉丁美洲人的骄傲”。

马尔克斯出生于圣马尔塔港附近的阿拉卡塔卡小镇，他的父亲是一位医生。他在8岁之前一直和担任上校的外祖父生活在一起，外祖父母经常给他讲富有幻想的神奇故事，这些带有预言、迷信和历史因素的故事给幼小的马尔克斯留下了深刻的印象，他从小就受到文学的熏陶。8岁之后马尔克斯到巴兰基雅和西帕吉拉读中学，在此期间，他阅读了很多世界名著。18岁时，他考入波哥大国立大学法律系，但是他疯狂地喜爱上了文学。由于对法律没有兴趣，他选择了放弃学业，到《观察家》当了记者，并同时开始了文学创作。

1954年，马尔克斯的第一部短篇小说集《周末后的一天》获得了哥伦比亚全国文艺家协会奖。1955年，他发表了第一部带有魔幻现实主义色彩的长篇小说《枯枝败叶》，引起文坛的关注。他曾以记者的身份先后到委内瑞拉、古巴和联合国工作，这使他有了接触社会的机会，为今后的小说创作提供了素材。1961年，小说《没有人给他写信的上校》和《倒霉的时辰》问世。次年出版了短篇小说集《格朗德大娘的葬礼》，这些作品都为长篇小说《百年孤独》奠定了坚实的基础。

1967年，马尔克斯出版了他的代表作《百年孤独》，标志着他创作的黄金时期的到来，小说获得了1982年的诺贝尔文学奖。之后，1975年，马尔克斯完成了另一部巨著《家长的没落》，再一次引起轰动，被美国《时代》周刊推荐为1976年世界十大优秀作品之一。1981年，他发表了中篇小说《一件事先张扬的凶杀案》，1985年出版长篇小说《霍乱时期的爱情》。可以看出，马尔克斯的创作趋向现实主义，而魔幻的成分在减少。1994年马尔克斯发表的中篇小说《爱情和其他的魔鬼》受到了文坛的一致好评。20世纪90年代初，马尔克斯的不少作品开始被搬上银幕，影响更加广泛。

生命属于我们只有一次，时间不会为我们的欢笑或泪水停留。或许生活早已注定了无所谓幸与不幸。我们只是被各自的宿命局限着，茫然地生活，苦乐自知。

《生命中不能承受之轻》

■ 米兰·昆德拉（捷克　1929-　）

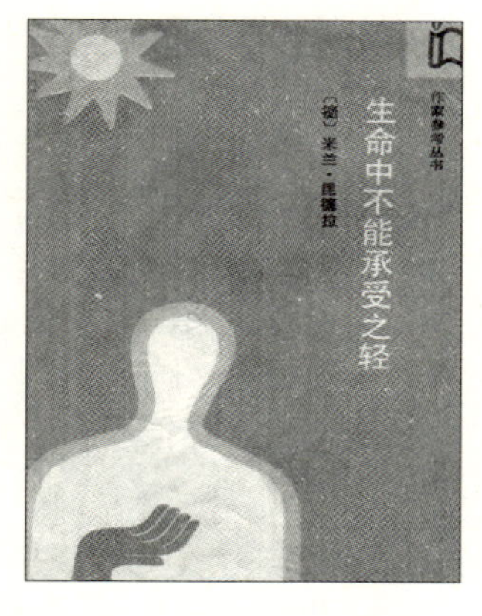

米兰·昆德拉是捷克文学史上最著名的一位小说家，曾多次获得国际文学奖，而且多次被提名为诺贝尔文学奖的候选人。他始终在人类学的实验室中探索人类生存的基本问题，被誉为“在理解社会中个人自由方面对世界贡献最大的作家”。

《生命中不能承受之轻》是昆德拉的才华得到集中体现的一部作品，他从一两个关键词以及基本情境出发构成了小说的人物情节，以一个哲人的睿智将人类的生存情景提升到形而上的高度加以考虑、审查和描述，由此成功地形成了“幽默”与“复调”的小说风格。还没有哪个作家能像昆德拉那样穿透变幻莫测的政治雾霭，直刺人类深层本质的劣根性。在从共时性的阐述过渡到历时性的诠释中，昆德拉对生命本质进行了形而上的批判，从而接触到人类内宇宙的最核心的部分。小说《生命中不能承受之轻》问世后，获得了世界各国的广泛好评，成为举世瞩目的一部杰作。

《生命中不能承受之轻》是一部20世纪难得一见的巨著，米兰·昆德拉在本书中以其独特的生命视角、冷峻且蕴涵某种智慧的思维，审视了人类灵魂的空虚与充盈、灵肉与轻重，诠释了生命之中某种不曾泯灭的真理。虽然米兰·昆德拉的小说是以其深刻而著称于世的，但他的笔墨功夫、叙事风度也卓尔不群，堪称文本方面少有的巨匠。在充满着哲人的深刻之外，米兰·昆德拉显然还具备诗人的激情以及散文家的敏锐，而其中任何一种特质都足以令其傲立于当世。总之，《生命中不能承受之轻》是20世纪难得一见的巨著，对于热爱小说的读者而言，不读它将是一个永远的遗憾。

经典回眸
JINGDIANHUIMOU

《生命中不能承受之轻》是米兰·昆德拉的代表作。在小说中，作者把空灵的诗意、哲理的探索与形象化的情节融合起来，创造了一种让世人耳目一新的小说风格。

小说主人公托马斯是一位年轻的医生，与妻子离婚后，生活放荡不羁，他希望能和女性保持一种“性友谊”的关系，既能满足自己对性的渴望又不必承担生活的重负。画家萨宾娜是个毫不媚俗的女人，她理解并接受了托马斯的这个原则。

一次，托马斯到一所乡村医院会诊，在旅馆认识了年轻漂亮的女招待特丽莎，并且留下了自己的地址。特丽莎是个对未来充满憧憬的女孩，乡村一成不变的生活让她感到窒息，她渴望改变自己的命运。不久之后，特丽莎鼓起勇气来到布拉格找到了托马斯。特丽莎的到来让托马斯感到意外，但他很快就莫名其妙地爱上了特丽莎。他打破了不和别人过夜的惯例，睡在了特丽莎的身边。当他醒来时，发现特丽莎还握着他的手，这让他感到了一种快意。

特丽莎喜欢摄影，萨宾娜帮助特丽莎找到了一份杂志社的工作，特丽莎无意中发现了萨宾娜和托马斯之间非同寻常的关系，她怀着极大的嫉妒之情，从此经常在噩梦中惊醒。托马斯为了减轻她的痛苦和她结婚了，但是特丽莎已经被托马斯的不忠搞得虚弱不堪，她想念家乡简单的生活。苏联占领布拉格之后，特丽莎每天穿行于街道，拍摄侵略军的照片，危险的处境反而让她得到了一些乐趣。

托马斯带着特丽莎移居到苏黎世，特丽莎出于深爱对他的监视让他感到了沉重的负担，而特丽莎无法生活在终日害怕失去他的惴惴不安中，她也意识到自己给托马斯带来的负担，便一个人回到了布拉格。而托马斯在特丽莎离开后感到了前所未有的重负，他也回到了布拉格。托马斯的出现让特丽莎感到了快乐。

苏联攻占布拉格之后，萨宾娜移居到了日内瓦，并在那里成为大学讲师弗兰茨的情人。弗兰茨真心爱着萨宾娜，而当他离婚要娶她时，

典·故·逸·话

电影《布拉格之恋》是根据米兰·昆德拉的《生命中不能承受之轻》改编的，长近三个小时，涵盖了很多的哲学问题、理念因素、文学知识、政治主题和动机。与米兰·昆德拉的小说相比较，本片略去了很多内容，比如特丽莎的家庭背景，小说中介绍很多，本片则避而不谈，萨宾娜与情人弗兰茨的感情纠葛是原著的主要内容之一，而影片却一带而过。另外主人公对自由的渴望，较之原著也有所削弱。影片摒弃了小说四重奏式的叙事，而是采用以托马斯为中心的单线结构，少了些繁复艰深，多了些直白表达。以往改编电影中，由电影和小说完美结合而成的原子也在本片中发生了裂变。小说的主题是昆德拉对“捷克事件”哲学意义上的抗议和控诉，为此作者不惜花费大约100页的篇幅加以强调，而这一主题在电影中却被弱化了，转化为影片的背景，成为一种点缀。

她却不辞而别了。

托马斯回国后因涉嫌反政权而受到当局的调查，但他坚持不写自我批评的声明，离开了医院，到郊外的小诊所工作，后来在当局的纠缠下又沦为擦窗工人。特丽莎也因为拍摄了苏军入侵的照片而被迫离开了杂志社，无奈在一间酒吧工作，每天半夜才能回家。托马斯和特丽莎在一起的时间少了，他又恢复了从前不检点的生活。特丽莎再次感到了托马斯的不忠，她为了证实托马斯爱情与做爱是两回事的理论，与一个工程师发生了性关系。虽然得到了短暂的快乐，但她心理负担更沉重了。

最后，托马斯和特丽莎为了从重负中解脱出来，他们搬到了乡下。在他们单独在一起的日子里，他们终于获得了心灵上和生活上的安宁。几年后，托马斯和特丽莎在一场车祸中丧生。

《生命中不能承受之轻》是米兰·昆德拉最为成熟的一部作品，书中细致独到的心理描写、犀利准确的点评、浓淡适宜的抒情风格以及幽默而沉重的笔触，都给读者留下了深刻的印象。

昆德拉的移居与创作

在苏联人的坦克袭击并占领布拉格七年之后，米兰·昆德拉终于决定放弃自己的国家。他和妻子把几本书和几件衣服扔在小汽车的后舱里，匆匆驱车到了法国。从此，作为一个移民，他开始了异邦那份孤独而平静的生活。

1984年，他出版了被称为“20世纪最伟大的小说之一”的长篇小说《生命中不能承受之轻》（以下简称《生》）。从此，他作为“世界性的伟大的小说家”的地位，便变得不可动摇了。

今天，当我们评论这部小说时，往往是意识不到“移居”这一重要因素的。而实际上，它的巨大成功，是与米兰·昆德拉的移居分不开的。

有人问米兰·昆德拉作为一个移民感觉如何时，他说：“对于一个作家，在几个国家生活的经验是极其有益的，只有从几个方面来观察才能理解世界。”他进一步具体化地说，他不久前在法国出版的一部作品，展示了一个特殊的地理空间：通过西欧的眼睛来看那些发生在布拉格的事件，同时以布拉格的眼睛来看在法国发生的一切。

正是两种或两种以上的生存环境和文化氛围的对比，使这批作家对原先的生活状态以及它的本质有了清晰而透彻的认识。空间距离的拉大，非但没有使原先的生活在他们的视野或记忆中远去或消失，反而使那些生活向他们节节逼近，并且变得异常明朗，昭然若揭。空间的转换，使他们获得了新的审察视角和艺术视角。不同系统的文化和思想，强化和丰富了他们的艺术感受能力和思维质量。还有一点——也许这是更重要的一点，就是他们获得了一种孤独。正是这一深刻的孤独成全了他们。孤独使他们的目光和头脑皆变得冷静，帮助他们去除了影响思维深度的浮躁和影响他们观察质量的迷乱，使他们有可能在清静中进行冷峻的自我询问和反省。他们会发现，从前许多理解是浅显的，许多判断是愚蠢可笑的。当把种种与他们缠绕的关系解除，把种种功利性的目的忘却，而在寂寞中较为纯粹地进行思考时，他们不可避免地走向又一个思想和艺术的深度。《生》便是这种孤独的结果。无论在思想上还是艺术上，它的成就都超出了米兰·昆德拉移居前的作品。不同世界的体验，还使他摆脱了民族和国家的有限性思考。他发现了人类——人类的共同性——人类的一伙与另一伙是如此的相似！面对苏联人的坦克占领他的国家这样一件最容易激起民族情绪的事件，他都不再是在一般的民族范畴（如主权、领土、民族尊严等）进行思考，却从这件特定的政治事件中看出了人类的一些基本原型。“轻与重”、“灵与肉”、“媚俗”等一系列主题，自然都不是捷克意义上的，也不是法国意义上的，而是人类意义上的。因为，他看到了所有这一切（如媚俗），都不是仅仅发生在布拉格。移居在很大程度上帮助他超越了似乎神圣但却常常是狭隘、肤浅的国家情调和民族情绪，而使他站到人类这样一个更高的高度。这就是《生》这样一部表面看来政治色彩很强烈的作品，却使全世界的读者都感兴趣的一个原因。（曹文轩）

轻与重

生存之轻和生存之重，是两种截然不同的生存态度和生存方式。

《生命中不能承受之轻》中的男主人公托马斯经历了轻与重的两难抉择。遇见特丽莎之前，他在性爱领域里如同唐璜般自由自在，他不受任何限制地享受着存在的自由也就是“轻”，责任、嫉妒等沉重的因素是他不愿体验的。然而，经历了政治上的坎坷、夫妻间的冲突之后，他越来越认识到“重”的东西的价值，也越来越认识到“轻”之虚无缥缈。最重要的是，他发现特丽莎最终占据了他的记忆与激情，“轻”终于让位于“重”，他与特丽莎日趋和谐。

存在之轻，是萨宾娜这个人物的特点。她是背叛的象征和符号，她的人生不是沉重的，而是轻盈的，大量降临她的不是重负，而是生命中不能承受之轻。她选择自由的无拘束的职业，对男女关系也视为一种享受。她不愿意让性爱约束对方，也不在意对方是否有新欢，所以她发现托马斯和特丽莎的关系之后并没有让嫉妒折磨自己，那是她不愿意给自己的精神带来压力。这也是她选择“轻”的一生的表现。开始时，她的背叛充满了激情和欢乐，向她展开了一条新的道路，通向各种背叛的风险，可是这条路走到了尽头又怎样？一个人可以背叛父母、丈夫、国家和爱情，但如果父母、丈夫、国家和爱情都失去了，还有什么可以背叛呢？萨宾娜感到四周空空的，以至她会突然觉得墓地是冰冷的，有点恐惧，这种空虚就是她一切背叛的目标吗？她不禁产生怀疑。轻，也是难以承受的。（张玲霞）

历史桂冠 LISHIGUIGUAN

米兰·昆德拉1929年出生于捷克布尔诺市，父亲是一位有名的钢琴家。他的人生历程是异常坎坷的，当过工人，做过爵士乐手，以后又从事文学与电影工作，在布拉格影艺学院当过教授。1975年移居法国。

米兰·昆德拉始终在艺术领域里摸索，试图找到自己的方向。他从事过音乐、剧本、美术、电影等领域。20世纪50年代初，昆德拉开始以诗人的身份登上了文坛。20世纪60年代，昆德拉在布拉格高级电影学院担任教授，曾带领学生一起进行捷克电影的实验和研究工作。1967年昆德拉写出了自己的第一部长篇小说《玩笑》，一举成名。这本书连出三版都被一抢而空。1968年，苏联占领了布拉格，昆德拉的作品遂遭到查禁。不仅如此，1970年昆德拉失去了在电影学院的工作，被迫于1975年携妻子到了法国做客座教授。这时，他已经46岁了，他在捷克经历了战争风云和政治变幻，度过了一生最美好的时光。1979年11月被取消了捷克斯洛伐克国籍。

迄今为止，昆德拉共创作了近十部小说。从最早的作品集《可笑的爱情》到三部重要小说《玩笑》、《生活在别处》、《笑忘书》，他始终越过人类历史的表面，追究隐藏其后的事件的本质，而著作《生命中不能承受之轻》更是作者多年思考的沉淀。

昆德拉曾多次获得国际文学奖，并多次被提名为诺贝尔文学奖候选人。他移居法国之后很快就成为法国读者最喜爱的外国作家之一，他的绝大多数作品也都首先在法国走红。近年来，昆德拉开始尝试用法语写作，现已出版了《缓慢》和《身份》两部小说。

杜拉斯的小说是不可轻易摹仿的，因为她的文字来源于灵魂的力量，说她是20世纪最富魅力的女作家并不为过。

《情 人》

杜拉斯（法国 1914—1996）

杜拉斯，一个既纯真又风情万种的女人，一位因孤傲、叛逆显得卓尔不群，然而最终被法国乃至世界文坛所认可的著名作家，她用前卫的文字在不知不觉间引领着时尚，她另类的作品拥有如此广泛的读者，她的多彩人生与鲜明个性征服了无数人，她的写作天赋与艺术感觉横跨文学与电影两大艺术领域。杜拉斯在世界文坛的地位无可争议，说她是20世纪最有影响、最具个性、最富魅力的女作家并不为过。

杜拉斯的小说是不可轻易摹仿的，因为她的文字来源于灵魂的力量，而这个灵魂又依附在杜拉斯本人这个特定的肉体之上，唯其本人才能通过文字表达出那种说不出的震颤波动。中国读者了解杜拉斯，大多从她的《情人》开始。这部小说是她在70岁的时候，超越似水年华的时间阻隔，倾注真情创作出来的。问世当年即获得了法国文学的最高奖——龚古尔文学奖，引起了社会与文学界的极大反响。几乎年年再版，不仅在法国，而且在世界许多国家都被列入畅销小说之列，被译成四十多种文字，至今已售出二百多万册以上，使她成为当今世界上最负盛名的法语作家。

经典回眸 JINGDIANHUIMOU

杜拉斯18岁离开出生地越南，奔赴巴黎读书。念的是法学、数学与政治学，但不久却迷恋上了文学，稍后就走上终生从事职业写作的道路。杜拉斯在写作《情人》这部自传体性质的爱情小说时，已是70高龄。小说以一个年仅16岁的法国少女在渡江时与一个中国富家少爷邂逅开始，沿着这条叙述线索，渲染出一幕疯狂而绝望的爱情悲剧。这部小说中蕴藏了杜拉斯无限的生命激情。读者在她记忆的引导下，身不由己地进入一个遥远的艺术空间。在这个空间里领略异国风情，承受生命的沉重。沉浸在小说中的读者，仿佛置身于一条充满黑色情绪的大河。这种感觉宛若一曲哀乐，将我们赤裸而美好的肉体彻底掏空，只留下一颗沉默的心，静静地体会生命的苍白。

《情人》之所以能够倾倒当代无数的读者，与杜拉斯神秘、细腻、诡异、优美、绝望、苍凉的句子是分不开的。杜拉斯是一位极端唯美的实验型作家，平庸与通俗为她所不屑，她是那种把风格与先锋视为至高目标的作家，也是那种善于制造警句的作家。对语言的挑剔使得她的小说具有极强的冲击力与震撼力。同时，她也看重作品本身所表达的丰富性与多样性，要么不写，要么出奇制胜。语言是杜拉斯的看家本领，在阅读《情人》的过程中，读者往往会产生一种被杜拉斯逐步征服的感觉。这就是《情人》这部小说的魅力所在，也是杜拉斯的魅力所在。文字一到杜拉斯的笔下，就变得飘忽不定，她可以随意地变换人称，可以自由地切换叙述的时空顺序。尽管如此，读者还是能够深深地体会到小说中透露出来的那一股充满张力的绝望之美，并不曾因写作手法的随意转换而感觉到有所松懈；相反的，读者始终能够感觉到，杜拉斯那阴郁苍凉的心境紧紧地绷在那儿。

杜拉斯是个从天而降的美丽异类，她那癫狂的思想注定与这个世界格格不入。在杜拉斯看来，绝望存在于存在之先，是先有了绝望的存在，然后才是感知的产生。绝望与张力是杜拉斯小说的一个核心。在《情人》的开头部分，她说："在酗酒之前我就有了这样一副酗酒的面孔。""现在，我看我在很年轻的时候，在十八岁，十五岁，就已经有了以后我中年时期因饮酒过度而有的那副面孔的先兆了。"一切以绝望开始的写法，就是典型的杜拉斯句式。她对这个世界的感受、对生命的思考，走的是一条极端化的道路，要么得到全部，要么一无所有。杜拉斯笔下的爱情是对灵魂的绝对欣赏、绝对讴歌；灵魂与肉体可以超越时空，使死亡在真爱面前俯首称臣。湄公河上十六岁的白人小姑娘与中国北方的黄皮肤男人的爱情就是如此。

"身处一个洞穴之中，身处一个洞穴之底，身处几乎完全的孤独之中，这时，你会发现写作会拯救你。"这是晚年的杜拉斯对自己一生的总结，也是她对这个世界的独特诠释。孤独与无助，是她生命的主要元素；不懈创作，是她活着的动力之源。作为"情人"的杜拉斯，以一个白发苍苍的女人，在岁月的风尘染白鬓发之际，回眸那段尘封已久的异国恋情，依然有力量用极其惨痛的语言表达出人生的悲剧，把爱与恨演绎得如此紧密分明，这不能不说是一个奇迹。试问除了杜拉斯，还有哪位女作家可以做到这一点？《情人》中绝望无助的性爱，无言悲怆的离别，爱到尽头的孤独感，使人流涕，令人痴迷。杜拉斯，把爱情的本质阐述得如此淋漓尽致，那份伤痛，那份伤痛到绝望的无助，那份无法理解只可体察的苍茫恒远的美丽，是书中最为精彩的表达，也是最为震撼读者心灵的秘诀所在。也许，这就是杜拉斯文本的核心吧！

出版于1984年的《情人》，在当年就荣获龚古尔文学奖，这使得杜拉斯成为享有世界声誉的法语作家。1991年，法国著名导演让·雅克阿诺成功地把这部名噪一时的自传体小说搬上银幕后，又使得杜拉斯成为当今世界几乎家喻户晓的女作家之一。十几年来，《情人》这部小说，使杜拉斯成为国际文学明星，因而也为中国读者所熟悉并喜爱。

爱上杜拉斯的《情人》

玛格丽特讨厌人家说她写书是在讲故事。《情人》这部书使她名扬四海，大家恰是把它当做她的个人身世来读的。这样的成功是天大的误会，在她则是一种认可，而不是真正的加冕，因为写作恰恰是讲故事的反面。可是《情人》的读者相信了故事，他们也就认为《情人》真是这么一回事。玛格丽特自己被成功弄得飘飘然，深知“亲身经历的故事”是成功的主要原因，也就听之任之。《情人》一书刚出版时她还小心地辩白，强调小说的结构、故事的连贯性，反复说《情人》是一部虚构作品，不是自传记述。后来她就放弃了，她承认自己回忆起14岁少女时代，有一天在印度支那的一艘渡轮上，在一辆黑色大轿车里……

起初是在诺弗尔房子的衣柜里发现了遗忘多年的练习本。上面有玛格丽特写过的稿子，叙述她在战后与莱奥的故事。后来乌塔向她建议给家庭影集上的照片写些说明。1983年那年玛格丽特有意要跟儿子一起做点什么事，她就开始工作，从衣柜里又翻出了那本小册子和几张老照片。这就成了文章的核心部分，题目起为《绝时的照片》。

典·故·逸·话

杜拉斯的《情人》出版之后，子夜出版社每天收到几公斤信件，寄信人向玛格丽特叙述自己的生平。大家说话也学杜拉斯，中间隔着长久的停顿；穿衣也学杜拉斯。玛格丽特像个心满意足的孩子鼓掌大乐。她终于得到了她的圣诞树、她的花环、她的圣诞老人，全归她一人独享。报刊上、电台上、电视上，大家口口声声说的都是她。她自己也几乎招架不住，她对《嗨！》节目主持人贝尔纳·比沃不好意思地说：“这有点儿叫人难堪。十年来我的周围是一片沉默。突然四面八方一片赞扬声。”

后来玛格丽特又改变了计划，她撂下家庭影集的说明，换一个本子，还是题名《绝对的照片》，但是尽情书写一度遗忘而今又涌上心头的往事。她害怕写出来的又是一部《抵挡太平洋的堤坝》。她在笔记中表示了自己的疑惑：“我的身世多少是写过了一点……这里我要写的是不同的内容。我要谈的是身世中的某几点，尤其是我有所隐瞒的几点，我故弄玄虚的某些地方、某些事实、某些感情……在我童年房屋里进进出出的人都已经死了。对我来说，对大家和我来说他们都已经死了，已没有什么不便去写他们……”

玛格丽特在记忆中搜索，她创造了这个情人，那么温柔，那么耐心，那么多情，那么和气……作者一开头就毫不留情地描述一张老妇人的面孔，18 岁的老妇，这个老妇叫玛格丽特·杜拉斯，脸上已经布满皱纹，老态毕露，接着三分之一的篇幅只是跟情人见面的铺垫。

玛格丽特因这部书大红大紫，一年后又说自己不喜欢这部书。她还愿保留和接受的是跟战争有关的几个章节，但是她后悔没有好好发挥。从不同阶段的手稿也可以看出她写时确有许多迟疑。

文章写得很快，只花了三个月时间。玛格丽特一直在想这是给一部影集配词的。出版商对文字配图并不热心，出版计划排在两年后的 1986 年，扬·安德烈亚打完稿后，劝说玛格丽特，这可以成为一部小说，就寄给子夜出版社。林登的女儿伊莱娜当晚读完后非常感动。林登到玛格丽特的家里向她解释这不是一篇序言，也不是图片说明，而是一部书。玛格丽特听了才同意出版。第二天评论界就有了良好反应。子夜出版社的书籍印数从来没有超过一万册。这回第一版就印了 2.5 万册，第二天即告售罄。

龚古尔文学奖一直以奖掖无名的青年作家为己任，现在也不甘落后，像《世界报》的评论家说的，“它也给胜利者增援来了”。玛格丽特还没有获得过一次文学奖，如今年近古稀，得龚古尔文学奖是不是太老了一点？是不是太出名了一点？然而龚古尔兄弟在遗嘱中说奖给当年“最富于想象力的文学作品”，玛格丽特的《情人》不是当之无愧吗？

玛格丽特接到出版商的电话才知道这个消息。出版商此前曾平静地评述过形势：“这样的结果不是我们预期的。但是我们不会像庆祝国庆似的庆祝龚古尔奖。我相信玛格丽特同意我的看法。”玛格丽特的确同意他的看法，然而她马上说了一句：“龚古尔再也找不到理由不发给我了吧。”颁奖那天，她和情人扬·安德烈亚和朋友玛丽亚纳·阿尔方待在黑岩石公寓，没有香槟，只有白水，没有精致小点，只有熟肉面包，躲过了媒体风暴。

但是从那一天起，玛格丽特不再把这书看做是自己的书。她有意躲开它，她说她错了，她原来以为读者读了这部书会对她生气的，群众的赏识使她难堪。在她看来，《情人》的凯旋是长期探索的效果，她的作品直到那时读者都不多，但都是热心忠实的读者。这书使她接触到广大群众：“这是一部十分讲究文学性而又不显出文学性的作品。就像人体中的血表面上是看不见的。”她还说迎合大众心理的几个因素也起了作用，那是酗酒、色情、殖民主义，这些都引人入胜，令人神往。最后还有价格便宜，才49法郎；篇幅不长，才142页。这种种一切使大家发疯似的爱上了玛格丽特·杜拉斯的《情人》。（佚　名）

历史桂冠
LISHIGUIGUAN

玛格丽特·杜拉斯是法国当代最著名的女小说家、剧作家和电影艺术家。29岁时发表处女作《无耻之徒》，步入文坛，遂成为职业作家。1984年玛格丽特·杜拉斯写出了自传体性质的小说《情人》并因此获法国著名的龚古尔文学奖，时年70岁。杜拉斯是一个法语作家，一个典型的感性而又不可捉摸的法兰西女性，承认或者隐而不说，是形成杜拉斯作品风格的魅力之所在。少女时，曾经美丽动人，中年时却因酗酒而形容枯槁。著有作品：《无耻之徒》、《长别离》、《广岛之恋》、《情人》等，自编自导过一部叫做《卡车》的电影。

玛格丽特·杜拉斯这位法国著名女作家一直被视为神话，被认为是个解不开的谜。

她在中国拥有不少痴迷的读者，许多读者在读了她的作品以后“感到绝望”，因为对她作品的深度的不可企及。走进杜拉斯的内心世界，便会发现某种富有人情味的不寻常的经历。因为她像每个人一样都是文学作品的化身，但她更加真实，更具有妙不可言的神秘色彩。杜拉斯的60余种作品始终拥有广泛的读者和观众，其中最著名的是《情人》。1996年3月3日，星期天，深受欢迎的法国当代女作家玛格丽特·杜拉斯走完了82年的生命旅程，她生前的最后一部作品具有一个预言般的名字——《这是全部》。